표본조사의 이해와 활용 7판

CENGAGE

Survey Sampling,
7th Edition,
International Edition

Richard L. Scheaffer,
William Mendenhall Ⅲ,
R. Lyman Ott,
Kenneth G. Gerow

Original edition © 2012 Cengage Brooks/Cole, a part of Cengage Learning.
Survey Sampling, 7th Edition by Richard L. Scheaffer, William Mendenhall Ⅲ, R. Lyman Ott, Kenneth G. Gerow
ISBN: 9781111569341

This edition is translated by license from Cengage Brooks/Cole, a part of Cengage Learning, for sale in Korea only.

ISBN-13: 978-89-6218-188-3

Cengage Learning Korea Ltd.
14F YTN Newsquare 76 Sangamsan-ro
Mapo-gu Seoul 03926 Korea
Tel: (82) 2 330 7000
Fax: (82) 2 330 7001

Printed in Korea
Print Number: 03 Print Year: 2022

표본조사의 이해와 활용 7판

Survey Sampling 7th, International Edition

지은이 | Richard L. Scheaffer • William Mendenhall III
R. Lyman Ott • Kenneth G. Gerow

옮긴이 | 김영원 • 류제복 • 박진우 • 홍기학

CENGAGE

Andover • Melbourne • Mexico City • Stamford, CT • Toronto • Hong Kong • New Delhi • Seoul • Singapore • Tokyo

옮긴이 소개

김영원 숙명여자대학교 통계학과 교수

류제복 청주대학교 통계학과 교수

박진우 수원대학교 통계정보학과 교수

홍기학 동신대학교 컴퓨터학과 교수

표본조사의 이해와 활용 —7판—

Survey Sampling 7th, International Edition

제7판 1쇄 발행 | 2012년 10월 29일
제7판 3쇄 발행 | 2022년 02월 28일

지은이 | Richard L. Scheaffer, William Mendenhall Ⅲ, R. Lyman Ott, Kenneth G. Gerow
옮긴이 | 김영원, 류제복, 박진우, 홍기학
발행인 | 송성헌
발행처 | 센게이지러닝코리아㈜
등록번호 | 제313-2007-000074호(2007.3.19.)
이메일 | asia.infokorea@cengage.com
홈페이지 | www.cengage.co.kr

ISBN-13: 978-89-6218-188-3

공급처 | ㈜교우
주　소 | 서울시 동대문구 약령시로 8, 2층(제기동, 교우빌딩)
도서안내 및 주문 | TEL 02) 925-2861 FAX 02) 925-2860
홈페이지 | www.kyowoo.co.kr

값 28,000원

역자 머리말

현대사회에서 통계학의 역할은 강조해도 지나침이 없다. 특히 의사결정에 따라 성공과 실패가 엇갈리는 상황에서 경제적이면서 신속하고 정확한 정보의 생산과 활용은 필수적이다. 표본조사는 이러한 욕구를 충족시켜주는 통계학의 한 분야로 자연과학은 물론이고 사회과학, 보건의학, 언론정보, 경영, 문화체육 등 다양한 분야에서 폭넓게 활용되고 있다.

표본조사에 대한 사회적 요구가 이처럼 급증함에 따라 최근에는 관련 전문서적들이 많이 출판되고 있다. 대부분 대학원 수준의 이론적인 전문서적들과 여러 이론들이 통합되어 복잡하고 수준 높은 서적들이다. 그러나 표본조사를 현실에 적용하고자 하는 이들의 상당수는 표본조사에 대한 지식이 충분치 않거나 통계학을 전공하지 않은 사람들이다. 기초적이면서 활용에 유용한 서적들이 충분하지 않은 상황에서 쉐퍼(Scheaffer), 멘덴홀(Mendenhall), 오트(Ott) 교수의 『*Survey Sampling*』은 이러한 요구를 충족시켜 주어 왔다.

『*Survey Sampling*』은 이번에 일곱 번째 개정이 이루어졌다. 7판에서는 제로우(Gerow)가 저자에 합류하고, 범용소프트웨어로 일반인들에게 익숙한 Excel이 사용되어 이용자들의 편의를 증진시켰다. 국내에서는 본 역자들이 5판부터 번역에 참여하여 한글판 책이 출판된 지 벌써 15년이라는 세월이 흘렀다. 처음 5판을 번역할 때부터 한글 용어의 문제, 국내의 문화나 형편과 다소 동떨어진 예제 등을 어떻게 옮길 것인지 등에 대해 많은 고민을 했다. 용어의 경우, 가능한 한 한국통계학회에서 편찬한 통계학용어사전에 따랐지만 그럼에도 불구하고 같은 용어에 대해 다양한 한글 표현이 동시에 사용되고 있는 실정이므로 여전히 고민스러웠다. 생소한 단위, 지명, 인명의 사용 문제도 해결하기 어려웠다. 역자들 나름대로 가장 정확한 표현을 골라 독자들이 쉽게 이해할 수 있도록 노력했지만 여전히 아쉬움이 남는다.

그동안 많은 대학에서 표본조사론 강의교재로, 조사전문기관이나 연구소 등 표본조사를 실제로 수행하는 곳에서 실무에 널리 활용해주셨다. 책의 판이 거듭될수록 독자들께서 많은 관심과 애정을 보여주신 점에 대해 감사드리며 앞으로도 변함없는 여러분들의 사랑과 충고를 바란다.

시간이 촉박함에도 불구하고 이 책이 번역되어 출간될 수 있기까지 정성을 다하여 도와주신 출판사 관계자분들께 깊은 감사를 드린다.

2012년 9월

역자 일동

저자 머리말

저술목적

『*Survey Sampling*, 7th edition』은 표본설계와 표본조사분석을 위한 입문서로서 경영학, 사회과학, 보건학, 환경학, 천연자원관리학과 그 밖에 표본조사를 활용하는 다양한 분야의 전공자들을 염두에 두고 집필하였다. 본 교재에서는 "조사(survey)"라는 용어를 보다 넓은 의미로 사용하는데, 표본으로 뽑힌 조사단위로부터 자료를 얻는 것은 물론이거니와 설문조사를 통해 응답을 받는 것까지도 의미한다. 이 책을 집필할 때 표본조사나 통계학 이론 자체보다는 표본조사의 응용에 관심을 갖는 학생들을 주로 고려하였으므로 기초통계학 한 과목 정도만 이수한 사람이라면 어렵지 않게 내용을 이해할 수 있을 것이다.

저술방법

이 책에서는 표본조사의 실제적인 활용 측면을 특히 강조하였다. 각 장의 앞부분에 표본조사의 역할에 대해 간단히 소개하였다. 각 장에서 표본설계 방법 및 추정법을 설명할 때는 가능한 한 실제적인 예제를 사용하였다. 각 장들은 다음 방식으로 구성되어 있다.

- 먼저 어떤 문제를 해결하기 위한 방법론을 소개한 후, 이어 각 방법에 따른 추정절차를 자세히 설명하였다. 분석에 필요한 공식들을 빠뜨리지 않고 정확하게 제시하였다. 추정 단계별로 사용되는 공식을 프로그래밍한 대화형 엑셀 워크시트를 제공한다.
- 예제를 들 때에는 가능한 한 실제적인 예제를 사용하였다. 가능한 한 일반적인 통계소프트웨어를 이용하여 데이터 분석을 쉽게 할 수 있도록 하는 계산방식을 제시하려 하였다.
- 각 장의 마지막에는 그 장에서 소개된 중요한 개념들을 학생들 스스로 더욱 깊이 이해할 수 있도록 하기 위해 실제적인 연습문제들을 많이 제시하였다. 이 책에서 사용되는 모든 데이터세트는 센게이지러닝 홈페이지(www.cengage.co.kr) Download 자료실에서 내려 받을 수 있다.

이 책이 단순한 매뉴얼 정도에 머무는 책이 되지 않도록 하기 위해 노력했다. 공식을 설명하거나 특정한 표본설계법을 선택하도록 할 때에는 학생들이 직관적으로 쉽게 이해할 수 있도록 설명하려 애를 썼다. 추정량의 성질을 시뮬레이션을 통해 설명한 경우도 몇 군데 있다. 예제나 연습문제들은 여러 응용분야에서 다양하게 선택하였다. 연습문제 풀이 중 복잡한 공식을 사용해서 계산하게 되는 경우 약간의 계산오차가 있을 수 있다.

실제 자료를 이용한 실습

독자가 실제 표본설계 상황을 보다 친숙하게 이해하도록 하기 위해 각 장의 마지막에는 "실제 자료를 이용한 실습(sampling from real populations)"이라는 절이 마련되어 있다. 경우에 따라 큰 프로젝트도 있고, 작은 문제도 있다. 과거 수년간의 강의를 통해, 학생이 직접 표본조사를 수행하는 과정에서 유익한 교훈을 많이 얻는 것을 보아왔다. 따라서 학생이 프로젝트를 직접 수행해보면서 조사의 모든 양상들을 경험할 수 있도록 실제적인 문제를 제시하는 것이다. 이 과정을 통해 교과서에서 배울 때에는 단순해보이던 개념들이 실제 작업 과정에서는 생각보다 복잡한 것을 배우게 될 것이다.

구성

1장에서 간단한 서론을 다룬 후에, 2장에서는 설문지설계와 자료수집법과 함께 표본조사의 기본 용어들을 소개한다. 이어 표본설계와 조사 분석의 기본적 쟁점들에 관한 통계학의 기본적인 개념을 다룬다(3장). 4, 5, 7, 8장에서는 가장 기본적인 표본추출인 단순확률추출, 층화확률추출, 계통추출, 집락추출을 각각 소개한다. 6장에서는 보조변수라는 개념을 사용하는 비추정, 회귀추정, 차이추정 등을 다룬다. 나머지 장들에서는 이단계 집락추출을 비롯하여 기타 표본조사의 주요한 주제들을 소개한다.

오차의 발생 원인이나 자료수집 방법, 설문지설계, 조사계획을 위한 지침 등 표본조사를 수행하는데 있어서의 실제적인 측면들을 강조한다. 확률표본추출법은 3장에서 소개되며 8장과 9장에서는 이것을 집락추출법의 상황에 적용시킨다. 10장에서는 모집단의 크기(사람수, 동물수, 식물수 등) 추정 문제를 다룬다. 11장에서는 앞에서 다루지 않은 주제 중 중요한 몇 가지를 택하여 간략하게 소개한다(각 장에는 실제 표본조사 현장에서 어떻게 표본추출을 하는지를 보여주는 구체적인 예제들이 나와 있다).

12장에서는 주요한 표본추출법들을 다시 정리하는 한편, 각 추출법 하에서 적절한 분석법을 선택할 수 있도록 훈련하도록 여러 연습문제를 제시한다. 본문 중에 나온 주요 이론을 수학적으로 유도한 것은 부록의 A에 수록되어 있다. 유도과정을 이해하려는 기초확률론에 대한 사전 지식이 필요하다. 책에 소개된 방법을 SAS macro로 구현한 결과가 부록 B에 나와 있다. 부록 C에서는 규모가 큰 데이터세트에 대한 설명을 하였다.

제7 개정판의 새로운 점

제7 개정판의 새로운 점은 무엇일까? 표본조사론의 추정 공식들(특히 추정분산식들)과 표본크기 계산식은 복잡한데, 이 개정판에서는 이러한 공식들의 계산을 간편하게 할 수 있도록 엑셀 대화형 도구상자를 제공한다. 독자들은 이 도구를 활용하여 각 공식이 '실제 작동하는 것'을 관찰할 수 있고, 그 결과 추정식의 성질을 이해하는 데 도움을 얻을 것이다. 뿐만 아니라 독자들이 까다로운 수식에 얽매이지 않고 여러 추출법과 그 특성 등의 더 큰 숲을 보도록 도와줄 것이다.

4장 이후, 각 장에 나오는 공식을 엑셀 도구상자와 연결해주는 워드(Word) 파일을 제공한다. 또한 각 장에 소개되는 수치 예제들도 모두 그 파일에 들어있다. 도구상자에 가서 단순히 클릭함으로써 독자가 나름의 새로운 수치 데이터를 입력할 수도 있다. 도구상자에 각 공식이나 수치예제들과 관련된 아이콘이 나와 있으므로 독자들이 수월하게 각 도구들을 활용할 수 있을 것이다.

감사의 글

엑셀 도구를 개발하도록 동기를 주고, 더 나아가 개발 중인 도구를 직접 활용해보고 필요한 지적을 아끼지 않은 게로우(Gerow) 교수의 학생들에게 감사를 전한다. 또한 개발된 엑셀 도구 초기 버전을 테스트한 후 중요하고 사려 깊은 의견들을 제공하여 완성도를 높이는 데 크게 기여한 캘리포니아 주립대학교 낸시 카터(Nancy Carter) 교수와 그 학생들에게도 심심한 감사의 뜻을 전한다.

오늘날 같은 정보화 사회에서 표본조사의 역할은 더욱 중요해지고 있다. 이 책을 통해 독자들의 표본설계 능력이 커지고, 조사결과에 나타나는 미묘한 사항들을 보다 잘 이해할 수 있게 되기를 바란다. 요약해서 말하자면, 우리의 목표는 데이터로부터 더 풍부한 정보를 얻는 것이다.

Richard L. Scheaffer

Lyman Ott

Ken Gerow

CONTENTS

차례

CHAPTER 01

서론

"미국 사람 중 22%는 유태인 대학살이 실제로 있었던 사건이라는 것을 의심하고 있다"라는 언론보도가 1993년도에 발표되어 사람들을 놀라게 했다. 어떻게 이런 언론보도가 나올 수 있었을까? 20세기 아니 어쩌면 인류 역사상 가장 중대한 사건의 발생 여부에 대하여 어떻게 이와 같이 많은 사람들이 의문을 갖고 있는 것일까? 이에 대한 해답은 이런 보도의 근거가 되는 여론조사, 즉 표본조사에서 찾을 수 있었다. 여론조사는 언제나 어느 정도는 불명확할 수밖에 없는 언어를 사용해 이루어진다. 이 여론조사를 실시한 조사기관 로퍼(Roper)에서 사용한 실제 질문은 다음과 같았다.

> 당신은 나치(Nazi)에 의한 유태인 대학살이 실제로는 발생하지 않았다는 것이 가능한 일이라고 생각하는가 또는 불가능한 일이라고 생각하는가?

이 질문에 대하여 응답자 중 22%는 "가능하다", 12%는 "잘 모르겠다"라고 대답하였고, 단지 65%만이 "불가능하다"라고 대답했다. 이런 질문에서는 부정문이 중복적으로 사용되어 응답자가 자신의 의견을 정확히 표현하는 데 있어 많은 혼란을 느끼게 된다. 이런 문제점을 확인하기 위하여 조사기관 갤럽(Gallup)에서는 다음과 같은 좀 더 구체적인 질문을 사용하여 재조사를 실시하였다.

> 제2차 세계대전 중 나치에 의하여 수백만의 유태인이 살해당한 유태인 대학살 사건의 발생 여부에 대하여 당신은 어떻게 생각하는지 다음 중에서 선택하여 주십시오.
> ① 실제로 발생했던 사건이라고 확신한다.
> ② 확신할 수는 없지만 실제로 발생했던 사건이라고 생각한다.
> ③ 확신할 수는 없지만 실제로 발생했던 사건이 아니라고 생각한다.
> ④ 실제로 발생했던 사건이 아니라고 확신한다.

이 조사에서 응답자 중 83%는 ①을, 13%는 ②를 선택하였고, 단지 1%만이 ④를 선택하였다. 한편 갤럽은 로퍼의 질문을 그대로 사용한 별개의 여론조사를 실시하여 응답자 중 37%가 유태인 대학살이 실제로는 발생하지 않았다는 것이 가능할 수 있다고 생각한다는 조사결과를 얻었다. 따라서 동일한 주제를 다룬 조사라 하더라도 질문 서술방식에 따라 조사결과는 상당한 차이를 보여 줄 수 있다는 사실을 확인할 수 있다.

정치, 사회, 경제 등 사회 각 분야에서 중요한 의사결정을 하는 데 있어서 여론조사 즉, 표본조사 결과는 점차 상당히 중요한 역할을 하게 되었다. 하지만 이런 조사결과는 경우에 따라 상당히 가변적일 수 있으며, 또한 일반인들은 이런 조사에 대한 이해가 부족한 것이 현실이다. 자료를 수집하고 이를 활용하기 위하여 현재 사용되고 있는 방법과 관련하여 신시아 크로센(Cynthia Crossen)은 그의 저서 *Tainted Truth*에서 다음과 같은 사항을 지적하고 있다.

> 우리는 통계 정보를 잘 믿으려 하지 않지만, 이러한 정보는 우리가 생각하는 것보다는 신뢰할만하다. (중략) 우리는 수치를 매우 중시하기 때문에 이를 믿지 않을 수 없다. 하지만 구매, 선택, 자문, 행동, 개선 등을 목적으로 만들어지는 많은 정보들은 사람들의 지식을 확장시켜 주는 것이 아니라 상품을 판매하거나 어떤 목표를 달성하기 위한 것이다.
>
> 이것이 바로 조사(survey)의 역할이고, 이를 통해 뉴스거리들이 만들어진다.

일반적으로 자료를 근거로 합리적인 의사결정을 하고 있지만, 활용된 자료가 왜곡된 경우가 많이 있다. 컴퓨터와 관련된 오랜 격언 중에 "쓰레기 입력에 쓰레기 출력"이라는 것이 있다. 하지만 오늘날 숫자를 인용한 조작이 점차 많은 사람들에 의하여 행해짐에 따라 이 격언은 "쓰레기 입력에 진리 출력"이라는 말로 변천되고 있다. 이런 문제를 해결하기 위하여 어떤 대책을 강구해야 할 것인가? 이에 대한 해결방안 중 하나로 우리는 교육을 생각할 수 있다. 자료를 통하여 '진실'에 도달하기 위해서는 엄격하고 편향되지 않은 객관적인 자료의 생산과 활용이 절대적으로 요구된다. 이를 위해서는 과학적인 조사를 시행하는 방법, 바람직한 조사를 위한 조사설계 방법, 조사결과를 적절하게 분석하는 방법 등이 교육되어야 한다. 이 책의 목적은 바로 이런 교육에 있다.

현대 통계학에서는 주어진 정보를 활용하여 관심대상에 대한 추론을 하는 방법과 이와 관련된 이론을 다룬다. 우리의 관심대상은 실제로 존재하거나 또는 반복적인 실험을 통하여 측정될 수 있는 값들의 집합, 즉 **모집단**(*population*)이다. 통계적인 추론의 근거가 되는 것은 모집단에서 추출된 부분적인 측정값들, 즉 **표본**(*sample*)이다. 우리는 표본의 특성 또는 표본이 내포하고 있는 정보를 바탕으로 모집단에 관한 추론을 한다. 예를 들어 어떤 백화점에서 그 백화점 카드를 소지한 고객들의 카드대금 계좌를 관리하고 있다고 하자. 백화점이 고객에게 청구할 카드대금 잔액은 매일같이 발생하는 구매와 대금결제에 따라 수시로 변하게 된다. 어떤 특정한 시점에 고객이 지불해야 할 카드대금 잔액들의 집합이 바로 백화점 관리자의 입장에서 관심대상이 되는 모집단에 해당한다. 이 경우 관심을 갖게 되는 모집단 특성은 모집단을 구성하는 모든 카드구매 계좌들의 총잔액일 것이다.

매일같이 변동되는 모든 카드대금 계좌의 잔액을 추적하는 작업은 컴퓨터를 적절히 활용하는 경우 가능할 수 있다. 하지만 이를 위해서는 매일같이 또는 매시간 자료를 업데이트하는 작업이 필요하다. 특정한 시점에 카드대금 계좌의 총잔액를 파악할 수 있는 보다 간편한 방법은 일부 카드대금 계좌를 랜덤하게 추출하여 계좌당 평균 잔액을 산출하고, 산출된 계좌당 평균 잔액에 총계좌 수를 곱하여 계산하는 방법일 것이다. 이런 방식이 바로 통계적인 방법으로 모집단 총계를 추정한 것이다. 기초적인 통계이론에 근거할 때, 단순히 표본의 크기를 증가시키면 이런 방법으로 얻은 추정값은 우리가 원하는 정확도를 만족시켜 줄 수 있다. 산출된 추정값은 추정오차의 한계(bound on the error of estimation)와 함께 제시되거나 신뢰구간의 형식으로 표현된다. 이런 것이 표본 정보를 활용한 모집단에 대한 추론에 해당한다.

표본조사를 통하여 얻게 되는 정보는 다방면에 걸쳐 우리 일상생활에 영향을 주고 있다. 경제, 사회복지 등과 같은 중요한 정부정책을 결정하는 데 이런 정보가 이용되고 있으며, 여론조사는 다양한 언론매체의 보도자료로 폭넓게 활용되고 있다. 또한 표본조사를 통해 TV 프로그램의 시청률을 파악하고 이에 따라 프로그램의 존속 여부를 결정하기도 한다.

미국 센서스국(U. S. Census Bureau)에서는 전체 인구를 집계하기 위해 모든 가구를 조사하는 것으로 흔히 생각한다. 하지만 10년 주기의 센서스에서는 단순히 인구만 세는 것이 아니다. 실제적으로 2000년 센서스의 경우, 모든 가구를 조사대상으로 하는 '단형설문지(short-form questionnaire)'에는 주택보유 여부, 이름, 성별, 연령, 가구주와의 관계, 히스패닉 혈통, 인종에 대한 문항이 들어 있었다. 한편 6가구 중 1가구 비율로 추출한 표본 가구를 조사대상으로 하는 '장형설문지(long-form questionnaire)'에는 사회적 특성, 결혼상태, 출생지, 시민권, 교육수준, 혈통, 가정내 사용 언어, 군복무, 직업, 수입, 거주형태 등과 같은 40여 개 문항이 단형설문지의 문항에 추가된다. 이런 조사를 통하여 얻은 정보는 연방정부의 예산을 각 주 또는 도시에 배정하는 근거로 사용된다. 일반 사업체에서는 매출액 예측, 인사관리 또는 새로운 판매망의 구축 등과 관련된 의사결정을 위하여 이런 정보를 적극 활용하고 있다. 도시 또는 지역개발계획 입안자들은 토지 활용, 교통망, 에너지 소비 등과 관련된 계획을 수립하기 위해 이런 정보를 유용하게 이용하고 있다. 아울러 경제와 인종 문제 등의 다양한 사회과학 연구 분야에서도 활용되고 있다.

미국 노동통계국(U. S. Bureau of Labor Statistics)은 일상적으로 20여 개의 통계조사를 실시하고 있다. 이런 통계들 중에서 일반인들에게 많이 알려지고 폭넓게 활용되고 있는 것이 소비자물가지수(consumer price index)이다. 소비자물가지수는 기준이 되는 각종 상품이나 서비스로 구성된 고정 시장바구니(fixed-market basket)의 가격 변동을 시간의 흐름에 따라 나타내는 지수이다. 이는 물가상승을 나타내거나 경제정책을 수립하는 중요한 경제지표로 활용되고 있다. 소비자물가지수는 기업체의 임금이나 연금과 관련된 계획, 정부의 의료 및 사회복지 정책 또는 집세 및 땅값 상승 등에 많은 영향을 주고 있다. 따라서 표본조사들을 통해 산출된 하나의 지수가 우리 사회에서 얼마나 중요한 역할을 하고 있는지 알 수 있다.

소비자물가지수는 몇 개의 조사를 토대로 산출된다. 소비자지출조사(Consumer Expenditure Surveys)를 통해 소비지출, 소득, 소비단위(가구와 개인)의 특성 등을 포함한 미국 소비자들의 구매행태에 대한 정보를 얻는다. 이렇게 얻은 정보는 전국의 87개 도시지역 23,000여 개의 소매상과 서비스 업체로부터 얻은 자료에서 산출한 상품과 서비스 가격과 대응시키게 된다. 집세 자료는 50,000여 명의 세입자 또는 집주인으로부터 얻는다.

미국 노동통계국에서는 노동인력, 취업, 실업률 및 비경제활동인구 등에 관한 포괄적인 정보를 얻을 수 있는 월별 가구대상 조사인 노동력조사(Current Population Survey) 자료를 수집하기 위해 상당히 많은 노력을 기울이고 있다. 비록 노동력은 16세 이상 인구를 기준으로 공표되지만, 노동력

조사를 통해 60,000여 확률표본가구를 대상으로 15세 이상의 일반 가구 거주자의 경제활동상태에 대한 정보를 매월 수집한다. 조사에서 수집된 모든 정보에 대한 비밀은 철저히 보장되고, 관련 정보는 통계분석 목적으로만 사용된다는 점을 응답자들에게 명확하게 확신시켜주고 있다.

노동통계국에서 실시하는 다른 많은 조사들을 소개하면, 우선 직업별 임금, 임금관련 비용 추세, 노동비용과 고용에 따른 시간당 비용의 변동 등에 대한 포괄적인 척도를 제공하는 전국임금조사(National Compensation Survey)가 있다. 또한 전국패널조사(National Longitudinal Surveys)는 특성에 따른 남녀그룹을 구분하여 노동시장에서의 활동 및 인생에서 중요한 사건의 발생 등에 대한 정보를 지속적으로 장기간에 걸쳐 얻기 위해 설계된 것이다. 전국패널조사는 경제학자와 사회학자를 비롯해 많은 연구자들에게 매우 중요한 자료를 제공하고 있다. 사업체조사(Establishment Surveys)에서는 사업체 근로자의 근무시간 또는 소득에 관한 정보를 수집하고, 직업예측(Occupational Outlook) 조사에 의하여 10년 후 각종 직종별 취업전망을 예측하고 있다. 이밖에 미국 노동통계국에서 사용하는 표본추출방법과 조사방법에 관한 것들은 노동통계국에서 발간된 조사방법지침서(*Handbook of Methods*)를 참고하기 바란다.

여론조사결과는 항상 언론매체를 통하여 접할 수 있고, 이와 관련된 기관인 갤럽(Gallup)이나 해리스(Harris) 등은 일반인들에게 널리 알려져 있다. 이런 여론조사 즉, 표본조사는 정치, 종교, 스포츠, 오락 등과 관련된 일반인들의 의견이나 태도를 반영하고 있다. 갤럽(http://www.gallup.com/)은 매우 민감하거나 논쟁이 심한 주제를 포함한 거의 모든 정치, 사회 및 경제적인 이슈들에 대한 사람들의 의견을 파악하는 것을 전문적으로 다루고 있다. 이 기관은 어떤 특정 집단에 이득을 주지 않도록 모든 여론조사가 언제나 객관적이고 독립적으로 실시되고 있다는 것에 대해 스스로 자랑스럽게 생각하고 있다. 해리스 폴(Harris Poll®)로 잘 알려진 해리스 인터렉티브(Harris Interactive,® http://www.harrisinteractive.com)는 마케팅리서치에 인터넷을 활용하는 데 선도적인 역할을 한 세계적인 마케팅 리서치 및 컨설팅 회사이다.

닐슨조사회사(http://www.nielson.com/)는 다양한 흥미롭고 중요한 업무 수행을 위해 표본추출 기법을 사용한다. A. C. 닐슨은 소매 제조 및 서비스 산업에 대한 마케팅 관련 리서치 및 정보분석 결과를 제공하고 있다. 유명한 TV 시청률 조사 회사인 닐슨 미디어 리서치(Nielson Media Research)는 TV 시청률 측정 자료와 관련된 미디어 리서치 정보를 제공하고 있다. 닐슨 렛 레이팅은 현대 사회에서 그 중요성이 날로 증가하고 있는 인터넷 사용자 측정 및 분석 자료를 제공한다.

시카고대학의 NORC (National Opinion Research Center)이나 미시간대학의 SRC (Survey Research Center) 등 다수의 대학 연구센터들은 전문적인 표본추출 기법과 관련해 잘 알려져 있다. NORC (http://www.norc.uchicago.edu/)는 GSS (General Social Survey)를 주관하는 것으로 잘 알려져 있으며, 정부기관, 교육기관, 재단 및 사기업체(2000년 대선의 플로리다 주 투표 관련 소동에 대한 연구 포함) 등을 위한 다양한 연구에도 참여하고 있다. GSS에서는 인구통계 및 사람들의 태도나 경향을 나타내는 기준이 되는 핵심적인 변수와 함께 관심에 따라 매회 선택되는 특별 주제에 대한 변수를 조사하여 현대 미국 사회의 변동을 파악하게 된다. SRC (http://www.isr.umich.edu/src/)는 과학적인 표본조사 자료의 수집과 분석과 관련된 다양한 사회 과학 학문분야를 연계한 리서치를 전문적으로 다룬다. 특히 이 기관에서는 기초 연구 및 조사를 토대로 한 응용연구를 수행할 뿐만 아니라 교육과 훈련을 통한 과학적인 조사연구

방법의 보급을 위해서도 힘쓰고 있다.

사업체에서는 정부에서 행하는 통계조사에 의존하여 중요한 경영전략을 수립할 뿐만 아니라 합리적인 기업 경영을 위해 스스로 표본조사를 실시하고 있다. 회계 감사에서는 수많은 계정과목 중 표본으로 선정된 계정과목을 검토하여 회계규정의 충실한 이행여부와 계정과목의 잔액을 확인한다. 또한 제품 제조과정의 품질관리를 위해서도 표본조사 기법이 폭넓게 활용되고 있다.

특히 사업체의 업무 중 시장조사 관련 분야에서는 정밀한 표본조사 기법이 이용된다. 어떤 제품을 생산하고, 누구를 대상으로 판매하고, 또한 어떤 형태의 광고를 활용할 것인가 등에 대한 결정이 표본조사 자료를 토대로 이루어진다. 이런 표본조사는 제품을 생산하는 제조업체가 스스로 수행할 수도 있고, 경우에 따라 이런 시장조사를 전문적으로 수행하는 조사업체에 의뢰하여 수행하기도 한다. 예를 들어, Market Research Corporation of America는 표본조사를 통하여 다양한 형태의 자료를 제공하고 있다. 특히 전국식단조사(National Menu Census)에 의하여 얻어진 결과는 매우 흥미롭다. 이 조사에서는 표본으로 선정된 가구를 대상으로 2주일 동안 식료품 소비 행태를 조사한다. 여기에는 1년에 4,000가구나 참여하고 있으며, 특정한 식품이 제공되는 횟수, 조리하는 방법, 먹는 사람 수, 음식 찌꺼기의 처리방법 등을 포함한 여러 가지 사항들을 조사한다. 이런 정보는 제품 개발 및 광고 등에 있어 중요한 역할을 하게 된다.

Statistics: A Guide to the Unknown (Tanur, 1989)에는 일반적인 통계 및 표본조사에 관한 흥미로운 사례들이 제시되어 있다. 예를 들어, 여론조사 방법 및 활용에 관하여 조지 갤럽(George Gallup)의 “Opinion Polling in a Democracy”와 링크(Link)의 “Election Night on Television” 등의 논문이 수록되어 있다. 한편 야생 생태학에 관심이 있다면 이 책에 있는 챔프먼(Chapman)의 “The Plight of the Whales”이 흥미로울 것이다. 또한 존네터(John Neter)의 “How Accountants Save Money by Sampling”을 참조하면 항공사 또는 철도회사 간에 발생하는 청구액을 효과적으로 정산하기 위하여 표본조사 기법이 어떻게 활용되는지 알 수 있다.

추론이 바로 현대 통계학이 추구하는 핵심사항이기 때문에, 아마도 표본조사 교과과정에서는 통계학의 영역 중 특히 어떤 주제들을 중점적으로 다루는지 궁금할 것이다. 이에 대한 해답으로 두 가지 측면을 생각할 수 있다. 첫째, 우리는 특정한 정보를 경제적으로 얻는 방법에 관심을 둘 것이다. 좀 더 구체적으로 설명하면 특정한 자료를 얻는 데 필요한 비용을 줄이기 위해서는 표본설계를 어떻게 하는 것이 좋은가 생각해 보는 것이다. 물론 기초통계학에서도 이런 문제를 다루고 있지만, 기초통계이론에서는 자료가 이미 수집되어 있는 상황 후에 문제를 해결하기 위한 기본 개념과 통계적인 추론방법을 다룬다는 차이가 있다. 둘째, 표본조사 교과과정에서는 자연과학보다는 사회과학, 기업경영, 천연자원(수목, 야생동식물 등) 관리 등의 분야에서 필요로 하는 표본추출방법과 통계적인 추론 문제를 주로 다룬다.

자연과학과 사회과학 분야에서 사용하는 용어에 있어서도 차이가 있다. 표본 자료를 얻기 위하여 사회과학자는 조사(*surveys*)를 하고 이에 반하여 자연과학자는 실험(*experiments*)을 한다. 따라서 적용분야에 따라 모집단의 속성에도 차이가 있고 표본을 추출하는 방법에도 차이가 있다는 점을 인식할 필요가 있다. 예를 들어 유권자, 회계계정과목, 특정한 종류의 동물 등을 관심대상으로 하는 경우 모집단은 유한개로 구성된다. 반면에 어떤 화학과정에 의한 산출물을 측정하여 얻게 되는 반응결과를 관심대상으로 하는 경우 이론적인 모집단은 셀 수 없을 정도로 무한하다고 볼 수 있다

(일반적인 기초통계학에서는 추정량이나 검정 통계량의 성질에 관하여 논의할 때 관심 모집단이 표본에 비하여 무한히 크다고 가정한다는 사실에 유의하기 바란다). 표본을 추출하는 방법에 있어서도 적용분야에 따라서는 제약이 따르게 된다. 생물, 화학, 물리 등의 자연과학에서는 실험 조건을 원하는 상태로 조절하면서 표본을 얻을 수 있다. 하지만 사회과학, 기업경영, 천연자원관리 등의 분야에서는 주어진 조건을 조절하는 것이 불가능하다. 예를 들어 의학 연구자가 두 종류의 약품에 대한 생쥐의 반응을 비교하는 경우를 고려해 보자. 이런 실험에서는 실험자가 원하지 않는 변동을 최소화하기 위해 실험대상 생쥐들의 초기 무게와 음식 섭취량을 동일하게 조절할 수 있다. 반면에 어떤 상품의 판매 촉진을 위한 두 개의 TV 광고 효과를 비교하는 경우 주요한 대부분의 변수들이 현실적으로 조절될 수 없으며, 더욱이 북대서양에 서식하고 있는 물개의 수에 영향을 주는 환경요인에 관한 연구를 수행하는 경우 우리는 주어진 조건을 전혀 조절할 수 없다.

요약하면, 이 책에서는 사회과학, 기업경영, 천연자원관리 등의 분야에서 일반적으로 적용될 수 있는 표본추출 및 추론방법에 대하여 논의하고자 한다. 특히 실제로 존재하는 모집단에서 표본을 추출하는 실제적인 방법과 다양한 형태의 어려움이 있는 경우 이를 극복하는 방법에 대해 논의할 것이다. 모집단의 특성을 효과적으로 활용하여 표본조사를 설계하는 방법을 제시하고, 아울러 적용된 표본설계에 따라 주어진 정확도를 충족시키면서 비용을 줄일 수 있는 추정방법을 논의할 것이다.

2장에서는 표본조사를 설계하는 데 있어서 발생할 수 있는 문제들과 함께 표본추출에서 사용되는 기본적인 용어들을 설명하고자 한다. 3장에서는 추론을 하는 데 있어서 가장 근본적인 역할을 하는 확률 등과 같은 통계학개론 수준에서 다루는 기본적인 개념들을 정리할 것이다. 초보적인 수준의 학생들에게도 친숙한 단순확률추출법을 4장에서 자세히 다루고 있다. 여기서는 표본을 실제적으로 추출하는 구체적인 과정도 함께 설명한다. 그 다음 장부터는 표본을 경제적으로 추출하는 다양한 방법과 추출방법에 따른 모집단의 모수를 추정하는 방법에 대하여 논의할 것이다.

이 책을 활용하는 데 있어서 각 장의 궁극적인 목표는 **추론**(*inference*)이라는 사실을 항상 염두에 두기 바란다. 각 장에 제시되는 표본추출방법, 관심을 갖는 모집단의 모수, 모수에 대한 추정량, 그리고 이와 관련된 추정오차의 한계를 항상 확인하기 바란다. 아울러 특정한 표본추출방법을 적용함으로써 얻을 수 있는 이점을 올바로 평가하고 이를 직관적으로 이해하기 위해 노력하는 것이 바람직하다. 경우에 따라 상당히 복잡한 형태로 나타나는 추정량 또는 분산의 공식에 정신을 빼앗기지 말고 이보다 폭넓은 개념들을 이해하는 데 집중하기 바란다. 한마디로 말하면 숲속의 나무보다는 전체 숲을 보는 것이 중요하다. 마지막으로 세부사항의 이해를 돕기 위하여 연습문제를 적극 활용하기 바란다.

CHAPTER 02

표본설계의 기본요소

2.1 개요

표본조사의 목적은 표본을 통해 파악한 정보를 이용하여 모집단의 특성에 관해 추론하는 것이다. 표본조사에서 일반적으로 가장 관심의 대상이 되는 특성으로는 모집단 평균(예: 가구당 평균소득)과 모비율(예: 특정 이슈에 대한 유권자들의 찬성률)을 들 수 있다. 따라서 이 책에서도 모평균과 모비율 추정 문제에 대해 주로 논의할 것이다. 먼저 유한모집단에서 어떻게 표본을 추출하는지를 다루고 이어 모집단 규모가 커질 때 어떤 현상이 나타나는지를 살펴본다. 이 책에서 주로 다룰 추론문제는 평균, 총계, 비율 등의 모수에 대한 추정량을 구하고 아울러 그 추정량의 오차의 한계를 구하는 것이다. 엄밀한 표본이론 자체보다 실제적인 표본조사 방법론에 더 관심이 있는 독자들을 배려하기 위하여 이 책에서는 추정량의 타당성을 입증할 때 엄밀한 수리적 증명보다는 가능한 한 직관적인 설명을 통해 이해시키는 방법을 택하였다.

표본설계에 관한 본격적인 논의에 들어가기 전에 먼저 표본조사에서 널리 사용되는 기본 용어부터 설명하려고 한다(2.2절). 뒤이어 2.3절에서는 모집단으로부터 표본을 추출하는 방법을 다룬다.

모집단에서 추출되어 조사된 각각의 관찰값이나 항목들은 모두 모수에 대한 정보를 일정 부분씩 지니고 있다. 모수에 대한 정보를 얻는 데는 비용이 필요하기 때문에 조사를 기획할 때에는 비용과 얻고자 하는 정보의 수준을 동시에 고려하여 필요한 결정을 내려야 한다. 표본의 정보가 부족하면 정확한 추정을 하기 어렵고, 반대로 정확한 추정을 하려면 때로 비용이 너무 많이 든다는 한계가 엄연히 존재한다. 표본을 통해 얻을 수 있는 정보의 양은 표본의 크기와 자료들의 변동의 정도에 따라 좌우된다. 이 중 자료들의 변동의 정도는 흔히 **표본조사설계**(*design of sample survey*)라는 용어로 일컬어지는 표본추출 방법에 따라 달라질 수 있다. 표본으로 추출된 각 조사단위로부터 정확한 정보를 얻을 수 있다고 가정하면, 표본설계법과 표본크기에 따라 모수와 관계되는 표본의 정보량의 정도가 결정된다. 여러 가지 표본설계법에 대해서는 2.3절에서 다룰 것이다.

만일 각 조사단위로부터 정확한 관찰값을 얻기 어렵다면 관찰 과정에서 생기는 오차를 고려해야 하는데 이에 대해서는 2.4절에서 논의한다. 2.5절에서는 효과적인 설문지 작성을 통해 조사의 정확성을 높이는 방법에 대해 다룬다. 마지막으로 조사기획 단계에서 검토해야할 중요한 요소들에 대해서는 2.6절에서 논의한다.

2.2 기본용어

이 책에서는 너무 많은 전문용어들을 소개하는 것을 자제하고 표본조사를 위해 필수적으로 정의되어야 할 최소한의 기본용어들만 선별하여 다루고자 한다. 기본용어를 설명할 때에는 가급적 구체적인 예를 사용하여 이해를 돕고자 한다. 어느 지역에서 선거를 앞두고 유권자들의 의식을 알아보기 위해 여론조사를 실시하려 한다. 조사목적은 특정 공약에 대한 유권자들의 지지율을 추정하는 데 있다.

정의 2.1

*조사단위(element)*란 관찰해야 할 대상을 일컫는 용어이다.

선거조사 예에서의 조사단위는 해당 지역에 등록된 유권자 개인이 될 것이다. 여기서 관찰이란 개별 유권자가 선거공약에 대해 지지하는지의 여부를 파악하는 것을 의미하는데, 유권자가 공약을 지지한다면 1의 값을, 지지하지 않는다면 0의 값을 매겨 관찰결과를 기록할 수 있다.

정의 2.2

*모집단(population)*이란 특성을 알고자 하는 관심집단에 속하는 조사단위들의 모임을 나타내는 용어이다.

선거조사 예에서 모집단은 해당 지역 내의 모든 유권자들의 모임이 된다. 모집단에 속하는 유권자에게서 조사해야 할 내용은 선거공약에 대한 지지 여부이다.

조사연구자는 표본추출을 하기에 앞서 먼저 모집단 정의를 명확하고 구체적으로 내려야 한다. 모집단을 정의할 때에는 무엇보다 먼저 조사단위를 명확히 규정하는 것이 필요하며, 아울러 조사단위에 대한 측정방법도 설명하는 것이 필요하다. 조사단위와 측정방법은 서로 밀접하게 연관되어 있다. 선거조사에서 모집단을 특정 지역에서 유권자 등록을 마친 유권자라고 정의하자. 유권자 중 일부를 표본으로 추출하여 다가오는 선거에 참여할 것인지의 여부를 조사한다고 하자. 선거관리위원회에서는 선거를 앞두고 유권자 명부를 공개하지 않으므로 현실적으로 정확한 모집단 명부를 확보하는 것이 불가능한 상황이다. 조사연구자는 사전에 미리 이런 상황을 예상하여 추가적인 대비책을 마련해야 한다. 선거조사에서 조사연구자가 해당 지역의 등록 유권자 명부를 얻는 것이 불가능하여 차선책으로 거주자 명부를 구할 수가 있다. 이 경우 거주자 명부를 이용하여 표본을 추출하게 되지만 조사문항에 응답자가 유권자인지 아닌지를 밝힐 수 있는 문항을 포함시켜 두면 나중에 문제를 쉽게 해결할 수 있다.

정의 2.3

*추출단위(sampling unit)*는 모집단에 포함되는 모든 조사단위를 중복되지도 않고, 누락되지도 않게 구분하여 정한 조사단위들의 모임을 일컫는다.

선거조사에서는 유권자를 추출단위로 할 수도 있고 가구를 추출단위로 할 수도 있는데 실제로는 가구를 추출단위로 하는 것이 조사상 더 편리하다. 추출단위를 가구로 한다면 가구명부를 잘 검토하여 유권자 중 명부에서 누락되는 대상이 생기지 않도록 해야 한다.

정의에서도 언급했듯이 하나의 조사단위가 복수의 추출단위에 중복되는 경우가 생겨서는 안 된다. 하지만 때로 추출단위들 사이에 중복 포함되는 조사단위가 불가피하게 생기는 경우가 있다. 동물의 서식(habitats)에 관한 연구가 대표적인 사례이다. 동물서식 관련 연구에서는 일반적으로 원형 모양으로 된 구획을 추출단위로 사용한다. 이와 같이 추출단위를 원형 모양으로 할 경우 구획 지정이 편리하고 실제 조사할 때 조사원의 이동거리를 최소화할 수 있다는 장점이 있기 때문이다. 하지만 원형 모양 추출단위로는 모집단을 누락이나 중복 없이 다 포함시킬 수 없다. 이때 중복이 생기지 않도록 한다는 말은 표본추출의 편리성을 살리는 범위 안에서 중복을 최소화시킨다는 것을 의미한다.

모든 추출단위를 하나의 조사단위로만 구성하게 되면 추출단위와 조사단위는 정확하게 일치한다. 선거관련 조사에서 추출단위를 유권자로 한다면 조사단위나 추출단위는 모두 유권자로 동일하다.

정의 2.4

*추출틀(frame)*은 추출단위들의 명부(list)이다.

유권자를 추출단위로 한다면 추출틀은 등록된 유권자들의 명부가 된다. 유권자 명부를 매번 때에 맞게 갱신하기가 어려우므로 추출틀에 일부 조사단위가 누락될 가능성이 있다. 추출단위를 가구로 하게 되면 전화번호부, 거주자 명부, 센서스 자료에 수록된 가구주 명부 등이 추출틀로 쓰일 수 있다.

어떤 추출틀이든 현실적으로 완벽한 추출틀이 되기는 어렵다. 대부분의 추출틀은 최신의 모집단 상황을 미처 반영하지 못하고 있기 때문이다. 가구주 명부를 추출틀로 사용한다고 하자. 이때 가구주 명부에 최근에 다른 곳으로 이주한 가구주의 이름이 삭제되지 않았다든지 새로 이주해온 가구주의 이름이 추가되지 않았다든지 할 수 있다. 이런 명부를 추출틀로 사용할 경우 모집단에는 없는 조사단위가 표본으로 추출된다든지 아니면 정반대의 경우가 일어날 수 있다. 실제 모집단과의 차이가 가장 적은 추출틀을 마련하기 위해 많은 노력을 기울이는 것이 필요하다. 표본조사 자료를 이용해 추정했을 때 통계적 정확성이 보장되도록 할 수 있도록 하는 추출틀을 마련해야 하는 것이다.

때에 따라서는 표본설계를 위해 한꺼번에 여러 개의 추출틀을 동시에 사용하기도 한다. 선거조사에서 표본을 추출하기 위해 먼저 가구를 추출하고 이어 그 가구에 있는 모든 유권자들을 추출한다고 하자. 이 경우 일차적인 추출틀은 가구의 명부가 될 것이고, 이차적 추출틀은 가구 내의 유권자 명부가 될 것이다. 두 번째 추출틀은 일단 표본으로 선정된 가구에 대해서만 확보하면 된다. 다른 예로 농작물 생산량조사를 할 때 표본으로 선택된 재배농부를 대상으로 면접조사를 하는 한편, 실제 경지에 나가 실측조사를 병행하는 경우가 있다. 이때는 재배자 리스트와 경지 리스트가 동시에 추출틀로 사용된다.

명부 형태의 추출틀만 있는 것은 아니다. 가령, 태평양 상의 어떤 섬에 서식하는 특정 조류의 수에 대한 연구를 생각해보자. 이 경우엔 그 섬의 지도를 추출틀로 사용할 수 있다. 지도를 격자로 구분한 후 격자 하나하나를 추출단위로 고려하게 되는 것이다. 이와 같이 모집단의 추출단위들을 포괄하여 나타낼 수 있는 적절한 장치가 있다면 그것을 추출틀로 활용할 수 있다.

정의 2.5

*표본(sample)*은 추출틀로부터 뽑힌 추출단위들의 모임이다.

표본의 조사단위로부터 개개의 자료를 구하여 모집단의 특성을 설명하게 된다. 유권자가 추출단위이고 유권자 명부가 추출틀이라고 하자. 표본으로 뽑힌 유권자들을 접촉하여 그들이 선거공약에 지지하는지를 조사할 것이다. 표본 유권자로부터 조사된 이 자료를 이용하여 지역 전체 지지율을 추정한다.

2.3 표본추출 방법: 표본조사설계

표본을 추출하는 목적은 표본에서 얻어지는 정보를 가지고 평균이나 총계 등의 모수를 추정하기 위해서이다. 연구자는 표본크기와 표본추출 방법에 따라 표본을 통해 얻을 수 있는 정보의 양을 조절할 수 있다. 표본크기는 어떤 기준에 의해 결정해야 하는가? 표본추출법에는 어떤 것들이 있을까? 표본으로부터 어느 정도의 정보를 얻고자 하느냐에 따라 이 질문들에 대한 답은 달라진다. 추정하고자 하는 모수를 θ로, θ의 추정량을 $\hat{\theta}$이라고 표기하자. 표본크기를 결정하려면 먼저 다음과 같이 추정오차의 한계를 지정해주어야 한다. 즉, θ와 $\hat{\theta}$의 차이의 절대치가 보다 작도록 하면 되는데 이를 식으로 표현하면 다음과 같다.

$$\text{추정오차} = |\theta - \hat{\theta}| < \mathrm{B}$$

어떤 표본추출 방법을 사용하여 표본을 추출하는 시행을 여러 번 반복한다고 했을 때 그중 추정오차가 오차의 한계보다 작은 경우의 비율을 $(1 - \alpha)$라는 확률로 나타낼 수 있다. 이것을 확률식으로 표현하면 다음과 같다.

$$P[\text{추정오차} < B] = 1 - \alpha$$

앞으로는 종 모양의 분포에서 $(1 - \alpha)$의 값이 대략 0.95가 되도록 해주는 B 값을 추정오차의 한계로 간주할 것이다. 이 책에서 소개되는 대부분의 추정량들은 표본의 크기가 일정 정도 이상이 되면 원래 모집단의 분포가 어떠하든 상관없이 근사적으로 종 모양의 분포를 지닌다.

(1 − α)라는 확률과 연관된 추정오차의 한계가 정해지면, 다음으로 최소의 비용으로 목표정도를 달성시킬 수 있는 표본추출 방법을 찾아야 한다. 이때는 가능한 여러 추출 방법들을 서로 비교하게 된다.

확률추출

3장에서 살펴볼 전통적인 추정이론에 의하면, 추정량의 성질을 확률적으로 평가하기 위해 표본을 추출할 때는 반드시 확률적인 방법으로 랜덤하게 추출해야 한다. 그래야만 추정량의 성질에 대한 확률론적인 분석이 가능하기 때문이다. 적절한 확률추출이 적용되었을 때에만 "추정량은 비편향이며 실제 모비율과 추정치의 차이의 절대치가 2% 범위 안에 있을 확률이 95%이다"라는 식의 통계적 표현을 하는 것이 가능하다. 확률추출을 가능하게 해주는 표본추출법을 일컬어 **확률표본**(*probability sample*)이라고 한다. 이 책에서는 이후로 확률표본만을 다루기로 한다. 확률표본의 추출을 가능하게 하는 주요 추출방법들을 여기서 간단히 소개하겠다.

가장 기본적인 추출법인 **단순확률추출법**(*simple random sampling*)은 추출틀로부터 표본크기인 표본을 추출하려고 할 때 가능한 모든 표본들의 추출확률을 동일하게 해주는 추출 방법이다. 선거조사의 예의 경우, 거주자 명부에서 추출 가능한 크기인 모든 가능한 표본의 추출확률을 동일하게 해주는 추출 방법에 따라 유권자를 추출하게 되면 이 표본은 바로 확률표본이 된다. 단순확률추출법에 관한 자세한 사항은 4장에서 배울 것이다. 만일 해당지역의 유권자들의 사회경제적 배경이 모두 비슷하다고 가정할 수 있다면 단순확률추출법은 다른 어떤 표본추출법보다 유권자들의 지지율을 파악하는 데 효과적이면서도 편리한 방법이 된다.

해당 지역의 유권자를 크게 고소득자와 저소득자로 나눌 수 있다고 하자. 이때 고소득층의 유권자들과 저소득층의 유권자들의 지지 성향이 서로 다를 수 있다. 그러므로 모집단에 대해 보다 정확한 정보를 얻기 위해서는 각각의 부류들로부터 적당하게 표본을 선택해야 한다. 모집단을 소득수준에 따라서 고소득층과 저소득층으로 나눈 후, 집단별로 각각 단순확률추출법을 적용하여 표본을 추출할 수 있다. 이런 방법으로 추출한 표본을 **층화확률표본**(*stratified random sample*)이라고 한다.

층화를 위해서는 유권자의 소득수준과 같이 층을 구분하는 기준이 되는 보조변수가 필요하다. 한편, 유권자의 소득수준에 따라 층을 나누게 되면 추정 시에 추정량의 정확성이 더 높아진다. 보조변수의 정보를 추정 과정에서 활용하는 방법으로 **비추정법**(*ratio estimation*)이 있다. 비추정법은 추정식에 관심변수와 보조변수를 모두 포함한다. 어떤 지역 내 가구들의 연평균 오락비를 추정하는 문제를 생각해보자. 먼저 각 가구당 총수입액에 비해 오락비가 차지하는 비를 계산하고, 그 비에다가 그 지역 가구들의 총수입을 곱해주면 편리하게 계산할 수 있다. 층화확률표본에 대해 비추정법을 적용할 수 있다.

선거조사 지역이 도시인 경우, 개개의 유권자를 추출단위로 하기보다 블록이나 번지를 추출단위로 하는 것이 더 경제적이다. 먼저 특정 블록을 표본으로 추출한 후, 표본 블록 내에 거주하는 모든 유권자를 대상으로 조사한다. 이와 같은 표본추출법을 **집락추출법**(*cluster sampling*)이라고 한다. 집락추출법이나 층화확률추출법이나 모집단을 여러 개의 하위 그룹으로 나눈다는 점은 같지만 부분 하위 그룹으로 나누는 방법이 서로 다르다. 층화확률추출법은 먼저 층을 나눈 후 각 층에 대해 단순확률추출법을 적용하는 방법이다. 반면 집락추출법은 단순확률추출법으로 그룹(집락)들을 추출한 후, 표본으로 선택된 그룹에 포함되는 개개의 조사단위를 모두 조사하는 방법이다.

모집단에 속한 조사단위들의 명부가 마련되어 있는 경우를 생각해보자. 명부의 앞부분에서 한 사람을 랜덤하게 선택한 후 그 사람 이후 일정 간격 떨어진 이름을 자동적으로 추출하는 방법을 생각할 수 있다. 이와 같은 추출법으로 얻어지는 표본을 **계통표본**(*systematic sample*)이라고 한다. 계통추출법은 표본추출 면에서 매우 편리하다. 또한 경우에 따라서는 단순확률추출법보다 추정의 효율이 더 높을 때도 있다(7장).

조사에는 비용이 든다. 하나의 조사단위를 조사하기 위해 소요되는 비용은 표본추출법에 따라 다르다. 뿐만 아니라 똑같은 방식의 설계를 했다고 해도 조사방법이 무엇이냐에 따라 다를 수 있다. 그러므로 조사연구자는 목표 오차의 한계를 만족시키면서도 표본크기를 최소화할 수 있도록 표본설계를 해야 한다(조사단위당 조사비용이 동일한 경우). 조사단위당 조사비용이 서로 다를 때에는 최소의 비용으로 주어진 목표 오차의 한계를 만족시킬 수 있도록 표본을 설계해야 한다.

할당추출법

확률추출법에서는 추정량의 편향 여부를 밝히고, 추정량의 정확성을 확률적으로 표현하도록 하기 위해 표본을 추출할 때 반드시 랜덤하게 추출할 것을 요구한다. 표본을 랜덤하게 추출하지 않는다면 아무 일도 할 수 없을까? 한 대학교 학생들의 성별 분포가 남학생 60%, 여학생 40%라고 하자. 단순확률추출법으로 표본을 추출하게 되면 그중 남학생이 정확하게 60% 포함되는 경우는 매우 드물 것이다. 이때 남학생이 정확히 60%가 포함되게 하는 표본을 추출하는 방법을 고려할 수도 있다. 이와 같이 특정 속성을 지닌 조사단위가 지정된 비율로 표본에 포함될 수 있게 하는 추출법에 의해 추출된 표본을 **할당표본**(*quota sample*)이라고 한다. 확률추출과 **할당추출**을 서로 비교해보자.

확률추출과 할당추출을 비교하는 데 있어서 좋은 예는 미국 대통령 선거여론조사의 예이다. 선거여론조사에서는 시간이 약간만 지나면 개표 결과가 발표되므로 표본조사를 통한 추정의 적절성이 반드시 드러나게 되어 있다. 1948년 이전까지 선거여론조사에서는 할당추출법이 널리 사용되었다. 표본 유권자들의 성별, 연령별, 소득별, 교육수준별 비율이 모집단의 비율과 일치할 경우 예측 결과가 더 정확할 것으로 생각하였기 때문이다. 그러나 1948년 선거여론조사 결과는 이러한 생각에 대해 근본적인 의문을 제기하였다. 당시 여론조사에서 약세로 평가되던 해리 트루먼(Harry Truman) 후보가 개표 결과 상대방인 토마스 듀이(Thomas Dewey) 후보를 누르고 대통령으로 당선되었기 때문이다. 당시 세 개 주요 여론조사기관(Crossley, Gallup, Roper)의 조사결과가 표 2.1에 나와 있는데, 이 표를 보면 세 조사기관 모두 토마스 듀이 후보의 지지율을 과대 추정하였음을 알 수 있다. 표 2.2에는 당시 각 조사기관에서 사용한 할당표본의 성별, 연령별, 교육수준별, 인종별, 퇴역군인 특성별 비율이 나타나 있는데 모두 미국 모집단의 비율과 비슷하다(교육수준에서만 약간의 예외가 보이는데 여론조사 표본에서 “중학교 이하”라는 항목의 비율이 매우 낮다).

할당추출이 1948년 여론조사 실패의 유일한 원인이라고는 할 수 없지만 그래도 중요한 원인인

표 2.1 1948년 선거여론조사

	후보자별 지지율				
	토마스 듀이	해리 트루먼	서먼드	월리스	총계[†]
실제 개표 결과	45.1	49.5	2.4	2.4	99.4
크로슬리	49.9	44.8	1.6	3.3	99.6
갤럽	49.5	44.5	2.0	4.0	100.0
로퍼	52.2	37.1	5.2	4.3	98.8

[†]군소후보들의 지지율은 제외됨. 갤럽의 비율은 주요 후보 네 명의 상대비율임.
출처: F. Mosteller, *The Pre-election Polls of 1948*. Copyright © 1949, Social Sciences Research Council, New York.

표 2.2 미국 전국에 대한 갤럽과 로퍼 표본의 비교

	비율		
	모집단 추정값	갤럽 10월 14일 표본	로퍼 10월 25일 표본
성별			
남	49.1[†]	50.5	50.1
여	50.9	49.5	49.9
연령			
21~34	34.3	29.6	36.3
35~49	30.9	34.4	30.8
50세 이상	34.8	35.9	32.9
교육수준			
중졸 이하	43.5	35.3	27.5
고졸	43.4	46.8	48.8
대졸	13.0	17.9	23.7
인종			
백인	96.1	95.0	97.4
흑인	3.9	5.0	2.6
퇴역군인 여부			
남자 재향군인	14.2	13.3	18.3
기타	85.8	86.7	81.6
노조회원 여부			
회원		17.5	23.1
비회원		82.5	76.9
총 응답자수		2,972	3,501

[†]1948년 11월 현재 21세 이상의 인구기준.
출처: 표 2.1 참조.

것은 분명했다. 왜 그런 결과가 나타났을까? 조사원이 표본조사 대상을 선택할 때 객관적인 절차(난수를 이용하는 절차)에 따르도록 하지 않고 주관적으로 하도록 내버려둔 것이 예측 실패의 한 원인이 되었다. 할당추출을 할 때 조사원에게는 일정한 지침이 주어진다("특정 번지에서 남자 두 명, 여자 세 명을 추출하라. 단, 그 중 4명은 25세 이상, 1명은 25세 미만이어야 한다"). 확률추출이라면 확률장치를 이용하여 사전에 조사대상을 지정할 수 있으므로 조사원에게 구체적인 조사대상

표본의 이름이나 주소가 부여된다. 반면에 할당추출에서는 조사대상자의 선택권을 조사원에게 일임한다. 1948년의 할당표본에서는 왜 공화당 후보의 지지율이 과대 추정되었을까? 당시 공화당 지지자들이 민주당 지지자들에 비해 교육수준이나 소득수준이 높은 편이었다. 자연 공화당 지지자들은 부유한 동네에 더 많이 살았을 것이며, 여러 사람들이 모인 장소에서도 조사원들의 눈에 잘 띄어 접근이 용이하였을 것이다. 따라서 의도적인 것은 아니었다고 해도 조사원이 조사대상 표본을 추출할 때 공화당 지지자들을 추출했을 가능성이 더 높았을 것이다.

할당표본이 실패하게 된 데에는 몇 가지 미묘한 이유가 더 있다. 표 2.2를 보면 갤럽(Gallup)과 로퍼(Roper)는 할당을 위해 여섯 개의 변수를 사용했다. 그런데 실제 대통령선거에서 유권자의 성향에 영향을 미치는 변수의 수는 할당표본에서 사용한 여섯 개보다 훨씬 더 많다. 모르긴 해도 백 개는 되지 않을까? 외교력, 보건, 세금, 스포츠 등에 대한 태도, 출생지, 결혼여부, 소득수준 등 수많은 변수들을 끊임없이 나열할 수 있을 것이다. 어떤 표본추출법을 사용한다고 해도 모든 변수들을 다 고려할 수는 없다. 확률추출에서 가장 기본적으로 요구하는 추출과정에서의 랜덤화는 추출된 표본 안에 통제하기 어렵거나 측정하기 어려운 수많은 요소에 대한 균형을 이루게 하는 효과적인 방법이다. 특정 대학의 학생들을 랜덤하게 추출하면 표본 남학생의 비율은 모집단 남학생 비율과 비슷할 것이다. 뿐만 아니라 동아리 가입 비율, 대학 소재 지역 출신 학생의 비율, 기혼 학생 비율 등 표본추출 과정에서 통제하지 않은 다른 여러 변수들의 비율까지도 균형을 이룰 수 있다. 하지만 할당추출에서와 같이 표본 남학생의 비율이 60%가 되도록 강제로 할당할 경우, 이 조건을 충족시키려다가 다른 변수에 대한 균형을 깨뜨리는 결과를 초래할 수 있음을 주의해야 한다. 결론적으로 말해, 표본추출 과정에서 랜덤화의 원리를 사용하면 할당추출을 통해 고려할 수 있는 제한된 변수 이외의 훨씬 많은 변수들까지도 균형을 이루도록 할 수 있다.

이미 살펴본 바와 같이 1948년의 선거여론조사에서 할당추출법은 실패했다. 그렇다면 다른 해의 선거에서는 어떠했을까? 표 2.3에는 1936년(선거여론조사가 처음 시작된 해)부터 1984년까지 갤럽의 미국 대통령 선거여론조사 결과가 나와 있다. 1948년 이전까지는 할당추출법이 사용되었고, 1952년 이후부터는 확률추출법이 사용되었다. 1936년부터 1948년까지의 모든 조사에서 민주당 후보의 지지율이 과소 추정된 사실을 주목할 필요가 있다. 하지만 어쨌든 1948년 선거 이전까지는 당선자 예측은 올바로 했다. 1948년을 고비로 이후의 조사결과에서는 민주당 후보이든 공화당 후보이든 예측 오차에 뚜렷한 성향이 발견되지 않으며, 오차(여론조사 결과와 실제 선거 결과의 차이)도 비교적 적은 편이다. 갤럽 발표에 따르면, 1950년 이전 24개 선거구별 평균오차는 2.3%였던 반면 1950년 이후에는 17개 선거구별 평균오차가 1.5%에 불과했던 것으로 나타나고 있다. 표본수가 더 적어졌음에도 불구하고 조사의 정확도는 더 높아진 것이다. 1948년 당시 갤럽 여론조사에서 사용한 표본수는 3,250명이었는 데 비해 오늘날 여론조사에서는 대략 1,500명 내외를 조사하고 있다.

1948년 여론조사에 관한 무용담을 마무리 지으면서 연관되는 다른 예를 하나 들어보자. 워싱턴주 여론조사연구소(Washington State Public Opinion Laboratory)에서는 선거에 앞서 두 번의 여론조사를 실시했는데, 한 번은 할당추출법, 다른 한 번은 확률추출법을 사용하였다. 그 결과가 표 2.4에 나와 있다. 놀랍지 않은가?

표 2.3 갤럽 여론조사와 실제 결과의 비교

연도	갤럽 최종조사	실제 선거 결과
1936	55.7% 루즈벨트 (D)	62.5% 루즈벨트
1940	52.0% 루즈벨트 (D)	55.0% 루즈벨트
1944	51.5% 루즈벨트 (D)	52.3% 루즈벨트
1948	44.5% 트루먼 (D)	49.9% 트루먼
1952	51.0% 아이젠하워 (R)	55.4% 아이젠하워
1956	59.5% 아이젠하워 (R)	57.8% 아이젠하워
1960	51.0% 케네디 (D)	50.1% 케네디
1964	64.0% 존슨 (D)	61.3% 존슨
1968	43.0% 닉슨 (R)	43.5% 닉슨
1972	62.0% 닉슨 (R)	61.8% 닉슨
1976	48.0% 카터 (D)	50.0% 카터
1980	47.0% 레이건 (R)	50.8% 레이건
1984	59.0% 레이건 (R)	59.2% 레이건

1948, 1968, 1976년을 제외한 나머지 수치는 모두 민주당 공화당 후보 중 승자의 비율을 의미한다.
출처: G. Gallup, Jr., *The Gallup Poll, Public Opinion 1984*. Copyright © 1985, Scholarly Resources Inc., Wilmington, DE.

표 2.4 1948년 워싱턴 주의 여론조사

	실제 선거 결과	확률표본	할당표본
토마스 듀이	42.7	46.0	52.0
해리 트루먼	52.6	50.5	45.3
월리스	3.5	2.9	2.5

오늘날 갤럽의 여론조사는 어떻게 수행될까? 다음에 인용된 내용되는 글은 갤럽 산하기관인 미국 여론조사연구소(American Institute of Public Opinion)에 소개된 내용을 옮긴 것이다. 이 글을 보면 1948년 이전의 조사에서는 인식하지 못했던 랜덤성과 객관성이 강조된 것을 알 수 있다. 표본조사 관련 책에서 많은 것을 배울 수 있겠지만 무엇보다도 표본추출을 할 때 랜덤추출을 해야 한다는 사실을 반드시 기억해 두어야 한다. 갤럽 여론조사에 대한 다음의 소개글은 **뉴욕타임스지**에 소개된 요약본을 인용한 것이다.

갤럽의 여론조사 수행 방법

여론조사에 의해 대표되는 공중(the public)의 신뢰를 받지 못하는 여론조사란 민주사회에서 가치가 없다. 그런데 공중의 신뢰는 쉽게 얻어지는 것이 아니다. 불과 1,000명의 의견을 조사하는 것을 통해 수천만 명의 여론을 파악하는 것이 어떻게 가능한지를 모르는 사람들은 여론조사를 그저 신비로운 것으로만 여긴다.

표본추출

모든 조사연구에서 확률추출법을 적용하는 것이 기본이다. 기본 원리: 확률추출법에 의해 모집단으로부터 확률추출법으로 추출된 공정한 표본은 모집단의 수 퍼센트에 불과하지만 모든 사람들의 태도, 의견, 행동방식 등을 대표할 수 있다.

조사의 근본적인 목표는 표본을 통해 얻은 결과가 모집단 전부를 조사하여 얻은 것과 동일하도록 하는 것이다. 갤럽의 전국 규모 여론조사에서는 표본 응답자들을 파악한 여론이 미국 전 국민들을 대상으로 조사했을 때 얻을 수 있는 여론과 가능한 한 비슷하도록 하는 것을 목표로 한다.

이 목표를 달성하려면 모집단에 속하는 모든 구성원이 표본으로 추출될 확률이 같아지도록 하는 균등확률추출의 원리에 따라야 한다. 표본이 모집단을 잘 대표하도록 하는 균등확률추출의 원리를 지키는 것이 핵심이다.

갤럽의 목표도 모집단에 대한 대표성을 보장할 수 있는 표본을 추출하는 것이다. 이 목표를 어떻게 달성할 것인가 하는 것이 표본추출 과정의 성패를 가르는 요소라고 할 수 있다.

랜덤표본의 선택

브롱크스(Bronx)에 있는 뉴욕 양키스팀의 구장에서 벌어진 야구경기 관람을 마치고 쏟아져 나오는 관중 중 가장 먼저 나오는 1,000명이 전 미국인을 대표할 수는 없다. 이번에는 미대륙 전역에서 어느 하루 동안 메이저리그 경기를 관람한 관중이 48,000명이라고 하고 그중의 1,000명을 랜덤하게 추출하여 조사한다고 하자. 이 경우는 양키스 구장에서 1,000명을 추출한 것에 비해서는 더 넓은 지역을 대표하게 되지만 여전히 전 미국인을 대표한다고 보기는 어렵다. 미국민 전체는 고사하고 상황에 따라서는 미국의 야구팬조차 대표하지 못할 수 있다.

전국 단위의 여론조사를 수행하려할 때 갤럽에서 우선적으로 고려하는 사항은 미국을 대표하는 성인들을 손쉽게 만나 조사할 수 있는 장소를 파악하는 것이다. 쇼핑몰, 편의점, 사무실, 호텔, 야구장 등은 결코 효과적인 장소가 아닌 반면, 각자의 가정은 좋은 조사 장소가 된다. 대부분의 미국 성인들을 만날 수 있는 효과적인 장소는 그들의 집이다. 그러므로 전국 조사를 실시하고자 할 때 각 가정의 성인들을 접촉하기 위한 방안을 찾는 데서부터 작업을 시작하게 된다.

초창기의 조사는 대부분 갤럽의 조사원이 전국으로 흩어져서 개별 가정을 방문하여 면접하는 방식으로 이루어졌다. 이 방법은 1935년부터 1980년대 중반에 이르는 50여 년 동안 표준적인 면접 방식으로 인식되었으며 신뢰할 만한 방법이었다. 1936년부터 1984년까지의 미국 대통령 선거에서 갤럽 여론조사의 추정오차 평균은 3%P 이내로 나타나 정확성이 매우 높은 것이 판명되었다.

1986년 무렵, 미국의 가정 전화보급률이 충분히 높아져 전화조사는 면접조사에 비해 상대적으로 저렴하면서도 적용 가능한 방법으로 부상하였다. 따라서 1980년대 말부터 대부분의 갤럽의 전국 단위 조사가 전화조사로 수행되었다. 참고로 현재 미국의 전화보급률은 대략 95%를 상회한다. 이 책에 수록된 모든 조사 관련 내용은 전화조사를 통해 얻어졌다.

갤럽에서는 모든 미국 가정을 포괄하고, 모든 미국 내의 성인이 표본으로 추출될 확률이 동일하도록 한다는 목표를 달성하기 위해 몇 단계로 나누어 대처하고 있다.

첫째 단계로, 여론조사를 통해 대표하고자 하는 모집단의 정의를 명확하게 내린다. 예를 들어 주요 일간지의 스포츠 관련 기사를 위해 야구팬을 대상으로 조사하는 경우라면 목표모집단(target population)은 18세 이상의 미국인 중 스스로 야구팬이라고 말하는 모든 사람이 된다. 하지만 메이저리그(Major League Baseball)가 의뢰한 조사라면, 메이저리그 야구 경기를 야구장에 나가거나 아니면 TV 중계를 통해 일주일에 최소 다섯 시간 이상 관람하는 12세 이상의 사람을 모집단으로 정의하게 된다. 이와 같이 조사 의뢰기관이 요구하는 구체적인 대상을 목표모집단으로 정의한다.

선거나 주요 정치적, 사회적, 경제적 쟁점과 관련된 조사인 경우, 목표모집단은 일반적으로 "전국의 성인"이라는 말로 표현된다. 보다 엄밀하게 목표모집단을 정의하자면, 미대륙 전역에서 전화를 소유한 가정 내의 18세 이상 성인이라고 정의를 내릴 수 있다. 그러나 실제로는 집단 시설에 거주하지 않는 일반 시민들만을 포함하고 있다. 가령, 대학 기숙사에 거주하는 학생, 군부대의 막사에 거주하는 군인, 죄수, 입원환자, 기타 집단 거주시설에서 생활하는 사람들은 갤럽의 "모집단"에 포함되지 않는다. 이와 같이 일부를 모집단에서 누락시킬 경우 포함률(coverage)은 낮아지지만 현실적인 조사의 어려움은 줄어들어 조사의 효율을 높일 수 있다. 따라서 갤럽에서는 두 가지 사항을 동시에 고려하여 절충하는 방안을 선택한다.

다음 단계에서는 목표모집단에서 랜덤하게 표본을 추출할 수 있는 방법을 마련해야 한다. 갤럽 조사의 경우 미국 전역의 가정 전화번호 리스트를 가지고 작업을 시작한다. 이 작업은 매우 복잡한데 여기서는 간단하게만 설명하기로 한다. 미국 전역의 전화국 리스트를 구한 후, 각 전화국 관내에 포함되는 가정 전화번호 데이터베이스를 첨부한다. 다음으로 무작위전화걸기법(random digit dialing, RDD)을 사용하면 컴퓨터에 의해 자동적으로 각 전화국 관내의 가정 전화번호를 생성시킬 수 있으므로 이렇게 얻은 전화번호를 표본으로 선택한다. 본질적으로 이 방법을 사용하면 미국의 모든 가구 전화번호 리스트를 생성할 수 있으며, 그것을 이용함으로 갤럽조사를 위해 필요한 전화번호 표본을 추출할 수 있다.

미국에 거주하는 가구들 중 약 30% 정도가 전화번호부에 등재되지 않고 누락되어 있기 때문에 앞에서 복잡하게 소개한 RDD 방법을 사용하는 것이 꼭 필요하다. 간편하다고 해서 그냥 전화번호부를 사용하여 표본을 추출해버릴 경우 전화번호부에 등재되지 않은 가구들은 원천적으로 표본으로 추출될 수 없게 되므로, 이렇게 얻은 표본은 편향(bias)을 유발시킬 우려가 크다.

면접횟수 또는 필요 표본수

갤럽의 통계전문가들이 부딪히는 한 가지 중요한 문제는 일회성의 전국조사를 위해 적절한 표본크기를 정하는 것이다. 미국 내 모든 성인들이 표본으로 추출될 확률이 동일하게 하는 추출방법을 사용할 뿐 아니라 조사대상을 랜덤하게 추출할 수 있다면 필요한 표본크기가 예상보다 그리 많지 않다. 현재 미국 내에 거주하는 성인의 인구는 약 1억 8천7백여만 명이다. 그런데 갤럽의 전형적인 전국조사 표본수는 불과 전국 성인 1,000명 내외이다.

표본조사에서 표본조사 대상자들에 대한 면접 성공률은 표본추출에서 균등확률추출이 보장되느냐 하는 점에 비해 상대적으로 중요성이 덜하다. 일반인들이 쉽게 납득하기 어려울지 모르지만, 응답대상자가 랜덤하게 선택되지 못한다면 수백만 명을 대상으로 하는 조사라고 해도 랜덤하게 표본추출이 이루어진 1,000명의 표본을 대상으로 조사하는 것보다 전체 미국민의 의견을 잘 나타내지 못할 수가 있다.

표본크기를 늘리게 되면 확실히 표본오차가 줄어든다. 표본조사 이론의 상식에 의하면, 불과 20명을 표본으로 하는 조사보다 1,000명을 대상으로 하는 조사의 정확성이 더 높다. 하지만 표본수를 각각 500, 600, 700의 크기로 점차 늘려가면서 각 경우에서의 정확성을 비교해보면, 표본수의 증가에 따른 정확성의 상승폭은 점점 더 줄어든다는 사실을 알 수 있다. 갤럽을 비롯한 대부분의 조사기관에서는 대략 1,000명에서 1,500명 정도의 표본크기를 사용한다. 이 규모의 표본수이면 정확성과 경제성을 동시에 고려했을 때 최적의 균형을 이루는 규모라고 판단하고 있기 때문이다. 만약 갤럽에서 표본수를 4,000명으로 하면 잘 설계된 1,000명 규모의 표본조사에 비해서 훨씬 많은 비용을 많이 들여야 할 것이다. 하지만 그런다고 해서 정확성이 4배로 높아지는 것은 아니다. 일반적으로 말해서 비용 대비 정확성 증대의 효과가 떨어진다고 할 수 있다.

출처: Where America Stands(1997년, John Wiley & Sons 간행)라는 책 중 Frank Newport, Lydia Saad, David Moore가 쓴 *How Polls Are Conducted*. http://www.gallup.com/help/FAQs/poll1.asp라는 웹 사이트에 게재되어 있음.

뉴욕타임스/CBS 여론조사

2003년 2월 14일. 뉴욕타임스와 CBS 뉴스는 월요일부터 수요일 사이에 미국 전역에서 747명의 성인을 대상으로 전화조사 방법으로 여론조사를 실시하였다. 42,000개가 넘는 전국의 주거지역 전화국 리스트를 마련한 후 컴퓨터에 의해 랜덤하게 전화번호 표본을 추출하였다. 각 전화국 내의 가정 전화번호 중 일부를 랜덤하게 추출하면 그 번호가 전화번호부에 등재되었는지의 여부에 상관없이 모든 가정 전화번호에 접근할 수 있다. 표본 가정이 선택되면 조사요령에 따라 그 가정 내 한 명의 성인을 조사대상자로 선택한다. 결과에서 모집단의 지리적 지역, 성, 인종, 연령, 교육수준 등의 분포를 반영한 통계를 낼 수 있도록 가구 규모와 전화국 내 전화 회선수 등을 고려한 가중치를 사용하였다. 이 표본에 의해 구한 통계 20종 중 19종은 이론적으로 미국 전체 성인을 대상으로 한 참값과의 차이가 4%P 이내에 있게 된다. 그러나 보다 세분화한 부분통계를 구할 경우 표본오차의 크기는 커진다.

여론조사를 수행할 때 실제로는 표본오차 이외 다른 요인들에 의해 생기는 다양한 오차들 또한 조사에 영향을 미치게 된다. 예를 들어, 조사표의 문구나 질문의 순서 등을 바꾸면 조사결과가 달라질 수 있다.

2.4 조사오차의 원인

표본조사를 하게 되면 어쩔 수 없이 다양한 유형의 오차들이 생긴다. 모집단 중 일부만 표본으로 추출하여 조사하는 데서 생기는 오차도 있고, 조사를 통해 얻은 데이터 자체가 부정확하거나 잘못된 것이어서 생기는 오차도 있다. 표본조사 전문가들은 이러한 오차들을 여러 가지 방법으로 분류하고 있는데, 이 책에서는 그로브스(Groves, 1989)의 분류 방법을 따르기로 한다.

조사오차를 크게 두 가지로 분류할 수 있다. 하나는 **미관측오차**(*errors of nonobservation*)로, 표본이 목표모집단을 제대로 반영하지 못함으로 인해 생기는 오차이다. 다른 하나는 **관측오차**(*errors of observation*)로, 자료수집 단계에서 실제 사실과 차이가 나는 데이터를 수집함으로 인해 생기는 오차이다. 미관측오차는 표본추출, 미포함, 무응답 등으로 인해 생긴다. 이에 비해 관측오차는 조사원(자료수집원), 응답자, 조사도구, 자료수집 방법 등의 요인에 의해 생긴다.

미관측오차

표본추출 과정이나 조사대상의 관측 과정에서 아무리 세심한 주의를 기울인다고 해도 표본조사 자료가 실제 모집단의 자료들을 정확하게 반영하도록 하기는 어렵다. 바람직한 표본을 통해 얻은 추정치와 실제 모집단의 특성치와의 차이를 **표본오차**라고 하는데, 이것은 전수조사가 아닌 일부 표본만을 대상으로 조사하는 데서 생기는 통계학적 오차이다. 확률추출법으로 표본을 추출하게 되면 추정량의 표본오차를 이론적으로 계산할 수 있다. 2.3절과 3장에서 소개한 추정오차는 바로 표본오차를 구하는 방법을 소개한 것이다. 조사연구자가 조사의 정확성을 통제할 때 표본오차라는 요소를 이용하게 되는데, 구체적으로 어떻게 통제하는가 하는 문제는 이 책의 나머지 부분에서 전반적으로 자세히 다룰 주제이다.

대부분의 조사에서 추출틀이 목표모집단을 완벽하게 반영하지 못하게 되는 것이 일반적인 현상인데, 이는 **포함오차**(errors of *coverage*)를 발생시키는 요인이 된다. 전화조사에서 전화번호부를 추출틀로 사용할 경우 전화번호부에 등재되지 않은 가입자들은 표본에 포함될 가능성이 원천적으로 사라지게 되므로 전화번호부는 추출틀로 부적절하다. 부동산 소유자를 대상으로 우편조사를 하려할 때, 등기소에 있는 최신의 부동산등기부는 그 지역에 거주하지 않는 소유주들의 상황이나 등기소에서 미처 갱신하지 못한 최신의 부동산 변경사항 등을 반영하지 못한다. 따라서 등기부를 추출틀로 사용하게 되면 부득이하게 포함오차가 발생한다. 사냥꾼이나 낚시꾼에 대한 조사에서 자격자 리스트를 추출틀로 사용할 경우 어린이가 누락되므로 역시 포함오차의 문제가 생긴다. 포함오차는 표본추출 과정에서 발생되는 새로운 유형의 오차인데 대부분의 경우 측정도 어렵고, 고치기도 어렵다. 그러므로 표본조사 결과를 공표할 때 조사모집단과 목표모집단 사이의 차이를 명확하게 밝히는 것이 필요하다. 그래야만 통계 이용자가 이러한 오차를 미리 염두에 두고 통계를 이용할 수 있다.

미관측오차 중에서 가장 심각한 것은 **무응답**(*nonresponse*)의 문제이다. 무응답은 어떤 형태의 조사이든 사람을 직접 상대하여 조사할 때 많이 발생하는 것으로 매우 어렵고도 중요한 문제라고 할 수 있다. 일반적으로 표본수와 조사된 응답자의 수에 대해서는 관심을 갖고 관리하므로 조사의 무응답률은 쉽게 구할 수 있다. 무응답률은 조사의 품질을 판단하기 위한 지표로도 사용된다. 전체 무응답률이 낮다고 해도 70세 이상의 노인층과 같이 모집단 중 중요한 특정 집단에 대한 부분의 무응답률은 높은 경우가 생길 수 있으므로 단순히 전체적인 무응답률로만 판단하는 것은 바람직하지 않다. 한편 이와는 반대로 무응답이 모집단 내 각 부분 그룹별로 골고루 발생하여 세부 집단별 무응답 양상이 비슷하다면 비록 무응답률이 높다고 해도 유용한 정보를 얻을 수가 있다. 그러므로 무응답의 문제에서 가장 중요하게 고려되어야 하는 점은 무응답자의 특성이 무엇인지 파악하는 것이다. 바람직한 조사라면 무응답층과 응답층이 어떤 특성의 차이를 나타내는지를 살필 수 있는 방안을 마련하는 것이 필요하다.

무응답의 원인은 대체로 다음의 세 가지 중 하나이다. 첫째, 조사단위(예: 개인 또는 가구)를 못 만나는 경우, 둘째, 응답자가 응답을 할 능력이 없는 경우, 셋째, 응답자의 응답 거부이다. 표본설계 과정에서 확률적으로 추출된 조사단위에 대해서는 정확한 조사가 이루어져야 한다. 조사원이 표본으로 선택된 조사단위를 자기 편리한 대로 다른 조사단위로 함부로 대체하여서는 안 된다. 가령 어느 날 오후 3시에 표본가구에 조사를 나갔는데 조사대상자가 부재중이라고 해서 성인이 있는 인근 가구를 표본으로 대체해서는 안 된다. 만일 그런 식의 대체를 허락한다면 어린이가 많은 가구나 노인들이 많은 가구, 또는 야간근무를 하는 가구 등 낮에 어른이 있을 가능성이 큰 가구들이 필요 이상으로 많이 추출되어 표본의 편향을 초래할 수 있다. 뿐만 아니라 대체를 함부로 하면 표본설계 단계에서 고려한 확률적 구조에 변화가 생기므로 나중에 올바른 표본오차를 추정하지 못하게 되는 문제가 생긴다.

특별히 사실관계를 조사해야 할 때에는 응답자가 조사문항에 대해 응답 능력이 없을 때 심각한 문제가 생긴다. 의견을 묻는 조사문항에서 응답 범주에 "잘 모르겠다"를 포함시키고 이 범주 응답자의 비율을 추정하기도 한다("잘 모르겠다"라는 범주의 사용에 대해서는 이 장의 뒷부분에서 더 자세히 소개한다). 한 지역사회에서 기업체의 경제적 영향에 관한 조사를 하는데 어느 대기업의

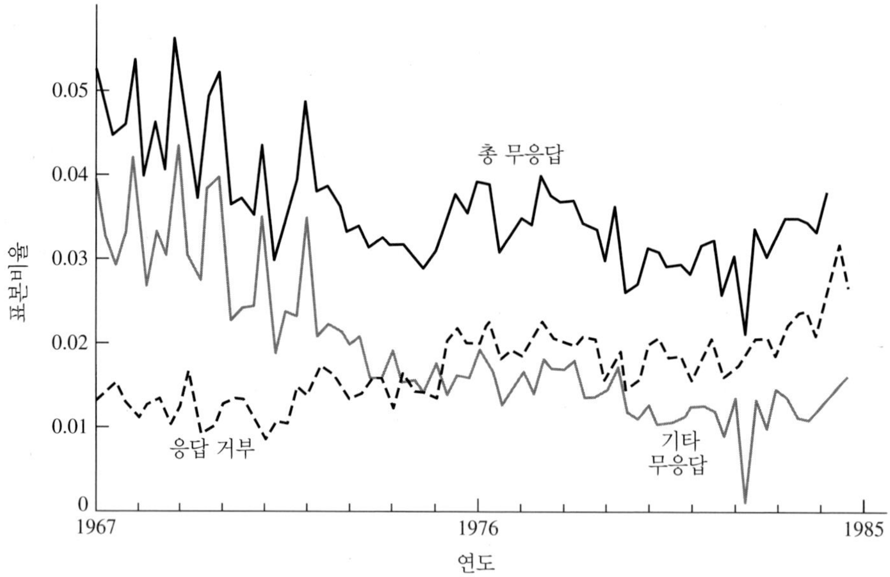

• **그림 2.1** 1967~1985 전국보건조사에서의 무응답률

응답자가 자기 회사의 물류비용을 모르는 경우, 이것은 편향을 일으키는 원인이 될 수 있다. 이러한 문항은 추가조사를 하여 더 자세한 점검을 하는 것이 필요한 문항이다.

조사에서 오늘날 가장 심각하게 발생하는 무응답 유형은 응답 거부에 의한 것이다. 조사에 대한 거부감, 늘어나는 범죄에 대한 두려움, 그 밖의 여러 이유 등으로 인해 날이 갈수록 응답 거부의 경향이 커져가고 있다. 그러나 과거에 비해 오늘날의 응답률이 특별히 달라지지 않았다는 보고가 있기도 하다. 하지만 이 경우에도 자세히 살펴보면 응답 거부의 정도가 달라지지 않은 것이 아니라 조사기관에서 과거보다 조사에 더욱 많은 노력을 기울임으로써 응답률을 일정 수준으로 유지한 것을 알 수 있다. 다음의 그림 2.1은 1967년부터 1985년 사이 미국 연방정부가 매년 실시한 전국보건면접조사(National Health Interview Survey)의 무응답률 추이를 보여준다. 전체적인 무응답률은 비교적 일정한 수준이지만 무응답을 요인별로 구분하여 관찰해보면 응답 거부로 인한 무응답은 해가 갈수록 증가하고 있다. 그림 2.2는 노동력조사(Current Population Survey)의 무응답 상황이 나와 있는데 이 경우도 앞의 예와 비슷한 양상을 보인다(노동력조사에서 무응답률이 주기적으로 변하는 이유는 일정 간격으로 상세조사를 하기 때문이다). 주기별로 정기적으로 수행되는 정부조사에서 무응답률이 증가하는 예를 살펴봤는데, 그밖에 민간에서 행해지는 상업적 조사나 불규칙적으로 시행되는 조사인 경우 이러한 양상은 더욱 심하게 나타난다.

조사설계자나 분석자들이 조사의 응답 거부자들의 어떤 점에 대해 알아야 할 점은 무엇일까? 모든 조사에 대해 일률적으로 말할 수 있는 것은 아니겠지만 일반적으로 무응답률이 가장 높은 계층으로는 노인층과 교육수준이 낮은 층을 들게 된다. 이런 양상은 인종이나 소득수준과 관계없이 전반적으로 나타난다. 또 1인 가구의 무응답률이 2인 이상 가구에 비해 높은 편인데 이 점도 노인층의 무응답 문제와 관계가 있다. 1인 가구 중 노인가구의 비율이 높기 때문이다. 노인이나 교육수준이 낮은 계층에서는 조사가 힘 있는 사람들에게 더 힘을 실어주기 위해 실시된다고 여기는 경향이

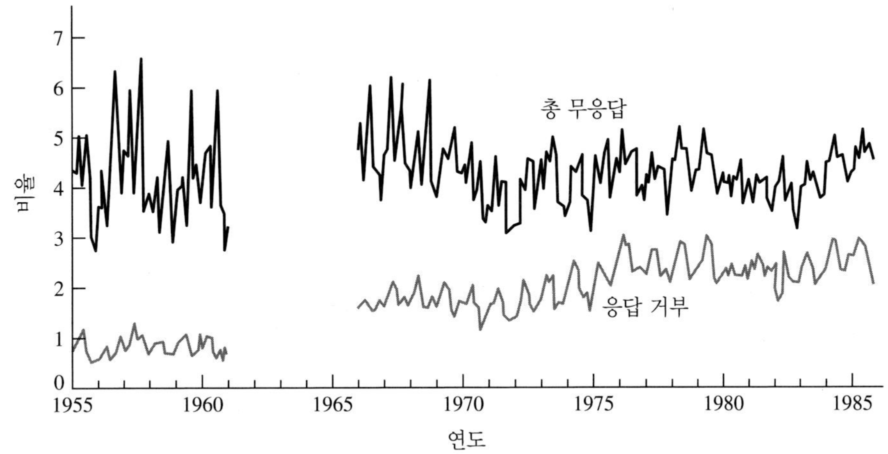

• **그림 2.2** 1955~1986 경제활동인구조사의 무응답률

있다. 따라서 이미 "힘을 지닌 자들"에게 더 힘을 실어주고 싶지 않은 마음이 응답 거부로 이어진다는 분석이다. 무응답률이 비교적 높은 조사에서 예상 밖의 편향이 생기지 않도록 방지하려면 응답 거부자 특성을 파악할 수 있는 정보를 얻는 것이 필요하다.

조사계획을 잘 세우면 응답 거부를 줄일 수 있다. 조사 전에 우편이나 전화로 응답자에게 미리 연락하여 협조를 구하는 것도 응답 거부를 줄이는 데 도움이 된다. 응답자 입장에서는 신뢰할 만한 기관으로부터 연락을 받아 조사 협조의 중요성에 대해 대한 설명을 들으면 조사에 협조할 자세를 갖게 되는 경우가 있기 때문이다. 조사대상자들은 흔히 왜 자기만 조사에 임해야만 하고 자기 대신 옆집 사람을 조사하면 안 되는지 잘 이해하지 못한다(특히 옆집 사람이 하루 종일 집에 있는 사람이라든지 또는 다른 사람과 이야기하기를 좋아하는 때에는 더욱 그렇다). 이런 상황에서는 전문적인 용어를 쓰지 않으면서도 랜덤추출의 원리를 알기 쉽게 설명해주는 것이 필요하다. 반면 조사를 통해 얻는 결과나 유익점에 대해 전문적으로 장황하게 설명하는 것은 효과적이지 못하다.

그로브스 등(2002)은 무응답과 관련하여 반드시 알아야 할 사항, 여러 가지 형태의 무응답의 영향을 감소시킬 수 있는 방안 등에 대해 종합적인 분석을 실시하였다. 여기서는 그중 몇 가지 요점만을 소개하기로 한다. 조사는 사회적 교환(social exchange)의 원리에 따라 관리되어야 한다. 조사에서 조사원과 응답자 사이의 신뢰감을 형성하는 것이 필요하다. 조사를 위해 작은 노력(개인적인 서신이나 안내 우편 발송, 작은 답례품 증정)을 들여 응답률 제고라는 큰 효과를 거두는 예가 많이 있다. 반면에 조사주체의 권위가 응답률에 미치는 영향은 그다지 크지 않다. 한 연구 결과에 의하면, 조사주체로서 "대학"이나 "연구소 이름"을 표기했을 때 26% 정도 응답 협조를 높이는 효과를 본 반면 개인적인 호소("저희는 당신의 도움이 필요합니다")를 했을 때 54%의 효과를 보았다는 결과가 나와 있다.

일반적으로 응답자들은 중요한 문제에 대해 자신들의 의견을 드러내고자 하는 경향이 있으므로 조사주제를 효과적으로 부각시키면 응답률을 높일 수 있다. 특히 응답자가 잠재적으로 이익(또는 손해)을 보는 집단에 속하게 될 때는 그 경향이 더욱 분명하게 나타난다. 그러나 자칫하면 다른 편향이 생길 가능성도 있으므로 주의를 기울여야 한다. 조사원 효과(interviewer effect)는 비교적 큰 편이다. 숙련된 조사원의 경우 조사의 주제를 효과적으로 부각시켜 협조를 얻어내어 응답을 잘 얻어낸다. 그러나 자칫하면 설명 과정에서 본의 아니게 응답을 "어느 방향으로 유도하는 결과"를 초래할 수 있다. 응답자의 협조를 얻는 데 조사원의 연령, 성별, 인종보다는 조사원의 사회적 기술(social skills)이 더욱 중요하다.

설문의 길이도 응답률에 영향을 미치는 중요한 요소인데, 특히 전화조사에서는 더욱 그러하다. 한 연구에 의하면, 조사소요시간이 얼마나 될지에 대해 전혀 말하지 않고 조사 협조를 요청했을 때 66%가 승낙한 반면, 약 10분이 소요될 것이라고 미리 알렸을 때 승낙률이 43%였으며, 약 15분 정도 소요된다고 알렸을 때는 승낙률이 36%였다고 한다.

관측오차

조사대상자가 조사에 협조적인 경우에도 다른 면에서 오차가 생길 가능성은 여전히 존재한다. 이러한 오차들을 조사원이나, 응답자, **관측도구**, 자료수집 방법 등의 요인으로 분류할 수 있다.

조사원(*interviewers*)은 응답자에게 직접적이면서 본질적인 영향을 미칠 수 있다. 조사원이 조사 과정에서 부적절한 강조나 부적절한 인용을 함으로써 특정한 방향으로 응답을 유도할 수도 있다. 대부분의 응답자는 조사원과 견해가 다를 경우 자기 의사를 드러내기를 꺼리며, 조사원이 원하는 응답 방향으로 대답하려는 경향이 있다. 특히 자기 견해가 분명하지 않은 응답자일수록 그러하다. 일반적으로 강압적인 조사원보다는 친근한 조사원이 조사를 잘 한다. 조사원의 성별이 조사에 미치는 영향에 대해서는 명확하게 밝혀진 것은 없다. 단지 남자 응답자의 협조를 받는 데에는 남자조사원이 더 유리하다는 정도가 알려져 있다. 조사를 할 때 응답자의 성별이나 인종을 고려하여 조사원을 배정하면 응답률을 더 높일 수 있다.

응답자(*respondents*)에 따라 올바른 응답을 하고자 하는 동기나 능력 면에서 많은 차이를 보인다. 그러므로 조사문항을 만들 때에는 모든 응답자가 질문과 보기항목을 명확히 이해할 수 있도록 쉬운 표현을 사용해야 한다. 필요하다면 질문내용을 기록한 보조카드를 마련할 수도 있다. 조사문항은 명확한 말로 표현되어야 하며, 응답자가 지루해하지 않도록 가능한 한 짧은 문장으로 만들어야 한다(2.5절에 설문지설계에 관한 내용이 나와 있다). 사업에 관한 내용이나 성적인 문제 등과 같이 민감한 사안에 관한 조사일 때에는 정직한 응답을 얻기가 매우 어려우므로 특별한 조사기법을 사용하는 것이 필요하다(11장 참조). 응답오차를 회상편향(recall bias: 응답자가 정확하게 기억하지 못하는 것), 명예편향(prestige bias: 수입, 사냥에서 성공의 수 등을 과장해서 말하려는 것), 고의적인 거짓(intentional deception: 응답자가 법을 어긴 사실을 숨기려 하는 것, 특정 기관에 대해 불평하는 것), 부정확한 관측(응답자가 단위를 착각하여 미터로 답해야 할 곳에 센티미터로 답하는 것, 어린이의 정의를 손자로 잘못 이해하여 응답하는 것) 등으로 구분하기도 한다.

오차의 한 원인이 되는 부정확한 관측은 **관측도구**(*measurement instrument*)와 관계가 깊다. 양에 관한 질문의 경우, 관측하고자 하는 양의 단위가 무엇인지, 줄자로 잰 센티미터 단위인지, 저울로 측정한 킬로그램 단위인지, 물이 몇 컵인지(컵인 경우 몇 cc 들이 컵인지를 구체적으로 지정하는 것이 필요)를 명확하게 하는 것이 필요하다. 조사문항에 정의가 명확하게 내려져 있지 않은 용어를 사용하게 되면 이것 때문에 관측이 부정확해질 수 있다. 다음의 예들을 생각해보자. (1) 어린이라는 단어를 쓸 때는 명확한 정의를 내려야 한다. (2) 실업(*unemployed*)이란 말의 정의가 무엇인가? 구직중인 사람, 방학 때 아르바이트를 구하지 못한 십대, 시간제 부업 자리를 잃어버린 사람 등은 실업자의 범주에 포함되어야 하는가? (3) 교육이라 할 때에는 공적 교육기관이나 기술훈련기관에서 받은 교육만을 지칭하는가, 아니면 일반 사회강좌나 회사에서 받은 사내교육 등도 포함하는가? 이처럼 측정하고자 하는 항목들은 항상 애매하지 않고 확실한 측정이 이뤄질 수 있도록 명확하게 정의되어야 한다.

자료수집법(*methods of data collection*)에 따라 조사원, 응답자, 조사도구들이 달라지는데, 이 세 가지 요소들은 서로 관련이 있다. 표본조사에서 가장 널리 사용되는 자료수집법으로 면접조사와 전화조사가 있다. 훈련된 조사원들이 있고, 재조사 계획이 잘 마련된다면 이 방법들을 사용하여 60%에서 75% 사이의 응답률을 올릴 수 있으며, 때에 따라서는 이보다 응답률이 더 높은 경우도 있다. 우편조사는 해당 문제에 대해 많은 관심을 가진 특정집단을 대상으로 할 때는 좋은 결과를 얻을 수 있다. 하지만 일반적으로는 응답률이 매우 낮아 우편조사에 의한 조사결과는 신뢰성의 의문을 받는다. 때로 면접조사나 우편조사를 통하지 않고 직접 관측하는 것이 객관적인 정보를 얻는 데 도움이 되기도 한다. 위에서 언급한 네 가지 자료수집 방법들을 하나씩 살펴보기로 하자.

면접조사

면접조사(*personal interview*)를 통해 자료를 수집하는 예는 매우 많다. 한 지역에서 선거와 관련된 유권자들의 의견을 조사하기 위해 표본으로 추출된 유권자에 대해 면접조사를 실시할 수 있다. 일반적인 절차에 따르면, 조사원은 준비된 조사문항으로 질문을 한 후 그에 대한 응답자의 응답을 기록한다. 면접조사의 가장 큰 장점은 비교적 쉽게 조사대상자로부터 응답을 얻을 수 있다는 점이다. 조사 도중 응답자가 이해를 잘 못하는 부분이 생길 때 조사원이 적절히 설명해줌으로써 응답의 질을 높일 수도 있다. 면접조사의 한계(비용이 많이 든다는 측면은 제외)는 조사원 자질과 관련되어 있다. 조사원이 잘 훈련되지 못한 경우에는 표준적인 조사 절차를 준수하지 않음으로써 표본 데이터에 편향을 가져오게 할 수 있기 때문이다. 조사원의 작은 행동, 표정, 말투 하나하나까지도 응답에 영향을 미칠 수 있다. 만일 "당신은 지금의 선거공약에 대해 지지합니까?"라는 질문으로 조사를 시작하게 되면 긍정적인 쪽의 응답으로 유도할 가능성이 높다. 마지막으로, 조사원이 응답자의 응답을 기록하는 과정에서도 오차가 생길 수 있다.

전화조사

전화조사(*telephone interview*)도 표본조사에서 자주 활용되는 자료수집법이다. 전화조사를 이용하면 조사원이 이동할 필요가 없으므로 면접조사에 비해 비용이 적게 든다. 또한 조사감독자가 조사원을 쉽게 통제할 수 있어서 표준적인 조사요령에 따라 조사를 실시할 수 있다는 점도 장점이다.

전화조사의 관건은 모집단을 제대로 반영하는 추출틀을 마련할 수 있느냐 하는 것이다. 전화번호부에는 가정의 전화번호가 아닌 다른 전화번호도 올라 있기도 하고, 반대로 전화번호부에 등재되지 않는 가정도 많이 존재한다. 전화가 아예 없는 가정의 비율은 얼마 되지 않으므로 이것은 별

문제가 되지 않는다. 전화번호부가 지니는 미등재 가구의 문제는 무작위전화걸기법으로 해결할 수 있다. 무작위전화걸기법이란, 먼저 셋 또는 네 자리 숫자로 된 국번을 선택한 후, 원하는 표본크기에 이를 때까지 랜덤하게 4자리 번호를 생성시키는 방법이다. 이 방법을 사용하면 목표모집단에 대한 비편향표본을 해결할 수 있고, 전화번호부를 추출틀로 사용할 때 생기는 문제점들 중 많은 부분을 해결할 수 있다.

가구조사에서 무작위전화걸기법을 사용하면 전체 통화 중 약 20% 정도만 가구와 연결되고 나머지 80% 정도는 사무실 또는 미사용 번호여서 무효가 된다고 한다. 가정 전화와의 통화연결 비율을 높이려면, 같은 국번의 전화번호 중 가정집 번호의 비율이 높은 블록(집락)을 파악하여 그 블록에 속하는 번호에 대해 랜덤하게 전화를 걸면 된다. 하나의 가정집 전화번호를 확인하게 되면 다음부터는 앞자리의 번호들은 그대로 두고 마지막 두 자리의 번호만 랜덤하게 바꾸어가며 전화를 걸면 된다. 전화회사에서 번호를 배정할 때 블록단위로 하므로 이 방법을 사용하면 가정집 전화와의 연결 비율을 높일 수 있다.

선거 후 유권자 투표행태연구(Bergsten, 1979)에서 블록을 이용한 무작위전화걸기법을 사용하였다. 이 방법을 이용하지 않았을 때는 전체 통화 중 23% 정도만 처음 통화시도로 연결되었는데 반해, 블록을 이용한 기법을 사용했을 때에는 대략 57% 정도가 처음 통화에서 연결되었다고 한다. 그러므로 이 방법은 시간과 비용의 절감이라는 측면에서 매우 유용하고 효율적이었다고 할 수 있다. 한편 같은 연구에서 숙련된 조사원(조사경험이 6개월 이상인 조사원)의 경우 약 77%의 응답을 얻어낸 반면, 숙련되지 않은 조사원은 약 67% 정도의 응답을 얻었다는 결과도 나타내고 있다.

전화조사의 경우, 조사내용이 많으면 응답자들의 협조가 떨어지므로 면접조사에 비해 짧은 시간 안에 조사를 마칠 수 있도록 해야 한다. 조사 설문을 잘 만들고, 조사원을 충분히 훈련시킨다면 전화조사를 가지고도 면접조사 못지않은 성과를 낼 수 있다[자세한 내용은 슈만(Schuman)과 프레서(Presser)의 책(1981)을 참조할 것].

자기기입식 조사법

자료수집법 중 응답자가 스스로 조사항목에 대해 답을 직접 기입하게 하는 방법을 **자기기입식 조사법**(*self-administered questionaire*)이라고 한다. 이 방법에서는 표본으로 선정된 조사대상자에게 설문지를 우편으로 보낸다. 설문지를 보내는 방법에도 우편으로 발송하는 것 외에 다른 방법도 고려할 수 있다. 조사대상자의 참여를 유도하려면 설문지를 주의 깊게 잘 작성해야 한다.

자기기입식 조사법을 사용하게 되면 조사원이 필요하지 않으므로 조사비용을 절감시킬 수 있다. 조사비용을 절감하는 대신 응답률이 낮다는 문제가 생긴다. 어떤 방식의 자료수집법에서든 무응답은 중요한 문제가 되겠지만, 설문지를 우편으로 보내는 방식에서는 조사대상자를 전혀 만날 수가 없으므로 응답률이 매우 낮게 나타난다. 이렇게 응답률이 낮으면 응답자들이 목표모집단을 제대로 대표하지 못하게 되어 편향이 생길 수 있다. 자기기입식 조사법에서 생기는 편향을 줄이려면 조사연구자는 확인우편이나 전화조사, 면접조사 등을 적절히 병행함으로써 무응답을 줄이는 노력을 기울여야 한다.

오늘날 정보기술의 발달로 인해 웹조사도 널리 사용되고 있다. 웹조사는 표준화된 소프트웨어,

사용자 중심의 인터페이스, 고속의 전송, 낮은 비용 등의 장점을 등에 업고 조사 품질 면에서도 눈부시게 발전하고 있다(웹조사에 대해서는 사이트 http://websm.org를 참조할 것). 그러나 웹조사는 다른 자료수집법에 비해 무응답, 부정확한 응답 등의 문제가 훨씬 심각하다. 이러한 기술적인 문제를 보완하기 위해 전자우편을 이용한 조사 참여 독려, 지속적인 후속 메모의 발송 등의 방법을 활용할 필요가 있다. 젊은층이나 기술적으로 숙달된 응답자들은 속히 응답을 하는 편이지만 그렇지 않은 응답자들을 고려하여 가능한 한 응답 기간을 충분하게 줄 필요가 있다. 이를 통해 결과에 편향이 생기는 것을 방지할 수 있기 때문이다.

직접관측법

자료수집을 위한 네 번째 방법으로 **직접관측법**(*direct observation*)이 있다. 예를 들어, 오후 4시에서 6시 사이의 교통량이 많은 시간대에 특정 거리를 지나는 트럭의 수를 추정한다고 하자. 조사원을 이용하여 그 시간 동안 지정된 장소를 통행하는 트럭의 수를 직접 세게 할 수 있는데 이때 전자계수 장치를 사용하도록 하면 될 것이다. 한 사람의 조사원만으로 조사하면 관측오차가 생길 가능성이 크다.

사람을 대상으로 하지 않는 조사에서는 직접관측법을 많이 사용한다. 예를 들면, 농림부의 농작물 생산량조사에서는 표본 필지에 조사원이 직접 나가 생산량을 관측한다. 야생동물을 연구하는 생물학자들은 동물들의 마릿수를 조사하기 위해 동물 수, 동물 발자국의 수, 알의 수, 둥지의 수 등을 함께 조사한다.

모든 자료수집법에서 적용되는 공통적인 개념은 응답자에 의한 편향을 제거할 수 있는 객관적인 방법으로 자료를 수집해야 한다는 것이다. 보건 관련 정보를 얻기 위해 병원기록이나 근로자기록(특히 주정부나 연방정부의 근로자기록)을 이용하여 근로자의 수입 관련 정보를 활용하는 방안을 생각할 수 있다. 이 방법은 자료수집을 위해 시간이 많이 걸린다는 단점이 있지만 다른 한편으로 조사의 중요성을 고려할 때 얻는 유익이 많다.

조사오차의 감소 방안

미관측오차나 관측오차는 모두 조사의 정확성에 큰 영향을 미친다. 조사에서 오차를 완전히 없앨 수는 없지만 표본설계를 잘하고 설계에서 의도한 바를 잘 준수하면 오차를 상당 부분 줄일 수 있다. 조사오차를 줄이기 위한 대표적인 방안으로 다음과 같은 것들이 있다.

재조사

표본으로 선정된 조사단위 중 일부 무응답이 생기는 것이 일반적이므로 이를 예상하여 미리 재조사(*Callbacks*) 계획을 잘 세워 두면 무응답을 줄일 수 있다. 먼저 무응답 조사단위에 대한 재조사 횟수를 정해야 하고, 재조사를 할 때는 처음 조사와는 다른 요일, 다른 시간대를 이용하는 것이 바람직하다. 재조사 횟수를 정하는 방법에 대해서는 11장에서 다루게 된다. 처음 조사의 무응답자를 대상으로 재조사를 하여 일부만이라도 추가적으로 응답을 얻으면 이 정보를 이용하여 편향을 상당 부분 제거할 수 있다. 예를 들어, 총기 소지를 제한하는 법안에 관한 조사를 한다고 생각해보자.

표 2.5 14세 이상의 가구원 중 1명 이상이 집에 있는 가구의 비율

시간대	*요일별 비율*						
	일	월	화	수	목	금	토
8:00~8:59 A.M.	(B)	(B)	(B)	(B)	(B)	(B)	(B)
9:00~9:59 A.M.	(13)	(13)	(13)	.55	.28	.45	(B)
10:00~10:59 A.M.	(B)	.47	.42	.38	.45	.40	.55
11:00~11:59 A.M.	.35	.41	.49	.46	.43	.50	.62
12:00~12:59 P.M.	.42	.53	.49	.56	.45	.55	.60
1:00~1:59 P.M.	.49	.44	.50	.48	.43	.51	.63
2:00~2:59 P.M.	.49	.50	.52	.47	.45	.45	.59
3:00~3:59 P.M.	.54	.47	.49	.54	.50	.50	.65
4:00~4:59 P.M.	.52	.58	.55	.57	.57	.56	.53
5:00~5:59 P.M.	.61	.67	.65	.67	.59	.57	.56
6:00~6:59 P.M.	.75	.73	.72	.68	.65	.64	.59
7:00~7:59 P.M.	.73	.74	.75	.64	.61	.57	.66
8:00~8:59 P.M.	(13)	.51	.51	.59	.74	.52	(B)
9:00~9:59 P.M.	(B)	(B)	(B)	.64	(B)	(B)	(B)

(B) = 20 미만.
출처: M. F. Weeks et al. (1980).

이 조사의 무응답자들이 모두 총기 소지를 찬성하는 자라고 여길 수는 없다. 총기 소지를 제한하는 것 자체는 반대하지만 귀찮아서 조사에 응하지 않는 사람도 있을 수 있기 때문이다.

면접조사에서 최초의 방문시간과 재조사를 위한 방문시간을 정할 때에는 세심한 배려가 필요하다. 가능한 한 최소의 방문으로 최대의 응답을 얻을 수 있도록 해야 한다. 어느 시간에 방문하는 것이 응답률을 높이는 데 도움이 되는지에 관한 연구 결과가 표 2.5에 나와 있다. 요일로는 일요일부터 화요일 사이, 하루 중에서는 초저녁 시간에 방문하면 가장 응답률을 높일 수 있다는 결과가 나왔다(혹시 초저녁 시간에 조사원의 방문을 받은 적이 있는가?).

요즘 같이 유동적이고 개방적인 사회에서 조사를 위해 대상자 가구를 방문하여 면접하는 일이 점점 어려워지고 있다. 그림 2.3에는 1960년, 1971년, 1976년의 시간대별로 가구를 방문했을 때 14세 이상 가구원을 만날 수 있는 비율이 소개되어 있다. 1976년의 면접가능성은 모든 시간대에 걸쳐 다른 두 해보다 떨어졌음을 알 수 있다.

출구조사(exit polls)에서의 응답률과 관련하여 흥미로운 양상을 보여주는 연구가 있다. 미국에서 시행되는 대부분의 출구조사는, 2000년과 2002년 선거조사의 실패 여파로 2003년에 와해되기 전까지 ABC, AP통신, CBS, CNN, FOX, NBC가 컨소시엄을 형성하여 설립한 투표자뉴스서비스(Voter News Service)라는 기관에 의해 시행되었다. 이 기관은 면접조사에서의 연령별, 인종별, 성별 응답률과 관련하여 훌륭한 자료를 제공해주었다. 표 2.6에는 여러 해 동안의 응답률 자료가 나와 있다.

60세 이상의 노인 그룹은 젊은 그룹에 비해 응답률이 낮은 편이다. 백인과 흑인의 응답률은 별로 다르지 않다. 성별로는, 여성이 남성에 비해 약간 응답률이 다소 높게 나타난다. 전체적으로 보

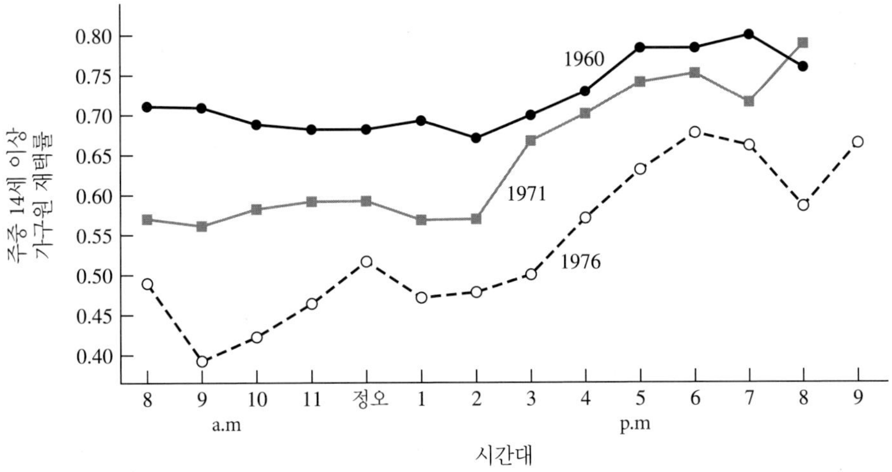

• **그림 2.3** 14세 이상의 가구원 중 1명 이상이 집에 남아 있는 가구의 비율(주중)

표 2.6 연령별, 인종별, 성별 출구조사 응답률

	1992 (n=88,230)	1994 (n=103,188)	1996 (n=133,018)	1998 (n=101,302)
연령				
18~29	63.4	55.6	57.5	51.0
30~59	65.5	58.1	58.1	55.7
60+	49.0	47.5	43.9	46.2
인종				
백인	61.7	55.5	54.2	52.2
흑인/스페인계	61.0	51.1	57.4	54.8
성				
남자	60.1	54.6	53.8	52.0
여자	62.9	55.2	55.6	53.1

면, 해가 지날수록 응답률이 떨어지고 있음을 알 수 있다. 응답률에 관한 이런 결과들은 면접조사, 전화조사, 우편조사 등 다른 조사방법에서도 공통적으로 관찰된다.

보상과 특혜

조사 협조를 얻기 위해 응답자에게 보상을 할 때가 있다. 조사 응답자에게 현금으로 직접 보상(rewards)할 수도 있고, 제품에 대한 소비자의식을 조사하는 경우라면 해당 제품을 답례품으로 제공할 수도 있다. 지정된 절차에 따라 표본 대상자를 선정하고 나서 그가 조사대상자로 적합한 경우에 한해 보상을 하게 된다. 보상을 얻기 위해 조사에 응하고자 하는 사람들을 무작정 표본으로 선택하는 것은 부적절하다. 이 경우 응답자 표본의 목표모집단에 대한 대표성이 떨어질 우려가 있기 때문이다. 현금 보상의 효과는 조사 전에 보상금을 미리 지급하는 것이 사후에 지급하는 것보다 더 효과적이며, 현금으로 보상하는 것이 다른 물건으로 보상하는 것에 비해 효과가 큰 편이다. 보상액수가 클수록 응답률이 높아진다. 그럼에도 불구하고 편향이 생길 가능성은 여전히 존재한다.

조사 주제에 대한 관심이 많은 사람들을 대상으로 하는 조사일 때에는 응답의 대가로 적절한 특혜(incentives)를 베푸는 것이 효과적일 수 있다. 예를 들어, 보험가입자들을 대상으로 한 자동차보험에 대한 설문조사일 경우, 설문지 겉면의 보험협회장 명의의 안내문에다가 응답자에게 보험료 혜택을 준다고 명시함으로써 더 원활하게 조사 협조를 받을 수 있다. 사냥이나 낚시를 하는 사람을 대상으로 하는 조사일 경우, 응답에 대한 보상으로 더 유리한 조건을 제시할 수 있다. 이와 비슷한 예들은 많이 존재하는데 어떤 경우이든 응답자가 조사에 협력해줘서 유익을 얻는다고 판단하게 되면 응답률이 높아지는 것은 일반적인 현상이다.

조사원 자질

면접조사든 전화조사든 조사원의 자질이 어떠냐에 따라 조사에서 얻게 되는 데이터의 질이나 양이 달라진다. 잘 훈련된 조사원은 응답자가 정직하게 응답할 수 있도록 격려하는 법을 알고, 응답자가 응답을 주저할 때 정말로 몰라서 그러는지 아니면 응답을 꺼리는 것인지를 잘 분별한다. 미숙한 조사원을 훈련시킬 때에는 실제 조사 현장에서 부딪힐 수 있는 전형적인 응답자 유형을 감안한 가상적인 응답자를 대상으로 면접을 하는 것이 효과적이다. 조사실습 과정에서는 숙련된 조사원이 옆에서 함께 관찰하면서 평가해주고 아울러 개선방안도 함께 제시해주는 것이 조사기술을 습득하도록 하는 데 효과적이다.

데이터 점검

작성 완료된 설문지를 담당 조사원 외의 다른 사람이 한 번 더 자세히 점검하도록 하는 것이 필요하다. 컴퓨터에 자료를 입력하고 난 후에도 다시 검토해야겠지만 입력 전에 설문지를 한 번 더 점검하는 것이 효과적이다. 이를 위해 사전에 미리 명백한 오류를 찾아낼 수 있게 하는 데이터 점검시스템을 마련해야 한다.

각 조사항목에 대한 응답값이 타당한 범위에 속하는지를 점검한다. 나이를 묻는 질문에 1040세라는 응답값이 기록되어 있는 경우, 또는 기혼인 성인이 나이를 9세로 기록한 경우, 12세 이하인 자녀의 수를 묻는 질문에 대해 53이라고 응답한 경우 등이 있을 수 있기 때문에 사전점검을 통해 이러한 이상들을 발견할 수 있어야 한다. 설계가 잘된 설문지라면 응답 데이터를 상호 점검할 수 있도록 하는 교차점검 문항들이 설문지에 포함되어 있다. 가령, 응답자의 나이를 묻는 질문과 생년월일을 묻는 질문을 동시에 설문지에 포함시켜 두 값이 서로 일치하는지를 점검할 수 있게 하는 방식이다. 간단한 계산을 통해 응답값을 점검할 수도 있다. 예를 들어, 비율 관련 항목은 반드시 0에서 1 사이의 값이어야 하고, 하루 작업시간의 합이 24시간을 초과해서는 안 된다. 데이터 점검을 통해 이상치를 조기에 발견할 수 있다면 응답자에게 다시 확인하여 수정하는 것이 가능하다. 따라서 설문지의 응답 내용을 가급적 초기에 점검하는 것은 매우 중요하다.

자료수집 다음 단계는 자료분석 단계이다. 자료분석 단계에서도 추가적인 데이터점검을 실시해야 한다. 조사 결과가 모집단을 잘 대표하는 결과이어야 하는데, 모수에 대해 참고할 만한 통계가 존재하는 경우 표본조사에서 구한 추정치와 참고 통계를 비교해봄으로써 조사 데이터의 타당성을 점검할 수 있다. 예를 들어, 모집단에서 여성 비율은 50%인데 표본의 여성 비율은 10%에 불과한 조사를 생각해보자. 이때 표본자료만으로 성별 평균소득을 추정하면 심각한 문제가 생길 수 있다.

또한 표본조사를 통해 추정한 응답자의 평균소득이 동일한 모집단을 대상으로 구한 다른 통계에서의 평균소득과 큰 차이를 나타내는 경우도 생각할 수 있다. 이런 문제가 생기게 되면 추가로 표본수를 늘려서 해결하는 방법이 있고, 추정에서 다른 추정방식을 사용하여 해결할 수도 있다. 때에 따라서는 불일치 문제를 해결하기 어려운 상황이 있을 수 있는데 그럴지라도 최종 분석 단계에서는 이러한 불일치가 나타나는 것에 대해 사실대로 기술해야 한다.

설문지 작성법

조사에서 표본설계 다음 단계는 설문지를 작성하는 단계이다. 고품질의 조사를 위해서는 타당하고, 신뢰성 높고, 정확한 설문지설계가 필수적인데 2.5절에서 다루게 될 주제가 바로 설문지 작성법이다.

여론조사의 역사에서 자주 회자되는 대표적 실패사례로 무응답과 부적절한 추출틀 사용 등의 비표본오차로 인해 논란을 불러일으킨 1936년 조사를 들 수 있다. 리터러리다이제스트(*Literary Digest*)라는 회사에서는 1936년 미국 대통령 선거 결과를 예측하기 위해 그 잡지의 구독자명부와 전화번호부, 그리고 자동차 등록대장을 추출틀로 사용하였다. 추출틀에서 랜덤하게 추출된 1,000만 명의 대상자에게 조사용 우편엽서를 발송했다. 그중 회수된 엽서는 모두 2,376,523통이었는데, 회수된 엽서의 자료를 분석하여 랜던(Landon) 후보가 57%의 지지율을 얻어 43%의 지지율을 얻은 경쟁자 루스벨트(Roosevelt) 후보를 이기는 것으로 나타났다. 그러나 실제 선거의 개표에서는 루스벨트 후보가 62.5%의 지지를 얻어 37.5%의 지지를 얻은 랜든 후보에게 압승을 거두었다. 표본조사의 오차가 이처럼 큰 까닭으로는 추출틀 자체가 고소득층에 편향되었다는 사실과 높은 무응답 등을 들 수 있다.

조지 갤럽(George Gallup)의 1972년 저서 지혜로운 여론조사 관찰자를 위한 가이드(*The Sophisticated Poll Watcher's Guide*)를 보면, 갤럽에서 리터러리다이제스트 사에서 사용한 1,000만 명의 표본 중 3,000명을 확률추출법으로 다시 추출하여 조사한 결과 랜돈 후보 지지율이 56%, 루스벨트 후보 44%로 나타났다고 한다. 이 결과는 애초 리터러리다이제스트 사의 결과와 비슷하다. 한편, 같은 해에 갤럽이 실시한 다른 여론조사에서는 루스벨트 후보가 56%의 지지를 얻어 승리할 것이라고 바르게 예측한 바 있다. 갤럽의 이 조사 결과도 리터러리다이제스트 사의 것보다는 낫긴 하지만 여전히 무시하기 어려울 정도의 오차를 지니고 있다. 참고로 이 흥미로운 사례에 대해 관심이 있는 사람은 부록 A에 수록된 참고문헌 중 모리스 브리슨(Maurice C. Bryson, 1976)의 책을 참고하기 바란다.

2.5 설문지설계

비표본오차를 최소화시키는 것은 조사설계의 중요한 목표 중 하나이다. 사람을 대상으로 하는 조사일수록 비표본오차의 발생 가능성이 높으므로 설문지설계 단계에서 보다 세심한 주의를 기울여야 한다. 실제 표본조사에서 설문지설계의 중요성은 매우 크지만 이 절에서는 이 주제에 대해 간략하게만 소개하기로 한다. 실제 조사를 위해 복잡한 내용의 설문지를 설계해야 하는 사람이라면 이 책에서 다루는 내용 외의 더 많은 내용들에 대해 추가적으로 검토해야 할 것이다. 슈만과 프레서(Schuman and Presser, 1981, 1996)의 저서는 이 내용을 다룬 좋은 참고문헌이다. 설문지설계와 관련하여 이 절에서 다루고자 하는 중요한 내용은 다음과 같다.

질문순서

일반적으로 설문조사에 응하는 응답자는 될수록 응답의 일관성을 유지하려는 경향이 있다. 그러므로 설문지의 질문순서를 어떻게 정하느냐에 따라 동일한 응답자의 대답이 달라질 수도 있다. 간혹 조사경험이 부족한 연구자가 이 점을 미처 예상하지 못한 채 설문지를 작성하곤 하는데 그러지 않도록 주의를 기울여야 한다. 슈만과 프레서는 이 점에 대해 다음과 같은 구체적인 사례를 제시하였다. 다음의 두 가지 질문을 이용한 조사실험의 예이다.

A. 당신은 미국에 주재하는 공산국 기자가 취재한 내용을 본국에 송고하는 것에 대해 미국 정부가 허락해야 한다는 안에 찬성합니까?

B. 당신은 러시아와 같은 공산국에 주재하는 미국 기자가 자신의 취재내용을 미국으로 송고하려면 공산국가의 허락을 받아야 한다는 안에 찬성합니까?

1980년의 조사에서 위 두 질문을 A, B의 순서로 질문을 했을 때 A문항에 대해서는 응답자의 54.7%, B문항에 대해서는 63.7%가 찬성하였다. 한편, 질문순서를 B, A의 순서로 바꾸어 물었을 때, A에 대해서는 74.6%, B에 대해서는 81.9%가 찬성하는 것으로 나타났다. A문항보다 B문항을 먼저 물었을 때 응답자들은 미국 주재 공산국 기자에 대해 보다 관대한 태도를 보였다. 달리 말하자면, B문항이 먼저 질문되었을 때 이에 대해 찬성이라고 답한 응답자들은 비슷한 유형의 질문인 A문항에 대해서도 일관된 응답을 하려는 경향을 보인 것이다. 이와 같이 어떤 맥락에서 질문을 하느냐가 응답에 중요한 영향을 미치게 되므로 이 사실을 명확히 이해해야 하며, 결과를 분석하여 보고할 때 이런 부분에 대해 명확하게 설명해야 한다.

일반적인 질문과 구체적인 질문이 있을 때 질문의 순서를 어떻게 하는지에 따라 응답이 달라질 수 있다. 다음 두 가지 질문을 조사하는 경우를 생각해보자.

A. 당신은 우리나라의 교육세를 올리는 것에 대해 찬성합니까?

B. 당신은 우리나라의 세금을 올리는 것에 대해 찬성합니까?

위의 질문을 B, A의 순서로 나열하여 조사하면 A, B의 순서로 조사할 때보다 B문항에 대한 찬성의 비율이 높게 나온다. A문항을 먼저 물으면 사실은 교육세를 올리는 것에 대해 찬성을 하면서도 뒤에 나오는 교육세 외의 세금도 올리는 것에 반대하기 때문에 A문항에 대해서까지 반대라고 응답하는 경향이 있다. 반면, B문항을 먼저 제시하게 되면 세금 올리는 것에는 반대해도 교육세와 같이 구체적인 영역으로 들어가서는 긍정적으로 대답할 수도 있기 때문에 질문순서에 따라 결과가 달라질 수 있다.

1979년에 시행된 한 조사 결과, 응답자 중 60% 이상이 자신의 결혼생활에 대해 만족스러워한다고 응답하였다. 그런데 이 조사연구에서 결혼생활의 만족도와 전반적인 삶의 만족도를 연관시켰을 때 흥미로운 사실이 발견되었다. 전반적 삶의 만족을 묻는 문항을 결혼생활의 만족을 묻는 문항보다 먼저 질문했을 때에는 삶에 만족한다는 응답 비율이 52%였다. 하지만 결혼생활에 만족하는지에 관한 질문을 먼저 하고 다음에 전반적 삶의 만족을 묻는 질문을 하자 삶에 만족한다는 응답 비율이 불과 38%로 낮게 나타났다. 실제로는 결혼생활에 대한 만족도가 전반적 삶에 대한 만족도보다 다소 높은 것으로 보인다. 또한 결혼생활에 대한 만족 여부를 묻는 질문을 한 다음 전반적 삶의 만족 여부를 물으면 부정적 응답의 비율이 높아지는 것으로 나타난다.

다음의 예를 보면 응답자의 견해나 신념을 묻는 질문일 때에는 질문 순서가 응답에 별로 영향을 미치지 않는 것으로 보인다.

A. 당신은 우리나라의 의사들이 공익을 추구한다고 생각합니까, 아니면 자신들의 사익을 주로 추구한다고 생각합니까?

B. 당신은 우리나라 법조인들이 공익을 추구한다고 생각합니까, 아니면 자신들의 사익을 주로 추구한다고 생각합니까?

위에 나온 바와 같이 의사 관련 질문을 먼저 물었을 때 의사가 "공익"을 추구한다고 응답한 비율이 52%였는데, 법조인에 대한 문항을 먼저 묻고 의사 관련 문항을 나중에 물었을 때는 의사가 "공익"을 추구한다는 비율이 48%로 나왔다. 한편 법조인 관련 문항을 먼저 물었을 때 법조인에 대한 긍정적 응답의 비율은 26%였는데, 의사에 대해 먼저 묻고 법조인을 나중에 조사했을 때는 법조인이 공익을 추구한다는 응답 비율이 30%로 나타났다. 이 조사의 표본크기는 표본크기를 고려했을 때, 질문순서를 달리 함에 따른 문항별 응답비율의 차이는 미미하여 통계적으로 의미가 없는 수준이었다(약 1,500명).

한 설문지 안에 비슷한 내용의 문항들이 여러 개 포함될 경우, 응답자는 앞 문항의 응답에 따라 뒤에 나오는 문항에 대해 일관되게 응답하는 경향을 보인다. 슈만과 프레서는, 범죄 관련 조사에서 여러 종류의 범죄들에 관한 질문을 하고 난 후 뒤이어 범죄 피해건수에 대해 물으면 범죄 피해건수 하나만을 묻는 경우에 비해 피해건수가 더 커진다는 사실을 보고하였다. 응답자가 여러 종류의 범죄들에 대한 질문에 응답하면서 그동안 잊고 지냈던 사소한 피해까지도 기억해내기 때문에 이런 결과가 나타나는 것이다. 정부에 대한 국민들의 태도를 조사할 때도 동일한 양상이 생긴다. 정부의 예산낭비나 비효율성 등 부정적인 면을 부각시키는 질문들을 먼저 하고 뒤이어 정부 정책에 대한 의견을 조사하게 되면 정부가 수행했던 긍정적이고 유용한 사업들을 먼저 열거하고 나서 뒤에 정책에 대한 의견을 조사하는 경우보다 부정적인 응답의 비율이 훨씬 높게 나타날 것이다.

여러 개의 문항들을 나열하여 각 문항에 대해 평점점수를 매기게 하는 유형의 조사에서는 처음 제시하는 문항이 무엇이냐가 매우 중요하다. 응답자는 첫 문항의 점수를 나머지 문항에 비해 극단적으로 매기는 경향이 있다. 예를 들어, 여러 휴양지들을 제시해주고 각 휴양지에 대한 선호도를 1~10점 사이의 점수로 평가하게 하는 조사를 생각해보자. 응답자가 선호하는 휴양지일수록 높은 점수를 부여하도록 하는 것이다. 처음 나온 휴양지가 때마침 응답자가 가장 선호하는 곳이라면 응답자는 그곳에 10점 가까운 점수를 줄 것이다. 이 경우 뒤이어 나오는 나머지 휴양지에 대해서는 처음보다 낮은 점수를 부여하게 된다. 반대로 처음 나오는 휴양지가 별로 마음에 들지 않을 경우

1점에 가까운 점수를 줄 것이고 다음에 열거되는 휴양지에 대해서는 그보다 높은 점수를 매기게 될 것이다. 실제로는 선호도가 비슷하게 높은 휴양지가 두 곳 있다고 할 때 처음에 나오는 곳은 뒤에 나오는 곳보다 더 높은 점수를 얻을 가능성이 크다. 마찬가지 원리로 비슷하게 선호도가 낮은 휴양지일 때는 처음에 소개되는 곳은 더 낮은 점수를 얻기가 쉽다. 첫 문항은 이어지는 다른 문항들의 평가기준이 되기 때문에 이런 현상이 나타나는 것이다.

설문지설계에서 한 문항에서 제시되는 보기항목의 순서도 질문의 순서를 정하는 것 못지않게 응답에 중요한 영향을 미친다. 질문에 대한 보기항목이 여러 개 나열되어 있을 때, 각 항목이 긴 설명문의 형식을 띠거나 내용이 이해하기 어려우면 마지막에 제시된 보기항목을 선택하는 경향이 있다. 한편 보기항목의 수가 너무 많으면 보기항목 중 처음 제시된 것을 선택하는 경향이 나타난다. 선거여론조사에서 여러 명의 예비 후보자를 나열한다면 가장 먼저 보기항목에 나오는 후보자일수록 높은 지지율을 얻을 확률이 높다. 선호도를 묻는 질문이 여러 개 있고, 보기항목으로는 '매우 선호', '선호', '반대', '매우 반대'의 네 가지가 제시되어 있다고 하자. 이때는 첫 질문에서 응답한 대로 나머지 질문에서도 응답하는 경향이 있다고 알려져 있다. 첫 질문에서 '매우 선호'를 선택했다면 다음의 질문들에 대해서도 '매우 선호'라는 응답을 하기가 쉽다는 것이다.

조사연구자는 설문지를 설계할 때 질문순서가 응답에 미치는 영향에 관해 일반적으로 밝혀진 사실들을 미리 파악하고 있어야 한다. 다음에 열거한 사항들을 참고하면 조사표설계 단계에서 범할 수 있는 심각한 잘못을 피하는 데 도움이 될 것이다.

1. 표본을 두 부분으로 나누고 각각에 사용할 수 있도록 질문의 순서를 달리 하는 설문지를 두 종류를 마련한다.
2. 조사에서 질문이나 보기항목들을 명확히 이해시키기 위해 필요하다면 질문 내용을 적은 카드를 마련하여 응답자에게 보여주거나, 응답자가 이해할 때까지 질문을 반복하여 설명해 준다.
3. 각 질문에 대한 응답 내용이 분석 단계에서 어떻게 활용되는지를 친절하게 설명해준다.

선다형 질문과 서술형 질문

설문지 설계에서는 조사 데이터의 컴퓨터 입력을 편리하게 하도록 하기 위해 선다형 질문(*closed question*)을 주로 사용한다. 선다형 질문에 대한 응답은 코딩할 때 하나의 숫자로 간단히 처리될 수 있다. 나이 같은 항목은 응답값을 직접 입력하면 될 것이고, 다른 일반적인 선다형 질문에 대해서는 4개나 5개의 보기항목을 제시하여 하나의 번호를 고르도록 하면 된다.

선다형 질문은 자료의 코딩이나 분석하기에 편리하다. 그렇지만 서술형 질문(*open question*)이 반드시 필요할 경우가 있다. 서술형 질문을 사용하면 응답자가 자기 의견을 상세히 나타내도록 하는데 도움이 된다. 그러나 서술형 질문의 응답은 계량화하기가 어렵고, 다른 문항과 비교하는 것이 어려워 분석하기 까다롭다. 선다형 질문에서는 제한된 몇 개의 보기항목으로 응답자의 다양한 의견을 다 포함해야 하는데 때로 이것이 어려울 수 있다. 이때는 몇 개의 보기항목 이외에 추가로 기타 항목을 두어 응답자가 직접 기록할 수 있게 하는 것이 효과적이다. 설문지 작성이 완료되면 다음으로 데이터 처리 과정을 거치게 되고, 최종적으로는 적절한 통계분석을 하게 된다.

다음 소개되는 서술형 질문은 실제 갤럽의 조사에서 자주 사용되는 문항이다.

우리나라가 현재 당면한 문제들 중 가장 중요한 것은 무엇이라고 생각합니까?

일반 시민이 중요하게 여기는 국가문제에 대한 응답들을 간추려 보면 대부분 몇 가지 범주로 구분할 수 있다. 따라서 위에 소개한 서술형 질문은 유용한 것이다. 위의 질문을 선다형 질문으로 나타낸다면 다음과 같은 형태가 될 것이다. 이 경우에는 제시된 보기항목 중 하나에 대해서만 응답하도록 제한을 가하는 셈이 된다.

다음 제시된 보기들 중 현재 우리나라가 당면한 가장 중요한 문제라고 생각하는 것을 하나만 선택하십시오.

① 국가안보

② 범죄

③ 인플레이션

④ 실업

⑤ 적자예산

선다형 질문은 응답자의 선택 범위를 제한하며, 응답자의 생각과 정확하게 일치하는 항목이 없을 경우에도 제시된 항목 내에서만 반드시 하나를 선택하도록 강요하는 측면을 지닌다.

직업에 대한 의식조사에서 선다형 질문과 서술형 질문의 효과를 비교한 연구 결과가 표 2.7에 요약되어 있다.

보기항목이 다섯 개인 선다형 질문에 대한 응답 결과와 같은 내용을 서술형 질문으로 만들어 물었을 때의 응답 결과가 대체로 비슷한 수준인 것으로 나타났다. 직업을 선택할 때 가장 중요하게 고려하는 요소를 수입과 안정성으로 응답한 비율은 선다형이나 서술형이 비슷하게 나왔다. 반면, 나머지 세 개 항목에 대한 응답 비율과 서술형 질문에서의 응답 비율은 다소 달랐다. 서술형 질문

표 2.7 선다형 질문과 서술형 질문의 비교 사례

선다형 질문		*서술형 질문*	
직업에 관한 여러분의 의견을 조사하고자 합니다. 당신이 직업을 선택할 때 다음 중 어떤 점을 가장 중요하게 생각합니까?	응답비율	직업에 관한 여러분의 의견을 조사하고자 합니다. 사람마다 직업 선택의 기준이 다릅니다. 당신이 직업을 선택할 때 무엇을 가장 중요하게 생각하겠습니까?	응답비율
1. 높은 수입	12.4%	1. 임금	11.5%
2. 안정성	7.2%	2. 안정성	6.7%
3. 짧은 근무시간/여유시간	3.0%	3. 짧은 근무시간/여유시간	0.9%
4. 승진 기회	17.2%	4. 승진 기회	1.8%
5. 성취감을 주는 일	59.1%	5. 자극을 주는 일	21.3%
		6. 즐거움	15.4%
		7. 근무 조건	14.9%
		8. 일에 대한 만족	17.0%

에서는 높은 비율을 차지한 항목임에도 불구하고 선다형 질문의 보기항목에 포함되지 않은 것도 있다. 설문지에 사용될 선다형 질문을 만들기 위한 예비단계로 서술형 질문을 활용하면 더 좋은 효과를 얻을 수 있다.

예비조사 단계에서는 서술형 질문을 사용하고 거기서 얻은 응답을 이용하여 선다형 질문의 보기항목을 만드는 방법은 효과적이다. 하지만 서술형 질문의 응답을 이용하여 선다형 질문용 보기항목을 만드는 작업은 생각보다 어렵다. 그럼에도 불구하고 막연히 탁상에서 보기항목을 만드는 것보다는 실제적이고 효과적인 방법이라고 할 수 있다.

선별질문의 사용

설문조사 질문에 대해 "잘 모르겠다"나 "별 생각이 없다"고 응답하는 경우가 있다. 이런 응답을 그냥 무응답으로 처리하면 결과적으로 표본크기가 줄어든 것으로 취급될 수 있다. 조사에서 이런 상황이 생기는 것을 최소화시키기 위해 선별질문(response options)을 활용한다. 조사원이 판단하기에 어떤 질문에 대해 응답자가 충분히 응답할 수 있다고 여길 때에만 응답자에게 해당 질문을 묻되 주어진 보기항목의 범위 내에서 선택하도록 요구한다.

응답자가 정말로 질문에 대해 잘 모르는데도 반복하여 응답을 요청하는 것은 바람직하지 못하다. 이런 상황에 효과적으로 대처하기 위해 설문지에 선별질문을 도입한다. 선별질문이란 본격적인 질문에 앞서 먼저 응답자가 질문에 대해 필요한 지식이 있는지를 묻는 질문을 일컫는다. 선별질문을 통해 특정 질문에 응답할 수 있는 응답자를 가려낼 수 있다. 응답이 가능하지 않은 응답자의 경우 특정 질문은 건너뛰고 바로 그 다음 질문으로 넘어가게 하면 된다.

예를 들어, 운전속도제한에 관한 법을 현행보다 더 엄격히 시행해야 하는지에 관한 질문을 생각해보자. 대부분의 응답자들은 그 문제에 대해 별로 생각해본 일이 없을 것이다. 이 때 보기항목에 "별 생각 없음"이란 항목이 포함되어 있으면 응답자가 그 대답을 선택하기 쉽다. 하지만 보기항목에서 "별 생각 없음"을 아예 제외시킨다면 응답자는 그나마 자기 의견과 가장 가까운 보기항목에 응답할 가능성이 높다. 반면, 최근 개정된 지방자치단체의 조례에 관한 의견을 묻는 질문과 같이 지나치게 전문적이거나 특정 분야에 국한된 질문일 경우에는 반드시 선별질문을 마련하여 응답자가 해당 질문 분야에 대해 관심이나 지식이 있는지를 확인하는 것이 바람직하다.

선다형 질문에서 "모르겠다(don't know, DK)"는 보기항목을 사용하는 것이 바람직할까? 이 주제와 관련된 몇 가지 연구결과를 표 2.8에 소개해 놓았다. 참고로 여기 소개한 것 말고 다른 질문에 대한 결과나 이 연구 말고 다른 연구에서 나타난 결과도 여기에서의 결과와 비슷한 양상을 보였다.

각 질문별로 "모르겠음"이라는 항목의 유무에 관계없이 보기항목의 순서를 같게 하여 응답비율을 나타냈는데, DK 항목의 포함 여부에 따라 응답비율이 상당히 달라진다는 것을 관찰할 수 있다. 질문 내용에 관심이 없는 응답자를 걸러내지 않은 채 조사를 하면 그렇지 않은 경우에 비해 응답자가 편하게 응답하는 경향이 있다는 것이다.

질문에서 관심 없는지를 파악하는 문구를 삭제한다고 해도 질문의 보기항목을 몇 개로 해야 하는가 하는 문제에 부딪히게 된다. 다음 예에서 보듯 응답자가 자신의 의사를 어느 한쪽으로 확실

표 2.8 "모르겠다" 항목의 포함 여부에 따른 효과

선다형 질문		서술형 질문	
당신은 이 지역의 법원이 피의자를 함부로 대한다고 생각합니까, 아니면 그렇지 않다고 생각합니까?	응답비율	당신은 이 지역의 법원이 피의자를 함부로 대한다고 생각합니까, 그렇지 않다고 생각합니까, 아니면 이 문제에 대해 별 관심을 가져보지 않았습니까?	응답비율
너무 함부로 대함 함부로 대하지 않음 적절함 모르겠음	5.6% 77.8% 9.7% 6.8%	너무 함부로 대함 함부로 대하지 않음 적절함 별 관심을 가져보지 않았음	4.6% 60.3% 6.1% 29.0%
당신은 공무원들이 대부분 자기 직무에 정통하다고 생각합니까, 아니면 자기 직무를 잘 못하는 공무원들도 꽤 있다고 생각합니까?	응답비율	당신은 공무원들이 대부분 자기 직무에 정통하다고 생각합니까, 자기 직무를 잘 못하는 공무원들도 꽤 있다고 생각합니까, 아니면 이 문제를 생각해본 적이 없습니까?	응답비율
정통함 잘 못하는 공무원이 꽤 있음 모르겠음	37.0% 58.1% 4.8%	정통함 잘 못하는 공무원이 꽤 있음 의견없음	28.9% 49.7% 21.4%

히 나타내도록 하는 질문을 사용할 때가 있다.

> 당신은 시당국의 교통법규위반 단속이 너무 과하다고 생각합니까, 아니면 너무 약하다고 생각합니까?

위와 같은 질문에서는 중도적 입장을 나타낼 여지를 허락하지 않는다. "적절하다"와 같은 중도적 입장의 답을 허용할 경우, 응답자가 너무 쉽게 중도적 의견의 응답을 선택하는 경향이 있으므로 이를 피하기 위해 일부러 제외시키는 것이다. 위와 같은 질문에 대해 응답자는 둘 중에 어느 쪽이든 선택해야 한다. 이때 조사원이 "자신의 생각과 가장 가까운 답을 고르시면 됩니다"와 같은 설명을 해주면 응답자의 거부감을 한결 줄일 수 있다. 단속이 심하다거나 느슨하다고 느끼는 정도를 더 세분하고 싶으면 보기항목의 수를 더 늘리면 된다. 일반적으로 조사연구자들은 설문지 설계에서 질문의 보기항목의 수를 가능한 한 줄이고자 하는 경향이 있다.

질문 문구의 작성

설문지를 설계할 때에는 보기항목의 수가 명확하게 정해지는 질문이라고 해도 질문 문구를 작성 할 때 세심한 주의를 기울여야 한다. 다음과 같이 예, 아니오를 묻는 질문이라고 해도 그냥

> 당신은 사형제도 존속에 대해 찬성합니까?

라고 표현하는 것보다는 양쪽 방향의 응답을 다 포괄할 수 있도록 다음과 같이 균형 잡힌 표현을 사용하는 것이 더 바람직하다.

> 당신은 사형제도 존속에 대해 찬성합니까, 아니면 반대합니까?

논란이 분분한 질문들도 있는데 슈만과 프레서는 다음 질문들에 대한 비교 결과를 소개하고 있다.

A. 당신은 노조가 설립된 회사의 노동자는 모두 노동조합에 가입해야 한다고 생각합니까, 아니면 그렇지 않아도 된다고 생각합니까?

B. 당신은 노조가 설립된 회사의 노동자는 모두 노동조합에 가입해야 한다고 생각합니까, 아니면 노조에 가입할지 여부는 노동자 개인이 자발적으로 결정하게 해야 한다고 생각합니까?

A의 질문으로 물었을 때 모두 가입해야 한다고 응답한 사람의 비율이 32.1%였던 반면, B의 질문을 사용했을 때에는 단지 23.0%로 낮아졌다. B질문은 A질문보다 반대쪽 의견에 해당하는 표현을 매우 자세하게 나타내었다. 찬성이나 반대 중 어느 쪽으로도 기울지 않은 중도성향의 응답자는 어느 한쪽을 강하게 표현한 질문을 만나면 그 쪽으로 쏠리기 쉽다. 그러므로 질문의 문구를 작성할 때 찬성과 반대에 대해 균형을 맞춘 표현을 사용해야 한다.

당신은 법원이 범죄자들을 지나치게 관대하게 다룬다는 의견에 동의합니까?

위 질문은 '지나치게'라는 단어를 사용하지 않았을 때에 비해 긍정적인 쪽으로 응답을 유도하게 된다. 응답자 입장에서 긍정적으로 응답해야 조사자의 의도에 맞게 답하는 것으로 여길 수 있기 때문이다. 특히 처음 질문의 문구를 작성할 때에는 긍정과 부정의 표현이 서로 균형을 이룰 수 있게 해야 한다.

똑같은 내용의 질문이라도 적절한 문구를 사용할 때와 그렇지 못할 때에는 응답 결과가 서로 심각하게 달라질 수 있다. 슈만과 프레서는 다음 질문들에 대한 연구 결과를 소개하였다.

A. 당신은 정부가 민주주의를 반대하는 연설을 금지해야 한다고 생각합니까?

B. 당신은 정부가 민주주의를 반대하는 연설을 허락해야 한다고 생각합니까?

A질문에 대한 찬성 응답의 비율은 21.4%인 반면, B질문에 대한 반대 응답의 비율은 47.8%로 나타났다. 사람들은 **금지해야 한다**와 같이 강한 표현보다는 **허락하지 말아야 한다**와 같이 다소 완곡한 표현을 선호하는 경향이 있다. 민주주의를 반대하는 연설에 대해 부정적인 생각을 가지고 있기는 하지만 **금지해야 한다**와 같이 강한 표현에 부담감을 느껴 선뜻 A질문에 대해 찬성이라고 응답하지 못하는 사람들이 존재하기 때문이다. 그러므로 질문 문구를 작성할 때에는 표현의 강도, 사용된 단어의 적절성에 의해 응답 결과가 영향을 받을 수 있다는 사실을 명심해야 한다.

한편, 응답오차를 줄이려면 명확하게 정의된 용어를 이용하여 질문 문구를 작성해야 한다. 가령,

당신은 하루 중 물을 얼마나 마십니까?

라고 작성한 질문에는 모호한 부분이 많다. 이 질문을 다음과 같은 표현으로 다시 작성해보자.

여기 240 cc 분량의 컵이 하나 있습니다(컵을 들어 보인다). 당신은 하루 동안 이 컵을 기준으로 할 때 몇 컵 정도의 물을 마십니까?

만일 하루 중 섭취하는 수분의 양을 조사하는 것이 목적이라면 응답자에게 커피나 차, 그 밖의 음료수들도 포함한다는 것을 알려주어야 한다.

이번에는 다음의 질문을 생각해보자.

당신 가족 중에 어린이가 몇 명 있습니까?

이 질문도 어린이에 대한 정의가 명확하게 나타나 있지 않으므로 모호한 질문이라고 할 수 있다. 위의 질문을 다음과 같이 바꾸어 표현해보자.

당신 가족 중 만 21세 미만이면서 경제적으로 스스로 독립하지 못한 가구원은 몇 명입니까?

위의 질문은 구체적이면서도 잘 정의된 문구로 표현된 질문이다.

설문지를 설계할 때 조사연구자는 응답자들이 자기와 관련된 사실들을 모두 잘 기억하고 있지는 않다는 사실을 기억해야 한다. 이 방면에 대해 흥미로운 연구 결과가 브래드번(Bradburn) 등(1987)에 의해 소개되었는데 세 가지 요점을 정리하면 다음과 같다.

1. 단순한 사실을 묻는 경우라고 해도 사람들의 기억에 의존해야 한다면 이 응답을 전적으로 신뢰하지 않는 것이 좋다. 한 연구보고에 따르면, 자기 계좌의 잔액이 얼마인지를 아는 사람은 31%에 불과하였는데 그나마 실제 확인해본 결과, 안다고 응답한 사람들 중 47%만 제대로 잔액을 맞혔다고 한다.

2. 특별한 사건의 수를 물어보면 일반적으로 정확하게 세어보지 않고 답하는 경향이 있다. 가령 "당신은 작년 한 해 동안 병원에 몇 번 갔습니까?"라는 질문을 하면 평균적으로 한 달에 병원에 몇 번 가는지를 생각한 후 거기에 12개월을 곱하여 답한다고 한다. 즉, 자기가 한 달에 한 번쯤 병원에 간다고 생각한다면 거기에 12를 곱하여 12번 간 것으로 응답한다는 뜻이다. 또한 "지난 한 달 동안 몇 번이나 외식을 했습니까?"라고 질문하면 먼저 아침, 점심, 저녁 각각 몇 번씩 외식을 했는가를 계산하고 나서 그것을 더해 답하는 경향이 있다.

3. 사람들은 자기 기억에 뚜렷하게 남아 있는 일들일수록 실제보다 더 최근의 일인 것처럼 기억한다. 가령, 자동차 사고나 직장에서 상 받은 일 등의 사건은 실제 일어난 때보다 최근의 일로 생각한다. 반면에 기억을 잘 못하는 일일수록 실제보다 더 오래된 일로 생각하는 경향이 있다.

이상에서 소개한 것과 같은 사람들의 일반적인 경향을 알면 설문지 작성에 많은 도움이 된다.

1. 사실을 물을 때는 한 가지 방법만이 아닌 여러 가지 방법을 사용하여 다양하게 질문하라. 그리고 가능하다면 직접 관찰하라.

2. 질문을 할 때는 가능한 한 나누어서 질문을 하라(그냥 하루 중 수분섭취량을 묻지 말고 물, 커피, 음료수, 맥주 등을 각각 나누어 질문하라).

3. 기억이 날만한 중요한 사건과 연계시켜 질문하라(예: "이 집으로 이사 온 후 병원에 간 적이 있습니까?", "그 일은 당신 딸이 대학입학하기 전에 일어났습니까, 아니면 후에 일어났습니까?").

모든 조사에서는 항상 응답오차가 생길 수 있으므로 가능하다면 설문지를 설계하는 과정에서부터 응답오차를 줄일 수 있도록 고려하여야 한다.

설문지설계와 관련하여 고려할 사항들은 더 많이 있다. 그러나 여기에서는 매우 중요한 점들만을 다루었는데, 여기서 소개한 항목들에 대해서는 추출을 하기 전에 세심하게 고려하여야 한다.

2.6 조사계획

앞에서 설명한 여러 사항들을 정리하여 점검표의 형식으로 정리해보자. 어떤 종류의 조사를 계획하건 이 점검표에 나타난 사항들을 면밀히 검토하는 것이 필요하다.

1. **조사목적의 명시.** 조사목적을 명확하고 간결하게 제시해야 하며, 설계나 조사의 각 단계마다 자주자주 조사목적을 돌아보는 것이 필요하다. 조사목적은 모든 조사 관계자들이 명확하게 이해할 수 있도록 가능한 한 단순하게 제시될 필요가 있으며 조사를 통해 완전하게 달성될 수 있는 것이어야 한다.
2. **조사모집단.** 표본추출의 대상이 될 조사모집단을 명확하게 규정해야 한다. 성인이 조사대상이라면 누가 성인인지를 명확하게 정의(예: 만 18세 이상의 성인)해야 하며, 아울러 조사의 대상 범위(예: 특정 시에 주소지를 둔 성인)도 분명하게 규정해야 한다. 이렇게 정의된 조사모집단을 대상으로 해서 표본이 추출된다는 사실을 기억하고 그에 따라 명확하게 모집단을 정의해야 한다.
3. **추출틀.** 조사모집단을 가장 잘 나타낼 수 있는 추출단위들의 목록을 결정해야 한다. 하나의 추출틀만 사용하지 않고 여러 개의 추출틀을 동시에 사용하는 것이 더 효율적인 경우도 있다. 예를 들어, 어느 도시의 거주자를 대상으로 하는 조사인 경우 그 도시의 주소록과 더불어 각 주소지별 거주자 명부를 함께 활용하는 것이 좋다.
4. **표본설계.** 먼저 조사목적의 달성을 위해 충분한 정보를 제공할 수 있을 규모의 표본크기를 결정하고 그에 맞추어 적절한 표본설계를 한다. 설계를 잘못하면 별로 필요하지도 않은 정보를 얻기 위해 불필요하게 시간이나 예산을 사용할 수도 있으므로 효율적으로 표본을 설계해야 한다.
5. **조사방법.** 조사에 적합한 조사방법을 선정해야 한다. 대표적인 조사방법으로는 면접조사, 전화조사, 우편조사, 직접관찰 등의 방법이 있다.
6. **조사도구.** 앞의 다섯 번째 단계와 연관지어 무엇을 어떻게 조사할지를 신중하게 결정해야 한다. 설문지를 사용한다면 무응답이나 부적절한 응답편향을 최소로 줄일 수 있도록 설문지를 설계하는 것이 필요하다.
7. **조사원 선정과 훈련.** 조사원을 선정하고 훈련하는 일에 세심한 주의를 기울여야 한다. 표본추출계획이 구체화되면 다음으로는 이에 맞게 자료를 수집해야 한다. 바로 이 자료수집을 담당하게 될 조사원들은 조사항목들은 무엇이며, 구체적인 조사를 어떻게 해야 하는지에 대해 확실하게 훈련을 받아야 한다. 전화조사나 면접조사라면 조사원의 개인적인 태도나 목소리에 따라서 응답률이나 응답의 정확성이 영향을 받으므로 조사원 훈련은 매우 중요한 부분이다.
8. **예비조사.** 예비조사를 위해 먼저 작은 규모의 표본을 추출한다. 예비조사를 통해 설문지나 조사방법의 적절성 등을 검토하고, 조사원의 자질을 점검하며, 실제 조사관리를 위한 계획을 수립하게 되므로 이 과정은 매우 중요하다. 이 조사를 시행하기에 전에 실시되는 예비조사 결과를 가지고 조사계획이나 조사방법 등을 일부 수정할 수도 있다.

9. **실사 계획.** 실제 조사를 위한 계획을 세부적인 부분에 이르기까지 세우는 단계이다. 대규모 조사일 때에는 조사원, 감독자, 자료관리자 등 다양한 책임을 맡은 수많은 인원들이 공동으로 작업에 참여하게 된다. 이때 다양한 종류의 작업들의 분담을 조직적으로 해야 하며, 아울러 조사 전에 전반적인 관리 및 감독체계를 명확하게 마련해야 한다.
10. **자료관리 계획.** 조사의 각 단계별로 개별 데이터들을 어떻게 처리할지에 대한 계획을 세워야 한다. 대규모 조사에서는 방대한 양의 데이터를 얻게 되므로 사전에 철저하게 데이터 관리를 위한 계획을 마련해두는 것이 필요하다. 이 계획에는 현장 조사를 통해 자료를 얻을 때부터 최종 분석이 완료될 때까지의 전 과정이 포함되어야 한다. 현장에서 수집한 자료와 전산처리된 자료가 정확하게 일치하는지를 점검하는 품질관리계획도 마련해야 한다.
11. **자료분석.** 전반적인 자료분석 계획도 세워두어야 한다. 이 단계는, 앞의 10번째 단계와 밀접한 관계 속에서, 구체적으로 수행되어야 할 분석 내용을 정하는 단계이다. 최종보고서에 담아야 할 주제들을 열거해볼 수도 있다. 조사를 기획하는 단계에서 미리 최종보고서에 수록해야 할 내용에 대해 충분히 고려하면 실제 조사에 포함시킬 조사항목을 정하는 데 많은 도움이 된다.

여기서 소개한 열한 가지의 단계들을 충실하게 지키며 조사를 수행한다면 조사의 품질은 높아질 것이며 조사를 통해 유용한 정보들을 많이 얻게 될 것이다.

2.7 요약

표본 조사의 목적은 표본의 정보를 이용하여 관심 있는 모수에 대해 추론하는 것이다. 모집단은 우리가 추론하고자 하는 데이터의 몸체라고 할 수 있는데 정보의 조사단위나 부분으로 구성된다. 모집단의 조사단위들이 서로 중복되지 않게 구분한 조사단위들의 모임을 추출단위라고 부른다. 추출틀은 모집단을 나타내기 위해 사용하는 추출단위들의 목록이다. 표본은 추출틀로부터 뽑힌 추출단위들의 모임이다. 표본자료를 사용하여 일정한 모수와 추정오차의 한계를 구할 수 있다.

표본으로부터 얻어지는 정보의 양은 표본의 크기와 추출 방법, 그리고 자료수집방법에 따라 달라진다. 단순확률추출, 층화확률추출, 집락추출, 계통추출 등의 추출 방법을 소개하였다. 각각의 방법에 대한 자세한 내용은 이후의 장들에서 설명될 것이다. 가장 적절한 표본추출법은 비용을 최소화시키면서도 목표하는 추정오차의 한계 범위 이내의 정확한 추정이 가능하도록 표본을 추출할 수 있게 하는 방법이라고 할 수 있다.

추출계획이 세워지고 나면, 다음으로는 자료수집법을 고려해야 한다. 면접조사, 전화조사, 직접관측과 설문조사 등의 방법에 대해 살펴보았고, 각각의 데이터 수집법을 평가해보았다. 각 방법들은 나름대로의 장단점을 갖고 있다.

이 장에서는 실제적인 설문지설계법에 대해서도 소개하였다. 마지막으로 모집단을 잘 대표하는 표본으로부터 자료를 수집해야 한다는 점을 다시 한번 강조한다. 이것은 자료수집법의 결정에 앞서 반드시 고려되어야 할 중요한 문제이다.

연습문제

2.1 도시의 가구당 하루 평균 물소비량을 조사하고자 한다. 가구, 번지 또는 주거단위(단독주택, 연립, 아파트 각 건물의 1동) 중에서 어느 것을 추출단위로 하는 것이 더 적합한지에 대해 토의하라. 세 가지를 각각 추출단위로 사용할 때, 각 경우별로 어떤 추출틀을 마련해야 하는지 설명하라.

2.2 특정 산업분류에 속한 산업체가 미국 전역에 산재해 있다. 그 산업분류에 종사하는 근로자의 의식조사를 하고자 한다. 이때 추출단위와 추출틀로 무엇으로 하는 것이 좋을지 설명하라.

2.3 사용 중인 자동차 타이어의 안전도를 점검하고자 한다. 이 조사를 위해 표본을 추출할 때 자동차와 자동차가 주차된 주차장 중 어느 것을 추출단위로 하는 것이 좋은지 설명하라. 이때 추출틀은 무엇으로 하면 좋겠는가?

2.4 예비조사의 중요성을 설명하라.

2.5 다음 각 상황별로 적합한 자료수집법을 결정하려 한다. 면접조사, 전화조사, 우편조사 중 어느 방법을 사용하는 것이 더 좋을지를 결정하고, 그 이유를 설명하라.

(1) 특정 지역에서 특정 시간대에 방송되는 TV 프로그램에 대한 시청률조사

(2) 신문 구독자의 신문기사에 대한 의견조사

(3) 시 당국의 정책 변화에 대한 시민들의 의식조사

(4) 시내에서 사육되는 개 중 광견병 예방주사를 맞은 개의 비율

2.6 한 원목회사에서는 조림지에 심긴 나무 중 직경이 12인치가 넘는 나무의 총 그루 수를 추정하려고 한다. 추출단위를 정하고, 그에 따라 필요한 추출틀을 결정하라.

2.7 선다형 질문과 서술형 질문 중 어느 것을 사용하는 것이 좋을지에 대해 생각해보자. 서술형 질문의 적절한 예를 들고, 이 질문을 선다형 질문으로 바꾸어 표현하라. 선다형 질문의 장점을 설명하라.

2.8 너무 강한 어구를 사용함으로써 특정 방향으로 응답을 유도할 수 있는 질문의 예를 들어보라.

2.9 전화조사는 주로 평일 저녁시간에 이루어진다. 많은 응답자가 그 시간에 집에 있으리라고 여기기 때문에 그 시간을 택하는 것이다. 전화조사에서 평일 저녁시간의 장점과 단점에 대해 설명하라.

2.10 조사에서 응답률을 중요하게 고려하는 이유는 무엇인가? 또한 무응답을 줄이기 위한 방안에 대해 설명하라.

2.11 갤럽의 청소년조사(*Gaineville Sun*, 1985. 2. 13일자)에서 414명의 고등학생을 대상으로 다음 질문을 하였다.

> 당신이 장래 진로를 고려할 때 고등학교 기간 동안 배우는 과목 중 가장 중요한 과목은 무엇이라고 생각합니까?

이 질문에 대해 25%는 수학, 25%는 영어라고 응답하였다. 얻으려는 정보를 고려할 때 이 질문이 적절하다고 생각하는가?

2.12 파퓰러 사이언스(*Popular Science*)라는 잡지의 구독자 중 900명을 대상으로 다음 질문에 대해 전화조사를 실시하였다. "당신은 1990년대의 에너지 위기에 대처하기 위해 미국정부가 더 많은 화석연료들을 사용해야 한다고 생각합니까, 아니면 새로운 핵에너지를 사용해야 한다고 생각합니까?" 응답자 중의 86%가 핵에너지를 사용해야 한다고 답하였다. 이 전화조사는 공정하게 이루어진 조사인가? 질문에 사용된 문구에는 문제가 없는가? 응답결과가 미국 전국의 분위기를 제대로 나타내고 있다고 생각하는가?

2.13 각 가구에서 어느 방송을 시청하고 있는지 닐슨사에서는 어떻게 파악할까? 닐슨사의 조사가구에 관한 기록자료를 통해 알 수 있다. 플로리다 대학의 컴퓨터비전연구소에서는 자동으로 컴퓨터화상을 인식할 수 있는 피플미터(peoplemeter)를 개발하였다. 이 기기를 TV 수상기에 장착하면 각 가구에서 어느 채널을 시청하는지에 대한 정보가 자동으로 전송된다. 닐슨사의 시청률조사에서 편향을 줄이기 위해 전자기기를 사용하는데, 이 경우 생길 수 있는 새로운 문제점으로는 어떤 점이 있을까?

2.14 "왜 우리 방송사의 유명한 쇼를 허공에 날려 버리는가?" 이 말은 닐슨(Nielson)의 TV시청률조사에서 시청률이 낮게 나오자 한 방송담당자가 터뜨린 불만이다. 닐슨사의 TV시청률조사는 미국 951만 가구 중 랜덤하게 선택한 4,000여 가구를 대상으로 하여 조사되고 있다. 표본설계는 다소 복잡하지만, 최종적으로는 2단계 추출의 형태를 띤다. 먼저 각 행정구역(시나 군)의 블록을 확률추출한 후, 각 블록에서 한 가구를 뽑아 조사가구로 결정한다. 각 프로그램의 시청률은 표본가구에서 TV수상기를 켜놓은 가구 중 해당 프로그램을 시청하는 가구의 비율로 결정된다.

(1) 1% 시청률을 얻으려면 표본 중 몇 가구가 필요한가?

(2) 1992년 4월 19일 주간에 가장 시청률이 높았던 프로그램은 "60분쇼(60*Minutes*)"였으며, 시청률은 21.7%였다. 여기서 시청률이 뜻하는 바를 설명하라.

(3) 닐슨 시청률조사에서 표본가구를 확률추출한다고 해도 여전히 생길 수 있는 편향에는 어떤 것이 있겠는가?

2.15 미국 전국에서 12~18세 사이의 청소년들을 대상으로 9,965명을 확률추출하여 10대의 태도 및 행동에 대해 조사하였다. 설문문항 중 하나는 10대들이 또래의 행동에 대해 어떻게 인식하고 있는지에 관한 것이었다. 조사대상 10대들을 다음 네 부류로 구분하였다.

비흡연 = 전혀 흡연을 않는 사람

호기심 = 과거 호기심으로 흡연해 본 사람

과거 = 과거에 흡연을 했으나 지금은 않는 사람

현재 = 현재 흡연을 하고 있는 사람

"당신의 친구는 체중관리를 위해 노력하고 있습니까?" 라는 질문에 대한 응답결과를 정리한 것이 아래 표에 나와 같다.

	체중관리를 위한 노력			
	비흡연	호기심	과거	현재
많이 노력	6,297	3,613	197	2,114
적당히 노력	2,882	1,677	90	793
약간 노력	1,441	625	16	354
노력하지 않음	1,709	822	33	377

a. 왜 응답자 자신의 의견을 직접 묻지 않고 또래에 관해 물어보는 형식으로 질문을 만들었다고 생각하는가?

b. 미국의 10대 중 전혀 흡연을 하지 않은 비흡연자의 비율은 어느 정도인가?

c. 친구들이 체중관리를 위해 많은 노력을 기울인다고 생각하는 10대는 전체 10대 중 몇 % 정도인가?

d. 미국에서 현재 흡연을 하고 있는 10대들은 몇 % 정도인가? 흡연자 중 자기 또래가 체중관리를 위해 많은 노력을 기울인다고 생각하는 비율은 몇 % 정도 되는가?

e. 체중조절을 위해 많이 노력하는 그룹 중 비흡연자의 비율은 얼마인가? 또한 현재 흡연자인 사람의 비율은 얼마인가?

f. 또래의 체중조절 노력에 대한 의견은 흡연 여부를 중심으로 구분한 그룹별로 차이를 보이는가? 비율계산을 하여 자신의 답을 입증해보라.

2.16 균형 잡힌 형식의 질문이 논리적이기는 하지만, 항상 결과에 강한 영향을 미치는 것은 아니다. 반대되는 질문이 무엇인지에 따라 결과가 달라질 수도 있다. 다음 두 사례를 비교하면 이런 점을 잘 살필 수 있다. 슈만과 프레서는 다음 두 가지 질문을 비교하였다.

A1: 올 겨울 심각한 연료 부족이 생긴다면, 당신은 가정용 난방연료의 사용을 제한하는 법률을 만들어야 한다고 생각합니까?

B1: 올 겨울 심각한 연료 부족이 생긴다면, 당신은 가정용 난방연료의 사용을 제한하는 법률을 만들어야 한다고 생각합니까, 아니면 그럴 필요가 없다고 생각합니까?

이듬해 다른 연구에서는 질문을 다음과 같이 바꾸어 비교하였다.

A2: 올 겨울 심각한 연료 부족이 생긴다면, 당신은 가정용 난방연료의 사용을 제한하는 법률을 만들어야 한다고 생각합니까, 아니면 그런 법률을 만드는 것에 반대합니까?

B2: 올 겨울 심각한 연료 부족이 생긴다면, 당신은 가정용 난방연료의 사용을 제한하는 법률을 만들어야 한다고 생각합니까, 아니면 그런 법률은 실효성이 떨어지므로 법률을 만드는 것에 반대합니까?

위 질문 중 어떤 것을 사용하면 법률을 만드는 데 대한 찬성비율이 가장 낮아지겠는가? 그렇게 생각하는 이유를 설명하라.

CHAPTER 03

기본적인 통계 개념

3.0 도구

이 장부터 나오는 개념을 이해하는 데 도움을 주기 위한 대화식 엑셀도구(Interactive Excel Tools)은 센게이지러닝 홈페이지(www.cengage.co.kr) Download 자료실에서 내려 받을 수 있다. Download 자료실의 3장 폴더에서 "Section 3.0(tools)"이라는 이름의 워드 파일을 찾을 수 있을 것이다. 파일에 있는 링크를 통해 이 장과 관련된 계산도구들을 이용할 수 있다. 책에 아이콘(왼쪽에 표시되어 있는)으로 표시된 방정식들은 해당 내용이 폴더에 도구 형식으로 구축되어 있다는 것을 나타낸다. 각 장의 연습문제 관련 자료도 관련 링크를 통해 사용할 수 있다.

3.1 개요

표본조사이론을 공부하기 위해서는 기본적인 통계 개념들에 대한 이해가 필요하다. 따라서 이 장에서는 이런 기초 개념들을 정리하는 동시에 표본추출과 관련된 특수한 상황에 맞도록 설명하고자 한다.

표본에 내재되어 있는 정보를 활용하여 모집단에 대한 추론을 하는 것이 통계학이 궁극적으로 지향하는 목표이다. 추론의 대상이 되는 모집단은 측정값들의 집합이다. 이는 유한(finite)할 수도 있고 무한(infinite)할 수도 있으며, 또한 실제로 존재할 수도 있고 경우에 따라 개념상으로만 존재할 수도 있다. 따라서 통계학의 첫 번째 과제는 모집단에 대한 추론결과를 표현할 수 있는 방법, 즉 측정값들의 집합을 요약해 묘사할 수 있는 방법을 찾는 것이다. 이를 위하여 모집단 또는 이런 모집단에서 얻은 표본이 갖고 있는 핵심적인 정보를 요약하는 방법이 가장 먼저 논의되어야 할 기본 개념이다.

두 번째 과제는 표본에 내재되어 있는 정보를 활용해 어떻게 모집단에 대한 추론을 도출할 것인지 방법을 찾는 것이다. 이를 위하여 표본에서 얻어지는 통계량의 분포 또는 표본추출분포

(sampling distribution)를 고려해야 한다. 표본과 관련된 확률분포의 이해를 통하여 우리는 추론결과를 도출하는 적절한 방법과 이런 추론방법의 적합성을 설명할 수 있는 측도를 확보할 수 있다.

사회과학 또는 사업 관련 분야에서 주로 사용되는 추론방법은 추정이다. 기업체의 총자산, 특정 후보에 대한 지지율, 일정기간 동안 국립공원에 입장하는 입장객의 수 등을 추정하는 문제들이 전부 여기에 해당한다. 따라서 모집단의 모수(parameter)에 대한 추정량(estimator)을 선택하고, 추정량의 적합성을 평가하는 방법과 구간추정과 관련된 개념들을 이해하는 것이 필수적이다. 추정량의 편향(bias)과 분산이 이런 적합성을 결정하기 때문에 확률변수의 기댓값과 함께 분산 및 공분산 개념을 정리하는 것이 필요하다.

이 장에서 순차적으로 살펴볼 내용들을 간추려 보면 다음과 같다. 우선 무한모집단의 경우 모집단과 표본 정보를 요약하는 방법에 대해 논의하고, 이어서 유한모집단의 경우에 대해 논의할 것이다. 이어서 반복적인 실험과 연관된 확률적인 모형에 대해 복습하고, 이런 모형이 모집단 특성에 대한 추론에 어떻게 활용될 수 있는지를 설명한다. 또한 확률변수, 확률분포 및 표본추출분포, 공분산에 대해 논의하고, 점추정과 구간추정에 대한 내용을 정리할 것이다.

3.2 모집단과 표본의 정보 요약: 무한모집단 경우

방대한 양의 측정값들을 보고 자료의 주요 특성을 직접 파악하는 것은 쉽지 않다. 따라서 우리는 일반적으로 자료를 그림 또는 숫자로 요약하는 기법을 활용한다. 관심대상이 되는 모집단의 모든 측정값을 알 수는 없지만 모집단의 상대도수분포의 형태를 적절하게 가정하는 것이 가능할 수 있다. 물론 표본 측정값들은 알 수 있기 때문에 우리는 언제나 표본에 대한 도수 또는 상대도수히스토그램을 그릴 수 있고, 이를 활용해 모집단의 분포 형태를 경험적으로 파악할 수 있다.

만약 모집단에 대한 상대도수분포가 설정된다면 확률적인 논증을 통하여 평균, 분산, 표준편차 등과 같은 숫자로 요약되는 측도를 계산할 수 있다. 또한 이와 유사한 값들을 표본 측정값으로부터 직접 계산할 수 있다.

예를 들어, 무수히 많은 동일한 비율의 자연수 0, 1, 2, ..., 9로 구성된 무한모집단을 가정해 보자. 이런 모집단은 숫자를 종이쪽지에 각각 하나씩 기록하여 상자 안에 잘 섞어 놓은 것 또는 난수표에 배열된 숫자들이나 컴퓨터에서 생성하여 파일에 저장한 난수들과 유사한 것으로 볼 수 있다. 여기서 모든 자연수들이 동일한 비율로 섞여 있기 때문에 이런 모집단의 분포를 나타내는 **상대도수 히스토그램**(*relative frequency histogram*)은 그림 3.1과 같다.

이와 같은 상대도수는 확률 개념으로 해석이 가능하다. 만약 하나의 수를 랜덤(random)하게 뽑는 경우(예: 눈을 가리고 상자 안에서 한 개의 종이쪽지를 뽑는 경우), 그 수가 4일 확률(probability)은 1/10이다. 이와 같은 모집단에서 하나의 수를 랜덤하게 뽑아서 그 값을 y로 표시한다고 하자. 그러면 y가 취할 수 있는 값[이 경우 (0, 1, 2, ... , 9)]과 이런 각각의 값을 취할 확률(이 경우 모두 1/10)에 의해 **확률변수**(*random variable*) y의 **확률분포**(*probability distribution*)가 결정된

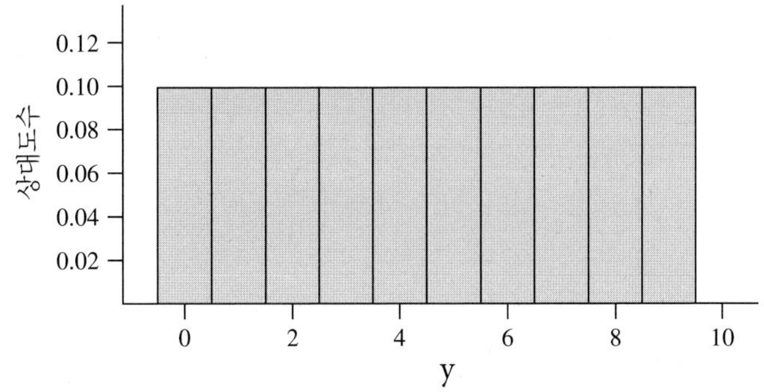

• **그림 3.1** 0부터 9까지 자연수를 동일 빈도로 포함한 모집단 분포

다. 확률변수 y와 연계된 확률을 일반적으로 $p(y)$로 표기한다. 따라서 이 모집단의 경우 다음이 성립된다.

$$p(0) = p(1) = \cdots = p(8)p = (9) = \frac{1}{10}$$

모집단의 특성을 요약하기 위한 숫자 측도로 y 또는 y의 함수에 대한 기댓값(*expected value*)을 생각할 수 있다. y의 기대값, $E(y)$는 다음과 같이 정의된다.

$$E(y) = \sum_y yp(y)$$

여기서 Σ는 y가 취할 수 있는 모든 값(즉, $p(y) > 0$인 모든 y값)에 대한 합을 나타낸다. 예로 들고 있는 확률변수 y의 경우, 기대값은 다음과 같다.

$$\begin{aligned} E(y) &= \sum_y yp(y) \\ &= 0p(0) + 1p(1) + 2p(2) + \cdots + 8p(8) + 9p(9) \\ &= \frac{1}{10}(45) = 4.5 \end{aligned}$$

우리가 고려하고 있는 가상적인 모집단에서 $E(y)$는 모든 가능한 측정값의 평균과 동일하다. 일반적으로 모집단 평균은 μ로 표시하기 때문에 다음과 같은 관계가 성립한다.

$$\mu = E(y)$$

여기서 y는 모집단에서 랜덤하게 선택된 하나의 측정값을 의미한다.

한편 모집단에서 측정값의 변동(variability)은 랜덤하게 선정된 측정값 y와 평균 μ의 편차 제곱에 대한 기대값 또는 평균에 해당하는 분산(*variance*)으로 설명될 수 있다. 따라서 y의 분산 $V(y)$는 다음과 같이 정의된다.

$$V(y) = E(y - \mu)^2 = \sum_y (y - \mu)^2 p(y)$$

예로 들고 있는 모집단의 경우, 분산은 다음과 같다.

$$\begin{aligned} V(y) &= E(y-\mu)^2 = \sum_y (y-\mu)^2 p(y) \\ &= (0-4.5)^2\left(\frac{1}{10}\right) + (1-4.5)^2\left(\frac{1}{10}\right) + \cdots + (9-4.5)^2\left(\frac{1}{10}\right) \\ &= \frac{1}{10}[(0-4.5)^2 + (1-4.5)^2 + \cdots + (9-4.5)^2] \\ &= \frac{1}{10}(82.5) = 8.25 \end{aligned}$$

분산 $V(y)$는 일반적으로 σ^2으로 표시한다.

표준편차(*standard deviation, SD*)는 분산의 제곱근을 말하며 이는 $\sigma = \sqrt{\sigma^2}$으로 표시한다. 예로 들고 있는 모집단의 경우, 다음과 같다.

$$\sigma = \sqrt{8.25} = 2.9$$

통계분석에 있어서 관심 모집단은 알 수 없는 값들로 구성된다. 따라서 우리는 상대도수 히스토그램 또는 μ와 σ의 크기를 추측하는 것만이 가능하다. 모집단에 관한 정보를 얻기 위해 우리는 n개의 측정값으로 이루어진 표본을 추출하고, 이 표본이 내포하고 있는 성질을 연구한다. 그리고 이를 통하여 모집단의 특성을 **추론**(*infer*)한다. 일반적으로 표본 측정값은 $y_1, y_2, \ldots, y_n$으로 표기한다.

모집단의 정보를 요약하는 방식에 따라 표본의 평균, 분산, 표준편차를 계산한다. 표본으로부터 얻게 되는 숫자로 요약된 값(표본 통계값)은 각각 다음과 같다.

$$\bar{y} = \frac{1}{n}\sum_{i=1}^{n} y_i$$

$$s^2 = \frac{\sum_{i=1}^{n}(y_i - \bar{y})^2}{n-1}$$

$$s = \sqrt{s^2}$$

여기서 s^2의 분모는 n이 아니라 $(n-1)$이란 점을 유의하기 바란다.

자연수 0, 1, 2, ..., 9가 동일한 비율로 구성된 모집단에서 $n = 10$인 표본 측정값이 추출되었다고 하자. 10개의 측정값은 각각 랜덤하게 추출되었다(0과 9사이의 자연수가 표기된 많은 수의 종이쪽지가 담겨 있는 상자에서 10개의 종이쪽지를 뽑는 경우를 상상해 보라). 표본 측정값이 다음과 같이 나타났다고 하자.

6, 9, 3, 8, 1, 7, 8, 8, 4, 0

이 경우 다음 결과를 얻는다.

$$\begin{aligned}\bar{y} &= \frac{1}{n}\sum_{i=1}^{n} y_i \\ &= \frac{1}{10}(6 + 9 + 3 + \cdots + 4 + 0) \\ &= \frac{1}{10}(54) = 5.4 \\ s^2 &= \frac{1}{n-1}\sum_{i=1}^{n}(y_i - \bar{y})^2 \\ &= \frac{1}{9}[(6 - 5.4)^2 + (9 - 5.4)^2 + \cdots + (0 - 5.4)^2] \\ &= \frac{1}{9}(92.4) = 10.27 \\ s &= \sqrt{s^2} = \sqrt{10.27} = 3.2\end{aligned}$$

이렇게 표본에서 얻은 통계값들을 활용하는 방법은 다음 절에서 살펴보도록 한다. 하지만 만약 μ를 모르는 경우 $\bar{y}$는 근사적으로 μ과 유사할 것이라고 예상할 수 있다. 마찬가지로 σ^2를 모르는 경우 s^2과 s는 각각 σ^2과 σ에 대한 근사값으로 활용이 가능하다는 것을 알 수 있다.

표본평균은 가장 폭넓게 사용되는 통계량이기 때문에 이것의 평균과 분산과 관련된 성질을 아는 것은 필수적이다. 무한모집단에서 랜덤하게 추출된 표본에서의 기대값과 관련된 수학적인 성질을 이용하면 다음을 유도할 수 있다.

$$E(\bar{y}) = \mu$$

과

$$V(\bar{y}) = \frac{\sigma^2}{n}$$

또한 표본평균의 분산은 다음과 같은 방식으로 편향 없이 추정될 수 있다.

$$\hat{V}(\bar{y}) = \frac{s^2}{n}$$

3.3 모집단과 표본의 정보 요약: 유한모집단 경우

앞 절에서 확률 표본추출과 관련된 내용들을 무한모집단이란 가정 하에서 살펴보았다. 이런 경우 표본추출된 단위들은 모두 선택될 가능성이 같고 모든 선택은 독립적으로 이루어진다(난수표에서 하나의 수를 선택할 때 2를 선택할 확률은 항상 0.1이고, 만약 확률표본에서 15번째 선택을 생각하더라도 바로 전 14번째에서 어떤 일이 발생했든지 상관없이 선택확률은 영향을 받지 않는다). 대부분의 표본추출 문제에서는 표본추출 대상 모집단이 유한모집단(모집단 크기 N이 매우 클 수도 있지만)이기 때문에 이런 조건들이 성립되지 않는다. 더욱이 각 단위들이 모집단에서 추출될 확률을 다르게 함으로써 많은 경우 추정량의 정도(precision)가 향상될 수 있다. 예를 들면, 어떤 도시에 있는 사업체로부터 표본을 추출하여 도시의 신규 채용인원 총계를 추정한다고 가정하자(관심대상 모집단이 유한모집단인 경우에만 모집단 총계를 추정하는 것이 의미가 있다는 점에 유의하기 바란다). 대다수의 사업체는 규모가 작아 소수의 종업원을 고용하고 있는 반면에 규모가 큰 일부 사업체는 많은 종업원을 고용하고 있다. 그냥 랜덤하게 사업체를 추출하는 경우 사업체의 규모가 고려되지 않아, 표본은 대체로 소규모 사업체들로 구성되게 된다. 그런데 신규채용 인원은 규모가 큰 사업체에 의해 많은 영향을 받게 된다. 그러므로 규모가 큰 사업체가 표본에 들어가게 될 기회를 크게 해줌으로써 채용인원 총계에 대한 추정결과를 개선시킬 수 있다. 다음으로 확률표본추출의 기본 원리에 대해서 설명하기로 한다. 표본추출 간에 독립성을 유지하기 위해 먼저 복원추출의 경우를 살펴본 후, 좀 더 실제적인 상황인 비복원추출의 경우에 대해 설명할 것이다. 이런 일반적인 개념은 이후의 장에서 다루어지는 각각의 표본설계에 따라 적합한 방식으로 활용될 것이다.

모집단이 단위들의 집합$\{u_1, u_2, . . . , u_N\}$으로 구성되어 있고 n개의 단위가 복원으로 추출된다고 가정하면, 표본으로 선택된 단위들은 서로 독립적으로 추출된 것이다. 또한 모집단에서 각각의 단위를 추출할 확률은 각각 $\{\delta_1, \delta_2, . . . , \delta_N\}$이라 하자. 즉, δ_i는 몇 번째 표본단위를 추출하는 경우든지 상관없이 한 번의 추출에서 u_i가 선택될 확률이다. 복원추출에 의한 단순확률추출의 경우에 각각의 δ_i는 모두 $1/N$이 된다.

이런 방법으로 n개의 단위를 표본추출하고 이들을 $\{y_1, y_2, . . . y_N\}$으로 표시하면 각각의 y_i는 실제 u들 가운데 하나일 것이다. 표기를 간단히 하기 위해서 표본이 선택된 후 δ들을 재배열하여 δ_i는 u들로부터 추출한 것이 y_i가 될 확률을 나타낸다고 하자. 그러면 모집단 총계(τ)에 대한 비편향 추정량은 다음과 같다.

$$\hat{\tau} = \frac{1}{n}\sum_{i=1}^{n}\frac{y_i}{\delta_i}$$

추정량 $\hat{\tau}$는 어떻게 δ_i들을 결정하더라도 비편향이 된다. 이때 최대의 관심은 추정량의 분산을 가능한 한 작게 만들어 주는 δ_i들을 선택하는 것이다. 이와 관련해 특수한 예를 살펴보도록 하자. 모집단을 구성하는 모든 N개 단위에 대해 각각 y_i값을 알고 있다고 가정하면, 모집단 총계도 알 수 있다. 이런 조건 하에서, y_i가 모두 양수라고 가정하고 각 단위를 실제 측정값 y_i에 비례하는 확률로 표본을 추출했다고 하자. 즉, $\delta_i = y_i/\tau$ 이다. 이런 경우 다음이 성립한다.

$$\hat{\tau} = \frac{1}{n}\sum_{i=1}^{n}\frac{y_i}{\delta_i} = \frac{1}{n}\sum_{i=1}^{n}\frac{y_i}{y_i/\tau} = \tau$$

따라서 추정량 $\hat{\tau}$는 항상 τ를 정확하게 추정한다.

그러나 표본을 추출하기 전에 모집단에 있는 모든 단위값 y_i를 알고 있는 것은 불가능하다(만약 이들을 모두 안다면 표본추출이라는 것이 필요 없다). 따라서 최적의 선택확률을 적용하는 것은 현실적으로 불가능하지만, 이를 통해 효과적인 표본추출을 위해 δ_i를 어떻게 결정하는 것이 바람직한 것인지 기준을 제시해 주고 있다. 실제적인 최선의 방법은 δ_i와 상관관계가 높으면서 사전에 알고 있는 측정값에 비례하도록 y_i들을 정하는 것이다. 신규 채용인원 총계를 추정하는 문제에서는 표본이 추출되기 전에 정확하게 파악하고 있는 현재의 종업원 수에 비례하는 확률로 사업체들을 추출할 수 있을 것이다. 각 사업체의 신규 채용인원은 표본을 추출하기 전에 미리 알 수 없지만, 현재 종업원 수와 상관관계가 아주 높을 것이다.

표본추출 과정이 어떻게 이루어지는지 구체적으로 설명하기 위해 $N = 4$인 단위 {1, 2, 3, 4}로 구성된 모집단을 가정하자. 이 모집단에서 한 개의 값을 랜덤하게 추출한다면, $E(y) = 2.5$이고 $V(y) = (\frac{5}{4})$이다. 표본크기가 $n = 2$인 단순확률표본인 경우 $E(\bar{y}) = 2.5$이고 $V(\bar{y}) = (\frac{5}{12}) = 0.417$이다. 만약 표본크기가 $n = 2$인 표본을 단위에 따라 다른 확률로 복원추출한다고 가정하고, 각 단위의 추출확률은 $\delta_1 = .1, \delta_2 = .1, \delta_3 = .4, \delta_4 = .4$라고 하자. 이런 방식으로 표본을 추출하기 위해서는 난수표로부터 난수를 선택하여 이 난수를 이용해 첫 번째 표본 단위를 다음과 같이 추출한다.

1 만약 난수가 0이면
2 만약 난수가 1이면
3 만약 난수가 2, 3, 4 또는 5면
4 만약 난수가 6, 7, 8 또는 9면

그리고 두 번째 표본 단위에 대해서도 이 과정을 반복 적용한다(동일 단위가 두 번 선택될 수 있다). δ_i들을 이런 방식으로 설정하면, 모집단에 있는 작은 값인 (1, 2)에 대해서는 표본에 선택될 기회를 보다 작게 하고, (3, 4)에 대해서는 보다 큰 값을 배정함으로써 표본에 선택될 확률을 크게 해준다. 이 확률들은 크기에 정확하게 비례하지는 않지만, 어느 정도 비례하는 경향이 있다. 표 3.1에는 10개의 가능한 표본 목록과 각 표본의 추출확률, 그리고 각 표본으로부터 얻어진 $\hat{\tau}$가 제시되어 있다. 만약 첫 번째 난수가 0이고 두 번째 난수가 1이거나, 첫 번째 난수가 1이고 두 번째 난수가 0이면 표본은 {1, 2}가 된다. 그러면 이 표본에서 $\hat{\tau}$값은 다음과 같다.

$$\hat{\tau} = \frac{1}{n}\sum_{i=1}^{n}\frac{y_i}{\delta_i} = \frac{1}{2}\left(\frac{1}{.1} + \frac{2}{.1}\right) = \frac{1}{2}(10 + 20) = 15$$

모든 $\hat{\tau}$ 값들은 표 3.1에 주어져 있다. 주어진 정보를 이용하면 다음이 성립한다.

$$E(\hat{\tau}) = 15(.02) + \left(\frac{35}{4}\right)(.80) + \cdots + 10(.16) = 10$$

이 예를 통해 $\hat{\tau}$가 τ의 비편향추정량이라는 것을 볼 수 있다. 또한 다음이 성립한다.

$$V(\hat{\tau}) = (15 - 10)^2(.02) + \left[\left(\frac{35}{4}\right) - 10\right]^2(.08) + \cdots + (10 - 10)^2(.16) = 6.250$$

표 3.1의 4번째 칸은 다음 공식으로 계산된 $\hat{\tau}$에 대한 분산 추정값이다.

$$\hat{V}(\hat{\tau}) = \frac{1}{n}\cdot\frac{1}{n-1}\sum_{i=1}^{n}\left(\frac{y_i}{\delta_i} - \hat{\tau}\right)^2$$

가중된 변수 (y_i/δ_i)의 관점에서 보면 이 공식은 기본적인 평균에 대한 분산의 추정, s^2/n과 유사한

표 3.1 복원 확률표본추출

표본	표본추출확률	$\hat{\tau}$	$\hat{V}(\hat{\tau})$
{1, 2}	.01	15	25.000
{1, 3}	.08	35/4	1.5625
{1, 4}	.08	10	0
{2, 3}	.08	55/4	39.0625
{2, 4}	.08	15	25.0000
{3, 4}	.32	35/4	1.5625
{1, 1}	.01	10	0
{2, 2}	.01	20	0
{3, 3}	.16	15/2	0
{4, 4}	.16	10	0

것이다. 모든 가능한 표본을 고려한 $\hat{V}(\hat{\tau})$에 대한 기대값은 6.250이고, 이를 통해 $\hat{V}(\hat{\tau})$는 $V(\hat{\tau})$에 대한 비편향추정량임을 알 수 있다(이런 성질은 이런 형태의 추정량에 대해 일반적으로 성립한다).

복원추출을 적용하면 이론을 쉽게 전개할 수 있지만, 이런 추출법은 비효율적이고 대부분의 실제적인 표본추출 상황에서는 현실적으로 적용되기 어렵다. 따라서 총계를 추정하는 이런 방법을 비복원추출에 어떤 식으로 적용할 것인지 살펴보도록 하자. {1, 2, 3, 4}로 구성된 모집단에서 모집단 총계를 추정하기 위해 두 개의 단위를 표본추출하는 경우를 고려해 보자. 비복원추출의 경우에는 어떤 단위를 모집단에서 추출하는 확률이 표본을 뽑을 때마다 달라진다. 예를 들어, 첫 번째 표본을 뽑을 때 3을 선택할 확률은 1/4이지만, 두 번째 표본을 뽑을 때 3을 선택할 확률은 첫 번째 어떤 단위가 뽑혔는지에 따라 달라진다(이 경우 확률은 0이거나 1/3일 것이다). 우리는 다음 확률을 계산할 수 있다.

$$\pi_i = P(\text{모집단의 } i\text{번째 단위인 } u_i\text{가 표본에 포함됨})$$

앞의 복원추출에서 δ_i는 몇 번째 표본을 뽑는 경우든지 상관없이 u_i가 선택될 확률을 나타냈는데, 이 확률이 비복원추출에서는 몇 번째 표본을 뽑는 과정이냐에 따라 달라진다. 이런 문제점 때문에 표본을 추출하는 전체 n번의 선택과정을 통해 u_i가 선택될 확률을 평균 개념으로 환산한 π_i/n로 δ_i를 대체하는 방법이 사용된다. 이런 대체 방법을 적용하면 모집단 총계의 추정량은 다음과 같다.

$$\hat{\tau} = \sum_{i=1}^{n} \frac{y_i}{\pi_i}$$

제시된 추정량은 각각의 y_i를 해당 단위의 선택확률의 역수를 가중치로 사용해 가중평균을 구한 것으로 이해할 수 있다. 여기서 가중치를 w로 표시하면 추정량은 다음과 같이 표현된다. 여기서 $w_i=1/\pi_i$이다.

$$\hat{\tau} = \sum_{i=1}^{n} w_i y_i$$

몇 가지 예제를 고려해 보자. 우선 가장 간단한 예로, 크기가 $n = 2$인 표본을 완전히 랜덤하게

표 3.2 비복원 확률표본추출

표본	표본추출 확률, 균등 가중치	$\hat{\tau}_e$	표본추출 확률, 불균등 가중치	$\hat{\tau}_u$
{1,2}	1/6	6	.0222	12.2748
{1,3}	1/6	8	.1111	8.0624
{1,4}	1/6	10	.1111	9.3860
{2,3}	1/6	10	.1111	12.1540
{2,4}	1/6	12	.1111	13.4776
{3,4}	1/6	14	.5333	9.2652

추출하는 경우를 살펴보면, 첫 번째 표본추출에서 모든 단위가 선택될 확률은 모두 동일하고, 첫 번째 선택되지 않고 남아 있는 모든 단위들이 두 번째 표본추출에서 선택될 확률도 모두 같다. 따라서 표 3.2에 제시된 것처럼 표본크기가 2인 선택확률이 동일한 6개의 가능한 표본이 있고, 이들 표본이 추출된 확률은 각각 1/6이다. 여기서 모집단을 구성하는 4개의 단위는 각각 3개의 가능한 표본에 포함되어 있기 때문에 모집단의 특정 단위가 최종적으로 표본으로 선택될 확률을 의미하는 π_i는 이 경우 모집단을 구성하는 모든 단위에 대해 1/2로 같다. 따라서 모든 가중치 w_i는 2이고, 총계 추정값 $\hat{\tau}_e$의 계산은 간단하다.

다음으로 처음으로 표본을 뽑을 때 각 단위가 선택될 확률이 같지 않은 경우를 생각해 보자. 앞에서 사용한 "복원추출"에 대한 예 그대로 각 단위가 추출될 확률을 가정하면, 즉 4개의 모집단 단위가 추출될 확률이 각각 0.1, 0.1, 0.4, 0.4라고 가정한 것이다. 이런 경우 어떤 특정 표본이 선택될 확률의 계산은 약간 복잡해진다. 표 3.2의 표본 {1,3}이 선택될 확률은 다음과 같이 계산되며, 같은 방식을 적용하면 각 표본의 선택확률은 구할 수 있다.

$$\begin{aligned} P(\{1.3\}) &= P[(\text{처음에 1, 두 번째 3을 뽑음}) \text{ 또는 } (\text{처음에 3, 두 번째 1을 뽑음})] \\ &= P[(\text{처음에 1, 두 번째 3을 뽑음})] + P[(\text{처음에 3, 두 번째 1을 뽑음})] \\ &= (.1)(.4\ /\ .9) + (.4)(.1\ /\ .6) = .1111 \end{aligned}$$

단위 1이 포함된 3개의 표본에 대한 확률을 전부 합쳐서 $\pi_1 = .2444$를 얻을 수 있다. 마찬가지 방법으로 계산하면 $\pi_2 = .2444$, $\pi_3 = .7555$, $\pi_4 = .7555$이다. 따라서 가중치는 각각 $w_1 = 4.0916$, $w_2 = 4.0916$, $w_3 = 1.3236$, $w_4 = 1.3236$이 된다. 이 가중치를 적용하며 $\hat{\tau}_u$는 쉽게 구할 수 있다.

주어진 예에서 $E(\hat{\tau}_e) = E(\hat{\tau}_u) = 10$인 것은 쉽게 알 수 있고, 이를 통해 이런 형식의 추정량은 일반적으로 비편향성을 만족하게 된다는 사실을 확인할 수 있다. 표 3.2에 주어진 확률분포를 이용하면 두 추정량의 분산을 구할 수 있고, 그 결과는 다음과 같다.

$$V(\hat{\tau}_e) = 6.667,\quad V(\hat{\tau}_u) = 2.7212$$

앞에서 복원추출의 경우 비균등 확률추출에서 추정량의 분산은 6.250이었다. 따라서 정도의 관점에서 보면, 동일한 선택 확률 구조를 가정하는 경우 "비복원"추출에서의 추정량이 "복원"추출에서의 추정량에 비해 더 좋다는 것을 알 수 있다. 하지만 선택 확률 구조가 다른 경우에는 얼마든지 "비복원"추출에 비해 "복원"추출에서의 추정량의 분산이 작아질 수도 있다.

각 단위를 추출할 확률이 다른 표본추출방법을 통해 추정량의 분산을 줄일 수 있다. 만약 선택확률이 표본추출된 측정값의 크기에 비례하거나 근사적으로 비례하는 경우 매우 정확한 추정 결과를 얻을 수 있다. 하지만 선택확률이 잘못 정해지는 경우 균등 가중치를 적용하는 경우에 비해 오히려 추정량의 분산이 커질 수도 있다. 예를 들어, 모집단 {1, 2, 3, 4}에서 표본크기 $n = 2$인 표본을 추출하는 경우에 $\delta_1 = .4, \delta_2 = .4, \delta_3 = .1, \delta_4 = .1$이라고 하면, $\hat{\tau}$은 모집단 총계에 대한 비편향추정량이지만 표 3.1과 같은 복원추출의 경우 분산은 81.25로 엄청나게 커져 버리게 된다.

유감스럽게도 "비복원"추출에 의한 비균등 선택확률 표본추출에서 얻은 표본자료를 이용해 $\hat{\tau}$의 분산에 대한 비편향추정량을 구하는 것은 상당히 어렵다. 하지만 균등 선택확률에 의한 다양한 표본추출법의 경우에는 좋은 추정량을 얻을 수 있으며, 다음 장부터는 이런 다양한 표본추출법에 대해 살펴보기로 한다.

3.4 표본추출분포

앞으로 $\bar{y}$와 같은 표본 통계량은 알 수 없는 모집단의 특성값에 대한 통계적인 추론을 위해 폭넓게 활용될 것이다. 따라서 표본으로부터 얻어지는 통계량의 성질을 명확히 이해하는 것이 매우 중요하다. 우선 이해를 돕기 위해 수치를 사용한 예제를 고려해 보고, 차후에 보다 다양한 추출방법에서 이를 일반화하여 적용할 것이다.

3.2절에서 예로 들었던 자연수 0, 1, ..., 9가 동일한 비율로 구성된 모집단을 고려하자. 앞의 3.2절에서 사용했던 방법과 동일한 방식으로 이 모집단에서 크기 $n = 10$인 표본을 반복적으로 50번 추출하였다고 가정하자. 표 3.3은 50개의 표본에서 얻은 표본평균 $\bar{y}$를 크기순서로 정리한 것이다.

그림 3.2는 이들 50개의 표본평균들에 대한 히스토그램이다. 이는 반복적으로 표본을 추출하는 경우 $\bar{y}$가 취하게 되는 값들의 분포를 설명해 주고 있기 때문에 $\bar{y}$의 **이론적인 표본추출분포** (*theoretical sampling distribution*)에 대한 근사적인 분포로 해석될 수 있다. 표본추출분포는 $\bar{y}$의 확률분포에 해당한다. 여기서 $\bar{y}$의 분포는 모집단 평균인 $\mu = 4.5$를 중심으로 분포하고 있으며 원

표 3.3 50개의 표본(표본크기 $n = 10$)에서 얻은 표본평균

2.3	3.6	4.1	4.3	4.8
2.6	3.7	4.1	4.3	4.8
2.6	3.7	4.1	4.4	4.8
3.2	3.7	4.1	4.5	4.9
3.3	3.8	4.2	4.7	5.0
3.4	3.9	4.3	4.7	5.1
3.5	4.0	4.3	4.7	5.3
3.5	4.1	4.3	4.8	5.5
3.6	4.1	4.3	4.8	6.0
3.6	4.1	4.3	4.8	6.6

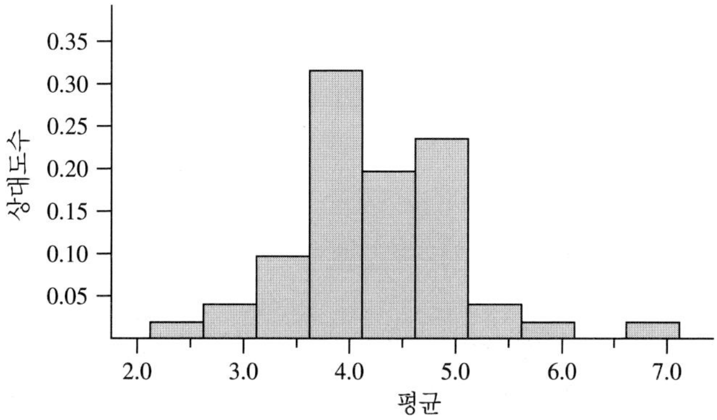

• **그림 3.2** 표본평균의 분포(n = 10)

래 모집단의 분포에 비하여 훨씬 중앙으로 집중되어 있다(즉, 산포도가 작다). 그리고 모집단의 분포가 평평한 형태인 것에 비하여 표본추출분포는 완만한 봉우리의 형태를 갖게 된다.

확률표본에서 $\bar{y}$의 표본추출분포의 평균은 μ, 표준편차는 $\sigma/\sqrt{n}$이고, 분포의 형태는 대칭이고 종의 모양을 갖는 **정규곡선**(*normal curve*)의 형태라는 것을 기초통계학에서 배웠다. 50개의 표본평균을 갖고 구한 평균은 4.22 (μ = 4.5와 유사함)이고, 표준편차는 .79 ($\sigma/\sqrt{n} = 2.9/\sqrt{10} = .92$와 유사함)이다. 또한 도수 히스토그램은 정확한 대칭은 아니지만 근사적으로 종의 형태를 갖고 있다. 표본평균의 성질과 관련된 이런 사실들은 통계적인 추론에 있어서 매우 중요한 역할을 한다.

정규곡선의 성질에 의해 반복적인 표본추출에서 $\bar{y}$의 값들 중 근사적으로 68%는 $\bar{y}$의 표본추출분포의 평균에서 좌우로 1 표준편차(SD)만큼 떨어진 구간 안에 위치하게 된다. 또한 $\bar{y}$의 값들 중 근사적으로 95%는 $\bar{y}$의 표본추출분포의 평균에서 좌우로 2 표준편차(SD)만큼 떨어진 구간 안에 위치하게 된다. 표본에서 측정된 50개의 $\bar{y}$를 갖고 이런 사실을 검토해 보자.

$$4.22 \pm 0.79 \text{ 또는 } (3.43, 5.01)$$

위 구간에는 $\bar{y}$에 대한 50개의 측정값 중 39개(78%)가 포함된다.

$$4.22 \pm 2(0.79) \text{ 또는 } (2.64, 5.80)$$

또한 위 구간에는 $\bar{y}$에 대한 50개의 측정값 중 45개(90%)가 포함된다. 이와 같은 비율은 이론적인 비율인 68% 및 95%와 상당히 유사하다(여기서 우리는 $\bar{y}$의 정확한 표본추출분포가 아니라 단지 50개의 표본을 근거로 얻은 $\bar{y}$에 대한 근사적인 분포를 이용했다는 점에 유의하기 바란다).

만약 특정한 표본 통계량의 표본추출분포가 근사적으로도 정규분포에 따르지 않는 경우에는 체비셰프(Tchebysheff)의 정리를 이용하여 상대도수에 대한 해석을 할 수가 있다. 모든 상수 $k \geq 1$에 대해 통계량의 표본추출분포의 평균에서 좌우로 k SD만큼 떨어진 구간 안에 위치하는 측정값의 비율은 최소한 $(1 - 1/k^2)$이 넘는다는 것이 이 정리의 내용이다. 예를 들어, k = 2라고 하면 통계량의 표본추출분포의 평균에서 좌우로 2 SD만큼 떨어진 구간 안에 위치하는 측정값의 비율은

최소한

$$\left[1-\left(\frac{1}{2}\right)^2\right]=\left(1-\frac{1}{4}\right)=\frac{3}{4}$$

이 넘는다는 것이다. 일반적으로 이 비율은 3/4보다 훨씬 크다.

정규분포 이론 또는 체비세프의 정리에 의해 통계량의 평균에서 좌우로 2 SD만큼 떨어진 구간 안에 위치하는 측정값의 비율이 상당히 높다는 사실로부터 측정값의 범위(range)는 거의 4 SD 내에 포함된다는 사실을 유추할 수 있다. 따라서 측정값의 표준편차는 근사적으로 측정값 범위의 1/4에 해당한다고 볼 수 있으며, 이런 근사적인 표준편차의 계산이 실제 문제에서 많이 활용되고 있다.

지금까지는 무한모집단에서 추출한 표본에 대한 표본추출분포에 대해 논의하였다. 하지만 우리가 보다 관심을 갖는 경우는 비교적 크지 않은 N개의 측정값으로 구성된 유한모집단에 대한 이론이다. 이런 경우에도 $\bar{y}$의 표본추출분포는 근사적으로 정규분포를 가질 것인가? 이에 대한 해답으로 다음의 경험적인 결과를 살펴보도록 하자.

표 3.4의 자료는 동물원에서 볼 수 있는 68마리 동물의 뇌의 무게를 정리한 것으로 이 자료를 모집단이라고 가정한다. 그림 3.3은 이 자료에 대한 히스토그램으로 이것을 보면 분포가 한쪽으로 매우 치우친 것을 볼 수 있다. 우선 이들 뇌의 무게를 모른다고 가정하고, 동물들의 평균 뇌의 무게를 추정하기 위해 동물들의 랜덤 표본을 추출한다고 하자. 그림 3.4는 이 모집단에서 표본크기가 5인 경우와 40인 경우 추출된 표본들에서 얻은 표본평균들의 분포를 보여주고 있다. 여기서 표본크기가 5인 경우에는 모집단에서의 분포의 치우침이 그대로 유지되고 있다는 것을 볼 수 있고, 이런 상황에서는 일반적인 통계적인 방법이 적용되기 어렵다는 것을 알 수 있다. 하지만 표본크기가 40인 경우에는 표본평균의 분포에서 치우침 현상이 거의 없어진다는 것을 확인할 수 있다. 이들 자료는 4장과 11장(부스트랩)의 전자 표본추출 도구에서 얻을 수 있다. 자세한 사항은 전자 파일의 4.0절과 11.0절을 참조하기 바란다.

표 3.4 동물들의 뇌의 무게

	종류	뇌의 무게(그램)		종류	뇌의 무게(그램)
1	African elephant	5,712	35	North American opossum	6.3
2	African giant pouched rat	6.6	36	Nine-banded armadillo	10.8
3	Arctic fox	44.5	37	Owl monkey	15.5
4	Arctic ground squirrel	5.7	38	Pig	180
5	Asian elephant	4,603	39	Rabbit	12.1
…	…	…	…	…	…
31	Mole rat	3	65	Seal	442
32	Mountain beaver	8.1	66	Walrus	1126
33	Mouse	0.4	67	Porpoise	1,735
34	Musk shrew	0.33	68	Blue whale	6,800

출처: T. Allison and D. V. Cicchetti, "Sleep in Mammals: Ecological and Constitutional Correlates," Science 194 (1976): 732–734.

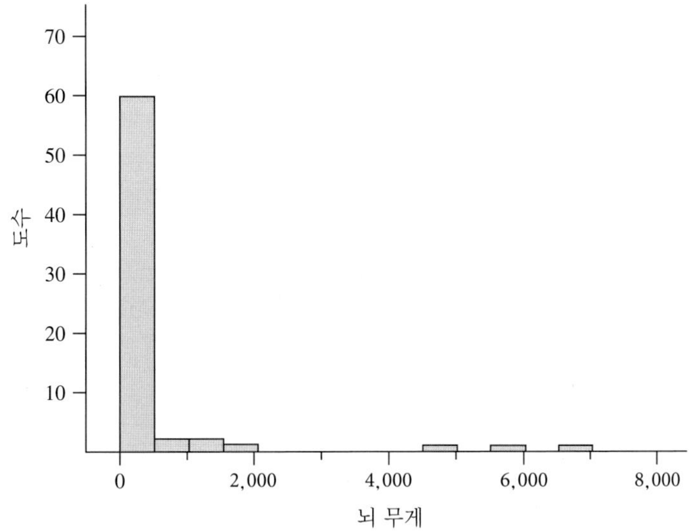

• **그림 3.3** 동물들의 뇌 무게의 분포

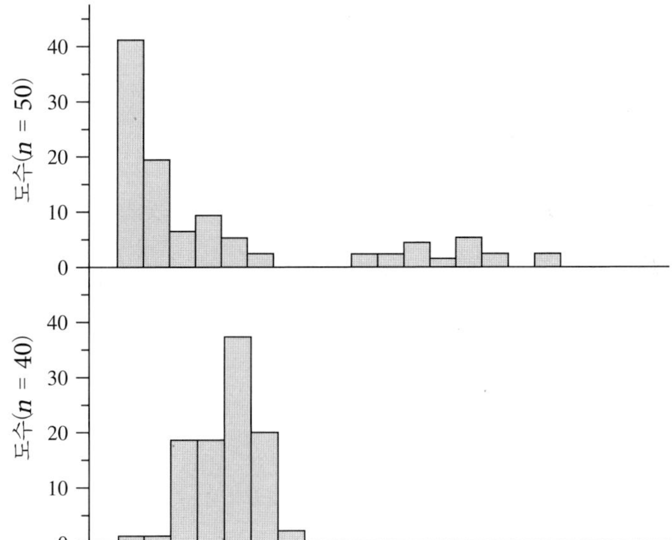

• **그림 3.4** 뇌 무게 자료에서 표본평균의 분포

표본크기가 작은 경우, 표본이 추출된 모집단의 분포가 정규분포와 유사하거나 최소한 한쪽으로 매우 치우지지 않는 것이 필요하다. 흔히 자료를 변수변환함으로써 이런 모집단 분포를 만들 수도 있다. 오른쪽으로 꼬리가 긴 분포의 경우 로그변환을 하는 것이 상당히 도움이 될 수 있다. 그림 3.5는 뇌의 무게 자료에 대해 자연로그를 취한 후 그린 분포이다. 이와 같이 로그변환을 취한 모집단에서는 그림 3.6의 (a)와 (b)처럼 비록 표본크기가 작더라도 표본추출분포는 정규분포와 거의 유사한 형태를 갖게 된다. 여기서 표본크기 $n = 60$($N = 68$인 모집단에서 추출된)인 경우 표

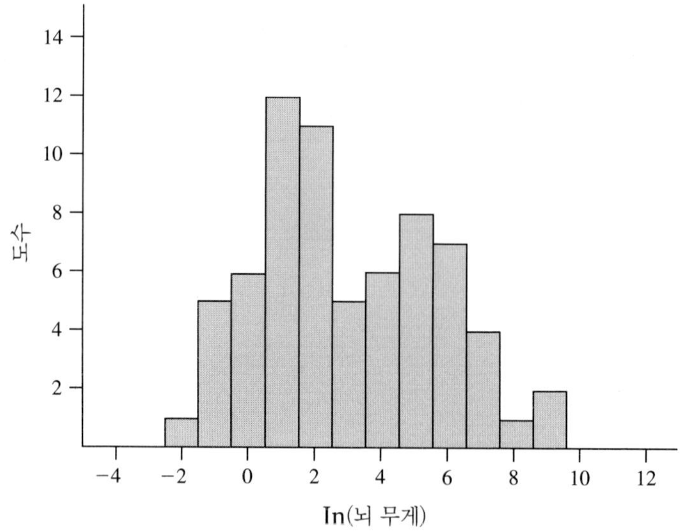

• **그림 3.5** 로그변환을 한 뇌 무게 자료의 분포

본추출분포는 정규분포와 비슷해 보이지 않지만, 이 히스토그램을 확대해 보면 그림 3.7처럼 정규분포와 유사함을 볼 수 있다. 하지만 여기서 이 분포의 꼬리 부분이 실제 정규분포에서의 꼬리 모양에 비해 상당히 짧다는 점에 유의할 필요가 있다. 따라서 유한모집단의 경우 표본크기와 관련해 두 가지 측면을 고려할 필요가 있다. 표본평균의 표본추출분포가 근사적으로 정규분포에 따르기 위해서는 표본크기가 충분히 커야 하지만, 표본크기가 모집단 크기와 가까워지면 표본추출분포의 꼬리 부분이 잘려나가는 현상이 발생한다. 만약 두 번째 상황이 벌어지게 되면 이 책에서 다루는 것보다 일반적인 통계적인 방법이 사용될 필요가 있다. 만약 $n = N$이라면 모집단 평균을 추정하기 위해 더 이상 통계적 추론이 필요하지 않다는 것은 자명하다. 요약하면 다음 장에서 다루는 통계적 추론방법이 제대로 적용되려면 n, N 및 $N-n$은 모두 충분히 커야 한다.

그림 3.6에서 (b)의 상자그림을 보면 모든 경우 상자그림의 중심은 로그변환한 모집단 자료의 평균인 2.98에 가깝다는 것을 볼 수 있다. 하지만 표본크기가 증가함에 따라 변동은 작아지고 있다. 무한모집단의 경우, 표본평균의 표본추출분포에서 표준편차는 근사적으로 $\sigma/\sqrt{n}$이다. 이런 이론이 유한모집단에서도 그대로 유지될 것인가? 표 3.5는 그림 3.6에 그려진 표본추출분포에서 얻은 요약 통계값을 정리한 것이다(참고로 로그변환한 뇌의 무게 모집단에서 $s = 2.686$이다). 표본크기가 작은 경우 표본추출분포의 표준편차는 앞의 이론적인 값과 비슷하지만, 표본크기가 증가함에 따라 이론적인 값에 비해 점점 작아진다. 표본크기가 증가하여 모집단 크기에 가까워짐에 따라 이런 불일치는 점점 더 심해진다. 다행스럽게 우리는 유한모집단수정(표 3.5의 마지막 칸은 이것을 적용한 것임)이란 개념을 사용해 표본편차와 관련된 이런 불일치를 이론적으로 해결할 수 있다. 이런 유한모집단수정과 관련된 내용이 다음 장에서 주요한 주제로 다루어진다.

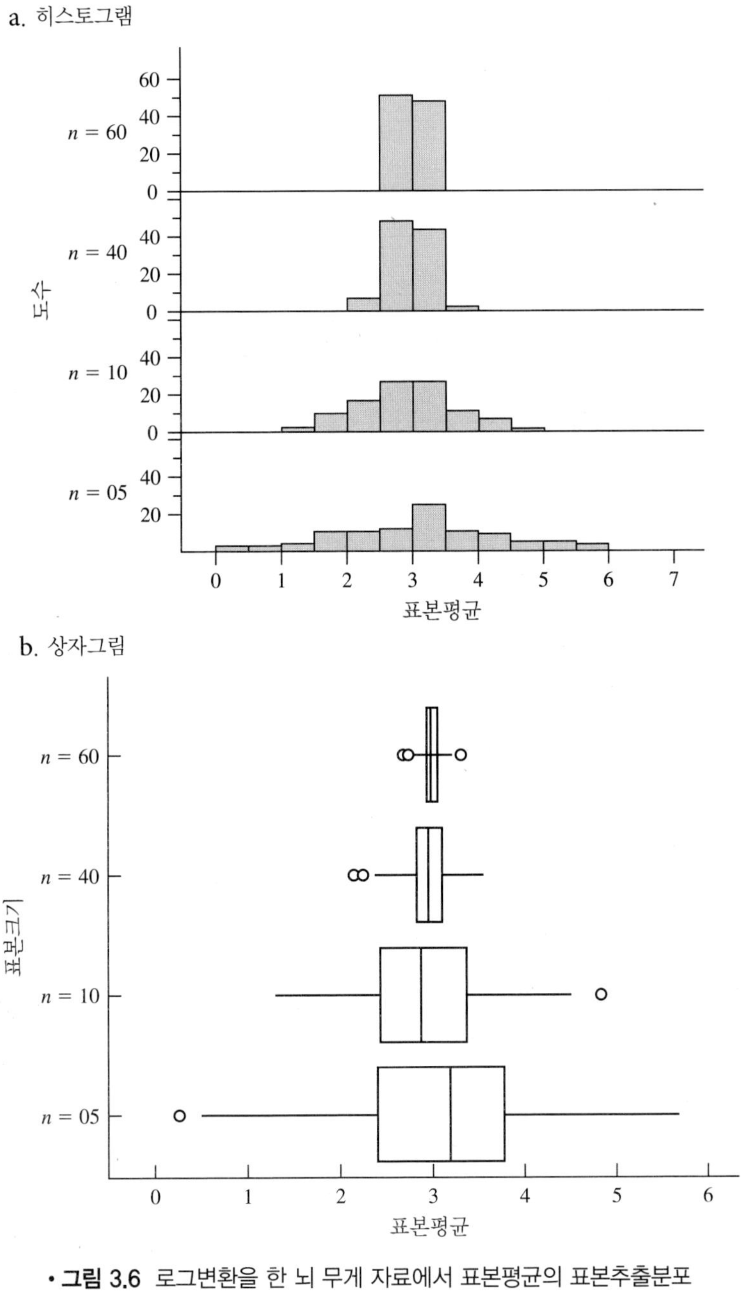

• **그림 3.6** 로그변환을 한 뇌 무게 자료에서 표본평균의 표본추출분포

3.5 공분산과 상관관계

많은 조사의 경우 동시에 두 개 이상의 변수에 관심을 갖게 된다. 예를 들어, 심리학자가 실시하는 사람들의 행동양식에 대한 조사에서는 각 개인에 대해 두 개 이상의 변수를 동시에 측정하게 된다. 이런 경우 지능을 측정한 변수 y_1, 성격을 나타내는 변수 y_2 등과 함께 육체적인 특성을 나타내는 변수들이 동시에 고려될 수 있다. 이런 경우 흔히 지능과 성격 또는 대학생의 입학성적과 평

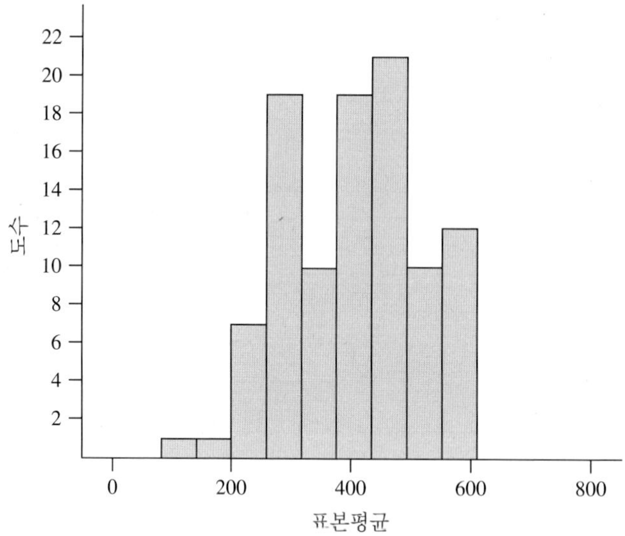

• **그림 3.7** 표본평균의 표본추출분포(n = 60)

표 3.5 표본평균의 표본추출분포에서 요약 통계값

통계	n = 5	n = 10	n = 40	n = 60
평균	3.127	2.904	2.977	2.989
표준편차	1.200	0.718	0.248	0.113
$\sigma/\sqrt{n}$	1.201	0.849	0.425	0.347
수정된 $\sigma/\sqrt{n}$	1.156	0.748	0.273	0.119

점 간의 관계와 같이 짝을 이루는 두 변수의 종속관계에 대해 관심을 갖는다. 특히 많은 사람들을 대상으로 한 조사를 통해 두 개의 변수 y_1과 y_2에 대해 얻어진 자료가 두 변수 간의 상호관계를 의미하는 것인지 알고 싶어 한다. 아울러 관계가 있다면 그 강도가 어느 정도일까?

y_1이 증가함에 따라 y_2가 증가 또는 감소하는 경우 우리는 직관적으로 두 변수 y_1과 y_2는 종속관계를 갖고 있다고 생각한다. 이런 관계를 설명하기 위한 두 개의 측도, 공분산(*covariance*)과 선형상관계수(*coefficient of linear correlation*)에 대해 알아보도록 하자. 이런 개념의 이해를 돕기 위해 그림 3.8의 (a)와 (b)를 활용해 보자. 이들 그림은 각각 별개의 모집단에서 추출된 n = 10인 두 개의 표본에서 두 변수 y_1과 y_2를 측정하여 얻은 자료의 산점도이다. 그림 3.8의 (a)와 같이 모든 점들이 직선상에 위치하는 경우 y_1과 y_2는 확실한 종속관계를 갖고 있는 것이다. 반면에 그림 3.8의 (b)와 같은 경우에는 두 변수 y_1과 y_2는 거의 종속관계를 갖고 있지 않다는 것을 나타낸다.

만약 y_1과 y_2의 평균인 μ_1과 μ_2를 알고 있다고 가정하고, 이 점의 위치를 그림 3.8에 각각 표시해 보자. 그런 다음 그림 3.8의 (a)에서 각 점들에 대한 편차들 $(y_1 - \mu_1)$과 $(y_2 - \mu_2)$를 생각해 보자. 각 점에서 이 편차들은 동일한 부호를 갖는다. 따라서 이들의 곱 $(y_1 - \mu_1)(y_2 - \mu_2)$은 양수이다. (a)의 경우 모든 점들에 대해 이런 결과가 성립한다. 즉, 좌표 (y_1, y_2)를 중심으로 오른쪽에 있는 모든 점들은 두 개의 편차가 모두 양수이고, 왼쪽에 있는 모든 점들은 두 개의 편차가 모두 음

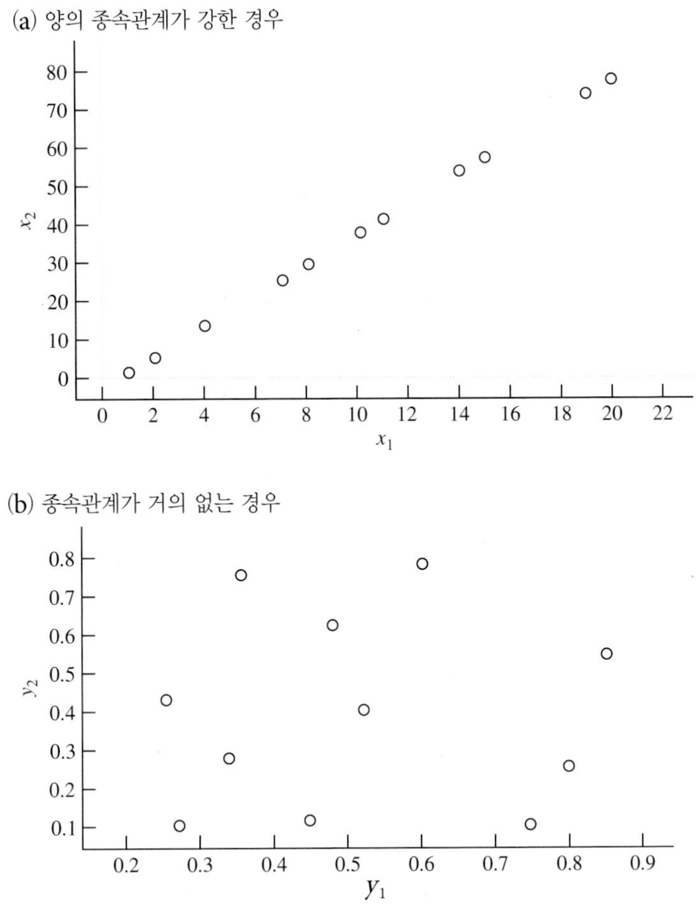

• **그림 3.8** 두 개 표본에 대한 산점도

수이다. 따라서 이들 편차의 곱 $(y_1 - \mu_1)(y_2 - \mu_2)$에 대한 평균은 큰 양수값을 갖게 된다. 만약 (a)에서 선형관계의 기울기가 반대방향으로 바뀌는 경우 모든 점들에 있어서 두 개의 편차는 서로 다른 부호를 갖게 되고, 이들 편차의 곱 $(y_1 - \mu_1)(y_2 - \mu_2)$에 대한 평균은 큰 음수값을 갖게 된다.

그림 3.8에서 (b)의 경우에는 두 변수 y_1과 y_2는 거의 종속관계를 갖고 있지 않기 때문에 이런 현상이 나타나지 않는다. 여기서는 각 점에서의 편차$(y_1 - \mu_1)$과 $(y_2 - \mu_2)$는 일부 점들의 경우 동일한 부호를 갖지만 나머지 점들에 있어서는 다른 부호를 갖게 된다. 따라서 이들 편차의 곱 $(y_1 - \mu_1)(y_2 - \mu_2)$에 있어서 일부는 양수, 나머지 일부는 음수값을 갖게 되어 평균은 0에 가까워진다.

따라서 $(y_1 - \mu_1)(y_2 - \mu_2)$의 평균(기대값)은 y_1과 y_2의 선형종속관계를 나타내는 측도로 활용될 수 있다. 모집단에서 y_1과 y_2에 연계된 이와 같은 종속관계를 나타내는 측도를 y_1과 y_2의 **공분산**(*covariance*)이라고 한다. 즉, y_1과 y_2의 공분산은 다음과 같이 정의된다.

$$\text{cov}(y_1, y_2) = E[(y_1 - \mu_1)(y_2 - \mu_2)]$$

y_1과 y_2의 공분산의 절대값이 커지면 커질수록 y_1과 y_2의 선형종속관계가 강하다는 것을 의미한다. 또한 양수값의 경우 y_2가 증가하면 y_1이 증가한다는 것을, 음수값의 경우 y_2가 증가하면 y_1이 감소한다는 것을 나타낸다. 한편 공분산이 0이면 y_1과 y_2는 선형종속관계를 갖지 않는다는 것을 나타낸다.

하지만 공분산은 측정단위에 의존하기 때문에 이 공분산을 종속관계를 나타내는 절대적인 측도로 활용하기에는 문제가 있다. 다시 말하면 특정한 공분산이 주어졌을 때 이를 한눈에 보고 "크다" 또는 "작다"라고 판단할 수 없다는 것이다. 따라서 이 값들을 표준화시켜 구한 상관계수를 이용함으로써 이런 문제를 해결할 수 있다. 모집단의 상관계수는 다음과 같이 정의된다.

$$\rho = \frac{\operatorname{cov}(y_1, y_2)}{\sigma_1 \sigma_2}$$

여기서 σ_1과 σ_2는 각각 y_1과 y_2의 표준편차이다. 상관계수는 공분산과 연계되어 있으며 -1에서 1 사이의 값(즉, $-1 \le \rho \le 1$)을 갖게 된다. 상관계수 ρ의 추정량으로는 대부분의 기초통계학 책에서 다루고 있는 표본상관계수를 사용한다. 이에 대한 자세한 사항은 6장에서 다루기로 한다.

3.6 추정

표본조사의 궁극적인 목적은 모집단에서 추출된 표본으로부터 얻은 정보를 토대로 관심대상이 되는 모집단에 대한 추론을 하는 것이다. 표본조사에서 추론은 일반적으로 평균, 총계, 분산 등과 같은 모집단의 특성을 나타내는 값을 **추정**(*estimation*)하는 것이다. 이와 같이 모집단의 특성을 나타내는 값을 **모수**(*parameter*)라고 한다.

추정량(*estimator*)은 관측이 가능한 확률변수들과 알고 있는 상수로 구성된 함수이고, 이는 모수를 추정하기 위해 사용된다. 예를 들어, 표본평균 $\bar{y}$는 모집단 평균 μ에 대한 추정량이다. 여기서 표본평균 $\bar{y}$는 표본 관측값들의 함수이므로 통계량이다. 하지만 3.4절에서 살펴본 바와 같이 $\bar{y}$는 확률분포 또는 표본추출분포를 갖는 확률변수이고, 이 분포는 표본을 추출하는 방식에 따라 결정된다는 점에 유의하기 바란다. 표본평균 $\bar{y}$는 대부분 μ에 가까운 값을 취하지만 경우에 따라 양 또는 음의 방향으로 μ와 상당한 차이를 갖는 값을 취할 수도 있다. 만약 우리가 표본을 추출하고 이를 통하여 μ에 대한 최선의 구체적인 추정값으로 표본평균 $\bar{y}$를 계산하면 우리는 이런 방법을 통하여 구해지는 추정값들은 μ를 중심으로 하면서 μ에 상당히 가깝기를 바란다. 따라서 $E(\bar{y}) = \mu$를 만족하면서 $V(\bar{y})$를 "작게" 해 줄 수 있는 표본추출방법을 선택하여 사용하기를 원한다.

$\hat{\theta}$이 모수 θ에 대한 추정량이라고 하면, 일반적으로 $\hat{\theta}$가 다음의 두 가지 성질을 만족하기를 바란다.

1. $E(\hat{\theta}) = \theta$
2. $V(\hat{\theta}) = \sigma_{\hat{\theta}}^2$ 이 작아짐

성질 1을 만족시키는 추정량을 **비편향**(*unbiased*) 추정량이라고 한다. 성질 2와 관련된 최소분산 비편향추정량에 대해서는 이 책에서 논의하지 않을 것이다. 하지만 비편향추정량들을 서로 비교하는 데 있어서 이들의 분산이 기준이 된다는 점을 이용할 것이다. 만약 θ에 대한 추정량으로 두 개의 비편향추정량이 활용 가능하다면 우리는 이 중 분산이 작은 추정량을 선호하게 된다.

요약하면 이 책에서는 다양한 형태의 표본추출방법과 각각의 추출방법에 따라 분산이 가능한 작아지는 비편향추정량들에 대해 논의할 것이다.

물론 가장 흔히 사용되는 추정량 $\bar{y}$의 확률분포도 표본추출방법 및 표본과 모집단의 크기에 따라 결정되지만, 대부분의 경우 표본평균은 **정규분포**(*normal distribution*)라고 알려져 있는 종 모양의 대칭적인 분포를 갖게 된다.

주어진 상황에서 어떤 추정량 $\hat{\theta}$이 정해지고 아울러 이 추정량의 확률분포를 알고 있다면, 우리는 추정에서 발생하는 오차의 정도를 파악할 수 있다. **추정오차**(*error of estimation*)는 $|\hat{\theta} - \theta|$로 정의된다. 하나의 어떤 추정값이 얼마나 정확할까? 하나의 추정값이 주어지는 경우 이 추정값이 θ로부터 특정한 거리 이내에 있는지 여부를 알 수 없다. 하지만 우리가 설정한 어떤 확률 $1 - \alpha$(여기서 $0 < \alpha < 1$)에 대해 최소한 근사적으로 다음의 조건을 만족하는 오차의 한계 B를 찾을 수 있다.

$$P(|\hat{\theta} - \theta| < B) = 1 - \alpha$$

만약 $\hat{\theta}$가 정규분포를 갖는다면 $B = z_{\alpha/2}\sigma_{\hat{\theta}}$이고 여기서 $z_{\alpha/2}$는 표준정규분포에서 이 값의 오른쪽 꼬리 부분의 면적이 $(\alpha/2)$가 되는 값이다. 부록 A의 표 1은 이런 $z_{\alpha/2}$값들을 정리한 것이다. 만약 $1 - \alpha = .95$이면 $z_{.025} = 1.96$이고 이는 근사적으로 2이다. 애 책에서 사용하는 많은 추정량은 n과 N의 값에 따라서 정확하게 정규분포에 따르지 않는다. 하지만 체비세프의 정리에 의하면 어떤 확률분포에 있어서나 평균에서 좌우로 2 SD만큼 떨어진 구간 안에 위치하는 관측값의 비율은 최소한 75%를 넘게 되므로 $2\sigma_{\hat{\theta}}$를 추정오차의 한계로 사용할 것이다. 이런 추정오차의 한계를 사용하면 근사적으로 정규분포가 성립하는 경우는 $P(|\hat{\theta} - \theta| < B) = .95$이고 다른 경우에는 $P(|\hat{\theta} - \theta| < B) > .75$를 나타낸다. 추정량 $\hat{\theta}$가 정규분포에 따르는 경우 특정한 확률 $1 - \alpha$에 대한 오차의 한계는 부록 A의 표 1을 이용하여 얻을 수 있다.

만약 $P(|\hat{\theta} - \theta| \le B) = 1 - \alpha$가 성립하면 $P(\hat{\theta} - B \le \theta \le \hat{\theta} + B) = 1 - \alpha$가 성립하게 된다. 여기서 얻어지는 구간 $(\hat{\theta} - B, \hat{\theta} + B)$를 **신뢰계수**(*confidence coefficient*)가 $(1 - \alpha)$인 θ에 대한 **신뢰구간**(*confidence interval*)이라고 한다. 여기서 $\hat{\theta} - B$를 하위신뢰한계(LCL), $\hat{\theta} + B$를 상위신뢰한계(UCL)라고 한다.

대부분의 표본추출 문제에서 모집단의 표준편차는 알 수 없기 때문에 표본 표준편차로 추정해야 한다. 이런 경우 평균에 대한 신뢰구간 추정에서는 일반적으로 정규분포 대신 스튜던트 t 분포(Student t distribution)를 사용한다. 다시 말해 오차의 한계 계산을 위해 z-점수 대신 t-점수를 사용한다. 이 책에서는 항상 95% 신뢰구간을 위한 근사적인 z-점수를 고려해 두 배의 표준편차를 오차의 한계로 사용하고 있다. 이런 표준화된 방법이 대부분의 문제에서 그런대로 잘 받아들여질 수 있고, 표본설계방법을 보다 심층적으로 논의하기 위해 추론부분은 간단히 다룬 것으로 이해하기 바란다. 실제 문제에 있어서는 보통 표본크기가 상당히 크기 때문에 z-점수를 사용하는 방법이 매우 적용이 잘 된다는 점에 유의하기 바란다.

3.7 요약

이 장에서는 통계학의 기본개념을 요약 정리했다. 모집단에 대한 추론을 하기 위해서는 주어진 측정값들을 정리하여 기술할 수 있는 방법이 요구되고, 이에 따라 그림으로 정리하거나 수치로 요약하는 방법이 필요하다. 표본이나 모집단에서 두 개의 가장 유용한 요약값은 평균과 표준편차이다. 평균은 손쉽게 이해할 수 있는 중심경향을 나타내는 요약값이지만, 표준편차는 체비세프의 정리 또는 정규분포와 같은 특정 분포를 기초로 하여 해석이 가능한 변동의 정도를 나타내는 요약값이다.

또 다른 중요한 개념은 모집단에 대한 추론을 하는 데 있어서 확률의 역할이다. 확률론적인 입장에서는 알고 있는 모집단에서 얻어지는 표본에 대한 확률을 다룬다. 반면에 통계학에서는 표본에 내포되어 있는 정보로부터 모집단에 대한 추론결과를 도출하기 위한 수단으로 확률을 이용한다. 이 책의 내용을 충분히 이해하기 위해서는 물론 확률이론 그 자체를 이해하는 것도 필요하지만 그보다 확률의 기본개념에 대한 지식과 통계적인 추론을 위해 확률개념을 활용하는 방법을 이해하는 것이 중요하다.

모집단의 모수에 대한 추정량의 성질을 설명하는 데 필요한 개념인 확률변수와 이에 대한 확률분포가 제시되었다. 아울러 추정량의 특성을 평가하기 위해 기대값, 공분산 그리고 상관계수 등의 개념이 설명되었다.

표본조사방법에 있어서 추론의 기본이 되는 것은 모수 추정이다. 점추정에 대한 기본개념과 이에 따른 적합성을 나타내는 측도(추정오차의 한계)가 설명되었는데, 이런 개념들은 다음 장부터 통계적인 추론을 위해 활용될 것이다.

연습문제

일부의 연습문제들은 자료와 직접적으로 관계되므로 엑셀파일에 있는 자료들과 연결하기 위해서 센게이지러닝 홈페이지(www.cengage.co.kr) Download 자료실의 Section 3.0을 참고하기 바란다.

3.1 통계학의 정의를 서술하고, 현대 사회에서 통계학의 역할에 대해 논하라.

3.2 표본추출분포(*sampling distribution*)란 무엇인가?

3.3 추정량(*estimator*)이란 무엇인가?

3.4 추정오차(*error of estimation*)란 무엇인가?

3.5 추정량의 적합성을 평가하는 방법은 무엇인가?

3.6 미국 통계국(U. S. Census Bureau)에 따르면 2000년 기준 미국의 가구 규모 분포는 아래 표와 같다.

가구 규모	가구 수(천)	가구비율(%)
2	31,455	44.3
3	16,073	22.9
4	14,496	20.0
5	6,526	08.6
6	2,226	02.8
7*	1,249	01.4

*7인 이상 거주 가구를 나타내며, 해당 가구수는 매우 적음.

즉, 미국 가구 중 44.3%는 2인 가구이고, 6인으로 구성된 가구는 전체 가구 중 2.8%밖에 되지 않는다.

(1) 제시된 자료를 이용해 가구당 평균 가구원 수를 근사적으로 구하라. 근사적으로 구한 평균 가구원 수는 너무 클 것으로 예상되는가 아니면 너무 작을 것으로 예상되는가? 그 이유를 설명하라.

(2) 가구원 수에 대한 근사적인 표준편차를 구하라.

(3) 조사회사 닐슨은 이 모집단에서 400가구를 랜덤하게 추출했다. 이런 표본추출로 얻어진 400개 자료는 대체적으로 어떤 산포도, 중심위치 및 분포형태를 갖게 될 것으로 생각되는지 가능한 구체적으로 설명하라.

(4) 닐슨은 표본으로 추출된 400가구에서 가구당 평균 가구원 수에 대해 관심을 갖고 있다. 이와 같이 랜덤하게 400가구를 추출하는 표본에서 얻어지는 표본평균이 갖게 될 값들의 분포와 관련해 산포도, 중심위치, 분포형태에 대해 가능한 구체적으로 설명하라.

3.7 비편향추정량(*unbiased estimator*)이란 무엇인가?

3.8 통계량(*statistic*)과 모수(*parameter*)는 어떤 차이가 있는가?

3.9 다양한 스포츠 음료제품 중에서 특정 제품을 선택하는 데 있어서 칼로리와 가격이 아마도 주요한 선택기준이 될 것이다. 아래 자료는 여러 가지 스포츠 음료에 대한 관련 정보를 정리한 것이다. 참고로 각 음료별 칼로리와 가격은 8온스를 기본단위로 한 것이다.

제품	칼로리(C)	가격(D)
1. 10-K	60	.22
2. All Sport	70	.24
3. Daily's 1st Ade	60	.26
4. Exceed	70	.34
5. Gatorade	50	.26
6. Hydra Fuel	66	.52
7. Nautilus Plus	60	.22
8. Powerade	67	.24
9. Snapple Snap-Up	80	.35

출처: *Consumer Reports*, August 1993.

(1) 이들 제품의 전형적인 칼로리를 대표할 수 있는 적절한 요약값을 구하라. 또한 제품에 따른 칼로리의 변동을 나타내는 적절한 요약값을 구하라.

(2) 이들 제품의 전형적인 가격을 대표할 수 있는 적절한 요약값을 구하라. 또한 제품에 따른 가격의 변동을 나타내는 적절한 요약값을 구하라.

(3) 칼로리를 나타내는 열에 대한 총계는 실제적으로 유용한 정보를 제공하는가? 비용을 나타내는 열의 총계는 어떤가?

(4) *Hydra Fuel*을 위 목록에서 제외한다고 하자. 이는 칼로리에 대한 평균과 표준편차에 어

떤 영향을 주는가? 또한 이는 가격에 대한 평균과 표준편차에 어떤 영향을 주는가?

(5) 어떤 제품이 평균 칼로리를 계산하는 데 가장 영향을 많이 주는가? 그렇게 생각하는 이유는 무엇인가?

3.10 {1, 2, 3, 4}로부터 크기 n = 2인 확률표본을 $\delta_1 = .4, \delta_2 = .4, \delta_3 = .1, \delta_4 = .1$의 선택확률로 추출한다고 가정하자. 이 경우 $\hat{\tau}$이 모집단 총계에 대한 비편향추정량이지만 이것의 분산은 81.25임을 보여라.

3.11 몇 개의 값이 반복적으로 자료에 나타나는 경우 이런 자료는 흔히 도수분포표로 정리된다. 예를 들어, 25명의 학생들에게 3점 만점(가능 점수는 0, 1, 2, 3)의 수시시험을 부과하여 얻은 성적을 정리한 결과는 다음과 같다.

성적(X)	도수(F)	비율(P)
3	16	.64
2	4	.16
1	2	.08
0	3	.12

(1) 도수(F)를 이용할 경우 평균성적은 어떻게 계산하면 되는가?

(2) 비율(P)을 이용할 경우 평균성적은 어떻게 계산하면 되는가?

(3) 성적에 대한 표준편차를 계산하라.

3.12 추정량이 가져야 할 두 가지 바람직한 성질은 무엇인지 설명하라.

3.13 2002~2003학년도 주별 평균 SAT 점수와 고교 졸업자 중 이 시험에 응시한 학생들의 비율(%)이 다음 표에 주어져 있다(전체 자료는 Electronic Section 3.0을 참조하라).

(1) 응시자 비율을 가로축으로 나타내고 평균 점수를 세로축으로 나타낸 산점도를 그려라. 두 변수의 상호관계에 대해 설명하고, 이런 패턴이 나타난 원인이 무엇이라고 생각하는지 밝혀라.

(2) 여기서 상관계수가 어느 정도인지 추측해 보아라. 상관계수를 계산하여 추측한 값과 비교해 보아라. 상관계수는 두 변수의 관계가 얼마나 강한지를 제대로 설명해 주고 있는가? 그 이유는 무엇인가?

주	SAT 응시자 비율	평균점수
뉴저지	85	1016
코네티컷	84	1026
매사추세스	82	1038
…	…	…
노스다코다	4	1215
사우스 다코다	4	1176
미시시피	4	1116

3.14 표 3.2의 비복원추출 예제에서 다음의 추정량이 모집단의 크기를 나타내는 N에 대한 비편향추정량이라는 것을 보여라.

$$\sum_{i=1}^{n} w_i$$

3.15 뉴잉글랜드 지역 주들의 인구수와 학생 교육 관련 변수들에 대한 2001학년도 자료는 다음 표와 같다. 각 주의 인구수에 비례하는 확률로 크기 $n = 2$인 표본을 추출하는 경우, 뉴잉글랜드 지역 주들의 교원 총수에 대한 모든 가능한 추정값들을 구하고 추정량은 비편향임을 보여라. 이런 과정을 다음 두 가지 경우에 대해 각각 수행하라.

(1) 복원추출

(2) 비복원추출

주	총 학생 수(단위: 1,000)	총 교원 수(단위 1,000)	학생당 교육비	인구 수(100,000)
코네티컷	570	42	10,127	35
메인	206	17	8,232	13
매사츄세츠	973	69	9,509	64
뉴햄프셔	207	15	7,286	13
로드 아일랜드	158	11	9,315	11
버몬트	101	8	9,153	6
총계	2,215	162		142

3.16 연습문제 3.15에서 주의 인구수 대신 주의 총 학생 수에 비례하는 확률로 표본을 추출하는 경우 추정값이 많이 달라지는가? 실제로 추정값을 계산하지 말고 자신의 답변을 정당화시킬 수 있는 이유를 제시하라.

3.17 흡연과 심장마비 및 아스피린 복용은 어떤 관계를 가질까? 아래 표는 연구 참여자를 흡연자와 비흡연자로 구분한 후, 처리 그룹에 따른 심장마비 발생건수를 정리한 것이다.

흡연자			*비흡연자*		
심장마비 발생	아스피린	속임약	심장마비 발생	아스피린	속임약
예	21	37	**예**	55	96
아니오	1,192	1,188	**아니오**	5,376	5,392

비흡연자 그룹에서 아스피린이 심장마비를 예방하는 데 효과가 있는 것처럼 흡연자 그룹에서도 아스피린이 효과적인가? 비흡연자의 그룹과 비교해 흡연자 그룹에서 심장마비 발생률은 어떤 차이가 있다고 말할 수 있는가?

3.18 모집단이 N개의 값 $u_1, u_2, \ldots, u_N$으로 구성되어 있다고 하자. 이 모집단에서 하나의 관측값 y를 랜덤하게 추출하는 경우, 다음이 성립함을 보여라. 여기서 μ는 모집단 평균이다.

$$\sigma^2 = V(y) = \frac{1}{N}\sum_{i=1}^{N}(u_i - \mu)^2$$

3.19 복원추출의 경우, 기댓값의 수학적인 성질을 이용해 다음을 증명하라.

(1) $E(\hat{\tau}) = \tau$

(2) $E[\hat{V}(\hat{\tau})] = V(\hat{\tau})$

3.20 연습문제 3.15의 사례를 확대한 50개 주에 대한 인구수와 학생 교육 관련 변수에 대한 자료는 전자파일 섹션 3.0에 주어져 있다. 이 모집단에서 표본크기 $n = 5$인 비복원 단순확률표본을 반복적으로 여러 번 추출하고 각 표본에 대해 주당 평균 학생수를 계산하라. 표본평균값들을 이용해 크기가 5인 표본의 표본평균에 대한 모의실험 표본추출분포를 그려라.

(1) 모의실험 표본추출분포는 어떤 형태를 갖는지 설명하라. 정규분포로 볼 수 있는가? 그 이유는 무엇인가?

(2) 모의실험 과정에서 얻어진 표본평균들의 표준편차를 계산하라. 구한 값이 이론적으로 유도된 다음 결과와 비슷한지 비교하라. 그 이유는 무엇인가?

$$\frac{\sigma}{\sqrt{n}} = \frac{63{,}650}{\sqrt{5}} = 28{,}465$$

CHAPTER 04

단순확률추출법

사례연구

미국인들은 술을 덜 마시는가?

1994년 초에 갤럽은 약 1,200명의 미국인들을 대상으로 술 소비량이 줄고 있는지의 여부를 알아보기 위한 조사를 실시하였다. 덧붙여, 술 소비 형태에 성별 차이가 있는지의 조사도 병행했다. 그중 두 개의 설문과 그 결과들은 아래와 같다.

알코올 음료에 대하여 몇 가지 질문을 하겠습니다. 귀하는 가끔 위스키나 와인 혹은 맥주와 같은 알코올 음료를 즐기십니까 아니면 전혀 마시지 않습니까?

성별에 따른 음주 비율 – 경향

	종합	남성	여성
1994년 6월 3~6일	65%	70%	61%
1992년	64	72	57
1990년	64	64	51

지난 5년 동안 당신의 알코올 음료 소비는 늘거나 줄었습니까, 아니면 그대로입니까?

지난 5년간의 소비변화 비율 – 경향

	1984년 6월	1994년 6월
늘어났다	15%	7%
줄었다	29	41
그대로다	51	51
모르겠다	5	1
총계	100%	100%

술 마시는 남성의 비율은 1992년 이후로 현저하게 줄었는가? 술 마시는 여성의 비율은 1992년 이후로 현저하게 증가하였는가? 지난 5년간 음주량을 줄여온 사람들의 전반적인 비율이 1984년 이후 변화되었는가? 지난 5년간 음주량의 변화가 없었던 사람들의 비율이 음주량을 줄였던 사람들의 비율에 비하여 현격하게 높은가? 이 장에서 제시된 방법들은 우리들이 위와 같은 질문의 해를 찾는 데 많은 도움을 줄 것이다. 풀이는 이 장의 맨 끝에 주어져 있다.

4.0 도구

이 장에서 계산을 하기 위한 대화형 엑셀도구(interactive Excel Tools)는 센게이지러닝 홈페이지(www.cengage.co.kr) Download 자료실에서 내려 받을 수 있다. Download 자료실의 4장 폴더에서 "**Section 4.0(tools)**"이라는 이름의 워드 파일을 찾을 수 있을 것이다. 그 파일 안에 이 장과 관련된 계산 도구들이 제공되어 있다. 본문의 아이콘(왼쪽에 표시되어 있는)은 도구들이 만들어져 있다는 것을 상기시키는 표시이다. 또한 해당 장의 몇몇 연습문제들에 대한 자료들은 Download 자료실에 있는 해당 섹션과의 링크를 통해 얻을 수 있다.

4.1 개요

표본조사의 목적은 어떤 표본에 포함된 정보를 이용해서 해당 모집단에 대한 추론을 하는 데 있다. 이때 두 가지 요인들이 표본 속에 포함된 정보의 양에 영향을 주고, 나아가 추론 과정의 정도(precision)에 영향을 미친다. 그 하나는 모집단으로부터 뽑은 표본의 크기이고 다른 하나는 그 자료가 가지는 변동의 양인데, 변동은 표본을 뽑는 방법에 의해 조절할 수 있다. 표본을 뽑는 과정을 **표본조사설계**(*sample survey design*)라고 한다. 우리는 표본의 크기가 n으로 고정된 상황에서 표본 속에 있는 n개의 관측값들을 얻기 위한 다양한 표본조사설계들이나 표본추출과정들을 다루고자 한다. 관측은 비용을 수반하기 때문에 어떤 고정된 표본으로 모수에 대한 정확한 추정량을 제공하는 조사설계는 연구조사자에게 비용면에서 많은 절약을 가져다준다. 가장 간단한 설계 혹은 표본추출기법은 이 장에서 다루고자 하는 단순확률추출법이다.

정의 4.1

만약 크기가 N인 어떤 모집단으로부터 크기 n의 표본이 크기 n의 모든 가능한 표본이 추출될 가능성을 동일하게 해주는 방법에 의해 추출되었다면, 그러한 표본추출방법을 단순확률추출법(simple random sampling)이라 한다. 이때 얻어진 표본을 단순확률표본(simple random sample)이라고 부른다.

모집단을 구성하는 모든 개별 단위들의 추출 가능성이 같고 또한 개별 단위들의 추출이 서로 독립이라는 것, 즉, 표본에 어떤 주어진 단위가 나타나고 안 나타나고 하는 것이 다른 어떤 단위의 추출확률에 영향을 끼치지 않는다는 것은 위 정의를 통해 유도될 수 있는 결과이다. 단순확률추출법을 이용하여 모집단 평균과 모집단 총계, 그리고 모집단 비율에 대한 추정량들을 얻고자 한다.

다음과 같은 문제를 생각해 보자. 한 연방 회계검사관이 한 도시 병원에 대한 계정을 조사하려고 한다. 병원 컴퓨터 자료 파일로부터 특정 계정에 대한 미수금계정 총액을 알 수 있지만 검사관은 그 총액이 정당한지를 규명해야 한다. 만약 이 병원에 28,000개의 당좌계정이 있다면 검사관은 환자 기록을 일일이 조사해서 미수금계정 총액을 규명할 만한 시간적 여유를 갖지 못하게 된다. 따라서 검사관은 환자 기록들에 대한 대표 표본을 얻기 위한 표본추출계획을 선택해야 한다. 표본으로 추출된 환자들의 계정을 조사한 후에 검사관은 병원 전체에서 수금해야 할 미수금계정 총액을 추정할 수 있다. 만약 컴퓨터 자료가 검사관의 추정값에 대하여 어느 특정 범위 안에 있다면,

그 컴퓨터 자료는 타당한 것으로 받아들여진다. 그렇지 않으면, 컴퓨터 자료와 표본자료 사이에 있을 수 있는 더 많은 병원 기록들을 조사해야 한다.

$N = 28,000$개의 모든 환자 기록들이 컴퓨터 파일에 기록돼 있고 크기 $n = 100$인 표본을 뽑는다고 가정하자. 만약 크기 $n = 100$인 모든 표본들이 선택될 확률들이 모두 같아지도록 표본을 추출하면 이 표본은 단순확률표본이 된다.

이 책에서 다루고자 하는 단순확률추출법은 모든 표본추출설계의 기초이고 또한 대부분의 과학적 조사의 토대가 된다.

전화조사에 의해 시행되는 갤럽여론조사들은 전화번호 자료를 지리적 지역에 따라 층화한 다음 층화된 각 지역에서 무작위전화걸기법(random digit dialing)에 의하여 전화번호를 무작위로 선택하는 것으로 시작된다. 다시 강조하지만, 단순확률추출법의 개념은 비록 최종 표본설계가 매우 복잡하다 하더라도 모든 설계에서 아주 중요한 역할을 한다(갤럽에 대한 자세한 내용은 2.3절을 참조하기 바란다).

회계검사관들은 회사에서 설정한 회계규정들을 잘 따르고 있는지의 여부를 판정하거나 혹은 계정들의 실제 달러 가치를 규명하기 위하여 계정들로 이루어진 단순확률표본들을 연구한다. 그들은 회계규정들을 잘 따르지 않는 계정들의 비율이나 혹은 미수금계정의 총액을 추정하기를 원한다.

시장조사에서는 종종 어떤 생산품의 잠재적 수요에 대한 예측을 위해 단순확률표본을 이용하는데 이때 연구자들은 자동차의 특정 색깔이나 음식의 특정 향과 같은 것을 선호하는 잠재적 고객들의 비율을 추정하기를 원한다.

임학자는 산림 속에 지리적 위치들을 선정한 다음 선정된 각 지점들을 일정한 크기와 모양(반지름 10미터의 원과 같은)을 갖춘 구획으로 나눠서 산림 속에 있는 나무의 체적이나 죽은 나무의 비율을 추정할 수 있다. 표본 구획 안에 있는 모든 나무들을 조사해야 하지만, 그 기본 설계는 앞에서와 마찬가지로 단순임의표본이다.

여러분은 여러분이 좋아하는 텔레비전 프로그램이 왜 갑자기 없어졌는지 궁금해해 본적이 있는가? 세계에서 가장 유명한 표본추출기관 중의 하나가 닐슨 미디어 리서치(Nielsen Media Research)인데, 그곳에서는 텔레비전 프로그램들에 대한 시청률을 생산한다. 방송 담당자들은 이러한 시청률들에 근거해서 프로그램들을 계속 방영할 것인지 말 것인지를 결정한다. 다음은 Nielsen이 어떻게 시청률조사를 실시하는지에 대한 자세한 설명이다.

> **시청률**과 **점유율**은 텔레비전 산업의 근간이 되는 것들이다. 이 두 가지는 모두 퍼센트로 나타낸다. 시청률은 측정되는 모집단의 퍼센트로써, 주로 모든 텔레비전 보유 가구들을 대상으로 한 퍼센트로 논의된다. 이를테면, 모집단 크기(텔레비전을 보유하고 있는 가구 수, 사람들의 수, 여자들 수, 18~34세사이의 사람들 수 등등)를 알고 있다는 전제하에 시청률은 항상 양적화가 가능하다. 점유율은 프로그램이 방송되고 있는 시간대에 텔레비전을 시청하고 있는 사람들 혹은 가구들의 퍼센트이고 또한 어떤 특정 프로그램을 시청하는 사람들을 포함한다. 따라서 점유율은 곧바로 어떤 실질적인 숫자로 고정할 수 없는데, 그 이유는 점유율은 현재 사용 중인 TV의 수와 같이 계속 변화하는 수의 퍼센트이기 때문이다. 점유율은 경쟁 순위를 재는 하나의 척도로써 유용하다.
>
> 닐슨 미디어 리서치는 끊임없이 미국 전역에서 서로 다른 표본들을 가지고 텔레비전 시청을 측정

한다. 첫 번째 단계는 대표 표본을 개발하는 것인데, 이는 과학적으로 설계된 무작위선택과정에 의해 이루어져야만 한다. 그 어떠한 자위적 행위도 개입돼서는 안 된다. 그렇지 않을 경우 표본의 통계적 정확성에 심각한 위험을 초래할 수 있다.

미국에는 전국적으로 피플미터라고 불리는 전자미터기를 TV와 VCR, 유선주파수변환박스, 위성접시, 또는 다른 비디오 장치 등에 부착한 5,000가구가 있다. 이 미터기들은 끊임없이 모든 주파수 변화(set tuning)들을 기록한다. 가구의 각 구성원들은 TV를 시청하기 전에 그들에게 미리 부여된 번호를 피플미터기에 입력함으로써 신분을 밝혀야 한다. 닐슨에서는 입력된 번호와 피플미터기를 설치할 때 수집된 인구통계학적 정보(나이/성별)를 맞춰봄으로써 어떤 프로그램이 시청되고 있는지를 나타내는 주파수 변화를 누가 시청하고 있는지와 연계시킬 수 있다. 이러한 모든 자료들은 닐슨 미디어 리서치의 컴퓨터 처리를 통해 매일 매일 고객들에게 전달된다.

이러한 전국적인 서비스 외에 닐슨에서는 약간 다른 미터링시스템을 55개의 지역시장(local market)에 적용하고 있다. 이들 각 시장에서 닐슨 미디어 리서치는 추가로 뽑은 20,000이 넘는 가구들로부터 매일 주파수 변화에 대한 정보만을 수집한 다음, 이를 바탕으로 '가구시청률'을 발표한다. 가구시청률의 경우 시청 채널이나 프로그램명은 발표할 수 있지만 누가 보는지에 대한 정보는 없다. 지역별 인구통계학적 정보를 얻기 위하여 닐슨에서는 정기적으로(적어도 1년에 4번) 다른 그룹의 사람들에게 일기장조사(diary survey)에 참여해 줄 것을 권유하고 있다. 이러한 추정값들을 위해서 닐슨에서는 매년 약 100만 가구들을 접촉해서 그들에게 매일매일의 TV시청 행위를 기록한 일주일간의 TV시청 트랙을 요청하고 있다. 이것은 11월, 2월, 5월, 그리고 7월에 미국 내 모든 210개 텔레비전 시장을 대상으로 행해지며, 일반적으로 "스윕스(sweeps)"라고 불린다.

출처 : http://www.nielsenmedia.com/FAQ/

이제, 연구조사자가 직면하는 문제가 두 가지 있는데 첫째는 '어떻게 단순확률표본을 추출하는가?' 하는 것이고, 둘째는 '어떻게 알고자 하는 다양한 모수들을 추정하느냐?' 하는 것이다. 이러한 것들을 다음 절들에서 다루고자 한다.

4.2 하나의 단순확률표본을 어떻게 뽑을 것인가?

관심 있는 모집단으로부터 하나의 단순확률표본을 뽑는 문제는 그렇게 간단한 일은 아니다. 어떻게 하면 모집단으로부터 크기 n의 모든 가능한 표본들이 뽑힐 가능성이 같아지도록 하는 방법으로 하나의 표본을 뽑을 수 있을까? 먼저 자신의 판단으로 표본을 "적당히" 뽑을 수 있는데 이러한 기법을 무계획추출법(haphazard sampling)이라고 한다. 두 번째 기법으로 대표표본추출법(representative sampling)이라고 하는 것이 있는데 이는 모집단을 잘 대표할 만한 전형적인 표본을 조사자가 선택하는 것을 말한다. 무계획표본추출법과 대표표본추출법 모두 조사자 편향이 발생하게 된다. 더욱 중요한 것은 추정량의 정확도를 평가할 수 없다는 사실이다. 따라서, 둘 중 어느 기법도 하나의 단순확률표본을 이끌어내지 못한다.

단순확률표본들은 부록 A의 표 4.2에 나와 있는 난수표를 이용하여 뽑을 수 있다.

난수표는 정수들의 집합으로 이루어진 표로서 결과적으로 10개의 정수(0, 1, ... , 9) 모두를 거의 동일한 비율로 포함하며 숫자들을 생성할 때 어떠한 경향도 띠지 않도록 만든 표이다. 따라서, 난수표 안에서 랜덤하게 한 숫자가 선택되었다면, 그 숫자는 0부터 9까지의 정수들 중에서 균등확률로 선택된 것이다.

난수표로부터 숫자들을 선택하는 것은 숫자를 적어 넣은 종이들이 완벽하게 섞여 있는 모자 속에서 숫자들을 뽑는 것과 유사하다. 예를 들어, 7명으로부터 뽑은 3사람으로 이루어진 단순확률표본을 원한다고 가정하자. 사람들에게 1번부터 7번까지의 번호를 부여하고, 이러한 번호들을 하나씩 적은 종이조각들을 모자에 넣어 섞은 다음, 뽑힌 번호들을 모자 속에 **되돌려 넣지 않는** 방법(비복원)으로 3장을 뽑는다. 비슷하게, 연필 끝을 부록 A, 표 4.2의 한 임의의 점에 떨어뜨려 그 점을 출발점으로 삼을 수 있다. 그 끝이 9열의 15번째 줄에 떨어졌고 우리는 그 중 맨 오른쪽 숫자를(이 경우에는 5) 사용하기로 결정하였다고 가정하자. 이 과정은 모자로부터 5를 뽑는 것과 비슷한 것이다. 이제 모든 방향으로 표본에 속할 나머지 숫자들을 얻기 위한 과정을 수행할 수 있다. 가령 페이지 아래의 숫자를 읽어 내려간다고 가정하자. 5 밑에 있는 수는 2이므로 두 번째로 표본에 속하는 사람은 번호 2를 부여받은 사람이 된다. 이런 과정을 계속하면 그 다음 숫자는 8인데, 이는 모집단의 수 7을 넘어가므로 무시한다. 계속 읽어 내려가면 5가 연속해서 두 번 나오는데 이미 5번을 갖은 사람은 뽑혔으므로(모자 속에 이미 5번은 없다) 역시 무시한다. 마지막으로 1을 얻게 되므로, 3사람으로 이루어진 표본은 5와 2, 그리고 1을 부여받은 사람들로 구성된다.

출발점에 대한 제한은 없으며, 우리는 사전에 정한 어떠한 방향으로도 모두 움직일 수 있다는 점을 주의해야 한다. 만약 어떤 문제에서 하나 이상의 표본이 사용되어진다면, 각 표본은 각각의 유일한 출발점을 가져야 한다. 미니텝(MINITAB)과 같은 많은 컴퓨터 프로그램들을 이용하여 난수들을 발생시킬 수 있다.

다음 예제 4.1은 좀더 현실적인 예를 다루고 있다.

예제 4.1

회계감사를 위해 간단하게, $N = 1{,}000$개의 환자 기록들로부터 $n = 20$인 단순확률표본을 뽑는다고 가정하자. 우리는 $n = 20$인 모든 가능한 표본들이 뽑힐 기회가 모두 같은 경우에 한하여 하나의 단순확률표본이 얻어진다는 것을 알고 있다. 부록 A의 표 4.2나 그 외 다른 난수표의 숫자들은 단순확률추출법의 조건이 만족되도록 생성된 것이다. 어떤 기록들이 $n = 20$인 표본 속에 포함될 것인지를 결정하라.

풀이

우선 1,000개의 환자별 계정들 각각에 001부터 002, ... , 999, 000까지의 3자리 숫자들을 번호로 부여해서 001은 첫번째 환자의 기록을, 999는 999번째 그리고 000은 1,000번째 환자의 기록을 나타내도록 한다.

부록 A, 표 4.2의 첫 번째 열에서 마지막 두 자리 숫자를 지우고 나머지를 읽으면, 처음은 104이고, 그 다음은 223, 세 번째는 241임을 알 수 있다. 이렇게 해서 아래 표 4.1과 같이 20개의 3자리 숫자들로 이루어진 확률표본을 얻는다.

만약 환자의 기록들에 실제로 번호가 매겨져 있다면, 우리는 단순히 그 번호에 해당하는 기록들을 뽑으면 되는데, 이러한 기록들은 $N = 1{,}000$으로부터 뽑은 $n = 20$의 하나의 단순확률표본을 나타낸다. 만약 환자의 기록들에 번호가 매겨져 있지 않다면, 환자기록 목록을 참조해서 첫 번째부터 10번째, 23번째, 70번째 방식 등으로 원하는 번호의 기록을 뽑는다. 만약 같은 난수가 두 번 발생하면, 두 번째 난수는 무시하고, 다른 숫자로 대체한다.

표 4.1 표본에 포함된 환자의 기록들

104	779	289	510
223	995	635	023
241	963	094	010
421	895	103	521
375	854	071	070

4.3 모집단 평균과 총계의 추정

앞에서 표본조사의 목적은 표본 속에 포함된 정보로부터 모집단에 대한 추론을 이끌어내는 데 있다는 것을 언급한 바 있다. 추론은 표본정보를 이용해서 특정 모수들을 추정하는 것인데, 표본조사에서는 흔히 모집단 평균 μ 혹은 모집단 총계 τ를 추정하는 것이다. 예제 4.1에서 회계감사자는 미수금계정들의 평균액수 혹은 이들의 총액에 관심이 있을 것이다. 이 장에서는 두 개의 모수 μ와 τ를 추정하는 문제를 다루고자 한다.

n개의 계정들로 이루어진 단순확률표본을 이용하여 병원에 기록된 환자 전체에 대한 계정당 평균 금액을 추정하고자 한다. 직관적으로, 우리는 μ를 추정하는 데 표본평균 $\bar{y}$를 채택할 수 있다.

$$\bar{y} = \frac{\sum_{i=1}^{n} y_i}{n}$$

3.3절의 예제와 논의를 참고해 보면 $\bar{y}$는 적합한 추정량이라는 것을 알 수 있다. 그것에 따르면 단순확률추출법은 동일한 가중치들을 갖는 비복원 확률표본추출법과 같다. 이러한 표본추출계획의 경우 $\pi_i = n/N$이고 모집단총계 τ의 비편향추정량은 다음과 같이 주어진다.

$$\hat{\tau} = \sum_{i=1}^{n} \frac{y_i}{\pi_i} = \sum_{i=1}^{n} \frac{y_i}{n/N} = N\bar{y}$$

모집단 평균과 총계는 $\tau/N = \mu$ 관계에 있기 때문에, 표본평균은 모집단 평균의 비편향추정량이 된다. 즉,

$$E(\bar{y}) = \mu$$

물론, 그 추정량의 적합성을 평가할 수 없는 경우에 $\bar{y}$의 하나의 값이 모집단 평균 μ를 얼마나 정확하게 나타내는지 말할 수 없다. 따라서, 우리는에 대한 추정량 이외에 추정오차의 한계를 함께 설정한다. 이를 위해서는 추정량의 분산이 필요하다. 크기 N의 모집단으로부터 비복원으로 뽑은 하나의 단순확률표본에 대하여,

$$V(\bar{y}) = \frac{\sigma^2}{n}\left(\frac{N-n}{N-1}\right)$$

다음과 같은 표본 분산을 고려하면,

$$s^2 = \frac{1}{n-1}\sum_{i=1}^{n}(y_i - \bar{y})^2$$

부록 A로부터

$$E(s^2) = \frac{N}{N-1}\sigma^2$$

이므로, $V(\bar{y})$는 다음 식에 의해 표본으로부터 비편향적으로 추정될 수 있다.

$$\hat{V}(\bar{y}) = \left(1 - \frac{n}{N}\right)\frac{s^2}{n}$$

추정량 $\bar{y}$의 분산은 유한모집단으로부터의 표본추출인 것을 감안하는 수정항이 곱해진 것을 제외하면 기초통계학에서 다루는 $V(\bar{y})$와 같다. 유한모집단수정항은 $N = 20$인 모집단으로부터 뽑은 $n = 10$인 표본에 근거한 추정값은 $N = 20{,}000$인 모집단으로부터 뽑은 $n = 10$인 표본에 근거한 추정값보다 더 많은 정보를 함유하고 있다는 사실을 고려한 것이다.

{1, 2, 3, 4}로 이루어진 $N = 4$인 모집단으로부터 $n = 2$인 표본들을 뽑은 3.3절의 예제로 다시 돌아가면, 이들 공식들을 통해 설명되는 표본평균의 성질들을 규명할 수 있다. 표 4.2는 크기 2의 가능한 모든 표본들과 관계된 표본 통계량들을 보여주고 있다(표의 처음 3열까지는 표 3.2의 값들과 동일하다).

표 4.2 유한모집단에서의 단순확률추출, $n = 2$

표본	표본추출 확률, 균등 가중치	$\hat{\tau}$	$\bar{y}$	s^2	$\hat{V}(\bar{y})$
{1,2}	1/6	6	1.5	0.5	0.125
{1,3}	1/6	8	2.0	2.0	0.500
{1,4}	1/6	10	2.5	4.5	1.125
{2,3}	1/6	10	2.5	0.5	0.125
{2,4}	1/6	12	3.0	2.0	0.500
{3,4}	1/6	14	3.5	0.5	0.125

만약 단일 관측값 y가 모집단으로부터 랜덤하게 선택된다면, y는 네 가지의 가능한 값 중의 하나될 것이고, 확률은 1/4이 된다. 즉,

$$\mu = E(y) = \sum y p(y) = 1\left(\frac{1}{4}\right) + 2\left(\frac{1}{4}\right) + 3\left(\frac{1}{4}\right) + 4\left(\frac{1}{4}\right)$$
$$= \left(\frac{1}{4}\right)(1 + 2 + 3 + 4) = \frac{1}{4}(10) = 2.50$$

그리고

$$\sigma^2 = V(y) = E(y - \mu)^2 = \sum (y - \overline{\omega})^2 p(y)$$
$$= (1 - 2.5)^2\left(\frac{1}{4}\right) + (2 - 2.5)^2\left(\frac{1}{4}\right) + (3 - 2.5)^2 + (4 - 2.5)^2\left(\frac{1}{4}\right)$$
$$= \frac{5}{4}$$

각각의 표본평균들이 얻어질 확률은 1/6이므로, $E(\bar{y})$와 $V(\bar{y})$를 구할 수 있다. 기댓값에 대한 정의로부터,

$$E(\bar{y}) = \sum \bar{y} p(\bar{y}) \quad (\bar{y}\text{의 모든 가능한 값들에 대한 합})$$
$$= (1.5)\left(\frac{1}{6}\right) + (2.0)\left(\frac{1}{6}\right) + (2.5)\left(\frac{1}{6}\right) + (2.5)\left(\frac{1}{6}\right)$$
$$+ (3.0)\left(\frac{1}{6}\right) + (3.5)\left(\frac{1}{6}\right)$$
$$= 2.50 = \mu$$

그리고

$$V(\bar{y}) = E(\bar{y} - \mu)^2 = \sum (\bar{y} - \mu)^2 p(\bar{y})$$
$$= (1.5 - 2.5)^2\left(\frac{1}{6}\right) + (2.0 - 2.5)^2\left(\frac{1}{6}\right) + (2.5 - 2.5)^2\left(\frac{1}{6}\right)$$
$$+ (2.5 - 2.5)^2\left(\frac{1}{6}\right) + (3.0 - 2.5)^2\left(\frac{1}{6}\right) + (3.5 - 2.5)^2\left(\frac{1}{6}\right)$$
$$= (2.5)\left(\frac{1}{6}\right) = \frac{5}{12}$$

예제에서 $\sigma = 5/4$ 그리고 $N = 4$, $n = 2$이므로, 다음과 같고

$$\frac{\sigma^2}{n}\left(\frac{N - n}{N - 1}\right) = \frac{(5/4)}{2}\left(\frac{4 - 2}{4 - 1}\right)$$
$$= \frac{5}{8}\left(\frac{2}{3}\right) = \frac{5}{12}$$

표본분산을 고려하면, 다음과 같다.

$$E(s^2) = \frac{(0.5 + 2.0 + 4.5 + 0.5 + 2.0 + 0.5)}{6} = \left(\frac{5}{3}\right)$$
$$= \left(\frac{N}{N-1}\right)\sigma^2$$

또한,

$$E(\hat{V}(\bar{y})) = \frac{(0.125 + 0.5 + 1.125 + 0.125 + 0.5 + 0.125)}{6} = \frac{5}{12}$$
$$= V(\bar{y})$$

지금까지

$$E(\bar{y}) = \mu V(\bar{y}) = \frac{\sigma^2}{n}\left(\frac{N-n}{N-1}\right)$$

이고, $\hat{V}(\bar{y})$는 $V(\bar{y})$의 비편향추정량이라는 것을 규명하였다. 이 절의 주요 결과들을 요약하면 다음과 같다.

모집단 평균 μ의 추정량:

$$\hat{\mu} = \bar{y} = \frac{\sum_{i=1}^{n} y_i}{n} \qquad \textbf{(4.1)}$$

$\bar{y}$ 의 추정분산:

$$\hat{V}(\bar{y}) = \left(1 - \frac{n}{N}\right)\frac{s^2}{n} \qquad \textbf{(4.2)}$$

추정오차의 한계:

$$2\sqrt{\hat{V}(\bar{y})} = 2\sqrt{\left(1 - \frac{n}{N}\right)\frac{s^2}{n}} \qquad \textbf{(4.3)}$$

$1 - n/N$을 유한모집단수정항(finite population correction, fpc)이라 부르는데, 이는 $V(\bar{y})$에 붙는 계수와는 조금 다르다. n이 상대적으로 N보다 작을 경우에 fpc는 1에 가깝다. 구체적으로 말하면, $1 - n/N \geq .95$이거나 $n \leq (1/20)N$이면 fpc는 무시할 수 있다. 이 경우에 $\bar{y}$의 추정 분산은 s^2/n에 더욱 가까워진다.

대부분의 경우는 모집단의 크기가 잘 정의되어 있지 않거나 알 수가 없다. 순수 당도를 측정하기 위하여 거대한 설탕원료탱크에서 소량의 실험용 설탕원료를 선택했다고 가정하자. N이 얼마인지 알기는 어렵지만 상당히 크다는 것은 가정할 수 있다. 따라서 fpc는 무시할 수 있다. 어떤 선거구의 유권자 모집단으로부터 표본을 뽑는 경우에도, 바로 그 시점에서 적절하게 N을 얻는다는 것은 불가능하다. 역시 N은 크다고 가정하고, fpc는 무시한다.

일부 책에서는 fpc를 $(N - n)/N$로 표시하고 있지만, 우리는 표본추출률의 역할을 강조하는 측면에서 $1 - n/N$으로 나타내고자 한다. 표본추출률은 주로 $f = n/N$으로 쓰는데, 이 경우 fpc는 $1 - f$로 나타낼 수 있다. 이 책의 후반에서, 식들이 복잡해지고 따라서 간결하게 나타내는 것이 필요할 때, 우리는 fpc를 $1 - f$로 표기하고자 한다.

이론적으로, 오차에 대한 2-표준편차 한계(오차의 한계)를 표본평균으로부터 더하고 빼서 얻어진 신뢰구간이 모집단 평균을 그 경계 안에 포함할 가능성은 약 95%이다. 이러한 결과는 표본평균의 분포는 근사적으로 정규분포를 따른다는 이론에 근거한 것이다. 표본평균의 분포가 어떻게 정규분포를 따르는지를 3.4절의 뇌무게 자료를 이용하여 알아보자. 그림 3.4는 원 척도에 대한 자료의 경우 표본의 크기 5의 표본평균들의 분포가 매우 왜곡돼 있다는 것을 보여 준다. 반면에, 그림 3.6은 로그 변환을 시킨 자료의 경우 표본평균의 분포가 상당히 정규성에 가깝게 나타난다는 것을 보여준다.

이러한 표본분포들의 변화가 어떻게 신뢰구간의 성과에 영향을 미치는가? 그림 4.1은 원 척도의 뇌무게 자료를 이용해서 크기 5의 확률표본들로부터 만든 오차에 대한 2-표본편차 한계를 갖는 50개의 신뢰구간들을 보여주고 있다. 그림에서 보면, 전체의 56%인 28개의 신뢰구간들만이 모집단 평균인 394.5를 포함하고 있고, 다른 많은 구간들의 폭이 너무 좁거나, 혹은 너무 왼쪽으로 치우쳐 있다는 것을 알 수 있다.

그림 4.2는 같은 방법을 로그변환 자료에 적용시킨 결과이다. 이번에는 전체의 96%인 48개의 구간들이 모집단 평균인 2.98을 포함하고 있는 것을 볼 수 있다. 얼마나 다른 결과인가! 그뿐만 아니라 구간들의 폭도 상대적으로 매우 일정하다. 이것으로부터 우리가 배워야 할 것은 이 절의 결과가 타당성을 갖기 위해서는 표본평균들이 정규분포와 유사한 분포를 가져야 한다는 것이다. 물론, 이것은 표본의 크기가 크면 기본적으로 보장된다. 여러분은 스스로 전자 절(electronic section) 4.0

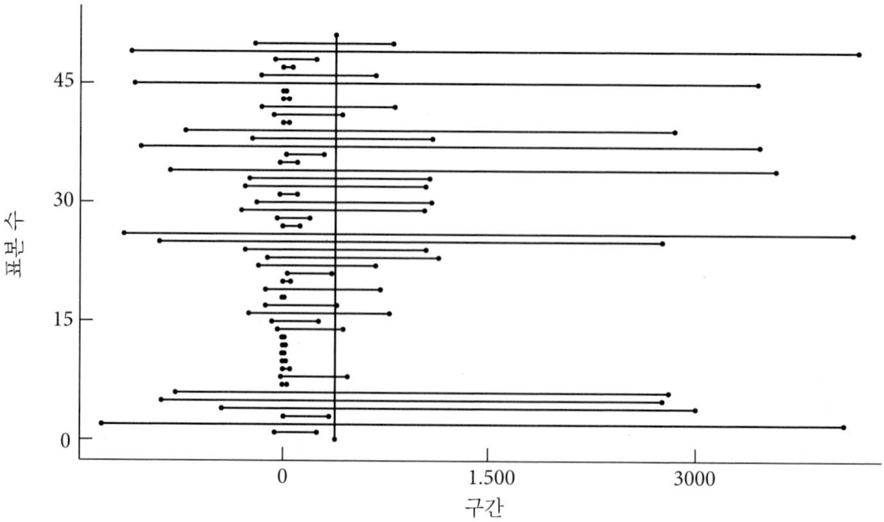

• **그림 4.1** 뇌무게의 표본들에 대한 신뢰구간, $n = 5$

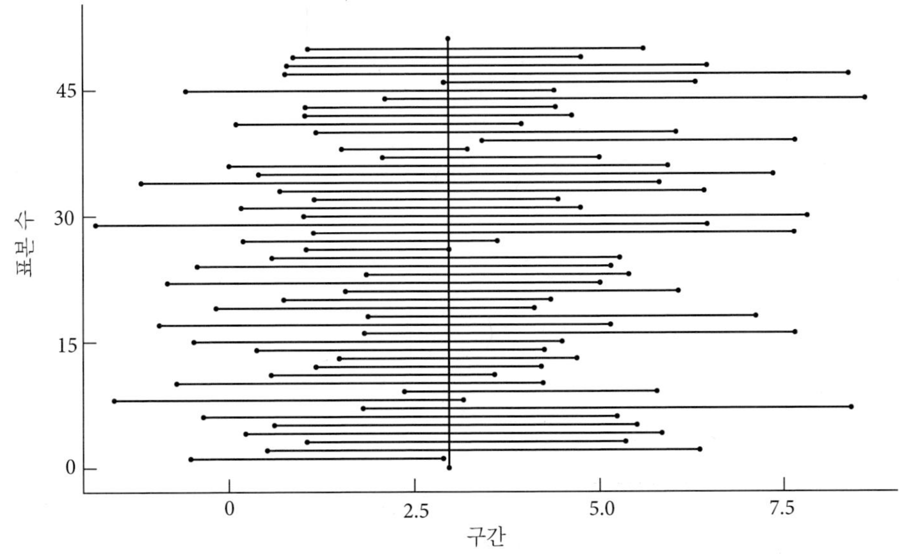

• **그림 4.2** 로그변환시킨 뇌무게의 표본들에 대한 신뢰구간, $n = 5$

에 제시되어 있는 표본추출 도구를 이용하여 원래의 모집단과 로그변환된 모집단으로부터의 표본추출을 공부할 수 있다. 11.9절의 부스트랩핑(Bootstrapping)은 또 다른 표본추출 조건이다. 단일표본 부스트랩핑 도구에 대해서는 전자 절 11.0을 참고하기 바란다.

예제 4.2

예제 4.1의 병원 회계감사와 관련하여, $N = 1{,}000$으로부터 $n = 200$개의 환자별 계정으로 이루어진 단순임의표본이 하나 뽑혔다고 가정하자. 표본평균은 $\bar{y} = 94.22$달러이고 표본분산은 $s^2 = 445.21$이다. 1,000개의 계정들에 대한 평균 금액 μ을 추정하고, 추정오차의 한계를 설정하라.

풀이

μ의 추정값으로서 $\bar{y} = 94.22$달러를 사용하고, 추정오차의 한계는 식 (4.3)을 이용해서 구한다.

$$2\sqrt{\hat{V}(\bar{y})} = 2\sqrt{\left(1 - \frac{n}{N}\right)\frac{s^2}{n}} = \sqrt{\left(1 - \frac{200}{1000}\right)\frac{445.21}{200}}$$
$$= 2\sqrt{1.7808} = \$2.67$$

따라서, 계정당 평균 금액 μ를 $\bar{y} = 94.22$달러로 추정한다. n이 크기 때문에 표본평균은 대략적으로 하나의 정규분포를 따르게 되고, 따라서 94.22달러 ± 2.67달러는 모집단 평균에 대한 약 95% 신뢰구간이 된다.

예제 4.3

$N = 484$개의 당좌계정들에 대한 평균 금액을 추정하기 위하여 $n = 9$개의 병원 기록들로 이루어진 단순확률표본이 하나 뽑혔다. 이들 9개의 기록들에 대한 표본 관측들은 표 4.3에 주어져 있다. 평균미결재금액 μ를 추정하고, 추정오차의 한계를 설정하라.

표 4.3 미수된 금액

계정	달러
y_1	33.50
y_2	32.00
y_3	52.00
y_4	43.00
y_5	40.00
y_6	41.00
y_7	45.00
y_8	42.50
y_9	39.00

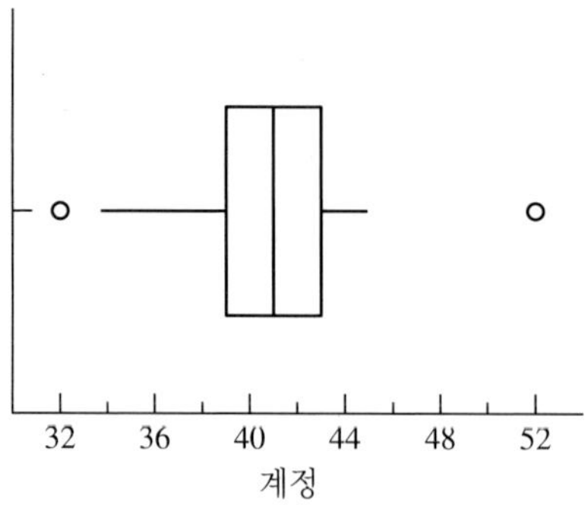

• **그림 4.3** 병원계정자료에 대한 상자그림

풀이

자료분석을 잘하려면 항상 자료에 대한 적절한 그림을 그려서 예외적인 것이 나타나는지를 확인하는 것이 바람직하다. 그림 4.3은 이들 자료의 상자그림을 나타내는데, 관측값들 중 하나는 나머지 것들과 비교해서 크고, 하나는 작아 다소 예외적임을 알 수 있다. 연구자는 반드시 이들 두 계정들이 혹시 표본 속에 있는 다른 계정들과 다른 어떤 것을 나타내는지 알아봐야 한다.

μ의 추정값은 다음과 같다.

$$\bar{y} = \frac{\sum_{i=1}^{9} y_i}{9} = \frac{368.00}{9} = \$40.89$$

추정오차의 한계를 구하기 위해 먼저 다음을 계산한다.

$$s^2 = \frac{\sum_{i=1}^{n} (y_i - \bar{y})^2}{n - 1} = 35.67$$

그런 다음 식 (4.3)을 이용해서 추정오차의 한계를 얻는다.

$$2\sqrt{\hat{V}(\bar{y})} = 2\sqrt{\left(1 - \frac{n}{N}\right)\frac{s^2}{n}} = \sqrt{\left(1 - \frac{200}{1000}\right)\frac{445.21}{200}}$$
$$= 2\sqrt{3.890} = 3.944 = \$3.94$$

결론적으로, 계정당 미수된 평균 금액 μ의 추정값은 $\bar{y} = 40.89$달러이다. 비록 $\bar{y}$가 μ에 얼마만큼 근접한 값인가에 대한 확신은 없지만, 추정오차의 한계가 3.94달러 이내라는 것은 어느 정도 확신할 수 있다.

지금까지 살펴보았듯이, 많은 표본조사들이 모집단총계에 대한 정보를 얻기 위해 행해진다. 예제 4.1에서의 연방 회계검사관은 $N = 1{,}000$개의 전체 당좌계정들 중에서 미수금 총액에 관한 컴퓨터 출력결과를 검증하는 데 흥미가 있을 수도 있다.

모집단총계는 τ로 표기한다.

$$N\mu = \tau$$

이기 때문에 τ의 추정량은 μ의 추정량에 N을 곱한 것과 같다. 또한 총계 추정에 대한 오차의 한계는 평균 추정에 대한 오차의 한계에 N을 곱한 것과 같다.

모집단 평균 τ의 추정량:

$$\hat{\tau} = N\bar{y} = \frac{N\sum_{i=1}^{n} y_i}{n} \tag{4.4}$$

τ의 추정분산:

$$\hat{V}(\hat{\tau}) = \hat{V}(N\bar{y}) = N^2\left(1 - \frac{n}{N}\right)\left(\frac{s^2}{n}\right) \tag{4.5}$$

추정오차의 한계:

$$2\sqrt{\hat{V}(N\bar{y})} = 2\sqrt{N^2\left(1 - \frac{n}{N}\right)\left(\frac{s^2}{n}\right)} \tag{4.6}$$

예제 4.4

한 제조회사에서는 고용된 과학자들이 잡무에 소비하는 시간에 관심이 많다. $n = 50$명의 과학자들로 이루어진 단순확률표본의 업무기록에 의하면 잡무에 소비하는 주당 평균소비시간은 10.31시간이고 표본분산은 $s^2 = 2.25$이다. 이 회사는 $N = 750$명의 과학자들을 고용하고 있다. 주당 총 손실 시간을 추정하고, 추정오차의 한계를 설정하라.

풀이

$n = 50$의 업무기록 확률표본은 $N = 750$으로 이루어진 모집단으로부터 뽑힌 것이다. 50명의 과학자들이 잡무에 소비하는 주당 평균 시간 $\bar{y} = 10.31$이므로, τ의 추정값은 다음과 같다.

$$\tau = N\bar{y} = 750(10.31) = 7732.5\text{시간}$$

추정오차의 한계는 식 (4.6)을 이용해서 구할 수 있다.

$$2\sqrt{\hat{V}(\hat{\tau})} = 2\sqrt{(750)^2\left(1 - \frac{50}{750}\right)\left(\frac{2.25}{50}\right)}$$

$$= 2\sqrt{23{,}625} = 307.4\text{시간}$$

따라서, 잡무에 소비하는 총 시간에 대한 추정값은 $\hat{\tau} = 7{,}732.5$시간이고, 추정값의 오차는 307.4시간 이내라고 볼 수 있다.

4.4 모집단 평균과 총계 추정을 위한 표본의 크기 결정

조사설계의 어느 단계에서는 반드시 모집단으로부터 뽑을 표본의 크기를 결정해야만 한다. 지금까지 우리는 표본추출(단순확률추출)에 대해서는 논의를 해왔지만 표본에 포함되는 관측의 수에 대해서는 언급을 하지 않았다. 이를 논의해야 하는 이유는 명확한데, 관측은 비용을 수반하기 때문이다. 표본이 지나치게 크면, 시간과 인력의 낭비를 가져온다. 반대로 표본의 크기가 너무 작으면 들인 시간과 노력에 비하여 부적절한 정보를 얻게 되고 결과적으로 낭비를 초래하게 된다.

모집단 평균 μ를 주어진 오차의 한계 B 이내에서 추정하는 데 필요한 표본의 수는 추정량의 표준편차의 2배를 B와 같게 놓고 n에 대하여 풀면 된다. 즉, 다음 식을 n에 대하여 푼다.

$$2\sqrt{V(\bar{y})} = B \tag{4.7}$$

$\bar{y}$의 추정분산, $\hat{V}(\bar{y})$는 아래와 같고

$$\hat{V}(\bar{y}) = \left(1 - \frac{n}{N}\right)\frac{s^2}{n} \tag{4.8}$$

그리고

$$V(\bar{y}) = \frac{\sigma^2}{n}\left(\frac{N-n}{N-1}\right) \tag{4.9}$$

이다.

식 (4.9)는 친숙한 $\bar{y}$의 분산 σ^2/n에 계수 $(N-n)/(N-1)$을 곱한 것과 같다는 것을 알 수 있다. 표본의 크기는 다음 식을 n에 대하여 풀어 구할 수 있다.

$$2\sqrt{V(\bar{y})} = 2\sqrt{\frac{\sigma^2}{n}\left(\frac{N-n}{N-1}\right)} = B \tag{4.10}$$

식 (4.11)에 풀이의 결과가 주어져 있다.

오차의 한계가 B일 때, μ를 추정하기 위한 표본의 크기:

$$n = \frac{N\sigma^2}{(N-1)D + \sigma^2} \tag{4.11}$$

여기서

$$D = \frac{B^2}{4}$$

실제로 n에 대한 관계식을 이용하려면 모집단 분산을 모르기 때문에 문제가 있다. 표본분산은 종종 사전 실험에 의해 알 수 있기 때문에, 식 (4.11)의 대신에 s^2을 대입함으로써 대략적인 표본크기를 구할 수 있다. 다음 예제에서는 사전정보가 매우 미약할 때 σ^2을 추측하는 한 방법의 예를 보여주고자 한다. 만약 N이 매우 크다면 식 (4.11)의 $(N-1)$를 N으로 대체할 수 있다.

예제 4.5

한 병원의 미수금계정평균금액 μ를 추정하려고 한다. 비록 모집단 분산에 대한 정보는 별로 없지만 대부분의 계정의 범위가 100달러 미만이라는 것은 알려져 있다. $N = 1,000$개의 미수계정이 있다고 할 때 오차의 한계 $B = 3$달러에서 μ를 추정하는 데 필요한 표본의 크기를 구하라.

풀이

먼저 모집단 분산 σ^2에 대한 추정값을 구한다. 보통 범위는 약 표준편차의 4배(4σ)와 같으므로, 표본편차 σ는 범위의 약 1/4값을 갖는다. 그러므로,

$$\sigma \approx \frac{\text{범위}}{4} = \frac{100}{4} = 25$$

그리고

$$\sigma^2 \approx (25)^2 = 625$$

식 (4.11)을 이용하면,

$$n = \frac{N\sigma^2}{(N-1)D + \sigma^2}$$

여기서

$$D = \frac{B^2}{4} = \frac{(3)^2}{4} = 2.25$$

따라서,

$$n = \frac{1000(625)}{999(2.25) + 625} = 217.56$$

즉, 평균 미수금계정 금액 μ를 3.00달러의 오차의 한계 내에서 구하는 데 필요한 표본의 크기는 약 218이다. 도구로는 3달러의 오차의 한계에서 95% 신뢰구간에 대한 표본의 크기가 213으로 나온다.

비슷한 방법으로 오차의 한계 B 이내에서 모집단 총계 τ를 추정하는 데 필요한 관측의 수도 결정할 수 있다. 필요한 표본크기는 추정량의 표준편차의 2배를 B와 같게 놓고 n에 대하여 풀면 된다. 즉, 다음 식을 n에 대하여 푼다.

$$2\sqrt{V(N\bar{y})} = B$$

또는 동등하게,

$$2N\sqrt{V(\bar{y})} = B \tag{4.12}$$

오차의 한계가 B일 때, τ를 추정하기 위한 표본의 크기:

$$n = \frac{N\sigma^2}{(N-1)D + \sigma^2} \quad \textbf{(4.13)}$$

여기서

$$D = \frac{B^2}{4N^2}$$

예제 4.6

한 조사자는 새로운 사료로 키운 $N = 1{,}000$마리의 병아리들에 대한 4주 동안의 총 체중증가를 추정하는 데 흥미가 있다. 모든 병아리들의 무게를 일일이 다 잰다는 것은 시간 낭비일 뿐만 아니라 지루한 일이다. 따라서, 조사자는 1,000그램의 오차의 한계 이내에서 τ를 추정하는 데 필요한 표본에 포함될 병아리의 수를 결정해야 한다. 과거에도 병아리 영양보급에 관한 많은 비슷한 연구들이 행해졌었는데, 조사자는 이러한 연구자료를 이용하여 모집단 분산 σ^2이 약 36.00(그램)^{2}이었다는 것을 발견했다. 표본의 크기를 결정하라.

풀이

$\sigma^2 = 36.00$으로 놓은 식 (4.13)를 이용해서 원하는 표본의 크기를 구할 수 있다.

$$D = \frac{B^2}{4N^2} = \frac{(1000)^2}{4(1000)^2} = 0.25$$

즉,

$$n = \frac{N\sigma^2}{(N-1)D + \sigma^2} = \frac{1000(36.00)}{999(0.25) + 36.00} = 125.98$$

따라서, 조사자가 0부터 4주까지 $N = 1{,}000$마리의 병아리들의 총 체중증가량 τ를 1,000그램의 오차의 한계 이내에서 추정하기 위해서는 $n = 126$마리의 병아리들의 무게를 잴 필요가 있다. 도구에서는 1,000그램의 오차의 한계를 가지는 95% 신뢰구간에 대해 표본의 크기가 123으로 나타날 것이다.

4.5 모집단 비율의 추정

표본조사를 실시하는 조사자는 종종 모집단 속에서 어느 특별한 특성을 가지는 것들의 비율을 추정하는 데 관심을 가진다. 예를 들어, 선거 연령을 18세 이상으로 확대하는 방안을 연구하고 있는 의회 지도자는 그 선거구에서 18에서 21세 사이의 잠재 투표자의 비율을 추정하기를 원할 수 있다. 어떤 시장조사그룹은 다이어트 식품에서 어느 특정 제품이 총 판매 시장에서 차지하는 점유율에 관심이 있을 수도 있다. 즉, 어느 특정 다이어트 식품이 차지하는 시장 점유 비율은 어느 정도인가? 산림 경영자(육림가)는 지름이 12인치 이상 되는 나무의 비율에 관심이 있을수 있다. 텔레비전 프로그램의 시청률은 종종 어느 특정 프로그램을 보는 시청자 계층의 비율에 의해 결정된다.

이러한 모든 예들은 다 이항 실험의 특징을 나타내고 있다. 즉, 각각의 관측값은 관심 범주에 속하거나 속하지 않는다. 예를 들어, 조사자는 어느 특정 선거구 내의 여러 지역에 대한 센서스 자료를 조사함으로써 그 선거구에서 선거권이 있는 선거인의 비율을 추정할 수 있다. 여러 지역에서 추출된 잠재 투표자들 중에서 18세에서 21세 사이에 속하는 사람들의 비율은 전체 선거구에서 18세에서 21세 사이에 속하는 투표자 비율에 대한 추정값이 된다.

모집단 비율과 그 추정량은 각각 p와 $\hat{p}$로 표시한다. 단순확률추출법에서 $\hat{p}$의 성질은 측정값 y_i가 0 또는 1 값을 가질 때 표본평균 $\bar{y}$의 성질과 동일하다. 표본 속의 i번째 조사단위가 지정된 특징을 가지고 있으면 $y_i = 1$이고, 그렇지 않으면 $y_i = 0$이 된다. 이때 크기 n의 표본에서 지정된 특징을 가지는 조사단위들의 합은 다음과 같다.

$$\sum_{i=1}^{n} y_i$$

우리가 만약 크기 n의 단순확률표본을 뽑는다면, 표본비율 $\hat{p}$는 표본 속에서 관심 있는 특징을 가지는 조사단위들이 차지하는 비율이다. 예를 들어, 어떤 선거구에서 18세에서 21세 사이의 피선거권자의 비율에 대한 추정값 $\hat{p}$는

$$\hat{p} = \frac{\text{표본 속에 포함된 28세에서 21세 사이의 선거인 수}}{\text{표본 속에 포함된 선거인 수}}$$

또는

$$\hat{p} = \frac{\sum_{i=1}^{n} y_i}{n} = \bar{y}$$

즉, $\hat{p}$는 표본 속에 있는 0과 1 값들의 평균이다. 비슷하게, 우리는 모집단 비율은 모집단을 이루는 0과 1 값들의 평균이라고 생각할 수 있다(즉, $p = \mu$).

모집단 비율 p의 추정량:

$$\hat{p} = \bar{y} = \frac{\sum_{i=1}^{n} y_i}{n} \tag{4.14}$$

$\hat{p}$의 추정분산:

$$\hat{V}(\hat{p}) = \left(1 - \frac{n}{N}\right)\frac{\hat{p}\hat{q}}{n-1} \tag{4.15}$$

여기서

$$\hat{q} = 1 - \hat{p}$$

추정오차의 한계:

$$2\sqrt{\hat{V}(\hat{p})} = 2\sqrt{\left(1 - \frac{n}{N}\right)\frac{\hat{p}\hat{q}}{n-1}} \tag{4.16}$$

대부분의 통계학 책들에서는 우리가 여기서 분모로 사용하고 있는 $n - 1$ 대신에 $(\hat{p}) = \hat{p}\hat{q}/n$을 일반적으로 사용하고 있다. 모집단 분산의 비편향 추정값은 $\frac{n}{n-1}\hat{p}\hat{q}$이고, 표본평균의 경우와 같은 방법으로 n으로 나누면 우리의 결과가 나온다. 실제 대부분의 통계학 책들에서 사용하고 있는 추정량은 약간의 편향을 갖는 편향추정량인 반면에 구조는 보다 간단하다. 사용하는 통계량의 편향이 공통적으로 매우 작고, 따라서 사람들이 보다 간단한 식을 사용하려는 것은 이해할 만한 것이다. 하지만 우리는 비편향 통계량을 사용하기로 선택하였다.

예제 4.7

$N = 300$명의 대학 4학년생들 중에서 (1) 대학원에 진학하고자 하는 학생들의 비율은 어느 정도이고 (2) 대학생활 동안 아르바이트를 해본 경험이 있는 학생들의 비율은 어느 정도인가를 추정해 보기 위하여 $n = 100$명의 단순확률표본을 뽑았다. y_i와 x_i($i = 1, 2, \ldots, 100$)를 각각 표본에 속한 i번째 학생의 반응이라고 놓고, i번째 학생이 대학원에 진학할 의도가 있느냐 없느냐에 따라 $y_i = 1$ 또는 $y_i = 0$ 값을 주고, 대학생활 동안 아르바이트를 해 본 경험이 있느냐 없느냐에 따라 $x_i = 1$ 또는 $x_i = 0$ 값을 준다. 아래 자료를 이용해서 대학원에 진학할 의사가 있는 4학년 학생들의 비율 p_1과 대학을 다니는 동안 아르바이트 경험이 있는 학생들의 비율 p_2를 추정하라(여름방학 포함).

학생	y	x
1	1	0
2	0	1
3	0	1
4	1	1
5	0	0
6	0	0
7	0	1
⋮	⋮	⋮
96	0	1
97	1	0
98	0	1
99	0	1
100	1	1
	$\sum_{i=1}^{100} y_i = 15$	$\sum_{i=1}^{100} x_i = 65$

풀이

식 (4.14)로부터 표본비율은 다음과 같이 주어진다.

$$\hat{p}_1 = \frac{\sum_{i=1}^{n} y_i}{n} = \frac{15}{100} = 0.15$$

그리고

$$\hat{p}_2 = \frac{\sum_{i=1}^{n} y_i}{n} = \frac{65}{100} = 0.65$$

p_1과 p_2에 대한 추정오차의 한계들은 각각 아래와 같이 구해지고,

$$2\sqrt{\hat{V}(\hat{p}_1)} = 2\sqrt{\left(1 - \frac{n}{N}\right)\frac{\hat{p}_1\hat{q}_1}{n-1}} = 2\sqrt{\left(1 - \frac{100}{300}\right)\frac{(0.15)(0.85)}{99}}$$
$$= 2(0.0293) = 0.059$$

그리고

$$2\sqrt{\hat{V}(\hat{p}_2)} = 2\sqrt{\left(1 - \frac{n}{N}\right)\frac{\hat{p}_2\hat{q}_2}{n-1}} = 2\sqrt{\left(1 - \frac{100}{300}\right)\frac{(0.65)(0.35)}{99}}$$
$$= 2(0.0391) = 0.078$$

따라서, 대학원에 진학할 의사가 있는 4학년생들의 비율은 0.15 (15%)로 추정되고, 추정오차의 한계는 0.059 (5.9%)이다. 대학을 다니는 동안 아르바이트 경험이 있는 학생들의 비율은 0.65 (65%)로 각각 추정되고, 추정오차의 한계는 .078 (7.8%)이다.

모집단 비율 p는 0과 1의 값들로 이루어진 전체 모집단에서의 모집단 평균(μ)과 같은 것으로 간주할 수 있다는 것을 보였다. 따라서, 추정오차의 한계 B 이내에서 모집단 비율 p를 추정하는 데 필요한 표본의 크기 결정은 추정오차의 한계 B 이내에서 모집단 평균 μ를 추정하는 데 필요한 표본의 크기를 결정하는 것과 비슷하다. 모집단 평균를 추정하는 데 필요한 표본의 크기는 아래와 같이 주어진다.

$$n = \frac{N\sigma^2}{(N-1)D + \sigma^2} \quad \textbf{(4.17)}$$

위 식에서 $D = B^2/4$[식 (1.11) 참조]이다. 모집단 비율 p를 추정하는 데 필요한 표본의 크기는 식 (4.17)의 σ^2을 pq로 대체해서 구한다.

추정오차의 한계가 B일 때, 모집단 비율 p를 추정하기 위한 표본의 크기:

$$n = \frac{Npq}{(N-1)D + pq} \tag{4.18}$$

여기서

$$q = 1 - p \quad \text{그리고} \quad D = \frac{B^2}{4}$$

실제로는, 모집단 비율 p값을 모르기 때문에, p를 추정값으로 대체시켜 근사적인 표본의 크기를 구한다. 추정값은 주로 과거에 행해졌던 비슷한 조사로부터 얻을 수 있다. 그러나 만약 그러한 사전정보가 불가능하다면, 우리는 식 (4.18)에 $p = 0.5$를 대입해서 보수적인 표본의 크기를 얻는다(요구했던 것보다 크게 표본의 크기를 결정하는 것을 말한다).

예제 4.8

대학 학생회 간부들은 제안된 장학규정에 찬성하는 학생들의 비율을 파악하기 위해서 조사를 실시하기로 결정하였다. $N = 2{,}000$명의 학생들을 모두 조사한다는 것은 거의 불가능하므로 추정오차의 한계 $B = 0.05$ 이내에서 모집단 비율 p를 추정하는 데 필요한 표본의 크기를 결정하라. 단 p에 대한 사전정보는 없는 것으로 간주한다.

풀이

p에 대한 사전정보가 없으므로, 식 (4.18)에 $p = 0.5$를 대입해서 근사적인 표본의 크기를 결정한다.

$$D = \frac{B^2}{4} = \frac{(0.05)^2}{4} = 0.000625$$

이런 이유로,

$$\begin{aligned} n &= \frac{Npq}{(N-1)D + pq} \\ &= \frac{(2000)(0.5)(0.5)}{(1999)(0.000625) + (0.5)(0.5)} = \frac{500}{1.499} \\ &= 333.56 \end{aligned}$$

즉, 추정오차의 한계 $B = 0.05$ 이내에서 제안된 장학규정에 찬성하는 학생들의 비율을 추정하기 위해서는 334명의 학생들을 인터뷰해야 한다.

예제 4.9

예제 4.8과 관련해서 학생회 간부들은 제안된 장학규정에 찬성하는 학생들의 비율뿐만 아니라, 학생조합이 자신들에게 적절하게 봉사하고 있다고 느끼는 학생들의 수도 알고 싶어 한다. 제안된 장학규정에 찬성하는 학생들의 비율 p_1과 학생 조합이 자신에게 적절히 봉사를 하고 있다고 느끼는 학생들의 비율 p_2를 각 추정오차의 한계 $B_1 = 0.05$와 $B_2 = 0.07$ 이내에서 추정하는 데 필요한 결합 표본의 수를 결정하라. 비록 p_1에 대한 사전 정보는 없지만, 작년의 비슷한 한 조사 결과는 약 60% 정도가 학생조합의 활동에 만족하고 있는 것으로 나타났다.

풀이

이 예제에서는, 우리는 $B_1 = 0.05$에서 p_1을 추정하고 $B_2 = 0.07$에서 p_2를 추정하기 위한 표본의 크기 n을 결정해야 한다. 먼저, 각 목적에 맞는 표본을 각각 따로 결정한 다음, 둘 중의 큰 쪽을 결합 표본의 크기로 결정한다. 예제 4.8로부터 추정오차의 한계 $B_1 = 0.05$에서 p_1을 추정하기 위한 표본의 크기는 $n = 334$명이었다. p_2를 추정하기 위한 표본의 크기 결정을 위해서는 작년의 조사 자료를 이용할 수 있다.

$$D = \frac{B^2}{4} = \frac{(0.07)^2}{4} = 0.001225$$

$p_2 = 0.60$이므로,

$$\begin{aligned} n &= \frac{Npq}{(N-1)D + pq} \\ &= \frac{(2000)(0.6)(0.4)}{(1999)(0.001225) + (0.6)(0.4)} = \frac{480}{2.68877} \\ &= 178.52 \end{aligned}$$

즉, $N = 2{,}000$명의 학생들 중에서 학생조합이 자신들을 위하여 적절히 활동하고 있다고 믿는 학생들의 비율 p_2를 추정오차의 한계 0.07 이내에서 추정하기 위해서는 179명의 학생들을 인터뷰해야 한다.

따라서, 양쪽의 조사 목적을 모두 달성하기 위한 표본의 크기는 두 개의 표본 중에서 큰 쪽인 $n = 334$다.

4.6 추정값들의 비교

평균이나 비율과 같은 개별 모수들을 추정한 후에, 우리는 종종 두 모수들의 추정값들을 비교하기를 원한다. 지난해의 두 인종그룹에 대한 평균 수입은 두 그룹으로부터 뽑은 소득 확률표본들에 대한 표본평균 간의 차이를 살펴봄으로써 비교할 수 있다. 국회의원 선거에서 공화당원이 민주당원 보다 유리한지 그렇지 않은지는 몇 주 떨어져서 실시된 두 여론조사에 대한 공화당원 지지율 차이를 살펴봄으로써 짐작할 수 있다.

평균 또는 비율 어느 것을 사용하든 간에 두 추정량의 차이를 통해 비교가 이루어진다. 이와 관련한 일반적인 결과는 다음과 같다. 임의의 두 확률변수 y_1과 y_2에 대하여

$$E(y_1 - y_2) = E(y_1) - E(y_2)$$

그리고

$$V(y_1 - y_2) = V(y_1) + V(y_2) - 2\text{cov}(y_1, y_2)$$

만약 y_1과 y_2가 서로 독립이면, $\text{cov}(y_1, y_2) = 0$ 이다.

$y_1, \ldots, y_n$이 평균 μ_y를 갖는 모집단으로부터의 확률표본이고 $x_1, \ldots, x_n$이 평균 μ_m를 갖는 모집단으로부터 뽑은 확률표본으로 두 표본은 서로 독립이라고 가정하자. 이때 $\mu_y - \mu_x$은 $\bar{y} - \bar{x}$에 의해 추정될 수 있다. 왜냐하면

$$E(\bar{y} - \bar{x}) = E(\bar{y}) - E(\bar{x}) = \mu_y - \mu_x$$

이기 때문이다. 또한,

$$V(\bar{y} - \bar{x}) = V(\bar{y}) + V(\bar{x})$$

각 표본평균의 분산은 식 (4.2)을 이용해서 구할 수 있다. 만약 두 표본이 서로 독립이 아니라면, $\text{cov}(\bar{y}, \bar{x})$에 대한 정보가 있어야 한다.

예제 4.10

물고기는 아가미를 통해서 물이 통과할 때 수은을 섭취하게 되는데, 수은 축적이 많이 된 물고기는 식용이 불가능하다. 1994년 메인 주에서는 메인(Maine) 주 호수들의 높은 수은 수준 때문에 그 곳들에서 잡히는 물고기들에 대한 식용을 경고하는 건강지침을 발표한 바 있다. 경고를 발표하기 전에, 호수들의 수질 상태에 대한 자료는 주 정부와 함께 작업한 환경보호국(Environmental Protection Agency, EPA)에 의해 수집되었다. 호수들로 이루어진 확률표본으로부터 물고기들을 잡아서 수은의 양을 백만분의 일(ppm) 단위로 측정하였다. 표 4.4는 35개의 호수들로 이루어진 확률표본으로부터 얻은 자료이다.

표 4.4 호수타입과 댐 유무에 따른 메인 주 호수들의 수은함량

수은(Hg) ppm	호수타입	댐 1 = 예, 0 = 아니요
1.050	2	1
0.230	2	1
0.100	3	0
.	.	.
.	.	.
.	.	.
0.430	2	1
0.160	1	0
0.490	3	0

출처: R. Peck, L. Haugh, and A. Goodman, 1998, Statistical Case Studies, ASA-SIAM, 1–14.

타입 1 호수들은 썩은 식물과 살아있는 유기체가 균형을 이루고 있는 빈영양화의 상태를, 타입 2 호수들은 썩은 식물이 많은 반면 공기가 적은 부영양화의 상태를, 그리고 타입 3 호수들은 그 중간 상태를 나타낸다. 표에서는 또한 호수들이 댐 뒤에 형성되어 있는지의 여부를 나타내고 있다. (a) 타입 1과 타입 2 호수를 비교할 때, 평균 수은함량 차이에 대한 최적의 추정값은 무엇인가? (b) 타입 2 호수의 평균 수은함량은 타입 3 호수의 것과 확실히 다르다는 충분한 증거가 존재하는가? 이들 호수들에 대한 요약 통계량은 다음과 같다.

타입	개수	평균	중위수	표준편차(s)
1	4	0.22	0.20	0.103
2	15	0.74	0.68	0.583
3	16	0.50	0.44	0.272

풀이

우선 첫 번째 단계는 예외적인 패턴이 있는지의 여부를 알기 위해 자료를 그림으로 나타내 보는 것이다. 그림 4.4는 세 가지 형태의 호수들 각각에 대한 수평 상자그림을 보여주고 있다. 그림에서 알 수 있듯이 자료가 수은함량의 값이 큰 값 쪽으로 기울어지는 경향이 있으며, 특히 타입 2 호수들에서는 심각한 이상값이 발견되고 있다. 통계분석의 결과를 해석할 때는 이러한 것들을 명심해야 한다.

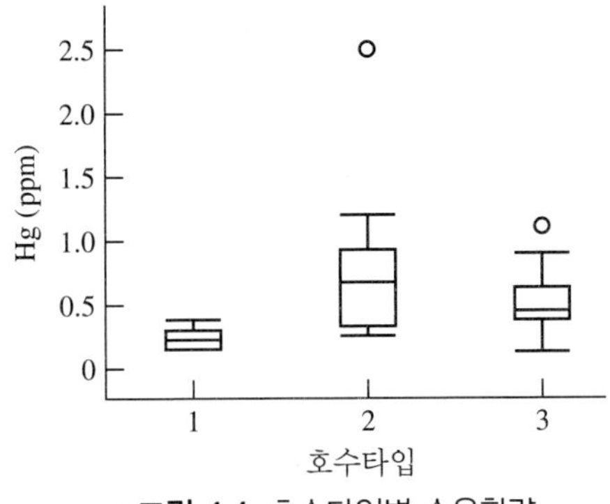

• 그림 4.4 호수타입별 수은함량

a. 타입 1과 2 호수들의 평균 수은함량을 비교하기 위한 적절한 추정량과 오차의 한계는 다음과 같다.

$$(\bar{y}_1 - \bar{y}_2) \pm 2\sqrt{\hat{V}(\bar{y}_1) + \hat{V}(\bar{y}_2)}$$
$$= (0.22 - 0.74) \pm 2\sqrt{\frac{0.103^2}{4} + \frac{0.583^2}{15}}$$
$$= -0.52 \pm 0.32$$

위에서 구한 구간추정치를 보면 두 호수 간의 평균 수은함량차이는 -0.84와 -0.20 사이에 존재한다는 것을 알 수 있다. 즉, 타입 2 호수는 타입 1 호수에 비하여 평균 수은함량이 0.20에서 0.84 ppm 정도 더 많다. 구간 내 모두 차이 값들은 관측된 표본자료와 연계성이 있다.

주에 소재한 호수들의 수가 매우 많기 때문에 분석할 때 유한모집단수정은 무시하였다.

b. 타입 2와 타입 3 호수들을 어떻게 비교할 것인가의 물음에 답하기 위하여 다시 한 번 적절한 구간추정치를 설정한다.

$$\begin{aligned}(\bar{y}_2 - \bar{y}_3) &\pm 2\sqrt{\hat{V}(\bar{y}_2) + \hat{V}(\bar{y}_3)} \\ &= (0.74 - 0.50) \pm 2\sqrt{\frac{0.583^2}{15} + \frac{0.272^2}{16}} \\ &= 0.24 \pm 0.33\end{aligned}$$

구간 (−0.09, 0.57)은 0을 포함하는데, 이는 두 호수 사이에 평균 수은함량에 있어서 별다른 차이가 존재하지 않는다는 것을 의미한다. 따라서, 두 호수 중 어느 한 쪽이 다른 하나에 비하여 수은을 더 많이 함유하고 있다는 결론을 내릴 수 없다.

좀더 신중한 자료 분석을 위해서는 타입 2 호수자료의 이상값 (2.50)이 분석에 얼마나 많은 영향을 끼칠 것인가를 검토해 봐야 한다. 그 이상값 (2.50)을 무시할 경우 (*a*)의 경우 (−0.61, −0.17)로 (*b*)의 경우 (−0.12, 0.34)로 각각 구간의 길이가 약간씩 줄어든다. *b*에 대한 주요 결과는 변함이 없다.

독립표본이 아닌 경우의 평균 비교는 이 책의 수준을 벗어나기 때문에 여기서는 오직 독립표본의 경우만을 다루고자 한다. 그러나 비율비교에서 종종 발생하는 종속적인 상황은 비교적 쉽게 해결된다. "당신은 남미에 대한 미국의 외교 정책에 찬성하십니까?"라고 질문한 여론조사를 가정해 보자. 주어진 응답조건은 다음과 같다.

A. 예 __________

B. 아니요 __________

C. 모르겠다 __________

"모르겠다"라는 응답이 많은 경우에라도 불구하고, 우리는 "예"라고 응답한 비율과 "아니요"라고 응답한 비율인 이들 두 **종속적 비율들**(*dependent proportions*) 간의 차이를 비교하고자 한다. 이 경우 예라고 응답한 비율은 알고 있고, 매우 높아서 약 80%라고 가정하자. 이때 "아니요" 라고 응답하는 비율은 낮고, 20%를 넘지 못한다는 것을 알 수 있다. 따라서 이들 두 비율들은 서로 종속돼 있을 뿐만 아니라, 음의 상관(또는 음의 공분산)을 갖는다.

이것은 각 응답자들이 세 가지의 선택권(세 가지 이상이라는 것이 중요함)을 가지고 있기 때문에 일종의 다항표본추출 상황이다. 크기 n인 하나의 다항표본으로부터 얻어지는 2개의 표본 비율 $\hat{p}_1$, $\hat{p}_2$에 대하여,

$$E(\hat{p}_1 - \hat{p}_2) = p_1 - p_2$$

그리고

$$\begin{aligned}V(\hat{p}_1 - \hat{p}_2) &= V(\hat{p}_1) + V(\hat{p}_2) - 2\text{cov}(\hat{p}_1, \hat{p}_2) \\ &= \frac{p_1(1 - p_1)}{n} + \frac{p_2(1 - p_2)}{n} + 2\frac{p_1 p_2}{n}\end{aligned}$$

(공분산 자체가 음수이기 때문에 위 식의 3번째 항의 기호가 +로 변한다) p_i는 $\hat{p}_i$에 의해 추정되기 때문에, 이 분산의 추정량은 쉽게 구할 수 있다.

예제 4.11

작업장에서는 흡연을 금지해야 한다는 생각은 오랫동안 계속되어 왔다. 타임/얀켈로비치(Time/Yankelovich)사는 1994년 4월 6일, 7일 이틀간 미국 성인 800명을 대상으로 다음과 같은 질문을 하였다(타임, 1994년 4월 18일자 참조).

> 작업장에서는 흡연을 금지해야만 하는가, 특정 흡연 장소가 있어야만 하는가, 아니면 어떠한 제재도 가하지 말아야 하는가?

표 4.5 흡연조사 결과

	비흡연자(%)	흡연자(%)
흡연금지	44	8
흡연장소 지정	52	80
제재 없음	3	11

조사결과는 표 4.5와 같다. 약 600명의 비흡연자들과 200명의 흡연자들로 이루어진 표본을 근거로, 다음을 추정하라. (a) "흡연을 금지해야 한다"를 선택한 비율 간의 실제 차이와 (b) 비흡연자들 중에서 "흡연을 금지해야 한다"와 "흡연 장소에서 핀다"를 선택한 비율 간의 실제 차이.

풀이

a. "흡연을 금지해야 한다"를 선택한 비율은 서로 독립이다. 즉, 한쪽의 큰 값이 다른 한쪽이 작은 값을 가지도록 하지는 못한다. 따라서, 차이에 대한 적절한 추정값은 다음과 같다.

$$(0.44 - 0.08) \pm 2\sqrt{\frac{(0.44)(0.56)}{600} + \frac{(0.08)(0.92)}{200}}$$
$$= 0.36 \pm 0.06$$

이 자료에 의하면 실제 차이는 30%에서 42% 사이라고 볼 수 있다.

b. 비흡연자들 중에서 "지정된 흡연 장소에서 핀다"를 선택한 비율은 "흡연을 금지해야 한다"를 선택한 비율에 종속된다. 만약 후자의 비율이 크면, 전자의 비율은 작아지기 때문이다. 따라서, 실제 차이에 대한 적절한 추정값은 다음과 같다.

$$(0.52 - 0.44) \pm 2\sqrt{\frac{(0.44)(0.56)}{600} + \frac{(0.52)(0.48)}{600} + 2\frac{(0.44)(0.52)}{600}}$$
$$= 0.08 \pm 0.08$$

따라서, 모집단에서 두 비율의 차이는 0%와 16% 사이에 있다고 할 수 있다. 이 경우 모집단 비율에 있어서 이들 두 비율들이 서로 다르다는 충분한 증거는 없다.

오차에 대한 2표준편차 한계는 95% 신뢰를 갖는 구간추정값에 근사한다는 것을 알고 있다. 그러나 만약 그러한 두 개의 구간을 같은 자료에 대하여 사용한다면, 두 개의 구간이 모두 모수를 포함

할 가능성은 95%에 미치지 못한다. 따라서, 하나의 표본으로부터 여러 개의 구간추정값을 동시에 구하는 경우 유의수준을 만족시킬 수 있도록 적절한 조정을 해야 한다. 많은 통계방법론 책에서는 다양한 조정 방법에 대하여 다루고 있지만 이 책에서는 다루지 않기로 한다. 여기서는 비교를 해야 하는 경우에 모든 가능한 비교보다는 몇 개의 의미 있는 비교를 하는 방법을 따르고자 한다.

예제 4.12

환자들의 우울증과 관계가 있는 증상들을 진단하는 데 있어서 나이와 성의 효과를 연구하기 위해 미시간주에서 활동하는 모든 자격을 갖춘 임상 심리학자들 중에서 209명을 추출하여 조사를 실시하였다. 모든 심리학자들은 환자의 나이와 성을 제외하고는, 모든 증상이 동일한 환자의 사례를 접하게 된다. 진단의 결과는 표 4.6에 나와 있다. (a) 나이가 우울증 진단에 영향을 미치는 것으로 나타나고 있는가(기질성 원인에 대한 진단과는 반대로)? (b) 성이 우울증 진단에 영향을 미치는 것으로 나타나고 있는가?

표 4.6 환자의 성별과 나이에 따른 일반적인 진단

	나이(세)											
	45		55		65		75		85		총계	
성별	*n*	%	*n*	%	*n*	%	*n*	%	*n*	%	*n*	%
남성												
우울증	22	95.7	9	64	12	80	8	57.1	15	75	66	76.7
기질적 우울증	0	0	0	0	1	6.7	4	28.6	2	14.3	7	8.1
정상	1	4.3	5	37.7	2	13.3	2	14.3	3	15	13	15.1
총계	23	26.7	14	16.3	15	17.4	14	16.3	20	23.3	—	—
여성												
우울증	17	89.5	18	81.8	14	87.5	18	94.7	10	62.5	77	83.7
기질적 우울증	0	0	0	0	0	0	0	0	1	6.3	1	1.1
정상	2	10.5	4	18.2	2	12.5	1	6.3	5	31.3	14	15.2
총계	19	20.7	22	23.9	16	17.4	19	20.7	16	17.4	—	—

출처: Wrobel, N. H. 1993. Effect of patient age and gender on clinical decisions. *Professional Psychology: Researchand Practice*, 24(4): 206–212.

풀이

a. 진단에 미치는 나이의 효과를 알아보기 위하여 여러 가지 비교들을 할 수 있다. 비교의 수를 최소화하기 위하여, 극단적인 경우에 해당하는 45세와 85세만을 비교하기로 한다. 남성과 여성을 합쳐서, 45세의 경우 42명 중 39명 즉, 93%가 우울증인 것으로 진단이 되었고, 85세의 경우 36명 중 25명 즉, 69%가 우울증인 것으로 진단이 되었다. 이에 대한 구간 추정값은 다음과 같다.

$$(0.93 - 0.69) \pm 2\sqrt{\frac{(0.93)(0.07)}{42} + \frac{(0.69)(0.31)}{36}}$$
$$= 0.24 \pm 0.17$$

위 결과는 85세 노인들이 우울증 증세가 덜하다고 얘기할 수 있는 통계적 근거가 된다.

b. 언뜻 보면, 여성들이 남성들보다 더 우울증 환자 비율이 높을 것으로 보일지 모르지만, 이들 비율 차이에 대한 구간 추정값은

$$(0.77 - 0.84) \pm 2\sqrt{\frac{(0.77)(0.23)}{66} + \frac{(0.84)(0.16)}{77}}$$
$$= -0.07 \pm 0.13$$

이므로, 여성의 우울증 진단 비율이 반드시 높다고 볼 수 있는 충분한 근거가 없다는 것을 나타낸다. 위와 같은 관측 차이는 표본추출오차로 인해 발생할 수 있다.

4.7 요약

통계학의 목적은 표본 속에 포함된 정보를 이용해서 모집단에 대한 추론을 하는 것이다. 일반적으로 조사에서 두 가지 요인이 정보의 양에 영향을 미치는데 그 첫 번째 요인은 표본의 크기이다. 표본의 크기가 클수록, 우리는 모집단에 대한 더 많은 정보를 표본으로부터 기대할 수 있다. 두 번째 요인은 자료가 지니는 변동의 크기이다. 변동은 표본조사 설계 즉, 관측치를 얻는 방법에 의해 조절될 수 있다.

이 장에서 가장 간단한 표본조사 설계인 단순확률추출법에 대한 논의를 하였다. 이 설계는 추정오차에 미치는 자료변이의 영향을 줄여주지는 않는다. 만약 모집단으로부터 크기 n인 표본이 선택될 가능성이 모두 같게 하면 크기 n인 하나의 단순확률표본이 얻어진다. 난수표는 단순확률표본에 속하는 조사단위들을 결정하는 데 매우 유용하게 쓰인다.

모집단 평균 μ와 모집단 총계 τ를 추정하기 위해 우리는 표본평균 $\bar{y}$와 표본총계 $N\bar{y}$을 각각 이용한다. 이들 두 추정량들은 비편향추정량이다. 즉, $E(\bar{y}) = \mu$, 그리고 $E(N\bar{y}) = \tau$이다. 또한 두 추정량에 대한 추정분산과 추정오차의 한계가 주어졌다.

때로 실제조사를 설계하는 동안에, 연구조사자는 얼마나 많은 정보의 양이 필요한가를 결정해야만 한다. 다시 말해 추정오차의 한계를 어느 정도 허용해야 하는가를 결정해야 한다. 그래서, 정해진 추정오차의 한계에서 μ와 τ를 추정하는 데 필요한 표본의 크기들을 제시했다.

다음으로 이 장에서는 모집단 비율 p의 추정 문제를 다루었다. 표본 비율 $\hat{p}$의 성질들을 모집단 평균 μ의 추정량인 표본평균 $\bar{y}$와 연계하여 설명하였다. 주어진 추정오차의 한계에서 모집단 비율 p를 추정하는 데 필요한 표본의 크기를 구하는 문제는 모집단 평균 μ와 모집단 총계 τ에 대한 표본의 크기를 구하는 것과 같은 방법으로 구하였다.

때로 차이를 추정함으로써 평균 또는 비율들을 비교하는 것도 필요하다. 이들 차이에 대한 분산은 각 독립된 표본들에 의해 쉽게 추정될 수 있다. 단 하나 종속적인 경우는 다항 비율들을 비교하는 것인데, 이러한 경우도 표본조사에서는 종종 일어난다.

사례연구 분석

미국인들은 술을 덜 마시는가?

이 장의 처음 사례연구에서 논의했던 여론조사가 랜덤하게 선택된 1,200명의 성인들을 대상으로 했다면, 응답자 중 대체적으로 반은 여성이고 나머지 반은 남성일 것이다. 따라서 남성 또는 여성들로부터 얻는 응답에 대한 표본의 크기를 각각 600으로 간주할 수 있다. "음주를 하는 남성들의 비율이 1992년부터 1994년 사이에 현저하게 줄어들었는가?"라는 질문은 거의 독립인 두 비율의 차이에 대한 문제이다. 추정값과 오차의 한계는 다음과 같으므로 현저하게 감소되었다고 볼 수는 없다.

$$(0.72 - 0.70) \pm 2\sqrt{\frac{(0.72)(0.28)}{600} + \frac{(0.70)(0.30)}{600}}$$
$$= 0.02 \pm 0.05$$

비슷하게 여성의 경우를 살펴보면 추정값과 오차의 한계에 의해 0.04 ± 0.06의 신뢰구간을 얻게 된다. 따라서 여성의 음주 비율 또한 뚜렷한 증가는 보이지 않는다. 1994년 이전에 음주의 앙을 줄여온 사람들의 비율과 1984년 이전에 음주의 양을 줄여온 사람들의 비율의 비교 역시 서로 독립인 비율의 차이인데, 다만 표본의 크기는 양쪽 다 1,200이 된다. 추정값과 오차의 한계는 다음과 같다.

$$(0.41 - 0.29) \pm 2\sqrt{\frac{(0.41)(0.59)}{1200} + \frac{(0.29)(0.71)}{1200}}$$
$$= 0.12 \pm 0.04$$

이는 음주를 줄여온 비율이 현저하게 증가하였다는 것을 보여줄 뿐만 아니라, 이 자료를 실은 사설의 제목 "음주자의 수는 꾸준하지만, 덜 마시는 경향이 있다"를 정당화시켜 준다.

1994년을 기준으로 지난 5년간 음주의 양을 줄여온 사람들의 비율과 같은 주량을 유지해온 사람들의 비율과의 비교는 종속 비율들 간의 차이를 포함한다. 추정값과 오차의 한계는 다음과 같다.

$$(0.41 - 0.51) \pm 2\sqrt{\frac{(0.41)(0.59)}{1200} + \frac{(0.51)(0.49)}{1200} + \frac{2(0.41)(0.51)}{1200}}$$
$$= -0.10 \pm 0.06$$

구간이 0을 포함하고 있지 않기 때문에, 표본 비율 간의 차이는 모집단 비율 간의 실제 차이를 반영하는 것으로 해석된다.

연습문제

일부의 연습문제들은 자료와 직접적으로 관계되므로 엑셀파일에 있는 자료들과 연결하기 위해서 센게이지러닝 홈페이지(www.cengage.co.kr) Download 자료실의 Section 4.0을 참고하기 바란다.

4.1 모집단 {0, 1, 2, 3, 4}로부터 뽑을 수 있는 표본의 크기 $n=2$인 모든 가능한 단순확률표본들을 나열하라. 그리고 모집단 분산 σ^2과 $V(\bar{y})$를 구하라.

4.2 연습문제 4.1에서 얻어진 단순확률표본들 각각에 대한 s^2를 계산하고, 수치상으로 다음 관계식이 성립함을 보여라.

$$E(s^2) = \frac{N}{N-1}\sigma^2$$

4.3 도내 공원 관리자들은 한 특정 캠핑장소가 야영지로서 적당하다고 생각하는 사람들의 비율

에 관심이 많다. 그들은 그 캠핑장소에 야영 온 $N = 300$개의 야영조로부터 $n = 30$개의 야영조를 단순확률추출법하기로 결정하였다. 표본으로 뽑힌 i번째 야영조장이 캠핑장소가 야영지로서 적당하다고 응답하면 $y_i = 1$, 그렇지 않으면 $y_i = 0(i = 1, 2, \ldots, 30)$이라고 했을 때, 다음 표를 이용하여 야영지로서 적당하다고 생각하는 사람들의 비율 p를 구하고, 추정오차의 한계를 설정하라.

표본추출된 야영조	응답, y_i
1	1
2	0
3	1
⋮	⋮
29	1
30	1
	$\sum_{i=1}^{30} y_i = 25$

4.4 연습문제 4.3의 자료를 이용하여 추정오차의 한계 $B = 0.05$에서 p를 추정하는 데 필요한 표본의 크기를 결정하라.

4.5 어느 한 군에서는 특정 갈수기간 동안에 가구당 매일 소비되는 평균 물소비량을 추정하기 위하여 100개의 수도계량기를 무작위로 뽑아서 측정하였다. 측정된 자료의 표본평균과 분산은 각각 $\bar{y} = 12.5$, $s^2 = 1{,}252$이다. 군 내의 가구 수가 $N = 10{,}000$가구라고 할 때, 전체 가구의 하루 평균물소비량 μ를 추정하고, 추정오차의 한계를 설정하라.

4.6 연습문제 4.5의 자료를 이용하여 갈수기에 하루에 소비되는 물의 총 소비량(톤), τ를 추정하고 추정오차의 한계를 설정하라.

4.7 새로운 치약의 효과에 관심이 있는 어떤 치과의사는 $N = 1{,}000$명의 학교 어린이들을 대상으로 효과를 알아보기로 하였다. 예전의 연구 결과를 보면 6개월에 한 어린이마다 평균 2.2개 정도의 충치가 발생한 것으로 되어있다. 연구개시 3개월 후에 치과의사는 새로운 치약의 효과를 알아보기 위하여 $n = 10$명의 어린이들을 뽑아서 조사한 결과 아래 표와 같은 자료를 얻었다. 전체 학생들에 대한 평균 충치의 개수를 추정하고, 오차의 한계를 설정하라.

어린이	평균 충치의 개수
1	0
2	4
3	2
4	3
5	2
6	0

7	3
8	4
9	1
10	1

4.8 어떤 회사의 한 회계감사관이 회사에서 그동안 잘못 처리된 여행 영수증의 총 건수를 추정하기 위해서 $N = 250$개의 영수증으로부터 단순확률추출법 방법으로 뽑은 $n = 50$개의 영수증을 조사한 결과 20개가 잘못 처리된 것으로 나타났다. $N = 250$개 중 잘못 처리된 영수증의 총수를 추정하고, 추정오차의 한계를 구하라[힌트: 만약 p가 잘못 처리된 영수증의 모집단 비율이라면, Np는 잘못 처리된 영수증의 총수이다. Np의 추정량은 $N\hat{p}$이고, 추정분산은 $N^2\hat{V}(\hat{p})$이다].

4.9 한 심리학자는 신경계통 질환 치료를 전문으로 하는 병원에 입원해 있는 200명의 환자를 대상으로 어떤 자극에 대한 평균 반응 시간을 예측하고자 한다. 20명의 환자들로 이루어진 단순임의표본을 가지고 조사한 결과 평균 반응시간과 표준편차는 다음과 같았다.

$$\bar{y} = 2.1\text{초} \qquad s = 0.4\text{초}$$

모집단 평균 μ를 추정하고, 추정오차의 한계를 설정하라.

4.10 연습문제 4.9에서 오차의 한계 1초에서 모집단 평균 μ를 추정하는 데 필요한 표본의 크기를 결정하시오. 단, 모집단 표준편차는 약 1초로 간주한다.

4.11 1994년 9월 말에 811명의 선거인을 대상으로 플로리다 주에서 실시한 한 여론조사에 따르면, 응답자의 57%가 플로리다 주 내에 카지노 도박장을 합법화하는 것에 반대하는 것으로 나타났다고 보고하고 있다. 이 조사의 표본오차는 3.5%라고 밝히고 있다.

(1) 표본오차가 3.5%라는 것은 정확한 표현인가?

(2) "플로리다 주민들의 대부분이 카지노의 합법화에 반대하고 있다"라는 주장에 타당성이 있는가? 그 이유를 설명하라.

(3) 카지노 개설을 옹호하는 사람들은 자신들이 실시한 여론조사에 따르면 플로리다 주민들 중에서 1/3이 조금 넘는 사람들만이 카지노 개설에 반대하고 있는 것으로 나타나고 있다고 말한다. 이들 두 여론조사 결과가 차이가 나는 원인은 무엇인가?

4.12 한 도시에서 65세 이상의 노인을 적어도 한 분 이상 모시고 있는 가구들의 비율을 추정하기 위한 사회조사를 실시하였다. 가장 최근에 조사된 자료에 의하면 이 도시의 가구수는 621가구이다. 이들로부터 $n = 60$가구로 이루어진 단순확률표본을 뽑아 조사한 결과 11가구가 65세 이상의 노인을 적어도 한 분 이상 모시고 사는 것으로 나타났다. 모집단 비율 p를 추정하고 추정오차의 한계를 구하라.

4.13 연습문제 4.12에서, 추정오차의 한계 .08 이내에서 모집단 비율 p를 추정하려면 표본의 크기가 어느 정도 되어야 하는가? 단, 모집단 비율 p는 약 0.2로 가정한다.

4.14 어떤 회사가 보유하고 있는 500개의 미수계정들 중에서 20개를 랜덤하게 뽑아서 미수금액과장부 금액이 일치하는가를 조사한 결과 다음과 같은 결과를 얻었다. 500개의 미수계정들에 대한 총 미수 금액을 추정하고 오차의 한계를 구하라. 미수계정당 평균 금액이 250달러를 넘는다고 생각하는가? 그렇다면 그 이유를 설명하라.

4.15 연습문제 4.14에서, 미수계정 금액과 일치하지 않는 회사 장부비율을 추정하고, 추정오차의 한계를 구하라. 세부 회계규정을 이행하지 않은 계정의 비율이 80%를 넘는다고 생각하는가? 그 이유를 설명하라.

4.16 1994년 4개의 여론조사 기관에서 행한 대통령 선거전(前) 마지막 여론조사 결과는 다음과 같았다.

조사기관	표본의 크기	클린턴	부시	페로	미결정
CNN	1,562	44	36	14	6
갤럽	1,579	43	36	15	6
해리스	1,675	44	39	17	0
ABC	1,369	42	37	17	4
선거결과		43	38	19	0

모든 조사 결과가 클린턴이 승리할 것이라고 발표했다. 이들의 주장은 타당성이 있는 것이었나?

4.17 연습문제 4.16를 참조하시오. 한편, 플로리다주 여론조사 기관에서는 플로리다주의 773명의 유권자들을 조사한 결과에 근거하여 클린턴 지지 39%, 부시 지지 37%로서 “두 사람이 우열을 가리기 힘든 치열한 경쟁을 하고 있다”고 발표했다. 플로리다주 여론조사 기관의 자료 해석은 올바른 해석이었는가?

4.18 자신들의 업무영역에 관한 광고의 필요성에 대한 공인회계사들의 태도를 알아보기 위하여 명부에 있는 1,400명 중 뽑은 200명을 대상으로 편지조사를 한 결과 82명으로부터 응답을 얻어 다음과 같은 자료를 얻었다.

미래의 광고 가능성 정도(%)

	총 응답자(n = 82)	이미 선전을 한 경험이 있다(n = 46)
꼭 해야 한다	22	35
해야할 것 같다	4	5
필요성은 있다	19	35
반반이다	18	15
필요가 없을 수도 있다	6	10
하지 않아도 된다	12	0
절대 할 필요 없다	15	0
무응답	4	0

출처: K.Taylor, “Accountant Advertising : Perceptions, Attitudes and Behaviors”, *Journal of Advertising Research* 23(6): 35–40. Copyright ©1984 by the Advertising Research Foundation.

(1) 앞으로 광고를 꼭 해야 한다고 생각하는 회계사들의 비율을 추정하라.

(2) 앞으로 광고를 할 가능성이 적어도 50:50 이라고 응답한 사람들의 비율을 추정하라.

(3) 과거에 광고를 한 경험이 있는 사람들 중에서 더 이상 광고를 할 것 같지 않은 사람들의 비율을 추정하라.

(4) 과거에 광고를 한 경험이 있는 사람들 중에서 앞으로 광고를 다시 할 필요가 적어도 50:50이라고 응답한 사람들의 비율을 추정하라.

모든 경우들에 대하여 오차의 한계를 구하라. (3)과 (4)가 (1)과 (2)에 비하여 더 많은 가정들을 요구하는가?

4.19 갤럽 여론조사에서는 표본추출오차를 다음과 같이 설명하고 있다.

통계학자들은 지난 수년간 표본추출 시 등확률추출의 기본 법칙이 성립하는 경우에 한하여 표본들의 정확성을 측정하는 매우 특별한 방법들을 개발해 왔다. 예를 들어, 세심한 확률표본추출방법에 의해 전국에서 추출된 성인 1,000명 크기의 표본일 경우, 얻어진 결과들의 정확도는 포인트 이내가 된다. 따라서, 여론조사 결과 클린턴 대통령에 대한 지지도가 50%로 나왔다면, 오차의 한계는 실제 클린턴의 지지율이 거의 53%와 47% 사이에 있음을 나타낸다. 즉, 53%보다 크거나 47%보다 작은 값을 가질 가능성이 매우 작음을 의미한다.

좀더 구체적으로, 클린턴 대통령의 직무수행 능력에 대한 지지를 묻는 조사를 100번 반복 시행했다면 확률적으로 100번 중 95번은 지지율이 47%와 53% 사이의 값을 가진다. 우연오차에 의해 47%보다 낮거나 53%보다 높은 지지율을 기대할 수 있는 것은 100번 중 5번 정도이다.

출처 : www.gallop.com "여론조사는 어떻게 시행하는가?" 갤럽(Gallop Organization)의 허락을 받아 게재함.

여러분은 위와 같은 설명에 동의하는가? 위 설명을 부분 수정하여 좀더 설득력 있는 설명을 제시할 수 있는가?

4.20 아래의 표본추출방법들이 학생 수 30명인 학급에서 단순확률표본을 뽑는 방법인지 아닌지를 판정하고, 아닌 경우 그 이유를 설명하라.

(1) 학급명단에서 처음 6명의 학생들을 선택한다.

(2) 무작위로 하나의 숫자를 선택한 다음 전화번호 끝자리가 그 숫자와 일치하는 학생을 뽑는다.

(3) 만약 학급의 배열이 각 5개의 자리를 갖는 6줄로 이루어져 있다면, 무작위로 한 줄을 선택한 다음 그 줄에 속한 모든 학생들을 표본에 포함시킨다.

(4) 남학생과 여학생의 학생 수가 각각 15명이라면, 남학생들에게는 1부터 15번을 여학생들에게는 16부터 30번을 부여한다. 그런 다음 난수표를 이용해서 1과 30 사이의 수 6개를 선택해서 선택한 번호와 일치하는 학생을 뽑는다.

(5) 남학생과 여학생의 학생 수가 각각 15명이라면, 남학생들에게는 1부터 15번을, 여학생들에게는 16부터 30번을 부여한다. 그런 다음 난수표를 이용해서 1과 15 사이 그리고 16과 30 사이에서 각각 3개의 숫자를 선택해서 선택한 번호와 일치하는 학생을 뽑는다.

(6) 알파벳 문자 하나를 무작위로 선택한 다음, 성이 그 문자로 시작하는 학생을 뽑는다. 만약 그런 학생이 없을 경우 무작위로 다른 문자를 선택한다.

4.21 A.C.Nielsen의 한 대변인은 자사의 시청률조사시스템이 근거로 하고 있는 통계적 아이디어에 대한 설명을 다음과 같이 제시한 바 있다(D. 코디(Cody), "여론조사와 여론조사자", Sky, Oct. 1982, p. 116).

70,000개의 흰 콩과 30,000개의 붉은 콩을 함께 섞은 다음 바가지로 1,000개의 콩을 퍼서 하나의 표본을 만든다. 이 때 수학적 오즈(가능성)는 붉은 콩의 개수가 1,000개 중270에서 330개 또는 27에서 33%이고, 결과적으로 30에서 3을 더하고 뺀 하나의 시청률로 해석되는데, 이는 20:1의 통계적 신뢰성을 확보한다는 것이다. 이러한 통계적 법칙은 표본의 크기가 100,000이 아닌 8천만이 된다고 해도 변하지 않는다.

위 글을 이 장의 결과들을 이용하여 재해석하고 정당화하라.

실제 자료를 이용한 실습

4.1 기초통계 수강 학생들을 랜덤하게 표본추출하여 얻은 조사자료가 부록 C 자료집합 CLASSUR과 첨부된 디스켓에 저장돼 있다. 이 자료를 이용하여 다음 물음에 답하라. 수강학생 수는 500명으로 가정한다. 첨부된 자료는 분석에 맞게 사전에 조작된 자료가 아니다. 따라서 여러분은 자료에 대한 적절한 구성과 요약들을 결정해야 한다.

(1) 나이나 평점 혹은 공부시간과 같은 측정변수들 중 어느 한 변수에 대하여 그 변수의 모집단 평균을 추정하라.

(2) 성이나 학급 또는 직업 상태와 같은 분류변수들 중 어느 한 변수에 대하여 그 변수의 모집단 평균을 추정하라.

(3) 남자와 여자와 같은 서로 다른 두 그룹에 대하여 한 변수에 대한 평균을 비교하라.

(4) 서로 다른 두 그룹에 대하여 한 분류변수에 대한 비율을 비교하라(즉, 학년과 원 거주지의 위치).

4.2 미국 인구특성에 관한 자료는 부록 C 자료집합 USPOP와 첨부된 디스켓에 저장돼 있다. 이들 자료를 이용하여 다음에 답하라.

(1) 5개의 주들로 이루어진 확률표본을 이용해서 2000년 현재 미국의 65세 이상 인구의 총수를 추정하라. 또한 이 추정치를 이용해서 2000년 현재 65세 이상 인구의 비율을 추정하라. 여러분이 구한 추정치가 실제 값과 일치하는가?

(2) 5개의 주들로 이루어진 확률표본을 이용해서 미국 내 빈곤층의 비율을 추정하라.

4.3 여러분의 주위에서 단순임의 표본을 이용하여 모집단 평균과 모집단 총계 또는 모집단 비율을 추정할 수 있는 문제를 찾고, 명확하게 모집단과 표본추출단위 그리고 표본추출틀을 정의하라. 그런 다음 표본추출틀로부터 부록 A에 나와 있는 난수표를 이용하여 하나의 단순확률표본을 뽑아 자료를 얻은 다음에 필요한 계산을 하라.

표본추출 활동: 다양한 크기의 사각형

이 활동의 목적은 5개의 사각형들로 이루어진 표본을 뽑아서 114페이지에 있는 100개의 사각형 전체에 대한 평균 면적을 추정하는 것이다.

1. 사각형들의 분포에 너무 신경쓰지 말고 모집단을 대표한다고 생각되는 5개의 사각형들을 재빠르게 뽑는다. 이것이 바로 판단표본이다.

2. 표본 속 각 사각형들의 면적(사각형을 이루고 있는 격자의 수)을 구하고 이들의 표본평균을 구한다. 즉, 표본에 속한 사각형들의 평균면적을 구한다.

3. 내가 구한 평균면적과 다른 사람들이 구한 것들을 모아 평균면적들의 그래프를 작성한다.

4. 그래프의 모양과 중심위치, 퍼진 정도 등을 기술한다. 이러한 것들은 판단표본에 근거한 것이다.

5. 이제, 00부터 99 사이에서 5개의 난수를 발생시킨다(100번째 사각형은 00으로 간주한다). 발생된 난수와 일치하는 번호의 사각형들을 뽑는다. 이것이 바로 5개의 사각형들로 이루어진 확률표본이다.

6. 확률표본을 이용해서 2~4단계를 반복한다.

7. 판단표본과 확률표본에 의한 표본평균들의 분포가 어떻게 비슷하고 다른지를 토론하라.

8. 표본평균을 이용해서 모집단 평균을 추정하는 경우에 어떤 방법에 의한 표본평균이 더 좋은 결과를 가져오겠는가(사각형 면적들에 대한 실제 분포는 아래 표와 같다)?

사각형 면적들의 분포

면적	개수
1	16
2	2
3	6
4	16
5	8
6	6
8	8
9	5
10	7
12	10
15	1
16	10
18	5

1
2
3
4
5
6
7
8
9
10
11
12
13
14
15
16
17
18
19
20
21
22
23
24
25
26
27
28
29
30
31
32
33
34
35
36
37
38
39
40
41
42
43
44
45
46
47
48
49
50
51
52
53
54
55
56
57
58
59
60
61
62
63
64
65
66
67
68
69
70
71
72
73
74
75
76
77
78
79
80
81
82
83
84
85
86
87
88
89
90
91
92
93
94
95
96
97
98
99
100

CHAPTER 05

층화확률추출법

사 례 연 구

미국의 보건진료비를 추정할 수 있을까?

국가적인 주요 현안 중의 하나는 보건진료비용 총액을 추정하는 것이다. 이 비용은 정부와 민간단체 등의 다양한 기관들에서 연구되고 있고, 그 결과는 국가 정책을 수립하고, 보험료율과 같은 정책결정을 하는 근거가 된다.

J. 슈스터(Shuster)와 R. L. 셰퍼(Scheaffer)는 "백인 남성들에게 신장 결석이 미치는 경제적 영향(*Urology*, vol.24, no.4, 1984)"이라는 논문에서 어떤 한 질병에 대한 병원비용을 추정하는 문제를 다루고 있다. 그들은 미국의 두 지역, 캐롤라이나(Carolina)주와 록키 마운틴(Rocky Mountain)주를 대상으로 삼아 조사하였다. 캐롤라이나주에서 뽑힌 $n_1 = 363$의 신장 결석 환자들의 평균 1차 입원비용은 1,350달러였고, 록키 마운틴 주에서 뽑힌 $n_2 = 258$의 신장 결석 환자들의 평균 1차 입원비용은 1,150달러로 조사됐다. 우리는 이들 두 지역 전체에서 이 질병과 관련된 연간 총 입원비용을 추정할 수 있을까? 5장에서 다루는 방법들은 몇몇 부가적인 정보를 어떻게 다룰 것인지를 보여준다. 이 방법들은 미국 내 다른 지역들에 대한 표본 정보를 얻을 수 있는 경우, 미국 전체를 대상으로 한 추정에도 이용할 수 있다.

5.0 도구

이 장에서 계산을 하기 위한 대화식 엑셀도구(interactive Excel Tools)는 센게이지러닝 홈페이지(www.cengage.co.kr) Download 자료실에서 내려 받을 수 있다. Download 자료실의 5장 폴더에서 "**Section 5.0(tools)**"이라는 이름의 워드 파일을 찾을 수 있을 것이다. 그 파일 안에 이 장과 관련된 계산 도구들이 제공되어 있다. 본문의 아이콘(왼쪽에 표시되어 있는)은 도구들이 만들어져 있다는 것을 상기시키는 표시이다. 또한 해당 장의 몇몇 연습문제들에 대한 자료들은 Download 자료실에 있는 해당 섹션과의 링크를 통해 얻을 수 있다.

5.1 개요

표본조사 설계의 목적은 주어진 비용에서 정보의 양을 극대화하는 데 있다. 기본적인 추출설계인 단순확률추출은 종종 적은 비용으로 모집단 값들에 대한 좋은 추정값들을 제공해 준다. 이 장에서는 두 번째 추출방법으로 많은 경우에 주어진 비용 하에서 정보의 양을 증가시켜주는 층화확률추출을 다루고자 한다.

정의 5.1

하나의 *층화확률표본*(*stratified random sample*)은 모집단을 서로 겹치지 않는 그룹들, 즉 *층들*(*strata*)로 나누고 각 층에서 단순확률표본을 뽑음으로써 얻어진다.

응급구조 서비스를 개선하는 데 좀 더 많은 세입금을 쓰는 것에 찬성하는 사람들의 비율을 추정하기 위한 한 공공 여론 조사가 어떤 한 지역에서 행해졌다고 가정하자. 그 지역은 두 개의 도시와 하나의 교외 지역을 포함하고 있고, 조사 대상 모집단은 그 지역에 거주하면서 선거권을 가지고 있는 모든 남자와 여자이다. 이러한 모집단으로부터 층화확률표본은 도시 지역과 시골 지역에서 각각 성인들로 이루어진 단순확률표본을 뽑음으로써 얻을 수 있다. 즉, 두 개의 도시와 하나의 교외 지역은 각각 층이 되고 각 층에서 단순확률표본을 얻는다.

위 여론조사에서 단순확률표본 대신에 층화확률표본을 선택한 이유는 무엇인가? 첫 번째, 조사설계의 목적은 고정된 비용 하에서 정보를 최대한 얻는 것, 즉 추정오차의 한계를 최소화하는 데 있다는 것을 명심하자. 관측값들 사이의 변동이 적은 표본은 추정오차의 한계도 작게 나타난다. 따라서, 만약 한 도시(예를 들어, A라는 도시)에 사는 성인들이 응급구조 서비스에 대해서 서로 비슷한 생각을 가지고 있다면, 우리는 상대적으로 작은 표본을 가지고 알고자 하는 비율에 대한 정확한 추정값을 얻을 수 있다. 비슷하게 만약 B도시에 사는 사람들도 서로 비슷한 생각을 가지고 있다면, 그들이 비록 A도시에 사는 사람들과는 다른 의견을 가지고 있다고 해도, 역시 작은 표본을 가지고 정확한 추정값을 얻을 수 있다. 두 도시 간의 의견 차이는 A도시는 병원을 가지고 있어서 응급구조 서비스 개선의 필요성을 크게 느끼지 못하는 반면에 B도시는 병원이 없어서 응급구조 서비스 개선의 필요성을 크게 느낄 때 나타날 수 있다. 교외 지역의 의견은 좀 더 다양할 수 있지만, 이 지역에 거주하는 성인들의 수는 적으므로, 조금 주의를 기울이면 충분한 자료를 얻을 수 있다. 층화확률표본에 의한 결과들을 결합하면 응급구조 서비스 개선에 좀더 많은 세입금을 쓰는 것에 찬성하는 사람들의 비율을 추정할 수 있는데, 이는 단순확률표본을 이용했을 경우보다 더 작은 추정오차의 한계를 갖는다.

두 번째, 관측값들을 얻는 비용은 조사설계에 따라 다르다. 표본에 속할 성인을 뽑는 비용이나 인터뷰 시간과 여행에 따른 비용, 그리고 전반적인 추출과정을 관리하는 데 따르는 비용 등은 아주 잘 설계된 층화확률표본에 의해 최소화될 수 있다. 따라서, 같은 비용 하에서 단순확률표본을 이용할 때보다 더 많은 표본을 활용할 수 있다.

세 번째, 때로는 모집단의 일부분에 대한 추정값이 필요한 경우가 있다. 지역 여론조사의 경우 각 시의회에서는 자기 도시의 여론 경향에 대하여 알고 싶어할 것이다. 층화확률추출에 의하면 각 층 내의 모수에 대한 개별적인 추정값들을 구할 수 있다.

결론적으로, 단순확률추출 대신에 층화확률추출을 이용하는 근본 이유들을 요약하면 다음과 같다.

1. 표본의 크기가 같은 경우 층화는 단순확률표본에 의한 것보다 추정오차의 한계를 작게 할 수 있다. 특히 층 내의 관측값들이 동질적인 경우에는 더욱 그렇다.
2. 모집단 조사단위들을 서로 편리한 그룹으로 묶음으로써 조사 시 관찰 비용을 절감할 수 있다.
3. 모집단 내의 부그룹들에 대한 모수 추정값을 따로 구할 수 있다. 이때, 부그룹들은 반드시 확인 가능한 층들이어야 한다.

위와 같은 층화의 세 가지 이유는 모집단을 층화할 것인지의 여부와 층을 어떻게 정의할 것인가를 결정하고자 할 때 반드시 고려해야 한다. 다이어트 중에 있는 병원 환자들을 추출해서 체중 증가를 알아보고자 할 때는 환자들을 성에 따라 층화하는 것이 더욱 효율적이다. 왜냐하면 일반적으로 남자가 여자보다 체중이 많이 나가기 때문이다. 대학에서 학생들을 대상으로 여론조사를 할 경우 학생들을 학년이나 거주지별로 층화해서 조사하는 것이 효율적이다. 제조공장에서 품질관리를 목적으로 한 추출을 하는 경우 생산라인별로 층화하는 것이 효율적이다. 왜냐하면 각 라인별 불량률들을 구할 수 있기 때문이다.

대부분의 조사 설계는 그 속에 층화의 개념을 포함하고 있다. 예를 들어, 미국 노동통계국에서 실시하고 있는 세 가지 중요한 조사들을 살펴보자.

소비자물가지수(Consumer Price Index, CPI)는 도시 소비자들이 구매하는 지정된 상품과 서비스들의 평균 가격변동 측도이다. CPI는 실제 적어도 네 가지의 서로 다른 형태의 조사들을 통해 계산된다. 즉, 도시조사, 도시가계조사, 판매 대리점조사, 그리고 특별상품 및 서비스 조사 등을 통해 계산된다. 대부분의 CPI 조사 설계에서는 추출단위(지역 또는 인접한 지역들의 그룹)들은 모집단에서 정해지고 층들로 나눠진다. 층들은 지리와 인구수, 인구 증가율, 주요 산업, 유색인종의 비율 및 도시화율에 근거하여 선택된다. 한 층 내에서 이와 관련된 추출단위들이 뽑힐 가능성들은 거의 같다.

경제활동인구조사(Current Population Survey, CPS)에서는 고용과 실업 상태 그리고 비경제활동인구에 대해 조사한다. CPS에서는 CPI와 비슷한 방법으로 층화하는데, 다른 점은 시골지역도 추출단위로 사용되고 있고, 또한 농장의 수는 층화의 중요변수가 된다는 것이다.

사업체조사(Establishment Survey, ES)에서는 미국 내 비농업 계통 사업체들을 대상으로 노동시간과 수입에 대한 자료를 수집한다. 사업체들은 산업 형태와 규모에 따라 층화되는데, 이는 관측값들의 동질성을 확보하는 한편, 다양한 산업 형태에 따른 추정값들을 제공해 준다. 예를 들어, 광산업과 건설업, 제조업, 운송업, 부동산업 그리고 금융, 보험업에 대한 정보를 제공해 준다.

개요 5.1에서 언급하고 있듯이 이 장에서 층화는 항상 각 층 내에서의 단순확률추출과 함께 이용된다. 그러나 각 층 내에서 다른 형태의 추출을 이용할 수도 있다. 이에 대한 몇 가지 예를 다음 절 이후에서 알아보고자 한다.

5.2 층화확률표본의 추출 방법

층화확률표본을 뽑는 첫 번째 단계는 우선 층들을 명확하게 규정하는 것이다. 그렇게 해야 모집단 속의 추출단위들이 적절한 층에 배치된다. 이 단계는 말처럼 쉬운 것은 아니다. 예를 들어, 여러분이 가구와 같은 추출단위를 시골과 도시 단위로 나눌 계획이라고 가정하자. 인구 1,000명인 읍에 거주하는 사람들은 어떻게 처리해야 하는가? 만약 읍이 지역에 고립되어 있다면 시골로 분류될 수 있고, 반대로 큰 도시에 인접해 있다면 도시로 분류될 수 있다. 따라서, 도시와 시골을 타당성 있게 나누는 것은 각 추출단위가 오직 하나의 층에만 속하게 하기 위한 필수적인 작업이다.

추출단위들을 각 층들로 나눈 다음에는, 4장에서 다룬 기법에 따라 각 층에서 하나의 단순확률표본을 뽑는다. 각 층들에 적절한 크기의 표본을 배분하는 문제는 이 장의 말미에서 다루고자 한다. 각 층들로부터 뽑힌 표본들은 서로 독립이다. 즉, 각 층마다 서로 다른 추출방법을 이용할 수 있고, 한 층에서의 관측은 다른 층에 영향을 주지 않는다.

층화확률추출에 따로 쓰이는 용어들은 다음과 같다.

L = 층의 수

N_i = 층 i에 있는 추출단위의 수

N = 모집단에 있는 추출단위의 수

$= N_1 + N_2 + \uparrow + N_L$

아래 예제는 층화확률추출이 적절히 사용된 경우이다.

예제 5.1

어떤 한 지역에서 텔레비전 광고를 어느 정도나 해야 하는지에 관심이 많은 한 광고회사는 그 지역의 가구들을 대상으로 일주일에 텔레비전 시청 시간이 평균 얼마나 되는지를 알아보기 위한 조사를 실시하기로 하였다. 그 지역은 두 개의 거주지역과 한 개의 교외 지역으로 이루어져 있다. A 지역은 공장 주변에 형성되어 있는 거주지역으로 대부분의 가구들이 공장 근로자와 취학 어린이들을 포함하고 있다. B 지역은 한적한 곳에 위치하고 있으며, 가구 구성원들은 대부분 자녀를 갖고 있지 않은 나이 든 사람들이다. A 지역에는 155가구, B 지역에는 62가구, 교외 지역에는 93가구가 산다. 이 상황에서 층화확률추출을 사용하는 경우 얻을 수 있는 장점에 대하여 논하라.

풀이

모집단을 지리적 위치에 따라 두 개의 거주지역과 한 개의 교외 지역으로 자연스럽게 나눌 수 있다. 따라서 이들 세 그룹들을 층으로 이용함으로써, 표본들을 뽑고 실사를 진행하는 데 여러 편의를 도모할 수 있다. 더욱이, 이들 세 그룹의 가구들은 같은 그룹 내에서는 서로 비슷한 행태를 지닐 것이다. 따라서, 같은 그룹내에서는 가구들 사이의 텔레비전 시청 시간의 차이가 상대적으로 그렇게 크지 않고, 이는 결국 추정오차의 한계를 줄여주는 결과가 될 것이라는 것을 기대할 수 있다.

광고회사가 만약 각각의 지역에 대해서 별도의 평균 텔레비전 시청 시간을 추정하기를 원한다면, 층화확률추출 방법으로 해결할 수 있다. 참고로 모집단과 각 층의 크기는 각각 $N_1 = 155$, $N_2 = 62$, $N_3 = 93$ 그리고 $N = 310$이다.

5.3 모집단 평균과 총계의 추정

어떠한 방법으로 층화확률표본으로부터 얻은 자료를 이용해서 모집단 평균을 추정할 것인가? $\bar{y}_i$를 층 i에서 뽑은 단순확률표본에 대한 표본평균이고, n_i를 층 i의 크기, μ_i를 층 i의 모집단 평균, 그리고 τ_i를 층 i의 모집단 총계라고 하자. 이때 모집단 총계 τ는 $\tau_1 + \tau_2 + \dots + \tau_L$과 같다. 각 층에서는 단순확률표본을 뽑는다. 따라서, 4장으로부터 알 수 있듯이 $\bar{y}_i$는 μ_i의 비편향추정량이고, $N_i\bar{y}_i$는 층 총계인 $\tau_i = N_i\mu_i$의 비편향추정량이다. τ_i의 추정량들을 합하여 τ에 대한 추정량을 만든다. 마찬가지로, 모집단 평균 μ는 τ를 N으로 나눈 것과 같으므로 μ의 비편향추정량은 τ_i의 추정량들의 합을 N으로 나누면 된다. 이렇게 해서 구한 추정량을 $\bar{y}_{st}$로 표시한다. 이때 첨자는 층화확률추출이 사용되었음을 나타낸다.

모집단 평균 μ의 추정량:

$$\bar{y}_{st} = \frac{1}{N}[N_1\bar{y}_1 + N_2\bar{y}_2 + \cdots + N_L\bar{y}_L] = \frac{1}{N}\sum_{i=1}^{L} N_i\bar{y}_i \quad (5.1)$$

$\bar{y}_{st}$의 추정분산:

$$\begin{aligned}\hat{V}(\bar{y}_{st}) &= \frac{1}{N^2}[N_1^2\hat{V}(\bar{y}_1) + N_2^2\hat{V}(\bar{y}_2) + \cdots + N_L^2\hat{V}(\bar{y}_L)] \\ &= \frac{1}{N^2}\left[N_1^2\left(1 - \frac{n_1}{N_1}\right)\left(\frac{s_1^2}{n_1}\right) + \cdots + N_L^2\left(1 - \frac{n_L}{N_L}\right)\left(\frac{s_L^2}{n_L}\right)\right] \quad (5.2) \\ &= \frac{1}{N^2}\sum_{i=1}^{L} N_i^2\left(1 - \frac{n_i}{N_i}\right)\left(\frac{s_i^2}{n_i}\right)\end{aligned}$$

4장에서와 마찬가지로 본 책에서 사용하는 오차의 한계는 항상 추정표준오차의 2배이다. 이는 결국 모수에 대한 약 95% 구간 추정값이 된다. 오차의 한계는 추정분산으로부터 쉽게 도출되기 때문에 오차의 한계에 대한 자세한 공식들은 쓰지 않기로 하겠다.

예제 5.2

예제 5.1에서 설계했던 조사가 실시됐다고 가정하자. 광고회사는 $n = 40$가구를 조사할 충분한 시간과 예산을 가지고 있어서, 각각 A 지역에서 $n_1 = 20$가구, B 지역에서 $n_2 = 8$가구 그리고 교외 지역(표본크기에 대한 논의는 다음에 하고자 한다)에서 $n_3 = 12$가구의 단순확률표본을 뽑아 주당 텔레비전 시청 시간을 조사한 결과, 다음 표 5.1과 같은 결과를 얻었다.

(1) 이 지역에 있는 모든 가구들에 대한 일주일 평균 텔레비전 시청 시간을 추정하라.

(2) B 지역에 속한 가구들의 일주일 평균 텔레비전 시청 시간을 추정하라.

두 경우 모두 추정오차의 한계를 구하라.

풀이

표본들의 특징을 알아보는 가장 좋은 방법은 그림 5.1과 같이 수평상자그림을 이용하는 것이다. 중앙값들이 A 지역에서 B 지역 그리고 교외 지역으로 감에 따라 감소하고 있음을 알 수 있다. B 지역의 표본 자료가 변동이 가장 심하지만 우려했던 이상값은 없는 것으로 보인다.

표 5.1 주당 텔레비전 시청 시간

A 지역	B 지역	교외 지역
35	27	8
43	15	14
36	4	12
39	41	15
28	49	30
28	25	32
29	10	21
25	30	20
38		34
27		7
26		11
32		24
29		
40		
35		
41		
37		
31		
45		
34		

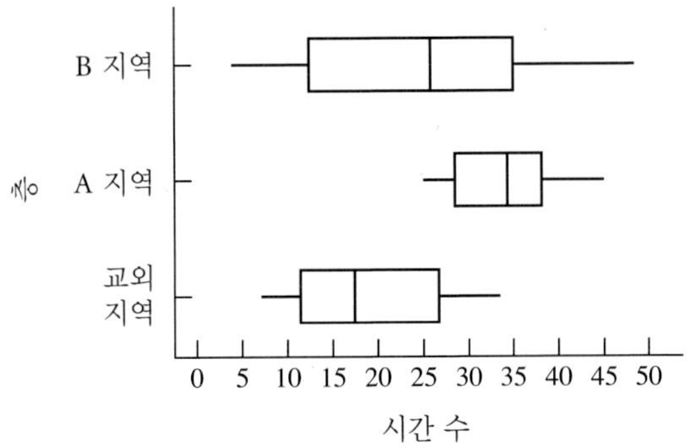

• **그림 5.1** 텔레비전 시청 시간에 대한 상자그림

표 5.2 표 5.1 자료의 요약

	N	n	평균값	중간값	표준편차
A 지역	155	20	33.90	34.50	5.95
B 지역	62	8	25.12	26.00	15.25
교외 지역	93	12	19.00	17.50	9.36

표 5.2는 요약된 수치 자료를 보여주고 있다.

a. 표 5.2와 식 (5.1)에 의해

$$
\begin{aligned}
\bar{y}_{st} &= \frac{1}{N}[N_1\bar{y}_1 + N_2\bar{y}_2 + \cdots + N_L\bar{y}_L] \\
&= \frac{1}{310}[(155)(33.900) + (62)(25.125) + (93)(19.00)] \\
&= 27.7
\end{aligned}
$$

는 이 지역에 속한 가구들의 주당 평균 시청 시간에 대한 추정값이 된다. 또한

$$
\begin{aligned}
\hat{V}(\bar{y}_{st}) &= \frac{1}{N^2}\sum N_i^2\left(1 - \frac{n_i}{N_i}\right)\left(\frac{s_i^2}{n_i}\right) \\
&= \frac{1}{(310)^2}\left[\frac{(155)^2(0.871)(5.95)^2}{20} + \frac{(62)^2(0.871)(15.25)^2}{8}\right. \\
&\quad \left. + \frac{(93)^2(0.871)(9.36)^2}{12}\right] \\
&= 1.97
\end{aligned}
$$

추정표준오차의 2배를 추정오차의 한계로 갖는 모집단 평균에 대한 추정값은 다음과 같다.

$$\bar{y}_{st} \pm 2\sqrt{\hat{V}(\bar{y}_{st})} \text{ 또는 } 27.675 \pm 2\sqrt{1.97} \text{ 또는 } 27.7 \pm 2.8$$

따라서, 이 지역에 속한 가구들은 텔레비전을 주당 평균 27.7시간 정도 시청한다고 추정할 수 있다. 추정오차의 한계는 약 .95의 확률로서 2.8보다 작다.

b. 층 2에서 얻은 관측치 $n_2 = 8$은 하나의 단순확률표본을 형성한다. 그러므로, 4장의 공식들을 적용할 수 있다. 추정표준오차의 2배를 추정오차의 한계로 갖는 B지역에서의 주당 평균 시청 시간에 대한 추정값은 다음과 같다.

$$\bar{y}_2 \pm 2\sqrt{\left(1-\frac{n_2}{N_2}\right)\left(\frac{s_2^2}{n_2}\right)} \text{ 또는 } 25.1 \pm 2\sqrt{\left(1-\frac{8}{62}\right)\left(\frac{232.56}{8}\right)} \text{ 즉, } 25.1 \pm 10.0$$

이 추정값은 s_2^2이 크고 n_2가 작기 때문에 큰 추정오차의 한계를 갖는다. 따라서, 모집단 평균의 추정값으로서 $\bar{y}_{st}$는 적합한 반면에 $\bar{y}_2$는 층 2에 대한 추정값로서 적합치 못하다. 만약 어떤 특정 층에 대한 추정값을 구하고자 할 때에는 타당한 추정오차의 한계를 제공할 수 있는 충분한 크기의 표본을 층에서 확보해야 한다.

모집단 총계 τ에 대한 추정량은 μ의 추정 절차로부터 바로 구한다. τ는 $N\mu$이므로, τ의 비편향 추정량은 $N\bar{y}_{st}$로 주어진다.

모집단 총합 τ의 추정량:

$$N\bar{y}_{st} = N_1\bar{y}_1 + N_2\bar{y}_2 + \cdots + N_L\bar{y}_L = \sum_{i=1}^{L} N_i\bar{y}_i \quad \textbf{(5.3)}$$

$N\bar{y}_{st}$의 추정분산:

$$\hat{V}(N\bar{y}_{st}) = N^2\hat{V}(\bar{y}_{st}) = \sum_{i=1}^{L} N_i^2\left(1-\frac{n_i}{N_i}\right)\left(\frac{s_i^2}{n_i}\right) \quad \textbf{(5.4)}$$

예제 5.3

예제 5.2에서 전체 가구의 주당 텔레비전 시청 시간 총계를 추정하고 추정오차의 한계를 구하라.

풀이

표 5.1에서,

$$N\bar{y}_{st} = 310(27.7) = 8587 \text{시간}$$

이고, $N\bar{y}_{st}$ 의 추정분산은 다음과 같다.

$$\hat{V}(N\bar{y}_{st}) = N^2\hat{V}(\bar{y}_{st}) = (310)^2(1.97) = 189{,}278.560$$

모집단 총계 추정값과 오차의 한계는

$$N\bar{y}_{st} \pm 2\sqrt{\hat{V}(N\bar{y}_{st})} \text{ 또는 } 8587 \pm 2\sqrt{189{,}278.560} \text{ 또는 } 8587 \pm 870$$

이다.

따라서, 전체 가구의 주당 텔레비전 시청 시간 총계는 8,587시간이고 이에 대한 추정오차의 한계는 870시간이다.

각 층에서 뽑힌 단순확률표본들은 서로 독립이므로, 층 평균들 간의 차이는 4장과 같이 바로 구할 수 있다. 서로 독립인 두 확률변수 간의 차이에 대한 분산은 각 분산의 합임을 상기할 필요가 있다.

예제 5.4

A 지역에 사는 사람들은 B 지역에 사는 사람들에 비하여 젊어서, B 지역보다 아이들이 많다. 이들 두 지역의 텔레비전 시청 시간에 유의한 차이가 있는지를 알아보기 위한 모집단 평균차이에 대한 추정값을 구하라.

풀이

이러한 추정값을 구하는데 필요한 기본 계산들은 엑셀 도구들에 생성되어 있다(전자 절 5.0 참조). A 지역에 대한 표본평균은 33.9시간/주이고 분산 추정값은 1.5이다. B 지역의 경우는 각각 25.19시간/주 와 25.3이다. 이들 두 층에 대한 모집단 평균차이에 대한 추정값은 다음과 같다.

$$(33.9 - 25.1) \pm 2\sqrt{1.5 + 25.3} \text{ 또는 } 8.8 \pm 10.4$$

구간 추정값이 0을 포함하기 때문에, 비록 A 지역의 텔레비전 시청 시간이 더 많지만, 이들 두 읍 간의 텔레비전 시청 시간에 차이가 있다고 말할 만한 충분한 증거는 없다. 이러한 결과는 B 지역의 경우 측정값들 간의 변이가 크기 때문이다.

5.4 모집단 평균과 총계를 추정하기 위한 표본크기의 결정

표본에 있는 정보의 양은 표본의 크기 n에 의존하는데, 그것은 $V(\bar{y}_{st})$가 n이 증가함에 따라 감소하기 때문이다. 하나의 모수를 추정하는 데 필요한 일정량의 정보를 얻기 위한 표본크기를 선택하는 방법을 살펴보자. 추정값 $\bar{y}_{st}$가 확률 약 .95로서 모집단 평균으로부터 B단위 이내에 놓여있다고 가정하자. 이를 식으로 표현하면, 다음과 같다.

$$2\sqrt{V(\bar{y}_{st})} = B \text{ 또는 } V(\bar{y}_{st}) = \frac{B^2}{4}$$

위 식은 $\bar{y}_{st}$의 모집단 분산을 포함하고 있다. N이 큰 경우에 $V(\bar{y}_{st})$는 식 (5.2)에서 $s_1^2, s_2^2, \ldots, s_L^2$을 $\sigma_1^2, \sigma_2^2, \ldots, \sigma_L^2$으로 바꾼 식과 매우 비슷하다.

$V(\bar{y}_{st})$과 $B^2/4$을 같게 놓았다 하더라도, $n_1, n_2, \ldots, n_L$ 사이의 관계를 모르면 n에 대하여 풀 수가 없다. 표본크기 n을 각 층들에 배분하는 방법에는 여러 가지가 있다. 어느 경우에나, i번째 층에 배분되는 관측수 n_i는 n의 일부이다. 우리는 이를 a_i로 나타내고자 한다. 이를 식으로 표현하면 다음과 같다.

$$n_i = na_i \quad i = 1, 2, \ldots, L \tag{5.5}$$

식 (5.5)를 이용해서, $V(\bar{y}_{st})$과 $B^2/4$을 같게 놓은 다음 n에 대하여 푼다.

비슷하게, 추정 오차의 한계 B에서 모집단 총계 τ의 추정에 필요한 표본의 크기는

$$2\sqrt{V(N\bar{y}_{st})} = B$$

또는 식 (5.4)를 이용해서,

$$V(\bar{y}_{st}) = \frac{B^2}{4N^2}$$

추정오차의 한계 B를 갖는 μ 와 τ를 추정하는 데 요구되는 근사표본의 크기:

$$n = \frac{\sum_{i=1}^{L} N_i^2\sigma_i^2/a_i}{N^2D + \sum_{i=1}^{L} N_i\sigma_i^2} \quad \textbf{(5.6)}$$

a_i는 층 i에 할당된 관측의 일부이고, σ_i^2 은 층 i의 모집단 분산이다.

$$D = \frac{B^2}{4} \qquad \text{모집단 평균을 추정할 때 } \mu$$

$$D = \frac{B^2}{4N^2} \qquad \text{모집단 통계를 추정할 때 } \tau$$

식 (5.6)을 이용하려면 모집단 분산 $\sigma^2_1, \sigma^2_2, \ldots, \sigma^2_L$에 대한 근사값들을 사용해야 한다. 근사값을 얻는 첫 번째 방법은 표본분산 $s^2_1, s^2_2, \ldots, s^2_L$을 이용하는 것이고, 두 번째 방법은 각층의 범위를 이용하는 것이다. 체비세프의 정리와 정규분포로부터, 범위는 표준편차의 약 4배에서 6배 정도의 크기를 가진다.

비율 $a_1, a_2, \ldots, a_L$을 구하는 방법은 5.5절에서 다루고 있다.

예제 5.5

한 사전 조사 결과 예제 5.1에 대한 층 분산들이 대략 $\sigma_1^2 \approx 25, \sigma_2^2 \approx 225, \sigma_3^2 \approx 100$인 것으로 나타났다. $\bar{y}_{st}$를 이용해서 모집단 평균을 추정하고자 한다. 각 층의 배분 비율이 $a_1 = 1/3$, $a_2 = 1/3$, $a_3 = 1/3$로 같다면, 즉, 각 층의 관측 수가 모두 같을 때, 추정오차의 한계 2시간을 만족하는 표본의 크기를 결정하라.

풀이

2시간의 추정오차의 한계라는 것은 다음을 의미한다.

$$2\sqrt{V(\bar{y}_{st})} = 2 \text{ 또는 } V(\bar{y}_{st}) = 1$$

따라서, $D = 1$이다.

예제 5.1에서, $N_1 = 155$, $N_2 = 62$, 그리고 $N_3 = 93$이다.

그러므로

$$\begin{aligned}\sum_{i=1}^{3}\frac{N_i^2\sigma_i^2}{a_i} &= \frac{N_1^2\sigma_1^2}{a_1} + \frac{N_2^2\sigma_2^2}{a_2} + \frac{N_3^2\sigma_3^2}{a_3} \\ &= \frac{(155)^2(25)}{(1/3)} + \frac{(62)^2(225)}{(1/3)} + \frac{(93)^2(100)}{(1/3)} \\ &= (24{,}025(75) + (3844)(675) + (8649)(300) \\ &= 6{,}991{,}275\end{aligned}$$

$$\begin{aligned}\sum_{i=1}^{3}N_i\sigma_i^2 &= N_1\sigma_1^2 + N_2\sigma_2^2 + N_3\sigma_3^2 \\ &= (155)(25) + (62)(225) + (93)(100) = 27{,}125 \\ N^2D &= (310)^2(1) = 96{,}100\end{aligned}$$

이고, 식 (5.6)으로부터, 표본의 크기 n은 다음과 같다.

$$n = \frac{\sum_{i=1}^{3}N_i^2\sigma_i^2/a_i}{N^2D + \sum_{i=1}^{3}N_i\sigma_i^2} = \frac{6{,}991{,}275}{96{,}100 + 27{,}125} = \frac{6{,}991{,}275}{123{,}225} = 56.7$$

따라서, 실제 $n = 57$이 되고, 이때 각 층에서의 관측 수는 다음과 같다.

$$\begin{aligned}n_1 &= n(a_1) = 57\left(\frac{1}{3}\right) = 19 \\ n_2 &= 19 \\ n_3 &= 19\end{aligned}$$

예제 5.6

예제 5.5처럼, 예제 5.1에 대한 층 분산들이 대략 $\sigma_1^2 \approx 25$, $\sigma_2^2 \approx 225$, $\sigma_3^2 \approx 100$이라고 가정하자. 각 층의 관측 수가 거의 같을 때, 추정오차의 한계 400시간 이내에서 모집단 총계를 추정하기 위한 표본의 크기를 구하라.

풀이

추정오차의 한계가 400시간이므로

$$D = \frac{B^2}{4N^2} = \frac{(400)^2}{4N^2} = \frac{40{,}000}{N^2}$$

식 (5.6)으로부터 n을 구하기 위해서는 다음 값들이 필요하다.

$$\sum_{i=1}^{3}\frac{N_i^2\sigma_i^2}{a_i} = 6,991,275 \qquad (\text{예제 5.5})$$

$$\sum_{i=1}^{3}N_i\sigma_i^2 = 27,125 \qquad (\text{예제 5.5})$$

$$N^2D = N^2\left(\frac{40,000}{N^2}\right) = 40,000$$

이제, 식 (5.6)으로부터, 표본의 크기 n은 다음과 같다.

$$\frac{\sum_{i=1}^{3}N_i^2\sigma_i^2/a_i}{N^2D + \sum_{i=1}^{3}N_i\sigma_i^2} = \frac{6,991,275}{40,000 + 27,125} = 104.2 \text{ 또는 } 105$$

이때, $n_1 = n_2 = n_3 = 35$이다.

5.5 표본의 배분

표본조사설계의 목적은 가장 적은 비용으로 작은 분산을 갖는 추정량을 얻는 데 있다. 표본 n이 결정된 다음에 각 층에 표본 $n_1, n_2, ..., n_L$을 배분하는 방법에는 여러 가지가 있고, 이때마다 분산의 크기는 서로 다르게 나타난다. 따라서, 우리의 목적은 최소의 비용으로 어떤 특정량의 정보를 제공해 주는 배분을 이용하는 것이다.

이러한 관점에서, 가장 좋은 배분 설계는 다음 세 가지 요인을 고려해야 한다.

1. 각 층 내의 총 조사단위의 수
2. 각 층 내의 관측값들 간의 변동
3. 각 층 내에서 관측에 드는 비용

각 층에 있는 조사단위의 수는 표본 속에 포함된 정보의 양에 영향을 준다. 200개의 조사단위를 가진 모집단으로부터 뽑은 크기 20의 표본은 20,000개의 조사단위를 가진 모집단으로부터 뽑은 크기 20의 표본보다 모집단에 대하여 더 많은 정보를 가진다. 따라서, 조사단위의 수가 많은 층에 더 많은 표본을 배분해야 한다.

관측값들 간에 동질성이 적으면 모수에 대한 좋은 추정량을 얻기 위해 더 많은 표본이 필요하므로 변동을 반드시 고려해야 한다.

각 층마다 관측비용이 서로 다를 경우, 추출비용을 최소화하기 위해 비용이 많이 드는 층에서는 표본을 적게 뽑아야 한다.

고정된 $V(\bar{y}_{st})$에서 비용을 최소화하거나 또는 고정된 비용 하에서 $V(\bar{y}_{st})$를 최소로 해주는 근사 배분:

$$n_i = n\left(\frac{N_i\sigma_i/\sqrt{c_i}}{N_1\sigma_1/\sqrt{c_1} + N_2\sigma_2/\sqrt{c_2} + \cdots + N_L\sigma_L/\sqrt{c_L}}\right)$$

$$= n\left(\frac{N_i\sigma_i/\sqrt{c_i}}{\sum_{k=1}^{L} N_k\sigma_k/\sqrt{c_k}}\right) \tag{5.7}$$

여기서 N_i는 i번째 층의 크기, σ_i^2은 i번째 층의 모집단 분산을 나타내고, c_i는 i번째 층으로부터 하나의 관측치를 얻는 데 드는 비용을 나타낸다. n_i에 N_i와 σ_i에 정비례하고, $\sqrt{c_i}$에 반비례한다.

식 (5.7)에 의한 배분방법을 이용하기 위해서는 각 층의 분산에 대한 근사값을 알아야 한다. 이는 이전 조사의 결과나 혹은 각 층의 범위 값으로부터 알 수 있다.

식 (5.7)의 n_i/n를 식 (5.6)의 a_i에 대입하면, $\bar{y}_{st}$의 분산이 D로 고정되었을 때 최적배분을 위한 표본크기가 다음과 같이 구해진다.

$$n = \frac{\left(\sum_{k=1}^{L} N_k\sigma_k/\sqrt{c_k}\right)\left(\sum_{i=1}^{L} N_i\sigma_i\sqrt{c_i}\right)}{N^2D + \sum_{i=1}^{L} N_i\sigma_i^2}$$

예제 5.7

예제 5.1에서 광고회사는 각 가구를 방문하는 데 드는 교통비 때문에 A 지역과 B 지역보다도 교외 지역의 조사비용이 더 든다는 것을 알았다. 각 거주지역 A, B에서 하나의 관측값을 얻는 데 드는 비용은 똑같이 9달러(즉, $c_1 = c_2 = 9$)이고, 시골지역은 16달러(즉, $c_3 = 16$)이다. 이전 조사의 결과로부터 각 층의 표준편차는 대략 $\sigma_1 \approx 5, \sigma_2 \approx 15$, 그리고 $\sigma_3 \approx 10$임을 알 수 있었다. 최소의 비용으로 추정오차의 한계 2시간에서 가구별 주당 평균 텔레비전 시청 시간을 추정하기 위한 표본의 크기 n과 각 층의 크기 n_1, n_2, 그리고 n_3를 구하라.

풀이

$$\sum_{k=1}^{3}\frac{N_k\sigma_k}{\sqrt{c_k}} = \frac{N_1\sigma_1}{\sqrt{c_1}} + \frac{N_2\sigma_2}{\sqrt{c_2}} + \frac{N_3\sigma_3}{\sqrt{c_3}}$$

$$= \frac{155(5)}{\sqrt{9}} + \frac{62(15)}{\sqrt{9}} + \frac{93(10)}{\sqrt{16}} = 800.83$$

그리고

$$\sum_{i=1}^{3} N_i\sigma_i\sqrt{c_i} - N_1\sigma_1\sqrt{c_1} + N_2\sigma_2\sqrt{c_2} + N_3\sigma_3\sqrt{c_3}$$
$$= 155(5)\sqrt{9} + 62(15)\sqrt{9} + 93(10)\sqrt{16} = 8835$$

따라서,

$$n = \frac{\left(\sum_{k=1}^{3} N_k\sigma_k/\sqrt{c_k}\right)\left(\sum_{i=1}^{3} N_i\sigma_i\sqrt{c_i}\right)}{N^2 D + \sum_{i=1}^{3} N_i\sigma_i^2}$$
$$= \frac{(800.83)(8835)}{(310)^2(1) + 27{,}125} = 57.42 \text{ 또는 } 58$$

다음으로

$$n_1 = n\left(\frac{N_1\sigma_1/\sqrt{c_1}}{\sum_{k=1}^{3} N_k\sigma_k/\sqrt{c_k}}\right) = n\left[\frac{155(5)/3}{800.83}\right] = 0.323n = 18.7 \approx 19$$

비슷한 방법으로,

$$n_2 = n\left[\frac{62(15)/3}{800.83}\right] = 0.387n = 22.45 \approx 22$$
$$n_3 = n\left[\frac{93(10)/4}{800.83}\right] = 0.290n = 16.8 \approx 17$$

그러므로 광고회사에서는 A 지역에서 18가구, B 지역에서 23가구, 그리고 시골 지역에서 17가구를 선택하면 추정오차의 한계 2시간 이내에서 최소비용으로 평균 텔레비전 시청 시간을 추정할 수 있다.

경우에 따라 층화추출에서 모든 층에 대한 조사비용이 동일할 수 있다. 또는 각 층별 조사비용을 모를 경우 각 층당 관측비용을 같게 놓을 수 있다. 만약 $c_1 = c_2 = \dots = c_L$이면, 식 (5.7)에서 비용항이 없어지고

$$n_i = n\left(\frac{N_i\sigma_i}{\sum_{k=1}^{L} N_k\sigma_k}\right) \tag{5.9}$$

이 된다.

위와 같이 $n_1, n_2, \dots, n_L$을 뽑는 방법을 네이만 배분(*Neyman allocation*)이라 부른다. 네이만 배분에서 식(5.8)의 총 표본의 크기 n은 다음과 같이 주어진다.

$$n = \frac{\left(\sum_{k=1}^{L} N_k \sigma_k\right)^2}{N^2 D + \sum_{i=1}^{L} N_i \sigma_i^2} \tag{5.10}$$

예제 5.8

예제 5.1에서 거의 전 가구가 전화를 가지고 있으므로 광고회사에서는 비용 또한 절약하기 위해서 직접조사보다는 전화조사를 하기로 결정하였다. 이럴 경우 조사단위당 드는 비용은 3개의 층에 대하여 모두 같다. 각 층의 표준편차는 $\sigma_1 \approx 5, \sigma_2 \approx 15$, 그리고 $\sigma_3 \approx 10$이다. 이 회사에서는 추정오차의 한계가 2시간에서 모집단 평균 μ를 추정하고자 한다. 총 표본의 크기 n과 각 층의 표본의 크기 n_1, n_2, 그리고 n_3를 구하라.

풀이

모든 층들에 대한 조사비용이 동일하므로, 식 (5.9)와 (5.10)을 이용하여 푼다. 먼저 배분율 a_1, a_2, 그리고 a_3를 구하기 위해 식 (5.9)를 이용한다.

$$\begin{aligned}\sum_{i=1}^{3} N_i \sigma_i &= N_1\sigma_1 + N_2\sigma_2 + N_3\sigma_3 \\ &= (155)(5) + (62)(15) + (93)(10) = 2635\end{aligned}$$

식 (5.9)로부터

$$n_1 = n\left(\frac{N_1\sigma_1}{\sum_{k=1}^{L} N_k\sigma_k}\right) = n\left[\frac{(155)(5)}{2635}\right] = n(0.30)$$

비슷한 방법으로,

$$n_2 = n\left[\frac{62(15)}{2635}\right] = n(0.35)$$

$$n_3 = n\left[\frac{93(10)}{2635}\right] = n(0.35)$$

그러므로 $a_1 = 0.30$, $a_2 = 0.35$, $a_3 = 0.35$이다.

이제 n을 구하기 위해 식 (5.10)을 이용해 보자. 추정오차의 한계가 2시간이므로

$$2\sqrt{V(\bar{y}_{st})} = 2 \qquad \text{즉,} \qquad V(\bar{y}_{st}) = 1$$

따라서,

$$D = \frac{B^2}{4} = 1 \qquad \text{그리고} \qquad N^2D = (310)^2(1) = 96,100$$

또한 예제 5.6으로부터

$$\sum_{i=1}^{3} N_i\sigma_i^2 = 27,125$$

이고, 식 (5.10)에 의해 n은 다음과 같다.

$$n = \frac{\left(\sum_{k=1}^{3} N_k\sigma_k\right)^2}{N^2D + \sum_{i=1}^{3} N_i\sigma_i^2}$$

$$= \frac{(2635)^2}{96{,}100 + 27{,}125} = 56.34 \text{ 또는 } 57$$

이때

$$n_1 = na_1 = (57)(0.30) = 17$$
$$n_2 = na_2 = (57)(0.35) = 20$$
$$n_3 = na_3 = (57)(0.35) = 20$$

예제 5.8에서 표본의 크기 n은 예제 5.7에서 구한 것과 거의 비슷하지만, 각 층에 대한 배분크기는 달라졌다. 교외 지역을 조사하는 데 더 이상 비용 부담이 없기 때문에 교외 지역에서 더 많은 관측이 이루어졌다.

예제 5.9

한 연구조사자가 현재 식이요법 프로그램으로 키우고 있는 쥐 90마리(50마리는 수컷, 40마리는 암컷)의 평균 체중을 추정하려고 한다. 쥐들은 성별로 분류되어 있다. 그러므로 2개의 층을 갖는 층화확률추출을 이용하는 것이 바람직하다. 각 층의 변동을 알기 위해 각 층의 범위를 조사한 결과 수컷의 경우는 10그램, 암컷의 경우는 8그램으로 나타났다. 추정오차의 한계가 1그램이 되도록 모집단 평균을 추정하는 데 필요한 표본의 크기는 어느 정도가 되어야 하는가? 각 층에 대한 추출비용은 같다.

풀이

수컷을 층 1로, 암컷을 층 2로 놓고, 식 (5.9)를 이용해서 푼다. 먼저 σ_1과 σ_2에 대한 근사값을 구해야 하는데, 자료들이 정규분포모양의 종형분포를 할 경우 표준편차는 범위의 약 1/4 정도임을 이용한다. 따라서,

$$\sigma_1 \approx \frac{10}{4} = 2.5 \quad \text{그리고} \quad \sigma_2 \approx \frac{8}{4} = 2.0$$

식 (5.9)로부터,

$$n_i = n\left(\frac{N_i\sigma_i}{\sum_{k=1}^{2} N_k\sigma_k}\right)$$

여기서

$$\sum_{i=1}^{2} N_i\sigma_i = (50)(2.5) + (40)(2.0) = 125 + 80 = 205$$

따라서,

$$n_1 = n\left(\frac{N_1\sigma_1}{\sum_{k=1}^{2} N_k\sigma_k}\right) = n\left(\frac{125}{205}\right) = 0.61n$$

그리고

$$n_2 = n\left(\frac{80}{205}\right) = 0.39n$$

그러므로 $a_1 = 0.61$이고 $a_2 = 0.39$이다.

n을 구하기 위해서는 다음을 계산해야 한다.

$$\sum_{i=1}^{2} N_i\sigma_i^2 = (50)(2.5)^2 + (40)(2.0)^2 = 472.5$$

$$D = \frac{B^2}{4} = \frac{(1)^2}{4} = 0.25$$

식 (5.10)을 이용하면 n은 다음과 같다.

$$n = \frac{\left(\sum_{k=1}^{2} N_k\sigma_k\right)^2}{N^2D + \sum_{i=1}^{2} N_i\sigma_i^2} = \frac{(205)^2}{(90)^2(0.25) + 472.50} = 16.83$$

표본의 크기 $n = 17$이고

$$n_1 = na_1 = (17)(0.61) = 10$$

그리고

$$n_2 = na_2 = (17)(0.39) = 7$$

때로 비용이 같은 경우뿐만 아니라 각 층 분산($\sigma_1^2, \sigma_2^2, ..., \sigma_L^2$)들이 같은 경우도 접할 때가 있다. 이 경우 식 (5.9)에서 σ_i가 없어지고,

$$n_i = n\left(\frac{N_i}{\sum_{k=1}^{2} N_k}\right) = n\left(\frac{N_i}{N}\right) \quad \textbf{(5.11)}$$

이 된다.

위와 같은 표본 배분 방법을 비례배분(*proportional allocation*)이라고 부르는데, 그 이유는 $n_1, n_2, ..., n_L$이 각 층의 크기 $N_1, N_2, ..., N_L$에 비례하기 때문이다. 물론, 비례배분은 층 분산과 비용들이 같지 않은 경우에도 종종 사용된다. 비례배분을 이용할 때 장점 중의 하나는 추정량 $\bar{y}_{st}$가 단순히 전체 표본에 대한 표본평균의 형태가 된다는 것이다. 이러한 성질은 조사에서 많은 시간을 단축시

켜준다.

비례배분 경우에 표본의 크기 n은 식 (5.6)으로부터 다음과 같이 주어진다. 여기서 $V(\bar{y}_{st}) = D$이다.

$$n = \frac{\sum_{i=1}^{L} N_i \sigma_i^2}{ND + \frac{1}{N}\sum_{i=1}^{L} N_i \sigma_i^2} \tag{5.12}$$

예제 5.10

예제 5.1의 광고회사에서는 앞의 예제들, 예제 5.7과 5.8에서 사용한 층 분산에 대한 근사값들이 잘못됐고, 각 층 분산들은 근사적으로 같다라고 생각한다. 이전 연구에 의하면 σ_i의 공통적인 값은 약 10이었다. 전화조사를 했기 때문에 모든 층에서의 조사비용은 같다. 이 회사에서는 추정오차의 한계가 2시간이 되도록 가구별 주당 평균 텔레비전 시청 시간을 추정하고자 한다. 이러한 정도를 만족시키는 데 필요한 표본의 크기 n과 각 층의 크기 n_1, n_2 그리고 n_3를 구하라.

풀이

$$\begin{aligned}\sum_{i=1}^{3} N_i \sigma_i^2 &= N_1\sigma_1^2 + N_2\sigma_2^2 + N_3\sigma_3^2 \\ &= (155)(100) + (62)(100) + (93)(100) \\ &= 310(100) = 31{,}000\end{aligned}$$

따라서 $D = 1$이므로 식 (5.12)에 의해 n은 다음과 같다.

$$n = \frac{31{,}000}{310(1) + (1/310)(31{,}000)} = 75.6 \text{ 또는 } 76$$

그러므로

$$n_1 = n\left(\frac{N_1}{\sum_{k=1}^{3} N_k}\right) = n\left(\frac{N_1}{N}\right) = n\left(\frac{155}{310}\right) = n(0.5) = 38$$

$$n_2 = n\left(\frac{N_2}{\sum_{k=1}^{3} N_k}\right) = n\left(\frac{N_2}{N}\right) = n\left(\frac{62}{310}\right) = n(0.2) = 15$$

$$n_3 = n\left(\frac{N_3}{\sum_{k=1}^{3} N_k}\right) = n\left(\frac{N_3}{N}\right) = n\left(\frac{93}{310}\right) = n(0.3) = 23$$

풀이의 결과가 예제 5.8의 결과와 다른 이유는 각 층의 분산들을 같게 놓았기 때문이다.

표본추출에 쓸 수 있는 예산은 조사 전에 결정되는 것이 보통이다. 이때 연구조사자는 주어진 비용 하에서 분산을 최소화시켜주는 표본의 크기와 배분 방법을 찾아야 한다.

예제 5.11

텔레비전 시청 시간 조사 예에서 조사비용이 예제 5.7에서와 같이 주어졌다고 가정하자. 즉, $c_1 = c_2 = 9$ 그리고 $c_3 = 16$이고, 층 분산은 각각 $\sigma_1 \approx 5, \sigma_2 \approx 15$, 그리고 $\sigma_3 \approx 10$으로 놓자. 광고회사가 추출에 쓸 수 있는 예산이 오직 500달러뿐이라고 했을 때, $V(\bar{y}_{\text{st}})$을 최소화시켜주는 표본의 크기와 각 층의 배분을 구하라.

풀이

식 (5.7)을 이용해서 푼다. 예제 5.7에서 $a_1 = 0.323$, $a_2 = 0.387$ 그리고 $a_2 = 0.290$임을 알 수 있다. 총 비용이 500달러이므로, 다음 식이 성립한다.

$$c_1 n_1 + c_2 n_2 + c_3 n_3 = 500$$
$$9n_1 + 9n_2 + 16n_3 = 500$$

$n_i = na_i$이므로 위 식에 대입하면 다음과 같다.

$$9na_1 + 9na_2 + 16na_3 = 500$$
$$9n(0\ .323) + 9n(0.387) + 16n(0.290) = 500$$

위 식을 n에 대하여 풀면, 표본의 크기 n은,

$$11.03n = 500$$
$$n = \frac{500}{11.03} = 45.33$$

이 된다.

따라서, 500달러의 예산에서 가능한 조사가구의 수는 $n = 45$이다. 각 층에 배분되는 표본의 크기는 다음과 같다.

$$n_1 = na_1 = (45)(0.323) = 14.5 \approx 15$$
$$n_2 = na_2 = (45)(0.387) = 17.4 \approx 17$$
$$n_3 = na_3 = (45)(0.290) = 13.1 \approx 13$$

우리는 층화확률추출을 다음과 같이 간단히 요약할 수 있다. 일반적으로 비례배분을 갖는 층화확률추출은 층 평균들 간의 변동이 클 경우 같은 표본의 크기에서 단순확률추출보다 작은 분산을 갖는다. 층 마다의 추출 비용이 거의 같은 경우 층 분산들 간의 변동이 크면 최적배분을 적용한 층화확률추출[식 (5.6)]이 비례배분보다 작은 분산을 갖는 추정량들을 제공한다.

5.6 모집단 비율의 추정

지금까지 우리가 다루어 온 수치 예들은 주당 텔레비전 시청 시간에 대한 평균 시간이나 총시간의 추정에 관한 것들이었다. 반대로, 광고회사에서 어느 특정 프로그램에 대한 가구의 비율(일부)

에 관심이 있다고 가정하자. 모집단 층화방법은 이전과 같고, 각 층에서 단순확률표본을 뽑는다. 층 i에서 그 프로를 보는 가구들의 비율 $\hat{p}_i$를 결정하기 위한 조사를 실시한다. $\hat{p}_i$는 제 4장에서 설명했듯이 층 i의 모집단 비율 p_i의 비편향추정량이다. 제 5.3절에서와 같은 근거로 $N_i\hat{p}_i$는 층 i에서 특정 프로를 보는 가구의 총수 $N_i\hat{p}_i$의 비편향추정량이다. 그러므로 $N_1\hat{p}_1 + N_2\hat{p}_2 + \cdots + N_L\hat{p}_L$는 전체 모집단에서 특정 프로를 보는 가구의 총수에 대한 비편향추정량이 된다. 이것을 N으로 나누면 모집단 비율 p에 대한 비편향추정량을 얻는다.

모집단 비율 p의 추정량 식:

$$\hat{p}_{st} = \frac{1}{N^2}(N_1\hat{p}_1 + N_2\hat{p}_2 + \cdots + N_L\hat{p}_L) = \frac{1}{N}\sum_{i=1}^{L} N_i\hat{p}_i \quad \textbf{(5.13)}$$

$\hat{p}_{st}$의 추정분산

$$\begin{aligned}\hat{V}(\hat{p}_{st}) &= \frac{1}{N^2}[N_1^2\hat{V}(\hat{p}_1) + N_2^2\hat{V}(\hat{p}_2) + \cdots + N_L^2\hat{V}(\hat{p}_L)] \\ &= \frac{1}{N^2}\sum_{i=1}^{L} N_i^2\hat{V}(\hat{p}_i) \\ &= \frac{1}{N^2}\sum_{i=1}^{L} N_i^2\left(1 - \frac{n_i}{N_i}\right)\left(\frac{\hat{p}_i\hat{q}_i}{n_i - 1}\right) \quad \textbf{(5.14)}\end{aligned}$$

예제 5.12

예제 5.1에서 광고회사는 지역 내의 각 가구에서 프로그램 X를 시청하는 가구들의 비율을 추정하고자 한다. 지역은 A 지역과 B 지역, 그리고 교외 지역 등의 3개 층으로 층화되고, 각 층은 각각 $N_1 = 155$, $N_2 = 62$, 그리고 $N_3 = 93$가구로 이루어져 있다. 비례배분에 의해 $n = 40$가구의 층화확률표본을 뽑았다. 즉, 각 층에서 각각 $n_2 = 20$, $n_2 = 8$ 그리고 $n_3 = 12$의 단순확률표본을 뽑았다.

표 5.3 예제 5.12에 대한 자료

층	표본의 크기 n_i	프로그램 X를 시청하는 가구들의 수 X	$\hat{p}_i$
1	20	16	080
2	8	2	0.25
3	12	6	0.50

이들 가구들에 의한 조사 결과는 표 5.3과 같다. 프로그램 X를 시청하는 가구들의 비율을 추정하고, 추정오차의 한계를 구하라.

풀이

쇼 프로그램 X를 시청하는 가구들의 비율에 대한 추정값은 $\hat{p}_{st}$이고, 이는 식 (5.13)을 이용하면 다음과 같다.

$$\hat{p}_{st} = \frac{1}{310}[(155)(0.80) + 62(0.25) + 93(0.50)] = 0.60$$

$\hat{p}_{st}$의 분산은 식 (5.14)를 이용해서 구할 수 있다. 먼저 각 층의 분산추정값을 구하면 다음과 같다.

$$\begin{aligned}
\hat{V}(\hat{p}_1) &= \left(1 - \frac{n_1}{N_1}\right)\left(\frac{\hat{p}_1\hat{q}_1}{n_1 - 1}\right) = \left(1 - \frac{20}{155}\right)\left[\frac{(0.8)(0.2)}{19}\right] \\
&= (0.871)(0.008) = 0.007 \\
\hat{V}(\hat{p}_2) &= \left(1 - \frac{n_2}{N_2}\right)\left(\frac{\hat{p}_2\hat{q}_2}{n_2 - 1}\right) = \left(1 - \frac{8}{62}\right)\left[\frac{(0.25)(0.75)}{7}\right] \\
&= (0.871)(0.027) = 0.024 \\
\hat{V}(\hat{p}_3) &= \left(1 - \frac{n_3}{N_3}\right)\left(\frac{\hat{p}_3\hat{q}_3}{n_3 - 1}\right) = \left(1 - \frac{12}{93}\right)\left[\frac{(0.5)(0.5)}{11}\right] \\
&= (0.871)(0.023) = 0.020
\end{aligned}$$

식 (5.14)로부터

$$\begin{aligned}
\hat{V}(\hat{p}_{st}) &= \frac{1}{N^2}\sum_{i=1}^{3} N_i^2 \hat{V}(\hat{p}_i) \\
&= \frac{1}{(310)^2}[(155)^2(0.007) + (62)^2(0.024) + (93)^2(0.020)] \\
&= 0.0042
\end{aligned}$$

이다. 따라서, 이 지역에서 프로그램 X를 시청하는 가구들의 비율에 대한 추정값과 추정오차의 한계는 다음과 같다.

$$\hat{p}_{st} \pm 2\sqrt{\hat{V}(\hat{p}_{st})} \Rightarrow 0.60 \pm 2\sqrt{0.0042}$$
$$\Rightarrow 0.60 \pm 2\sqrt{(0.065)} \Rightarrow \text{즉, } 0.60 \pm 0.13$$

예제 5.12의 결과를 보면 오차의 한계가 매우 크다. 우리는 표본크기를 늘림으로써 오차의 한계도 줄이고 나아가 더 좋은 추정량을 얻을 수 있다. 표본의 크기를 결정하는 문제는 다음 절에서 다루고 있다.

5.7 비율 추정을 위한 표본의 크기와 배분

모집단비율을 추정하기 위해서, 먼저 오차의 한계를 정함으로써 우리가 원하는 정보의 양을 표시하고 그에 따라 표본의 크기를 결정할 수 있다.

주어진 추정오차의 한계 B에 대해서 표본의 크기 n을 구하는 공식은 σ^2_i이 $p_i\,q_i$으로 바뀐 것을 제외하면 식 (5.6)과 같다.

추정오차의 한계가 B일 때 p를 추정하기 위한 근사 표본크기:

$$n = \frac{\sum_{i=1}^{L} N_i^2 p_i q_i / a_i}{N^2 D + \sum_{i=1}^{L} N_i p_i q_i} \tag{5.15}$$

a_i는 층 i에 배분된 관측 수의 비율이고, p_i는 층 i의 모집단비율, 그리고 $D = B^2/4$이다.

주어진 비용 하에서 분산을 최소화시켜 주는 배분 공식은 σ^2_i을 $\sqrt{p_i q_i}$으로 대체하면 식 (5.7)과 같다.

고정된 $V(\hat{p}_{st})$에서 비용을 최소화하거나 또는 고정된 비용 하에서 $V(\hat{p}_{st})$를 최소로 해주는 근사 배분:

$$n_1 = n\left(\frac{N_i\sqrt{p_i q_i / c_i}}{N_1\sqrt{p_1 q_1 / c_1} + N_2\sqrt{p_2 q_2 / c_2} + \cdots + N_L\sqrt{p_L q_L / c_L}}\right)$$

$$= n\left(\frac{N_i\sqrt{p_i q_i / c_i}}{\sum_{k=1}^{L} N_k\sqrt{p_k q_k / c_k}}\right) \tag{5.16}$$

여기서 N_i는 i 번째 층의 크기, p_i은 i 번째 층의 모집단비율, c_i는 i 번째 층으로부터 하나의 관측치를 얻는 데 드는 비용을 나타낸다.

예제 5.13

표 5.3의 자료는 작년의 표본조사 자료이다. 광고회사에서는 올해 다시 같은 지역에서 프로그램 X를 시청하는 가구의 비율을 추정하기 위한 새로운 조사를 해보고 싶다. 식 (5.15)와 (5.16)에 있는 비율 p_1, p_2 그리고 p_3는, 이전 조사 자료로부터 각각 $\hat{p}_1 = 0.80$, $\hat{p}_2 = 0.25$ 그리고 $\hat{p}_3 = 0.50$으로 근사시켰다. 각 지역에 대한 관측비용은 9달러이고 시골지역은 16달러이다. 즉, 각 층의 조사비용은 $c_1 = c_2 = 9$ 그리고 $c_3 = 16$이고, 모집단 크기는 각각 $N_1 = 155$, $N_2 = 62$ 그리고 $N_3 = 93$이다. 회사에서는 추정오차의 한계가 0.1이 되도록 모집단비율 p를 추정하고자 한다. 총 표본의 크기 n과 주어진 오차의 한계에서 비용을 최소로 해주는 층 표본의 크기 n_1, n_2, n_3를 구하라.

풀이

먼저 식 (5.16)을 이용해서 비율 a_i를 구한다. p_i의 근사값 $\hat{p}_i$를 이용하면, 다음과 같이 된다.

$$\begin{aligned}\sum_{i=1}^{3} N_i\sqrt{\frac{\hat{p}_i\hat{q}_i}{c_i}} &= N_1\sqrt{\frac{\hat{p}_1\hat{q}_1}{c_1}} + N_2\sqrt{\frac{\hat{p}_2\hat{q}_2}{c_2}} + N_3\sqrt{\frac{\hat{p}_3\hat{q}_3}{c_3}} \\ &= 155\sqrt{\frac{(0.8)(0.2)}{9}} + 62\sqrt{\frac{(0.25)(0.75)}{9}} + 93\sqrt{\frac{(0.5)(0.5)}{16}} \\ &= \frac{62.000}{3} + \frac{26.846}{3} + \frac{46.500}{4} \\ &= 20.667 + 8.949 + 11.625 = 41.241\end{aligned}$$

그리고

$$n_1 = n\left(\frac{N_1\sqrt{\hat{p}_1\hat{q}_1/c_1}}{\sum_{k=1}^{3} N_k\sqrt{\hat{p}_k\hat{q}_k/c_k}}\right) = n\left(\frac{20.667}{41.241}\right) = n(0.501)$$

비슷한 방법으로,

$$n_2 = n\left(\frac{8.949}{41.241}\right) = n(0.216)$$

$$n_3 = n\left(\frac{11.625}{41.241}\right) = n(0.282)$$

따라서, $a_1 = 0.501$, $a_2 = 0.216$ 그리고 $a_3 = 0.282$이다.

다음 단계는 식 (5.15)를 이용해서 n을 구하는 것이다. 우선 다음 값들을 먼저 계산한다.

$$\begin{aligned}\sum_{i=1}^{3}\frac{N_i^2\hat{p}_i\hat{q}_i}{a_i} &= \frac{N_1^2\hat{p}_1\hat{q}_1}{a_1} + \frac{N_2^2\hat{p}_2\hat{q}_2}{a_2} + \frac{N_3^2\hat{p}_3\hat{q}_3}{a_3} \\ &= \frac{(155)^2(0.8)(0.2)}{0.501} + \frac{(62)^2(0.25)(0.75)}{0.216} + \frac{(93)^2(0.5)(0.5)}{0.282} \\ &= 18{,}686.46\end{aligned}$$

$$\begin{aligned}\sum_{i=1}^{3} N_i\hat{p}_i\hat{q}_i &= N_1\hat{p}_1\hat{q}_1 + N_2\hat{p}_2\hat{q}_2 + N_3\hat{p}_3\hat{q}_3 \\ &= (155)(0.8)(0.2) + (62)(0.25)(0.75) + (93)(0.5)(0.5) \\ &= 59.675\end{aligned}$$

D값을 구하기 위해, $2\sqrt{V(\hat{p}_{st})} = 0.1$로 놓는다. 이때

$$V(\hat{p}_{st}) = \frac{(0.1)^2}{4} = 0.0025 = D$$

이고

$$N^2D = (310)^2(0.0025) = 240.25$$

가 된다. 마지막으로, 식 (5.15)로부터, n은 다음과 같이 근사적으로 구해진다.

$$n = \frac{\sum_{i=1}^{3} N_i^2 \hat{p}_i \hat{q}_i / a_i}{N^2 D + \sum_{i=1}^{3} N_i \hat{p}_i \hat{q}_i} = \frac{18{,}686.46}{240.25 + 59.675} = 62.3 \text{ 또는 } 63$$

그러므로,

$$n_1 = na_1 = (63)(0.501) = 31.6 \approx 32$$
$$n_2 = na_2 = (63)(0.216) = 13.67 \approx 14$$
$$n_3 = na_3 = (63)(0.282) = 17.76 \approx 18$$

이 된다.

다소 흥미로운 것은 세 개의 반올림 전 값들은 63으로 더해지지만, 일반적인 반올림 규칙을 통해 총 표본의 크기는 64가 된다는 것이다.

예제 5.14

A 지역의 가구들이 B지역에 비하여 아이들이 많다는 사실을 근거로 하여, 광고회사에서는 두 지역 간에 특정 프로그램 X의 시청률에 차이가 있는지의 여부를 알고자 한다. 두 지역 간의 모집단비율 차이에 대한 추정을 하라.

풀이

예제 5.12에서와 마찬가지로, 매크로 결과는 각 층에 대한 표본 비율과 분산값들을 산출해준다. 따라서, 차이에 대한 추정값은 다음과 같이 구해진다.

$$(0.80 - 0.25) \pm 2\sqrt{0.007 + 0.023}$$
$$0.55 \pm 0.35$$

위 결과를 보면, A 지역의 프로그램 X의 시청률이 B 지역에 비하여 높은 것으로 보인다.

표본추출 비용이 거의 비슷한 경우에는 식 (5.16)에서 비용 요인 c_i들이 소거된다.

예제 5.15

예제 5.13에서 전화조사를 한다고 가정하면, 모든 층들에 대하여 비용이 같게 된다. 또한 p_i는 $\hat{p}_i$, $i = 1, 2, 3$으로 근사시킨다. 추정오차의 한계가 0.1이 되도록 모집단 비율 p를 추정하고자 한다. 최소 비용으로 오차의 한계를 만족시킬 수 있는 표본크기를 구하라.

풀이

식 (5.16)을 이용하여 소수 a_1, a_2와 a_3를 구할 수 있다. 이때 모든 c_i들은 1로 놓을 수 있다. 따라서,

$$\sum_{i=1}^{3} N_i\sqrt{\hat{p}_i\hat{q}_i} = 155\sqrt{(0.8)(0.2)} + 62\sqrt{(0.25)(0.75)} + 93\sqrt{(0.5)(0.5)}$$
$$= 62.000 + 26.846 + 46.500 = 135.346$$

그리고

$$n_1 = n\left(\frac{N_1\sqrt{\hat{p}_1\hat{q}_1}}{\sum_{k=1}^{3} N_k\sqrt{\hat{p}_k\hat{q}_k}}\right) = n\left(\frac{62.000}{135.346}\right) = n(0.458)$$

비슷하게,

$$n_2 = n\left(\frac{26.846}{135.346}\right) = n(0.198)$$
$$n_3 = n\left(\frac{46.500}{135.346}\right) = n(0.344)$$

따라서,

$a_1 = 0.458$, $a_2 = 0.198$, $a_3 = 0.344$이다.

$\sigma_i = \sqrt{p_i q_i}$를 대입하고 식 (5.15)이나 식 (5.10)을 이용하여 n을 구한다. 예제 5.13으로부터

$$\sum_{i=1}^{3} N_i\hat{p}_i\hat{q}_i = 59.675$$
$$N^2D = 240.25$$

그리고 식 (5.10)에서

$$n = \frac{\left(\sum_{i=1}^{3} N_i\sqrt{\hat{p}_i\hat{q}_i}\right)^2}{N^2D + \sum_{i=1}^{3} N_i\hat{p}_i\hat{q}_i} = \frac{(135.346)^2}{240.25 + 59.675} = 61.08 \text{ 또는 } 62$$

따라서, 추정오차의 한계 $B = 0.1$이 되도록 모집단 비율 p를 추정하기 위한 표본의 크기는 $n = 62$가 된다. 각 층으로의 배분은 다음과 같다.

$$n_1 = na_1 = (62)(0.458) = 28.4 \approx 28$$
$$n_2 = na_2 = (62)(0.198) = 12.3 \approx 12$$
$$n_3 = na_3 = (62)(0.344) = 21.3 \approx 21$$

위 결과들은 예제 5.13의 것들과 약간 다른데 그 이유는 이 예제에서는 비용을 같게 놓았기 때문이다.

식 (5.7)의 배분공식은 층 분산과 비용들이 같을 때 매우 간단한 형태가 된다. 마찬가지로 식 (5.16)도 층 비율 p_i와 비용 c_i들이 모두 같을 때 아래와 같이 아주 간단한 식이 된다.

$$n_i = n\left(\frac{N_i}{N}\right) \qquad i = 1, 2, \ldots, L \tag{5.17}$$

앞에서도 언급했듯이 위와 같은 배분방법을 비례배분(*proportional allocation*)이라 부른다.

예제 5.16

예제 5.13의 텔레비전 조사에서 광고회사는 전화조사를 계획하고 있으므로 층별 조사비용들은 거의 같을 것이다. 층의 크기는 각각 $N_1 = 155$, $N_2 = 62$ 그리고 $N_3 = 93$이다. 작년의 조사 결과(표 5.3 참조)가 올해는 맞지 않는 것으로 나타났다. 회사에서는 각 층당 쇼 X 시청률이 약 0.4로 서로 비슷할 것으로 믿고 있다. 회사에서는 추정오차의 한계 0.1이 되도록 모집단 비율 p를 추정하고자 한다. 최소 비용으로 오차의 한계를 만족시킬 수 있는 표본의 크기 n을 구하라.

풀이

층 비율 p_i와 비용 c_i들을 1로 두면, 식 (5.16)으로부터 배분 비율을 구할 수 있다.

$$n_1 = n\left(\frac{N_1}{\sum_{k=1}^{3} N_k}\right) = n\left(\frac{N_1}{N}\right) = n\left(\frac{155}{310}\right) = n(0.50)$$

$$n_2 = n\left(\frac{N_2}{\sum_{k=1}^{3} N_k}\right) = n\left(\frac{N_2}{N}\right) = n\left(\frac{62}{310}\right) = n(0.20)$$

$$n_3 = n\left(\frac{N_3}{N}\right) = n\left(\frac{93}{310}\right) = n(0.30)$$

또는

$$a_1 = 0.5,\ a_2 = 0.2,\ a_3 = 0.3$$

표본의 크기 n은 식 (5.15)에서 각 $p_i (i = 1, 2, 3)$들을 0.4로 놓고 풀거나 식 (5.12)에서 $\sigma_i^2 = p_i q_i$ 로 놓고 푼다. 후자의 방법을 이용하면, $p_i = 0.4$에서

$$\begin{aligned}\sum_{i=1}^{3} N_i p_i q_i &= 155(0.4)(0.6) + 62(0.4)(0.6) + 93(0.4)(0.6) \\ &= 74.4 \\ ND &= (310)(0.0025) = 0.775\end{aligned}$$

그리고

$$\begin{aligned}n &= \frac{\sum_{i=1}^{L} N_i p_i q_i}{ND + \frac{1}{N}\sum_{i=1}^{L} N_i p_i q_i} \\ &= \frac{74.4}{0.775 + (1/310)(74.4)} = 73.3 \text{ 또는 } 74\end{aligned}$$

따라서,

$$n_1 = na_1 = 74(0.5) = 37$$
$$n_2 = na_2 = 74(0.2) = 14.8 \approx 15$$
$$n_3 = na_3 = 74(0.3) = 22.2 \approx 22$$

5.8 층화표본추출에 대한 추가 설명

층화확률추출이 단순확률추출에 비하여 항상 작은 분산을 갖는 추정량을 제공하는 것은 아니다. 다음 예제는 이러한 경우를 다루고 있다.

예제 5.17

대도시의 한 식품도매업체는 어떤 신상품의 수요를 조사하고자 한다. 이 상품의 한 달 평균 매출액을 추정하기 위해 이 업체의 식품을 취급하는 가게들 중에서 몇 개를 표본으로 뽑아 이 상품을 추가 판매하도록 할 계획이다. 이 업체는 이 도시에서 4개의 대형 체인점과 거래를 하고 있기 때문에 편의상 각 체인을 층으로 하는 층화확률추출을 적용하기로 하였다. 층 1에는 24개의 가게가 있고, 층 2에는 36개, 층 3에는 30개, 그리고 층 4에는 30개의 가게들이 있다. 따라서, $N_1 = 24$, $N_2 = 36$, $N_3 = 30$, $N_4 = 30$이고 $N = 120$이다. 도매업체는 매월 20개 정도의 가게들에 대해서 조사할 만한 시간과 자금의 여유가 있다. 각 층 분산에 대한 사전정보가 없고 각 층마다의 조사비용들은 같기 때문에 다음과 같은 비례배분을 이용하기로 하였다.

$$n_1 = n\left(\frac{N_1}{N}\right) = 20\left(\frac{24}{120}\right) = 4$$

비슷한 방법으로,

$$n_2 = 20\left(\frac{36}{120}\right) = 6$$
$$n_3 = 20\left(\frac{30}{120}\right) = 5$$
$$n_4 = 5$$

새 상품은 체인 1에서는 4개의 가게, 체인 2에서는 6개, 체인 3과 4에서 각각 5개의 가게에 진열되었고, 한 달 뒤에 판매량을 조사한 결과는 다음과 같았다. 한 달 평균판매량을 추정하고, 추정오차의 한계를 구하라.

층 1	층 2	층 3	층 4
94	91	108	92
90	99	96	110
102	93	100	94
110	105	93	91
	111	93	113
	101		
$\hat{y}_1 = 99$	$\hat{y}_2 = 100$	$\hat{y}_3 = 98$	$\hat{y}_4 = 100$
$s_1^2 = 78.67$	$s_2^2 = 55.60$	$s_3^2 = 39.50$	$s_4^2 = 112.50$

풀이

식 (5.1)로부터

$$\bar{y}_{st} = \frac{1}{N}\sum_{i=1}^{4} N_i \bar{y}_i = 99.3$$

비례배분의 층화평균은 표본평균과 같게 된다.

식 (5.2)로부터, $\bar{y}_{st}$의 분산은

$$\hat{V}(\bar{y}_{st}) = \frac{1}{N^2}\sum_{i=1}^{4} N_i^2\left(1 - \frac{n_i}{N_i}\right)\left(\frac{s_i^2}{n_i}\right)$$

여기서

$$\left(1 - \frac{n_i}{N_i}\right) = \frac{5}{6} \qquad i = 1, 2, 3, 4$$

따라서,

$$\begin{aligned}\hat{V}(\bar{y}_{st}) &= \frac{1}{(120)^2}\left(\frac{5}{6}\right)\left[(24)^2\left(\frac{78.67}{4}\right) + (36)^2\left(\frac{55.60}{6}\right)\right. \\ &\quad \left. + (30)^2\left(\frac{39.50}{5}\right) + (30)^2\left(\frac{112.50}{5}\right)\right] \\ &= 2.93\end{aligned}$$

추정오차의 한계를 포함한 월 평균 판매액은 다음과 같다.

$$\bar{y}_{st} \pm 2\sqrt{\hat{V}(\bar{y}_{st})} \text{ 또는 } 99.3 \pm 2\sqrt{2.93} \text{ 또는 } 99.3 \pm 3.4$$

만약 도매업자가 $n = 20$개의 가게들로 이루어진 단순확률표본을 뽑았는데 예제 5.17에서와 같은 가게들이 뽑혔다면, 모집단 평균에 대한 추정량은 예제 5.17과 같지만, 추정 분산은 달라진다.

즉,

$$\bar{y} = \bar{y}_{st} = 99.3$$

$$\hat{V}(\bar{y}) = \left(1 - \frac{n}{N}\right)\left(\frac{s^2}{n}\right) = \left(\frac{5}{6}\right)\left(\frac{59.8}{20}\right) = 2.49$$

여기서는 단순확률추출에 의한 추정 분산이 더 작음을 알 수 있다. 따라서 이 경우에는 단순확률추출이 층화확률추출보다 더 효율적이라고 말할 수 있다. 연구조사자가 체인을 기준으로 층을 나눌 때, 같은 체인에 속한 가게들 사이에 판매액 차이가 많이 난다는 것을 고려하지 않았기 때문이다. 그가 만약 판매액을 기준으로 층을 나눴다면 작은 분산을 갖는 추정량을 얻을 수 있었을 것이다.

많은 표본조사 문제들에서 한 개 이상의 모수를 추정하기 위하여 각 조사단위마다 한 개 이상의 관측이 이루어진다. 이러한 경우 아래 예제처럼 적절한 표본을 구하고 배분을 하는 데 어려움이 있다.

예제 5.18

주 산림청에서는 주에서 소유하고 있는 캠프시설들을 이용하는 사람들을 대상으로 연구를 진행중에 있다. 주에서는 산악과 해변 두 지역에 캠프시설들을 보유하고 있다. 산림청에서는 주말에 모든 캠프시설들을 개방한다고 가정할 때, 한 캠프장에서 야영하는 사람들의 평균 수와 다른 주에서 캠핑 온 사람들의 비율을 추정하고 싶다. 평균 사람들의 수는 추정오차의 한계가 1이 되도록, 그리고 다른 주에서 온 사람들의 비율은 0.1에서 추정하고자 한다. 두 캠프 지역은 자연스럽게 두 개의 층으로 나눠진다. 산악 지역은 층 1을, 그리고 해변은 층 2를 형성한다. 층 1의 크기는 $N_1 = 120$이고 층 2의 크기는 $N_2 = 80$이다. 양쪽 오차의 한계를 만족시키는 데 필요한 표본크기와 배분을 구하라.

풀이

추출비용이 모든 층에 대하여 같다면, 네이만 배분에 의해 가장 작은 표본의 크기를 얻을 수 있다. 그러나 이 방법은 층 분산을 미리 알아야 하므로 지금과 같이 서로 다른 변수의 측정에 대해서는 배분의 결과가 틀리게 나온다. 따라서 다음과 같은 비례배분을 이용하는데, 그 이유는 비례배분은 최적배분에 가깝고 모든 변수에 대하여 같은 배분 결과를 가져다주기 때문이다.

$$a_1 = \frac{N_1}{N} = \frac{120}{200} = 0.6$$

$$a_2 = \frac{N_2}{N} = \frac{80}{200} = 0.4$$

표본의 크기는 각 추정값에 대하여 별도로 결정해야 한다. 먼저 한 캠프장에서 야영하는 사람들의 평균 수에 대한 추정의 경우, 층 분산의 근사값을 식 (5.6)에 대입한 다음 n에 대하여 푼다. 보통 한 캠프장에 적게는 1명에서 많게는 9명까지 야영을 하므로 다음과 같이 층 분산에 대한 근사값을 얻을 수 있다.

$$\sigma_i \approx \frac{9-1}{4} = 2 \qquad i = 1, 2$$

따라서,

$$\sum_{i=1}^{2}\frac{N_i^2\sigma_i^2}{a_i} = \frac{(120)^2(4)}{0.6} + \frac{(80)^2(4)}{0.4} = 160{,}000$$

$$\sum_{i=1}^{2}N_i\sigma_i^2 = (120)(4) + (80)(4) = 800$$

$$N^2D = N^2\left(\frac{B^2}{4}\right) = (200)^2\left(\frac{1}{4}\right) = 10{,}000$$

구하고자 하는 표본크기는 식 (5.6)으로부터 아래와 같이 계산할 수 있다.

$$n = \frac{\sum_{i=1}^{2}N_i^2\sigma_i^2/a_i}{N^2D + \sum_{i=1}^{2}N_i\sigma_i^2} = \frac{160{,}000}{10{,}000 + 800} = 14.8 \text{ 또는 } 15$$

소표본인 경우, 우리의 오차의 한계를 가지고 계산한 것들과 t-분포를 이용해서 95% 신뢰구간에 대한 오차의 한계를 근거로 계산한 것들은 다를 수 있다. 이것이 그 경우인데, 이 예제에서 도구에서는 $n = 17$로 나올 수 있다.

이제 다른 주에서 캠핑 온 사람들의 비율을 추정하는 것을 생각하자. 층 비율 p_i에 대한 사전 정보가 전혀 없으므로 표본크기를 최대로 해 주도록 $p_1 = p_2 = 0.5$로 놓는다. 그런 다음 식 (5.15)를 이용해서 n을 구한다.

$$\sum_{i=1}^{2}\frac{N_i^2p_iq_i}{a_i} = \frac{(120)^2(0.5)(0.5)}{0.6} + \frac{(80)^2(0.5)(0.5)}{0.4} = 10{,}000$$

$$N^2D = N^2\left(\frac{B^2}{4}\right) = (200)^2\left(\frac{0.01}{4}\right) = 100$$

$$\sum_{i=1}^{2}N_ip_iq_i = (120)(0.5)(0.5) + (80)(0.5)(0.5) = 50$$

식 (5.15)로부터

$$n = \frac{\sum_{i=1}^{2}N_i^2p_iq_i/a_i}{N^2D + \sum_{i=1}^{2}N_ip_iq_i} = \frac{10{,}000}{100 + 50} = 67$$

따라서,

$$n_1 = na_1 = (67)(0.6) = 40$$
$$n_2 = na_2 = (67)(0.4) = 27$$

은 양쪽 한계를 모두 만족시켜주는 표본의 크기들이 된다. 이러한 표본의 크기들로 한 캠프장에서 야영하는 사람들의 평균 수에 대한 추정을 할 경우 추정오차의 한계는 문제에서 주어진 것보다 훨씬 작아진다.

5.9 층의 최적 선택 조건

층화를 하는 목적이 오로지 작은 분산을 갖는 추정량들을 얻기 위함이라면, 응답을 얻을 수 있는 값들의 집합이 가장 좋은 층화의 기준이 된다. 예를 들어, 어떤 지역 사회에서 가구당 평균 소득을 추정하고자 할 때, 표본을 뽑기 전에 저소득층 가구와 고소득층 가구들을 따로 묶어 층을 구분할 수 있다면 평균 소득을 정확하게 추정할 수 있다. 그러나 사전에 가구들의 소득을 아는 것은 불가능하며, 혹시 가구소득을 알 수 있다면 굳이 통계조사를 할 필요가 없을 것이다. 하지만 때로 관심변수의 넓은 범주들과 관계가 있거나 관심변수와 높은 상관관계를 갖는 변수들에 대한 도수자료를 가지고 있는 경우가 있다. 이러한 경우 층들을 만들 때 "누적도수제곱근 방법"을 이용한다. 보통 5개에서 6개 정도의 층을 나눌 때 이용한다. 이 방법에 대해서는 이론적인 설명보다는 예제를 들어 설명하고자 한다.

예제 5.19

한 투자가는 56개 회사들에 대한 연평균 매출액을 $n = 15$개의 회사로 이루어진 표본을 통하여 추정하고자 한다. 다음 표에서와 같이 각 회사들을 50,000달러 간격으로 배분한 자료를 얻을 수 있다. 이 회사들을 $L = 3$개의 층으로 나눌 수 있는 가장 좋은 방법은 어떤 것인가?

수입(단위: 천)	도수	$\sqrt{\text{도수}}$	$\frac{\text{누적}}{\sqrt{\text{도수}}}$
100~150	11	3.32	3.32
150~200	14	3.74	7.06
200~250	9	3.00	10.06
250~300	4	2.00	12.06
300~350	5	2.24	14.30
350~400	8	2.83	17.13
400~450	3	1.73	18.86
450~500	2	1.41	20.27
	56		

풀이

위 표에는 도수의 제곱근을 나타내는 열과 누적제곱근을 나타내는 열이 포함되어 있다. 근사적인 최적 층화방법은 누적제곱근 값을 등간격으로 분리하는 것이다. 따라서, $(20.27)/3 = 6.76$이므로 첫 번째 층 경계는 가능한 한 6.76이 되어야 하고 두 번째는 $2(6.76) = 13.52$가 되어야 한다.

실제 누적제곱근을 보면, 7.06이 6.76에 가장 가깝고 14.30이 13.52에 가장 가까우므로 3개의 층은 아래와 같이 나뉜다.

층 1 : 100,000달러에서 200,000달러 정도의 판매를 올리는 회사들

층 2 : 200,000달러에서 350,000달러 정도의 판매를 올리는 회사들

층 3 : 350,001달러에서 500,000달러 정도의 판매를 올리는 회사들

이러한 층들에 속하는 회사들을 추출 전에 파악할 수만 있다면, $n = 15$의 표본은 각 층에 5개씩 배분될 수 있다(이러한 기법의 경우 각 층의 크기를 같게 해 주는 것이 최적이다).

5.10 사후층화

가끔 어떤 주요 변수에 대하여 층화를 하고 싶지만 표본이 뽑히기 전까지는 그 변수를 원하는 층에 배치할 수 없는 경우가 있다. 예를 들어, 여론조사를 응답자의 성별에 의하여 층화하기를 원한다고 하자. 만약 여론조사를 전화조사에 의해 실시한다면, 전화 통화가 이루어진 후에나 응답자들을 남성과 여성으로 층화할 수 있다. 비슷하게 한 회계 감사자가 계정들을 도매계정과 소매계정으로 층화하고자 할 때, 실제 계정들을 확인한 후에나 원하는 층화가 가능하다.

여론조사를 위해 n명의 단순확률표본이 뽑혔다고 가정하자. 이 표본은 조사 후에 n_1명의 남자들과 n_2명의 여자들로 나눠질 수 있다. 이때 우리가 μ를 추정하기 위해 $\bar{y}$를 사용하는 대신에, 남자와 여자들에 대한 N_i/N를 알고 있다면 $\bar{y}_{st}$를 이용할 수 있다. 이 경우에 n_1과 n_2는 확률변수이다. 왜냐하면 비록 n이 고정됐다 하더라도 n_1과 n_2는 표본에 따라 변하기 때문이다. 따라서, 이 표본은 정의 5.1에 따른 정확한 층화확률표본은 아니다. 그러나 N_i/N를 알고 있고, 각 층에 대하여 $n_i \geq 20$이라면 표본 선택 후의 층화방법은 비례배분을 갖는 층화확률표본만큼이나 정확하다.

표본 선택 후의 층화[**사후층화**(*poststratification*)]의 사용은 단순확률표본이 모집단의 주요 구성비율을 제대로 반영하지 못할 때 적합하다. 예를 들어, $n = 100$명의 단순확률표본이 남, 여의 비율이 같은 모집단으로부터 뽑혔다고 가정하자. 관심 있는 관측값은 응답자들의 몸무게이며 모집단에 속한 사람들의 평균 체중을 추정하고 한다고 가정하자. 관찰 결과는 다음 표와 같다.

남자	여자
$n_1 = 20$	$n_1 = 80$
$\bar{y}_1 = 180$(파운드)	$\bar{y}_2 = 110$(파운드)
$\bar{y} = 124$	

표본에는 남자가 작기 때문에 추정값 $\bar{y} = 124$는 실제보다 상당히 과소 추정될 수 있다. 이 추정값은 아래와 같이 조정할 수 있는데, 남자와 여자의 비율을 같게 놓았기 때문에 좀더 현실적인 것으로 보인다.

$$\bar{y}_{st} = \left(\frac{N_1}{N}\right)\bar{y}_1 + \left(\frac{N_2}{N}\right)\bar{y}_2 = 0.5(180) + 0.5(110) = 145$$

이런 조정을 위해서는 비록 N_1과 N_2는 모르더라도, N_i/N 값이나 그 근사값은 알고 있어야 한다는 점을 유의해야 한다.

사후층화 추정량 $\overline{y}_{st}$의 분산은 5.3절의 층화 표본평균의 분산과 같지 않은데, 그 이유는 층화가 표본추출 단계에서 설계되지 않았기 때문이다. 사후층화 추정량 $\overline{y}_{st}$의 근사 분산은 다음과 같이 구한다.

계산의 편의를 위해 $N_i/N = A_i$, $i = 1, \ldots, L$로 놓기로 한다. 사후층화에서 n_i는 다음과 같은 기대값을 갖는 확률변수이다.

$$E(n_i) = nA_i, \; i = 1, \ldots, L$$

따라서 사후층화 추정량은 비례배분하에서의 층화추출 추정량과 비슷한 성질을 갖는다. 만약 n_i가 고정된 상수라고 하면 식 (5.2)으로부터 분산 추정량은 다음과 같다.

$$\begin{aligned}\hat{V}(\overline{y}_{st}) &= \sum_{i=1}^{L} A_i^2\left(1 - \frac{n_i}{N_i}\right)\left(\frac{s_i^2}{n_i}\right) \\ &= \sum_{i=1}^{L} A_i^2\left(\frac{s_i^2}{n_i}\right) - \frac{1}{N}\sum_{i=1}^{L} A_i s_i^2\end{aligned} \tag{5.18}$$

그러나 이 경우에는 n_i가 확률변수이다. 따라서 $\hat{V}(\overline{y}_{st})$는 $1/n_i$을 이것의 기대값으로 대치함으로써 얻어질 수 있다. 어떤 확률변수의 역수에 대한 기대값을 구하기는 어렵지만, 다음과 같은 좋은 근사값을 이용할 수 있다.

$$E\left(\frac{1}{n_i}\right) \approx \frac{1}{nA_i} + \frac{1 - A_i}{n^2 A_i^2} \tag{5.19}$$

위 식을 식 (5.18)에 대입해서 정리하면 다음과 같은 결과를 얻을 수 있다.

$$\begin{aligned}\hat{V}_p(\overline{y}_{st}) &= \frac{1}{n}\sum_{i=1}^{L} A_i s_i^2 + \frac{1}{n^2}\sum_{i=1}^{L}(1 - A_i)s_i^2 - \frac{1}{N}\sum_{i=1}^{L} A_i s_i^2 \\ &= \left(\frac{1}{n} - \frac{1}{N}\right)\sum_{i=1}^{L} A_i s_i^2 + \frac{1}{n^2}\sum_{i=1}^{L}(1-A_i)s_i^2 \\ &= \frac{1}{n}\left(1 - \frac{n}{N}\right)\sum_{i=1}^{L} A_i s_i^2 + \frac{1}{n^2}\sum_{i=1}^{L}(1 - A_i)s_i^2\end{aligned}$$

여기서 첨자 p는 사후층화를 의미한다. $\hat{V}_p(\overline{y}_{st})$의 첫 번째 항은 비례배분 하에서의 층화 표본평균에 대한 분산이고, 두 번째 항은 항상 0보다는 큰 값으로서 사후층화에 따른 분산 증가분을 나타낸다. 그런데 증가 항의 분모가 n^2이므로 결과적으로 아주 작은 값을 갖는다는 것을 주목할 필요가 있다.

요약하자면 식 (5.19)는 n이 크고 n_i가 양수일 때 근사적으로 잘 성립한다. 또한 분산 증가분도 n이 크면 작아진다. 따라서 사후층화는 n이 크고 n_i 역시 상대적으로 큰 값을 가질 때, 좋은 결과를 가져다준다. 단, 사후층화를 사용하는 경우, 현실적으로 층들을 너무 세분할 수는 없다. 즉, 사후층화에 의해 2 또는 3개의 층으로 나눌 수는 있어도, 8개 또는 10개의 층으로 나눌 수는 없다.

예제 5.20

한 대기업에서는 자기 회사의 미수금계정 중 40%는 도매에 관한 것이고, 60%는 소매에 관한 것이라는 것을 알고 있다. 그러나 파일을 열어 각 계정을 일일이 확인하기 전까지는 계정의 종류를 알 수가 없다. 회계 감사자는 100개의 계정들을 표본으로 뽑아 회사의 미수금계정 총액을 추정하고 싶다. 단순확률추출 결과 70%가 도매계정이고 30%가 소매계정인 것으로 나타났고, (주: 이러한 결과들은 실제 비율 40%와 60%에 몹시 동떨어지게 주어진 것인데, 우리가 예를 위해 각색한 것이다.) 그 조사 결과는 다음과 같다.

도매	소매
$n_1 = 70$	$n_2 = 30$
$\bar{y}_1 = 520$	$\bar{y}_2 = 280$
$s_1 = 210$	$s_2 = 90$

이 회사의 계정 평균금액을 μ를 추정하고 추정오차의 한계를 구하라.

풀이

관측된 도매계정의 비율(0.7)이 모집단의 비율(0.4)보다 훨씬 크기 때문에, 단순확률표본 후에 층화하는 것이 바람직할 것으로 보인다. 이는 n_1과 n_2이 모두 20보다 크므로 가능하다.

$$\bar{y}_{st} = \left(\frac{N_1}{N}\right)\bar{y}_1 + \left(\frac{N_2}{N}\right)\bar{y}_2 = (0.4)(520) + (0.6)(280) = 376$$

이고, 유한모집단수정항을 무시하면, 식 (5.20)으로부터 다음을 얻는다.

$$\begin{aligned}\hat{V}_p(\bar{y}_{st}) &= \frac{1}{n}\sum_{i=1}^{2} A_i s_i^2 + \frac{1}{n^2}\sum_{i=1}^{2}(1 - A_i)s_i^2 \\ &= \frac{1}{100}[0.4(210)^2 + 0.6(90)^2] + \frac{1}{(100)^2}[0.6(210)^2 + 0.4(90)^2] \\ &= 225 + 2.97 \\ &= 227.97\end{aligned}$$

그리고

$$2\sqrt{\hat{V}_p(\bar{y}_{st})} = 30$$

따라서, 346달러에서 406달러로 이루어진 구간이 μ를 포함한다는 것을 상당한 확신을 가지고 말할 수 있다. $\hat{V}_p(\bar{y}_{st})$에서 첫 번째 항은 추출 전에 층화해서 얻는 표본 결과들을 가지고 얻어지는 것이고, 두 번째 항은 추출 전에 층화를 하지 못함으로써 발생하는 손실이다.

$\bar{y}_{st}$ 의 추정분산에 대한 일반식[식 (5.2) 참조]을 사후층화의 추정분산에 대한 근사식으로 이용할 수 있다. 이럴 경우 오차의 한계는 30이 아닌 28로 구해지는데, 일반식이 더 좋은 결과를 도출해준다는 의미는 아니다. 두 분산 추정값들 모두 근사값들일 뿐이다.

때때로, 사후층화 방법은 무응답을 조정하는 데도 이용된다. 예를 들어, 단순확률표본에서 대부분의 무응답자들이 남성이라면 표본에서 남성들이 차지하는 비율이 상대적으로 낮을 것이므로 이때 사후층화를 이용해서 추정값을 조정할 수 있다. 이러한 방법은 11장의 무응답 조정을 다룬 절에서 자세히 다루고 있다.

5.11 층화 이중추출법

지금까지는 $A_i = N_i/N$, $i = 1, ..., L$을 사전에 알고 있는 것으로 간주해 왔다. 그러나 약간만 생각하면 층화확률추출이 적절함에도 불구하고 A_i를 모르는 경우가 종종 있다. 예를 들어, 선거인 집단을 성별, 수입, 또는 교육 수준에 따라 층화하고 싶어도 선거인 명부에는 그와 같은 정보가 없기 때문에 불가능하다. 자동차를 주행 거리에 따라 층화하고 싶어도(자동차 소유자의 만족도에 관한 상세한 정보를 얻기 위한 목적으로) 실제 운전자에게 물어보기 전까지는 층화할 수가 없다.

이중추출(또는 이상추출)의 기본 생각은 간단하지만 분산을 추정하는 식은 복잡하다. 층화의 기준이 되는 사전 정보(투표자의 성별, 또는 자동차의 주행거리)는 얻기 쉬운 반면에, 연구하고자 하는 변수(정치적 이슈에 대한 여론조사 또는 자동차의 품질)에 대한 자세한 정보는 얻기가 힘들다고 가정하자. 이때 우리는 층을 확인하기 위한 대표본을 취한 다음 각 층에서 소표본을 취하여 자세한 자료를 모을 수 있다. 예를 들어 많은 유권자들에게 자신들의 성별이나 수입(1차 표본)에 대해 조사한 다음 자세한 정보를 얻기 위해 그 중 일부만을 조사(2차 표본)할 수 있다.

크기 n'인 1차 표본을 이용해서 여러 층들을 만든다고 가정하자.

$$a'_i = \frac{n'_i}{n'}, \; i = 1, \ldots, L \tag{5.21}$$

를 1차 표본에서 층 i에 속한 비율이라고 놓으면, 1차 표본을 랜덤하게 뽑은 경우 a_i'는 A_i'의 비편향추정량이 된다.

2차 표본추출에서, 층 i에 속하는 n_i'로부터 n_i개를 무작위로 뽑는다. 관측은 이러한 n_i로부터 얻어지고, $\bar{y}_i$와 s_i도 각 층에 대하여 계산된다. 식 (5.1)에 따라 모집단 평균 μ의 추정량을 다음과 같이 쓸 수 있다.

$$\bar{y}'_{\text{st}} = \sum_{i=1}^{L} a'_i \bar{y}_i \tag{5.22}$$

만약 각 층에 대한 2상 표본의 추출률 n_i/N_i이 모두 작고 N이 크다면, $\bar{y}'_{\text{st}}$에 대한 근사 분산 추정값은 다음과 같이 계산된다.

$$\hat{V}(\bar{y}'_{\text{st}}) = \frac{n'}{n'-1} \sum_{i=1}^{L} \left[\left(a_i'^2 - \frac{a'_i}{n'} \right) \frac{s_i^2}{n_i} + \frac{a'_i(\bar{y}_i - \bar{y}'_{\text{st}})^2}{n'} \right] \tag{5.23}$$

만약 n'이 매우 커서 a_i'/n'가 무시된다면, 분산 추정값은 다음과 같이 간단히 쓸 수 있다.

$$\hat{V}(\bar{y}'_{st}) = \sum_{i=1}^{L}\left[\frac{a'^2_i s_i^2}{n_i} + \frac{a'_i(\bar{y}_i - \bar{y}'_{st})^2}{n'}\right] \quad (5.24)$$

유한모집단수정항을 무시하면, 식 (5.24)의 첫 번째 항은 a'_i를 N_i/N로 대치한 식 (5.2)와 비슷하다. 두 번째 항은 가중치 A_i를 모르기 때문에 표본으로부터 추정해 줌으로써 생긴 분산 증가분이다. 두 번째 항이 반드시 작아야 할 필요는 없다. 만일 그렇게 하려면 $\bar{y}_i'$ 들을 거의 비슷하게 해야 하기 때문이다. 층화는 $\bar{y}_i$들이 서로 다를 때 단순확률추출에 비하여 좋은 효율성을 갖는다. 따라서 $\bar{y}_i$들이 서로 많이 다르도록 층들을 선택한다면, 비록 이중 추출을 사용할 때 A_i를 추정해야 하는 부담이 있지만, 단순확률추출에 비하여 효율이 더 좋게 된다.

우리는 다음 예제에서 계산들을 보여주고자 한다.

예제 5.21

미국의 4년제 단과대학과 종합대학들의 등록생 수와 교수 수에 대한 명단으로부터 평균 등록생수(1986~1987학년도)를 추정하고 싶다. 사립이 공립보다 규모가 작으므로 사립과 공립으로 층화하면 바람직하다. 그러나 자료 속에는 사립대학과 국립대학이 구분되어 코딩되어 있지만, 명단에는 단과대학과 종합대학만 구별되어 있다. 이 경우 대학의 형태(공립 또는 사립)를 파악하는 것이 등록생수를 파악하는 것보다 쉽다.

대학의 형태를 파악하기 위해 간격 1/10의 계통표본을 뽑아 조사한 결과 다음과 같은 자료를 얻었다.

사립	공립	계
$n'_1 = 84$	$n'_2 = 57$	$n' = 141$

사립에서 11개, 공립에서 12개의 대학들을 뽑아 조사한 결과는 다음과 같다(교수 자료는 나중에 사용한다). 4년제 미국 단과대학과 종합대학들의 1986~1987학년도 평균 등록생수를 추정하라.

사립, $n_1 = 11$		*공립*, $n_2 = 12$	
등록학생	교수	등록학생	교수
1,618	122	7,332	452
1,140	88	2,356	131
1,000	65	21,879	996
1,225	55	935	50
791	79	1,293	106
1,600	79	5,894	326
746	40	8,500	506
1,701	75	6,491	372
701	32	781	108
6,918	428	7,255	298
1,050	110	2,136	128
		5,380	280

출처: *The World Almanac & Books of Facts, 1988*. Copyright © 1987, Newspaper Enterprise Association, Inc., New York, pp. 234–250.

풀이

위 예제에서 주어진 자료로부터,

$$\begin{aligned}\bar{y}'_{st} &= a'_1\bar{y}_1 + a'_2\bar{y}_2 \\ &= \left(\frac{84}{141}\right)(1681) + \left(\frac{57}{141}\right)(5853) \\ &= (0.596)(1681) + (0.404)(5853) \\ &= 3367.6\end{aligned}$$

식 (5.24)로부터

$$\begin{aligned}\hat{V}(\bar{y}'_{st}) &= \frac{1}{n_1}(a'_1s_1)^2 + \frac{1}{n_2}(a'_2s_2)^2 + \frac{1}{n'}[a'_1(\bar{y}_1 - \bar{y}'_{st})^2 + a'_2(\bar{y}_2 - \bar{y}'_{st})^2] \\ &= \frac{1}{11}[(0.596)(1773)]^2 + \frac{1}{12}[(0.404)(5763)]^2 \\ &\quad + \frac{1}{141}[(0.596)(1681 - 3367.6)^2 + (0.404)(5853 - 3367.6)^2] \\ &= 553{,}726.96 + 29{,}729.35 = 587{,}629.56\end{aligned}$$

그리고

$$\sqrt{\hat{V}(\bar{y}'_{st})} = 766.6$$

분산의 두 번째 항(층의 참 가중값를 추정해 줌으로써 생긴 것)이 상당히 큰 것처럼 보이지만 실제로는 전체 분산의 5% 정도의 크기이다. $\bar{y}'_{st}$ 의 추정표준오차는 표본의 크기가 작고 대학 간 등록 생수의 차이 때문에 다소 큰 편이지만, 주어진 최종 표본을 명단으로부터 뽑은 23개의 대학들로 이루어진 단순확률표본이라는 가정 하에 계산한 오차보다는 훨씬 작다.

5.12 요약

층화확률표본은 모집단 조사단위들이 오직 하나의 그룹이나 층에 속하도록 모집단을 여러 개의 층이나 그룹들로 분류한 다음, 각 층에서 독립적으로 단순확률표본을 뽑음으로써 얻어진다. 이 표본조사 설계는 단순확률추출에 비하여 세 가지 장점을 가지고 있다. 첫 번째는 모집단 평균에 대한 추정량의 분산이 줄어든다. 일반적으로 각 층 내의 관측값들의 분산이 전체 모집단 분산보다 작기 때문이다. 두 번째는 규모가 큰 모집단을 보다 작은 층들로 나눔으로써 자료를 수집하고 분석하는 데 드는 비용을 줄여준다. 그리고 세 번째는 추가 비용 없이 각 층별로 개별적인 추정값들을 얻게 해준다.

모집단 평균의 비편향추정량 $\bar{y}_{st}$는 층 평균들에 대한 가중평균으로서 식 (5.1)에 주어져 있다. $\bar{y}_{st}$ 의 분산에 대한 비편향추정량은 식 (5.2)에 주어져 있다. 이 추정량은 추정오차의 한계를 구하는 데 이용된다. 모집단 총계에 대한 비편향추정량과 추정분산도 본문에서 다루고 있다.

연구조사자들은 조사 전에 반드시 허용할 수 있는 추정오차의 크기를 고려해서 그에 맞는 표본의 크기를 결정해야 한다. 고정된 추정오차의 한계 B에 대한 표본의 크기 n은 식 (5.6)에 나와 있다. 또한 표본을 다양한 층들에 배분해야 한다. 최소 비용으로 일정한 정보를 제공해 주는 배분법은 식 (5.7)에 주어져 있는데, 이 방법은 층 크기와 층 분산, 그리고 관측 비용에 영향을 받는다.

모집단 비율의 추정량 $\hat{p}_{st}$는 $\bar{y}_{st}$와 같은 형태로서 식 (5.13)에 주어져 있다. $V(\hat{p}_{st})$의 비편향추정량은 식 (5.14)에 주어져 있다. 이에 관한 배분과 표본의 결정 문제는 σ^2이 $p_i\, q_i$로 바뀐 것을 제외하면 앞 절의 결과와 같다.

사례연구 분석

미국의 보건진료비를 추정할 수 있을까?

신장결석환자들에 대한 1차 입원비용을 추정하는 문제에서, 캐롤라이나 지역과 록키 마운틴 지역을 층으로 선택한 이유는 이들 두 지역의 환자 발생률이 매우 다르고, 더욱이 각 지역에 대한 개별 정보가 필요하기 때문이었다. 또한 이러한 지역적 층화로 표본추출비용을 절감할 수 있다.

표본 자료를 요약하면 다음과 같다.

캐롤라이나 지역	록키 마운틴 지역
$n_1 = 363$	$n_2 = 258$
$\bar{y}_1 = 1{,}350$	$\bar{y}_2 = 1{,}150$
$\frac{s_1^2}{n_1} = 3{,}600$	$\frac{s_2^2}{n_2} = 3{,}600$

지역당 연간 비용을 추정하기 위해서는 각 해당 지역에의 결석환자의 총수 N_1과 N_2를 알아야 한다. 만약 각 지역의 인구를 알고 있다면, 각 지역의 질병 발생률을 이용하여 결석환자 수에 대한 근사값을 찾을 수 있다.

한 비교연구에 의하면 캐롤라이나 지역의 경우 결석환자 빈도는 100,000명당 454명이고 록키 마운틴 지역의 경우는 100,000명당 263명인 것으로 나타났고, 1980년 센서스 자료에 의하면 캐롤라이나 지역 인구는 8,993,000이고, 록키 마운틴 지역 인구는 7,351,000이다. 따라서,

$$N_1 = 8{,}993{,}000\left(\frac{454}{100{,}000}\right) = 40{,}828$$

그리고

$$N_2 = 7{,}351{,}000\left(\frac{263}{100{,}000}\right) = 19{,}333$$

그러므로 이들 두 지역에 대한 결석환자들의 연간 1차 입원비용 총액에 대한 추정값은 다음과 같다.

$$N_1\bar{y}_1 + N_2\bar{y}_2 = (40{,}828)(1350) + (19{,}333)(1150) = 77{,}350{,}750$$

추정오차의 한계(모집단이 상대적으로 표본의 크기보다 크므로 유한모집단수정항이 무시된다)는 다음과 같이 구해진다.

$$2\sqrt{\frac{N_1^2(s_1^2)}{n_1} + \frac{N_2^2(s_2^2)}{n_2}} = 2\sqrt{(40{,}828)^2(3600) + (19{,}333)^2(3600)}$$
$$= 5{,}420{,}880$$

따라서, 우리는 이들 두 지역의 총 비용이 연간 약 72백만 달러에서 82백만 달러 사이일 것으로 추정한다.
이 방법을 이용하여 미국 전 지역에 대한 총 비용도 추정할 수 있다. 다만 이런 경우 나머지 지역들에 대한 표본 자료가 있어야 한다.

연습문제

일부의 연습문제들은 자료와 직접적으로 관계되므로 엑셀파일에 있는 자료들과 연결하기 위해서 센게이지러닝 홈페이지(www.cengage.co.kr) Download 자료실의 Section 5.0을 참고하기 바란다.

5.1 한 백화점 체인 업자는 체납 상태에 있는 수취계정 비율에 관심이 많다. 이 체인은 4개의 상점들로 이루어져 있다. 추출비용을 절감하기 위하여 각 상점을 층으로 하여 층화확률추출을 하였다. 모집단 비율에 대한 사전 정보가 전혀 없기 때문에 비례배분을 사용해서 다음과 같은 자료를 얻었다. 연체된 계정의 비율 p를 추정하고, 추정오차의 한계를 구하라.

	층 1	층 2	층 3	층 4
미수금계정의 수	$N_1 = 65$	$N_2 = 42$	$N_3 = 93$	$N_4 = 25$
표본의 크기	$n_1 = 14$	$n_2 = 9$	$n_3 = 21$	$n_4 = 6$
연체계정들의 수	4	2	8	1

5.2 어떤 기업에서는 주어진 한 달 동안에 종업원들의 사고로 인해 발생하는 시간당 작업 손실의 총 횟수를 추정하고 싶다. 연구자는 노동자와 기술자, 그리고 관리자들별로 사고율이 다르기 때문에, 각 그룹을 층으로 하는 층화확률추출을 이용하였다. 작년 자료를 이용해서 얻은 각 층들의 분산과 현재의 층의 크기들은 아래 표와 같다. n = 30개의 표본을 네이만 배분을 이용하여 각 층들에 분배하라.

I(노동자)	II(기술자)	III(관리자)
$\sigma_1^2 = 36$	$\sigma_2^2 = 25$	$\sigma_3^2 = 9$
$N_1 = 132$	$N_2 = 92$	$N_3 = 27$

5.3 연습문제 5.2에서 주어진 한 달 동안에 종업원들의 사고로 인해 발생하는 시간당 작업 손실의 총 횟수를 추정하고, 추정오차의 한계를 구하라. 18명의 노동자들과 10명의 기술자들, 그리고 2명의 관리자들로부터 얻은 자료(전자 절 5.0 링크를 통해 볼 수 있음)를 이용하여 그림을 그린 다음 이상값을 찾아라.

5.4 어떤 학교에서는 6학년들의 읽기 능력 시험에 대한 평균 점수를 추정하고자 한다. 이 학교의 학생들은 능력에 따라 가장 우수한 학급 1과 가장 처지는 학급 3 그리고 나머지 학급 2 등의 세 그룹으로 분류되어 있다. 학교에서는 학급별로 층화하기를 원하는데, 그 이유는 이 방법이 시험 성적의 변이를 줄여줄 수 있기 때문이다. 각 학급의 학생 수는 각각 55, 80, 그

리고 65이다. 50명의 층화확률표본을 비례배분으로 각 층에 배분한 결과 각각 크기 $n_1 = 14$, $n_2 = 20$, 그리고 $n_3 = 16$인 단순확률표본이 얻어졌다. 검정은 표본으로 뽑힌 학생들을 대상으로 이루어졌다. 결과는 전자 절 5.0 링크를 통해 볼 수 있다.

(1) 6학년들의 평균 점수를 추정하고, 추정오차의 한계를 구하라.

(2) 이들 자료에 대한 병렬 상자그림을 그리고, 그 형태에 대하여 설명하라. 당신은 학급 구별문제가 있다고 생각하는가?

(3) 학급 1과 학급 2 간의 평균 점수 차이를 추정하라. 학급 1 학생들이 학급 2 학생들보다 평균적으로 월등히 우수하다고 말할 수 있는가?

5.5 연습문제 5.4에서와 같은 추정을 학년 말에 다시 한 번 실시하였다고 가정하자. 조사비용은 같지만 층 분산들은 다르다. 크기 50인 표본에 대한 최적(네이만)배분을 구하라. 층 분산들의 근사값들은 연습문제 5.4를 이용해서 구한다.

5.6 연습문제 5.4의 자료를 이용하여, 추정오차의 한계가 4가 되도록 평균 점수를 추정하기 위한 표본의 크기를 결정하라. 단, 비례배분을 이용한다.

5.7 연습문제 5.6의 계산을 네이만 배분을 이용하여 실시하고, 두 결과를 비교하라.

5.8 지역 정부에서는 정신 지체아를 위한 탁아소 시설을 확장하고자 한다. 시설 확장은 탁아소 등록비 인상을 가져올 것이다. 그래서 확장된 탁아 시설을 이용할 정신 지체아 가정의 비율을 추정하기 위한 표본조사를 실시하려고 한다. 가정들은 탁아 시설 이용 가정과 이용하지 않는 가정으로 나뉜다. 한편, 몇몇 가정들은 탁아소가 위치한 도심에 살고 몇몇 가정들은 교외와 시골 지역에 산다. 따라서 도심에 거주하는 탁아 시설 이용 가정과 교외에 거주하는 탁아 시설 이용 가정 , 그리고 도심에 거주하며 이용하지 않는 가정과 교외에 거주하는 비이용 가정을 각 각 층 1, 2, 3과 4로 하는 층화확률추출을 사용하였다. 이용 가정의 약 90%와 비이용 가정의 50%가 확장된 시설을 이용할 것으로 나타났다. 조사비용은 이용가정의 경우 4달러, 이용하지 않는 가정의 경우 8달러인데, 이러한 차이는 비이용 가정의 경우 찾아가 조사하기가 어렵기 때문이다.

$N_1 = 97$, $N_2 = 43$, $N_3 = 14$, $N_4 = 68$이다. 오차의 한계 0.05에서 모집단 비율을 추정하는 데 필요한 근사 표본의 크기와 배분을 구하라.

5.9 연습문제 5.8의 조사를 실시한 결과 새 시설을 이용할 가정들의 비율을 다음과 같이 얻었다.

$$\hat{p}_1 = 0.87,\ \hat{p}_2 = 0.93,\ \hat{p}_3 = 0.60,\ \hat{p}_4 = 0.53$$

모집단 비율 p를 추정하고, 추정오차의 한계를 구하라. 원하는 한계가 구해졌는가?

5.10 연습문제 5.8에서 총 비용이 400달러로 고정됐다고 가정하자. 이때 추정량 $\hat{p}_{st}$의 분산을 최소화하는 표본의 크기와 배분을 구하라.

5.11 단순확률추출에 비해 더 높은 정도를 나타내려면 어떻게 층화해야 하는가(조사비용은 두 방법 모두 같다고 가정한다)?

5.12 어떤 시장 분석가는 경쟁사 제품에 대한 자사 제품의 소비자들의 선호 비율을 추정하고자 한다. 조사 지역은 뉴욕이다. 또한 18세, 25세 그리고 25세 이상의 연령별 선호 비율에도 관심이 많다. 이 조사에 적합한 표본설계에 대하여 논하라.

5.13 한 연구자가 어떤 대기업 근로자들의 평균 임금을 추정하고자 한다. 기록에 의하면 임금은 근무 연수 따라 증가하고 있다. 이 경우에 단순확률추출과 층화확률추출의 상대적 장점에 대하여 논하라. 당신이 선호하는 방법은 어느 것이고, 그것을 어떻게 조사하겠는가?

5.14 μ의 추정량으로서 $\bar{y}_{st}$를 사용하는 경우에는, 고정비용 c에서 $V(\bar{y}_{st})$를 최소화시켜주는 배분과 표본의 크기를 구하는 것이 다소 유리하다. 즉, 조사비용이 c로 고정되어 있는 상황에서 μ에 대한 정보를 최대화시켜주는 최적배분을 찾고자 한다. 이때 최적배분은 식 (5.7)에 주어져 있다. 표본의 크기 n은 다음과 같음을 보여라.

$$n = \frac{(c - c_0)\sum_{i=1}^{L} N_i\sigma_i/\sqrt{c_i}}{\sum_{i=1}^{L} N_i\sigma_i\sqrt{c_i}}$$

c_0는 조사에 사용되는 간접비용이다.

5.15 어떤 회사의 인사 담당 이사는 1년 동안에 산하 46개 공장에서 병가를 사용한 총 날 수를 추정하고자 한다. 46개의 공장은 20개의 소형 공장과 26개의 대형 공장으로 분류되어 있다. 과거 경험에 비춰 봤을 때, 그는 소형 공장의 경우 0~100일 정도, 대형 공장의 경우는 10~200일 정도일 것으로 어림잡고 있다. 100일 이내에서 추정하는 것이 바람직하다고 할 때,

(1) 두 층들에 대한 적절한 표본배분을 찾아라.

(2) 적절한 표본크기를 구하라.

5.16 합병 제안에 대한 설문을 교외 지역 거주자들에게 물어보았는데, 투표권이 있는 사람들의 응답과 없는 사람들의 응답이 많이 달랐다. 전화 통화를 한 1,000명의 거주자들 중에서 80%가 투표권이 있는 사람들이다. 각 그룹의 10% 사람들에게 "당신은 도시와의 합병에 찬성하십니까?"라는 질문을 한 결과 다음과 같은 자료를 얻었다(y_i = 합병에 대한 질문에 "예"라고 응답한 사람들의 수).

	투표권자	비투표권자
n_i	80	20
y_i	60	8

y_i : 합병에 대한 질문에 "예"라고 응답한 수

합병에 찬성하는 사람들의 비율과 그 분산을 추정하라.

실제 자료를 이용한 실습

5.1 미국 인구에 대한 자료가 부록 C와 자료 디스켓에 파일명 USPOP로 주어져 있다. 표본으로 뽑힌 몇 개의 주들에 근거하여 18~24세 사이의 미국 인구를 추정하고자 한다. 미국을 4개의 지역으로 나눈 다음, 이들 지역을 층으로 하여 주들로 이루어진 적당한 크기의 층화확률표본을 뽑는다. 이들 주에서의 18~24세 사이의 인구를 근거로 미국 내 18~24세 사이의 총 인구를 추정한다. 실제 총 인구는 모든 주들의 자료로부터 계산 가능하므로 인구 추정값이 설정한 추정오차의 한계 내에 있는지 확인하라. 나온 결과를 다른 학생의 결과와 비교하라.

5.2 플로리다 조사 연구센터에서는 주 내의 일부 도시들을 대상으로 재활용 여론에 대한 전화조사를 마쳤다. 설문지는 질문들뿐만 아니라 지역과 조사자에 대한 정보도 알 수 있도록 구성되었다. 조사 자료는 디스켓에 파일명 RECYLE로 저장되어 있다.

조사설계는 이들 도시에서 진행 중인 재활용 교육의 양에 따라 3개의 층으로 층화한 층화확률표본으로 하였다. 교육 프로그램 정도에 따라 정도가 낮으면 층 1로, 적당하면 층 2로, 그리고 높으면 층 3으로 분류했다. 층 코드는 자료집합에서 각 응답자에게 부여하고 있다. 각 층의 모집 단과 표본의 크기는 모두 같다.

설문지에서 뽑은 두 개의 질문에 대하여 대략 아래와 같이 주어진 요구에 따라 분석하라.

(1) 당신이 선택한 두 개의 질문에 대한 모집단 비율을 추정하라.

(2) 이들 각 질문에 대하여 남녀별로 응답에 차이가 있는가?

(3) 당신이 선택한 질문 중 하나에 대하여 층 내 모집단 비율을 추정하라.

(4) (3)에서 다룬 질문에 대하여, 층 간의 모집단 비율을 비교하라. 즉, 이 질문에 대한 모집단 비율들은 층에 따라 다르다고 할 수 있는가?

분석의 편의를 위해 뽑은 조사된 자료를 2원분할표로 정리하는 것이 좋다. 전체 조사 설문지는 워드파일로 재정리되어 있으며, 전자 절 5.0을 통해 볼 수 있다.

5.3 부록 C의 CARS93 자료는 자동차를 6개의 형태로 구분했다: 소형, 준중형, 중형, 대형, 스포츠카, 또는 밴. 자료 집합에서는 자동차의 실제 타입 외에 숫자 코드를 부여하고 있다. 이번 연습에서의 목적은 자동차의 평균 연비와 에어백 부착 비율을 추정할 때, 자동차 형태에 대한 사후층화가 효율적인가를 알아보는 데 있다.

(1) 모집단으로부터 자동차들의 단순확률표본을 뽑아서, 실전 연습 4.2에서와 같이 이들 차에 대한 평균 연비와 오차의 한계를 구하라.

(2) 적어도 하나의 에어백을 부착하고 있는 자동차의 비율을 추정하고 추정오차의 한계를 구하라.

(3) (1)의 자료를 이용해서 자동차 형태에 따른 사후층화를 하고, 이 방법에 의해 평균 연비를 추정하라.

(4) (2)의 자료를 이용해서 자동차 형태에 따른 사후층화를 하고, 이 방법에 의해 적어도 하나의 에어백을 부착하고 있는 자동차의 비율을 추정하라.

(5) 위 결과들을 비교하고, 사후층화가 추정오차의 측면에서 효율적일 때가 언제인지 기술하라.

5.4 이 문제는 층화 이중추출에 대한 예를 다룬 예제 5.21의 연장이다. 세계연감(그리고 다른 비슷한 것들)에는 미국의 4년제 단과 대학과 종합대학들의 목록이 실려 있는데, 거기에는 공립과 사립의 여부와 등록생과 교수 수에 대한 정보를 제공하고 있다. 아래 문제들을 수행함으로써 예제 5.21을 가장 최근 것으로 만들어라.

(1) 세계연감(또는 비슷한 다른 것) 최신호를 찾아서, 공립과 사립 여부를 조사하기 위한, 일단의 많은 단과대학들과 종합대학들로 이루어진 표본을 뽑는다.

(2) (1)로부터 부표본을 뽑아서, 각 가관에 대한 등록생 수와 교수 수를 조사한다.

(3) (1)과 (2)의 자료를 이용해서, 자료를 얻은 해의 미국의 4년제 대학들의 총 등록생 수를 추정하라.

(4) (1)과 (2)의 자료를 이용해서, 자료를 얻은 해의 미국의 4년제 대학들의 총 교수 수를 추정하라.

5.5 우리는 이제 실제 자료로부터 표본들을 뽑는 작업에서 확률분포로부터 표본들을 뽑는 작업으로 옮겨 가보자. 아래 표와 그래프에 주어진 확률분포는 미국 성인들의 키(인치)를 나타내고 있다. PROB-M은 남성들의 다양한 키에 대한 확률을 나타내고, PROB-F는 여성들의 확률을 나타낸다. 그리고 PROB는 성인들에 대한 결합 확률을 나타낸다. 이 문제의 목적은 이들 분포로부터 표본을 뽑아서 층화확률추출로부터 구한 평균 키에 대한 추정값을 단순확률추출로부터 구한 추정값과 비교해 보는 데 있다.

키(인치)	PROB-M	PROB-F	PROB
56	0.000000	0.000500	0.000250
57	0.000000	0.003800	0.001900
58	0.000000	0.005100	0.002550
.	.	.	.
.	.	.	.
.	.	.	.
74	0.042000	0.000000	0.021000
75	0.034300	0.000000	0.017150
76	0.022300	0.000000	0.011150

(1) 이산분포표본추출도구(전자 절 5.0에서 링크를 통해 가능)를 이용해서 지정된 이산분포로부터 확률표본을 생성하라.

(2) 20명의 남자들 키로 이루어진 확률표본을 뽑고, 또한 별개로 20명의 여자들 키로 이루어진 확률표본을 뽑는다. 이들 자료로부터 모든 성인들에 대한 평균 키를 추정하고, 추정오차의 한계를 구하라(성인의 약 50%는 남성으로 가정한다).

(3) 성인들의 분포로부터 크기 40의 표본을 뽑아서, 모든 성인들에 대한 평균 키를 추정하고, 추정오차의 한계를 구하라.

(4) (2)와 (3)을 몇번 반복해서, 각 경우마다 추정값들의 표본분포를 생성하라.

(5) (2)와 (3)의 결과를 비교하고, 어느 때 층화가 추정량의 정도를 높이는 데 유리한지를 기술하라.

CHAPTER 06

비추정, 회귀추정, 차이추정

사 례 연 구

교양통계학 과목의 토론그룹당 수강생 수는 얼마인가?

대부분 대학의 통계학과에서는 다른 전공의 학생들을 위해 교양통계학 강좌를 개설하고 있다. 교양통계학 강좌는 점차 대형화되는 추세를 보이고 있는데 심지어 영상 강좌를 이용하는 대학까지 생기고 있다. 전체적인 강의는 대규모 강의실에서 진행되지만 소규모 그룹토론, 주 1~2회 조교 문제풀이, 퀴즈 문제 부여 등은 보다 작은 그룹으로 나누어 실시하게 된다. 2000년 가을학기 동안의 각 대학 통계학과들의 교양통계학 과목들의 수강 학생 수와 토론 그룹 수를 조사하였다. 대학교의 규모와 최고 학위과정의 정도에 따라 다섯 개의 층으로 구분한 층화 확률추출법을 사용하여 표본을 추출하였다. 층 1부터 층 4까지는 박사과정이 있는 대학교들인데 층의 구분점이 되는 학생 수 규모는 각각 15,000명, 25,000명, 35,000명이다. 층 5는 박사과정이 없는 대학교들이다. 다섯 개 층에 포함되는 대학교의 수는 각각 12, 21, 12, 12, 13개이며 이들의 합계는 70이다. 표본 데이터는 다음 페이지의 표에 나와 있다.

수강 신청자들의 총계는 5장에서 소개된 방법에 따라 추정하면 된다. 그러나 이 경우 대학교마다 수강 신청자 수와 토론그룹 수가 서로 달라지므로 평균을 추정하는 문제는 보다 어렵다. 강좌당 평균 수강자 수는 비(ratio) 형태의 확률변수인데 이러한 비(比)의 추정 문제가 이 장에서 다루어진다.

층 1		*층 2*		*층 3*		*층 4*		*층 5*	
수강생 수	토론그룹 수	수강생 수	토론그룹 수	수강생 수	토론그룹 수	수강생 수	토론그룹 수	수강생 수	토론그룹 수
494	4	1,015	5	784	19	1,357	6	1,557	9
36	5	700	2	1,101	3	1,433	11	88	4
153	6	1,391	57	285	13	1,680	52	500	4
277	2	101	20	255	5	934	16	390	15
480	4	1,100	15	755	9	615	8		
500	3	731	3			834	10		
		689	5			506	10		
		227	2						
		151	1						
		375	8						

6.0 도구

이 장에서 계산을 하기 위한 대화형 엑셀도구(interactive Excel Tools)는 센게이지러닝 홈페이지(www.cengage.co.kr) Download 자료실에서 내려 받을 수 있다. Download 자료실의 6장 폴더에서 "**Section 6.0(tools)**"이라는 이름의 워드 파일을 찾을 수 있을 것이다. 그 파일 안에 이 장과 관련된 계산 도구들이 제공되어 있다. 본문의 아이콘(왼쪽에 표시되어 있는)은 도구들이 만들어져 있다는 것을 상기시키는 표시이다. 또한 해당 장의 몇몇 연습문제들에 대한 자료들은 Download 자료실에 있는 해당 섹션과의 링크를 통해 얻을 수 있다.

6.1 개요

4장과 5장에서는 단순임의추출이나 층화임의추출에 의해 얻어진 표본단위들을 대상으로 조사한 관측값, $y_1, y_2, \ldots, y_n$을 가지고 모집단 평균이나 모집단 총계를 추정하는 방법을 다루었다. 그런데 때로 관심변수 y값과 매우 밀접한 관계를 갖는 다른 보조변수의 활용이 가능한 경우가 있다. 만일 조사단위의 y값 말고 추가로 다른 유용한 보조변수 자료를 얻을 수 있다면 모수 추정을 위해 효과적인 정보를 더 많이 얻게 되는 셈이다. 기초통계학에서 관심변수 y의 모집단 평균을 추정하기 위해 보조변수를 활용하는 방법에 관해 배운 적이 있을 것이다. 통계학에서는 기본적으로 서로 연관이 있는 두 변수가 있으면 이들 사이의 상관관계를 고려한다. 회귀분석에서는 x를 사용하여 y를 예측할 수 있는 함수를 추정하게 되는데, 이 아이디어를 모집단 평균의 추정에도 적용할 수 있다. 이 문제는 일반적으로 기초통계학에서 중요하게 다루어지는 주제이다.

4장과 5장에서는 측정값 $y_1, y_2, \ldots, y_n$을 이용하여 모수의 단순추정량을 구하는 방법을 소개하였는데, 추정보다는 주로 표본설계 방법의 측면에 초점을 맞추어 설명하였다. 반면에 이 장에서는 보조변수 x를 사용하는 새로운 추정법 세 가지를 소개하는 데 초점을 맞추기로 한다. 보조변수를 활용하는 추정법 세 가지는 각각 비추정(ratio estimation), 회귀추정(regression estimation), 차이추정(difference estimation)이다. 세 추정법에서는 공통적으로 표본단위의 주변수 y와 보조변수 x의 조사값이 필요하다. 다양한 표본설계 방법 아래에서 각각 이 추정법들을 적용할 수 있지만 이 장에서는 주로 단순확률추출법에 국한하여 추정 문제를 다루기로 한다. 층화확률추출에서도 여기서 사용한 기본적인 아이디어를 확장시켜 적용할 수 있는데, 이에 대해서는 비추정 문제를 다루는 예제에서 간단하게 소개될 것이다.

이 장에서 복잡한 분산추정 추정식에 대해 "굳이" 앞의 장들에서 하듯이 자세히 다룰 필요가 없다고 생각한다. 그래서 추정식을 개념적으로만 소개하고 자세한 유도는 독자의 몫으로 남겨두기로 한다.

6.2 비추정법이 필요한 조사

보조변수를 사용하여 모집단 총계 추정의 효율을 높일 수 있다. 비추정법이 더 효과적인 경우의 대표적인 예를 들어보자. 대규모 선박에 실린 오렌지의 금액을 산정할 때, 선적된 오렌지의 총 과즙함유량이 기준이 된다. 전수조사로 개개 오렌지의 과즙함유량을 일일이 다 측정하는 것은 비효과적이므로 그러지 않고 표본조사에 의해 선적 오렌지의 총 과즙 함유량을 추정하게 된다. 간단하게 생각할 수 있는 추정량은 오렌지당 평균 과즙함유량 μ_y에 대한 추정량을 구한 후 이 값에 오렌지의 수 N을 곱해주는 것이다. 이 추정법을 사용하려면, 배에 선적된 오렌지들 중에서 균등확률추출법에 의해 n개의 오렌지를 추출하여 각 오렌지의 과즙함유량 $y_1, y_2, ..., y_n$을 측정해야 한다. 이 방법은 시간적인 면에서나 비용 면에서나 바람직하지 못하다. 배에 선적된 오렌지의 수를 일일이 세는 것이 가능하겠는가?

오렌지의 수 N을 굳이 세지 않고도 추정이 가능한 다른 방법을 생각해보자. 각 오렌지의 과즙함유량 y는 오렌지의 무게 x와 밀접한 상관이 있을 것이다. 또한 선적된 오렌지의 총 무게 τ_x대 총 과즙 함유량의 τ_y비는 오렌지 하나당 평균 무게 μ_x대 평균 과즙함유량 μ_y의 비와 같다. 이를 식으로 표현하면 다음과 같다.

$$\frac{\mu_y}{\mu_x} = \frac{N\mu_y}{N\mu_x} = \frac{\tau_y}{\tau_x}$$

위의 식을 총 과즙함유량 τ_y의 식으로 다음과 같이 나타낼 수 있다.

$$\tau_y = \frac{\mu_y}{\mu_x}(\tau_x)$$

여기서 μ_x와 μ_y는 각각 n개 표본 오렌지의 과즙함유량과 무게의 표본평균인 $\bar{x}$와 $\bar{y}$로 추정될 수 있다. 오렌지의 총 무게 τ_x는 총 과즙함유량 τ_y를 구하는 것에 비해서는 훨씬 수월하게 잴 수 있는 값이다. 위의 식을 이용하여 총 과즙함유량 τ_y의 비추정량을 구하면 다음과 같다.

$$\hat{\tau}_y = \frac{\bar{y}}{\bar{x}}(\tau_x)$$

위 식은 다음의 식으로 바꿔 쓸 수도 있다.

$$\hat{\tau}_y = \frac{n\bar{y}}{n\bar{x}}(\tau_x) = \frac{\sum_{i=1}^{n} y_i}{\sum_{i=1}^{n} x_i}(\tau_x)$$

오렌지의 수 N이 미지수인 관계로 모집단 총계 τ_y에 대한 단순추정량인 $N\bar{y}$를 사용할 수 없다(4.3절 참조). 따라서 이 경우에는 비추정량과 같이 보조변수를 사용하는 추정량을 사용할 때에만 모수 추정이 가능하다. 만일 N을 알 수 있는 경우에는 $N\bar{y}$로 표현되는 단순추정량과 여기서 새롭게 소개하는 비추정량 τ_y 중 어느 것이 더 바람직한지에 대해 비교하는 것이 필요하다. 만일 y와 x의 상관 정도가 크다면—2, 즉 x가 y를 예측하는 데 도움이 되는 정보라면 $\bar{y}$값만으로 구한 단순추정량 $N\bar{y}$에 비해 보조정보를 활용하는 비추정량의 효율이 훨씬 높아진다.

때로 관심모수가 모집단 총계 τ_y가 아닌 다른 것일 수도 있다. 가령, 비추정법을 이용하여 모집단 평균 μ_y를 추정하는 경우를 생각해보자. 배에 선적된 오렌지 하나당 평균 과즙함유량 추정에 관심이 있다. 단순 표본평균인 $\bar{y}$를 μ_y의 추정량으로 사용할 수 있겠지만, y와 x의 상관이 높은 편이라면 보조변수x를 활용하는 비추정량이 단순 표본평균보다 훨씬 효율적이다.

때로는 모집단의 비 자체를 추정하는 것이 목적인 조사도 있다(이 장의 서두에서 소개한 사례가 바로 여기에 해당되는 예이다). 예를 들어, 금년 상반기의 자동차판매량과 전년 상반기의 자동차판매량의 비를 추정하는 문제를 생각해보자. τ_x는 전년도 상반기의 총 자동차판매량, τ_y는 금년도 상반기 총 자동차판매량이라고 하면, 두 시점의 판매량의 비는 다음의 식과 같다.

$$R = \frac{\tau_y}{\tau_x}$$

실제 정부, 재계, 학계 등에서는 조사자료 분석에서 비추정의 개념을 널리 활용하고 있다. 예를 들어, 소비자물가지수(Consumer Price Index, CPI)는 서로 다른 두 시점에서의 지정된 품목의 구입비용의 비를 나타내는 값이다. 미국에서는 현재 시점의 소비자물가를 1982년~1984년의 물가와 비교하여 소비자물가지수를 계산한다. 미국 전역에서 추출된 약 24,000개 표본 사업체(가게, 병원, 주유소 등)를 통해 매월 또는 격월로 조사된 소비품목별 물가조사 자료를 가지고 소비자물가지수를 작성하고 있다. 소비자물가지수는 인플레의 정도를 나타내는 주요 경제지표로 널리 이용되는 통계이다(1장을 참조할 것).

경제활동인구조사(the Current Population Survey)에서도 비추정법을 사용하여 연령별, 성별, 인종별 실업 관련 수치를 조정하고 있다. 가령, 표본지역 내에 거주하는 노동 가능한 흑인들 중 실업자의 비율을 구하고, 여기에 해당 행정구역 전체의 노동 가능 흑인 수를 곱하면 표본지역이 속하는 행정구역의 노동 가능한 흑인 실업자 수 추정치를 얻을 수 있다.

닐슨소매지표(Nielson Retail Index)는 두 개의 경쟁제품 가격비, 또는 한 제품에 대한 두 시점의 가격비를 계산하여 얻어진다. 한편, SAMI에서는 경쟁사들 사이의 브랜드 주가총액 비를 제공하고 있다.

수요예측에서도 비추정법이 이용된다. 올해 1사분기가 막 지난 시점에서 금년의 총판매량을 예측하려면, 금년 1분기 판매량과 전년도 1분기 판매량의 비를 구하고 여기에 전년도 총판매량을 곱하면 된다. 인구수의 증가를 예측할 때에도 동일한 원리를 적용할 수 있다.

기업회계에서 판매액과 납세액 등을 맞추기 위해 수많은 계정을 일일이 다 전수조사를 하는 것은 효과적이지 못하다. 이 경우 표본조사를 도입하여 시간과 비용을 절감할 수 있다. 표본계정들 중 오류인 계정들을 가려내어 전체 오류추정치를 구하고, 이 값에 전체 총액 추정치를 나눈 비를 회계분야에서 많이 사용한다. 또 이 방법을 오류율법(the percenatage-of-error method)이라고 부른다. 오류율 추정치에 총액 추정치를 곱하면 오류계정 총액 추정치를 얻을 수 있다.

학술연구에서도 비추정법은 널리 이용되는데, 사회학자들은 가구당 월 소득액 중 식료품비가 차지하는 비나 가구당 어린이 수의 비와 같은 지표에 관심이 많다. 의약 관련 연구자도 신약 개발연구에서 특정 반응 유발을 위한 기존 약의 사용량과 신약의 사용량의 비 추정에 관심을 기울인다.

위의 예들을 통해 알 수 있듯이 비추정법을 적용할 수 있는 분야는 매우 다양하다. 이제 μ_y, τ_y, 그리고 R에 대한 추정 과정을 자세히 살펴보기로 하자. 각 추정량에 대한 이해를 돕기 위해 적절한 수치예제도 소개한다. 각 추정량을 설명할 때 앞의 장에서 소개했던 다른 추정량과 비교하기도 한다.

6.3 단순확률추출에서의 비추정

N개의 단위로 구성된 유한모집단에서 n개의 단위를 단순확률추출하였다고 가정하자. 관심변수 y와 보조변수 x의 값이 주어진다면, 모집단 평균 μ_y, 모집단총계 τ_y나 모집단 비 R을 어떻게 추정해야 할까?

모집단 비 R의 추정량:

$$r = \frac{\sum_{i=1}^{n} y_i}{\sum_{i=1}^{n} x_i} = \frac{\bar{y}}{\bar{x}} \tag{6.1}$$

r의 추정분산:

$$\hat{V}(r) = \hat{V}\left(\frac{\sum_{i=1}^{n} y_i}{\sum_{i=1}^{n} x_i}\right) = \left(1 - \frac{n}{N}\right)\left(\frac{1}{\mu_x^2}\right)\frac{s_r^2}{n} \tag{6.2}$$

여기서

$$s_r^2 = \frac{\sum_{i=1}^{n}(y_i - rx_i)^2}{n - 1} \tag{6.3}$$

보조변수 x의 모집단 평균 μ_x를 알 수 없을 때에는 식 (6.2)의 μ_x^2 대신에 $\bar{x}^2$을 대입한 근사식을 사용할 수 있는데, $\bar{x}$가 정확성이 높은 추정치일수록 더 유용하다. 일반적으로 x의 평균에 대한 변동계수(coefficient of variation of the mean of x, $cv(\bar{x}) = SD(\bar{x})/n$) 값이 작으면(0.1 이하), 비추정량은 효과적인 것으로 평가되고 있다.

예제 6.1

미국 정부에서 시행하는 미국주택조사(American Housing Survey)는 주택소유주를 대상으로 월 주택관리비와 주택가격 등 주택 관련 주요 특성들을 묻는 조사이다. 47개 광역통계 작성지역(Metropolitan Statistical Areas, MSA) 중 일부 MSA를 표본으로 추출하여 4년가량 지속적으로 조사를 진행한다. 그로써 시간 경과에 따른 주택관련 특성의 변화를 파악할 수 있게 해준다. 2002년에 표본으로 추출된 13개 MSA에 대한 조사 결과가 표 6.1에 나와 있다. 표에는 2002년과 1994년의 주택가격 및 월 주택관리비가 각각 나와 있다. 이 자료는 주택소유자가 직접 거주하는 가구만을 대상으로 조사한 것이다.

전국 47개 MSA에 전체에 대한 2002년과 1994년의 월 주택관리비의 비를 추정하고, 추정오차의 한계를 계산하라.

표 6.1 MSA들의 주택관리비와 주택가격

MSA	*월 주택관리비*		*주택가격*	
	2002	1994	2002	1994
Anaheim-Santa Ana, CA	1,363	1,087	300,000	216,962
Buffalo, NY	670	571	92,402	85,378
Charlotte, NC-SC	761	518	125,551	86,763
Columbus, OH	746	612	135,208	92,664
Dallas, TX	991	770	126,492	87,615
Fort Worth-Arlington, TX	798	655	99,230	70,759
Kansas City, MO-KS	728	552	116,778	78,542
Miami-Fort Lauderdale, FL	842	710	136,774	97,058
Milwaukee, WI	849	656	143,281	101,407
Phoenix, AS	885	636	140,490	88,269
Portland, OR2WA	986	676	179,311	127,731
Riverside2San Bernardino2Ontario, CA	934	773	164,870	123,491
San Diego, CA	1,167	829	297,458	176,277
	n	평균	중위수	표준편차
y=2002 월간	13	901.5	880.6	192.5
x=1994 월간	13	695.8	676.4	148.5
$y-rx$	13	0.0	−2.9	67.8

출처: American Housing Survey, http://www.census.gov/hhes/www/housing/ahs/metropolitandata.html.

풀이

데이터분석의 초기 단계에서 그래프를 활용하여 자료를 파악하는 것은 매우 바람직한 일이다. 1994년 대비 2002년의 데이터를 산점도로 나타낸 것이 그림 6.1에 나와 있다. 산점도를 보면, 두 해의 데이터 사이에는 강한 양의 직선관계가 나타나고 있다. 이 경우 비추정법을 사용하는 것은 바람직하다. 그림에 표시된 점 중에서 직선관계를 크게 벗어나는 점이 없다.

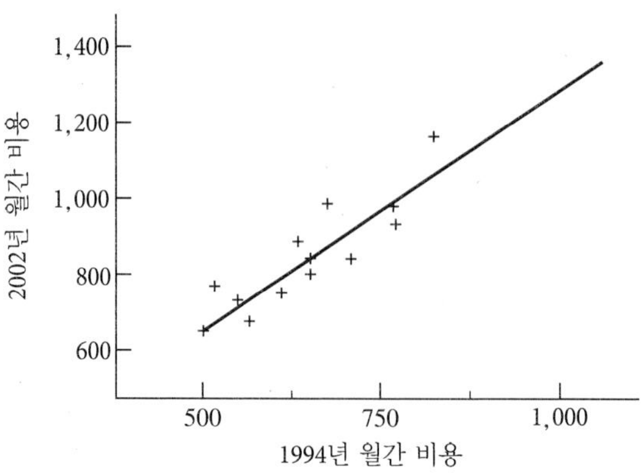

• **그림 6.1** 예제 6.1 데이터의 산점도 그림

표 6.1에는 x와 y의 평균, 표준편차 등 요약통계량이 나와 있다. 표에서 $y - rx$에 대한 표준편차는 다음의 식에서 s_r으로 표기된 값이다(이 편차들의 평균을 구하면 왜 0이 될까?).

식 (6.1)과 식 (6.2)를 이용하여 계산한 결과는 다음과 같다.

$$r = \frac{\bar{y}}{\bar{x}} = \frac{901.5}{695.8} = 1.296$$

$$2\sqrt{\hat{V}(r)} = 2\sqrt{\left(1 - \frac{n}{N}\right)\left(\frac{1}{\bar{x}^2}\right)\frac{s_r^2}{n}}$$

$$= 2\sqrt{\left(1 - \frac{13}{47}\right)\left[\frac{1}{(695.8)^2}\right]\frac{(67.8)^2}{13}} = 2(0.023) = 0.046$$

만일 조사자료가 47개 MSA 중에서 확률추출된 표본을 통해 얻어진 것이라면, 두 년도 사이의 월 주택관리비의 비 R의 95% 신뢰구간은 1.30 ± 0.05, 즉 (1.25, 1.35)이 된다. 다르게 표현해서 1994년에서 2002년의 8년 사이에 월 주택관리비는 약 30% ± 5% 정도 올랐다고 할 수 있다.

그림 6.1의 산점도에 그려진 직선을 살펴보자. 이 직선은 일반적인 최소제곱법을 통해 적합된 직선이 아니다. 이 직선은 원점과 $(\bar{x}, \bar{y})$를 지난다. 다시 말해 기울기가 r이며, 원점을 지나는 직선이다.

주택가격자료에 대한 분석과 관련된 추가적 문제는 장 뒤의 연습문제에서 더 다루게 된다.

3장에서 소개했던 바와 같이, 대표본에 대한 정규근사 이론을 적용하여 모집단 비의 신뢰구간을 추정할 수 있다. 모집단비 R의 90% 근사 신뢰구간은 다음의 식과 같다.

$$r \pm 1.645\sqrt{\hat{V}(r)}$$

r의 분산 추정량은 여러 가지 형태로 나타낼 수 있는데, x와 y의 상관계수 ρ를 포함하는 식으로 표현하는 방식이 여러 모로 유용하다. 상관계수 추정량은 다음과 같다.

$$\hat{\rho} = \frac{s_{xy}}{s_x s_y}$$

여기서,

$$s_{xy} = \frac{1}{n-1}\sum_{i=1}^{n}(x_i - \bar{x})(y_i - \bar{y})$$

$$s_x^2 = \frac{1}{n-1}\sum_{i=1}^{n}(x_i - \bar{x})^2$$

$$s_y^2 = \frac{1}{n-1}\sum_{i=1}^{n}(y_i - \bar{y})^2$$

이다. 상관계수는 뒤에 나올 논의에서 중요한 역할을 하게 될 통계량이다.

r의 분산 추정량은 다음과 같다.

$$\hat{V}(r) = \frac{1-f}{n}\left(\frac{1}{\mu_x^2}\right)(s_y^2 + r^2 s_x^2 - 2r\hat{\rho}s_x s_y)$$

여기서 $f = n/N$는 표본추출률을 의미한다. μ_x를 $\bar{x}$로 대체할 경우 분산추정량은 다음의 식과 같아진다.

$$\hat{V}(r) = \frac{1-f}{n} r^2 \left(\frac{s_y^2}{\bar{y}^2} + \frac{s_x^2}{\bar{x}^2} - 2\hat{\rho}\frac{s_x s_y}{\bar{x}\,\bar{y}} \right)$$
$$= \frac{1-f}{n} r^2 ((\mathrm{cv}(y))^2 + (\mathrm{cv}(x))^2 - 2\hat{\rho}\cdot\mathrm{cv}(x)\cdot\mathrm{cv}(y))$$

위 식에서 $cv(x)$는 x의 변동계수(*coefficient of variation*)를 나타내며, 그 정의는 다음과 같다.

$$\mathrm{cv}(x) = \frac{s_x}{\bar{x}}$$

변동계수는 표준편차를 평균으로 나눈 값으로써 변수들의 흩어짐의 정도를 설명하는 척도이다. 비록 표준편차 값이 같다고 해도 평균이 20이고 표본크기가 10인 표본에서는 다소 크다고 여길 수 있지만 평균이 200인 경우에는 그렇지 않다.

앞에서 다룬 오렌지의 총 과즙 함유량 τ_y의 추정을 위해 비추정법을 사용할 수 있다. 배에 적재된 오렌지의 수 N을 모르기 때문에 총계에 대한 단순추정량 $N\bar{y}$는 이용할 수 없다. 이때 다음과 같은 비추정법을 적용하면 N을 몰라도 추정이 τ_y가능하다.

모집단 총계 $\hat{\tau}_y$의 비추정량:

$$\hat{\tau}_y = \frac{\sum_{i=1}^{n} y_i}{\sum_{i=1}^{n} x_i}(\tau_x) = r\tau_x \qquad \textbf{(6.4)}$$

$\hat{\tau}_y$의 추정분산

$$\hat{V}(\hat{\tau}_y) = (\tau_x)^2 \hat{V}(r) = (N\mu_x)^2 \left(1 - \frac{n}{N}\right)\left(\frac{1}{\mu_x^2}\right)\frac{s_r^2}{n} \qquad \textbf{(6.5)}$$
$$= N^2 \left(1 - \frac{n}{N}\right)\frac{s_r^2}{n}$$

*Mx*와 Tx는 각각 x의 모집단 평균과 모집단 총계이며,

$$s_r^2 = \frac{\sum_{i=1}^{n}(y_i - rx_i)^2}{n-1}$$

비추정법으로 τ_y를 추정하려면 사전에 τ_x값은 반드시 알아야 한다. 반면, N과 μ_x가 미지수인 경우에는 다음의 분산 추정량을 사용하면 된다.

$$\hat{V}(\hat{\tau}_y) = (\tau_x)^2\hat{V}(r) = (\tau_x)^2\left(1 - \frac{n}{N}\right)\left(\frac{1}{\bar{x}_x^2}\right)\frac{s_r^2}{n}$$

예제 6.2

한 대의 트럭에 적재된 오렌지의 총 과즙함유량을 추정하기 위해 트럭에서 오렌지를 10개 랜덤하게 추출하여 과즙함유량을 측정했다(표 6.2를 참조). 다음으로 트럭에 오렌지를 실은 채로 트럭의 무게를 재고, 이어 오렌지를 내린 후 트럭의 무게를 잼으로 오렌지만의 무게를 구할 수 있다. 측정 결과 오렌지의 총무게는 1,800 파운드로 나타났다. 이를 이용하여 오렌지의 총 과즙함유량 τ_y를 추정하고, 추정오차의 한계를 계산하라.

표 6.2 예제 6.2의 자료

오렌지	과즙함유량(파운드)	오렌지 무게(파운드)		
				$y_i - rx_i$
1	0.021	0.40		−0.0016207
2	0.030	0.48		0.0028552
3	0.025	0.43		0.0006828
4	0.022	0.42		−0.0017517
5	0.033	0.50		0.0047241
6	0.027	0.46		0.0009862
7	0.019	0.39		−0.0030552
8	0.021	0.41		−0.0021862
9	0.023	0.42		−0.0007517
10	0.025	0.44		0.0001172
	n	평균	중위수	표준편차
y	10	0.0246	0.0240	0.0044
x	10	0.4350	0.4250	0.0354
$y_i - rx_i$	10	0.0000	−0.0003	0.0024

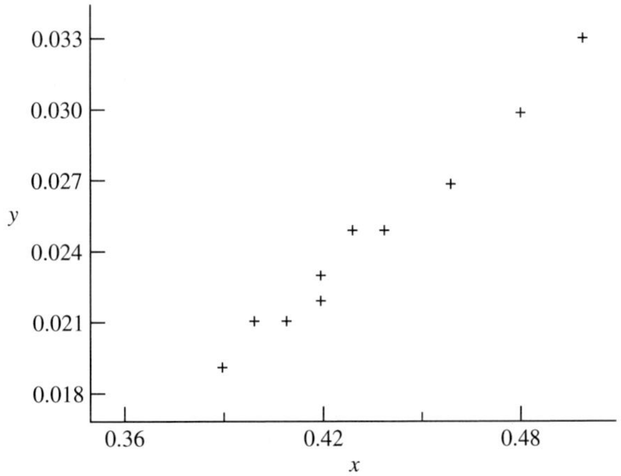

• **그림 6.2** 예제 6.2 데이터의 산점도

풀이

그림 6.2의 산점도를 보면, 오렌지 과즙함유량과 무게 사이에는 매우 강한 양의 상관관계가 있다는 사실을 알 수 있다. 그러므로 비추정량을 사용하는 분석은 타당한 것으로 판단된다. 오렌지의 과즙함유량의 단위로는, 주스 100 파운드에 포함된 과즙 알갱이 무게를 나타내는 브릭스(brix)라는 단위가 사용된다. 하지만 여기서는 따로 브릭스 단위를 쓰지 않고 그냥 파운드 단위를 사용하겠다. 식 (6.4)을 이용하여 τ_y의 추정치를 다음과 같이 계산할 수 있다.

$$\hat{\tau}_y = r\tau_x = \frac{\sum_{i=1}^{10} y_i}{\sum_{i=1}^{10} x_i}(\tau_x) = \frac{0.246}{4.35}(1800) = 101.79 \text{ 파운드}$$

다음으로 식 (6.5)을 약간 수정하면 추정오차의 한계도 계산할 수 있다. 이 예제에서 N은 미지수이므로 유한모집단수정항, $(N-n)/N$, 은 1이라고 가정하기로 한다. μ_x도 미지수이므로 식 (6.5)의 μ_x 대신에 표본평균 $\bar{x}$를 사용한다. 추정오차의 한계를 계산한 결과는 다음과 같다.

$$2\sqrt{\hat{V}(\hat{\tau}_y)} = 2\sqrt{\tau_x^2\left(\frac{1}{n}\right)\left(\frac{1}{\bar{x}^2}\right)s_r^2}$$
$$= 2\sqrt{(1800)^2\left(\frac{1}{10}\right)\left[\frac{1}{(0.435)^2}\right](0.0024)^2} = 6.3$$

결과를 요약하면, 트럭 한 대에 적재된 오렌지의 총 과즙함유량은 $\hat{\tau}_y = 101.79$ 파운드로 추정되었고, 그 추정오차의 한계는 6.3 파운드로 나타났다. 다시 말해 총 과즙함유량 τ_y는 구간

$$101.79 \pm 6.3$$

즉, 95.49에서 108.09 파운드 사이의 값일 가능성이 크다는 결론을 내릴 수 있다.

모집단 크기을 알고 있고, 단순확률추출법에 의해 표본을 추출했다면, 비추정량 $\hat{\tau}_y = r\tau_x$이 단순추정량 $N\bar{y}$보다 효율적이기 위해 필요한 조건은 무엇인지 고려해야 한다(6.2절을 참조할 것). 일반적으로 두 변수 x와 y가 강한 양의 상관관계에 있을 때(상관계수 ρ가 1/2보다 클 때), 비추정량을 사용한 추정량 $\hat{\tau}_y = r\tau_x$가 단순추정량 $N\bar{y}$보다 더 효율이 높다. 직관적으로 볼 때, 단순추정량에 비해 비추정량은 보조변수 x에 관한 정보를 더 추가하여 활용하므로 효율이 높아진다고 이해할 수 있다.

모집단 평균 추정에 비추정법을 사용하는 공식은 다음 식 (6.6), (6.7)에 소개되어 있다.

모집단 총계 μ_y의 비추정량:

$$\hat{\mu}_y = \frac{\sum_{i=1}^{n} y_i}{\sum_{i=1}^{n} x_i}(\mu_x) = r\mu_x \tag{6.6}$$

μ_y의 추정분산:

$$\hat{V}(\hat{\mu}_y) = \mu_x^2\hat{V}(r) = \left(1 - \frac{n}{N}\right)\frac{s_r^2}{n} \tag{6.7}$$

여기서,

$$s_r^2 = \frac{\sum_{i=1}^{n}(y_i - rx_i)^2}{n - 1}$$

예제 6.3

비추정법 활용의 대표적인 사례는 시간이 경과함에 따라 정보를 새롭게 갱신하는 것이 필요한 경우다. 현재 표본으로부터 얻은 농작물 생산량 자료를 과거의 정보에 추가함으로써 농작물 생산량추정치를 갱신하고자 한다. 이 예제에서 다루는 농작물은 사탕수수인데, 사탕수수는 미국 네 개 주(플로리다, 하와이, 루이지애나, 텍사스)의 중요한 경제 작물로서 네 개 주의 32개 카운티(county)에서 재배되고 있다. 지금이 1999년 말 현재라고 가정하고, 32개 카운티의 사탕수수 생산량은 모른다고 가정하자. 하지만 1997년 당시 32개 카운티의 사탕수수 생산량 정보는 가지고 있다. 예비조사를 통해 6개 카운티의 1999년 생산량을 조사하였다. 표 6.3에는 6개 표본 카운티의 1997년과 1999년의 사탕수수 재배면적 및 생산량 자료(단위: 톤)가 나와 있다. 기록에 따르면, 1997년 32개 카운티의 평균 사탕수수 재배면적은 27,752 에이커(acres)였고, 평균 사탕수수 생산량은 967,839 톤이었다. 이 자료를 이용하여 1999년의 카운티별 평균 재배면적과 그 추정오차의 한계를 계산하라.

표 6.3 1997, 1999년 표본 카운티의 사탕수수 재배면적과 수확량

		1999		*1997*	
주	카운티	재배면적	생산량(톤)	재배면적	생산량(톤)
FL	Hendry	57,000	2,012,100	54,000	2,008,000
HI	Kauai	13,900	917,000	12,300	1,141,000
LA	Saint Landry	15,500	470,000	9,100	270,000
LA	Calcasieu	3,900	120,000	1,700	45,000
LA	Iberia	59,900	1,900,000	57,200	1,655,000
TX	Cameron	10,400	335,300	12,900	382,500

출처: National Agricultural Statistics Service; http://www.usda.gov/nass/

풀이

표본 자료를 나타낸 그래프가 그림 6.3에 나와 있는데, 1997년과 1999년 카운티별 재배면적 사이에는 강한 양의 상관관계가 있음을 나타낸다. 따라서, 이 자료는 비추정법을 활용하기에 적절한 예라고 할 수 있다.

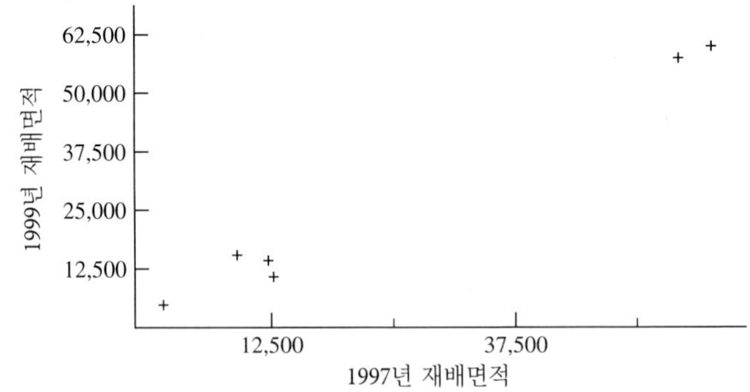

• **그림 6.3** 1999년과 1997년 재배면적

$$\hat{\mu}_y = r\mu_x = 1.091(27{,}752) = 30{,}278$$

x의 모집단 평균 μ_x를 알고 있으므로 식 (6.7)을 바로 적용하여 위 추정치의 표준편차 1,263을 구할 수 있다.

따라서, 카운티별 평균 사탕수수 재배면적 추정치는 30,278 에이커이며, 그 오차의 한계는 $\pm 2 \cdot 1263 = \pm 2526$ 에이커이다.

위 예제에서 사탕수수 생산량의 추정은 장 뒤의 연습문제로 넘긴다.

모집단 평균, 모집단 총계 또는 모집단 비에 대한 추정 공식을 효과적으로 기억할 수 있게 하기 위해 각 추정식을 서로 연관지어 보자. 먼저 비에 대한 추정량 r의 공식은 다음과 같다.

$$r = \frac{\sum_{i=1}^{n} y_i}{\sum_{i=1}^{n} x_i} \tag{6.8}$$

한편 R, τ_y, μ_y의 추정량들은 각각 다음의 식으로 표현된다.

$$\hat{R} = r \tag{6.9}$$

$$\hat{\tau}_y = r\tau_x \tag{6.10}$$

$$\hat{\mu}_y = r\mu_x \tag{6.11}$$

r의 공식만 기억하면 나머지 $\hat{\mu}_y$나 $\hat{\tau}_y$의 공식은 쉽게 기억할 수 있다. 마찬가지로 추정분산식도 다음 기본 공식만 기억하면 나머지 추정식을 쉽게 유도할 수 있다.

$$\hat{V}(r) = \left(1 - \frac{n}{N}\right)\left(\frac{1}{n\mu_x^2}\right)\frac{\sum_{i=1}^{n}(y_i - rx_i)^2}{n - 1} \tag{6.12}$$

$$\hat{V}(\hat{\tau}_y) = \tau_x^2\hat{V}(r) \tag{6.13}$$

$$\hat{V}(\hat{\mu}_y) = \mu_x^2\hat{V}(r) \tag{6.14}$$

6.4 표본크기의 결정

자료의 변동 정도(표본설계 방식에 따라 조절 가능)와 표본크기 n이 얼마인가에 따라 표본조사를 통해 얻게 될 정보의 양이 결정된다. 표본추출법이 정해지면 다음으로 표본크기를 정해야 한다. 단순확률추출법으로 표본을 추출하고, 비추정법에 의해 모수 R, μ_y, τ_y를 추정한다고 할 때 추정오차의 한계가 B 이내가 되도록 표본크기를 결정하는 법을 소개한다.

표본의 크기 n을 결정하는 단계는 앞의 4.4절에서 소개했던 것과 동일하다. 모집단의 비 R을 추정오차의 한계 B 이내로 추정할 수 있는 표본크기 n은, 오차의 한계 B가 비추정량 r의 표준오차에 2를 곱한 식과 같다는 방정식을 만든 후 이것을 n의 식으로 풀면 된다.

$$2\sqrt{V(r)} = B \tag{6.15}$$

앞에서 $V(r)$의 공식을 구체적으로 표현하지 않았지만 이 식의 추정분산 $\hat{V}(r)$은 다음과 같은 공식으로 나타내진다.

$$\hat{V}(r) = \left(1 - \frac{n}{N}\right)\left(\frac{1}{n\mu_x^2}\right)\frac{\sum_{i=1}^{n}(y_i - rx_i)^2}{n - 1} \tag{6.16}$$

위 식을 간단하게 아래와 같이 표현할 수도 있다.

$$\hat{V}(r) = \left(1 - \frac{n}{N}\right)\left(\frac{1}{\mu_x^2}\right)\frac{s_r^2}{n} \tag{6.17}$$

위의 공식에서 s_r^2 대신에 그에 상응하는 모분산 σ^2을 대입하면 이 식은 모분산 $V(r)$의 근사식이 된다. 따라서, 추정오차의 한계가 B 이내가 되도록 R을 추정하는 데 필요한 표본크기 n은 다음의 방정식을 이용하여 계산할 수 있다.

$$2\sqrt{V(r)} = 2\sqrt{\left(1 - \frac{n}{N}\right)\left(\frac{1}{\mu_x^2}\right)\frac{\sigma^2}{n}} = B \tag{6.18}$$

추정오차의 한계 B 이내로 R을 추정하기 위해 필요한 표본크기:

$$n = \frac{N\sigma^2}{ND + \sigma^2} \tag{6.19}$$

여기서

$$D = \frac{B^2\mu_x^2}{4}$$

종종 σ^2을 모른 채 표본크기를 결정해야 하는 경우가 있다. 이때 σ^2의 추정치를 구하려면, 먼저 n'개의 예비 표본을 대상으로 조사를 실시한 후 그 자료를 이용하여 다음 식과 같이 $\hat{\sigma}^2$을 계산하면 된다.

$$\hat{\sigma}^2 = \frac{\sum_{i=1}^{n'}(y_i - rx_i)^2}{n' - 1}$$

이 값을 식 (6.19)에 대입하여 표본크기를 구할 수 있다. μ_x가 미지인 경우에도 n'개의 예비조사 자료를 가지고 $\bar{x}$ 값을 구하여 대신하면 된다.

예제 6.4

한 제조업체에서는 올해 직원들의 질병으로 인한 작업시간(worker-hour) 손실 정도를 조사하여 전년도와 비교하고자 한다. $n' = 10$명의 종업원을 대상으로 예비조사한 결과가 다음의 표 6.4에 나와 있다. 전년도의 질병으로 인한 작업시간의 총 손실 시간은 $\tau_x = 16{,}300$시간이었다. 표의 자료를 이용하여 작업시간 손실의 비 R을 추정하되 추정오차의 한계는 $B = 0.01$ 이내가 되게 하라. 단, 이 업체의 종업원 수는 총 1,000명이라고 가정한다.

표 6.4 질병으로 인한 작업 손실시간

종업원	전년도 손실시간, x	금년도 손실시간, y	$y_i - rx_i$
1	12	13	0.39326
2	24	25	−0.21349
3	15	15	−0.75843
4	30	32	0.48314
5	32	36	2.38202
6	26	24	−3.31461
7	10	12	1.49438
8	15	16	0.24157
9	0	2	2.00000
10	14	12	−2.70787

계속

	n	평균	중위수	표준편차
x	10	17.80	15.00	9.99
y	10	18.70	15.50	10.36
$y_i - rx_i$	10	−0.00	0.32	1.87

풀이

주어진 자료를 이용하여 r과 $\hat{\sigma}^2$을 다음과 같이 구한다.

$$r = \frac{\sum_{i=1}^{10} y_i}{\sum_{i=1}^{10} x_i} = \frac{187}{178} = 1.05$$

$$\hat{\sigma}^2 = \frac{\sum_{i=1}^{10}(y_i - rx_i)^2}{9} = (1.86)^2 = 3.46$$

식 (6.19)를 사용하여 필요한 표본크기를 구할 수 있다. μ_x와 D는 각각 다음과 같이 계산되므로

$$\mu_x = \frac{\tau_x}{N} = \frac{16{,}300}{1000} = 16.3$$

$$D = \frac{B^2\mu_x^2}{4} = \frac{(0.01)^2(16.3)^2}{4} = 0.006642$$

이를 이용하여 표본크기 n을 구하면 다음의 결과를 얻게 된다.

$$n = \frac{N\hat{\sigma}^2}{ND + \hat{\sigma}^2} = \frac{1000(3.46)}{1000(0.006642) + 3.46} = 342.5$$

지난 1년 사이의 작업시간 손실의 비를 추정하되 추정오차의 한계가 0.01시간 이내가 되게 하려면 약 343명을 표본으로 추출하면 된다.

위와 비슷한 방법으로 추정오차의 한계 B가 되도록 모집단 평균 μ_y의 추정하기 위해 필요한 표본크기를 구할 수도 있는데 다음 식을 n에 대해 풀면 된다.

$$2\sqrt{V(\hat{\mu}_y)} = B \tag{6.20}$$

추정오차의 한계가 B 이내로 μ_y를 추정하기 위한 표본의 크기:

$$n = \frac{N\sigma^2}{ND + \sigma^2} \tag{6.21}$$

여기서

$$D = \frac{B^2}{4}$$

식 (6.21)을 이용하여 표본크기 n을 구하려면, μ_x는 몰라도 되지만 σ^2에 대한 정보가 있어야 한다. 이때 유용한 사전정보가 있으면 그것을 사용하면 되고, 사전정보마저 없으면 예비조사를 통해 자료를 확보하는 것이 필요하다.

예제 6.5

총 면적 $N = 1,000$ 에이커(acre)인 숲의 에이커당 원목 수 평균을 추정하고자 한다. 모집단인 숲을 1 에이커 면적의 조사구로 분할한 후, 조사구를 추출단위로 하여 표본을 추출한다. 표본으로 추출된 조사구에 대해서는 그 안에 있는 모든 원목 수를 세는 방식으로 자료를 얻는다. 숲에 대한 항공영상을 사용하면 조사구당 평균 원목 수 μ_x를 구할 수 있는데, 이 값은 구하고자 하는 에이커당 원목 수 평균 μ_y의 근사치이다. 이 경우 μ_y를 추정하기 위해 비추정량을 사용하는 것은 적절하다. 추정오차의 한계의 크기 $B = 1.0$이 되게 μ_y를 추정하기 위해 필요한 표본크기를 구하라.

표 6.5 조사구당 나무 수

조사구	항공사진, x	실제 조사, y	$y_i - rx_i$
1	23	25	0.5625
2	14	15	0.1250
3	20	22	0.7500
4	25	24	−2.5625
5	12	13	0.2500
6	18	18	−1.1250
7	30	35	3.1250
8	27	30	1.3125
9	8	10	1.5000
10	31	29	−3.9375

	n	평균	중위수	표준편차
y	10	20.80	21.50	7.79
x	10	22.10	23.00	8.06
$y_i - rx_i$	10	0.000	0.41	2.06

풀이

사전정보가 없다면 먼저 σ^2을 추정하기 위해 예비조사를 해야 한다. 하루에 조사할 수 있는 면적이 10에이커 정도이므로 예비조사 규모를 $n' = 10$으로 정했다. 예비조사 자료는 표 6.5에 나와 있는데, 각 예비표본 조사구의 항공영상을 분석하여 얻은 원목 수x 자료도 같이 나와 있다.

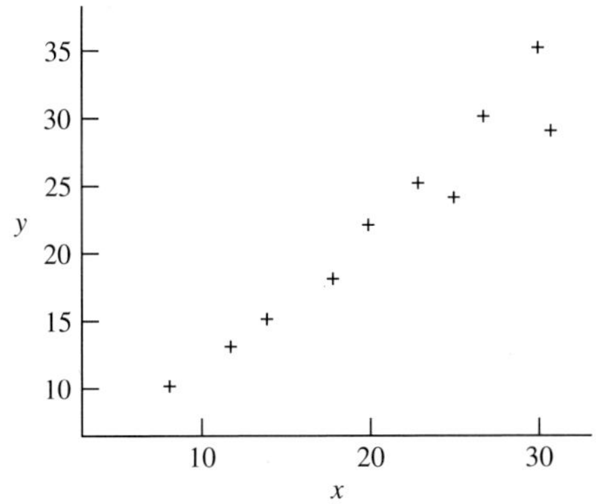

• **그림 6.4** 예제 6.5 자료의 산점도

그림 6.4는 예비조사 자료의 산점도이다. 특별한 이상점은 존재하지 않으며, 항공영상 분석에 의해 얻은 자료와 실제 관측한 자료 사이에는 양의 상관관계가 강하게 존재하는 것을 알 수 있다. 예비조사 자료로부터 다음의 계산 결과를 얻을 수 있다.

$$r = \frac{\sum_{i=1}^{10} y_i}{\sum_{i=1}^{10} x_i} = \frac{221}{208} = \frac{22.1}{20.8} = 1.06$$

$$\hat{\sigma}^2 = \frac{\sum_{i=1}^{10} (y_i - rx_i)^2}{9} = 4.20$$

$D = B^2/4 = 1/4$이므로 식 (6.21)을 이용하여 다음의 표본크기를 구할 수 있다.

$$n = \frac{N\hat{\sigma}^2}{ND + \hat{\sigma}^2} = \frac{1000(3.46)}{1000(0.25) + 3.46} = 13.65$$

위의 결과들을 요약하면, 추정오차의 한계 $B = 1.0$ 이내가 되게 조사구당 평균 원목 수 μ_y를 추정하기 위해서는 표본크기 14개가 필요하다. 예비조사에서 10개 조사구를 추출했으므로 추가적으로 4개 표본만 더 추출하여 조사하면 된다.

추정오차의 한계가 B 이내에서 모집단 총계 τ_y를 추정하기 위해 요구되는 표본크기는 다음 식을 n에 대해 풀어서 구할 수 있다.

$$2\sqrt{V(\hat{\tau}_y)} = B \tag{6.22}$$

식 (6.15)을 이용하면 다음의 식으로 달리 표현할 수도 있다.

$$2\tau_x\sqrt{V(r)} = B$$

추정오차의 한계가 B 이내로 τ_y를 추정하기 위해 요구되는 표본크기:

$$n = \frac{N\sigma^2}{ND + \sigma^2} \tag{6.23}$$

여기서

$$D = \frac{B^2}{4N^2}$$

예제 6.6

회계사가 한 병원의 실제 재고에 대한 달러 가치, τ_y와 장부 상의 재고에 대한 달러 가치, τ_x를 비교하려고 한다. 장부 상의 재고액 τ_x는 컴퓨터에 저장된 자료를 이용하면 손쉽게 파악할 수 있다. 하지만 실제 재고액은 일일이 조사하여 파악해야 한다. 실제 재고액을 알기 위해 병원 내 모든 품목들을 다 조사하려면 너무 많은 시간과 비용이 소요된다. 이때에는 재고 품목 중 일부를 확률추출하는 표본조사가 유용하다. 표본조사 자료를 가지고 실제 재고액을 추정할 수 있다.

재고 기록에는 N = 2,100개의 품목별 재고량이 기재되어 있다. 품목별 재고량에 해당 품목의 단가를 곱해 재고액 x를 구할 수 있다. 컴퓨터 자료를 이용하여 구한 장부상의 재고액 τ_x가 \$45,000였다고 한다. 추정오차의 한계 B = \$500가 되도록 τ_y를 추정하기 위해 필요한 표본크기를 계산하라.

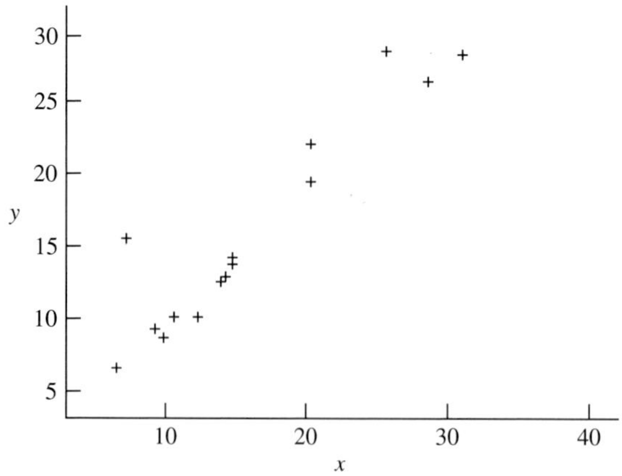

• **그림 6.5** 예제 6.6 자료의 산점도

표 6.6 재고액

항목	장부상의 재고액, x	실제 재고액, y	$y_i - rx_i$
1	15.0	14.0	−0.72102
2	9.5	9.0	−0.32331
3	14.2	12.5	−1.43590
4	20.5	22.0	1.88128
5	6.7	6.3	−0.27539
6	9.8	8.4	−1.21773
7	25.7	28.5	3.27799
8	12.6	10.0	−2.36565
9	15.1	14.4	−0.41916
10	30.9	28.2	−2.12529
11	7.3	15.5	8.33577
12	28.6	26.3	−1.76807
13	14.7	13.1	−1.32660
14	20.5	19.5	−0.61872
15	10.9	9.8	−0.89727

	n	평균	중위수	표준편차
x	15	16.13	14.70	7.57
y	15	15.83	14.00	7.38
$y_i - rx_i$	15	0.00	−0.72	2.73

풀이

σ^2에 대한 사전정보가 주어지지 않았으므로 예비조사를 통해 추정해야 한다. 하루 동안 두 사람이 작업한다면 약 15개 품목의 실제 재고액을 파악할 수 있다고 한다. 이에 따라 예비조사 규모를 $n' = 15$로 정하였다. 이같이 작은 수의 예비조사 자료를 가지고 구한 σ^2 추정치는 정확성이 떨어진다. 자연스럽게 이 추정치를 가지고 계산한 표본크기 역시 대략적인 근사치라고 할 수 있다. 보다 정확하게 표본크기를 구하려면 예비조사 규모를 더 키우면 된다. 표 6.6에 예비조사 자료가 제시되어 있다.

예비조사 자료를 가지고 다음과 같이 계산할 수 있다.

$$r = \frac{\bar{y}}{\bar{x}} = \frac{15.83}{16.13} = 0.9814 \approx 0.98$$

$$\hat{\sigma}^2 = \frac{\sum_{i=1}^{15}(y_i - rx_i)^2}{14} = (2.73)^2 = 7.45$$

식 (6.23)을 이용하여 필요한 표본크기를 구하면 다음의 결과를 는다.

$$D = \frac{B^2}{4N^2} = \frac{(500)^2}{4(2100)^2} = 0.01417$$

$$n = \frac{N\sigma^2}{ND + \sigma^2} = \frac{2100(7.45)}{2100(0.01417) + 7.45} = 420.2$$

즉, 추정오차의 한계 $B = \$500$ 이내가 되게 실제 재고액 τ_y를 추정하기 위해서는 약 421개의 표본크기가 필요하다.

예제 6.6를 통해 본 것과 같이, 비추정 관련 문제는 이 장에서 제시한 공식을 이용하여 명쾌하게 해결할 수 있다. 이번에는 일부 특이한 자료가 결과에 어떤 영향을 미치는지에 대해 자세히 살펴보자. 그림 6.5는 예제 6.6 자료를 산점도로 나타낸 것이다. 대부분의 점들이 양의 기울기를 갖는 직선 가까이에 밀집되어 있으므로 x와 y는 강한 양의 상관관계를 지닌다고 할 수 있다. 그러나 한 점이 다른 점과는 달리 직선으로부터 다소 떨어져 있다. 이 자료의 편차가 매우 커시 전체 분산에 있어 많은 부분을 차지한다.

추정의 정확성을 높이려면 이와 같이 특이한 자료가 미치는 영향을 꼼꼼이 점검해야 한다. 입력과정에서 실수로 x나 y값을 잘못 입력할 수도 있기 때문이다. 입력오류가 아니라면 매우 드문 일이 발생한 것일 수 있다(가령, 구입한 지 오래된 품목의 가격이 급등한 경우를 생각할 수 있다). 이런 자료에 대해서는 적절한 기록을 남기고 데이터베이스에서 제거시키는 방안을 고려할 수 있다.

이 예제의 특이점에 해당되는 자료를 제거하면 분석결과는 어떻게 달라질까? 특이점 하나의 자료를 제거한 후 나머지 24개의 자료를 가지고 구한 추정 결과는 다음과 같다.

$$r = \frac{15.86}{16.76} = 0.95$$

$$\hat{\sigma}^2 = (1.58)^2 = 2.50$$

특이점을 제외하고 계산한 표본크기는 163으로 제외시키기 전의 421에 비해 훨씬 작은 값이다. 비추정법을 사용한 추정(특히 분산 또는 표본크기 추정)은 특이점(influential observations)의 영향을 민감하게 받는다. 그러므로 자료분석에 앞서 먼저 적절한 그래프를 그려 관찰하는 것이 필요하다. 그림을 통해 극단적인 영향을 미치는 특이점이 존재하는지를 파악해야 한다.

6.5 층화확률추출법에서의 비추정

5장의 층화확률추출법을 사용하여 표본을 추출하는 경우에도 비추정법을 사용하면 효과적이다. 각 층마다 근사적인 분산 추정이 가능하기에 충분할 정도의 표본크기를 확보하여 x와 y를 조사한다고 가정하자. 평균의 변동계수($cv(\bar{x}) = SD(\bar{x})/n$)가 작을 때(예, 0.10 미만), 근사적 분산추정 결과가 비교적 우수한 것으로 알려지고 있다.

층화추출 하에서의 비추정량을 구하는 법으로는 두 가지가 널리 알려져 있다. 하나는, 층별 μ_y와 μ_x의 비에 대한 추정량 $\hat{R}_i = \bar{y}_i/\bar{x}_i$을 구한 후, 이를 가중평균하여 구한 전체 모집단 비추정량, 즉 $\hat{R}_{SR} = \sum_{i=1}^{L}(N_i/N)\hat{R}_i$, 인데 이것을 분리비추정량(*separate ratio estimator*)이라고 한다.

i번째 층의 분산 추정식은 다음과 같다.

$$\hat{V}(\hat{R}_i) = \left(1 - \frac{n_i}{N_i}\right)\frac{s_{R_i}^2}{\mu_{x,i}^2 n_i}$$

여기서

$$s_{R_i}^2 = \frac{\sum_{j=1}^{n_i}(y_{ij} - \hat{R}_i x_{ij})^2}{n - 1}$$

이다. 층별 보조변수의 모집단 평균 $\mu^2_{x,i}$를 모를 때에는 그 대신 표본 추정량 $\bar{x}_i^2$을 대입하여 구할 수 있다.

분리비추정량을 사용한 모집단 평균 추정량은 다음 식과 같다.

$$\hat{\mu}_{y,\,\mathrm{SR}} = \sum_{i=1}^{L}\frac{N_i}{N}\hat{\mu}_{y,\,i,\,\mathrm{SR}} = \sum_{i=1}^{L}\frac{N_i}{N}\mu_{x,\,i}\frac{\bar{y}_i}{\bar{x}_i}$$

위 추정식의 특징은 보조변수 x의 모집단 평균에 전체 모집단 비추정치를 곱한 추정치(즉, $\mu_x\hat{R}_{SR}$)를 사용하지 않고, 각 층별 관심변수 y의 비추정량을 각각 구한 후 그것들을 결합하여 전체 모집단에 대한 추정량으로 사용한다는 점이다. 이 경우 분산추정량은 다음 식과 같다.

$$\mathrm{var}(\hat{\mu}_{Y,\,\mathrm{SR}}) = \sum_{i=1}^{L}\left(\frac{N_i}{N}\right)^2\left(1 - \frac{n_i}{N_i}\right)\frac{s_{R_i}^2}{n_i}$$

두 번째 비추정량은 결합비추정량(*combined ratio estimator*)이라고 불리는 것이다. 층화 표본에서 전체 모집단 μ_y와 μ_x의 추정치 $\bar{y}_{\mathrm{st}}$와 $\bar{x}_{\mathrm{st}}$를 먼저 구하고, 이 추정치들로 모집단 비 μ_y/μ_x를 추정하는 방법이다. 즉, 비추정량의 식은 $\hat{R}_{CR} = \bar{y}_{\mathrm{st}}/\bar{x}_{\mathrm{st}}$이다.

비추정량의 분산추정식은 다음과 같다.

$$\hat{V}(\hat{R}_{CR}) = \frac{1}{\mu_X^2}\sum_{i=1}^{L}\left(\frac{N_i}{N}\right)^2\left(1 - \frac{n_i}{N_i}\right)\frac{s_{R_{CR},\,i}^2}{n_i}$$

여기서

$$s_{R_{CR},\,i}^2 = \frac{\sum_{j=1}^{n_i}(y_{ij} - \hat{R}_{CR}x_{ij})^2}{n - 1}$$

이다. 각 층별 분산을 구할 때 사용된 비추정량이 모두 같다는 점이 인상적이다.

결합비추정량을 사용하여 모집단 평균 추정량을 구하면, $\hat{\mu}_{Y,\,\mathrm{CR}} = \hat{R}_{CR}\mu_X = \bar{y}_{st}/\bar{x}_{st}\mu_X$가 되며, 분산추정량은 다음과 같다.

$$\text{var}(\hat{\mu}_{Y,\,\text{CR}}) = \sum_{i=1}^{L}\left(\frac{N_i}{N}\right)^2\left(1 - \frac{n_i}{N_i}\right)\frac{s^2_{R_{\text{CR}}}}{n_i}$$

예제 6.7

앞의 예제 6.4를 다시 생각해보자. A사 종업원 10명을 단순확률추출하여 질병으로 인한 작업시간(worker-hour) 손실분을 조사하였다. 그 결과 $n_{\text{A}} = 10$, $\bar{y}_{\text{A}} = 18.7$, $\bar{x}_{\text{A}} = 17.8$, $r_{\text{A}} = 1.05$, $N_{\text{A}} = 1{,}000$, $\tau_{x\text{A}} = 16{,}300$인 것으로 나타났다.

같은 업종이면서 규모가 비슷한 B사에서도 마찬가지로 10명의 종업원을 단순확률추출하여 조사하였다(A, B 두 회사가 전체 모집단인 것으로 간주한다). B사의 조사결과는 표 6.7에 나와 있다. $N_{\text{B}} = 1{,}500$, $\tau_{x\text{B}} = 12{,}800$는 각각 미리 알 수 있는 값이라고 가정한다. 이때 μ_y에 대한 분리비추정치와 분산추정치를 구하라.

표 6.7 B사의 질병으로 인한 작업시간 손실분

종업원	전년도 손실시간, x_{B}	금년도 손실시간, y_{B}
1	10	8
2	8	0
3	0	4
4	14	6
5	12	10
6	6	0
7	4	2
8	0	4
9	8	4
10	16	8
	78	46

풀이

μ_{yA}의 비추정량은 $(\bar{y}_{\text{A}}/\bar{x}_{\text{A}})(\mu_{xA})$이며[식 (6.6) 참조], 추정분산은 식 (6.7)과 같다. 마찬가지로 μ_{yB}의 추정량은 $(\bar{y}_{\text{B}}/\bar{x}_{\text{B}})(\mu_{x\text{B}})$이며, 이것의 분산추정량도 비슷한 방법으로 구할 수 있다.

y의 모집단 평균 μ_y를 추정하려면 5장에서 소개한 바와 같이 층 크기 비례 가중치를 사용하여 가중평균을 취하면 된다. 즉, μ_y의 비추정량 $\hat{\mu}_{y\text{RS}}$를 다음과 같은 식으로 나타낼 수 있다.

$$\hat{\mu}_{y\text{RS}} = \left(\frac{N_{\text{A}}}{N}\right)\left(\frac{\bar{y}_{\text{A}}}{\bar{x}_{\text{A}}}\right)(\mu_{x\text{A}}) + \left(\frac{N_{\text{B}}}{N}\right)\left(\frac{\bar{y}_{\text{B}}}{\bar{x}_{\text{B}}}\right)(\mu_{x\text{B}})$$

한편 추정분산의 식은 다음과 같다.

$$\hat{V}(\hat{\mu}_{y\text{RS}}) = \left(\frac{N_{\text{A}}}{N}\right)^2\left(1 - \frac{n_{\text{A}}}{N_{\text{A}}}\right)\frac{s^2_{r,\,\text{A}}}{n_{\text{A}}} + \left(\frac{N_{\text{B}}}{N}\right)^2\left(1 - \frac{n_{\text{B}}}{N_{\text{B}}}\right)\frac{s^2_{r,\,\text{B}}}{n_{\text{B}}}$$

위의 자료를 기초로 $\hat{\mu}_{y\text{RS}}$를 계산하면 다음 결과가 나온다.

$$\left(\frac{1000}{2500}\right)\left(\frac{18.7}{17.8}\right)(16.3) + \left(\frac{1500}{2500}\right)\left(\frac{4.6}{7.8}\right)(8.53) = 9.87$$

분산추정치는 0.403이므로 표준편차 추정치는 0.63이 된다. 자세한 계산에 대해서는 엑셀도구를 참조하라.

$$\begin{aligned}\hat{V}(\hat{\mu}_{y\text{RS}}) &= \left(\frac{1000}{2500}\right)^2\left(\frac{990}{1000}\right)\frac{1}{10}(1.86)^2 \\ &\quad + \left(\frac{1500}{2500}\right)^2\left(\frac{1490}{1500}\right)\left(\frac{1}{10}\right)(3.12)^2 \\ &= 0.403\end{aligned}$$

예제 6.8

예제 6.7의 데이터를 사용하여 μ_y의 결합비추정량을 계산하라.

풀이

μ_y와 μ_x의 추정량으로 각각 $\bar{y}_{\text{st}}$, $\bar{x}_{\text{st}}$를 사용하면 결합비추정량은 다음의 식으로 나타내진다.

$$\hat{\mu}_{y\text{RC}} = \frac{\bar{y}_{\text{st}}}{\bar{x}_{\text{st}}}(\mu_x)$$

(위 식에서 RC는 결합비를 나타내는 약어이다) 비추정량 r_C를 $(\bar{y}_{\text{st}}/\bar{x}_{\text{st}})$로 표현하면, $\hat{\mu}_{y\text{RC}}$의 추정분산의 식은 다음과 같다.

$$\hat{V}(\hat{\mu}_{y\text{RS}}) = \left(\frac{N_\text{A}}{N}\right)^2\left(1 - \frac{n_\text{A}}{N_\text{A}}\right)\frac{s_{r\text{A}}^2}{n_\text{A}} + \left(\frac{N_\text{B}}{N}\right)^2\left(1 - \frac{n_\text{B}}{N_\text{B}}\right)\frac{s_{r\text{B}}^2}{n_\text{B}}$$

여기서 $s_{r\text{A}}^2$은 A자료에서의 $(y_i - r_C x_i)$의 분산을, $s_{r\text{B}}^2$은 B자료에서의 $(y_i - r_C x_i)$의 분산을 나타낸다.

주어진 자료에 대한 계산결과는 다음과 같다.

$$\begin{aligned}\bar{y}_{\text{st}} &= (0.4)(18.7) + (0.6)(4.6) = 10.24 \\ \bar{x}_{\text{st}} &= (0.4)(17.8) + (0.6)(7.8) = 11.80 \\ r_\text{C} &= 0.868 \\ \mu_x &= \frac{16{,}300 + 12{,}800}{2500} = 11.64\end{aligned}$$

그러므로 $\hat{\mu}_{y\text{RC}}$의 값은 다음과 같다.

$$\frac{10.24}{11.80}(11.64) = 10.10$$

엑셀도구를 써서 계산한 추정분산은 0.66이다.

예제 6.7과 예제 6.8의 결과를 비교해보면, 결합비추정량의 분산추정치가 분리비추정량에 비해 더 크다는 것을 알 수 있다. 이런 결과는 이 예 말고 다른 예에서도 일반적으로 관찰되는 결과이다. 하지만 일반적으로는 분리비추정량이 더 많이 활용되고 있다. 각 층별 비추정량은 불편추정량(unbiased etimator)이 아니므로 분리비추정량의 편향이 결합비추정량보다 더 크게 된다. 결론을 내리자면, 각 층별 표본크기가 충분히 커서(일반적으로 20 이상) 층별 비추정량의 편향을 무시해도 상관없다면 분리비추정량을 사용하는 것이 효과적이다. 반면, 각 층별 표본의 크기가 작거나 또는 층별 비추정치가 비슷한 값이면 결합비추정량을 사용하는 것이 더 효과적이다.

모집단 총계의 추정량은 평균 추정량에 모집단 크기 N을 다음 식과 같이 곱해주기만 하면 되고, 그에 따른 분산추정량도 쉽게 구할 수 있다.

$$\hat{\tau}_{y\mathrm{RS}} = N\hat{\mu}_{y\mathrm{RS}}$$

6.6 회귀추정

두 변수 x와 y가 서로 원점을 지나는 직선관계일 때에는 6.3절에서 살펴본 비추정법이 가장 효과적인 추정법이다. 그러나 만약 두 변수 x와 y의 자료가 직선관계이긴 한데 원점을 지나지 않을 때에는 μ_y의 추정량으로 회귀추정량을 사용하는 것이 적절하다. 회귀추정도 비추정과 같이 보조정보인 μ_x를 사전에 알 수 있어야 사용 가능하다.

두 변수 x와 y 사이의 기본적인 관계를 나타내는 직선을 x에 대한 y의 회귀직선이라고 한다. 앞으로 L이라는 첨자를 사용하게 되는데, 이것은 선형회귀(*linear regression*)를 의미하는 약어이다. 최소제곱법에 의해 (x, y) 자료점을 지나는 직선을 구하면 다음의 식을 얻게 된다.

$$\hat{y}_i = a + bx_i$$

여기서 a는 $x=0$일 때의 절편이며, b는 회귀직선의 기울기이다. 절편은 다음 식으로도 나타낼 수 있다.

$$a = \overline{y} - b\overline{x}$$

위의 식을 원래의 회귀식에 대입하면 다음의 식이 된다.

$$\hat{y}_i = \overline{y} + b(x_i - \overline{x})$$

위 직선식을 이용할 경우 x_i 대신 어떤 x값이 주어져도 그에 대응되는 y 추정치를 구하게 되어 모집단 평균을 추정하는 데 활용할 수 있다. 위 식에서 x_i 대신 μ_x를 대입하면 바로 μ_y의 회귀추정량 $\hat{\mu}_{y\mathrm{L}}$이 된다.

회귀추정에서는 x를 고정된 수치로 간주하고 y만 확률변수로 가정한다. 가령, x를 지난해의 1사분기 소득이라고 하면 이는 사전에 알 수 있는 고정수치가 된다. 반면 금년 1사분기 소득은 앞으로 조사를 통해 관측해야 할 확률변수 y가 되는 것이다. 그러므로 회귀추정량의 확률적 특성은 x값들이 주어져 있는 상황에서 y에 의해 결정된다.

모집단 평균 μ_y의 회귀추정량:

$$\hat{\mu}_{yL} = \bar{y} + b(\mu_x - \bar{x}) \tag{6.24}$$

여기서

$$b = \frac{\sum_{i=1}^{n}(y_i - \bar{y})(x_i - \bar{x})}{\sum_{i=1}^{n}(x_i - \bar{x})^2}$$

$\hat{\mu}_{yL}$의 추정분산:

$$\hat{V}(\hat{\mu}_{yL}) = \left(1 - \frac{n}{N}\right)\left(\frac{1}{n}\right)\left(\frac{\sum_{i=1}^{n}(y_i - (a + b)x_i)^2}{n - 2}\right) \tag{6.25}$$

$$= \left(1 - \frac{n}{N}\right)\left(\frac{\text{MSE}}{n}\right) \tag{6.26}$$

여기서 MSE는 $\boldsymbol{x}$에 대한 $\boldsymbol{y}$의 단순회귀직선으로부터 구한 평균제곱오차를 의미한다.

예제 6.9

한 대학에서는 입학예정자 486명을 대상으로 입학 전에 수학시험을 실시하였다. 입학예정자 중 단순확률표본 $n = 10$명을 추출한 후, 대학생활을 통해 그들의 수학능력이 향상되는지를 지속적으로 관찰하였다. 표본학생들의 예비시험 성적과 학년말고사 성적이 표 6.8에 나와 있다. 486명 전체 학생들의 예비시험 평균성적(μ_x)은 52점이었다. 이 모집단의 학년말고사 평균 성적 μ_y를 추정하고, 추정오차의 한계를 계산하라.

표 6.8 예비시험 성적과 학년말 성적

학생	예비시험 성적, x	학년말 성적, y
1	39	65
2	43	78
3	21	52
4	64	82
5	57	92
6	47	89
7	28	73
8	75	98
9	34	56
10	52	75

풀이

우선 주어진 자료로 산점도를 그려 보자. 그림 6.6의 산점도를 관찰해 보면, y와 x 사이에는 강한 양의 상관관계가 존재함을 알 수 있으며, 두 변수의 관계를 직선식으로 설명하는 것이 타당하다는 사실을 알 수 있다.

이 예제에서는 $b=0.766$이 되므로 $\hat{\mu}_{yL}$은 다음과 같이 계산할 수 있다.

$$\bar{y} + b(x_i - \bar{x}) = 76 + (0.766)(52 - 46) = 80.6$$

추정치 계산식을 보면, μ_y의 회귀추정치가 단순평균 $\bar{y}$보다 더 커지는데, x의 모평균 μ_x와 표본평균 $\bar{x}$ 사이의 차이에 회귀계수 추정치 b를 곱해준 값만큼 증가하게 되는 것을 알 수 있다. 한편, 분산 추정치는 7.42이다. 따라서 오차의 한계는 다음과 같이 구할 수 있다.

$$2\sqrt{\hat{V}(\hat{\mu}_{yL})} = 5.45$$

결과적으로, 모집단에 포함되는 학생들의 수학성적의 평균 주정치의 추정평균값은 80.6점이며, 신뢰구간은 80.6±5.45점이다.

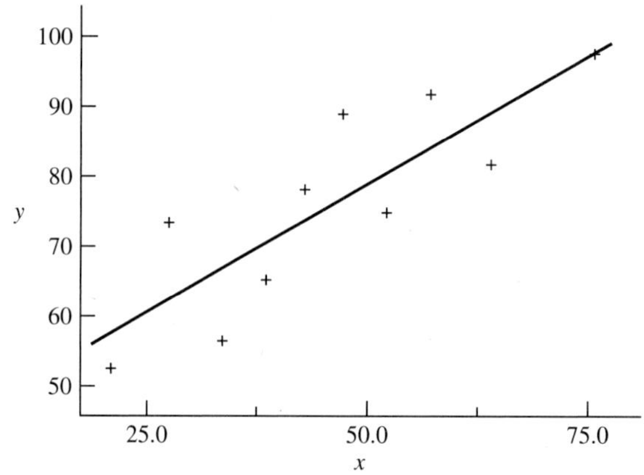

• **그림 6.6** 예제 6.9 자료의 산점도

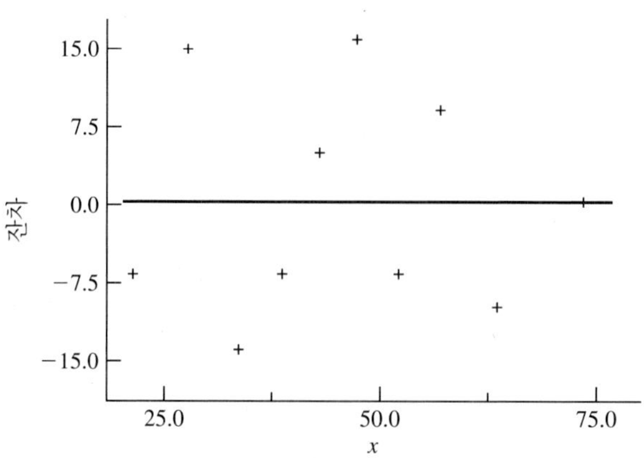

• **그림 6.7** 예제 6.9 데이터의 잔차그림

자료 중 특이하게 편차가 큰 것이 있는지, 또는 단순선형모형의 가정이 잘 들어맞는지 등을 보려면 잔차그림(residual plots)을 그리는 것이 좋다. y와 x관계를 나타내는 모형의 가정이 적절할 경우 잔차그림에 있는 점들은 0을 나타내는 수평선 위, 아래로 랜덤하게 흩어진 모양을 나타낼 것이다. 그림 6.7은 예제의 잔차그림인데, 이 그림에서는 잔차에 특별한 패턴이 나타난다고 할 수 없다. 회귀추정을 사용하는 것이 적절한 경우 잔차그림은 이와 같은 모양을 나타낸다.

예제 6.2에 소개하였던 오렌지의 무게와 과즙함유량 자료는 비추정량보다 회귀추정량이 더 적합한 예라고 할 수 있다(산점도를 보면 회귀직선이 원점을 지나지 않는다). 회귀추정법을 이용한 총계추정량은 $N\hat{\mu}_{yL}$이므로 이 추정량을 활용하려면 N에 대한 정보가 필요하다. 반면, 비추정법에서는 이런 문제가 생기지 않으므로 트럭에 실린 오렌지의 총수를 세는 수고를 피할 수 있다. 경우에 따라 N을 쉽게 구할 수 있을 때도 있다. 그러므로 모집단 평균이나 모집단 총계의 추정을 위해 비추정법이나 회귀추정량 중 어느 것을 사용할지 결정할 때에는 여러 가지 면을 신중하게 검토해야 한다. 이 점에 대해서는 뒤의 6.8절에서 더 논의하게 될 것이다.

6.7 차이추정

모집단 평균이나 모집단 총계의 추정을 위한 차이추정법(difference method of estimating)에서는 단순추정량 $\bar{y}$를 $(\mu_x - \bar{x})$의 차에 따라 조정한다는 점에서 회귀추정법과 유사하다. 그러나 회귀계수 b를 1로 처리하므로 계산이 간편하다. 차이추정법은 회귀추정법보다 계산이 편리하면서도 통계적 효율은 비슷하게 나타나기 때문에 매우 유용한 방법으로 평가되고 있다. 이 추정법은 특히 회계 분야에 많이 사용되므로 여기서도 회계 분야 예제를 사용하여 설명하기로 한다. 단순확률추출법으로 추출된 표본인 경우, 차이추정량은 다음 공식과 같다.

모집단 평균 μ_y의 차이추정량:

$$\hat{\mu}_{yD} = \bar{y} + (\mu_x - \bar{x}) = \mu_x + \bar{d} \qquad \textbf{(6.27)}$$

여기서

$$\bar{d} = \bar{y} - \bar{x}$$

$\hat{\mu}_{yD}$의 추정분산:

$$\hat{V}(\hat{\mu}_{yD}) = \left(1 - \frac{n}{N}\right)\left(\frac{1}{n}\right)\frac{\sum_{i=1}^{n}(d_i - \bar{d})^2}{n-1} \qquad \textbf{(6.28)}$$

여기서 $d_i = y_i - x_i$

예제 6.10

회계사들은 여러 계정의 장부상 금액과 실제 금액을 비교하는 문제를 자주 다루게 된다. 장부상의 금액에 대해서는 모집단 내 모든 계정의 정보가 있는 반면, 실제 금액 자료는 표본으로 뽑힌 일부 계정에 대해서만 자료를 구할 수 있다. 모집단 실제 금액의 모집단 평균이나 모집단 총계를 추정하는 문제에서 전 계정의 장부상 금액 정보 또한 유용하게 활용될 수 있다.

총 180개 계정의 장부상 총액은 $13,320이다. i번째 계정의 장부상의 금액을 x_i, 실제 금액을 y_i로 표기하자. 전체 계정 중 $n = 10$개 항목을 단순확률추출하여 조사한 결과가 표 6.9에 나와 있다. 그림 6.8은 주어진 자료의 산점도인데, 표본자료를 원점을 지나는 직선으로 설명하는 것이 타당함을 알 수 있다. 차이추정법을 사용하여 계정당 모집단 평균액 μ_y와 추정분산을 계산하라.

표 6.9 실제 금액과 장부상 금액

표본	실제 금액, y_i	장부상 금액, x_i	d_i
1	9	10	−1
2	14	12	+2
3	7	8	−1
4	29	26	+3
5	45	47	−2
6	109	112	−3
7	40	36	+4
8	238	240	−2
9	60	59	+1
10	170	167	+3

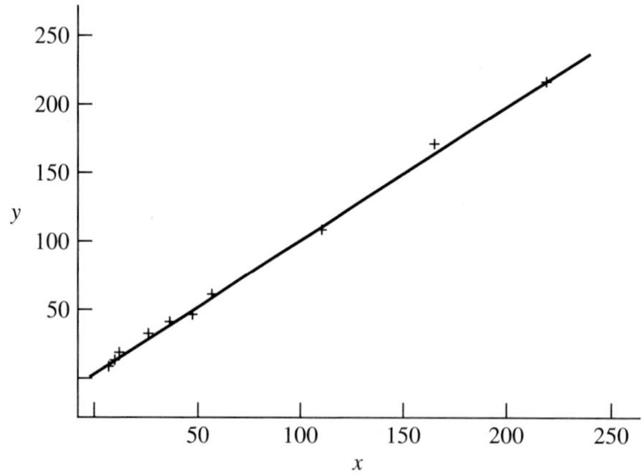

• **그림 6.8** 예제 6.10 자료의 산점도

풀이

$\bar{y} = 72.1$, $\bar{x} = 71.7$, $\mu_x = 74.0$이므로 다음과 같은 추정치를 얻게 된다.

$$\hat{\mu}_{yD} = \mu_x + \bar{d} = 74.0 + (72.1 - 71.7) = 74.4$$

또한,

$$\left(\frac{1}{n-1}\right)\sum_{i=1}^{n}(d_i - \bar{d})^2 = 6.27$$

이므로 분산추정치는 다음과 같이 계산된다.

$$\hat{V}(\hat{\mu}_{y\mathrm{D}}) = \left(1 - \frac{n}{N}\right)\left(\frac{1}{n}\right)\frac{\sum_{i=1}^{n}(d_i - \bar{d})^2}{n-1} = \left(1 - \frac{10}{180}\right)\left(\frac{6.27}{10}\right) = 0.59$$

모집단 계정당 평균액은 \$6.27로 추정되며, 추정오차의 한계는 약 $2\sqrt{0.59} = \$1.54$이다.

6.8 추정량의 상대효율

편향

이 절에서는 모집단 평균 μ_y의 서로 다른 세 추정량 비추정량, 회귀추정량, 차이추정량과 4장에서 소개한 단순추정량을 비교하고자 한다. 편향추정량(biased estimator)에 대해서는 분산만 가지고 효율을 비교하는 것은 불충분하므로 먼저 편향(bias)을 살펴보기로 한다. 단순확률표본에서의 단순추정량 $\bar{y}$는 μ_y의 비편향추정량(unbiased estimator)이어서 편향의 문제를 생각할 필요가 없다. 그러나 μ_y의 비추정량은, 비추정량 $r = \bar{y}/\bar{x}$이 모집단 비 $R = \mu_y/\mu_x$에 대해 편향추정량이기 때문에, 당연히 편향추정량이 된다. 만일 y와 x가 원점을 지나는 직선 관계를 지닌다면, 편향의 정도가 매우 작아 무시해도 된다. 근사적으로 구한 r의 상대편향은 근사식은 다음 식과 같다.

$$\frac{E(r) - R}{R} \approx \left(\frac{N-n}{Nn}\right)\left(\frac{s_x^2}{\bar{x}^2} - \hat{\rho}\,\frac{s_y}{\bar{y}} \cdot \frac{s_x}{\bar{x}}\right)$$

여기서 $\hat{\rho}$은 두 변수 y와 x의 표본상관계수를 나타낸다.

비추정량이나 비추정량을 활용한 평균추정량과 마찬가지로 회귀추정량은 유한모집단에서 편향된 추정량이다. 두 변수 y와 x가 원점을 지나지는 않지만 직선 관계이기만 하면 회귀추정량의 편향 역시 작아 무시해도 될 정도이다. 그러나 y와 x의 관계가 곡선 모양을 띨 때는 편향을 무시해서는 안 된다. 차이추정량은 단순확률추출법 아래에서는 항상 비편향추정량이다.

다양한 상황에서 비추정량과 회귀추정량의 편향이 어느 정도인지 알기 위해서는 시뮬레이션을 활용하는 것이 바람직하다. 각각 200개씩의 조사단위로 구성되는 두 가지 모집단에 대해 시뮬레이션을 실시한다. 모집단 I는 y와 x가 직선관계인 상황이고, 모집단 II는 y와 x가 곡선관계인 상황이다. 두 모집단에 대한 그림과 요약통계량은 각각 그림 6.9와 표 6.10에 나와 있다.

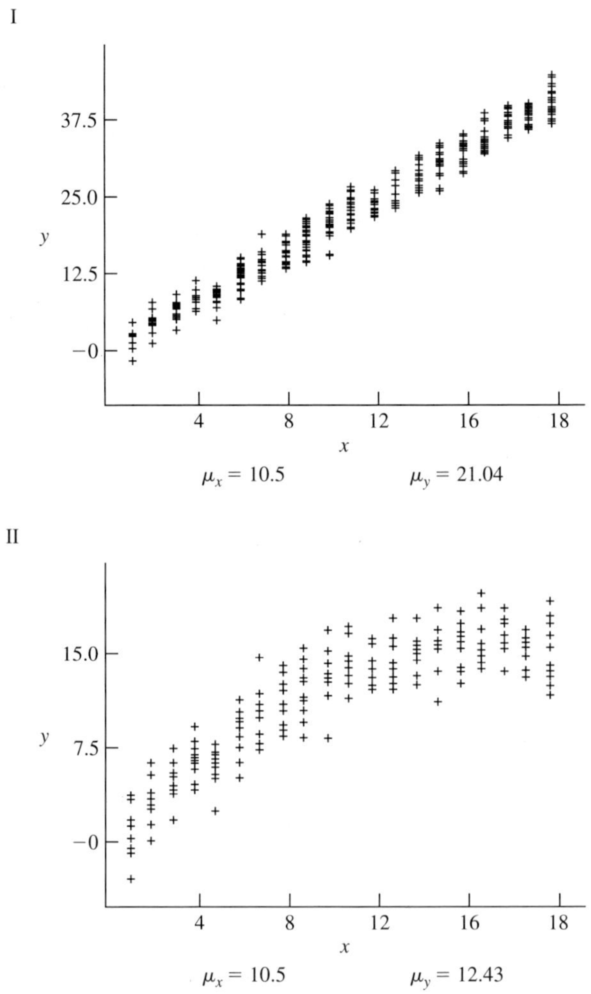

• 그림 6.9 시뮬레이션을 통해 나온 두 모집단

추정량의 표본분포를 구하기 위해 네 가지 서로 다른 상황을 가정하고 시뮬레이션을 실시하였다. 즉, 모집단 I에서 비추정, 모집단 I에서 회귀추정, 모집단 II에서 비추정, 모집단 II에서 회귀추정을 실시하였다. 각 상황에 대해 400회씩 시행을 반복하였다. 네 경우 모두 표본분포가 근사적으로 정규분포인 것으로 나타났는데 여기서는 그 중 하나의 그래프만 그림 6.10에 소개하기로 한다.

모집단 I에서는 비추정량과 회귀추정량의 편향이 둘 다 아주 작았으며, 전체 변동량에서 편향이 차지하는 비중도 미미하였다. 상대적으로 비교하면, 비추정량이 편향과 분산 모두 회귀추정량보다는 크게 나타났다. 하지만 두 추정량 모두 모집단 II에서 효율적인 것으로 평가할 수 있다. 두 변수의 관계를 곡선 모양으로 가정한 모집단 II에서는 두 추정량의 편향이 상당히 크게 나타났다. 상대적으로 비교해 보면, 회귀추정량의 편향과 분산이 비추정량보다 더 작게 나타났다. 일반적으로 말해서, 두 변수의 관계가 원점을 지나지 않는 직선관계를 보일 때에는 회귀추정량이 비추정량보다 더 낫다고 할 수 있다. 하지만 두 변수 사이에 곡선관계를 보일 때에는 회귀추정량이라고 해도 편향이 크다.

표 6.10 μ_y 추정을 위해 시뮬레이션으로 구한 표본분포 요약

		모집단 I	모집단 II
		$\mu_y = 21.04$	$\mu_y = 12.43$
비추정	표본분포의 평균	21.07	12.61
	표본분포의 표준편차	0.66	1.20
회귀추정	표본분포의 평균	21.02	12.55
	표본분포의 표준편차	0.65	0.88

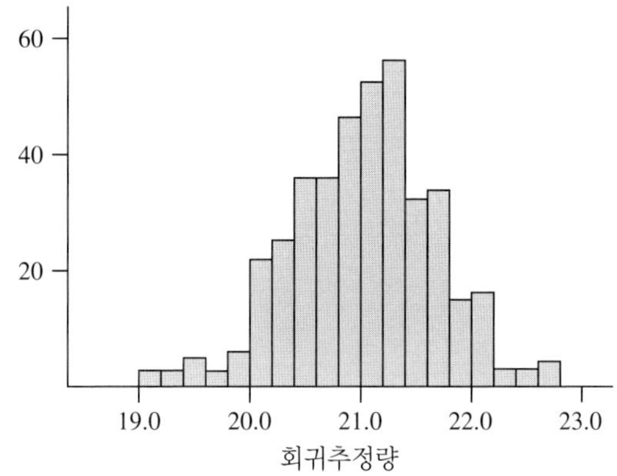

• **그림 6.10** 모집단 I에서 시뮬레이션으로 구한 회귀추정량의 표본분포

상대효율

모집단 평균 μ_y에 대한 추정량으로 표본평균, 비추정량, 회귀추정량, 차이추정량 등을 사용할 수 있다. 그렇다면 특정 표본에서 어떤 추정량을 사용하는 것이 가장 효율적일까? 모든 상황에 대해 단정적인 결론을 내리기는 어렵지만 추정량들의 특성을 비교할 수 있는 몇 가지 지침을 생각할 수는 있다. 이 목적을 위해 추정량들의 **상대효율**(*relative efficiency*)을 비교하는 것을 방법이 가장 널리 활용되고 있다.

특정 모수에 대한 추정량으로 E_1과 E_2, 두 개의 추정량이 고려되고 있다고 하자. 만일 두 추정량 모두 비편향 또는 거의 비편향인 추정량인 경우에는, 둘 중 분산이 작은 추정량이 더 효율적인 추정량이라고 할 수 있다. 분산이 더 작으면 신뢰구간 추정에서 구간의 폭이 더 좁아진다. 일반적으로는 표본크기가 커질수록 분산은 작아지므로 두 추정량의 효율을 비교하기 위해서는 표본크기를 동일하게 고정하는 것이 필요하다. 두 분산의 상대적인 크기를 비교할 때 분산의 비를 사용하는 것이 효과적인데, 두 추정량의 분산의 비를 **상대효율**이라고 하며 RE로 표기한다. 상대효율의 비가 클수록 첫 번째 추정량이 뒤의 추정량에 비해 더 효율적인 추정량이 되도록 상대효율을 정의한다. 추정량 E_2에 대한 추정량 E_1의 상대효율은 다음과 같이 정의된다.

$$\mathrm{RE}\left(\frac{E_1}{E_2}\right) = \frac{V(E_2)}{V(E_1)}$$

$\mathrm{RE}(E_1/E_2)$가 1보다 크면, $V(E_2)$가 $V(E_1)$보다 더 크다는 뜻이므로 추정량 E_1이 E_2에 비해 더 효율

적이라고 할 수 있다. 여기서 두 추정량의 표본크기는 서로 같다고 가정한다.

만약 $\text{RE}(E_1/E_2) = 2$이라면 $V(E_2) = 2V(E_1)$이 되어 E_1이 E_2에 비해 더 효율적이라고 할 수 있다. 이를 다르게 표현하면, E_2라는 추정량을 사용하여 E_1과 같은 효율을 얻으려면 E_1에 비해 표본크기를 2배 늘여야 한다고 할 수 있다. 따라서 RE란 두 추정량의 효율을 같게 했을 때 표본크기의 비를 나타내는 개념으로 이해하면 된다. RE가 1일 때에는, 두 추정량의 효율이 같으므로 어느 추정량을 사용해도 비슷한 결과를 얻게 될 것이다.

*RE*는 추정량의 이론적인 모분산 비로 정의된다. 그러나 실제로는 모분산 비가 아닌 추정분산의 비를 사용하게 되므로, 상대효율의 추정량을 다음과 같이 정의하기로 하자.

$$\widehat{\text{RE}}\left(\frac{E_1}{E_2}\right) = \frac{\hat{V}(E_2)}{\hat{V}(E_1)}$$

위 상대효율 추정량의 의미를 해석할 때 주의가 필요하다. $\widehat{\text{RE}}(E_1/E_2) > 1$이라고 해서 $V(E_2) > V(E_1)$라고 속단하는 것은 무리이다. 위 추정치는 하나의 표본에 의해 추정된 결과로써 표본이 바뀌면 달라질 수 있는 값이다. 만일 표본크기가 충분히 크고, 분산추정량이 효율적인 추정량일 때라면, $\widehat{\text{RE}}(E_1/E_2)$의 값이 1보다 큰 경우 E_1이 E_2보다 효율이 높은 추정량일 가능성이 높다.

모집단 평균 추정에서 비추정량의 단순추정량 $\bar{y}$에 대한 상대효율 추정식은 다음과 같다.

$$\widehat{\text{RE}}\left(\frac{\hat{\mu}_y}{\bar{y}}\right) = \frac{\hat{V}(\bar{y})}{\hat{V}(\hat{\mu}_y)} = \frac{s_y^2}{s_y^2 + r^2 s_x^2 - 2r\hat{\rho}s_x s_y}$$

$\widehat{\text{RE}}(\hat{\mu}_y/\bar{y}) > 1$을 만족시킬 조건은 다음과 같다.

$$s_y^2 + r^2 s_x^2 - 2r\hat{\rho}s_x s_y < s_y^2$$

위 조건을 정리하면

$$r^2 s_x^2 < 2\hat{\rho}s_x s_y$$

인데, 여기서 r>0을 가정하면 다음과 같아진다.

$$r s_x^2 < 2\hat{\rho}s_x s_y$$

위 식을 다음과 같은 식으로 바꾸어 표현해도 괜찮다.

$$\hat{\rho} > \frac{1}{2}\frac{r s_x}{s_y} = \frac{1}{2}\frac{s_x/\bar{x}}{s_y/\bar{y}} = \frac{1}{2}\frac{\text{cv}(x)}{\text{cv}(y)}$$

일반적으로 비추정량을 주로 사용하는 예들을 살펴보면 x는 과거의 변수 자료, y는 현재의 변수 자료인 경우가 많다(금년 일사분기와 전년 동분기 매출량의 비, 실제 금액과 장부상의 금액의 비 등). 이때는 x와 y의 변동계수가 서로 비슷하므로 $\hat{\rho} > 1/2$이 성립된다. 다시 말해 비추정량이 단순추정량에 비해 더 효율적이라고 할 수 있다. 일반적으로, y에 비해 x의 변동계수가 더 작고, y와 x

사이에 강한 양의 상관관계가 있을 때에는 비추정량이 단순추정량에 비해 효율이 높다. 연구자가 x를 정할 수 있는 상황에서는 가능한 한 변동이 적은 변수를 택하는 것이 효과적이다.

회귀추정량과 단순추정량 또는 비추정량의 효율을 비교하고자 할 때 추정분산식을 약간 수정하면 편리하다. 회귀추정량은 다음 식과 같다.

$$\hat{\mu}_{yL} = \bar{y} + b(\mu_x - \bar{x})$$

여기서 b는 회귀직선의 기울기에 대한 추정량이다. $\hat{\mu}_{yL}$의 추정분산식은 다음과 같다[식 (6.25) 참조].

$$\hat{V}(\hat{\mu}_{yL}) = \left(\frac{1}{n}\right)\left(1 - \frac{n}{N}\right)\left(\frac{1}{n-2}\right)\left[\sum_{i=1}^{n}(y_i - \bar{y})^2 - b^2\sum_{i=1}^{n}(x_i - \bar{x})^2\right]$$

위 식에서 분모의 $(n - 2)$를 $(n - 1)$으로 고쳐주면 위 식은 다음과 같이 표현된다.

$$\hat{V}(\hat{\mu}_{yL}) \approx \left(\frac{1}{n}\right)\left(1 - \frac{n}{N}\right)\left[s_y^2 - b^2 s_x^2\right]$$

그런데,

$$b = \hat{\rho}\frac{s_y}{s_x}$$

이므로, 이를 위의 식에 대입하면 다음의 식을 얻게 된다.

$$\hat{V}(\hat{\mu}_{yL}) \approx \left(1 - \frac{n}{N}\right)\frac{s_y^2}{n}\left(1 - \hat{\rho}^2\right)$$

$V(\hat{\mu}_{yL})$에 대한 근사 추정량은 표본의 크기 n이 일정 수준 이상 크면 좋은 추정량이라고 할 수 있다. 소표본일 때 분산의 과소추정이 생기는 것을 방지하기 위해 분모에 $(n - 2)$로 나눈 것이다. 간단하게 표현한 분산추정량을 사용하여 상대효율을 추정한 식은 다음과 같다.

$$\widehat{\text{RE}}\left(\frac{\hat{\mu}_{yL}}{\bar{y}}\right) = \frac{s_y^2}{s_y^2(1 - \hat{\rho}^2)} = \frac{1}{1 - \hat{\rho}^2}$$

위 식의 값은 $\hat{\rho}$이 0이 아니면 언제든 1보다 크게 된다. 한편 $\hat{\rho}$이 1일 때에는 RE는 무한대가 된다. 따라서, μ_y의 추정량으로서, $\hat{\mu}_{yL}$은 $\bar{y}$에 비해 항상 효율이 더 높다(x와 y가 직선 관계가 아닐 때에는 회귀추정량은 심각한 편향을 가질 수 있다).

이번에는 회귀추정량과 비추정량의 상대효율을 구해보자.

$$\widehat{\text{RE}}\left(\frac{\hat{\mu}_{yL}}{\hat{\mu}_y}\right) = \frac{s_y^2 + r^2 s_x^2 - 2r\hat{\rho}s_x s_y}{s_y^2(1 - \hat{\rho}^2)}$$

위 식에서 $\widehat{\text{RE}} > 1$을 만족시키기 위한 조건은 다음과 같다.

$$r^2 s_x^2 - 2r\hat{\rho}s_x s_y > -\hat{\rho}^2 s_y^2$$

$$\Leftrightarrow (\hat{\rho}s_y - rs_x)^2 > 0$$

$\hat{\rho}s_y = bs_x$이므로 위 식을 다음과 같이 나타낼 수 있다.

$$(bs_x - rs_x)^2 > 0$$

$$\Leftrightarrow (b - r)^2 > 0$$

위의 결과를 통해 $b = r$일 때를 제외하고 회귀추정량이 비추정량보다 항상 효율이 높은 것을 알 수 있다. x와 y의 회귀식이 원점을 지나고 동시에 y의 분산이 x에 비례할 때 $b = r$가 성립한다.

단순확률표본일 때, 차이추정량은 μ_y의 비편향추정량이며, 추정량과 추정분산식 다음과 같다.

$$\hat{\mu}_{y\mathrm{D}} = \overline{y} + (\mu_x - \overline{x})$$

$$\hat{V}(\hat{\mu}_{y\mathrm{D}}) = \left(1 - \frac{n}{N}\right)\frac{\sum_{i=1}^{n}(d_i - \overline{d})^2}{n(n - 1)}$$

위의 식을 다음과 같이 표현할 수도 있다.

$$\begin{aligned}\hat{V}(\hat{\mu}_{y\mathrm{D}}) &= \left(1 - \frac{n}{N}\right)\left(\frac{1}{n(n - 1)}\right)\sum_{i=1}^{n}[(y_i - \overline{y}) - (x_i - \overline{x})]^2 \\ &= \left(\frac{1}{n}\right)\left(1 - \frac{n}{N}\right)[s_y^2 + s_x^2 - 2\hat{\rho}s_x s_y]\end{aligned}$$

차이추정량과 $\overline{y}$의 상대효율의 추정식은 다음과 같다.

$$\widehat{\mathrm{RE}}\left(\frac{\hat{\mu}_{y\mathrm{D}}}{\overline{y}}\right) = \frac{s_y^2}{s_y^2 + s_x^2 - 2\hat{\rho}s_x s_y}$$

위 식이 1보다 크기 위해서는 다음의 식을 만족해야 한다.

$$2\hat{\rho}s_x s_y > s_x^2$$

$$\Leftrightarrow \hat{\rho} > \frac{s_x}{2s_y}$$

x와 y의 변동이 비슷한 동시에 x와 y의 상관계수가 1/2보다 크게 되면, 차이추정량은 $\overline{y}$보다 더 효율적이다.

다음으로 회귀추정량과 차이추정량의 상대효율을 비교해보자. 상대효율의 추정식은 다음과 같다.

$$\widehat{\mathrm{RE}}\left(\frac{\hat{\mu}_{y\mathrm{L}}}{\hat{\mu}_{y\mathrm{D}}}\right) = \frac{s_y^2 + s_x^2 - 2\hat{\rho}s_x s_y}{s_y^2(1 - \hat{\rho}^2)}$$

위 식이 1보다 크기 위한 조건은 다음과 같다.

$$s_x^2 - 2\hat{\rho}s_x s_y > -\hat{\rho}^2 s_y^2$$

$$\Leftrightarrow (s_x - \hat{\rho}s_y)^2 > 0$$

$bs_x = \hat{\rho}\, s_y$이므로, $b = 1$일 때 회귀추정량과 차이추정량의 효율은 같다. 그 이외에는 회귀추정량이 항상 차이추정량보다 더 효율적이다.

이제는 앞에서 소개되었던 수치예제를 이용하여 여러 추정량의 상대효율들을 비교해보기로 하자. 표 6.1에 있는 주택관리비 자료의 산점도는 그림 6.1에 나와 있다. 산점도를 보면, y의 절편이 0에 가깝고 기울기가 거의 1(실제 회귀추정량에서의 $b = 0.977$임)인 직선 모양이다. 이때 편향은 다음과 같은데 무시할 만한 수준이다.

$$\frac{E(r) - R}{R} \approx 0.00015$$

한편, 추정량들의 상대효율을 추정한 계산한 결과는 다음과 같다.

$$\widehat{\text{RE}}\left(\frac{\hat{\mu}_{y\text{L}}}{\hat{\mu}_y}\right) = 0.95, \qquad \widehat{\text{RE}}\left(\frac{\hat{\mu}_{y\text{L}}}{\hat{\mu}_{y\text{D}}}\right) = 1.13$$

비추정치가 회귀추정치보다 효율이 조금 낮게 나타났다(이론적으로 비추정치가 회귀추정치보다 효율이 더 높을 수 없다). 반면에 차이추정치는 회귀추정치보다 효율이 약간 높게 나타났다. 회귀추정량, 비추정량, 차이추정량 사이의 상대효율 추정치가 모두 1에 가까우므로 세 개 모두 효율이 비슷하다고 할 수 있다. 따라서 이 예에서는 μ_y나 τ_y의 추정량으로 세 가지 중 어느 것을 사용해도 상관없다. 하지만 보조정보를 사용한 위의 추정량들에 비해 단순추정량 $\bar{y}$는 효율이 많이 떨어지는 편이다.

$$\widehat{\text{RE}}\left(\frac{\hat{\mu}_{y\text{L}}}{\bar{y}}\right) = 7.63$$

단순추정량 $\bar{y}$를 사용해서 회귀추정량 $\hat{\mu}_{y\text{L}}$와 같은 효율을 얻으려면 표본크기를 약 8배 늘려야 한다.

다음으로 표 6.2에 나왔던 오렌지 무게와 과즙함유량의 관계를 나타내는 자료를 다시 살펴보자. 산점도는 앞의 그림 6.2에 나와 있는데, y의 절편은 0이 아니고, 대체로 직선관계를 가지지만 기울기가 1은 아니다(실제 $b = 0.123$임). 이 예제에서도 비추정치의 상대편향 추정치는 -0.00077로 무시해도 상관없을 정도로 작다. 그러나 상대효율의 경우는 문제가 심각하다.

$$\widehat{\text{RE}}\left(\frac{\hat{\mu}_{y\text{L}}}{\hat{\mu}_y}\right) = 16.79$$

회귀추정량과 비추정량의 상대효율 추정치는 16.79나 되어 μ_y나 τ_y의 추정치로 위해 회귀추정치를 사용하는 것이 비추정치에 비해 훨씬 효율적인 것으로 나타났다. 그러나 회귀추정량을 사용하려면 사전에 μ_x를 알아야 하는데, 이를 위해서는 N이 주어져야 한다. 회귀추정량을 사용하기 위해 트럭에 적재된 오렌지의 수를 일일이 다 세야 한다면 오히려 이것이 비효율적일 수도 있음을 현실적으로 감안하는 것도 필요하다.

예제 6.9에서는 수학과목의 예비시험 성적과 학년말 성적 데이터를 소개하였는데 그 산점도는 그림 6.6에 나와 있다. 이 예제에서도 절편은 0이 아니며, 직선의 기울기가 1과는 다소 떨어진 값이다($b = 0.766$). 상대효율의 추정값을 계산하면 다음과 같다.

$$\widehat{\mathrm{RE}}\left(\frac{\hat{\mu}_{y\mathrm{L}}}{\hat{\mu}_y}\right) = 4.84, \qquad \widehat{\mathrm{RE}}\left(\frac{\hat{\mu}_{y\mathrm{L}}}{\hat{\mu}_{y\mathrm{D}}}\right) = 1.22$$

회귀추정량은 비추정량에 비해 상당히 효율이 높은 것으로 나타나는 반면, 차이추정량과는 효율의 차이가 별로 나지 않는다.

예제 6.10의 자료에 대해서는 세 가지 추정량 모두 효율이 비슷하게 나타난다. 따라서 이 경우에는 세 추정량 중 상대적으로 계산이 손쉬운 차이추정량을 사용하는 것이 편리하다.

이변량 자료를 분석할 때에는 먼저 자료에 대한 산점도를 그려 살펴보는 것이 효과적이다. 산점도에 나타난 점들의 양상에 따라 세 가지 추정량 중 어느 것을 사용할지를 결정하면 된다. 산점도에서 자료들이 원점을 지나는 직선 형태일 때에는 회귀추정량이나 비추정량 어느 것이든지 사용해도 무방하다. 직선 형태이기는 하되 원점을 지나지 않을 때에는 회귀추정량이 비추정량보다 더 효율적이다. 산점도의 점들이 직선 형태를 띠지 않는 경우에는 회귀추정량이나 비추정량은 둘다 편향이 크고, 분산도 커서 추정량으로 사용하기에 바람직하지 못하다. 이때는 고차원의 복잡한 회귀모형을 이용하여 문제를 해결하게 되는데 이 책의 범위를 벗어나는 수준이므로 더 이상 다루지는 않겠다.

6.9 요약

이 장에서는 단순확률추출에서 모집단 평균, 모집단 총계, 모집단 비의 추정을 위한 비추정법을 간략하게 소개하였다. 표본단위의 관심변수 y를 조사할 때 보조변수 x까지 함께 조사하면 이 정보를 추정의 보조정보로 활용할 수 있게 된다. 두 변수 사이에 강한 양의 상관관계가 존재할 때에는, μ_y나 τ_y의 추정 시 비추정법이 4장에서 소개했던 표준적인 단순추정법에 비해 더 효율을 높일 수 있는 방법이다.

μ_y, τ_y, R 등을 오차의 한계B 이내로 추정하기 위해 필요한 표본크기를 결정하는 방법도 소개하였다. 표본크기를 계산하려면 σ^2의 추정치를 구해야 하는데, 이 값은 사전정보를 활용하거나 아니면 일정크기의 예비조사를 실시하여 얻을 수 있다.

보조변수를 활용하는 또 다른 추정법으로 회귀추정법을 들 수 있다. 두 변수 x와 y가 원점을 지나지 않는 직선관계를 지닐 때 이 추정법은 비추정법보다 더 효율이 높다.

여기서 소개한 추정법은 다른 확률추출법에서도 적용될 수 있지만, 이 장에서는 주로 단순확률추출의 경우에 대해서만 다루었다. 다만 비추정법은 층화확률추출일 때에 대해서도 소개하였다.

차이추정법은 그 원리가 회귀추정법과 비슷하다. 이 방법은 두 변수 x와 y의 산점도 모양이 기울기 1에 가까운 직선모양을 지닐 때 적절하다.

사례연구 분석

교양통계학 과목의 토론그룹당 수강 학생 수는 얼마인가?

다섯 개 층별 표본크기가 모두 작아서 토론그룹당 평균 수강생 수를 추정할 때 결합비추정량을 사용하기로 한다. 이 경우 분리비추정량을 사용하게 되면 편향된 추정량이 될 가능성이 크기 때문이다. 결합비추정량은 등록생 수(y)와 토론그룹 수(x)의 평균을 구한 후, 그 비를 구하면 된다. 층별 계산 결과가 다음의 표에 나와 있다.

층	n_i	N_i	$\bar{y}_i$	$\bar{x}_i$	s_{ri}	$\hat{V}(r_{iC})$
1	6	12	323.33	4.00	258	346.688
2	10	21	648.00	11.80	933	327.471
3	5	12	636.00	9.80	584	414.305
4	7	12	1051.29	16.14	853	166.258
5	4	13	633.75	8.00	663	1188.738

표에 제시된 요약통계량들을 보면, $\bar{y}_{st} = 656.774$, $\bar{x}_{st} = 10.159$이다.
그러므로 결합비추정치는 다음과 같다.

$$r_C = \frac{\bar{y}_{st}}{\bar{x}_{st}} = \frac{656.774}{10.159} = 64.65$$

위 추정량의 분산추정량은 다음과 같다.

$$\text{var}(\hat{\mu}_{Y,CR}) = \sum_{i=1}^{L}\left(\frac{N_i}{N}\right)^2\left(1 - \frac{n_i}{N_i}\right)\frac{s_{R_{CR}}^2}{n_i}$$

실제 분산추정치를 계산하면 90.44이고, 추정오차의 한계는 2(9.51) = 19.02가 된다.

대규모 교양통계학 과목의 토론 그룹당 평균 학생 수는 약 65명인 것으로 추정되며, 추정오차의 한계는 ±20명 정도이다. 여기서 추정오차의 한계가 비교적 크게 나타나는데, 대학교에 따라 토론 그룹 수의 편차가 큰 반면, 표본크기가 너무 작아 생긴 결과라고 할 수 있다.

5장에서 소개한 방법에 따라 2000년 가을학기 교양통계학 수강 학생 수 총계를 쉽게 추정할 수 있다. 평균추정치에 N을 곱하면 된다. 따라서, 학생수 총계는 70(656.774) = 45,974명으로 추정되며, 추정오차의 한계는 약 9,000명이 된다. 여기서도 추정오차가 다소 크게 나타났다.

연습문제

일부의 연습문제들은 자료와 직접적으로 관계되므로 엑셀파일에 있는 자료들과 연결하기 위해서 센게이지러닝 홈페이지(www.cengage.co.kr) Download 자료실의 Section 6.0을 참고하기 바란다.

6.1 원목회사에서는 생산되는 원목의 총 부피를 추정하려고 한다. 단순확률추출법으로 표본원목을 추출한 후 그 부피를 측정하고, 추가적으로 표본원목의 단면적도 측정하였다.

$N = 250$개의 원목 중 $n = 12$개를 단순확률추출법으로 추출하였다. x는 원목의 단면적이며, y는 부피이다. 250개 단면적의 총계(τ_x)는 75(ft^2)이다. 다음 표의 자료를 이용하여 총 부피(τ_y)를 추정하고, 추정오차의 한계를 계산하라.

표본 원목	입방 피이트 단면적, x	체적, y	표본 원목	입방 피이트 단면적, x	체적, y
1	.3	6	7	.6	12
2	.5	9	8	.5	9
3	.4	7	9	.8	20
4	.9	19	10	.4	9
5	.7	15	11	.8	18
6	.2	5	12	.6	13

6.2 위 연습문제 6.1의 y를 이용하여 모집단 총계 τ_y를 추정하되 추정량으로는 $N\bar{y}$를 사용하라. 또한 그 추정오차의 한계를 계산하라. 계산 결과를 연습문제 6.1의 풀이 결과와 비교하라. 왜 $N\bar{y}$가 비추정치보다 크게 추정되었을까(힌트: μ_x와 $\bar{x}$값을 비교해볼 것)?

6.3 작은 마을에서 가구 당 연간 총수입 중 식료품비로 사용되는 금액의 비를 알기 위해 표본조사를 실시하였다. 마을에는 총 150가구가 있는데, 그 중 14가구를 난순확률추출하였다. 표본 자료는 다음 표에 나와 있다. 모집단 비 R을 추정하고, 추정오차의 한계를 구하라. 표본 자료 중 추정치에 가장 큰 영향을 끼치는 자료는 무엇인가?

가구	총수입, x	식료품비, y	가구	총수입, x	식료품비, y
1	25,100	3,800	8	28,200	3,600
2	32,200	5,100	9	34,600	3,800
3	29,600	4,200	10	32,700	4,100
4	35,000	6,200	11	31,500	4,500
5	34,400	5,800	12	30,600	5,100
6	26,500	4,100	13	27,700	4,200
7	28,700	3,900	14	28,500	4,000

6.4 표준약품(standard drug)을 투여한 $N = 763$인 쥐의 군체(colony)가 관리되고 있다. 표준약품 투여 후 쥐들이 미궁을 빠져나가는 데 걸리는 평균 시간 μ_x은 17.2초로 측정되었다. 연구원이 새로 쥐 11마리를 임의로 추출하여 새 약품의 효과를 살펴보려 한다. 새 약품을 투여한 후 쥐가 미궁을 빠져 나가는 데 걸리는 평균 시간을 추정하라(다음의 표에 자료가 나와 있다).

[힌트: 쥐에게 표준약품을 투여할 때나 새 약품을 투여할 때 나타나는 반응이 비슷하다고 가정한다면, μ_y를 추정하기 위해 비추정량을 사용할 수 있다. 이 자료의 산점도를 그려 보고, 특이한 사항이 있으면 지적하라.]

쥐	표준약품, x_i	새 약품, y_i	쥐	표준약품, x_i	새 약품, y_i
1	14.3	15.2	7	17.6	17.5
2	15.7	16.1	8	14.3	14.1
3	17.8	18.1	9	14.9	15.2
4	17.5	17.6	10	17.9	18.1
5	13.2	14.5	11	19.2	19..5
6	18.8	19.4			

6.5 100마리 토끼를 대상으로 영양실험을 하고 있다. 실험대상 토끼의 실험 시작 전 평균 체중은 3.1 파운드였다. 두 달간 실험을 진행한 후 다시 평균 체중을 알아보기 위해 $n = 10$ 마리를 단순확률추출 하였다. 실험 전후의 체중 자료가 다음 표에 나와 있다. 실험 후의 평균 체중을 추정하고, 추정오차의 한계를 구하라. 산점도를 통해 실험 전후 체중 사이에는 어떤 관계가 있는지 관찰해보라.

토끼	원래 체중	실험 후의 체중	토끼	원래 체중	실험 후의 체중
1	3.2	4.1	6	3.1	4.1
2	3.0	4.0	7	3.0	4.2
3	2.9	4.1	8	3.2	4.1
4	2.8	3.9	9	2.9	3.9
5	2.8	3.7	10	2.8	3.8

6.6 교사협의회에서는 고등학교 교사의 임금 수준을 알아보고자 한다. 그 협의회에 소속된 고등학교 교사 이름을 알파벳순으로 나열한 명부를 이용하여 $n = 15$명의 교사를 단순확률추출 하였다. 15명 교사의 지난해 임금과 금년 임금이 각각 다음의 표에 나와 있다. 이 자료를 이용하여 $N = 750$명 교사의 임금 변화의 비를 추정하고, 추정오차의 한계를 구하라. 산점도를 그리면 몇 개의 그룹으로 나눠지는가?

교사	지난해 봉급	올해 봉급	교사	지난해 봉급	올해 봉급
1	30,400	31,500	9	30,416	31,420
2	31,700	32,600	10	30,397	31,600
3	32,792	33,920	11	33,152	34,560
4	34,956	36,400	12	31,436	32,750
5	31,355	32,020	13	34,192	35,800
6	30,108	31,308	14	32,006	33,300
7	32,891	34,100	15	32,311	33,920
8	32,216	31,320			

6.7 평균μ_y이 아니라 총계 τ_y를 추정하려면, 식 (6.24)과 식 (6.25)을 어떻게 수정해야 하는가?

6.8 19개 산업분류에서 6개를 표본으로 뽑아 1989년도 제조업체의 총 생산액을 추정하고자 한다. 1980년 19개 산업의 총 생산액은 \$674억이었다. 주어진 자료를 이용하여 1989년의 총 생산액을 추정하고, 추정오차의 한계를 계산하라.

산업	1980	1989
목재	21	26
전기 • 전자장비	63	91
자동차	91	47
식료	60	70
섬유	70	70
화학	50	50

출처: U.S. Bureau of the Census, *Statistical Abstract of theUnited States,* 1993294, Washington, D.C., 199.

(1) 비추정법을 사용하여 총 생산액을 추정하라.

(2) 회귀추정법으로 추정하라.

(3) 차이추정법으로 추정하라.

(4) 위 세 가지 추정법 중 어느 것이 가장 좋은지 이유를 설명하라.

6.9 비추정법, 회귀추정법, 차이추정법의 장단점을 서로 비교하라.

6.10 연습문제 6.1의 자료를 이용하여 회귀추정치를 구한 후, 다음 각각의 상대효율을 계산하라.

(1) 비추정량과 단순평균추정량

(2) 회귀추정량과 단순평균추정량

(3) 회귀추정량과 비추정량

위와 같은 결과가 나온 이유를 설명하라.

6.11 자동차 연료소비에 관한 연구를 위해 적절한 모형을 수립하고자 한다. 이를 위해 공회전으로 인한 연료소비와 자동차배기량과의 관계를 조사한 결과 다음의 자료를 얻었다.

공회전 연료소비 (ml/s)	배기량 (L)
0.18	1.2
0.21	1.2
0.17	1.2
0.31	1.8
0.34	1.8
0.29	1.8
0.42	2.5
0.39	2.5
0.45	2.5
0.52	3.4
0.61	3.4
0.44	3.4
0.62	4.2
0.65	4.2
0.59	4.2

배기량이 2.5리터인 자동차의 공회전으로 인한 평균 연료소비량을 추정하고, 추정오차의 한계를 구하라.

실제 자료를 이용한 실습

6.1 부록 C에 수록된 TEMPS라는 데이터세트(그리고 데이터 디스크에도 수록되어 있음)에는 미국의 각 기상측후소별로 관측된 기온(T), 강수량(P)에 대한 자료가 들어있다. n개의 측후소를 표본으로 추출하여 1월과 3월 강수량에 대해 다음의 추정치를 구하려고 한다. 적절히

표본크기를 정하고 각 부분의 오차의 한계를 구하라.

(1) 3월 평균 강수량과 1월 평균 강수량의 비를 추정하라.

(2) 1월과 3월의 강수량 자료를 이용하여 미국 전 지역의 3월 평균 강수량을 추정하라. 이 장에서 소개되었던 세 가지 추정법 중 가장 적절한 추정량을 제시하고 그 이유를 설명하라.

6.2 부록 C에 수록된 USPOP이라는 파일과 데이터 디스크에 미국 인구 자료가 나와 있다.

(1) 18~24세 그룹에 대한 모집단 비율을 추정하기 위해 10개 주를 단순임의추출법으로 표본으로 추출한 후, 표본으로부터 극빈자 비율을 추정했다. 추정량에 대한 오차의 한계를 구하라.

(2) 18~24세 그룹에 대한 모집단 비율을 추정하기 위해 각 층별로 다섯 개의 주를 층화확률추출법으로 추출하였다. 오차의 한계를 계산하라. 층화를 한 것이 추정의 정도(precision)를 향상시키는 데 도움이 됐는지 살펴보고 그 이유에 대해 설명하라.

6.3 부록 C에 수록된 SCHOOLS이라는 자료세트와 데이터 디스크에는 미국 50개 주의 2001~2002년도 교육관련 정보가 수록되어 있다. 8개의 주를 단순확률추출법으로 추출하고, 그 자료를 사용하여 다음 질문에 답하라.

(1) 미국 전체 학생의 평균 지출액과 추정오차의 한계를 구하라.

(2) 미국 학생 1인당 평균 지출액과 추정오차의 한계를 구하라.

(3) 미국의 학생 대 교사의 비(ratio)(교사당 평균 학생 수)와 추정오차의 한계를 구하라.

CHAPTER 07

계통표집

사례연구

제조업체는 품질관리를 잘 하고 있는가?

제품의 품질은 소비자나 생산자 모두에게 있어 중요한 관심사항이다. 소비자는 제품을 구매할 때 제품이 요구되는 수준 이상의 품질을 지닌다는 보증을 원한다. 한편 제조업자는 생산되는 제품이 요구되는 품질수준을 만족시킨다는 증거를 마련하려 한다. 제조공정에서 품질관리를 위해 검사계획을 세우고 검사를 실시하는데 이 과정을 통해 제품의 품질수준에 대한 증거를 얻게 된다. 품질검사를 위해 연속 생산라인에서 생산되는 제품 중 일부가 검사대상으로 추출된다. 검사대상을 선택할 때는 흔히 매 100번째 생산되는 제품을 뽑는다든지, 매 시간당 하나의 생산 제품을 선택한다든지 하는 식의 계통추출(systematic sampling) 방식을 사용한다. 추출된 검사대상 제품에 대해서는 무게, 고장시간, 불량 여부 등과 같은 품질특성을 측정한다. 측정된 품질특성들의 평균치를 표준이 되는 기준치와 비교하여 제품의 품질관리 수준을 평가하게 된다.

수압장비 제조공정에서 청동주조 공정은 중요성이 높은 핵심 작업에 해당된다. 주조공정에서의 중요한 품질특성은 구리함유율이다. 제조 공정에서 매 30분마다 하나씩 생산품을 추출한 후 그것의 구리함유율을 측정한다. 하루 8시간의 작업이 진행되므로 총 16번의 측정이 이루어진다. 어느 날 하루 생산품의 평균 구리함유율을 추정한 결과 87%, 분산은 18인 것으로 나타났다. 그런데 이 회사의 표준 구리함유율은 90%로 정해져 있다면, 과연 품질수준이 제대로 지켜지고 있다고 해도 문제가 없겠는가? 이 장에서의 논의를 통해 이 질문에 대한 답을 얻을 수 있을 것이다.

7.0 도구

이 장에서 계산을 하기 위한 대화형 엑셀도구(interactive Excel Tools)는 센게이지러닝 홈페이지(www.cengage.co.kr) Download 자료실에서 내려 받을 수 있다. Download 자료실의 7장 폴더에서 "**Section 7.0(tools)**"이라는 이름의 워드 파일을 찾을 수 있을 것이다. 그 파일 안에 이 장과 관련된 계산 도구들이 제공되어 있다. 본문의 아이콘(왼쪽에 표시되어 있는)은 도구들이 만들어져 있다는 것을 상기시키는 표시이다. 또한 해당 장의 몇몇 연습문제들에 대한 자료들은 Download 자료실에 있는 해당 섹션과의 링크를 통해 얻을 수 있다.

7.1 개요

4장과 5장에서 소개한 단순확률추출법이나 층화확률추출법에서는 표본추출을 위해 세심한 작업이 필요하다. 적절한 추출틀을 마련한 후, 정리된 추출단위들에 고유번호를 부여하고 난수표 같은 난수발생 장치를 사용하여 표본을 추출해야 한다. 이에 비해 표본추출의 과정이 단순하고 편리하여 널리 사용되는 추출방법으로 **계통추출법**(*systematic sampling*)이 있다.

계통추출의 기본적인 개념은 다음과 같다. 여러 이름들이 열거된 리스트에서 n명의 이름을 추출할 수 있는 간단한 방법은, 적절한 간격을 정하고 리스트에서 매번 그 간격만큼 떨어진 곳에 위치하는 이름을 추출하는 것이다. 가령, 매 10번째에 해당되는 이름을 추출하는 방식이다. 처음 출발점을 랜덤하게 선택하기만 하면 자동적으로 전체 표본이 추출되는데, 이러한 추출방식에 의해 얻지지는 표본을 계통표본이라고 한다.

정의 7.1

추출틀의 처음 k번째 단위들 중 하나를 랜덤하게 출발점으로 선택한 다음, 그 점으로부터 매 k번째 떨어진 간격에 위치하는 단위를 추출한 표본을 *1/k계통표본*(*1-in-k systematic sample*)이라고 한다.

앞의 장들에서와 마찬가지로 이 장에서도 모집단 평균, 모집단 총계, 모집단 비율의 추정 문제를 다루게 될 것이다. 더불어 추정오차의 한계 계산, 표본크기의 결정 문제에 대해서도 고려한다.

계통추출법은 다음과 같은 장점들을 지니고 있어 단순확률추출법을 대치할 수 있는 유용한 방법이 되고 있다.

1. 계통추출은 실제 조사 현장에서 적용하기 편리하다. 좋은 추출틀을 마련하기 어려운 상황에서는 단순확률추출이나 층화확률추출에 비해 조사자에 의해 생길 수 있는 선택오차(selection errors)를 줄일 수 있다는 장점이 있다.
2. 조사단위의 나열 순서가 특정한 형태를 띠는 모집단에서는 계통추출이 단순확률추출에 비해 단위비용당 얻을 수 있는 정보의 양이 더 많아 상대적으로 효율이 높은 추출법이 된다.

계통추출법은 처음 k개 단위 중 하나를 랜덤하게 선택하고, 다음부터는 출발 단위로부터 매 k번째 간격에 위치한 단위를 모두 추출하는 방법이다. 이 방법을 사용하면 일단 추출이 쉬우며, 단순확률추출법에 비해 조사자에 의한 오차의 발생 가능성을 줄일 수 있다. 예를 들어, 도시의 번화가에 있는 쇼핑객 중 $n = 50$명을 단순확률추출법으로 추출한다고 생각해보자. 일단 추출 자체가 매우 어려울 것이다. 번화가에 있는 모든 쇼핑객의 수 N을 알 수 없으므로 적절한 추출확률을 구할 수조차 없다. 하지만 계통추출법을 사용할 경우, 조사자는 원하는 표본크기에 도달할 때까지 일정 간격(가령, 20명 중 1명)으로 쇼핑객을 추출하면 된다. 계통추출법을 사용하면 조사원의 숙련도에 상관없이 손쉽게 표본을 추출할 수 있게 된다.

계통추출법은 단순확률추출법보다 표본추출이 쉽고 조사원 오차를 줄여준다는 장점 외에, 단위비용당 더 많은 정보의 양을 얻게 해준다는 장점도 지닌다. 계통표본에는 전체 모집단의 단위들이 골고루 포함된다. 따라서, 같은 크기의 표본이라고 해도 단순확률표본에 비해 모집단의 정보를 더 골고루 포함할 가능성이 높다. 다음의 예를 보라. 영수증 파일에서 분류가 잘못된 영수증 비율을 알기 위해 총 $N = 1{,}000$장의 영수증 중에서 1/5 계통표본을 추출하고자 한다. 처음 5장 중 하나를 랜덤하게 먼저 선택한 후(가령 3번), 이후 매 5장 뒤에 있는 영수증을 표본으로 추출하면 된다.

앞의 영수증 500장은 올바르게 분류가 되어 있었는데, 관리직원이 교체되는 과정에서 착오가 생겨 뒷부분의 500장은 처음의 기준과 다르게 분류되어 있는 상황이다. 단순확률추출법을 사용할 경우, 표본은 확률의 원리에 의해 선택된다. 만일 표본으로 추출된 200장 중 대다수가 파일의 앞이나 뒤 중 어느 한 부분에서 집중적으로 추출되는 상황이 일어난다면, 이 표본을 근거로 얻어지는 추정치 p는 바람직한 추정치가 될 수 없다. 반면, 계통추출법을 사용하면 추출틀의 각 부분에서 표본이 골고루 뽑히게 되므로 단순확률추출법에서 발생한 그런 문제가 생길 위험이 없다.

7.3절에도 동일한 상황에서 계통추출법과 단순확률추출법 중 어느 추출법을 선택할 것인가를 다루는 예들이 추가적으로 소개된다. 계통추출법에서는 추출틀에 열거된 추출단위들의 열거 순서에 따라 추정의 정확도가 달라질 수 있다. 영수증 예에서 잘못 분류된 영수증들이 어느 한 부분에 집중적으로 몰려 있지 않고 골고루 섞여 있는 경우라면 계통추출법을 쓴다고 해서 특별히 효율이 더 나아질 것이 없다.

계통추출은 다양한 분야에서 실제 널리 활용되는 추출방법이다. 미국 센서스에서는 최소한의 항목에 대해서만 전 국민을 대상으로 전수조사를 실시한다. 그리고 나머지 대부분의 항목에 대해서는 전 국민 중 일부를 계통추출법으로 추출한 계통표본을 대상으로 조사한다. 2000년 센서스를 예로 들면, 전수조사 항목은 14개 항목에 불과하였고, 나머지 42개 항목들은 1/6 계통표본 대상의 표본조사 방법으로 조사되었다.

갤럽여론조사는 미국 전역의 선거조사구 중 약 300개를 정도를 계통추출하여 실시된다. 표본 조사구 내의 가구나 거주단위를 추출할 때에도 역시 계통추출법을 사용한다. 가령, 조사구의 동쪽에서 서쪽으로 걸어가면서 매 블록마다 두 번째 가구를 표본가구로 선택하는 방식이다.

제조업체에서 제품품질관리를 위한 샘플링검사를 할 때도 계통추출법을 주로 사용한다. 조립라인에서 생산되는 부품 가운데 매 50번째 생산부품을 선택하여 검사대상으로 사용하게 된다. 창고에 있는 제품을 대상으로 검사해야 할 경우에는, 위로부터 3번째 선반에 놓인 상자들 중 두 번째 상자를 표본으로 선택하는 방법 등을 생각할 수 있다. 작업자의 작업수행능력 평가에서는 작업능력이 작업 시간대에 따라 달라질 수 있으므로 하루 중 몇 가지의 시간대를 계통추출한 후 해당 시간마다 가서 측정하도록 할 수 있다.

회계사는 회계작업의 적절성 검토를 위해 회계표 중 일부를 표본으로 추출할 때가 있다. 또한 총 재고금액 확인을 위해 전체 재고 품목 중 일부만을 표본으로 추출해야 하는 상황도 흔히 접한다. 이때도 계통추출법을 사용하면 편리하다.

시장조사를 하는 연구자, 여론조사 전문가들도 계통추출법을 자주 사용한다. 가령, 관리대상 점포에서 매 20번째 고객을 대상으로 음식의 맛, 색, 느낌 등을 조사하는 예를 들 수 있다. 버스서비스 조사에서는 버스 승객 중 매 10번째 승객을 대상으로 조사하는 방법을 사용하기도 한다. 놀이

공원에서는 주차장에 진입하는 차량 중 매 100번째 차량을 선정하여, 운전자에게 놀이공원의 여러 홍보정책이나 입장료 등에 관한 질문을 할 수도 있다. 여기서 소개한 예는 모두 계통표본을 사용한 예들이다.

농작물 생산량조사에서도 필지나 필지 내의 일부 구획을 계통추출하는 경우가 있다. 임야 내 병든 수목 비율을 추정하고자 하는 임업조사에서는 먼저 임야를 일정 면적의 구획으로 나누고 그 중 일부 표본구획을 계통적으로 추출하여 조사한다.

이상의 예들을 통해 계통추출법이 일반적으로 널리 사용되는 추출법이라는 것을 알 수 있을 것이다. 다음에서는 계통추출을 위한 계획을 어떻게 세우는지를 살펴보고, 이어 계통추출법을 사용할 때의 모집단 평균, 모집단 총계, 모집단 비율의 추정량의 성질에 대해서도 알아보자.

7.2 계통표본의 추출

단순확률추출법과 계통추출법은 많은 경우 서로 통용되고 있지만 표본단위를 추출하는 방식은 서로 다르다. 단순확률추출법은 4.2절에서 소개한 대로 난수표를 이용하여 표본단위를 추출하는 방법이다. 반면 계통추출은 1/3, 1/5, 또는 일반적인 형태로 $1/k$ 계통표본 중 어느 하나를 선택할 수 있다. 예를 들어, 전국 15,000명의 의사들이 작년 한 해 동안 내린 처방 중 특정약품의 평균 사용량을 조사한다고 하자($N = 15{,}000$). $n = 1{,}600$명의 단순확률표본을 추출하기 위해서는 4.2절에서 소개한 대로 난수표를 이용해야 하는데 이는 방대한 작업을 필요로 한다. 하지만 계통추출을 사용하면 훨씬 편리하게 표본을 추출할 수 있다. 먼저 의사명부에 등록된 이름에서 처음 $k = 9$명 중 1명을 랜덤하게 선택한다. 그 다음부터는 표본크기가 1,600명이 될 때까지 첫 번째 선정된 이름 이후 매 9번째에 나온 이름을 표본으로 반복적으로 선택하면 된다. 이런 방식으로 추출한 표본을 *1/9* **계통표본**(*1-in-9 systematic sample*)이라고 한다.

계통표본에서 적절한 k를 어떻게 결정하는 것이 좋을까? 모집단크기 N을 아는 경우에는 먼저 대략적인 표본크기 n을 정하고(7.5절 참조) 거기에 따라 k를 정하면 된다. 의학조사 예에서 $N =$ 15,000명이었다. 이때 표본의 크기를 $n = 100$이라고 해보자. 이 경우에는 k를 150 이하로 잡으면 된다. $k = 150$으로 하면 정확하게 100개의 표본단위를 추출할 수 있다. 반면 $k < 150$이면 표본의 크기가 100보다 커진다.

일반적으로 모집단크기 N, 표본크기 n인 계통표본에서 k는 N/n 이하가 되도록 정해준다($k \leq N/n$). 앞의 예에서는 $k \leq 15{,}000/100$, 즉 $k \leq 150$이었다.

모집단 크기를 모를 때에는 k를 정확하게 구할 수 없다. 단지 표본크기 n을 근사적으로 정하고 거기에 맞춰 적절한 k를 추측하는 수밖에 없다. 만약 k를 너무 크게 정하면, $1/k$ 표본을 통해 얻게 되는 표본크기는 목표하는 표본크기보다 작아진다. 이때 조사자는 원하는 표본크기를 얻을 때까지 또 다른 $1/k$ 계통추출을 추가적으로 실시하면 된다. 경우에 따라서는 추가적인 계통표본을 얻는 것이 불가능할 때가 있다. 예를 들어, 번화가를 지나가는 쇼핑객 50명을 대상으로 표본조사를 하고자 계획을 세우고 1/20 계통추출을 실시했는데 추출된 표본 수가 부족하였다. 추가적으로 표본을 얻기 위해 1/20 계통추출을 하러 다시 나갔는데 더 이상 쇼핑객이 오지 않는 상황이 생길 수 있는 것이다.

7.3 모집단 평균과 모집단 총계 추정

여러 차례 강조한 바와 같이 대부분의 표본조사의 목적은 모수를 추정하는 것이다. 계통추출을 통해 얻은 표본조사 자료를 가지고 모집단 평균 μ를 추정할 때, 흔히 사용하는 추정량은 표본평균 $\bar{y}$이다. 다음의 식 (7.1)에 공식이 소개되어 있다.

모집단 평균 μ의 추정량:

$$\hat{\mu} = \bar{y}_{\text{sy}} = \frac{\sum_{i=1}^{n} y_i}{n} \tag{7.1}$$

첨자 *sy*는 계통추출을 표시한다.

$\bar{y}_{sy}$의 추정분산:

$$\hat{V}(\bar{y}_{\text{sy}}) = \left(1 - \frac{n}{N}\right)\frac{s^2}{n} \tag{7.2}$$

위의 식은 랜덤 모집단을 가정했을 때의 식이다.

$\bar{y}_{\text{sy}}$의 추정분산식 (7.2)는 단순확률추출에서 $\bar{y}$의 추정분산식과 동일하다(4.3절 참조). 실제로는 $\bar{y}_{\text{sy}}$의 분산과 $\bar{y}$의 분산은 서로 다르다. $\bar{y}$의 분산은

$$V(\bar{y}) = \frac{\sigma^2}{n}\left(1 - \frac{n}{N}\right) \tag{7.3}$$

인 반면, $\bar{y}_{\text{sy}}$의 분산은 다음 식과 같다.

$$V(\bar{y}_{\text{sy}}) = \frac{\sigma^2}{n}[1 + (n - 1)\rho] \tag{7.4}$$

여기서, ρ는 동일 계통표본에 속한 단위 사이의 급내상관관계를 나타내는 척도이다(이에 대해서는 7.7절에 자세히 소개된다). ρ가 1에 가까운 값일 때에는 동일 계통표본에 속한 단위의 특성치가 비슷하게 되며, 이때 계통추출 하에서의 표본평균의 분산은 단순확률추출에서의 분산에 비해 커진다. 반면, ρ가 음수이면, 계통추출의 분산이 단순확률추출보다 더 작아지므로 더 효율적이라고 할 수 있다. 계통표본 내 단위의 특성치가 서로 서로 극단적으로 다를 경우 ρ는 음수가 된다(ρ가 음수이고, ρ의 절대값이 크면 분산이 음수가 될 수 있는데 실제로 그런 일은 일어날 수가 없다. 따라서, ρ가 음수인 경우 그 절대값은 0 근방의 값일 것이다). N이 크고 ρ가 0에 가까우면 계통추출의 분

산과 단순확률추출의 분산은 근사적으로 같아진다.

하나의 계통표본만을 가지고는 $V(\bar{y}_{sy})$의 불편추정량(unbiased estimate)을 구할 수 없다. 하지만 $V(\bar{y}_{sy})$의 추정량 구하는 방법이 아주 없는 것은 아니다. 계통추출과 단순확률추출의 분산이 근사적으로 같다면, 단순확률추출에서의 평균 $\bar{y}$의 분산인 $V(\bar{y})$를 계통추출의 분산$V(\bar{y}_{sy})$를 대신하여 사용할 수 있다. 두 분산이 같지 않은 경우라고 해도 단순확률추출에서의 추정분산을 계통추출 추정분산의 상한이나 하한으로 간주할 수 있다. 추정분산들의 근사적 비교를 하기 위해서는 그 전에 랜덤모집단(random population), 순서모집단(ordered population), 순환모집단(periodic population)과 같은 모집단에 대한 정의를 해두는 것이 필요하다.

정의 7.2

모집단 내 단위들이 랜덤한 순서로 배열된 모집단을 *랜덤*모집단(*random* population)이라고 한다.
모집단 내 단위들이 특성값의 크기에 따라 오름차순이나 내림차순으로 배열된 모집단을 *순서*모집단(*ordered* population)이라고 한다.
모집단 내 단위들의 특성값이 크기에 따라 규칙적인 주기를 띠도록 배열된 모집단을 *순환*모집단(*periodic* population)이라고 한다.

그림 7.1에서 그림 7.3은 세 가지 형태의 모집단을 보여주는 그림이다.

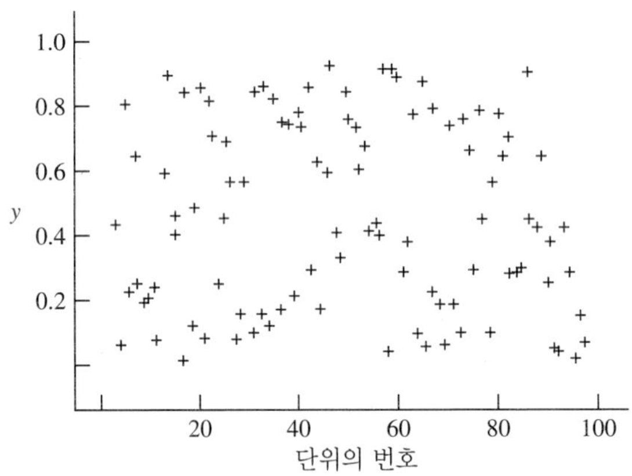

• **그림 7.1** 랜덤모집단의 단위들

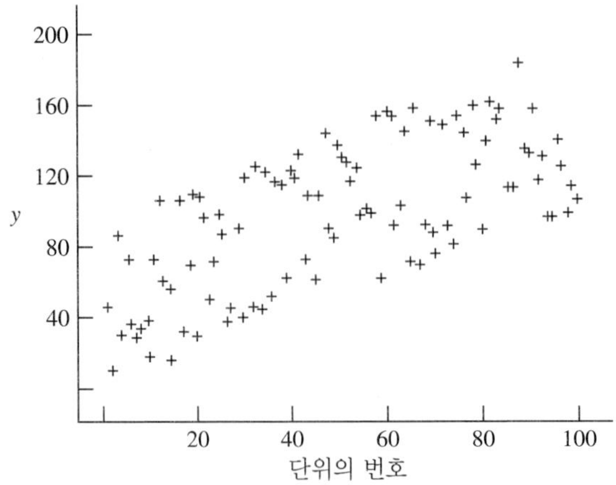

• **그림 7.2** 순서모집단의 단위들

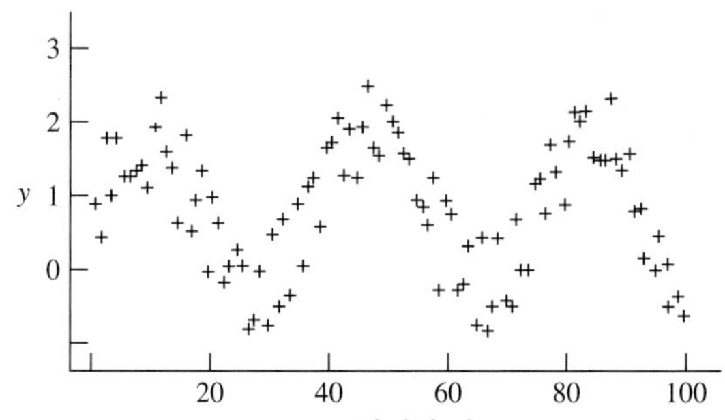

• **그림 7.3** 순환모집단의 단위들

학생들의 성적과 이름의 가나다 순서는 서로 상관이 없으므로 시험성적 조사에서 가나다순으로 정렬된 학생명부는 랜덤모집단이라고 볼 수 있다. 반면, 시간 순서대로 정리된 은행 저당물권 리스트는 순서모집단의 예가 된다. 일반적으로 최근의 저당물권의 금액이 오래된 저당물권의 금액보다 큰 경향이 있기 때문이다. 가게의 매상액은 일반적으로 주말이 가장 크고 평일은 작으므로 일간 매상액에 대한 모집단은 순환모집단의 예가 된다.

모집단이 랜덤모집단인 경우, 계통표본은 단순확률표본과 거의 유사한 특성을 지니게 된다. 계통표본의 분산식은 단순확률표본의 분산식과 근사적으로 같게 된다. 한편, 순서모집단에서 추출한 계통표본 내 조사단위들은 단순확률표본에 비해 상대적으로 특성치의 편차가 큰 편이어서 급내상관계수 ρ가 음수가 된다. 그림 7.2와 같은 모집단에서 계통표본을 추출한다고 하자. 그러면 각 계통표본에 작은 값을 갖는 조사단위와 큰 값을 갖는 조사단위가 골고루 포함될 것이다. 하지만 단순확률표본에서는 그렇지 않기 때문에 계통추출법에서의 표본평균의 추정분산이 단순확률추출법의 추정분산보다 더 작아지게 된다. 순서모집단에서 계통표본임에도 불구하고 단순확률추출법에서의 추정분산식을 그냥 사용할 경우 실제보다 표본오차를 과대추정하게 되는 셈이다.

순환모집단에서는 표본추출간격 k를 어떻게 결정하느냐에 따라 $1/k$ 계통표본이 효과가 달라진다. 일간 매출액 조사를 위해 매주 수요일마다 조사를 한다면, 추정된 일평균 매출액은 실제보다 과소 추정될 가능성이 크다. 반면, 조사를 금요일마다 한다면 이번에는 과대 추정하게 될 것이다. 매 수요일이나 금요일마다 조사를 함으로 생길 수 있는 과대나 과소 추정 문제를 피하려면, 7일이 아닌 9일 간격으로 조사하는 방안을 고려할 수 있다. 매 수요일(또는 금요일)마다 조사를 하면 표본의 특성치가 서로 비슷해서 표본의 급내상관계수가 양수가 된다. 이 경우, 단순확률표본에 비해 계통표본의 분산이 더 크므로 그냥 단순확률표본의 추정분산식을 사용하면 실제로는 과소 추정을 한 것이다. 순환모집단에서는 추출간격을 최고점과 최저점에 대해 각각 2개를 정해 동시에 계통추출하게 되면 결과적으로 표본 내의 편차가 단순확률추출일 때와 비슷해지므로 단순확률추출일 때의 추정분산식을 근사식으로 사용해도 된다.

순환모집단에서 계통표본을 사용할 때 생기는 분산의 과소 추정 문제를 해결하기 위해 랜덤 출발점을 여러 개 사용하는 방안이 있다. 이렇게 함으로써 순환모집단에서 동일한 주기를 갖는 단위들이 반복적으로 추출될 가능성을 줄이게 된다. 예를 들어, 많은 카드를 채운 상자로부터 1/10 계통표본을 추출한다고 하자. 먼저 처음 10장의 카드 중 하나를 랜덤하게 추출한다(예를 들어 2번 카드가 뽑혔다고 하자). 이후 매 10번째 카드를 일정한 개수(15라고 하자)만큼 뽑는다. 그러면 다음 15장의 카드가 표본으로 뽑힐 것이다.

$$2, 12, 22, \ldots, 152$$

152 이후에 나오는 10개의 숫자는 다음과 같다.

$$153, 154, 155, \ldots, 162$$

위의 숫자 중에서 다시 랜덤하게 하나를 선택한다. 만일 156이 선택되었다면 이 수를 출발점으로 해서 다시 10 간격의 카드 15장을 추출한다. 이 방법을 여러 번 반복하여 목표하는 크기의 표본을 얻을 때까지 추출을 계속한다. 계통추출에서 출발점을 자주 바꾸면 모집단의 단위들을 서로 뒤섞는 효과를 낼 수 있다. 그러므로 순환모집단에서 얻은 계통표본이지만 마치 랜덤모집단에서 얻은 계통표본인 것과 비슷한 효과를 얻는 것이다. 따라서, 계통표본에서의 표본평균 $\bar{y}_{sy}$의 추정분산 근사치로 단순확률추출법의 추정분산을 사용하면 된다. 7.6절과 7.7절에서 또 다른 대안들이 소개되어 있다.

예제 7.1

정부에서는 매년 모든 사업체의 근로자 수, 임금 등의 변수에 대한 자료를 수집하여 국가의 산업별 실적을 나타내는 여러 지표들을 작성한다. 표준산업분류(The Standard Industrial Classification, SIC) 제도에서는 제조업을 다시 140개의 소분류로 나누어 구분하고 있다. 20개 소분류를 표본으로 추출하여 2000년과 2001년의 근로자 수(천명 단위), 2001년의 평균 연봉(천 달러 단위)을 구한 결과가 표 7.1에 나와 있다. 'www.bls.gov/oes/2001/oessrci.htm'라는 사이트에 나온 140개 소분류 명부로부터 20개 소분류를 계통추출하였다.

a. 제조업 SIC 소분류당 평균 근로자 수와 추정오차의 한계를 계산하라.

b. 2000년과 2001년 사이 제조업 SIC 소분류당 평균 근로자 수의 차이를 추정하고, 추정오차의 한계를 계산하라.

표 7.1 제조업 소분류별 근로자 수와 연봉

표본	표준산업분류 (SIC)	설명	2000 근로자 수(천 명)	2001 근로자 수(천 명)	2001 평균 연봉(천 달러)
1	204	제분	122.4	122.2	34.9
2	212	담배	2.9	3.2	26.9
3	225	방직	120.1	98.6	25.0
4	233	숙녀의류	169.9	137.3	23.0
5	241	목재	78.2	73.6	29.8
6	252	사무용 가구	80.4	69.2	32.5
7	265	제지	219.4	207.2	32.8
8	276	사무용품	42.0	36.5	33.5
9	284	세제, 주방용품	156.0	149.2	37.8
10	299	플라스틱 제품	13.2	14.1	41.9

11	313	제화	1.1	0.8	26.1
12	322	유리	67.6	60.0	32.9
13	329	금속세공	74.0	67.1	34.4
14	339	제조금속	26.8	25.4	35.7
15	347	코팅	149.6	128.5	29.5
16	355	특수산업기계	170.9	146.4	42.1
17	363	가정용품	106.3	104.8	30.6
18	372	항공기 부품	466.6	450.5	49.5
19	382	의료장비	311.4	282.4	46.1
20	394	완구	101.0	90.7	31.2

	n	평균	중위수	표준편차
2001년 근로자 수	20	113.4	94.6	105.6
2000~2001년 근로자 수 차이	20	10.61	7.25	10.29

풀이

통계분석의 첫 단계는 자료를 그림으로 나타내어 관찰하는 것이다. 표본번호에 따른 근로자 수(그림 7.4)와 2000~2001년 사이 근로자 수의 차이(그림 7.5)를 그림으로 나타내었다. 규모가 큰 산업들이 뒷부분에 몰려 있다는 점 외에 다른 특별한 양상은 발견되지 않는다. 실제 SIC 리스트에는 전자, 교통, 의료장비 등 이윤이 큰 산업들이 뒷부분에 수록되어 있다. 이런 경우 단순확률표본을 사용하면 리스트의 뒷부분을 빠뜨릴 가능성이 크므로 그보다는 계통표본을 사용하는 것이 바람직하다. 근로자 수 차이를 나타내는 그림을 보면 전체적으로 균형이 잘 잡힌 양상이며, 차이가 큰 값이 좌우편에 적절히 나타나고 있다. 이 경우에도 계통추출을 사용함으로 다양한 범위의 차이가 골고루 나타나게 할 수 있으므로 계통표본이 유리하다고 할 수 있다(단순확률표본에서는 리스트의 가운데 부분에 있는 산업들만 포함될 가능성이 있다).

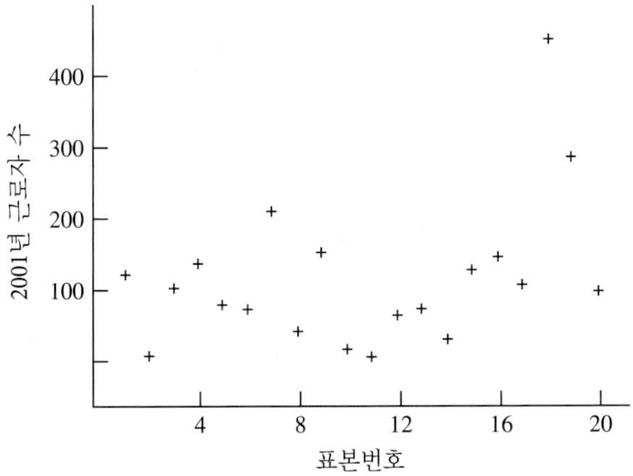

• **그림 7.4** 표본번호 순으로 표시한 2001년 근로자 수

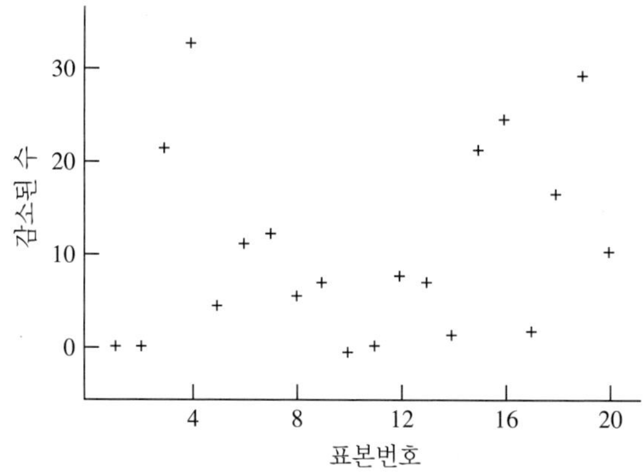

• **그림 7.5** 2000~2001년 감소된 근로자 수

표 7.1에 나온 요약통계치와 단순확률추출에서의 평균 및 추정분산식을 사용하여 평균 근로자 수를 추정하면 다음과 같다.

$$\bar{y}_{sy} = 113.4$$

$$\hat{V}(\bar{y}_{sy}) = \left(1 - \frac{20}{140}\right)\left(\frac{1}{20}\right)(105.6)^2$$

$$2\sqrt{\hat{V}(\bar{y}_{sy})} = 2\sqrt{\left(1 - \frac{20}{140}\right)\left(\frac{1}{20}\right)}(105.6) = 43.72$$

그러므로, 추정된 산업별 평균 근로자 수는 113.4 ± 44(천 명)이다.

근로자 수의 차이도 비슷한 계산과정을 거쳐 추정할 수 있는데 추정 결과 10.61 ± 4.26(천 명)인 것으로 나타났다. 1년 사이 평균 근로자 수의 차이가 비교적 큰 편이다. 표본수가 작은 편이고, 근로자 수 자료의 변동이 커서 추정오차의 한계가 비교적 크게 나왔다.

4장과 5장에서 모집단 총계 추정을 위해 모집단의 크기 N을 알아야 한다고 했다. 단순확률추출에서는 τ의 추정량으로 다음의 식을 사용한 바 있다.

$$\hat{\tau} = N\bar{y}$$

마찬가지로 계통추출에서도 모집단 크기를 안다면 τ의 추정량으로 식 (7.5)와 식 (7.6)을 사용할 수 있다.

모총계 τ의 추정량:

$$\hat{\tau} = N\bar{y}_{sy} \tag{7.5}$$

τ의 추정분산:

$$\hat{V}(N\bar{y}_{sy}) = N^2\hat{V}(\bar{y}_{sy}) = N^2\left(1 - \frac{n}{N}\right)\left(\frac{s^2}{n}\right) \tag{7.6}$$

랜덤 모집단이라고 가정한다.

식 (7.5)와 식 (7.6)은 단순확률추출에서의 추정량과 동일하다. 실제로는 $N\bar{y}_{sy}$의 분산과 단순확률추출에서의 $N\bar{y}$의 분산이 같지는 않으며, 또한 하나의 계통표본만 주어진 상황에서는 $V(N\bar{y}_{sy})$의 불편추정량을 구할 수 없다. 하지만, 앞에서 이미 설명한 바와 같이, 계통추출이나 단순확률추출이 근사적으로 동등한 경우가 많으므로 4.3절에서 구한 결과를 그대로 이용한 것이다.

예제 7.2

140개 모집단 중분류에서 20개의 중분류 계통표본을 추출한 예제 7.1를 다시 고려해보자. 이번에는 2000년에서 2001년 사이 미국 제조업 분야의 근로자 수가 얼마나 감소했는지를 추정하려 한다. 주어진 자료를 이용하여 추정치와 추정오차의 한계를 계산하라.

풀이

평균 근로자 수 추정치는 10,610명이며, 추정오차의 한계는 약 4,260명이다. 이 값에 $N = 140$을 곱하면 모집단 총계 추정치를 얻을 수 있다. 즉, 모집단 총계의 추정치는 1,485,000명이고, 추정오차의 한계는 596,000명이다. 추정오차의 한계가 비교적 큰 편인데, 자료 간의 편차가 비교적 큰 반면 작은 수의 표본을 가지고 총계를 추정한 까닭에 추정치의 정도가 이처럼 낮게 나타난 것이다. 정도를 높이려면, 표본 수를 늘리든지, 표본설계를 변경시키든지, 필요에 따라서는 두 가지 처방을 동시에 고려할 수도 있을 것이다.

층화추출법을 사용할 때 각 층에서 단순확률추출 대신에 계통추출을 사용할 수도 있다. 각 층에서 식 (7.1)과 식 (7.2)를 사용하여 추정한 후 이것을 결합하여 얻게 되는 모집단 총계의 추정량과 분산추정량은 식 (5.1), 식 (5.2)와 비슷한 형태이다. 산업별 공장으로 층화를 한 후, 각 공장별로 사고로 인한 작업손실 등 확보 가능한 변수의 기록들을 계통추출 하는 상황이 구체적인 예가 될 것이다.

7.4 모집단 비율의 추정

모집단 비율을 추정하기 위해 계통표본을 사용할 때가 있다. 선거 여론조사에서 유권자 중 특정 후보에 대한 지지율을 조사하기 위해 전체 유권자 명부에서 $1/k$ 계통표본을 추출했다고 하자. 계통추출된 표본을 통해 구한 모집단 비율 p의 추정량을 $\hat{p}_{sy}$로 표시하자. 단순확률추출에서와 마찬가지로 $\hat{p}_{sy}$는 표본평균 $\bar{y}_{sy}$의 특성을 따르게 된다. 다만, 조사변수 y_i가 0 아니면 1의 값을 갖는다는 점이 다르다. 따라서 $\hat{p}_{sy}$는 0이나 1 중 한 값을 갖는 조사자료들의 표본평균이다.

모집단 평균 p의 추정량:

$$\hat{p}_{sy} = \bar{y}_{sy} = \frac{\sum_{i=1}^{n} y_i}{n} \tag{7.7}$$

$\hat{p}_{sy}$의 추정분산:

$$\hat{V}(\hat{p}_{sy}) = \left(1 - \frac{n}{N}\right)\frac{\hat{p}_{sy}\hat{q}_{sy}}{n-1} \tag{7.8}$$

여기서 $\hat{q}_{sy} = 1 - \hat{p}_{sy}$이며, 랜덤 모집단을 가정한다.

모집단크기 N을 모르지만 상대적으로 표본크기 n에 비해 매우 클 때에는 유한모집단수정항(fpc)인 $(N - n) / N$을 무시할 수 있다. 여기서는 $\hat{p}_{sy}$(또는 $\bar{y}_{sy}$)의 분산추정량으로 단순확률추출일 때의 분산추정량(4.5절 참조)을 사용하였다. 두 경우의 분산추정량이 같지는 않지만, N이 크고 계통표본 내 단위의 급내상관계수가 0에 가까울 때(즉, $\rho = 0$)에는 근사적으로 같아진다.

예제 7.3

특정 후보에 대한 지지율조사를 위해 유권자 명부로부터 1/6 계통표본을 추출하였다. 모집단에 존재할지도 모르는 순환변동의 영향을 제거하기 위해 여러 개의 랜덤 출발점을 사용하였다. 이 선거 여론조사 자료를 정리한 표가 다음에 나와 있다. 총 5,775명의 유권자에 대한 조사 결과, 특정 후보의 지지율 p가 얼마인지를 추정하고 추정오차의 한계를 계산하라.

유권자	응답
4	1
10	0
16	1
⋮	⋮
5,760	0

5,766	0
5,772	1
$\sum_{i=1}^{962} y_i = 652$	

풀이

표본자료에 의해 구한 모집단 지지율의 추정치는 다음과 같다.

$$\hat{p}_{\text{sy}} = \frac{\sum_{i=1}^{962} y_i}{962} = \frac{652}{962} = 0.678$$

N이 크고 여러 개의 출발점을 랜덤하게 정해 사용하였으므로 계통표본이지만 단순확률표본과 비슷하다고 간주할 수 있다. 따라서, $\hat{p}_{\text{sy}}$의 분산추정량으로 단순확률추출에서의 분산추정량의 식을 이용하면 다음 식과 같이 나타낼 수 있다.

$$\hat{V}(\hat{p}_{\text{sy}}) = \left(1 - \frac{n}{N}\right)\frac{\hat{p}_{\text{sy}}\hat{q}_{\text{sy}}}{n-1}$$

따라서 추정오차의 한계를 계산하면 다음과 같다.

$$2\sqrt{\hat{V}(\hat{p}_{\text{sy}})} = 2\sqrt{\left(1 - \frac{n}{N}\right)\frac{\hat{p}_{\text{sy}}\hat{q}_{\text{sy}}}{n-1}}$$
$$= 2\sqrt{\left(1 - \frac{962}{5775}\right)\frac{(0.678)(0.322)}{961}} \approx 0.028$$

결과를 요약하면, 특정 후보에 대한 유권자들의 지지율은 0.678(67.8%)로 추정되었고, 추정오차의 한계는 0.028(2.8%)로 나타났다.

7.5 표본크기의 결정

모집단 평균 μ를 추정오차의 한계B 이내가 되도록 추정하려면 표본크기를 얼마로 해야 할까? 이때 필요한 표본크기는 다음의 식을 n에 대해 풀어 계산할 수 있다.

$$2\sqrt{V(\bar{y}_{\text{sy}})} = B \qquad \textbf{(7.9)}$$

식 (7.9)에는 σ^2과 ρ가 포함되어 있으므로 이 값들을 미리 알아야만 계산할 수 있다. 이전 조사자료나 예비조사 자료 등을 사용하여 σ^2과 ρ를 추정할 수 있는데 여기서 구체적으로 다루지는 않겠다. 여기서는 단순확률추출에서 n을 구하는 식을 그대로 이용하여 표본크기를 계산하기로 한다. 그럴 경우 순서모집단일 때에는 실제 요구되는 표본크기에 비해 커질 수 있고, 순환모집단일 때에는 작아질 수 있다. 반면 랜덤모집단일 때에는 $\bar{y}_{sy}$의 분산이나 $\bar{y}$의 분산이나 서로 동등하므로 별 문제가 없다.

추정오차의 한계가 B 이내가 되도록 모집단 평균 μ를 추정하기 위한 표본크기:

$$n = \frac{N\sigma^2}{(N-1)D + \sigma^2} \tag{7.10}$$

여기서,

$$D = \frac{B^2}{4}$$

예제 7.4

한 대형 공기업에서 지불 기일을 넘긴 연체수표의 평균 연체기간을 조사하고자 한다. $N = 2,500$명 전체 연체고객 명단이 알파벳 순서로 나열된 명부가 있는데 이를 이용하여 계통표본을 추출하고자 한다. 작년에 실시한 비슷한 조사에 의하면, 표본분산은 $s^2 = 100$(일)인 것으로 알려져 있다. 추정오차의 한계가 $B = 2$일 이내가 되도록 평균 연체기간 μ를 추정하려면 표본크기를 얼마로 해야 하겠는가?

풀이

이 예제는 랜덤모집단의 경우로 가정할 수 있으므로 $\rho \approx 0$라고 해도 된다. 식 (7.10)에서 σ^2을 s^2으로 대입해주면 다음의 계산 결과를 얻는다.

$$D = \frac{B^2}{4} = \frac{4}{4} = 1$$

$$n = \frac{N\sigma^2}{(N-1)D + \sigma^2} = \frac{2500(100)}{2499(1) + 100} = 96.19$$

그러므로 평균연체기간을 추정오차의 한계가 $B = 2$일 이내가 되도록 추정하기 위해서는 대략 97명의 표본이 필요하다.

추정오차의 한계가 B 이내가 되도록 모집단총계 τ를 추정하기 위해 필요한 표본크기를 구하려면 4.4절에서 소개한 방법을 사용하면 된다.

추정오차의 한계가 B 이내가 되도록 모집단 비율 p를 추정하는 문제에서는 단순확률추출일 때의 공식을 그대로 이용하여 표본크기를 결정할 수 있다.

추정오차의 한계가 B 이내가 되도록 모집단 평균 p를 추정하기 위한 표본크기:

$$n = \frac{Npq}{(N-1)D + pq} \tag{7.11}$$

여기서,

$q = 1 - p$이며, $D = \frac{B^2}{4}$

실제로는 모집단 비율 p를 모르는 경우가 대부분이다. 이때는 p 대신 적절한 추정치를 구해 사용하게 된다. 만일 p에 대한 사전정보가 전혀 없다면, 가장 보수적으로 $p = 0.5$를 대입하여 구한다.

예제 7.5

한 광고회사에서는 신제품 광고를 기획하고 있다. 신제품에 대한 고객의 반응을 조사하기 위해 한 도시 내의 잠재고객들을 대상으로 표본을 추출하려 한다. 면접조사는 비용이 너무 많이 드는 관계로 비용절감을 위해 전화조사를 실시한다. 도시 전화번호부에 수록된 $N = 5000$명의 이름 중에서 계통추출법에 의해 표본을 추출한다. 신제품에 대해 "호감을 가지는" 고객비율 p를 추정오차의 한계 3% 이내가 되게 추정하려면 표본크기를 얼마로 해야 하는지 계산하라.

풀이

식 (7.11)을 이용하여 필요한 표본크기를 계산할 수 있다. 신제품 관련 사전정보가 전혀 없기 때문에 근사적인 표본크기를 구하게 된다. 식 (7.11)에 $p = 0.5$를 대입하여 구한 표본크기는 다음과 같다.

$$D = \frac{B^2}{4} = \frac{(0.03)^2}{4} = 0.000225$$

$$n = \frac{Npq}{(N-1)D + pq} = \frac{5000(0.5)(0.5)}{4999(0.000225) + (0.5)(0.5)} = 909.240$$

즉, 추정오차의 한계 3% 이내가 되도록 잠재고객들의 반응을 조사하려면 대략 910명 가량의 고객에 대해 조사해야 한다.

7.6 반복 계통추출

하나의 계통표본만을 이용해서는 $\bar{y}_{sy}$의 분산을 추정할 수 없다는 점을 7.3절에서 다룬 적이 있다. 따라서, 이 장에서는 계통표본 하나만 사용한 예제에서 4.3절에서 소개한 단순확률추출의 추정법을 근사식으로 간주하여 사용해왔다. 만일 계통추출과 단순확률추출이 서로 동등하지 않은 상황이라면, $V(\bar{y}_{sy})$ 추정을 위해 다른 방법이 필요한데 반복계통추출법(repeated systematic sampling)이 해결방안 중 하나이다.

반복계통추출이란 용어자체에서도 알 수 있듯이 둘 이상의 계통추출을 반복적으로 추출하는 방법을 일컫는다. 예를 들면, 표본크기 60인 계통표본 하나를 얻기 위해 1/5 계통추출을 하는 대신에, 표본크기 6인 1/50 계통추출을 10번 반복하는 방법이다. 어느 방법이든 μ를 추정하기 위해 60개의 데이터를 사용하게 되지만, 반복계통추출을 이용하는 경우 10개의 계통표본 각각에서 구한 평균치들 간의 편차를 계산할 수 있으므로 $V(\bar{y}_{sy})$의 추정이 가능하다. 10개 각 표본평균들의 평균 $\hat{\mu}$가 바로 모집단 평균 μ의 추정량이 된다.

n_s개의 반복계통표본을 추출할 때 각 표본의 추출간격을 서로 같게 해야 한다. 그래서 표본크기 6인 10개의 1/50 계통표본 ($n_s = 10$, $k' = 50$)이나 하나의 1/5 계통표본($k = 5$)이나 최종적인 표본크기는 60이 되어야 한다. n_s개 반복계통표본 각각의 출발점을 처음 k'개의 단위 중에서 랜덤하게 정한 후, 그로부터 k'만큼 떨어진 단위들을 표본으로 추출한다. 각 계통표본의 표본크기가 $n/\ n_s$이 될 때까지 추출을 계속한다.

$N = 960$개의 단위들로 구성된 모집단이 있다고 하자. $n = 60$인 계통표본을 하나 추출하려면, 추출간격 $k = N/n = 16$으로 정하고 1에서 16 사이의 난수 하나를 불러 출발점으로 정하면 된다. 만일 표본크기 6인 계통표본 10개를 추출하는 반복계통표본법을 사용하려면 어떻게 해야 할까? 이때도 먼저 추출간격 $k' = 10k = 10(16) = 160$을 정해야 한다. 다음으로 1에서 160 사이의 난수 10개를 생성하고 생성된 10개의 난수에 각각 160씩 더해 가면서 표본크기 6이 채워질 때까지 추출을 계속한다.

1에서 160 사이의 난수 10개를 다음과 같이 얻었다고 하자.

73, 42, 81, 145, 6, 21, 86, 17, 112, 102

이 수를 각각 10개 계통표본의 출발점으로 사용하여 구한 계통표본들이 표 7.2에 나와 있다. 각 표본의 두 번째 숫자는 위 출발점에 160을 더해 얻어진다. 이 과정을 반복하여 10개의 계통표본을 얻게 된다.

표 7.2 반복계통표본들의 선택

랜덤출발점	2번째 추출단위	3번째 추출단위	…	6번째 추출단위
6	166	326	…	806
17	177	337	…	817
21	181	341	…	821
42	202	362	…	842
73	233	393	…	873
81	241	401	…	881
86	246	406	…	886
102	262	422	…	902
112	272	432	…	912
145	305	465	…	945

표본평균의 분산 $V(\hat{\mu})$의 추정량을 구하기 위해 $n_s = 10$개의 계통표본을 추출한다. 하나의 $1/k$ 계통표본에서의 표본크기와 같은 수의 표본을 반복계통표본을 통해 얻을 수 있도록 추출간격 k'을 정하기 위해서는 다음 공식을 이용하면 된다.

$$k' = kn_s$$

n_s개의 계통표본을 이용하여 모집단 평균 μ를 추정하는 공식들이 식 (7.12)와 식 (7.13)에 나와 있다.

n_s개의 $1/k'$ 계통표본을 이용한 모집단 평균 μ의 추정:

$$\hat{\mu} = \sum_{i=1}^{n_s} \frac{\bar{y}_i}{n_s} \tag{7.12}$$

여기서 $\bar{y}_i$는 i번째 계통평균의 표본평균을 의미한다.

$\hat{\mu}$의 분산 추정량:

$$\hat{V}(\hat{\mu}) = \left(1 - \frac{n}{N}\right)\frac{s_{\bar{y}}^2}{n_s}$$

여기서

$$s_{\bar{y}}^2 = \frac{\sum_{i=1}^{n_s}(\bar{y}_i - \hat{\mu})^2}{n_s - 1} \tag{7.13}$$

N을 알고 있을 때, 모집단 총계 τ의 추정에도 반복계통표본을 사용할 수 있다. 이때 사용되는 공식들이 다음의 식 (7.14)와 식 (7.15)에 나와 있다.

n_s개의 $1/k'$ 계통표본을 이용한 모집단 평균 τ의 추정:

$$\hat{\tau} = N\hat{\mu} = N\sum_{i=1}^{n_s} \frac{\bar{y}_i}{n_s} \tag{7.14}$$

$\hat{\tau}$의 분산 추정량:

$$\hat{V}(\hat{\tau}) = N^2\hat{V}(\hat{\mu}) = N^2\left(1 - \frac{n}{N}\right)\frac{s_{\bar{y}}^2}{n_s} \tag{7.15}$$

예제 7.6

미국의 어느 주립공원에서는 입장객 수에 따라 입장료를 부과하는 것이 아니라 자동차별로 부과한다. 관리사무소에서는 여름 휴가기간 중 공원에 입장하는 자동차 한 대당 평균 승차인원을 추정하려 한다. 과거 자료에 의하면 공원에는 하루에 약 400대 가량의 자동차가 관람을 하러 오는 것으로 알려져 있다. 80대의 차량을 표본으로 조사하려고 한다. 분산추정을 위해 표본크기가 8인 계통표본을 10개 추출하는 반복계통추출법을 사용하기로 한다. 표 7.3의 자료를 이용하여 자동차 한 대당 평균 승차인원을 추정하고, 추정오차의 한계를 구하라.

표 7.3 자동차 한 대당 인원 수 자료*

랜덤 출발점	2번째 단위	3번째 단위	4번째 단위	5번째 단위	6번째 단위	7번째 단위	8번째 단위	$\bar{y}_i$
2(3)	52(4)	102(5)	152(3)	202(6)	252(1)	302(4)	352(4)	3.75
5(5)	55(3)	105(4)	155(2)	205(4)	255(2)	305(3)	355(4)	3.38
7(2)	57(4)	107(6)	157(2)	207(3)	257(2)	307(1)	357(3)	2.88
13(6)	63(4)	113(6)	163(7)	213(2)	263(3)	313(2)	363(7)	4.62
26(4)	76(5)	126(7)	176(4)	226(2)	276(6)	326(2)	376(6)	4.50
31(7)	81(6)	131(4)	181(4)	231(3)	281(6)	331(7)	381(5)	5.25
35(3)	85(3)	135(2)	185(3)	235(6)	285(5)	335(6)	385(8)	4.50
40(2)	90(6)	140(2)	190(5)	240(5)	290(4)	340(4)	390(5)	4.12
45(2)	95(6)	145(3)	195(6)	245(4)	295(4)	345(5)	395(4)	4.25
46(6)	96(5)	146(4)	196(6)	246(3)	296(3)	346(5)	396(3)	4.38

* y_i의 값은 괄호 속의 값임

풀이

계통표본 하나만을 추출한다면 추출간격 k는 다음과 같이 계산할 수 있다.

$$k = \frac{N}{n} = \frac{400}{80} = 5$$

한편 $n_s = 10$개의 계통표본을 만들려면 추출간격 k'은 다음과 같이 구해진다.

$$k' = 10k = 10(5) = 50$$

1에서 50 사이의 난수 10개를 생성한 결과 다음의 숫자들이 나왔다.

13, 35, 2, 40, 26, 7, 31, 45, 5, 46

이 수들을 출발점으로 하는 10개의 계통표본을 추출하여 그에 해당되는 자동차를 조사하면 된다. 표 7.3 첫 번째 행의 평균을 계산하여 $\bar{y}_1$을 구한다. 마찬가지로 두 번째 행의 평균을 계산하여 $\bar{y}_2$를 구한다. 이와 같은 과정을 반복하여 10개 계통표본 각각의 표본평균을 구할 수 있다. μ의 추정치는 다음과 같다.

$$\hat{\mu} = \frac{1}{n_s}\sum_{i=1}^{n_s}\bar{y}_i = \frac{1}{10}(3.75 + 3.38 + \cdots + 4.38) = 4.16$$

이때 표본표준편차 $s_{\bar{y}} = 0.675$이다. 따라서 $\hat{\mu}$의 표준오차 추정치는 다음과 같다.

$$\sqrt{\hat{V}(\hat{\mu})} = \sqrt{\left(1 - \frac{n}{N}\right)\frac{1}{n_s}s_{\bar{y}}} = \sqrt{\left(1 - \frac{80}{400}\right)\frac{1}{10}(0.675)} = 0.19$$

이상의 계산 결과를 요약하면, 자동차 한 대당 평균 탑승인원은 4.16명이며, 추정오차의 한계는 약 0.38명 이하이다.

7.7 분산추정에 관한 추가 논의

$V(\bar{y}_{sy})$의 특성을 더 깊이 이해하기 위해 크기 n인 계통표본을 k개의 집락 중 랜덤하게 선택된 하나의 표본이라고 생각해보자. 또한 모집단이 표 7.4와 같은 사각형 모양으로 정돈되어 있다고 가정하자. 여기서 $N = nk$이다. 계통추출은 k개 집락(행) 중 하나를 랜덤하게 뽑는 방법이 되므로 표본평균은 k개의 평균 중의 하나가 될 것이다. 달리 표현하면 $\bar{y}_{sy}$는 $\bar{y}_1, \bar{y}_2, \ldots \bar{y}_k$ 중 하나이며 각각의 값이 선택될 확률은 모두 같다.

식 (7.4)에서 소개한 바와 같이 $V(\bar{y}_{sy})$는 다음 식과 같다.

$$V(\bar{y}_{sy}) = \frac{\sigma^2}{n}[1 + (n - 1)\rho]$$

위 식에서 ρ는 같은 집락에 속한 단위들 간의 상관의 정도를 나타내는 값인데, $-[1/(n - 1)]$에서 1 사이의 값을 가진다.

표 7.4에 나온 모집단 단위를 이용하여 분산분석표 형태의 집락 간 평균제곱합(MSB), 집락 내 평균제곱합(MSW), 총제곱합(SST)의 식을 구하면 다음과 같다.

$$\text{MSB} = \frac{n}{k - 1}\sum_{i=1}^{k}(\bar{y}_i - \bar{\bar{y}})^2 \tag{7.16}$$

$$\text{MSW} = \frac{1}{k(n - 1)}\sum_{i=1}^{k}\sum_{j=1}^{n}(y_{ij} - \bar{y}_i)^2 \tag{7.17}$$

$$\text{SST} = \sum_{i=1}^{k}\sum_{j=1}^{n}(y_{ij} - \bar{\bar{y}})^2 \tag{7.18}$$

위 식에서 $\bar{\bar{y}}$는 모든 단위들의 전체 평균을 의미한다. 앞의 식을 이용하여 ρ를 다음과 같이 표현할 수 있다.

$$\rho = \frac{(k - 1)n\text{MSB} - \text{SST}}{(n - 1)\text{SST}} \tag{7.19}$$

$N = nk$가 크다면 위 식은 근사적으로 다음과 같이 나타내진다.

$$\rho \approx \frac{\text{MSB} - \text{MST}}{(n - 1)\text{MST}} \tag{7.20}$$

여기서 MST = SST/$(nk - 1)$이다.

표 7.4 크기 n인 k개 집락들의 모집단

집락 번호	표본번호					
	1	2	3	…	n	평균
1	y_{11}	y_{12}	y_{13}	…	y_{1n}	$\bar{y}_1$
2	y_{21}	y_{22}	y_{23}	…	y_{2n}	$\bar{y}_2$
3	y_{31}	y_{32}	y_{33}	…	y_{3n}	$\bar{y}_3$
⋮	⋮	⋮	⋮	⋮	⋮	⋮
k	y_{k1}	y_{k2}	y_{k3}	…	y_{kn}	$\bar{y}_k$

표 7.5 난수들의 집락

집락 번호	모집단(N = 20)						
	8152	5722	9504	8399	6423	$\bar{y}_i$	$\hat{V}(\bar{y})$
1	8	5	9	8	6	7.2	0.405
2	1	7	5	3	4	4.0	0.750
3	5	2	0	9	2	3.6	1.845
4	2	2	4	9	3	4.0	1.275

식 (7.20)을 통해, MSB가 $V(\bar{y}_{sy})$에 큰 영향을 끼친다는 것을 알 수 있다. MSB가 MST에 비해 상대적으로 작으면 ρ가 음수가 되어 $V(\bar{y}_{sy})$는 단순확률추출의 $V(\bar{y})$보다 더 작게 된다. 반대로 MSB가 MST에 비해 상대적으로 더 크면 ρ가 양수가 되어 $V(\bar{y}_{sy})$는 단순확률추출의 $V(\bar{y})$보다 더 커진다. MSB가 작다는 것은 각 집락들의 평균이 서로 비슷하다는 것을 의미하므로, 집락을 구성할 때 가능한 한 각 집락의 평균이 비슷해지도록 만들면 분산을 적게 할 수 있다.

실제 자료를 이용하여 계산하게 되면 위 설명이 의미하는 바를 보다 쉽게 이해할 수 있다. 표 7.5에는 0에서 9 사이의 난수 20개로 구성된 모집단을 집락크기가 5인 k = 4개의 집락으로 구성한 자료가 나와 있다. 이 자료를 가지고 분산분석을 하면 다음 결과를 얻게 된다(df = 자유도, SS = 제곱합, MS = 평균제곱).

분산분석

요인	df	SS	MS
집락	3	42.20	14.07
오차	16	114.00	7.13
합계	19	156.20	

분산분석표에서 MSB = 14.07, MSW = 7.13, SST = 156.20이므로 이 값을 식 (7.19)에 대입하여 계산하면 다음의 결과를 얻게 된다.

$$\rho = \frac{3(5)(14.07) - 156.20}{4(156.20)} = 0.088$$

0에서 9 사이의 난수를 생성하여 모집단을 만들었으므로 ρ가 거의 0에 가까운 값을 갖는 것은 당연하다. 이때 k개의 집락은 각각 크기 n인 단순확률표본과 유사하다.

표 7.6 순서대로 나열된 집락

집락번호	모집단(N = 20)						
	1 2 3 4	5 6 7 8	9 10 11 12	13 14 15 16	17 18 19 20	$\bar{y}$	$\hat{V}(\bar{y})$
1	1	5	9	13	17	9.0	6.0
2	2	6	10	14	18	10.0	6.0
3	3	7	11	15	19	11.0	6.0
4	4	8	12	16	20	12.0	6.0

이번에는 랜덤하지 않은 모집단의 예에 대해 생각해보자. 표 7.6은 1에서 20 사이의 숫자들을 오름차순으로 정렬한 후 크기 5인 4개의 집락으로 모집단을 구성한 예이다. 이 경우 분산분석표를 구하면 다음과 같다.

분산분석표

요인	df	SS	MS
집락	3	25.0	8.3
오차	16	640.0	40.0
합계	19	665.0	

위 계산 결과를 이용하여 ρ를 계산하면 다음과 같다.

$$\rho = \frac{3(5)(8.3)}{4(665)} = -0.203$$

이 경우 순서모집단이므로 계통추출을 사용하게 되면 ρ가 음수가 된다. 그러므로 순서모집단일 때 계통추출을 하게 되면 단순확률추출에 비해 추정치의 정확도를 높일 수 있다.

이 예의 경우 모집단에 대해 미리 알고 있으므로 계산을 통해서든 식 (7.4)을 이용해서든 $\bar{y}_{sy}$의 분산을 계산할 수 있다. 표 7.5의 자료를 이용하여 직접 계산하면 다음의 결과를 얻게 된다.

$$V(\bar{y}_{sy}) = 2.11$$

한편, 식 (7.4)을 이용하여 계산하면 다음 결과를 얻을 수 있다.

$$\begin{aligned} V(\bar{y}_{sy}) &= \frac{\sigma^2}{n}[1 + (n-1)\rho] \\ &= \frac{SST}{n(kn)}[1 + (n-1)\rho] \\ &= \frac{156.2}{5(20)}[1 + (4)(0.088)] = 2.11 \end{aligned}$$

표 7.5의 맨 오른쪽 열에는 각각의 계통표본(집락)이 표본으로 뽑혔을 경우 단순확률추출의 분산식인 식 (7.2)을 적용시켜 구한 분산추정치가 나와 있다. 네 가지 집락에서 구한 추정치가 모두

실제 분산보다는 작지만 그 차이가 크지 않아 무난한 추정치로 간주할 수 있다.

표 7.6의 자료에 대해서도 앞의 예에서와 같이 계산을 하면 $V(\bar{y}_{sy}) = 1.25$가 된다. 이 경우 네 개의 계통표본에서 구한 $V(\bar{y}_{sy})$의 추정치는 실제 분산과 매우 다르다(네 추정치 모두 6.0으로 계산되었다). 이 예를 통해, 순환모집단에서 계통추출로 얻은 자료를 가지고 $\bar{y}_{sy}$의 분산을 추정할 때 단순확률추출에서의 분산추정식을 사용하면 분산을 과대추정하게 된다는 사실을 다시 한 번 확인할 수 있다.

계통추출에서의 분산추정에 대한 더 나은 해결책을 찾을 수 있을까? 단순확률추출의 분산추정량보다 더 효율적인 $V(\bar{y}_{sy})$의 추정량을 구할 수 있을까? 선형 추세를 보이는 모집단에서는 특히 좋으며, 그밖에도 일반적으로 효율적인 것으로 알려진 간단한 분산추정량이 개발되었다. 새로운 분산추정량은 다음과 같은 아이디어를 지닌다. $y_1, y_2, \ldots, y_n$은 $E(y_i) = \mu$이고, $V(y_i) = \sigma^2$인 확률표본이라고 하자. 일반적으로 σ^2의 추정량은 $\sum(y_i - \bar{y}^2)$의 식으로 표현되지만, $\mu = 0$이면 $\sum y_i^2$의 식으로 표현되며, $\sum y_i^2/n$의 불편추정량이 된다.

다음으로 μ가 0이 아닌 경우에 대해 생각해보자. 두 개의 조사단위 y_i 와 y_j를 택하고 그 차이를 $d_i = y_i - y_j$로 표현하기로 한다. 이때 $E(d_i) = 0$이며 $V(d_i) = 2\sigma^2$이 된다. n_d개의 d가 있다면, $\sum_{i=1}^{n_d} d_i^2/n_d$는 $2\sigma^2$의 추정량이 되므로 이를 이용하여 σ^2의 추정량을 쉽게 구할 수 있다. N개의 모집단으로부터 n개의 표본을 추출한 후 표본평균 $\bar{y}_{sy}$를 추정하는 것이 목적이므로, d_i의 식으로 표현되는 추정량은 다음 식과 같다.

$$\hat{V}_d(\bar{y}_{sy}) = \left(1 - \frac{n}{N}\right)\frac{1}{n(2n)}\sum_{i=1}^{n_d} d_i^2 \tag{7.21}$$

두 표본 자료를 랜덤하게 추출하지 않고 그냥 서로 인접한 두 단위 간의 차이를 구할 수도 있다.

$$d_i = y_{i+1} - y_i,\ i = 1, \ldots, (n-1)$$

표본크기가 n이므로 $(n-1)$개의 d_i가 존재한다. 따라서 식 (7.21)을 다음과 같은 식으로 나타낼 수 있다.

$$\hat{V}_d(\bar{y}_{sy}) = \left(1 - \frac{n}{N}\right)\frac{1}{2n(n-1)}\sum_{i=1}^{n-1} d_i^2 \tag{7.22}$$

표 7.5의 자료에서 인접 단위 간의 차이를 계산한 결과가 표 7.7에 나와 있다. 맨 오른쪽 열에 있는 $\hat{V}_d(\bar{y}_{sy})$는 식 (7.22)으로 계산된 결과이다. 이 분산추정치는 단순확률추출의 분산추정치와 값이 매우 비슷하며(표 7.5 참조), 실제 분산인 $V(\bar{y}_{sy}) = 2.11$과도 비슷하다.

표 7.6의 자료에 대해서도 같은 계산을 해보자. 여기서는 인접단위의 차이가 4로 모두 같다. 이 값을 대입한 결과 각 계통표본에서의 분산추정치는 모두 $\hat{V}_d(\bar{y}_{sy}) = 1.20$로 구해졌다. 이 값은 실제 분산값 $V(\bar{y}_{sy}) = 1.25$와 매우 비슷하다. 이 예의 경우, 단순확률추출에서의 추정분산치(이 예에서는 값이 6이다)는 효율이 떨어진다.

모집단 조사단위가 랜덤하지 않고 어떤 순서에 따라 배열된 경우, 인접한 두 조사단위의 차이를 이용하여 구한 분산추정량이 효율적이라는 사실을 실제 예를 통해 살펴보았다. 따라서 모집단 단위들이 랜덤한 순서로 배열된 것이 확실할 때에만 계통표본에서 단순확률추출의 분산추정량을 사용하는 것이 바람직하다.

모집단 비율의 추정 문제에 대해서도 앞에서 소개한 방법과 원리를 적용할 수 있다. 표 7.5의 자료를 짝수 순서의 값은 1, 홀수 순서의 값은 0으로 바꾼다(이 예에서 목표는 전체 단위 중 짝수값을 갖는 비율을 추정하는 것이다). 표 7.8에 표 7.5의 자료를 0, 1자료로 변환시킨 결과가 나타나있다. 단순확률추출 공식으로 구한 $\hat{V}(\hat{p})$는 식 (7.8)으로, $\hat{V}_d(\hat{p})$는 식 (7.22)으로 계산할 수 있다. 실제 분산은 $V(\hat{p}_{sy}) = 0.030$인데, 두 가지 분산추정치는 다 참값과 비슷하므로 두 추정치는 모두 좋은 추정치라고 할 수 있다. 랜덤모집단이라면 일반적으로 이와 비슷한 결과가 나타날 것이다.

표 7.9는 표 7.6의 자료에서 값이 10 이하이면 0, 11이상이면 1로 변환시킨 것이다(여기서는 모집단 단위 중 10보다 큰 단위의 비율을 추정하는 것이 목표이다). 이때 실제 분산은 $V(\hat{p}_{sy}) = 0.01$인데, 표 7.9의 맨 오른쪽 두 열에 나온 값을 보면 인접단위들의 차를 이용한 분산추정치가 단순확률추출 분산추정치보다 더 작다. 따라서 랜덤모집단이 아닌 순서모집단일 때에는, 모집단 비율 추정에서도 인접단위의 차이를 이용한 분산추정법이 단순확률추출 분산추정법보다 더 효율적이라는 사실을 확인할 수 있다.

표 7.7 표 7.5 자료의 인접단위 간 차이

집락번호	차이(절대값)				$\hat{V}_d(\bar{y}_{sy})$
1	3	4	1	2	0.562
2	6	2	2	1	0.844
3	3	2	9	7	2.681
4	0	2	5	6	1.219

표 7.8 짝수–홀수 난수*

집락번호	1001	0011	0011	1000	1110	$\hat{p}$	$\hat{V}(\hat{p})$	$\hat{V}_d(\hat{p})$
1	1	0	0	1	1	0.6	0.045	0.047
2	0	0	0	0	1	0.2	0.030	0.023
3	0	1	1	0	1	0.6	0.045	0.070
4	1	1	1	0	0	0.6	0.045	0.023

*1 = 짝수, 0 = 홀수

표 7.9 1~20 오름차순 숫자*

집락번호	0000	0000	0011	1111	1111	$\hat{p}$	$\hat{V}(\hat{p})$	$\hat{V}_d(\hat{p})$
1	0	0	0	1	1	0.4	0.045	0.023
2	0	0	0	1	1	0.4	0.045	0.023
3	0	0	1	1	1	0.6	0.045	0.023
4	0	0	1	1	1	0.6	0.045	0.023

*10 이하일 때 0, 10보다 클 때 1

보다 실제적인 두 가지 유형의 예제를 살펴보자.

예제 7.7

부록 C에 수록된 TEMPS라는 데이터세트에 미국의 88개 기상관측소가 알파벳 순서로 나열되어 있다. 이 중 n = 8개의 측후소를 계통추출하여 미국 전역의 1월 평균강수량을 추정하고자 한다(예보관 한 사람이 정해진 시간 내에 연락 가능한 측후소 수가 8개이다). k = 11이므로 먼저 처음 11개 측후소 중 하나를 랜덤하게 추출하여야 한다. 9번째 측후소가 뽑혔다고 가정하자. 이후 매 11번째 떨어져 나열된 측후소들을 표본으로 뽑아 각 측후소별 1월 강수량을 조사한 자료는 다음과 같다.

0.5, 1.8, 1.9, 4.7, 1.7, 0.7, 1.7, 2.8

88개 모든 측후소들의 1월 평균강수량을 추정하고, 추정오차의 한계를 계산하라.

풀이

그림 7.6은 자료를 표본번호 순으로 나타낸 것이다. 이 그림을 보면, 계통추출이 알파벳 순서로 진행될 경우 약간의 주기성이 나타나는 것을 알 수 있다. 실제 모집단에 이런 경향이 존재한다면, 현재 추출된 표본은 큰 값이나 작은 값을 지닌 단위들을 골고루 포함하고 있으므로 단순확률추출에서의 분산추정량을 그대로 사용할 수 있을 것으로 여겨진다.

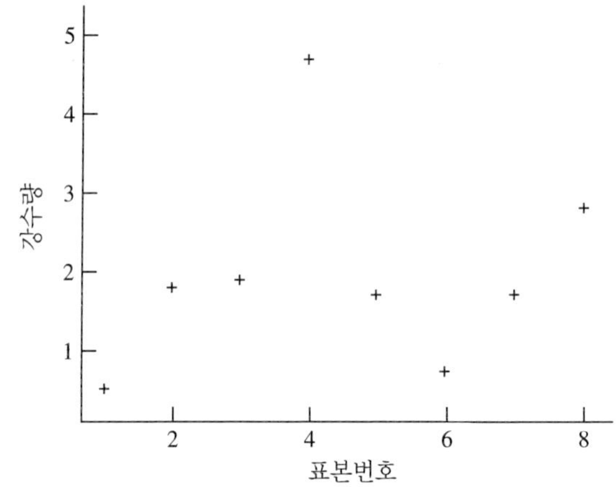

• **그림 7.6** 예제 7.7 강수량 자료의 산점도

$\bar{y}_{sy}$ = 1.98이고, s^2 = 1.728이다. 분산추정치와 추정오차의 한계는 다음과 같다.

$$\hat{V}(\bar{y}_{sy}) = \left(1 - \frac{n}{N}\right)\frac{s^2}{n} = \left(1 - \frac{8}{88}\right)\left(\frac{1.728}{8}\right) = 0.196$$

$$2\sqrt{\hat{V}(y_{sy})} = 0.89$$

랜덤모집단이 아니라고 판단되면, 인접단위의 차이를 이용한 분산추정식을 사용하여 다음과 같이 계산할 수 있다.

$$\hat{V}_d(\bar{y}_{sy}) = \left(1 - \frac{n}{N}\right)\frac{1}{2n(n-1)}\sum_{i=1}^{n-1} d_i^2$$
$$= \left(1 - \frac{8}{88}\right)\frac{1}{2(8)(7)}(21.75) = 0.176$$

$$2\sqrt{\hat{V}_d(\bar{y}_{sy})} = 0.84$$

위의 두 분산추정치가 서로 비슷한데, 이는 순환모집단에서는 두 추정법 중 무엇을 사용하든 별 차이가 없음을 나타낸다. 인접단위의 차이를 이용하는 분산추정치가 단순확률추출의 분산추정치에 비해 약간 작은데, 이것은 자료에 나타나는 약간의 주기성 때문이다.

예제 7.8

부록 C에 수록된 RIVER라는 데이터세트에는 플로리다 주의 한 강에 흘러 들어가는 일평균 물의 량 자료가 소개되어 있다. 1977년 가을(10~12월) 기간의 일평균 물의 양을 추정하기 위해 10일 간격으로 관측하여 자료를 수집하였다. 1~10 사이에서 랜덤하게 하나의 수를 뽑은 후(가령 4가 뽑혔다고 하자). 그로부터 매 10일 간격으로 추출함으로써 3달에 걸쳐 $n = 9$개의 관측 자료를 얻었는데, 다음과 같다(관측자료의 단위는 ft^3/초이다).

38, 24, 17, 11, 4.7, 7.5, 4.0, 2.6, 4.9

1977년 가을의 일평균 물의 양을 추정하라.

풀이

그림 7.7은 9개의 관측값을 표본번호에 따라 표시한 그림인데, 뒤로 갈수록 관측값의 크기가 줄어드는 경향을 나타내고 있다. 이 경우, 단순확률추출을 가정한 분산추정식을 사용하면 참값보다 과대 추정할 우려가 있다.

식 (7.1)과 식 (7.2)을 이용하여 계산한 결과는 다음과 같다.

$$\bar{y}_{sy} = 12.63$$
$$\hat{V}(\bar{y}_{sy}) = \left(1 - \frac{9}{92}\right)\left(\frac{139.838}{9}\right) = 14.018$$
$$2\sqrt{\hat{V}(\bar{y}_{sy})} = 7.49$$

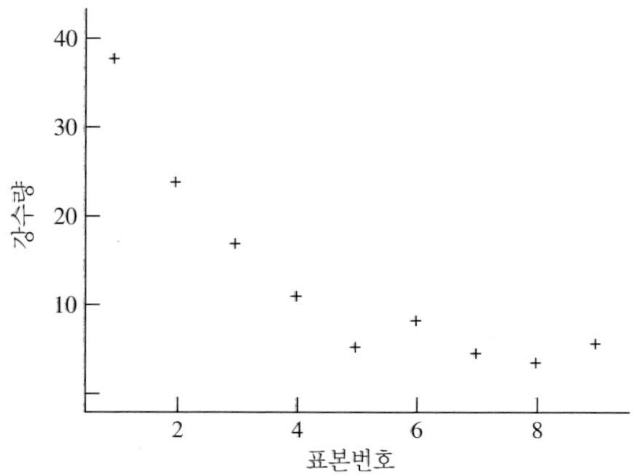

• 그림 7.7 예제 7.8 수량 자료의 산점도

한편, 인접단위의 차이를 이용한 분산추정치는 다음과 같다.

$$\hat{V}_{\mathrm{d}}(\bar{y}_{\mathrm{sy}}) = \left(1 - \frac{9}{92}\right)\frac{348.03}{2(9)(8)} = 2.180$$

$$2\sqrt{\hat{V}_{\mathrm{d}}(\bar{y}_{\mathrm{sy}})} = 2.95$$

위의 값들을 비교해보면, 인접단위의 차이를 이용한 분산추정치가 단순확률추출의 분산추정치보다 훨씬 작은 것을 알 수 있다. 이러한 결과는 현실적으로 타당한 것인가? 표본 자료는 시간에 따라 선형 감소하는 양상을 나타내는데, 이러한 양상은 모집단에서도 동일하게 나타난다. 플로리다 지역은 가을에 매우 건조하므로 시간이 지남에 따라 수량이 줄어드는 것은 당연한 일이다. 여러 가지 상황들을 고려할 때, 인접단위의 차이를 이용한 추정법이 더 효율적이라고 판단을 내렸다. 표본평균은 12.63이고 오차의 한계는 2.95이다.

7.8 요약

계통추출은 단순확률추출의 대안이다. 계통추출은 단순확률추출에 비해 추출이 쉽고, 조사자에 의한 선택오차를 줄일 수 있는 방법이다. 뿐만 아니라 때에 따라서는 단순확률추출보다 단위비용당 얻는 정보량이 더 많을 수도 있다.

이 장에서는 $\bar{y}_{\mathrm{sy}}$, $N\bar{y}_{\mathrm{sy}}$, $\hat{p}_{\mathrm{sy}}$을 이용하여 각각 모집단 평균, 총계, 비율을 추정하는 법을 소개하였고, 아울러 각각의 추정오차의 한계도 구하였다.

계통추출이나 단순확률추출 중 어느 것을 선택할지를 결정하기 위해서는 먼저 모집단의 형태를 고려해야 한다. 예를 들어, N이 매우 크고 $\rho < 0$ 이면, $\bar{y}_{\mathrm{sy}}$의 분산추정치가 $\bar{y}$의 분산추정치보다 더 작다. 그러므로 N이 매우 크고, 순서모집단일 때는 계통표본을 사용하는 것이 더 효과적이다. 랜덤모집단일 때 두 추출법은 서로 동등하므로 어느 것을 선택해도 무방하다. 그러나 순환모집단에서 계통추출법을 사용하고자 하면 세심한 주의를 기울어야 한다.

μ나 τ나 p를 추정하기 위해 필요한 표본크기를 결정할 때 일반적으로는 단순확률추출에서의 공식을 사용한다.

모집단 평균이나 총계에 대한 추정 및 분산추정을 위해 반복계통추출법과 인접단위의 차를 이용한 분산추정치를 사용하면 모집단의 특성에 대한 특별한 가정을 하지 않아도 된다.

사례연구 분석

제조업체는 품질관리를 잘 하고 있는가?

이 장의 처음에 제시한 청동주조 공정의 구리함유율이라는 품질관리 문제를 다시 검토해보자. 계통추출에 의해 16개의 관측값이 얻어졌으며, $\bar{y} = 87$, $s^2 = 18$이다. N이 n에 비해 매우 크다고 가정하면, 표본은 계통추출법으로 추출했지만 단순확률추출의 분산추정식을 사용하여 모집단 평균에 대한 신뢰구간을 다음과 같이 추정할 수 있다.

$$\bar{y} \pm 2\sqrt{\frac{s^2}{n}}$$

위 식을 이용한 계산 결과는 다음과 같다.

$$87 \pm 2\sqrt{\frac{18}{16}} \text{ 또는 } 87 \pm 2$$

즉, 구리함유량의 모집단 평균은 85~99 범위일 것으로 추정한다. 공정의 표준 품질수준이 90이므로 검사 당일의 공정 품질은 광고된 품질수준에 못 미친다는 판정을 내리게 된다. 그러면 작업감독자는 품질불량이 생긴 원인을 규명하여야 할 것이다.

이 사례에서는 계통추출법을 사용하여 표본이 그날 생산된 제품 전체를 대표할 수 있게 하였다. 하루 중 품질이 떨어지는(올라가는) 순간이 있다고 해도 계통추출법으로 표본을 추출하면 모집단의 상황을 제대을 포착할 수 있다. 하지만 단순확률추출법을 사용할 경우, 품질 변화가 생기기 이전이나 이후에 생산된 제품들만 표본으로 뽑힐 가능성이 있다는 것을 명심해야 한다.

연습문제

일부의 연습문제들은 자료와 직접적으로 관계되므로 엑셀파일에 있는 자료들과 연결하기 위해서 센게이지러닝 홈페이지(www.cengage.co.kr) Download 자료실의 Section 7.0을 참고하기 바란다

7.1 고속도로 순찰대에서는 검문소를 지나는 차가 적어도 $N = 3{,}000$대가 될 것으로 예상한다. 추정오차의 한계가 $B = 0.015$ 이내가 되도록 p를 추정하기 위해 요구되는 표본의 크기를 구하라.

7.2 한 회사의 경영진은 새롭게 시행하는 회사 시책에 대한 사원들의 지지율을 조사하고자 한다. 특정 근무일에 퇴근하는 사원들을 대상으로 1/10 계통표본을 추출하여 조사한 결과가 아래의 표에 나와 있다. 모집단 지지율 p를 추정하고, 추정오차의 한계를 구하라. $N = 2{,}000$이라고 가정한다.

표본사원	응답

3	1
13	0
23	1
⋮	⋮
1993	1
	$\sum_{i=1}^{200} y_i = 132$

7.3 연습문제 7.2에서 추정오차의 한계 0.01 이내로 p를 추정하기 위해 필요한 표본크기를 구하여라.

7.4 한 제조업체에서는 12온스들이 캔음료를 생산하고 있다. 생산라인에서 일부 제품을 계통추출하여 음료 한 캔당 평균 양을 추정하려 한다. 어느 날 생산된 제품 중 1/50 계통표본을 취하여 조사한 결과가 다음 표에 나와 있다. μ의 값을 추정하고, 추정오차의 한계를 구하라. N = 1,800이라고 가정한다.

음료의 양(온스 단위)					
12.00	11.97	12.01	12.03	12.01	11.80
11.91	11.98	12.03	11.98	12.00	11.83
11.87	12.01	11.98	11.87	11.90	11.88
12.05	11.87	11.91	11.93	11.94	11.89
11.75	11.93	11.95	11.97	11.93	12.05
11.85	11.98	11.87	12.05	12.02	12.04

7.5 연습문제 7.3에서 추정오차의 한계가 0.03 이내가 되도록 μ를 추정하기 위해서는 표본크기를 얼마로 정해야 할까?

7.6 한 회사에서는 사원을 소득이 많은 사람부터 소득 순으로 정렬한 명단을 작성하였다. 이 명단을 추출틀로 써서 표본을 추출하고, 이 표본으로부터 사원 1인당 평균소득을 추정하고자 한다. 이때 계통추출법, 층화추출법, 단순확률추출법 중 어느 방법이 가장 효과적일까? 각 방법의 비용은 동일하다고 가정한다. 세 방법의 장단점에 대해 설명하라.

7.7 한 주의 고속도로 순찰대(highway patrol)에서는 운전자 중 면허증을 소지하고 있는 사람의 비율을 조사한다. 주요 고속도로에 검문소를 설치하고 매 일곱 번째 지나는 차 운전자를 대상으로 조사를 실시한다. 다음 표의 자료를 사용하여 면허증을 소지한 운전자 비율을 추정하고, 아울러 추정오차의 한계를 계산하라. 추출기간 동안에 검문소를 지나는 차의 총수는 N = 2,800으로 가정하라.

차	응답, y_i
1	1
2	1
3	0
⋮	⋮
400	1

$$\sum_{i=1}^{400} y_i = 324$$

7.8 대학당국에서는 인근 지역사회와 관계를 개선하기 위한 방안에 대해 연구하고 있다. 주소록에 수록된 $N = 4{,}500$명의 학생명부에서 1/150 계통표본을 추출하여 학생 1인당 한 학기 동안의 의류구입액을 추정하고자 한다. 표본조사 결과 얻어진 자료가 다음의 표에 나와 있다. 이 자료를 이용하여 τ를 추정하고, 추정오차의 한계를 구하라.

학생	구입액(달러)	학생	구입액(달러)	학생	구입액(달러)
1	30	11	29	21	9
2	22	12	21	22	15
3	10	13	13	23	6
4	62	14	15	24	93
5	28	15	23	25	21
6	31	16	32	26	20
7	40	17	14	27	13
8	29	18	29	28	12
9	17	19	48	29	29
10	51	20	50	30	38

7.9 연습문제 7.8에서 추정오차의 한계를 10,000달러로 바꾼다면 필요한 표본크기는 얼마가 될지 구하라. 또한 이때 어떤 방식으로 계통추출을 해야할지 설명하라.

7.10 이 교재의 전체 페이지 중 그림이 나온 페이지의 비율은 얼마인가? 또한 이 책에 수록된 표의 수는 몇 개일까? 이 질문에 대한 답을 구할 수 있도록 적절한 크기의 계통표본을 추출하라. 추정오차의 한계를 얼마로 했는지도 설명하라.

7.11 한 도시 가구 중 전세나 월세를 사는 가구수를 조사하기 위해 주민등록부 자료를 가지고 1/50 계통표본을 추출하였다. 세를 사는 가구는 $y_i = 1$, 그렇지 않은 가구는 $y_i = 0$으로 기록하였다. 이 도시에는 총 $N = 15{,}200$ 가구가 등록되어 있다. 다음의 값을 사용하여 세를 사는 가구수를 추정하고, 추정오차의 한계를 구하라.

$$\sum_{i=1}^{304} y_i = 88$$

[힌트: 세를 사는 가구 비율 추정량을 $\hat{p}$이라고 하면, $N\hat{p}$가 되며, $\hat{V}(N\hat{p}) = N^2\hat{V}(\hat{p})$이다.]

7.12 다음의 자료는 1950년에서 1990년까지의 연도 중에서 계통추출된 일부 연도 미국 출생아 수(단위: 천명)와 출생비율(단위: 인구 천명 당 출생자 수)을 나타낸 자료이다.

년도	1950	1955	1960	1965	1970	1975	1980	1985	1990
출생아 수	3,632	4,097	4,258	3,760	3,731	3,144	3,612	3,761	4,158
출생비율	24.1	25.0	23.7	19.4	18.4	14.6	15.9	15.8	16.7

출처: U.S. Bureau of the Census, *Statistical Abstract of the United States*, 1993–94 (113 ed.), Washington, D.C., 1994.

(1) 41년 동안의 총 출생자수를 추정하고, 적절한 분산추정치도 구하라.

(2) 기간 동안의 평균 출산비율을 추정하고, 적절한 분산추정치를 구하라. 추정된 평균치를 1995년 출생비율에 대한 예측치로 사용하는 것이 적절할까? 그 이유에 대해 설명하라.

7.13 한 식품의 시장점유율은 일 년 중 한 주간을 선정한 후 해당 일주일 동안 각 소매점들이 회사로부터 구입해 간 판매량 조사자료를 가지고 산출된다. 일 년 중 조사를 위한 주간을 선정할 때 계통추출법을 사용한다면 어떤 장단점이 있을까?

7.14 도시를 가로지르는 큰 도로변에 거주하는 각 가구들의 주소록이 있다고 하자. 각 가구들의 주소는 한쪽에서 다른 쪽으로 가는 순서에 따라 수록되어 있다. 전체 가구 중 실업자가 한 명이상 있는 가구의 비율을 추정하려고 한다. 이때 계통추출법을 사용하는 것과 단순임의추출법을 사용하는 것 중 어느 것이 더 효과적이겠는가? 그 이유는 무엇이라고 생각하는가?

실제 자료를 이용한 실습

7.1 신문에 나온 주가지수자료를 구하라. 각 종목별로 시작시점의 주가와 종료시점의 주가가 나열되어 있을 것이다.

(1) 계통추출에 의해 주가종목들을 추출하여 전날보다 값이 떨어진 종목의 비율을 추정하고 추정오차의 한계를 구하라.

(2) 이 경우 계통추출과 단순확률추출, 그리고 층화확률추출 중 어느 것이 더 효과적인 추출방법일까?

7.2 부록 C에 나와 있는 TEMPS라는 데이터세트에는 미국 전역에 있는 기상측후소별 월평균기온과 월간 강수량 자료가 수록되어 있다. 미국의 3월 월 평균기온과 평균강수량을 조사하고자 한다.

(1) 기상 측후소 중 30개를 계통추출하여 조사하고, 그 분산을 추정하라.

(2) 표본크기 10인 계통표본 3개를 추출하여 조사하고, 그 분산을 추정하라.

위 두 가지 방법 중 어느 것이 더 나은 방법이라고 생각하는가? 그 이유를 설명하라.

CHAPTER 08

집락추출법

사 례 연 구

이웃에 거주하는 사람들의 특성은 무엇인가?

어떤 회사가 당신이 사는 지역에 점포를 개설하길 원한다고 가정하자. 그 지역에 사는 사람들의 특성에 관한 정보를 회사에서 직접 조사 하지 않고 어떻게 얻겠는가? 한 가지 방법은 미국 센서스국의 블록통계자료를 참고하는 것이다. *블록통계*는 종종 도시블록들이 되는 매우 작은 지역에 대한 총 거주자 수, 어떤 소수 민족 집단들에 있는 사람 수, 65세 이상인 사람 수, 그리고 자기 집을 소유하고 있는 사람과 임대하고 있는 사람들의 수와 같은 인구학적 정보를 제공한다. 이 자료들은 시장조사 전문가, 주택과 교통계획자, 그리고 지역사회의 여러 협회 등에서 사용한다.

그 회사는 65세 이상인 사람들의 요구에 따라 그들이 거주하는 지역의 한 장소에 점포를 개설하려고 한다. 그래서 40개 블록지역에 살고 있는 이 연령층에 속한 거주자들의 비율을 추정하고자 한다. 회사는 40개 블록에서 5개 블록을 표본 추출하여 블록통계자료를 얻기로 했다. 추출된 블록은 사람들로 구성된 집락들을 형성하므로 집락추출을 사용한다(이는 실제 문제에 대한 축소판이다. 통상적으로 블록 수와 표본크기는 훨씬 크다).

8.0 도구

이 장에서 계산을 하기 위한 대화형 엑셀도구(interactive Excel Tools)는 센게이지러닝 홈페이지(www.cengage.co.kr) Download 자료실에서 내려 받을 수 있다. Download 자료실의 8장 폴더에서 "**Section 8.0(tools)**"이라는 이름의 워드 파일을 찾을 수 있을 것이다. 그 파일 안에 이 장과 관련된 계산 도구들이 제공되어 있다. 본문의 아이콘(왼쪽에 표시되어 있는)은 도구들이 만들어져 있다는 것을 상기시키는 표시이다. 또한 해당 장의 몇몇 연습문제들에 대한 자료들은 Download 자료실에 있는 해당 섹션과의 링크를 통해 얻을 수 있다.

8.1 개요

표본조사의 목적이 최소의 비용으로 모수에 대해 정해진 양의 정보를 얻고자 하는 것임을 다시 한번 상기하자. 층화확률추출이 5.1절에서 지적한 세 가지 이유로 단순확률추출보다 효과적일 뿐만 아니라 정보량과 관련해서도 층화확률추출이 더욱 바람직하다. 7.1절에서 논의된 바와 같이 계통추출은 적어도 단순확률추출과 같은 정도의 결과를 제공하고, 수행하기는 더 쉽다. 이 장에서는 앞에서 다룬 세 가지의 방법보다 단위 비용당 더 많은 정보를 제공해주기도 하는 네 번째 방법인 집락추출을 소개한다.

정의 8.1

*집락표본(cluster sample)*은 각 추출단위가 조사단위들의 집합 또는 집락으로 된 확률표본이다.

모집단의 모든 조사단위를 나열하는 추출틀을 얻는 비용이 많이 들거나, 조사단위들이 떨어져 있어서 관측비용이 증가하면 집락추출은 단순확률추출이나 층화확률추출보다 비용이 적게 든다.

예를 들어, 대도시의 가구당 평균소득을 추정한다고 가정하자. 어떻게 표본을 선택해야 되겠는가? 만약 단순확률추출을 사용한다면 그 도시에 있는 모든 가구에 대한 목록이 필요하고, 이 목록을 얻는 데 많은 비용이 들게 되며 때론 얻는 것 자체도 불가능할 수 있다. 층화확률추출을 사용하려해도 여전히 모집단의 각 층에 대한 목록이 요구되기 때문에 이러한 문제를 피할 수 없다. 그러므로 조사단위들에 대한 단순확률표본을 추출하는 것보다는 도시를 블록(또는 조사단위들의 집락)과 같은 구역들로 나누고, 모집단으로부터 블록에 대한 단순확률표본을 추출하는 것이 바람직하다. 이런 표본추출은 모든 도시 블록에 대한 목록을 이용하면 쉽게 할 수 있다. 그러면 표본으로 추출된 각 블록 내의 모든 가구들의 소득을 조사할 수 있다.

집락추출을 사용하는 두 번째 이유를 설명하기 위해서, 그 도시에 있는 가구들에 대한 목록을 사용할 수 있다고 가정하자. 단순확률추출을 사용하면 표본가구는 도시 전체로 흩어질 것이다. 흩어져 있는 가구들을 조사하는 비용은 조사원의 이동비용이나 그 밖의 관련비용으로 인하여 커지게 된다. 층화확률추출은 이들 비용이 적을 수 있지만, 집락추출은 이동비용을 줄이는 좀더 효과적인 방법이 된다. 집락 내의 조사단위들은 지리적으로 서로 가까이 있으므로 이동비용이 줄어든다. 도시 블록 내의 이동은 전체 도시에 흩어져 있는 가구들로 구성된 단순확률표본과 관련된 이동과 비교해볼 때, 분명히 최소가 될 것이다.

요약하면, 집락추출은 다음 조건하에서 최소의 비용으로 정해진 양의 정보를 얻기 위한 효과적인 방법 중 하나이다.

(1) 모집단 조사단위들에 대한 좋은 추출틀이 없거나, 추출틀을 얻는 데 많은 비용이 드는 반면에 집락에 대한 추출틀은 쉽게 얻을 수 있는 경우

(2) 조사단위들이 멀리 떨어져 있을수록 관측값을 얻는 비용이 증가하는 경우

미국의 센서스국이 아주 상세한 블록통계를 제공하기 때문에 도시블록은 가구나 사람들에 대한 집락으로 자주 사용된다. 인구자료에서 블록은 하나의 표준 도시블록 또는 행정적 또는 지리적 경

계선들로 된 불규칙한 형태의 구역이 될 수 있다. 블록통계는 모든 도시지역이나 인구가 만 명 이상 밀집해 있는 지역에 대해서 작성된다. 총체적으로 블록통계는 전체 인구의 80% 정도를 포함한다. 각 블록에 대해서 작성된 자료는 전체 인구, 혼혈인종과 주거단위들의 수를 포함하고 있으며, 또한 소유지 자산 가치와 거주하는 집의 소유여부 그리고 상 하수도와 가스 배관시설 여부 등도 포함하고 있다.

제품에 대한 잠재적인 수요, 어떤 지역에 새 상점을 열었을 때의 향후 판매량, 또는 긴급 의료시설 같은 새로운 서비스에 대한 잠재 고객 수 등을 추정하기 위해서 시장조사 기관이 집락추출을 할 때 센서스국에서 작성한 블록통계가 폭넓게 사용된다.

주나 지역정부들이 새로운 운송방법이나 교통시설을 계획하고 주택단지를 설계하기 위해서 블록(집락)을 표본으로 추출한다. 마찬가지로 교회 같은 지역 공동체들도 어느 정도 규모로 교회를 확장해야 하는가를 결정하기 위해 블록통계를 사용한다.

그밖에 집락추출을 사용하는 다른 많은 예들이 있다. 주거단위 그 자체가 사람들에 대한 집락이 되며 대학생들을 추출할 때도 편리한 추출단위가 될 수 있다. 어떤 질병에 대한 평균 재발 횟수나 평균 입원기간을 연구하는 경우에도 병원이 그 질병을 갖고 있는 환자들에 대한 편리한 집락이 될 수 있다.

사람외의 다른 조사단위들도 종종 집락으로 추출된다. 타이어의 마모나 안전성에 대한 연구를 할 때 4개의 타이어가 장착된 자동차는 훌륭한 집락이 된다. 컴퓨터의 회로판은 검사를 위한 반도체들의 집락이 된다. 오렌지의 병충해를 연구하기 위해서는 하나의 오렌지 나무가 집락이 된다. 숲의 한 작은 구역은 목재의 양이나 병충해에 걸린 나무들의 비를 추정하기 위한 나무들의 집락들로 되어 있다. 지금까지 보아왔듯이 추출을 하는 데 편리한 단위인 집락에 대한 예는 무수히 많다.

이제부터는 집락표본을 추출하는 자세한 과정을 살펴본다.

8.2 집락표본의 추출방법

집락추출에서 가장 먼저 해야 할 일은 적절한 집락을 정하는 것이다. 집락 내의 조사단위들은 종종 서로 가까이 있으므로 유사한 특성을 갖는 경향이 있다. 다시 말하면 집락 내에 있는 조사단위들은 상관이 매우 높을 수 있다. 그러므로 집락 내에서 새로운 측정을 해도 모집단 모수에 관한 정보의 양은 실제적으로 증가하지 않을 수 있다. 연구자가 너무 큰 크기의 집락을 선택하면 많은 측정비용이 들게 된다. 한 집락 내의 조사단위들이 아주 다른 경우도 있는데, 이때는 몇 개의 큰 집락으로 구성된 표본은 평균과 같은 모집단 모수에 대한 아주 좋은 추정값을 제공할 수 있다.

예를 들어, 동일한 생산라인들로부터 나온 부품상자들로 집락을 구성한다고 하자. 만약 모든 라인들이 거의 비슷한 불량률을 갖는다면, 각 집락 내의 부품들은 전체적으로 품질에 관해서 모집단과 비슷한 정도의 변동을 갖게 된다. 이러한 상황에서는 한두 개의 집락으로부터 불량률을 추정해도 좋은 추정값을 얻을 수 있다.

한편, 학군 조정안을 찬성하는 가구비율을 추정하기 위해서 가구들로 구성된 집락으로 학군들이 정해졌다고 가정하자. 집락들이 많은 가구를 포함하고 있기 때문에 예산상 단 두세 개의 집락만을 표본으로 선택하게 된다. 이 경우에 한 지역에 있는 대부분의 가구들은 자신들의 학군에 만족해서 학군 조정안에 찬성하지 않을 수 있는 반면에 다른 지역에 있는 대부분의 가구들은 그들의 학군에 만족하지 않아서 학군조정을 강력히 희망할 수도 있다. 적은 수의 표본 학군은 이들 그룹 가운데 한두 개를 빠뜨릴 수 있으므로 아주 빈약한 추정값을 제공하게 된다. 이런 경우 작은 규모의 집락을 많이 추출함으로써 더 많은 정보를 얻을 수 있다.

적절한 집락크기를 선정하는 문제는 병충해에 걸린 나무의 비율을 추정하기 위해서 산림구획을 선정하는 문제에서와 같이, 매우 다양한 크기의 집락을 구성하는 것이 가능할 때 더욱 어려워질 수 있다. 숲 전체에 걸쳐 병충해에 걸린 나무의 밀도가 변동이 많은 경우, 작은 규모의 산림구획(집락)을 많이 추출하는 것이 바람직하다. 어쨌든 숲에 있는 한 산림구획을 랜덤하게 설정하는 데는 많은 시간이 소요되므로 일단 설정되면 그 산림구획에서 많은 나무를 추출하는 것이 경제적으로 바람직하다. 그러므로 변동을 관리하는 데는 작은 규모의 집락을 많이 추출하는 것이 유리한 반면에, 경제적으로는 큰 규모의 집락을 적게 추출하는 것이 유리하다. 집락의 크기와 집락 수 간의 균형이 이루어져야 한다. 그런데 이러한 결정을 하는 데 바람직한 규칙이 늘 있는 것은 아니다. 그러므로 각각의 문제에 따라 연구되어야 하지만, 예비조사를 통해 다양한 규모의 집락을 고려한다면 연구자들이 옳은 방향을 찾는 데 도움이 될 수 있다.

최적의 층화(5장)와 집락 구성 간의 주요 차이점을 살펴보면, 층들은 측정될 특성치들의 관점에서 층내는 가능하면 동질적이어야 하는 반면에 층간은 가급적 서로 이질적이어야 한다. 한편 집락들은 집락 내부는 가능하면 이질적이어야 하고 집락들은 서로 매우 유사해야 집락추출의 경제적 이점을 달성할 수 있다.

적절한 집락을 정하고 나면 모집단의 모든 집락을 나열한 추출틀을 만들어야 한다. 이 추출틀로부터 4.2절의 방법을 이용하여 집락들을 단순확률추출한다. 아래의 예를 가지고 설명해 보자.

예제 8.1

사회학자가 어떤 조그마한 도시의 1인당 소득을 추정하고자 한다. 그런데 추출틀로 사용할 성인 거주자들에 대한 목록이 없다. 그렇다면 어떻게 표본조사를 설계해야 하는가?

풀이

성인 거주자들에 대한 목록을 사용할 수 없으므로 집락추출이 조사설계를 위한 필연적인 선택으로 생각된다. 두 개의 공장지역과 몇 가구만이 있는 세 개의 공원을 제외하고, 도시를 직사각형의 블록으로 나눈다. 사회학자는 각 도시블록을 하나의 집락으로, 두 개의 공장지역과 세 개의 공원을 각각 하나의 집락으로 간주한다. 그 집락들에 1부터 415까지 번호를 도시 지도상에 부여한다. $n = 25$개의 집락을 표본추출하고 각 집락내의 모든 가구들을 면접할 시간과 비용은 충분하다. 1에서 415 사이에 있는 25개의 임의숫자(random number)를 선택하고, 이 수에 해당하는 집락을 지도상에 표시한다. 그리고 표본으로 선정된 각 집락에 조사원을 배정한다.

8.3 모집단 평균과 총계의 추정

집락추출은 여러 개의 조사단위를 포함하고 있는 각각의 추출단위를 단순확률추출하는 것이다. 그러므로 모집단 평균 μ와 총계 τ의 추정량들은 단순확률추출의 경우와 유사하게 된다. 특히 표본평균 $\bar{y}$는 모집단 평균 μ의 좋은 추정량이 된다. 이 절에서는 μ에 대한 추정량 1개와 τ에 대한 추정량 2개를 소개한다.

이 장에서 사용될 기호는 다음과 같다.

N = 모집단에 있는 집락수

n = 단순확률추출로 뽑힌 집락수

m_i = 집락 i에 있는 조사단위의 수, $i = 1, \ldots, N$

$\bar{m} = \frac{1}{n}\sum_{i=1}^{n} m_i$ = 표본의 평균 집락크기

$M = \sum_{i=1}^{N} m_i$ = 모집단에 있는 조사단위의 수

$\bar{M} = M/N$ = 모집단의 평균 집락크기

y_i = i번째 집락에 있는 모든 관찰값들의 총계

모집단 평균 μ의 추정량은 표본평균 $\bar{y}$가 되며, 이는 다음과 같다.

$$\bar{y} = \frac{\sum_{i=1}^{n} y_i}{\sum_{i=1}^{n} m_i}$$

그러므로 $\bar{y}$는 6장에서 다룬 비추정량의 형태로 x_i 대신 m_i를 사용한 것이다. 그러면 $\bar{y}$의 추정분산도 식 (6.2)와 같이 비추정량의 분산 형태를 취하게 된다.

모집단 평균 μ의 비추정량:

$$\bar{y} = \frac{\sum_{i=1}^{n} y_i}{\sum_{i=1}^{n} m_i} \tag{8.1}$$

$\bar{y}$의 추정분산:

$$\hat{V}(\bar{y}) = \left(1 - \frac{n}{N}\right)\frac{s_r^2}{n\bar{M}^2} \tag{8.2}$$

여기서

$$s_r^2 = \frac{\sum_{i=1}^{n}(y_i - \bar{y}m_i)^2}{n-1} \tag{8.3}$$

M을 모르는 경우 $\bar{M}$는 $\bar{m}$로 추정될 수 있다.

식 (8.2)에 있는 추정분산은 편향되는데, 만약 n이 크면($n \geq 20$인 경우) 이는 $V(\bar{y})$ 의 좋은 추정량이 된다. 집락크기 $m_1, m_2, ..., m_N$들이 같으면 편향은 없어진다. 비추정의 경우와 같이, 추정량과 표준오차는 원점을 지나는 가중회귀선을 적합시켜서 계산될 수 있다. 이때 가중값들은 m 값들의 역수와 같다. 예제 8.2에서 이 추정과정을 설명한다.

예제 8.2

예제 8.1에서 추출된 25개 집락에 대해 조사를 실시하였다. 소득에 관한 자료가 표 8.1에 있다. 이를 이용하여 그 도시의 1인당 소득을 추정하고 추정오차의 한계를 구하라.

표 8.1 1인당 소득

집락	거주자 수(m_i)	집락당 총 소득 y_i	집락	거주자 수(m_i)	집락당 총 소득 y_i
1	8	$96,000	14	10	$49,000
2	12	121,000	15	9	53,000
3	4	42,000	16	3	50,000
4	5	65,000	17	6	32,000
5	6	52,000	18	5	22,000
6	6	40,000	19	5	45,000
7	7	75,000	20	4	37,000
8	5	65,000	21	6	51,000
9	8	45,000	22	8	30,000
10	3	50,000	23	7	39,000
11	2	85,000	24	3	47,000
12	6	43,000	25	8	41,000
13	5	54,000		$\sum_{i=1}^{25} m_i = 151$	$\sum_{i=1}^{25} y_i =$ $1,329,000

풀이

조사단위당 평균에 대한 추정량은 비추정량이기 때문에 6장에서 비추정량들에 대해서 했던 것과 똑같이 계산하면 된다. 이들 자료에 대한 기본 통계량을 요약하면 아래와 같다.

	N	평균	중위수	표준편차(SD)
거주자	25	6.040	6.000	2.371
소득	25	53,160	49,000	21,784
$y_i - \bar{y}m_i$	25	0	993	25,189

모집단 평균 μ에 대한 최량추정값은 식 (8.1)로부터 다음과 같이 계산된다.

$$\bar{y} = \frac{\sum_{i=1}^{n} y_i}{\sum_{i=1}^{n} m_i} = \frac{\$1{,}329{,}000}{151} = \frac{\$53{,}160}{6.04} = \$8{,}801$$

M을 모르기 때문에 식 (8.2)에 있는 $\overline{M}$는 $\overline{m}$로 추정한다. 여기서

$$\overline{m} = \frac{\sum_{i=1}^{n} m_i}{n} = \frac{151}{25} = 6.04$$

예제 8.1에서 $N = 415$이므로, 식 (8.2)로부터

$$\begin{aligned}\hat{V}(\bar{y}) &= \left(1 - \frac{n}{N}\right)\frac{s_{\mathrm{r}}^2}{n\overline{M}^2} \\ &= \left[1 - \frac{25}{415}\right]\frac{(25{,}189)^2}{25(6.04)^2} = 653{,}785\end{aligned}$$

그러므로 추정오차의 한계를 사용한 μ의 추정값은 다음과 같다.

$$\bar{y} \pm 2\sqrt{\hat{V}(\bar{y})} = 8{,}801 \pm 2\sqrt{653{,}785} = 8{,}801 \pm 1{,}617$$

1인당 평균소득에 대한 최량추정값은 \$8,801이고, 추정오차는 약 .95의 확률로 \$1,617보다 작게 된다. 추정오차의 한계는 다소 큰 편이다. 더 많은 집락을 추출한다면 결국 표본크기를 증가시키는 결과가 되어 추정오차가 줄어들게 된다.

비추정량은 m에 대한 y의 산점도가 원점을 지나는 직선에 가까울 때 거의 비편향성을 갖는다는 것을 상기하자. 표 8.1의 자료에 대한 산점도가 그림 8.1에 있다.

위의 자료가 약간의 선형관계는 있지만 그렇게 강하지는 않다($\hat{\rho} = 0.303$). 비록 그렇다고 해도 상대편향은 근사적으로 아래와 같이 작기 때문에, μ에 대한 비추정값은 상당히 좋은 추정값이 된다.

$$\left(1 - \frac{n}{N}\right)\frac{1}{n}\left[\left(\frac{s_{\mathrm{m}}}{\overline{m}}\right)^2 - \hat{\rho}\left(\frac{s_{\mathrm{m}}}{\overline{m}}\right)\left(\frac{s_y}{\bar{y}}\right)\right] = 0.004$$

M이 모집단에 있는 총 조사단위의 수를 나타내므로 모집단 총계 τ는 $M\mu$가 된다. 결과적으로 단순확률추출에서와 같이 $M\bar{y}$가 τ에 대한 추정량이 된다.

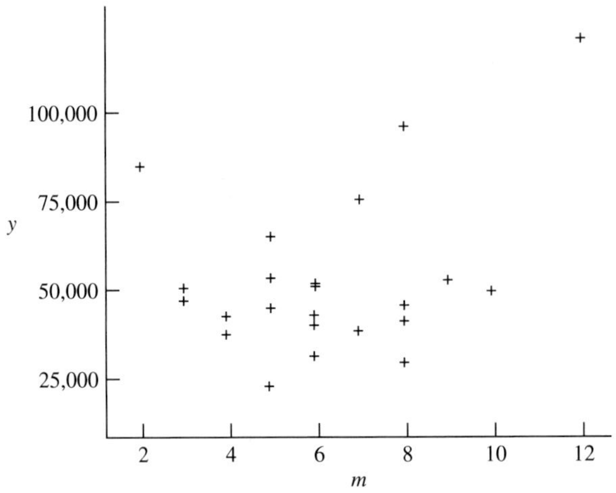

• **그림 8.1** 표 8.1의 자료

모집단의 총계 τ의 추정량:

$$M\bar{y} = M\frac{\sum_{i=1}^{n} y_i}{\sum_{i=1}^{n} m_i} \tag{8.4}$$

$M\bar{y}$의 추정분산:

$$\hat{V}(M\bar{y}) = M^2\hat{V}(\bar{y}) = N^2\left(1 - \frac{n}{N}\right)\frac{s_r^2}{n} \tag{8.5}$$

추정량 $M\bar{y}$는 모집단에 있는 조사단위의 수 M을 알고 있는 경우에만 유용하다.

예제 8.3

도시에 있는 모든 거주자들의 총수입을 추정하고 추정오차의 한계를 구하기 위해서 표 8.1의 자료를 이용한다. 도시에는 2,500명의 거주자들이 있다.

풀이

예제 8.2에서 표본평균 $\bar{y}$는 \$8,801이다. 그러므로 τ의 추정값은 다음과 같다.

$$M\bar{y} = 2{,}500(8{,}801) = \$22{,}002{,}500$$

$\hat{V}(\bar{y})$는 $\overline{M}$ 대신 $\overline{m}$를 사용한다는 것을 제외하고 예제 8.2에서 사용된 방법에 의해서 계산된다. 추정오차의 한계를 사용한 τ의 추정값은 다음과 같다.

$$M\bar{y} \pm 2\sqrt{\hat{V}(M\bar{y})} = M\bar{y} \pm 2\sqrt{M^2\hat{V}(\bar{y})}$$
$$= 22{,}002{,}500 \pm 2\sqrt{(2{,}500)^2(653{,}785)}$$
$$= 22{,}002{,}500 \pm 4{,}042{,}848$$

추정오차의 한계는 크게 나타나는데, 이는 표본크기를 크게 함으로써 축소될 수 있다.

모집단에 있는 조사단위의 수를 알 수 없어서 집락추출에 의한 추정값 $M\bar{y}$를 사용할 수 없는 경우가 종종 있다. 그러나 M에 의존하지 않는 모집단 총계에 대한 또 다른 추정량을 만들 수 있다. 식 (8.6)에 의한 $\bar{y}_{\mathrm{t}}$는 n개 표본집락에 대한 평균 집락총계이다.

$$\bar{y}_{\mathrm{t}} = \frac{1}{n}\sum_{i=1}^{n} y_i \tag{8.6}$$

이때, $\bar{y}_{\mathrm{t}}$는 모집단에 있는 N개 집락총계의 평균에 대한 비편향추정량이 된다. 4장에서와 같은 이유로 $N\bar{y}_{\mathrm{t}}$는 집락총계들의 합 또는 모집단총계 τ에 대한 비편향추정량이 된다.

예를 들면, 어떤 도시의 성인 남자 수를 알 수 없을 때는 $M\bar{y}$보다 추정량 $N\bar{y}_{\mathrm{t}}$를 사용하여 τ를 추정한다.

M에 의존하지 않는 모집단 총계 τ의 추정량:

$$N\bar{y}_{\mathrm{t}} = \frac{N}{n}\sum_{i=1}^{n} y_i \tag{8.7}$$

$N\bar{y}_{\mathrm{t}}$의 추정분산:

$$\hat{V}(N\bar{y}_{\mathrm{t}}) = N^2\hat{V}(\bar{y}_{\mathrm{t}}) = N^2\left(1 - \frac{n}{N}\right)\frac{s_{\mathrm{t}}^2}{n} \tag{8.8}$$

여기서,

$$s_{\mathrm{t}}^2 = \frac{\sum_{i=1}^{n}(y_i - \bar{y}_{\mathrm{t}})^2}{n-1} \tag{8.9}$$

집락크기 간에 변동이 크고 집락크기가 집락총계와 상관이 높으면 $N\bar{y}_{\mathrm{t}}$의 분산[식 (8.8)]은 일반적으로 $M\bar{y}$의 분산[식 (8.5)]보다 크다. 추정량 $N\bar{y}_{\mathrm{t}}$는 집락크기 $m_1, m_2, \ldots, m_n$의 정보를 사용하지 않으므로 정도가 낮을 수 있다.

예제 8.4

M을 모르면, 도시에 있는 모든 거주자들의 총수입을 추정하기 위해 표 8.1의 자료를 사용하고 추정오차의 한계를 구하라.

풀이

예제 8.1에서 $N = 415$이다. 식 (8.7)과 표 8.1로부터, 총수입 τ의 추정값은 다음과 같다.

$$N\bar{y}_t = \frac{N}{n}\sum_{i=1}^{n} y_i = \frac{415}{25}(1{,}329{,}000) = \$22{,}061{,}400$$

이 값은 예제 8.3에 있는 추정값에 아주 근사하게 된다.

추정오차의 한계를 구하기 위해서, 우선 예제 8.2에 있는 요약자료로부터 다음 값을 얻는다.

$$s_t^2 = \frac{\sum_{i=1}^{n}(y_i - \bar{y}_t)^2}{n-1} = (21{,}784)^2$$

그러면 그 도시에 있는 모든 거주자들의 총수입에 대한 추정값은 추정오차의 한계를 사용해서, $N\bar{y}_t \pm 2\sqrt{\hat{V}(N\bar{y}_t)}$가 된다. 여기에 식 (8.8)을 이용하면 다음을 얻는다.

$$\begin{aligned} N\bar{y}_t \pm 2\sqrt{N^2\left(1-\frac{n}{N}\right)\frac{s_t^2}{n}} &= 22{,}061{,}400 \pm 2\sqrt{(415)^2\left(1-\frac{25}{415}\right)\frac{(21{,}784)^2}{25}} \\ &= 22{,}061{,}400 \pm 3{,}505{,}532 \end{aligned}$$

추정오차의 한계는 추정량 $M\bar{y}$(예제 8.3)에 대한 추정오차의 한계보다 다소 작다. 그 이유 중 하나는 이 예제에서 집락크기들이 집락총계와 상관이 높지 않기 때문이다. 다시 말해, 집락크기들이 집락총계들에 대한 정보를 거의 제공하지 않기 때문이다. 그래서 비편향추정량 $N\bar{y}_t$가 추정량 $M\bar{y}$보다 좋아 보인다.

8.4 동일한 집락크기: 단순확률추출과의 비교

집락추출과 단순확률추출 간의 관계를 좀더 상세히 알기 위해서 모든 m_i가 같은 값, 즉 m인 경우를 가정한다. 모집단의 모든 집락들에 이 가정이 성립한다. 이는 각 상자에 정확히 24개의 캔음료가 들어 있는 상자를 추출하는 경우와 같다. 이 경우 $M = Nm$이고, 총 표본크기는 nm (n개의 집락은 각각 m개의 조사단위로 이루어져 있다)이다.

μ와 τ의 추정량들은 모든 집락크기가 같을 때(즉, $m_1 = m_2 = \ldots = m_N$) 특별한 성질들을 갖는다. 첫째, 식 (8.1)에 의한 추정량 $\bar{y}$는 모집단 평균 μ에 대한 비편향추정량이다. 둘째, 식 (8.2)에 의해 주어진 $\hat{V}(\bar{y})$는 $\bar{y}$의 분산에 대한 비편향추정량이다. 마지막으로 모집단 총계 τ의 두 추정량, $M\bar{y}$와 $N\bar{y}_t$는 같아진다.

조사단위당 모집단 평균의 추정량 식 (8.1)은 집락크기가 같은 경우 $\bar{\bar{y}}_c$로 나타낼 수 있는데 이는 다음과 같다.

$$\bar{\bar{y}}_c = \frac{1}{m}\left[\frac{1}{n}\sum_{i=1}^{n} y_i\right] = \frac{1}{mn}\sum_{i=1}^{n}\sum_{j=1}^{m} y_{ij}$$

여기서 y_{ij}는 i번째 집락의 j번째 표본관측값을 나타낸다. $\bar{\bar{y}}_c$는 모든 nm개의 표본관측값들에 대한 평균으로 볼 수도 있고, 표본집락 총계들의 평균을 m으로 나눈 것으로 간주할 수도 있다. 후자의 관점에서 보면 다음을 쉽게 알 수 있다.

$$\hat{V}(\bar{\bar{y}}_c) = \left(1 - \frac{n}{N}\right)\left(\frac{1}{nm^2}\right)\left(\frac{1}{n-1}\right)\sum_{i=1}^{n}(y_i - \bar{y}_t)^2$$

여기서

$$\bar{y}_t = \frac{1}{n}\sum_{i=1}^{n} y_i = m\bar{\bar{y}}_c$$

집락 i에 대한 표본평균을 $\bar{y}_i$ 라 하면, $\bar{y}_i = y_i/m$ 또는 $y_i = m\bar{y}_i$이므로

$$\begin{aligned}\frac{1}{m^2 n(n-1)}\sum_{i=1}^{n}(y_i - \bar{y}_t)^2 &= \frac{1}{m^2 n(n-1)}\sum_{i=1}^{n}(m\bar{y}_i - m\bar{\bar{y}}_c)^2 \\ &= \frac{1}{n(n-1)}\sum_{i=1}^{n}(\bar{y}_i - \bar{\bar{y}}_c)^2\end{aligned}$$

분산에 대한 계산을 간단히 하고 집락추출과 단순확률추출의 관계를 설명하기 위해서 분산분석(ANOVA)에서 전개했던 것과 유사하게 제곱합을 분해한 식들을 사용한다. 그러면 다음과 같은 관계를 보일 수 있다.

$$\begin{aligned}\sum_{i=1}^{n}\sum_{j=1}^{m}(y_{ij} - \bar{\bar{y}}_c)^2 &= \sum_{i=1}^{n}\sum_{j=1}^{m}(y_{ij} - \bar{y}_i)^2 + \sum_{i=1}^{n}\sum_{j=1}^{m}(\bar{y}_i - \bar{\bar{y}}_c)^2 \\ &= \sum_{i=1}^{n}\sum_{j=1}^{m}(y_{ij} - \bar{y}_i)^2 + m\sum_{i=1}^{n}(\bar{y}_i - \bar{\bar{y}}_c)^2\end{aligned}$$

왼쪽으로부터 3개의 항을 각각 **총제곱합(SST)**, **집락내제곱합(SSW)**, **집락간제곱합(SSB)**이라 부른다. 그러면 위의 등식은 다음과 같이 된다.

$$\text{SST} = \text{SSW} + \text{SSB}$$

이들 제곱합을 적절한 수로 나눠주면 ANOVA의 통상적인 평균제곱값이 된다. 그러므로 **집락간 평균제곱(MSB)**은

$$\text{MSB} = \frac{\text{SSB}}{n-1} = \frac{m}{n-1}\sum_{i=1}^{n}(\bar{y}_i - \bar{\bar{y}}_c)^2$$

이 되고, **집락내평균제곱(MSW)**은 다음과 같이 된다.

$$\text{MSW} = \frac{\text{SSW}}{n(m-1)} = \frac{1}{n(m-1)}\sum_{i=1}^{n}\sum_{j=1}^{m}(y_{ij} - \bar{y}_i)^2$$

이들로부터 다음 결과를 얻는다.

$$\hat{V}(\bar{\bar{y}}_c) = \left(1 - \frac{n}{N}\right)\frac{1}{nm}\text{MSB}$$

예제 8.5

한 신문사의 보급책임자가 특정 지역의 가구당 평균 구독 신문 수를 추정하고자 한다. 가구들을 일일이 돌아다니는 비용이 꽤 들기 때문에, 그 지역에 있는 4,000가구를 지리적으로 10가구씩 묶어 400개의 집락으로 만들었다. 그리고 이들로부터 4개의 집락을 단순확률추출하여 조사를 실시하였다. 이때 얻어진 자료는 아래의 표에 있다. 그 지역의 가구당 평균 구독 신문 수를 추정하고 추정오차의 한계를 구하라.

집락	구독 신문 수	총 신문 수
1	1 2 1 3 3 2 1 4 1 1	19
2	1 3 2 2 3 1 4 1 1 2	20
3	2 1 1 1 1 3 2 1 3 1	16
4	1 1 3 2 1 5 1 2 3 1	20

풀이

식 (8.1)로부터

$$\bar{y} = \frac{\sum_{i=1}^{n} y_i}{\sum_{i=1}^{n} m_i}$$

$m_1 = m_2 = \ldots = m_n = m$일 때, 위 식은 다음과 같이 된다.

$$\bar{\bar{y}}_c = \frac{\sum_{i=1}^{n} y_i}{nm} = \frac{19 + 20 + 16 + 20}{4(10)} = 1.875$$

MINITAB을 이용해서 얻은 자료에 대한 분산분석 결과는 다음과 같다.

분산분석

원인	자유도(df)	제곱합(SS)	평균제곱(MS)
요인	3	1.07	0.36
오차	36	43.30	1.20
총계	39	44.38	

이 결과에서, '요인'은 집락간, 그리고 "오차"는 집락 내의 계산을 나타낸다. 그러므로 MSB = 0.36이고 MSW = 1.20이 된다. 그러면

$$\begin{aligned}\hat{V}(\bar{\bar{y}}_c) &= \left(1 - \frac{n}{N}\right)\frac{1}{nm}\text{MSB} \\ &= \left(\frac{396}{400}\right)\frac{1}{4(10)}(0.36) \\ &= 0.0089\end{aligned}$$

그리고

$$2\sqrt{\hat{V}(\bar{\bar{y}}_c)} = 0.19$$

그러므로 가구당 평균 구독 신문 수에 대한 최량추정값은 1.88 ± 0.19이다.

집락추출과 단순확률추출의 정도를 어떻게 비교할 수 있을까? 만약 하나의 단순확률표본에 있는 nm개의 관측값으로부터 평균 $\bar{y}$와 분산 s^2을 계산하면, 모집단에 모두 Nm개의 관측값이 있기 때문에 $\hat{V}(\bar{y})$는 다음과 같이 된다.

$$\hat{V}(\bar{y}) = \left(1 - \frac{nm}{Nm}\right)\frac{s^2}{nm} = \left(1 - \frac{n}{N}\right)\frac{s^2}{nm}$$

그러므로 MSB를 s^2과 비교함으로써 $\bar{y}$에 대한 $\bar{\bar{y}}_c$의 상대효율을 측정할 수 있다. 그러나 단순확률표본을 사용할 수 없어서 집락표본을 사용하는 경우라면 s^2은 구할 수 없다. 그렇지만 다행스럽게도 집락표본 결과를 이용하여 s^2의 근사값을 구할 수 있다. N이 클 때 이 근사값은 다음과 같다.

$$\begin{aligned}\hat{s}^2 &= \frac{N(m-1)\text{MSW} + (N-1)\text{MSB}}{Nm - 1} \\ &\approx \frac{1}{m}[(m-1)\text{MSW} + \text{MSB}]\end{aligned}$$

예제 8.5의 계산값들을 이용하면

$$\hat{s}^2 \approx \frac{1}{10}[(9)(1.20) + 0.36] = 1.12$$

그러므로 $\bar{y}$에 대한 $\bar{\bar{y}}_c$의 추정상대효율은 다음과 같다.

$$\widehat{\text{RE}(\bar{\bar{y}}_c/\bar{y})} = \frac{\hat{s}^2}{\text{MSB}} = \frac{1.12}{0.36} = 3.11$$

이 예제에서는 집락 간의 변동이 작기 때문에(각 집락이 전체 모집단을 잘 대변하는 것처럼 보인다)집락추출이 단순확률추출보다 효율적이다. 이 결과는 일반적인 경향과는 큰 차이가 있다. 왜냐하면 자연적으로 집락이 생기는 경우 일반적으로 집락추출이 단순확률추출보다 효율이 떨어지기 때문이다.

또 다른 예로써, 난수표로부터 $n = 4$개의 집락을 추출하는데 각 집락은 $m = 20$개의 난수로 되어있다. 만약 난수들의 평균(이 경우에는 4.5이다)을 추정하는 것이 목적이라면, 집락표본을 단순확률표본에서 $80 = 4(20)$개의 난수를 취하는 것과 어떻게 비교할 수 있겠는가? 집락 그 자체들은 임의로 생성된 난수로 되어있기 때문에 상대효율은 거의 1에 가까워진다. 얻어진 표본에 대한 분산분석 결과는 다음과 같다.

분산분석

원인	자유도(df)	제곱합(SS)	평균제곱(MS)
요인	3	40.54	13.51
오차	76	610.85	8.04
총계	79	651.39	

이로부터

$$\hat{s}^2 = \frac{1}{20}\left[(19)(8.04) + 13.51\right] = 8.31$$

그리고

$$\widehat{\mathrm{RE}(\bar{\bar{y}}_c/\bar{y})} = \frac{8.31}{13.51} = 0.62$$

이는 예상했던 것보다 다소 작은 값이긴 하지만 1.0과 큰 차이는 아니다.

집락추출과 단순확률추출 간의 비교에 대한 이러한 논의는 9장에서도 계속될 것이다.

8.5 모집단 평균과 총계를 추정하기 위한 표본크기의 결정

하나의 집락표본에 있는 정보의 양은 집락 수와 집락크기라는 두 요인에 영향을 받는다. 앞에서 논의한 어떤 추출과정에서도 집락크기에 대해서는 다루지 않았다. 한 도시에서 화재보험에 가입하지 않은 가구 수를 추정하고자 할 때 집락으로 군, 투표구, 학군, 동 또는 다른 편리한 가구들의 모임 등을 사용할 수 있다. 이미 앞에서 보았듯이 추정오차의 한계는 집락총계들 간의 변동에 크게 의존한다. 그러므로 추정오차의 한계를 작게 하기 위해서는 집락총계들 간의 변동이 가급적 작은 집락들을 선정한다. 집락크기가 정해졌다고 가정하고, 단지 집락 수 n을 정하는 문제만을 생각하자.

식 (8.2)로부터, $\bar{y}$ 의 추정분산은

$$\hat{V}(\bar{y}) = \left(1 - \frac{n}{N}\right)\frac{s_r^2}{n\bar{M}^2}$$

여기서

$$s_r^2 = \frac{\sum_{i=1}^{n}(y_i - \bar{y}m_i)^2}{n - 1} \qquad \textbf{(8.10)}$$

$\overline{y}$ 의 실제분산은 근사적으로

$$V(\overline{y}) = \left(1 - \frac{n}{N}\right)\frac{\sigma_r^2}{n\overline{M}^2} \tag{8.11}$$

이 되며, 여기서 σ_r^2은 s_r^2으로 추정되는 모수값이다.

σ_r^2이나 평균 집락크기 $\overline{M}$를 모르기 때문에 모수에 대한 충분한 정보를 얻는 데 필요한 표본집락수의 결정이 어렵다. 그러므로 비추정에서 사용했던 방법을 써서 이런 어려움을 극복할 수 있다. 즉, 사전조사로부터 얻을 수 있는 $\overline{M}$와 σ_r^2의 추정값을 사용하거나, n'개 조사단위로 구성된 예비표본을 추출한다. $\overline{M}$와 σ_r^2의 추정값들은 예비표본으로부터 계산될 수 있고, 이들은 근사적인 총 표본크기 n을 얻는 데 사용된다. 그러므로 표본크기를 정하는 모든 문제에서와 같이 추정량의 표준오차의 2배를 추정오차의 한계, B로 둔다. 연구자가 이 한계를 결정하게 되는데, 이것이 최대허용오차가 된다. 즉,

$$2\sqrt{V(\overline{y})} = B$$

식 (8.11)을 사용하면 n에 관해서 풀 수 있다.

한편, $V(M\overline{y}) = M^2V(\overline{y})$이기 때문에 모집단 총계 τ를 추정하기 위해서 $M\overline{y}$ 를 사용하면 유사한 결과를 얻게 된다.

추정오차의 한계가 B일 때, τ를 추정하기 위한 근사표본크기 추정량:

$$n = \frac{N\sigma_r^2}{ND + \sigma_r^2} \tag{8.12}$$

여기서 σ_r^2은 s_r^2으로 추정되고 $D = (B^2\overline{M}^2)/4$이다.

예제 8.6

표 8.1에 있는 자료가 도시 거주자들의 소득에 대한 예비표본자료라고 가정하자. 추정오차의 한계를 \$500로 할 때, 1인당 평균소득 μ를 추정하려면 향후 조사에서 표본 크기를 얼마로 해야 하는가?

풀이

식 (8.12)를 사용하기 위해서는 σ_r^2을 추정해야 한다. 최량추정치는 s_r^2이고 이는 표 8.1에 있는 자료로부터 계산할 수 있다. 예제 8.2의 계산 결과를 이용하면 다음을 얻는다.

$$s_r^2 = \frac{\sum_{i=1}^{n}(y_i - \overline{y}m_i)^2}{n - 1} = (25{,}189)^2$$

표 8.1에서 계산된 $\overline{m} = 6.04$로 $\overline{M}$를 추정한다. 그러면 D는 근사적으로 다음 값을 갖는다.

$$\frac{B^2\overline{m}^2}{4} = \frac{(500)^2(6.04)^2}{4} = (62{,}500)(6.04)^2$$

따라서, 식 (8.12)를 사용하여

$$n = \frac{N\sigma_r^2}{ND + \sigma_r^2} = \frac{415(25{,}189)^2}{415(6.04)^2(62{,}500) + (25{,}189)^2} = 166.58$$

을 얻게 되므로, 167개의 집락을 표본으로 추출해야 한다.

오차의 한계가 B일 때, $M\bar{y}$를 사용해서 τ를 추정하기 위한 근사표본크기:

$$n = \frac{N\sigma_r^2}{ND + \sigma_r^2} \qquad \textbf{(8.13)}$$

여기서 σ_r^2은 s_r^2으로 추정되고 $D = B^2/4N^2$이다.

예제 8.7

도시 거주자들의 소득에 대한 예비표본으로 표 8.1에 있는 자료를 다시 사용할 때, 추정오차의 한계를 \$1,000,000로 하면 모든 거주자들의 총소득 τ를 추정하는 데 필요한 표본크기는 얼마가 되어야 하겠는가? 그 도시에는 2,500명의 거주자들이 있다($M = 2{,}500$).

풀이

예제 8.6에서와 같이 다음 값으로 σ_r^2을 추정하고 식 (8.13)을 사용한다.

$$\sigma_r^2 = (25{,}189)^2$$

τ를 추정할 때,

$$D = \frac{B^2}{4N^2} = \frac{(1{,}000{,}000)^2}{4(415)^2}$$

$$ND = \frac{(1{,}000{,}000)^2}{4(415)} = 602{,}409{,}000$$

을 사용한다.

그러면 식 (8.13)으로부터 다음을 얻는다.

$$n = \frac{N\sigma_r^2}{ND + \sigma_r^2} = \frac{415(25{,}189)^2}{602{,}409{,}000 + (25{,}189)^2} = 212.88$$

그러므로, 추정오차의 한계를 \$1,000,000로 할 때 총소득을 추정하기 위해서는 213개의 집락을 표본으로 추출해야 한다.

M을 모를 때, τ를 추정하기 위해 식 (8.7)에 있는 추정량 $N\bar{y}_t$를 사용한다. 식 (8.8)에 주어진 $N\bar{y}_t$의 추정분산은 다음과 같다.

$$\hat{V}(N\bar{y}_t) = N^2\left(1 - \frac{n}{N}\right)\frac{s_t^2}{n}$$

여기서

$$s_t^2 = \frac{\sum_{i=1}^{n}(y_i - \bar{y}_t)^2}{n - 1}$$

그러므로, $N\bar{y}_t$의 모집단 분산은 다음과 같다.

$$V(N\bar{y}_t) = N^2V(\bar{y}_t) = N^2\left(1 - \frac{n}{N}\right)\frac{\sigma_t^2}{n} \quad \textbf{(8.14)}$$

여기서 σ_t^2은 s_t^2으로 추정되는 모수값이다. 추정오차의 한계가 B일 때 τ의 추정에 있어서 다음 관계식이 얻어진다.

$$2\sqrt{V(N\bar{y}_t)} = B$$

식 (8.14)를 사용하면 n에 관해서 풀 수 있다.

오차의 한계가 B일 때, $N\bar{y}_t$를 사용해서 τ를 추정하기 위한 근사표본크기:

$$n = \frac{N\sigma_t^2}{ND + \sigma_t^2} \quad \textbf{(8.15)}$$

여기서 σ_t^2은 s_t^2으로 추정되고 $D = B^2/4N^2$이다.

예제 8.8

도시 거주자들의 소득에 대한 예비연구로부터 표 8.1의 자료를 얻었는데 M을 알 수 없다고 가정하자. 추정오차의 한계를 \$1,000,000로 할 때, 모든 거주자들의 총소득 τ를 추정하기 위해서는 표본크기를 얼마로 해야 하는가?

풀이

σ_t^2은 표 8.1로부터 계산된 s_t^2으로 추정된다. 예제 8.4의 계산결과를 사용하면 다음을 얻는다.

$$s_t^2 = \frac{\sum_{i=1}^{n}(y_i - \bar{y}_t)^2}{n - 1} = (21{,}784)^2$$

추정오차의 한계가 $B = \$1{,}000{,}000$이므로,

$$D = \frac{B^2}{4N^2} = \frac{(1{,}000{,}000)^2}{4(415)^2}$$

이 된다. 따라서, 식 (8.15)로부터

$$n = \frac{N\sigma_r^2}{ND + \sigma_r^2} = \frac{415(21,784)^2}{415(1,000,000)^2/4(415)^2 + (21,784)^2} = 182.88$$

그러므로 추정오차의 한계가 $1,000,000일 때, 183개의 집락을 표본으로 취해야 한다.

8.6 모집단 비율의 추정

어떤 지역에서 부적절한 상 하수도 설비를 갖고 있는 가구의 비율이나 주식회사 사장들 중에서 대학을 졸업한 사장들의 비율 등과 같은 모집단 비율을 추정하고 싶다고 가정하자. 모집단 비율 p의 최량추정량은 표본비율 $\hat{p}$가 된다. 집락 i에서 관심의 대상이 되는 특성을 갖고 있는 조사단위의 총계를 a_i라 하자. 그러면 n개 표본집락에서 그런 특성을 갖고 있는 조사단위의 비율은 다음과 같이 된다.

$$\hat{p} = \frac{\sum_{i=1}^{n} a_i}{\sum_{i=1}^{n} m_i}$$

여기서 m_i는 i번째 집락($i = 1, ..., n$)에 있는 조사단위의 수이다. $\hat{p}$는 y_i를 a_i로 대체한 것을 제외하고는 $\bar{y}$ [식 (8.1) 참조]와 같은 형태를 갖는다. $\hat{p}$의 추정분산은 $\bar{y}$ 의 추정분산과 유사하다.

모집단 비율 p의 추정량:

$$\hat{p} = \frac{\sum_{i=1}^{n} a_i}{\sum_{i=1}^{n} m_i} \tag{8.16}$$

$\hat{p}$의 추정분산:

$$\hat{V}(\hat{p}) = \left(1 - \frac{n}{N}\right)\frac{s_p^2}{n\overline{M}^2} \tag{8.17}$$

여기서

$$s_p^2 = \frac{\sum_{i=1}^{n}(a_i - \hat{p}m_i)^2}{n - 1} \tag{8.18}$$

분산공식 (8.17)은 표본크기 n이 클 때(즉, $n \geq 20$) 좋은 추정량이 된다. $m_1 = m_2 = \cdots = m_N$이면 $\hat{p}$는 p의 비편향추정량이 되고, 식 (8.17)의 $\hat{V}(\hat{p})$는 어떤 표본크기에서도 $\hat{p}$의 실제분산에 대한 비편향추정량이 된다.

예제 8.9

예제 8.2의 표본조사에서 거주자들에게 소득을 질문한 것에 덧붙여서, 집을 임대하여 살고 있는지 아니면 소유하고 있는지를 물었다. 그 결과는 표 8.2에 있다. 표 8.2의 자료를 이용해서 임대한 집에 살고 있는 거주자들의 비율을 추정하고 추정오차의 한계를 구하라.

풀이

모집단 임대비율에 대한 최량추정값은 식 (8.16)에 있는 $\hat{p}$이다. 여기서

$$\hat{p} = \frac{\sum_{i=1}^{n} a_i}{\sum_{i=1}^{n} m_i} = \frac{72}{151} = \frac{2.88}{6.04} = 0.48$$

$$s_{\text{p}}^2 = (0.726)^2$$

표 8.2 임대자 수

집락	거주자들(m_i)	임대자들(a_i)	$a_i - \hat{p}m_i$
1	8	4	0.16000
2	12	7	1.24000
3	4	1	−0.92000
4	5	3	0.60000
5	6	3	0.12000
6	6	4	1.12000
7	7	4	0.64000
8	5	2	−0.40000
9	8	3	−0.84000
10	3	2	0.56000
11	2	1	0.04000
12	6	3	0.12000
13	5	2	−0.40000
14	10	5	0.20000
15	9	4	−0.32000
16	3	1	−0.44000
17	6	4	1.12000
18	5	2	−0.40000
19	5	3	0.60000
20	4	1	−0.92000
21	6	3	0.12000
22	8	3	−0.84000
23	7	4	0.64000
24	3	0	−1.44000
25	8	3	−0.84000

계속

	N	평균	중위수	표준편차
거주자	25	6.040	6.000	2.371
임대자	25	2.880	3.000	1.509
$a_i - \hat{p}m_i$	25	−0.019	0.120	0.726

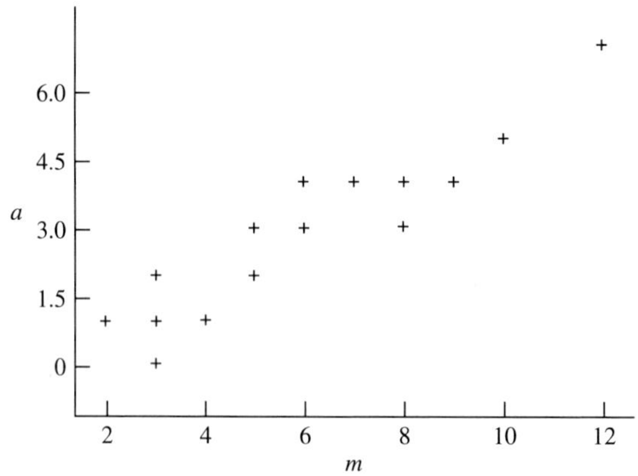

• **그림 8.2** 표 8.2의 자료

$\overline{M}$는 다음과 같은 $\overline{m}$로 추정된다.

$$\overline{m} = \frac{\sum_{i=1}^{n} m_i}{n} = \frac{151}{25} = 6.04$$

그러면 식 (8.17)로부터,

$$\hat{V}(\hat{p}) = \left(1 - \frac{n}{N}\right)\frac{s_{\mathrm{p}}^2}{n\overline{M}^2}$$
$$= \left(1 - \frac{25}{415}\right)\frac{(0.726)^2}{25(6.04)^2} = 0.00054$$

추정오차한계를 가진 p의 추정값은 다음과 같다.

$$\hat{p} \pm 2\sqrt{\hat{V}(\hat{p})} = 0.48 \pm 2\sqrt{0.00054} = 0.48 \pm 0.05$$

그러므로 집을 임대한 거주자들의 비율에 대한 최량추정값은 0.48이 된다. 추정오차는 약 .95 확률로 0.05보다 작게 된다. 비율 추정의 문제에서는 단순확률추출에서와 같이 번거로운 계산은 안 해도 되고, 분산추정은 가중회귀모형을 적합시키는 방법을 고려할 수도 있다.

다른 모든 비추정량들에서와 같이 이 경우에도 a와 m이 원점을 지나는 양의 선형관계를 가지면 집락추출도 적절하다. 표 8.2의 자료에서 m에 대한 a의 산점도는 그림 8.2에 있다. 이 그림에서 선형성이 아주 강하다는 것을 알 수 있다.

8.7 비율 추정을 위한 표본크기의 결정

추정오차의 한계 B를 갖고 모집단 비율 p를 추정하는 경우 다음 관계식이 성립한다.

$$2\sqrt{V(\hat{p})} = B$$

이 식을 n에 관해서 풀면, 해는 식 (8.12)와 유사하게 된다. 즉,

$$n = \frac{N\sigma_{\mathrm{p}}^2}{ND + \sigma_{\mathrm{p}}^2}$$

여기서 $D = B^2\overline{M}^2/4$이고, σ_{p}^2은 다음과 같이 추정된다.

$$s_{\mathrm{p}}^2 = \frac{\sum_{i=1}^{n}(a_i - \hat{p}m_i)^2}{n - 1}$$

예제 8.10

표 8.2에 있는 자료들은 오래된 것이다. 따라서, 집을 임대해서 살고 있는 거주자들의 비율 p를 추정하기 위해서 같은 도시에 대해 새로운 조사를 실시하려고 한다. 추정오차의 한계를 0.04로 할 때 p를 추정하기 위해서는 어느 정도 크기의 표본을 취해야 되겠는가?

풀이

σ_{p}^2에 대한 추정값은 표 8.2의 자료로부터 다음과 같이 계산된 s_{p}^2이다.

$$s_{\mathrm{p}}^2 = \frac{\sum_{i=1}^{n}(a_i - \hat{p}m_i)^2}{n - 1} = (0.726)^2 = 0.527$$

$\overline{M}$ 는 $\overline{m} = 6.04$로 추정되고, D는 다음과 같은 근사값을 가진다.

$$\frac{B^2\overline{m}^2}{4} = \frac{(0.04)^2(6.04)^2}{4} = 0.0146$$

따라서, 추정오차의 한계를 0.04로 할 때 p를 추정하기 위해서는 34개의 집락을 표본으로 추출해야 한다.

$$n = \frac{N\sigma_{\mathrm{p}}^2}{ND + \sigma_{\mathrm{p}}^2} = \frac{(415)(0.527)}{(415)(0.0146) + 0.527} = 33.20$$

8.8 층화집락추출

다른 모든 추출방법들에서와 마찬가지로 집락추출을 층화추출과 결합시킬 수 있다. 즉, 모집단을 L개의 층으로 나누고 각 층으로부터 집락표본을 추출한다.

식 (8.1)은 비추정량의 형태를 가지며, 이는 평균 집락크기의 추정량에 대한 평균 집락총계의 추정량의 비로써 간주될 수 있다. 비추정량의 관점에서 보면 전체 층에 대한 모집단 평균의 추정량으로 분리추정량과 결합추정량 두 가지를 생각할 수 있다. 분리추정량을 사용하려면 층에 적절한 가중치를 줘야하기 때문에 각 층에 있는 조사단위들의 총수를 알아야 한다. 이 책의 6.0절에서 이러한 경우를 다루고 있지만, 각 층에 있는 조사단위들의 총수를 통상적으로 모르기 때문에, 집락추출과 관련해서 여기서는 결합추정량만을 다룬다.

굉장히 복잡해 보이는 일반 공식을 소개하는 대신에 하나의 수치적 예를 가지고 기법을 설명하고자 한다.

예제 8.11

표 8.1에 있는 자료가 층 1의 표본을 나타낸다고 하자. 이때 예제 8.2에서와 같이 $N_1 = 415$이고 $n_1 = 25$이다. 이웃에 있는 보다 작은 도시를 층 2로 선정하였다. 층 2에서는 $N_2 = 168$이고 이로부터 $n_2 = 10$개의 블록을 추출한다. 추가 자료가 다음 표와 같이 주어졌을 때 결합된 두 도시의 1인당 평균소득을 추정하고 추정오차의 한계를 구하라.

집락	거주자 수(m_i)	집락당 총수입(y_i)
1	2	18,000
2	5	52,000
3	7	68,000
4	4	36,000
5	3	45,000
6	8	96,000
7	6	64,000
8	10	115,000
9	3	41,000
10	1	12,000

풀이

각 표본에 있는 평균 집락총계는 $\bar{y}_{t1} = 53{,}160$이고 $\bar{y}_{t2} = 54{,}700$이다. 그리고 각 표본에 있는 평균 집락크기는 $\bar{m}_1 = 6.04$ 이고 $\bar{m}_2 = 4.90$이다. 그러면 모집단 평균 집락총계의 추정값은

$$\frac{1}{N}(N_1\bar{y}_{t1} + N_2\bar{y}_{t2})$$

인 반면에 평균 집락크기의 추정값은 다음과 같다.

$$\frac{1}{N}(N_1\overline{m}_1 + N_2\overline{m}_2)$$

그러면 조사단위당 모집단 평균의 추정값은

$$\overline{y}_c = \frac{N_1\overline{y}_{t1} + N_2\overline{y}_{t2}}{N_1\overline{m}_1 + N_2\overline{m}_2}$$

이 되고, 이 식은 결합비추정량의 형태가 된다. 6.5절에서 사용된 분산과 유사하게, $\overline{y}_c$ 의 분산은 다음과 같이 추정될 수 있다.

$$\hat{V}(\overline{y}_c) = \frac{1}{M^2}\left\{N_1^2\left(1 - \frac{n_1}{N_1}\right)\frac{s_{c1}^2}{n_1} + N_2^2\left(1 - \frac{n_2}{N_2}\right)\frac{s_{c2}^2}{n_2}\right\}$$

여기서 M은 모집단에 있는 조사단위의 총수가 되고, 만약 이를 알지 못하면 $N_1\overline{m}_1 + N_2\overline{m}_2$로 추정될 수 있다. 첫 번째 분산 s_{c1}^2은 층 1로부터 $(y_i - \overline{y}_c m_i)$의 분산이고, 두 번째 분산 s_{c2}^2은 층 2로부터 $(y_i - \overline{y}_c m_i)$의 분산이다.

주어진 자료로부터,

$$\overline{y}_c = \frac{415(53{,}160) + 168(54{,}700)}{415(6.04) + 168(4.90)} = 9{,}385$$

층 1에서는

$$s_{c1}^2 = (25{,}998)^2$$

층 2에서는

$$s_{c2}^2 = (8{,}657)^2$$

그리고

$$N_1\overline{m}_1 + N_2\overline{m}_2 = 3{,}329.8$$

이기 때문에

$$\hat{V}(\overline{y}_c) = 412{,}563.8$$

그리고

$$2\sqrt{\hat{V}(\overline{y}_c)} = 1{,}285$$

그러므로 결합된 두 도시에 대한 1인당 평균소득은 \$9,385 ± \$1,285가 된다. 따라서, 추정오차의 한계는 예제 8.2에서 계산된 것과 같이 층 1만을 사용한 것에 대한 추정오차의 한계보다 다소 작게 된다.

8.9 확률비례 집락추출

4장에서 8장에 걸쳐 지금까지 논의해온 모든 추출 방법들은 조사단위 또는 집락을 랜덤하게 추출하는 경우만을 고려했다. 3.3절에서 다룬 바와 같이 이런 추출방법이 항상 최선의 방법은 아니다. 때로는 모집단으로부터 추출되는 단위들의 추출확률을 변화시킴으로써 추정값을 개선할 수 있다. 예를 들면, 도시 내에 있는 사업체 표본을 추출하여 그 도시 사업체의 신규 채용인원을 추정하고 싶다고 가정하자. 대다수의 사업체는 규모가 작아 소수의 노동자를 고용하고 있는 반면에 일부는 규모가 커서 많은 노동자를 고용하고 있다. 단순확률추출을 사용하면 사업체의 규모가 고려되지 않아 표본은 대체로 조그만 사업체들로 이루어지게 된다. 그런데 신규채용 인원은 규모가 큰 사업체들에 의해 크게 영향을 받게 된다. 그러므로 규모가 큰 사업체들이 표본에 들어가게 될 기회를 크게 해줌으로써 채용인원에 대한 추정값을 개선시킬 수 있다. 이런 추출방법을 크기에 비례하는 **확률비례추출**(*sampling with probabilities proportional to size*), 또는 *pps* **추출**이라 한다.

모집단 총계에 대한 비편향 추정량(3.3절 참조)은 다음과 같다.

$$\hat{\tau} = \frac{1}{n}\sum_{i=1}^{n}\left(\frac{y_i}{\delta_i}\right)$$

여기서 δ_i는 복원추출로 y_i를 추출할 확률이다. 단순확률복원추출에서 각 δ_i는 $1/N$이 된다.

추정량 $\hat{\tau}$는 어떤 δ_i에 대해서는 비편향이 된다. 이때 최대의 관심은 추정량의 분산을 가능한 한 작게 하는 δ_i들을 선택하는 방법이다. δ_i들을 선택하는 가장 효율적인 방법은 y_i와 상관이 높으면서 사전에 알고 있는 측정값에 비례하도록 하는 것이다. 신규 채용인원을 추정하는 경우 표본이 추출되기 전에 대체적으로 정확하게 알려진 전체 종업원 수에 비례하도록 사업체들을 추출한다. 사업체의 신규 채용인원은 추출하기 전에는 알 수 없지만, 전체 종업원 수와는 상관이 아주 높게 된다. 그러므로 pps 추출법을 사용한다.

요약하면, 복원 pps 추출이 의미하는 바는 추출된 하나의 단위는 그것이 표본에 선정된 후에도 모집단으로부터 제외되지 않는다는 것이다. 이론적으로 하나의 특정 추출단위가 두 번 이상 선정될 수 있다. 같은 추출단위가 반복해서 선정되는 것은 통상적으로 바람직하지 않으나, n/N이 작으면 이런 경우는 자주 발생하지 않는다. 또한 분산이 크게 감소할 수 있기 때문에 복원추출에 따른 단점을 충분히 상쇄시키는 경우가 많다. 추출확률 δ_i가 연구변수 y_i들의 크기에 비례하거나 또는 근사적으로 비례하게 되면 τ의 pps 추정량은 분산이 더 작아진다.

집락에 있는 조사단위의 수 m_i가 집락크기에 대한 일반적인 척도가 되므로 집락추출에서 pps 추출을 사용하는 것이 바람직한 경우가 많다. 집락총계 y_i가 집락에 있는 조사단위의 수와 상관이 높을 때 m_i에 비례하는 확률로 표본을 추출하면 추정오차의 한계를 줄일 수 있다.

δ_i가 다음과 같이 주어지면

$$\delta_i = \frac{m_i}{M}$$

모집단총계 $\hat{\tau}_{\text{pps}}$의 추정량은 다음과 같다.

$$\begin{aligned}\hat{\tau}_{\text{pps}} &= \frac{1}{n}\sum_{i=1}^{n}\frac{y_i}{\delta_i} = \frac{1}{n}\sum_{i=1}^{n}\frac{y_i}{(m_i/M)} \\ &= \frac{M}{n}\sum_{i=1}^{n}\frac{y_i}{m_i} = \frac{M}{n}\sum_{i=1}^{n}\bar{y}_i\end{aligned}$$

여기서 $\bar{y}_i$는 i번째 집락에 있는 관측값들의 평균이다. $\hat{\tau}_{\text{pps}}$의 추정분산은 뒤에 주어진 것과 같이 아주 간단한 형태가 된다. 모집단에 M개의 조사단위가 있기 때문에, 모집단 평균의 추정량 $\hat{\mu}_{\text{pps}}$는 간단히 다음과 같이 나타낼 수 있다.

$$\hat{\mu}_{\text{pps}} = \frac{1}{M}\hat{\tau}_{\text{pps}} = \frac{1}{n}\sum_{i=1}^{n}\bar{y}_i$$

$\hat{\mu}_{\text{pps}}$의 추정분산은 다음과 같다.

모집단 평균 μ의 추정량:

$$\hat{\mu}_{\text{pps}} = \bar{\bar{y}} = \frac{1}{n}\sum_{i=1}^{n}\bar{y}_i \tag{8.19}$$

여기서 $\bar{y}_i$는 i번째 집락의 평균이다.

$\hat{\mu}_{\text{pps}}$의 추정분산:

$$\hat{V}(\hat{\mu}_{\text{pps}}) = \frac{1}{n(n-1)}\sum_{i=1}^{n}(\bar{y}_i - \hat{\mu}_{\text{pps}})^2 \tag{8.20}$$

모집단 τ의 추정량:

$$\hat{\tau}_{\text{pps}} = \frac{M}{n}\sum_{i=1}^{n}\bar{y}_i \tag{8.21}$$

$\hat{\tau}_{\text{pps}}$의 추정분산:

$$\hat{V}(\hat{\tau}_{\text{pps}}) = \frac{M^2}{n(n-1)}\sum_{i=1}^{n}(\bar{y}_i - \hat{\mu}_{\text{pps}})^2 \tag{8.22}$$

이 추정치들은 본질적으로 단순확률추출과 관련되며 복원추출이기 때문에 유한모집단 수정계수를 고려치 않은 가중값들에 의존하게 된다. 다음 두 예에서 집락크기에 비례하는 확률추출 방법을 설명한다.

표 8.3 종업원 수와 누적범위

부서	종업원 수	누적범위
1	1,200	1~1,200
2	450	1,201~1,650
3	2,100	1,651~3,750
4	860	3,751~4,610
5	2,840	4,611~7,450
6	1,910	7,451~9,360
7	390	9,361~9,750
8	3,200	9,751~12,950
	12,950	

예제 8.12

감사는 지난 1사분기 동안 종업원들의 평균 병가일 수를 추정하기 위해 큰 회사의 병가기록을 표본추출하고자 한다. 회사에는 8개의 부서가 있는데, 각 부서마다 종업원 수는 다르다. 부서 내에서 사용한 병가일 수는 종업원들의 수와 매우 상관이 높기 때문에, 감사는 종업원 수에 확률비례해서 3개의 부서를 추출하기로 했다. 각 부서의 종업원 수가 1,200, 450, 2,100, 860, 2,840, 1,910, 390, 3,200이라면, 어떻게 표본을 선정해야 하는가?

풀이

우선 종업원 수와 각 부서의 누적범위에 대한 목록은 표 8.3과 같다. $n = 3$개의 부서를 추출해야 하기 때문에, 00001과 12,950 사이에 있는 3개의 난수를 선정해야 한다. 이러한 선정은 난수표 상에 있는 임의의 곳에서 시작하여 다섯 자리 수를 선정함으로써 할 수 있다. 부록 A의 표 A.2에 있는 첫 번째 줄의 네 번째 열에서 시작한다. 이 열에서부터 시작해서 00001과 12,950 사이에 있는 처음 3개의 수는 02011, 07972, 10281이 된다. 첫 번째 수는 부서 3의 누적범위에 들어가고, 두 번째 수는 부서 6의 범위에 해당하며, 세 번째 수는 부서 8의 범위에 해당한다. 그러므로 부서 3, 6, 8을 표본으로 선정한다(하나의 부서가 두 번 이상 선정될 수 있다. 이러한 경우, 표본 관측값은 같지만 분리된 두 개의 자료로 처리한다).

예제 8.13

지난 1사분기 동안 표본으로 추출된 부서에서 사용한 총 병가일 수가 각각 다음과 같다고 가정하자.

$$y_1 = 4{,}320 \qquad y_2 = 4{,}160 \qquad y_3 = 5{,}790$$

이 회사 전체 종업원 1인당 평균 병가일 수를 추정하고 추정오차의 한계를 구하라.

풀이

추출된 집락들에 대한 집락평균을 계산하면 다음과 같다.

$$\bar{y}_1 = \frac{4,320}{2,100} = 2.06 \qquad \bar{y}_2 = \frac{4,160}{1,910} = 2.18 \qquad \bar{y}_3 = \frac{5,790}{3,200} = 1.81$$

(표본으로 선정된 부서의 종업원 수는 표 8.3에 있는 자료를 사용한다) 식 (8.19)에 의하면,

$$\hat{\mu}_{\text{pps}} = \frac{1}{n}\sum_{i=1}^{n}\bar{y}_i = \frac{1}{3}(2.06 + 2.18 + 1.81) = 2.02$$

또한 식 (8.20)에 의해

$$\begin{aligned}\hat{V}(\hat{\mu}_{\text{pps}}) &= \frac{1}{n(n-1)}\sum_{i=1}^{n}(\bar{y}_i - \hat{\mu}_{\text{pps}})^2 \\ &= \frac{1}{3(2)}[(2.06 - 2.02)^2 + (2.18 - 2.02)^2 + (1.81 - 2.02)^2] \\ &= 0.0119\end{aligned}$$

그러므로, 추정오차의 한계는 다음과 같다.

$$2\sqrt{0.0119} = 0.22$$

회사 종업원들이 사용한 평균 병가일 수에 대한 추정값은 2.02 ± 0.22가 된다.

집락추출에서 모집단총계에 대한 3개의 추정량인 비추정량(8.4), 비편향추정량(8.7) 및 pps 추정량(8.21)을 살펴봤다. 그런데 이들 중에서 어느 것이 가장 좋은지를 어떻게 알 수 있을까? 이 질문에 답하기 위한 몇 가지 지침들이 있다.

만약 y_i가 m_i와 상관이 없다면, 비편향추정량이 다른 두 추정량보다 좋다.

만약 y_i가 m_i와 양의 상관이 있다면, 비추정량과 pps 추정량이 비편향추정량보다 정확하다.

집락 내 변동이 m_i가 달라져도 변하지 않는다면, pps 추정량이 비추정량보다 좋다.

집락 내 변동이 m_i가 증가함에 따라서 증가한다면, 비추정량이 pps 추정량보다 좋다.

예제 8.12와 예제 8.13에서, 종업원들이 사용한 병가일 수는 종업원의 수가 증가함에 따라 증가하므로 비편향추정량의 선택은 바람직하지 않다. 그런데 부서 내에서 병가일 수의 변동이 전체 부서를 통해서 볼 때 상대적으로 일정하므로, 이 경우 pps 추정량이 가장 좋은 추정량이 된다.

8.10 요약

이 장에서는 3번째 표본조사방법인 집락추출을 소개하였다. 이 방법에서 각각의 추출단위는 조사단위들의 그룹이나 집락이 된다. 집락추출은 모집단 조사단위에 대한 추출틀이 없거나, 조사단위들 간의 거리가 증가함에 따라 관측값을 얻는 비용이 증가할 때, 최소의 비용으로 최대의 정보를 제공하는 추출방법이다.

모집단 평균 μ의 추정량은 식 (8.1)에 있는 표본평균 $\bar{y}$이다. $\bar{y}$의 추정분산은 식 (8.2)로 주어진다. 모집단 총계 τ에 대한 두 개의 추정량과 그들의 추정분산들이 주어졌다. 추정량 $M\bar{y}$는 식 (8.4)

에 있는데, 이는 모집단에 있는 조사단위의 수 M을 알 때 사용한다. 한편 M을 모를 때는 추정량 $N\bar{y}_t$, 식 (8.7)이 사용된다. 표본크기 문제는 이들 모든 추정량에 대해서 다루어졌다.

집락추출에서, 모집단비율 p의 추정량은 식 (8.16)에 주어진 표본비율 $\hat{p}$ 가 된다. $\hat{p}$ 의 추정분산은 식 (8.17)에 있다. 비율을 추정하기 위한 표본크기를 결정하는 문제는 평균을 추정하기 위해서 표본크기를 정하는 문제와 유사하다.

집락추출은 층화모집단에 있는 층내에서도 사용될 수 있는데, 이에 대한 예제는 8.8절에 있다. 집락의 크기가 다를 때는 집락의 크기에 비례하는 확률로 집락을 추출하는 것이 유리할 수 있다.

사례연구 분석

이웃에 거주하는 사람들의 특성은 무엇인가?

이 장의 서두에 40개 블록으로 된 지역에서 65세 이상 거주자의 비율을 추정하기 위해서는 블록통계에 관한 미국 센서스국의 자료를 사용할 것을 제안하였다. 40개 블록으로부터 n = 5의 블록을 랜덤하게 추출하고 그로부터 다음 자료를 얻었다.

거주자 수(m_i)	65세 이상(a_i)	$\hat{p}m_i$	$a_i - \hat{p}m_i$
90	15	21.60	−6.60
32	8	7.68	0.32
47	14	11.28	2.72
25	9	6.00	3.00
16	4	3.84	0.16
210	50		

$$\hat{p} = \frac{\sum_{i=1}^{n} a_i}{\sum_{i=1}^{n} m_i} = \frac{50}{210} = 0.24$$

따라서, 65세 이상 거주자들의 비율에 대한 최량추정값은 0.24이고 추정오차의 한계는 다음과 같다.

$$2\sqrt{\hat{V}(\hat{p})} = 2\sqrt{\left(1-\frac{n}{N}\right)\left(\frac{1}{n\overline{m}^2}\right)\left(\frac{1}{n-1}\right)\sum_{i=1}^{n}(a_i - pm_i)^2}$$
$$= 2\sqrt{\left(\frac{35}{40}\right)\left(\frac{1}{5(42)^2}\right)\left(\frac{1}{4}\right)(60.0864)} = 0.08.$$

그러므로 40개 블록으로 된 지역에 대한 비율의 추정값은 0.24 ± 0.08, 즉, 0.16에서 0.32까지이다. 거주자들 가운데 65세 이상이 전체 거주자의 16% 이상 된다고 확신할 수 있다.

연습문제

일부의 연습문제들은 자료와 직접적으로 관계되므로 엑셀파일에 있는 자료들과 연결하기 위해서 센게이지러닝 홈페이지(www.cengage.co.kr) Download 자료실의 Section 8.0을 참고하기 바란다.

8.1 도시지역에서 인종과 상관이 높은 어떤 변수의 평균값을 추정하고자 한다. 도시블록을 집락으로 하고, 블록 내에 있는 성인들을 조사단위로 하는 집락추출을 사용하려 한다. 다음의 각 상황에 대해 집락추출을 사용할 수 있을지의 여부를 설명하라.

(1) 어떤 블록에는 성인의 대부분이 백인인 반면에 다른 블록에는 성인의 대부분이 백인이 아니다.

(2) 백인이 아닌 사람들의 비율이 모든 블록에서 같지만 0이나 1에 가깝지는 않다.

(3) 모집단에 있는 성인들을 랜덤하게 집락에 배정하는 식으로 집락을 만들었다고 하면 백인이 아닌 사람들의 비율이 블록마다 다르게 된다.

8.2 한 회사에서 퇴직정책의 수정을 고려하고 있다. 그래서 새 정책을 찬성하는 종업원들의 비율을 추정하고자 한다. 그 회사는 87개의 독립 부서로 구성되어 있는데, 이들은 전국에 걸쳐 있다. 적은 비용으로 결과를 빨리 얻어야 하기 때문에, 회사에서는 각 독립 부서를 집락으로 하는 집락추출을 사용하기로 했다. 15개의 부서를 단순확률추출하고 각 부서 내에 있는 종업원들의 의견을 설문조사했다. 조사결과가 아래 표에 있다. 새로운 퇴직정책에 찬성하는 그 회사 종업원들의 비율을 추정하고, 추정오차의 한계를 구하라.

부서	종업원 수	새 정책에 찬성하는 종업원 수
1	51	42
2	62	53
3	49	40
4	73	45
5	101	63
6	48	31
7	65	38
8	49	30
9	73	54
10	61	45
11	58	51
12	52	29
13	65	46
14	49	37
15	55	42

8.3 연습문제 8.2에 있는 회사는 표본조사결과를 얻은 후, 그 회사의 퇴직정책을 수정했다. 이번에는 수정한 정책을 찬성하는 종업원들의 비율을 추정하고자 한다. 추정오차의 한계를 0.08

로 하기 위해서는 얼마만큼의 표본을 추출해야 하는가? 새로운 조사 결과를 예측하기 위해서 연습문제 8.2의 자료를 사용하라.

8.4 어떤 도시에 있는 가구들이 공공요금으로 평균 얼마만큼을 지출하는지를 추정하기 위해서 경제조사를 실시하였다. 그런데 가구들에 대한 목록을 이용할 수 없기 때문에, 조사구를 집락으로 하는 집락추출을 사용하였다. 도시에 있는 60개의 조사구에서 20개 조사구를 단순확률표본으로 추출하였다. 조사자들이 표본으로 추출된 조사구에 있는 각 가구로부터 공공요금에 대한 자료를 얻었다. 총 비용이 아래 표에 있다. 도시의 한 가구가 지출하는 평균 공공요금을 추정하고 추정오차의 한계를 구하라.

표본조사구	가구 수	총 공공요금 지출액($)	표본조사구	가구 수	총 공공요금 지출액($)
1	55	2,210	11	73	2,930
2	60	2,390	12	64	2,470
3	63	2,430	13	69	2,830
4	58	2,380	14	58	2,370
5	71	2,760	15	63	2,390
6	78	3,110	16	75	2,870
7	69	2,780	17	78	3,210
8	58	2,370	18	51	2,430
9	52	1,990	19	67	2,730
10	71	2,810	20	70	2,880

8.5 연습문제 8.4의 조사에서 도시에 있는 가구의 수를 모른다고 할 때 도시에 있는 모든 가구들이 공공요금으로 지출하는 총 금액을 추정하고 추정오차의 한계를 구하라.

8.6 연습문제 8.4의 경제조사를 비슷한 구조의 이웃 도시에 대해서 실시하려고 한다. 추정오차의 한계를 $5,000로 하여 그 도시에 있는 가구들이 공공요금으로 지출하는 총액을 추정하고자 한다. 연습문제 8.4의 자료를 사용해서 이 범위를 충족하는 데 필요한 근사 집락 수를 구하라.

8.7 한 신문사가 주 선거에서 특정후보 A를 지지하는 유권자들의 비율을 추정하고자 한다. 등록된 유권자들로부터 단순확률표본을 추출해서 조사하는 경우 비용이 많이 들기 때문에 선거구들을 집락으로 하는 집락추출을 사용한다. 주에 있는 497개의 선거구로부터 50개 선거구를 단순확률표본으로 추출했다. 그 신문사는 투표당일 개표가 최종 집계되기 전에 추정하기를 원한다. 그래서 유권자들로부터 적절한 정보를 직접 얻기 위해 조사원을 각 표본 선거구의 투표소로 보내 다음과 같은 자료를 얻었다. 후보 A를 지지하는 유권자들의 비율을 추정하고 추정오차의 한계를 구하라.

유권자 수	A 지지자 수	유권자 수	A 지지자 수	유권자 수	A 지지자 수
1,290	680	1,893	1,143	843	321
1,170	631	1,942	1,187	1,066	487
840	475	971	542	1,171	596
1,620	935	1,143	973	1,213	782
1,381	472	2,041	1,541	1,741	980
1,492	820	2,530	1,679	983	693
1,785	933	1,567	982	1,865	1,033
2,010	1,171	1,493	863	1,888	987
974	542	1,271	742	1,947	872
832	457	1,873	1,010	2,012	1,093
1,247	983	2,142	1,092	2,001	1,461
1,896	1,462	2,380	1,242	1,493	1,301
1,943	873	1,693	973	1,783	1,167
798	372	1,661	652	1,461	932
1,020	621	1,555	523	1,237	481
1,141	642	1,492	831	1,843	999
1,820	975	1,957	932		

8.8 연습문제 8.7의 신문사가 다음 선거기간 중에도 유사한 조사를 실시하고자 한다. 추정오차의 한계를 0.05로 할 때 유사한 후보를 지지하는 유권자들의 비율을 추정하는 데 필요한 표본크기는 어느 정도가 되어야 하는가? 연습문제 8.7의 자료를 사용하라.

8.9 공인회계사들은 자신의 고객(사업 의뢰인)들에게 원가명세서를 준비할 것을 요구한다. 완전한 명세서는 비용이 많이 들기 때문에, 분기별로 표본추출에 의해 명세서를 작성하는 것이 편리하다. 배관공급회사가 창고에 있는 많은 세세한 품목에 대해 원가명세서를 준비해야 한다고 가정하자. 항목들에 대한 단순확률표본을 얻는 것은 어렵다. 그런데 품목들이 선반들 위에 정렬되어있으므로 각 선반을 집락으로 간주해서 선반들을 단순확률추출하는 것은 상대적으로 쉽다. 48개의 선반들 중에서 10개의 선반을 추출해서 얻은 자료가 아래 표에 있다. 선반 위에 있는 항목들에 대한 총 금액을 추정하고 추정오차의 한계를 구하라.

집락	항목 수(m_i)	총 금액(y_i)
1	42	83
2	27	62
3	38	45
4	63	112
5	72	96
6	12	58
7	24	75
8	14	58
9	32	67
10	41	80

8.10 안전성을 강조하기 위해 택시회사가 자기 회사 택시 175대에 대해서 안전하지 못한 타이어의 비율을 추정하고자 한다(여분의 타이어는 무시한다). 타이어에 대한 단순확률표본을 추출하는 것은 비현실적이기 때문에 택시를 하나의 집락으로 하는 집락추출을 사용한다. 25대의 단순확률표본에 대해 택시 한 대당 안전하지 않은 타이어의 수가 다음과 같다.

2, 4, 0, 1, 2, 0, 4, 1, 3, 1, 2, 0, 1, 1, 2, 2, 4, 1, 0, 0, 3, 1, 2, 2, 1

회사 택시에 사용된 안전하지 못한 타이어의 비율을 추정하고 추정오차의 한계를 구하라.

8.11 아주 큰 도시에서 단순확률로 추출된 8개 표본블록의 주택 수, 거주자 수, 주택 내에 있는 총 방 수에 대한 자료가 다음과 같다(도시에 있는 블록의 수는 매우 크다고 가정한다).

블록	주택 수	거주자 수	방 수
1	12	40	58
2	14	39	72
3	3	12	26
4	20	52	98
5	12	37	74
6	8	33	57
7	10	41	76
8	6	14	48

(1) 주택당 평균 거주자 수를 추정하고 추정오차의 한계를 구하라.

(2) 거주자당 평균 방 수를 추정하고 추정오차의 한계를 구하라.

8.12 컴퓨터 설치를 위해 만들어진 회전판에는 12개의 마이크로칩이 있다. 이들 10개의 회전판에 대한 품질관리검사에서 하나의 회전판당 불량 마이크로칩의 수가 다음과 같다.

2, 0, 1, 3, 2, 0, 0, 1, 3, 4

이들 표본이 추출된 모집단에 대해 불량 마이크로칩의 비율을 추정하고 추정오차의 한계를 구하라.

8.13 어떤 큰 회사는 부서별로 작성된 장비 목록을 갖고 있다. 감사는 회사의 15개 부서로부터 5개 부서를 랜덤하게 추출하여 모든 장비들이 잘 분류되고 배치되었는지를 검사한다. 감사는 제대로 분류되지 않은 장비의 비율에 관심이 있다. 자료가 다음과 같을 때, 잘 분류되지 않은 장비의 비율을 추정하고 추정오차의 한계를 구하라.

부서	장비 수	잘 분류되지 않은 장비 수
1	15	2
2	27	3
3	9	1
4	31	1
5	16	2

8.14 연습문제 8.13에 있는 회사의 15개 부서가 갖고 있는 장비 수는 다음 표와 같다. 장비 수에 확률비례해서 3개의 부서를 추출하라.

부서	장비 수	부서	장비 수
1	12	9	31
2	9	10	26
3	27	11	22
4	40	12	19
5	35	13	16
6	15	14	33
7	18	15	6
8	10		

8.15 연습문제 8.14에서 추출된 3개의 부서는 각각 2개의 잘 분류되지 않은 장비를 갖고 있다고 가정하자. 그 회사에서 잘 분류되지 않은 총 장비 수를 추정하고 추정오차의 한계를 구하라.

8.16 한 학군에 $N = 30$개의 학교가 있는데 i번째 학교에는 m_i명의 학생이 있다. $n = 5$개의 학교를 단순확률추출하고, 학교가 모든 학생들에게 간호사들의 도움을 제공해 줄 수 있는지의 여부를 물었다. 조사결과는 다음과 같다.

학교	m_i	간호사 제공
1	1,200	예
2	800	아니요
3	1,000	아니요
4	600	예
5	1,000	아니요

(1) 그 학군에서 간호사들의 도움을 받을 수 있는 학생들의 비율을 추정하라.

(2) (1)에 있는 추정량의 분산을 어떻게 계산하는지를 보여라. 계산할 필요는 없다.

8.17 냉동 해산물의 대규모 선적은 상자에 담아서 포장된다. 하나의 상자에는 5파운드 묶음 24개가 포장된다. 100개의 상자가 선적된다. 그런데 해산물이 녹으면 다시 냉동된다. 이렇게 상한 해산물의 총 무게(단위 파운드)는 검사원이 5상자의 표본을 추출하여 결정한다. 자료가 다음과 같다.

9, 6, 3, 10, 2

선적한 냉동해산물에서 상한 해산물의 총 무게를 추정하고 추정오차의 한계를 구하라.

8.18 연습문제 8.17에 있는 자료를 이용해서 5파운드 묶음당 상한 해산물의 평균 무게를 추정하고 추정오차의 한계를 구하라.

8.19 어떤 정치학자는 큰 대학 캠퍼스에 거주하는 학생들을 표본추출하려 한다. 각 주거단위들

은 학생들의 집락으로 편리하게 사용될 수 있고, 주거단위들의 집합들(신입생 기숙사, 남학생회관 등)은 층으로 사용될 수 있다. 다음과 같은 선거에서 특정 후보를 선호하는 학생들의 비율을 추정하는 것이 목적이라면 층화확률추출에 대한 집락추출의 장점이 무엇인지 논하라.

(1) 학생회 선거

(2) 대통령 선거

8.20 어떤 조건에서 집락추출이 단순확률추출보다 평균에 대한 추정오차의 한계를 작게 하는가?

8.21 어떤 회사는 주문받은 트럭의 차체들을 전국에 흩어져 있는 20개의 공장에서 생산한다. 단지 일부의 트럭 차체들은 지정된 날에 각 공장에서 만든다. 특정 날에 그 공장에서 트럭 차체들을 만드는 데 소요된 평균 작업시간을 추정하고자 한다. 추정을 위해서 층화확률추출(공장을 층으로)에 대한 집락추출(공장을 집락으로)의 장점을 설명하라. 어떤 방법을 추천하겠는가?

실제 자료를 이용한 실습

8.1 부록 C와 자료디스켓에 있는 미국 인구에 관한 자료(USPOP)에는 각 주의 65세 이상 사람들의 비율이 들어있다. 10개 주를 랜덤하게 추출하여 2000년 미국 전체에서 65세 이상 사람들의 비율을 추정하고, 추정오차의 한계를 구하라. 여기서 다음 방법들을 이용하라.

(1) 각 주를 주민들의 집락으로 했을 때 주를 바탕으로 한 비추정량

(2) 추출된 주에 대한 비율들의 단순평균

두 방법을 비교하고 당신이 선호하는 방법에 대해 설명하라.

8.2 문제 8.1에서 표본추출한 주를 이용하고 같은 절차를 따라 미국에서 빈곤지역에 사는 사람들의 비율을 추정하라.

8.3 숲에 대한 개략적인 항공지도에서 0과 1로 구성된 다음의 그리드(격자)를 생각해보자. 여기서 1은 병든 나무를 나타낸다. 지도에서 나무들의 어떤 패턴을 볼 수 있지만, 항공에서 그들을 정확히 볼 수는 없다고 가정한다. 병든 나무의 비율을 추정하기 위해서 땅에서 조사를 수행할 필요가 있다. 숲에 있는 150그루의 나무들로부터 30그루의 나무를 추출해서 추정한다. 다음 각각에 대해서 표본조사를 설계하고 수행하여 분석하라(병든 나무의 비율을 추정하고 추정오차의 한계를 구하라).

(1) 단순확률표본

(2) 계통표본

(3) 행이나 열을 층으로 하는 층화확률표본

(4) 행이나 열을 집락으로 하는 집락표본

자신의 결과와 다른 학생들의 결과들을 비교하고 본인이 생각하는 최선의 방법에 대해서 설명하라.

나무 그리드

행	C1	C2	C3	C4	C5
1	0	0	0	1	1
2	0	0	1	1	1
3	0	0	0	0	0
4	0	0	1	0	1
5	0	0	0	0	1
6	1	0	1	0	0
7	0	0	1	0	1
8	0	1	1	0	1
9	0	0	0	1	1
10	0	0	0	1	1
11	0	0	0	1	0
12	0	1	1	1	1
13	0	1	0	1	1
14	0	0	0	1	1
15	0	1	0	1	1
16	0	0	1	1	1
17	0	0	1	1	1
18	0	0	0	1	1
19	0	0	1	1	1
20	0	0	0	0	0
21	1	0	0	1	0
22	0	1	0	0	1
23	0	0	1	1	0
24	0	0	0	1	1
25	0	0	0	1	1
26	0	1	0	0	1
27	0	0	1	0	1
28	1	0	0	0	1
29	0	0	0	0	1
30	0	0	1	1	1

CHAPTER 09

2단계 집락추출법

사 례 연 구

학생들이 유흥비로 어느 정도를 지출하고 있는가?

대학가에서 사업을 하는 데 학생들의 유흥비가 중요한 변수가 된다. 학생들이 한 달에 유흥비로 평균 얼마를 지출하는가를 어떻게 추정할 수 있을까? 인명부에서 랜덤하게 선정한 학생을 찾아내는 것은 어렵다. 그러나 월요일 첫째 시간인 오전 10시의 전체 강좌에서 랜덤하게 선정한 강좌를 찾아내는 것은 상대적으로 쉽다. 강좌의 규모가 크기 때문에 표본으로 뽑은 각 강좌에서 일부의 학생을 추출함으로써 충분한 정보를 얻을 수 있다. 이는 결과적으로 2단계 집락표본이 된다.

어떤 중간규모의 대학에서는 12,000명의 학생들이 월요일 오전 10시에 150개 강좌로 나뉘어서 수업을 받고 있다. 거의 모든 학생들이 이 시간에 수업을 받고 있다. 학생들이 유흥비로 한 달에 평균 얼마 정도를 지출하는가를 추정하기 위해서 4개의 강좌를 랜덤하게 선정하고, 이들 강좌에 있는 학생들 중 약 10%를 조사한다. 2단계 집락추출 방법에 따른 분석을 한다.

9.0 도구

이 장에서 계산을 하기 위한 대화형 엑셀도구(interactive Excel Tools)는 센게이지러닝 홈페이지(www.cengage.co.kr) Download 자료실에서 내려 받을 수 있다. Download 자료실의 9장 폴더에서 "**Section 9.0(tools)**"이라는 이름의 워드 파일을 찾을 수 있을 것이다. 그 파일 안에 이 장과 관련된 계산 도구들이 제공되어 있다. 본문의 아이콘(왼쪽에 표시되어 있는)은 도구들이 만들어져 있다는 것을 상기시키는 표시이다. 또한 해당 장의 몇몇 연습문제들에 대한 자료들은 Download 자료실에 있는 해당 섹션과의 링크를 통해 얻을 수 있다.

9.1 개요

2단계 집락추출은 8장에서 다룬 집락추출의 개념을 확장한 것이다. 8장에서 언급한 바와 같이 집락이란 전구들이 들어있는 상자나 가구들로 구성된 블록과 같이 편리하고 자연스런 조사단위들의 모임이라는 것을 상기해보자. 집락이 측정하기에 너무 많은 조사단위를 포함하고 있거나, 집락 내 조사단위들의 측정값이 거의 비슷하여 단지 몇 개의 조사단위만으로도 전체 집락에 관한 정보를 충분히 얻을 수 있는 경우가 종종 있다. 이러한 상황에서는 먼저 집락에 대한 확률표본을 추출하고 이어서 추출된 집락들에 있는 조사단위들로부터 확률표본을 추출한다. 이것이 바로 2단계 집락추출이다.

정의 9.1

*2단계 집락추출(two-stage cluster sampling)*은 우선 집락에 대한 확률표본을 얻은 다음 추출된 각 집락으로부터 조사단위들에 대한 확률표본을 추출하는 것이다.

여기서는 각 추출단계에서 단순확률표본을 사용하는 경우에 대해서만 다룬다. 예를 들면 전체 대학생들에 대한 여론조사는 모든 대학들 중에서 단순확률표본을 추출하고 추출된 각 대학의 학생들 중에서 단순확률추출하여 실시한다. 그러므로 하나의 대학은 학생들로 구성된 하나의 집락에 해당된다. 유사하게 어떤 체인점에 대한 총 외상매출금은 먼저 체인점을 구성하고 있는 상점들에 대한 단순확률표본을 추출하고, 추출된 각 상점들에서 미수금계정에 대한 단순확률표본을 추출하여 추정할 수 있다. 그러므로 체인을 구성하는 상점들은 미수금계정들의 집락이 된다.

일반적으로 2단계 집락추출은 대규모조사에서 사용된다. 4장에서 언급했던 바와 같이 갤럽(Gallup)은 미국 전역으로부터 약 300개의 선거구를 표본추출한다. 2단계에서는 한 선거구당 대략 5가구를 랜덤하게 추출해서 전체적으로 총 표본크기는 약 1,500가구가 된다. 8장에서 다루었던 바와 같이, 다른 여론조사들에서 사용되는 미국 센서스국의 블록통계들은 조사 전에 부차 추출되는 가구들에 대한 집락으로 구성된다.

품질관리를 위한 표본추출은 종종 2단계(또는 그 이상의) 표본추출이 된다. 예를 들어, 검사관들이 냉동 음식과 같은 포장 상품을 표본추출할 때, 일반적으로 상자를 표본추출한 다음에 그 상자로부터 포장 상품을 표본추출한다. 여러 공장에서 만들어진 상품을 표본추출할 때, 먼저 공장을 추출한 다음 추출된 각 공장에서 생산된 제품을 표본추출한다. 자동차 배터리에 있는 양극판의 두께와 같이 생산된 제품의 구성요소에 대한 상세한 조사가 필요할 때, 먼저 생산된 제품의 일부를 표본추출하고, 이들 제품 내에 있는 구성요소(판)를 표본추출하는 것이 자연스럽다.

집락추출과 층화확률추출 간에는 유사성이 있다. 모집단이 서로 중복되지 않는 조사단위들의 그룹으로 나누어져 있다고 생각하자. 이들 그룹을 층으로 생각하면 각 층으로부터 단순확률표본을 추출한다. 이들 그룹을 집락으로 생각하면 그룹을 단순확률추출하고, 추출된 그룹으로부터 부차표본을 추출한다. 층화확률추출은 각 그룹 내에 있는 조사단위들 간의 변동이 작을 때 분산이 작은 추정량을 제공한다. 집락추출은 각 그룹 내의 조사단위들의 변동이 큰 반면, 모든 그룹들이 서로 유사할 때 효과적이다.

다른 추출방법에 비해 2단계 집락추출의 장점은 8장에서 언급했던 집락추출의 장점과 아주 유사하다. 첫째, 모집단에 있는 모든 조사단위들을 나열하는 추출틀이 없거나 추출틀을 얻는 데 많은 비용이 드는 반면에, 모든 집락들의 목록을 얻기가 쉬운 경우에 유리하다. 예를 들어, 전국 대학생들의 목록을 만드는 데는 시간과 비용이 많이 들지만 전국에 있는 대학교들의 목록은 쉽게 얻을 수 있다. 둘째, 추출된 조사단위들이 넓은 지역에 걸쳐 흩어져 있는 경우에는 이동비용으로 인해 조사비용이 증가하게 되므로 지리적으로 서로 인접해 있는 조사단위들의 집락을 표본추출하는 것이 훨씬 경제적이다.

9.2 2단계 집락표본의 추출방법

2단계 집락표본을 추출하는 데 있어서 첫 번째 문제는 적절한 집락들을 선정하는 것이다. 이때 다음과 같은 두 가지 조건을 고려하는 것이 바람직하다.

(1) 집락 내에 있는 조사단위들의 지리적 근접성 (2) 관리하기에 편리한 집락크기

적절한 집락의 선정은 집락을 적게 추출하고 각 집락으로부터는 조사단위를 많이 추출하기 원하는지, 또는 집락을 많이 추출하고 각 집락으로부터는 조사단위를 적게 추출하기 원하는지에 따라 달라진다. 하지만 결국 비용에 따라 결정된다. 큰 집락들은 이질적인 조사단위들을 포함하는 경향이 있으므로 모집단 모수에 대한 정확한 추정이 요구될 때는 각 집락으로부터 많은 표본을 추출할 필요가 있다. 반대로 작은 집락들은 상대적으로 동질적인 조사단위들을 포함하므로 이 경우에는 각 집락으로부터 표본을 적게 추출하여도 집락 특성에 관한 정확한 정보를 얻을 수 있다.

대도시에 있는 사람들의 소득을 조사하는 문제를 생각하자. 이때 그 도시를 이질적인 다양한 소득자들로 구성된 큰 집락들로 나눌 수 있다. 여기서 몇 개의 집락만을 추출해도 대표성 있는 표본을 구성할 수 있지만, 평균소득을 정확히 추정하기 위해서는 각 집락으로부터 상당히 많은 표본을 추출하는 것이 필요하다(이는 집락 내에서 소득이 이질적이기 때문이다). 반대로 도시를 도시블록과 같이 상대적으로 동질적인 작은 집락들로 나눌 수 있다면, 각 블록으로부터 소수의 사람들만 뽑아도 각 집락의 평균에 관한 적절한 정보를 얻을 수 있다. 그러나 이 경우 전체 도시의 평균소득에 관한 정확한 정보를 얻기 위해서는 많은 블록을 뽑아야 한다.

다른 예로 대학생들의 의견조사를 생각하자. 만약 같은 대학에 있는 학생들은 특정 질문에 대해서 비슷한 의견을 갖고 있는 반면에 대학들 간에는 서로 의견이 다르다면, 가급적 많은 대학을 뽑고 대학 내에서 적은 수의 학생을 조사하는 것이 바람직하다. 반면에 대학 내의 의견이 매우 다양하다면, 대학은 몇 개만 뽑고 그 대학 내에서 많은 학생을 조사하는 것이 효과적이다.

표본을 추출하기 위해서는 우선 모집단에 있는 모든 집락들을 나열한 목록이 있어야 한다. 그런 다음 4장에서 다룬 단순확률추출과정에 따라 집락에 대한 단순확률표본을 추출한다. 세 번째로는 추출된 각 집락의 조사단위들이 나열된 목록들이 있어야 한다. 마지막으로 이들 목록들로부터 각각 조사단위들에 대한 단순확률표본을 추출한다.

9.3 모집단 평균과 총계에 대한 비편향추정

앞 장에서와 같이 모집단 평균 μ와 총계 τ를 추정하고 추정오차의 한계를 구하고자 한다. 이 장에서는 다음과 같은 기호들을 사용한다.

N = 모집단에 있는 집락 수

n = 단순확률추출로 뽑힌 집락 수

M_i = 집락 i에 있는 조사단위의 수

m_i = 집락 i로부터 단순확률추출로 뽑힌 조사단위의 수

$M = \sum_{i=1}^{N} M_i$ = 모집단에 있는 총 조사단위의 수

$\overline{M} = \dfrac{M}{N}$ = 모집단의 평균 집락크기

y_{ij} = i번째 집락에 있는 j번째 관측값

$\bar{y}_i = \dfrac{1}{m_i}\sum_{j=1}^{m_i} y_{ij}$ = i번째 집락의 표본평균

모집단 평균 μ의 추정량을 구하기 위해서 8장에서 다룬 1단계 집락추출에서 사용했던 식을 대응시킬 수 있다. 식 (8.7)로부터 다음과 같은 τ의 비편향추정량을 얻을 수 있다.

$$\frac{N}{n}\sum_{i=1}^{n} y_i$$

이를 M으로 나누면

$$\frac{N}{Mn}\sum_{i=1}^{n} y_i$$

이 되는데, 이는 μ의 비편향추정량이 된다. 그러나 집락총계 y_i를 알지 못하므로 지금 이 추정량을 사용할 수는 없다. 하지만 표본자료로부터 계산된 $M_i\bar{y}_i$로 y_i를 추정할 수 있으므로 y_i 대신에 $M_i\bar{y}_i$를 대체하여 μ의 비편향추정량을 얻을 수 있다.

모집단 평균 μ의 추정량:

$$\hat{\mu} = \left(\frac{N}{M}\right)\frac{\sum_{i=1}^{n} M_i\bar{y}_i}{n} = \frac{1}{\overline{M}}\frac{\sum_{i=1}^{n} M_i\bar{y}_i}{n} \quad \textbf{(9.1)}$$

각 단계에서 단순확률추출을 가정한다.

$\hat{\mu}$의 추정분산:

$$\hat{V}(\hat{\mu}) = \left(1 - \frac{n}{N}\right)\left(\frac{1}{n\overline{M}^2}\right)s_b^2 + \frac{1}{nN\overline{M}^2}\sum_{i=1}^{n} M_i^2\left(1 - \frac{m_i}{M_i}\right)\left(\frac{s_i^2}{m_i}\right) \quad \textbf{(9.2)}$$

여기서

$$s_b^2 = \frac{\sum_{i=1}^{n}(M_i\bar{y}_i - \overline{M}\hat{\mu})^2}{n-1} \tag{9.3}$$

그리고

$$s_i^2 = \frac{\sum_{j=1}^{m_i}(y_{ij} - \bar{y}_i)^2}{m_i - 1} \qquad i = 1, 2, ..., n \tag{9.4}$$

단, s_b^2은 단순히 $M_i\bar{y}_i$들 간의 표본분산이고 s_i^2은 집락 i로부터 추출된 표본들의 표본분산이다.

식 (9.1)에 있는 추정량 $\hat{\mu}$는 모집단에 있는 조사단위의 수 M에 의존한다. M을 모를 때, μ를 추정하는 방법은 다음 절에서 다룬다.

예제 9.1

미국 전역에 걸쳐서 90개의 공장을 가진 한 의류 제조회사에서는 지난 수개월 동안 수리를 하기 위해서 재봉틀이 멈춘 평균 시간 수를 추정하고자 한다. 공장들이 폭넓게 흩어져 있기 때문에, 각 공장을 집락으로 하는 집락추출을 사용하기로 했다. 각 공장에는 많은 재봉틀이 있으므로, 각 재봉틀에 대해 수리기록을 일일이 점검하는 데 많은 시간이 걸린다. 그래서 회사에서는 2단계 추출을 사용하기로 했다. $n = 10$개의 공장을 추출하고 추출된 각 공장에 있는 재봉틀 중에서 약 20%를 추출하였다. 표 9.1에 있는 자료를 사용하여 재봉틀당 평균 멈춘 시간을 추정하고 추정오차의 한계를 구하라. 공장 전체에 4,500개의 재봉틀이 있다는 것은 알고 있다.

표 9.1 재봉틀이 멈춘 시간

공장	M_i	m_i	멈춘 시간	$\bar{y}_i$	s_i^2
1	50	10	5, 7, 9, 0, 11, 2, 8, 4, 3, 5	5.40	11.38
2	65	13	4, 3, 7, 2, 11, 0, 1, 9, 4, 3, 2, 1, 5	4.00	10.67
3	45	9	5, 6, 4, 11, 12, 0, 1, 8, 4	5.67	16.75
4	48	10	6, 4, 0, 1, 0, 9, 8, 4, 6, 10	4.80	13.29
5	52	10	11, 4, 3, 1, 0, 2, 8, 6, 5, 3	4.30	11.12
6	58	12	12, 11, 3, 4, 2, 0, 0, 1, 4, 3, 2, 4	3.83	14.88
7	42	8	3, 7, 6, 7, 8, 4, 3, 2	5.00	5.14
8	66	13	3, 6, 4, 3, 2, 2, 8, 4, 0, 4, 5, 6, 3	3.85	4.31
9	40	8	6, 4, 7, 3, 9, 1, 4, 5	4.88	6.13
10	56	11	6, 7, 5, 10, 11, 2, 1, 4, 0, 5, 4	5.00	11.80

풀이

μ의 최량추정치는 식 (9.1)의 $\hat{\mu}$가 되고, 이는 다음과 같다.

$$\hat{\mu} = \frac{N}{Mn}\sum_{i=1}^{n} M_i\bar{y}_i = \frac{1}{\overline{M}}\frac{1}{n}\sum_{i=1}^{n} M_i\bar{y}_i = \frac{1}{50}(240.02) = 4.80$$

$\hat{\mu}$의 분산을 추정하기 위해서 다음을 계산해야 한다.

$$s_b^2 = \frac{\sum_{i=1}^{n}(M_i\bar{y}_i - \overline{M}\hat{\mu})^2}{n-1} = (27.72)^2$$

그리고

$$\sum_{i=1}^{n} M_i^2\left(1 - \frac{m_i}{M_i}\right)\left(\frac{s_i^2}{m_i}\right) = 21{,}985$$

그러면 식 (9.2)로부터

$$\begin{aligned}\hat{V}(\hat{\mu}) &= \left(1 - \frac{n}{N}\right)\left(\frac{1}{n\overline{M}^2}\right)s_b^2 + \frac{1}{nN\overline{M}^2}\sum_{i=1}^{n} M_i^2\left(1 - \frac{m_i}{M_i}\right)\left(\frac{s_i^2}{m_i}\right) \\ &= \left(1 - \frac{10}{90}\right)\left[\frac{1}{(10)(50)^2}\right](27.72)^2 + \frac{1}{(10)(90)(50)^2}(21{,}985) \\ &= 0.0371\end{aligned}$$

추정오차의 한계를 사용하여 μ의 추정값을 구하면 다음과 같다.

$$\hat{\mu} \pm 2\sqrt{\hat{V}(\hat{\mu})} \quad \text{또는} \quad 4.80 \pm 2\sqrt{0.0371} \quad \text{또는} \quad 4.80 \pm 0.39$$

그러므로 재봉틀이 멈춘 평균 시간은 4.80시간으로 추정된다. 추정오차는 약 .95의 확률로 0.39 시간보다 작게 된다.

모집단 총계에 대한 비편향추정량은 단순확률추출에서 사용했던 방법과 유사하게 모집단 평균에 대한 비편향추정량에 모집단에 있는 조사단위의 총수를 곱해줌으로써 얻을 수 있다. 그러므로 $M\hat{\mu}$는 2단계 집락추출에서 τ에 대한 비편향추정량이 된다.

모집단 총계 τ의 추정량:

$$\hat{\tau} = M\hat{\mu} = \frac{N}{n}\sum_{i=1}^{n} M_i\bar{y}_i \qquad \textbf{(9.5)}$$

각 단계에서 단순확률추출을 가정한다.

$\hat{\tau}$의 추정분산:

$$\hat{V}(\hat{\tau}) = M^2\hat{V}(\hat{\mu})$$
$$= \left(1 - \frac{n}{N}\right)\left(\frac{N^2}{n}\right)s_b^2 + \frac{N}{n}\sum_{i=1}^{n} M_i^2\left(1 - \frac{m_i}{M_i}\right)\left(\frac{s_i^2}{m_i}\right) \quad \textbf{(9.6)}$$

여기서 s_b^2과 s_i^2은 각각 식 (9.3)과 식 (9.4)로 주어진다.

예제 9.2

예제 9.1의 의류 제조회사에 있는 모든 재봉틀에 대해서 지난달 기계가 멈춘 총 시간을 추정하라. 그리고 추정오차의 한계를 구하라.

풀이

τ에 대한 최량추정값은 다음과 같다.

$$\hat{\tau} = M\hat{\mu} = \frac{N}{n}\sum_{i=1}^{n} M_i\bar{y}_i = 90(240.02) = 21,602$$

τ의 추정분산은 예제 9.1에서 계산한 $\hat{V}(\hat{\mu})$의 값을 다음과 같이 사용함으로써 얻게 된다.

$$\hat{V}(\hat{\tau}) = M^2\hat{V}(\hat{\mu}) = (4500)^2(0.0371)$$

추정오차의 한계를 사용한 τ의 추정값은

$$\hat{\tau} \pm 2\sqrt{\hat{V}(\hat{\tau})} \text{ 또는 } 21,602 \pm 2\sqrt{(4500)^2\,(0.0371)} \text{ 또는 } 21,602 \pm 1,733$$

그러므로 재봉틀이 멈춘 총시간에 대한 추정값은 21,602시간이 되며, 추정오차가 1,733시간보다 작다는 것을 거의 확신할 수 있다.

9.4 모집단 평균에 대한 비추정

식 (9.1)에 있는 추정량 $\hat{\mu}$는 모집단에 있는 조사단위의 총수 M에 의존한다. M을 모르는 경우가 종종 생기는데, 이때는 표본자료로부터 M을 추정해야 한다. 모집단에 있는 집락 수 N을 평균집락크기 $\sum_{i=1}^{n} M_i/n$에 곱해줌으로써 M의 추정량을 얻는다. M을 이 추정량으로 대체하면 분자와 분모가 모두 확률변수가 되므로 비추정량 $\hat{\mu}_r$을 얻는다.

모집단 총계 μ의 추정량:

$$\hat{\mu}_r = \frac{\sum_{i=1}^{n} M_i \bar{y}_i}{\sum_{i=1}^{n} M_i} \tag{9.7}$$

$\hat{\mu}_r$의 추정분산:

$$\hat{V}(\hat{\mu}_r) = \left(1 - \frac{n}{N}\right)\left(\frac{1}{n\bar{M}^2}\right)s_r^2 + \frac{1}{nN\bar{M}^2}\sum_{i=1}^{n} M_i^2\left(1 - \frac{m_i}{M_i}\right)\left(\frac{s_i^2}{m_i}\right) \tag{9.8}$$

여기서

$$s_r^2 = \frac{\sum_{i=1}^{n} M_i^2(\bar{y}_i - \hat{\mu}_r)^2}{n - 1} = \frac{\sum_{i=1}^{n} (M_i\bar{y}_i - M_i\hat{\mu}_r)^2}{n - 1} \tag{9.9}$$

그리고

$$s_i^2 = \frac{\sum_{i=1}^{m_i} (y_{ij} - \bar{y}_i)^2}{m_i - 1} \qquad i = 1, 2, ..., n \tag{9.10}$$

추정량 $\hat{\mu}_r$는 편향추정량이지만, n이 크면 편향은 무시해도 좋다.

예제 9.3

예제 9.1에 있는 자료를 사용해서 재봉틀 한 대당 평균 멈춘 시간을 추정하고 추정오차의 한계를 구하라. 공장 전체에 재봉틀이 얼마나 있는지 모른다고 가정하자.

풀이

M을 모르므로, 식 (9.7)의 $\hat{\mu}_r$를 사용하여 μ을 추정한다. 계산 결과는 다음과 같다.

$$\hat{\mu}_r = \frac{\sum_{i=1}^{n} M_i \bar{y}_i}{\sum_{i=1}^{n} M_i} = \frac{\frac{1}{n}\sum_{i=1}^{n} M_i \bar{y}_i}{\frac{1}{n}\sum_{i=1}^{n} M_i} = \frac{240.02}{52.2} = 4.60$$

$\hat{\mu}_r$의 추정분산을 구하기 위해서, 다음을 계산해야 한다.

$$s_r^2 = \frac{\sum_{i=1}^{n} M_i^2(\bar{y}_i - \hat{\mu}_r)^2}{n-1}$$
$$= (35.1)^2$$

예제 9.1에서와 같이,

$$\sum_{i=1}^{n} M_i^2\left(1 - \frac{m_i}{M_i}\right)\left(\frac{s_i^2}{m_i}\right) = 21{,}985$$

표본에 대한 평균 집락크기를 사용하여 $\overline{M}$를 추정할 수 있다.

$$\frac{\sum_{i=1}^{n} M_i}{n} = \frac{522}{10} = 52.2$$

이를 식 (9.8)에 대입하면 $\hat{\mu}_r$의 추정분산을 얻는다.

$$\hat{V}(\hat{\mu}_r) = \left(1 - \frac{n}{N}\right)\left(\frac{1}{n\overline{M}^2}\right)s_r^2 + \frac{1}{nN\overline{M}^2}\sum_{i=1}^{n} M_i^2\left(1 - \frac{m_i}{M_i}\right)\left(\frac{s_i^2}{m_i}\right)$$
$$= \left(1 - \frac{10}{90}\right)\left[\frac{1}{(10)(52.2)^2}\right](35.1)^2 + \frac{1}{(10)(90)(52.2)^2}(21{,}985)$$
$$= 0.0492$$

추정오차의 한계를 사용하여 재봉틀이 멈춘 평균시간에 대한 추정값을 구하면 다음과 같다.

$$\hat{\mu}_r \pm 2\sqrt{\hat{V}(\hat{\mu}_r)} \quad \text{또는} \quad 4.60 \pm 2\sqrt{0.0492} \quad \text{또는} \quad 4.60 \pm 0.44$$

그러므로 재봉틀 한 대당 평균 멈춘 시간의 추정값은 4.60시간이고, 추정오차의 한계는 0.44시간이다.

9.5 모집단 비율의 추정

어떤 법률을 지지하는 대학생들의 비율이나 지난 한달 동안 고장나지 않은 기계의 비율과 같은 모집단 비율 p를 추정하는 문제를 생각해 보자. p의 추정값은 식 (9.1)의 $\hat{\mu}$나 식 (9.7)의 $\hat{\mu}_r$를 사용하고, i번째 집락에 있는 j번째 조사단위가 관심 있는 범주에 속하느냐 속하지 않느냐에 따라 $y_{ij} = 1$ 또는 0으로 놓으면 된다.

일반적으로 M을 모르기 때문에, 식 (9.7)에 있는 $\hat{\mu}_r$와 비슷한 비추정량을 가지고 p를 추정하는 공식을 소개한다. 집락 i로부터 표본추출된 조사단위들이 관심 있는 범주에 속할 비율을 $\hat{p}_i$라 하자.

모집단 비율 p의 추정량:

$$\hat{p} = \frac{\sum_{i=1}^{n} M_i \hat{p}_i}{\sum_{i=1}^{n} M_i} \tag{9.11}$$

$\hat{p}$의 추정분산:

$$\hat{V}(\hat{p}) = \left(1 - \frac{n}{N}\right)\left(\frac{1}{n\overline{M}^2}\right)s_r^2 + \frac{1}{nN\overline{M}^2}\sum_{i=1}^{n} M_i^2\left(1 - \frac{m_i}{M_i}\right)\left(\frac{\hat{p}_i \hat{q}_i}{m_i - 1}\right) \tag{9.12}$$

여기서

$$s_r^2 = \frac{\sum_{i=1}^{n} M_i^2(\hat{p}_i - \hat{p})^2}{n - 1} = \frac{\sum_{i=1}^{n}(M_i\hat{p}_i - M_i\hat{p})^2}{n - 1} \tag{9.13}$$

그리고 $\hat{q}_i = 1 - \hat{p}_i$이다.

예제 9.4

예제 9.1에 있는 제조회사가 대규모 수리(공장 밖에서 부품을 조달하는 경우)를 위해서 작동이 안 되는 재봉틀의 비율을 추정하고자 한다. 대규모 수리가 필요한 재봉틀들의 표본비율은 표 9.2에 있다. 이 자료는 예제 9.1에 있는 표본추출된 재봉틀에 대한 것이다. 모든 공장들에 대해 대규모 수리가 필요한 재봉틀의 비율 p를 추정하고 추정오차의 한계를 구하라.

풀이

p의 최량추정값은 다음과 같다.

$$\hat{p} = \frac{\sum_{i=1}^{n} M_i \hat{p}_i}{\sum_{i=1}^{n} M_i} = \frac{\frac{1}{n}\sum_{i=1}^{n} M_i \hat{p}_i}{\frac{1}{n}\sum_{i=1}^{n} M_i} = \frac{17.61}{52.20} = 0.34$$

$\hat{p}$의 분산을 추정하기 위해서 다음을 계산한다.

$$s_r^2 = \frac{\sum_{i=1}^{n} M_i^2(\hat{p}_i - \hat{p})^2}{n - 1} = (4.29)^2$$

그리고

$$\sum_{i=1}^{n} M_i^2\left(1 - \frac{m_i}{M_i}\right)\left(\frac{\hat{p}_i\hat{q}_i}{m_i - 1}\right) = 505.91$$

표 9.2 대규모 수리가 필요한 재봉틀의 비율

공장	M_i	m_i	대규모 수리가 필요한 기계들의 비율, $\hat{p}_i$
1	50	10	0.40
2	65	13	0.38
3	45	9	0.22
4	48	10	0.30
5	52	10	0.50
6	58	12	0.25
7	42	8	0.38
8	66	13	0.31
9	40	8	0.25
10	56	11	0.36

그러면 $\overline{M}$가 표본평균 52.2로 추정될 때, $\hat{p}$의 추정분산은 다음과 같다.

$$\begin{aligned}\hat{V}(\hat{p}) &= \left(1 - \frac{n}{N}\right)\left(\frac{1}{n\overline{M}^2}\right)s_r^2 + \frac{1}{nN\overline{M}^2}\sum_{i=1}^{n} M_i^2\left(1 - \frac{m_i}{M_i}\right)\left(\frac{\hat{p}_i\hat{q}_i}{m_i - 1}\right)\\ &= \left(1 - \frac{10}{90}\right)\left[\frac{1}{(10)(52.2)^2}\right](4.29)^2 + \frac{1}{(10)(90)(52.2)^2}(505.91)\\ &= 0.00081\end{aligned}$$

대규모 수리를 받아야 할 재봉틀들의 비율에 대한 최량추정값은 다음과 같다.

$$\hat{p} \pm 2\sqrt{\hat{V}(\hat{p})} \quad \text{또는 } 0.34 \pm 2\sqrt{0.00081} \quad \text{또는 } 0.34 \pm 0.057$$

따라서, 대규모 수리를 받아야 할 재봉틀의 비율은 0.34로 추정되고 추정오차의 한계는 0.057이 된다.

9.6 같은 크기의 집락추출

각 집락이 $\overline{M}$개의 조사단위로 구성되었다고 가정하자. 즉,

$$M_1 = M_2 = \cdots = M_N = \overline{M}$$

이 경우에 각 집락으로부터 같은 크기의 표본을 취하는 것이 일반적이므로

$$m_1 = m_2 = \cdots = m_n = m$$

이 된다. 이러한 조건들에서 식 (9.1)은

$$\hat{\mu} = \frac{1}{n}\sum_{i=1}^{n}\bar{y}_i \qquad \textbf{(9.14)}$$

이 되는 데, 이는 아래의 전체 표본평균과 같다.

$$\hat{\mu} = \frac{1}{nm}\sum_{i=1}^{n}\sum_{j=1}^{m}y_{ij}$$

여기서 y_{ij}는 i번째 집락에 있는 j번째 측정값을 나타낸다. 이런 경우는 일괄 포장된 제품들을 표본추출할 때 생긴다(예를 들면, 24개의 캔 음료가 들어있는 상자들을 각각 집락으로 할 때).

그러면 식 (9.2)는 다음과 같이 된다.

$$\hat{V}(\hat{\mu}) = \left(1 - f_1\right)\frac{\text{MSB}}{nm} + \left(1 - f_2\right)\left(\frac{1}{N}\right)\frac{\text{MSW}}{m} \qquad \textbf{(9.15)}$$

여기서

$$f_1 = n/N, f_2 = m/\overline{M},$$

$$\text{MSB} = \frac{m}{n-1}\sum_{i=1}^{n}(\bar{y}_i - \hat{\mu})^2$$

그리고

$$\begin{aligned}\text{MSW} &= \frac{1}{n(m-1)}\sum_{i=1}^{n}\sum_{j=1}^{m}(y_{ij} - \bar{y}_i)^2 \\ &= \frac{1}{n}\sum_{i=1}^{n}s_i^2\end{aligned}$$

8장에서와 같이 MSB는 집락 간 평균제곱이고, MSW는 집락 내 평균제곱이다.

식 (9.15)로부터 2단계 집락추출의 성질과 관련하여 중요한 사항들을 확인할 수 있다.

(1) 만약 N이 크면 $\hat{V}(\hat{\mu}) = \text{MSB}/nm$가 되는데 이는 단지 집락평균들에 의존한다. 그러므로 비록 s_i^2들이 집락 내 분산에 대한 좋지 않은 추정량들이라 해도, $\hat{\mu}$의 분산에 대한 좋은 추정량을 얻을 수 있다. 이 같은 경우는 집락들 내에서 계통추출을 사용할 때 일어날 수 있다.

(2) 만약 $m = \overline{M}$(또는 $f_2 = 1$)이면 2단계 집락추출은 8장에서와 같은 단순집락추출이 된다.

(3) 만약 $n = N$이면,

$$\hat{V}(\hat{\mu}) = (1 - f_2)\frac{\text{MSW}}{nm}$$

이는 $n = N$개의 층과 각 층에서 m개의 관측값을 취한 층화확률표본에서 얻게 되는 분산 추정값이다.

그러므로 m이 $\overline{M}$에 근접하게 되면, 2단계 집락추출은 단순집락추출과 같은 성질을 갖는다는 것을 알 수 있다. 그리고 n이 N에 근사하게 되면 2단계 집락추출은 층화확률추출과 같은 성질을 갖는다. 만약 집락 내의 조사단위들이 이질적이면 m을 크게 하고 집락 내의 조사단위들이 동질적이면 n을 크게 하는 것이 좋다. 표본크기의 결정에 관한 내용은 다음에서 다룬다.

N이 크면 분산 추정값은

$$\hat{V}(\hat{\mu}) = \frac{\text{MSB}}{nm} \tag{9.16}$$

으로 실제 분산

$$V(\hat{\mu}) = \frac{1}{n}\left(\sigma_b^2 + \frac{\sigma_w^2}{m}\right) \tag{9.17}$$

에 대한 추정량이다. 여기서

σ_b^2 = 집락평균들 간의 분산

σ_w^2 = 집락 내 조사단위들 간의 분산

MSB/m는 $\sigma_b^2 + (\sigma_w^2 / m)$을, MSW는 σ_w^2을 추정하기 때문에,

$$\frac{1}{m}(\text{MSB} - \text{MSW}) \tag{9.18}$$

로 σ_b^2을 추정한다. σ_b^2과 σ_w^2의 추정량들은 표본크기를 계산하는 데 필요하다.

층화확률추출의 경우와 같이, 고정된 비용에 대해 $V(\hat{\mu})$를 최소로 하거나 고정된 $V(\hat{\mu})$에 대해 총 추출비용을 최소로 하는 표본크기 m과 n을 구한다. 각 집락을 추출하는 데 드는 비용을 c_1이라 하고 집락 내에 있는 조사단위를 추출하는 데 드는 비용을 c_2라 하면, 전체비용 c는

$$c = nc_1 + nmc_2 \tag{9.19}$$

고정된 비용에 대해 $V(\hat{\mu})$를 최소로 하거나 고정된 분산에 대해 c를 최소로 하는 m의 값은 다음과 같다.

$$m = \sqrt{\frac{\sigma_w^2 c_1}{\sigma_b^2 c_2}} \tag{9.20}$$

m이 정해진 후, $V(\hat{\mu})$가 고정되면 식 (9.17)로부터, 또는 c가 고정되면 식 (9.19)로부터 n을 구한다. σ_w^2이 증가하면 m은 증가하지만 σ_b^2이 커지면 감소한다. 그러므로 σ_w^2이 σ_b^2에 비해 커지면 집락 내에서 더 많은 조사단위를 추출해야 한다(반면에 집락은 보다 적게 추출해도 된다).

예제 9.5

자동차 배터리를 제조하는 데 있어서 주요 품질보증 치수 중의 하나는 연판의 두께이다. 양극판은 음극판보다 두껍게 제조되어야 하므로 두 개를 별도로 처리해야 한다. 하루에 n개의 배터리를 추출하고 배터리당 m개의 음극판 두께를 측정하는 표본추출계획을 세워서 평균 판 두께에 대한 추정값의 분산이 0.1이 되게 하고자 한다(두께에 대한 측정값은 1/1,000인치이다). 배터리를 잘라 뚜껑을 여는 데 드는 비용은 판을 측정하는 비용의 6배가 된다.

4개의 배터리에 대해서 배터리당 9개의 음극판 두께를 측정한 예비연구 자료가 다음과 같다.

B_1 : 97, 101, 97, 97, 99, 100, 96, 100, 100
B_2 : 95, 96, 96, 99, 96, 97, 95, 96, 100
B_3 : 99, 96, 97, 97, 96, 98, 99, 98, 100
B_4 : 94, 95, 97, 98, 97, 97, 97, 95, 96

풀이

분산분석에 의해 MSB와 MSW는 바로 계산된다(다음은 MINITAB으로 계산한 것이다).

분산분석

원인	자유도(DF)	제곱합(SS)	평균제곱(MS)
요인	3	30.31	10.10
오차	32	79.33	2.48
총계	35	106.64	

MSW = 2.48 이고 MSB = 10.10이므로 σ_b^2의 추정값은 식 (9.18)에 의해 다음과 같다.

$$\frac{1}{9}(\text{MSB} - \text{MSW}) = 0.85$$

그러면 m의 최적값은

$$m = \sqrt{\frac{\sigma_w^2 c_1}{\sigma_b^2 c_2}} \approx \sqrt{\frac{2.48}{0.85}\left(\frac{6}{1}\right)} = 4.18$$

배터리당 $m = 4$개의 두께를 측정하기로 하고, $V(\hat{\mu}) = 0.1$과 식 (9.17)을 사용하면

$$0.1 = \frac{1}{n}\left(0.85 + \frac{2.48}{4}\right)$$

$$n = \frac{1}{0.1}(1.47) = 14.7 \approx 15$$

그러므로 품질보증계획을 위해서는 $n = 15$개의 배터리를 추출하고 추출된 각 배터리에서 $m = 4$개의 음극판 두께를 측정해야 한다. 이렇게 하면 최소의 비용으로 하루에 0.1 정도의 분산을 갖는 평균 판 두께에 대한 추정값을 얻을 수 있다. 자료들이 배터리 내에서 변동이 거의 없기 때문에 $n > m$이 성립한다.

9.7 2단계 확률비례집락추출

집락 내에 있는 조사단위의 수가 집락에 따라 변동이 매우 심할 때에는 앞의 8.9절에서 다루었던 것과 같이 집락의 크기에 비례하도록 집락을 확률비례추출하는 것이 바람직하다. 집락 내에 있

는 조사단위들의 규모가 비슷하면 일반적으로 pps추출은 2단계 추출 중 1단계에서만 사용한다. 여기서는 1단계에서만 확률비례추출을 적용한 2단계 집락추출에 대한 μ와 τ의 추정량을 제시한다.

단순집락추출인 경우 식 (8.19)는 다음과 같은 형태의 μ에 대한 추정량을 제공한다.

$$\frac{1}{n}\sum_{i=1}^{n}\bar{y}_i \tag{9.21}$$

8장에서 $\bar{y}_i$는 집락 i에 있는 모든 조사단위들로부터 계산되고, 이는 정확히 집락평균이다. 이장에서는 $\bar{y}_i$가 집락 i로부터 추출된 표본조사단위들에 의해 계산되는데, 이는 집락평균에 대한 추정값이 된다. 식 (9.21)은 μ에 대한 비편향추정량이 되고, 이의 추정분산은 식 (8.20)과 같다.

τ에 대한 비편향추정값을 계산하기 위해서는 모집단에 있는 총조사단위의 수 M을 식 (9.21)에 곱해주면 된다.

모집단 평균 μ의 추정량:

$$\hat{\mu}_{\text{pps}} = \frac{1}{n}\sum_{i=1}^{n}\bar{y}_i \tag{9.22}$$

$\hat{\mu}_{\text{pps}}$의 추정분산:

$$\hat{V}(\hat{\mu}_{\text{pps}}) = \frac{1}{n(n-1)}\sum_{i=1}^{n}(\bar{y}_i - \hat{\mu}_{\text{pps}})^2 \tag{9.23}$$

집단 평균 τ의 추정량:

$$\hat{\tau}_{\text{pps}} = \frac{M}{n}\sum_{i=1}^{n}\bar{y}_i \tag{9.24}$$

$\hat{\tau}_{\text{pps}}$의 추정분산:

$$\hat{V}(\hat{\tau}_{\text{pps}}) = \frac{M^2}{n(n-1)}\sum_{i=1}^{n}(\bar{y}_i - \hat{\mu}_{\text{pps}})^2 \tag{9.25}$$

다음 예제들을 통해 여기서 다룬 pps방법을 설명한다.

예제 9.6

한 연구자는 어떤 도시에 있는 6개의 병원에 2일 이상 연속해서 입원해 있는(또는 있게 될) 환자들의 비율을 추정하기 위해서 3개의 병원을 추출하고자 한다. 병원들의 규모가 서로 다르기 때문에 병원 환자들의 수에 확률비례해서 추출하기로 한다. 추출된 3개의 병원에 대해서 2일 이상 계속해서 입원해 있을 환자가 얼마가 되는가를 추정하기 위해 현재 환자목록의 10%를 조사한다. 다음 표에 병원 크기에 관한 정보가 있다. 환자수에 비례해서 3개의 병원을 확률비례추출하라.

병원	환자 수	누적범위	병원	환자 수	누적범위
1	328	1~328	4	220	870~1089
2	109	329~437	5	280	1090~1369
3	432	438~869	6	190	1370~1559

풀이

3개의 병원을 추출하기 위해서 난수표로부터 0001과 1559 사이에 있는 3개의 난수를 선정해야 한다. 선정된 난수가 1505, 1256, 0827이었다. 누적범위의 열에서 이들 수가 위치한 곳을 찾아보면 결국 병원 3, 5, 6을 추출하게 된다.

예제 9.7

예제 9.6에서 추출된 병원으로부터 연속해서 2일 이상 입원한 환자의 수에 관한 자료가 다음과 같다고 가정하자.

병원	추출된 환자 수	2일 이상 입원한 환자의 수
3	43	25
5	28	15
6	19	8

전체 6개 병원에서 2일 이상 입원한 환자의 비율을 추정하고, 추정오차의 한계를 구하라.

풀이

각 병원에 대한 비율은 단순히 표본평균이고, 모집단 비율에 대한 최량추정값은 식 (9.22)에 의해 3개 표본평균들의 평균이 된다.

그러므로

$$\hat{\mu}_{\text{pps}} = \frac{1}{3}\left(\frac{25}{43} + \frac{15}{28} + \frac{8}{19}\right) = \frac{1}{3}(0.58 + 0.54 + 0.42) = 0.51$$

식 (9.23)으로부터

$$\begin{aligned}\hat{V}(\hat{\mu}_{\text{pps}}) &= \frac{1}{3(2)}[(0.58 - 0.51)^2 + (0.54 - 0.51)^2 + (0.42 - 0.51)^2] \\ &= 0.0025\end{aligned}$$

그러므로 추정오차의 한계는

$$2\sqrt{\hat{V}(\hat{\mu}_{\text{pps}})} = 2\sqrt{0.0025} = 0.10$$

이고, 실제 모집단 비율에 대한 추정값은 0.51 ± 0.10이 된다.

pps추출을 사용하기 전에 먼저 고려해야 할 사항이 있다. 만약 s_b가 s_i에 비해 작으면(즉, 식 (9.2)의 우측에 있는 두 번째 항이 분산의 대부분을 차지하면), 집락을 적게 추출하고 추출된 표본집락에서는 많은 조사단위를 추출한다. 이 경우 집락을 뽑을 때에는 어떤 추출방법을 사용하여도 상관없다.

그런데 s_i가 s_b에 비해 작으면[즉, 식 (9.2)의 우측에 있는 첫 번째 항이 분산의 대부분을 차지하면], 집락을 추출할 때 주의를 기울여야 한다. 이 경우에는 8.9절의 뒷부분에서 언급했던 사항들을 유념하라. 집락크기들이 확실히 다르면 pps방법이 좋다.

9.8 요약

표본 추출된 각 집락으로부터 조사단위들을 단순확률추출함으로써 집락추출의 개념을 2단계 추출로 확장시킬 수 있다. 2단계 집락추출은 이동비용 때문에 지리적으로 인접해 있는 조사단위들을 표본으로 추출하고자 할 때 유용하다.

2단계 집락추출을 사용하면 추출된 각 집락에 있는 모든 조사단위들을 조사할 필요가 없다. 그래서 정보의 손실을 거의 없게 하면서 조사비용을 줄일 수 있다.

모집단에 있는 총 조사단위의 수 M을 알 때 μ에 대한 비편향추정량을 소개하였다. M을 모를 때는 비추정량을 사용한다. 또한 모집단 총계 τ와 모집단 비율 p에 대한 추정량을 제시하였다.

사례연구 분석

학생들이 유흥비로 어느 정도 지출하고 있나?

이 장의 서두에서 언급했던 것과 같이, 학생들의 한 달 평균 유흥비를 추정하기 위해 N = 150개의 강좌에서 n = 4개의 강좌를 표본추출하고, 추출된 강좌로부터 학생들을 표본추출하였다. 이 계획에 따라 얻어진 자료가 다음과 같다(단위: 달러).

강좌당 학생 수(M_i)	표본 추출된 학생 수(m_i)	$\bar{y}_i$	s_i^2	$M_i\bar{y}_i$	$[M_i(\bar{y}_i - \hat{\mu}_r)]^2$
80	8	16	9	1,280	518,400
47	5	30	15	1,410	55,225
62	6	21	22	1,302	61,504
39	4	45	18	1,755	608,400
228				5,747	1,243,529

$$\hat{\mu}_r = \frac{\sum_{i=1}^{n} M_i \bar{y}_i}{\sum_{i=1}^{n} M_i} = \frac{5747}{228} = 25 \qquad \bar{M} = 57$$

$$s_r^2 = \left(\frac{1}{n-1}\right)\sum_{i=1}^{n}[M_i(\bar{y}_i - \hat{\mu}_r)]^2 = 414{,}510$$

$$s_w^2 = \sum_{i=1}^{n} M_i(M_i - m_i)\left(\frac{s_i^2}{m_i}\right) = 31{,}275$$

대학에 있는 모든 학생들의 한 달 평균 유흥비에 대한 최량추정값은 $\hat{\mu}_r$ = \$25이며 추정오차의 한계는 다음과 같다.

$$2\sqrt{\hat{V}(\hat{\mu})} = 2\sqrt{\left(1 - \frac{n}{N}\right)\left(\frac{1}{n\bar{M}^2}\right)(s_r^2) + \left(\frac{1}{nN\bar{M}^2}\right)(s_w^2)}$$

$$= 2\sqrt{\left(\frac{146}{150}\right)\left[\frac{1}{4(57)^2}\right](414{,}510) + \left[\frac{1}{4(150)(57)^2}\right](31{,}275)} = 11$$

실제 한 달 평균 유흥비는 25 − 11 = \$14와 25 + 11 = \$36 사이에 있다고 확신할 수 있다(더 많은 강좌를 추출하거나 강좌당 학생을 더 많이 추출하면 이 구간은 줄어든다. 당신이라면 어떤 방법을 추천하겠는가?).

연습문제

일부의 연습문제들은 자료와 직접적으로 관계되므로 엑셀파일에 있는 자료들과 연결하기 위해서 센게이지러닝 홈페이지(www.cengage.co.kr) Download 자료실의 Section 9.0을 참고하기 바란다.

9.1 정원사는 크기가 거의 비슷한 50개 소지구로 구성된 어느 지역에 있는 파종들의 평균 키를 추정하고자 한다. 정원사는 파종들의 높이가 각 소지구 내에서는 거의 일정하지만, 소지구 간에는 상당한 변동이 있을 것이라 생각하였다. 그래서 그는 2단계 집락추출을 사용해서 10개의 소지역 내에서 10%의 나무를 표본추출하기로 했다. 자료는 다음 표와 같다. 그 지역에 있는 파종들의 평균 키를 추정하고 추정오차의 한계를 구하라.

구역	파종 수	표본 파종 수	파종들의 키(인치)
1	52	5	12, 11, 12, 10, 13
2	56	6	10, 9, 7, 9, 8, 10
3	60	6	6, 5, 7, 5, 6, 4
4	46	5	7, 8, 7, 7, 6
5	49	5	10, 11, 13, 12, 12
6	51	5	14, 15, 13, 12, 13
7	50	5	6, 7, 6, 8, 7
8	61	6	9, 10, 8, 9, 9, 10
9	60	6	7, 10, 8, 9, 9, 10
10	45	6	12, 11, 12, 13, 12, 12

9.2 연습문제 9.1에서, 정원사가 그 지역에 대략 2,600개의 파종들이 있다는 것을 알고 있다고 가정하자. 이러한 추가 정보를 이용해서 파종의 평균 키와 추정오차의 한계를 구하라.

9.3 한 슈퍼마켓 연쇄점은 32개 도시에 상점들을 갖고 있다. 이 회사는 정해진 수준의 청결기준에 미치지 못하는 상점들의 비율을 추정하고자 한다. 각 도시에 있는 상점들은 비슷한 특성을 갖고 있다. 그래서 4개 도시 각각에 있는 상점들 가운데 반을 2단계 집락추출하기로 했다. 이 상황에서는 이동비용 때문에 집락추출이 바람직하다. 수집된 자료들이 아래 표에 있다. 청결기준에 미치지 못하는 상점들의 비율을 추정하고 추정오차의 한계를 구하라.

도시	도시에 있는 상점 수	표본추출된 상점 수	기준에 미치지 못하는 상점 수
1	25	13	3
2	10	5	1
3	18	9	4
4	16	8	2

9.4 체인점이 450개의 상점을 갖고 있다고 할 때 연습문제 9.3을 다시 풀어라[힌트: 식 (9.1)의 비편향추정량을 사용하고 이를 비율에 적용하라].

9.5 어떤 제조 공장에 40개의 기계가 있는데 이들 기계는 모두 같은 제품(예컨대, 시리얼 상자)을 생산한다. 어느 특정한 날의 불량 제품비율에 대한 추정값을 구하고자 한다. 이 경우에 가능한 2단계 집락추출(상자들의 집락을 기계로)과 층화확률추출(기계를 층으로)의 상대적 장점들을 논하라.

9.6 어떤 회사의 사무국에서는 전화서비스를 개선하기 위해서 하루에 직원들이 전화통화한 총 횟수를 추정하고자 한다. 그 회사에는 12개의 부서가 있는데, 각 부서의 하루 전화통화 횟수는 거의 비슷하다. 각 부서에는 대략 20여 명의 직원이 있고, 전화통화 횟수는 직원에 따라 상당한 차이가 있다. 사무국은 적은 수의 부서(집락)를 추출하고, 각 부서로부터 많은 수의 직원(조사단위)을 추출하는 2단계 집락추출을 사용하기로 했다. 4개의 부서로부터 각각 10명의 직원들을 추출하여 조사한 자료가 아래 표에 있다. 이 회사에 있는 직원들이 전화통화한 총 횟수를 추정하고 추정오차의 한계를 구하라.

부서	직원 수	표본추출된 직원 수	평균, $\bar{y}_i$	분산, s_i^2
1	21	10	15.5	2.8
2	23	10	15.8	3.1
3	20	10	17.0	3.5
4	20	10	14.9	3.4

9.7 산림 전문가가 어떤 구역에서 특정 병에 감염된 나무의 총수를 추정하고자 한다. 그 구역은 10개의 산림지역으로 잘 나누어져있다. 이 산림지역들을 다시 비슷한 규모의 소구획으로

나눌 수 있다. 4명의 직원이 조사를 하루에 끝내야 한다. 그래서 2단계 집락추출을 사용하기로 한다. 4개 산림지역(집락)을 추출하고, 추출된 각 산림지역으로부터 임의로 6개의 소구획(조사단위)을 추출한다(직원 한 명이 하루에 6개의 소구획을 조사할 수 있다). 조사자료가 다음 표에 있다. 그 구역에서 감염된 나무의 총수를 추정하고 추정오차의 한계를 구하라.

지역	소구획 수	표본추출된 소구획 수	소구획당 감염된 나무 수
1	12	6	15, 14, 21, 13, 9, 10
2	15	6	4, 6, 10, 9, 8, 5
3	14	6	10, 11, 14, 10, 9, 15
4	21	6	8, 3, 4, 1, 2, 5

9.8 한 시장조사 팀에서는 어떤 지역에서 A사 시리얼의 주간 판매량을 추정하기 위한 추출계획을 수립하였다. 조사 팀은 그 지역에서 동(洞)을 표본추출하고, 추출된 동에서 슈퍼마켓을 표본추출하기로 했다. 지정된 1주일 동안에 판매된 A회사의 시리얼 상자 수가 관심 대상이다. 그 지역에 있는 20개의 동으로부터 5개의 동을 표본으로 추출하였다. 다음 표에 주어진 자료를 이용해서 그 지역에 있는 모든 슈퍼마켓에 대해 특정 주에 평균 몇 상자를 판매하였는지를 추정하고 추정오차의 한계를 구하라. 이용한 추정량이 비편향추정량인가?

동	슈퍼마켓 수	표본추출된 슈퍼마켓 수	$\bar{y}_i$	s_i^2
1	45	9	102	20
2	36	7	90	16
3	20	4	76	22
4	18	4	94	26
5	28	6	120	12

9.9 연습문제 9.8에서, 지정된 1주일 동안에 그 지역에 있는 모든 슈퍼마켓에서 판매된 총 시리얼 상자 수를 추정하기 위한 정보를 충분히 갖고 있는가? 만약 그렇다면, 어떻게 총수를 추정하고 추정오차의 한계를 구할지 설명하라.

9.10 연습문제 9.8에서 다루어진 것과 같은 연구가 다시 수행된다면, 동(洞)들에 있는 슈퍼마켓 수에 확률비례해서 동을 추출할 것을 추천하겠는가? 그 이유는 무엇인가?

9.11 한 사회학자가 어떤 도시에 살고 있는 퇴직한 사람들의 총수를 추정하고자 한다. 먼저 블록을 표본 추출한 다음 블록 내에 있는 가구를 표본 추출한다(미국 센서스국으로부터의 블록 통계가 각 블록에 있는 가구 수를 결정하는 데 도움을 준다). 그 도시에 있는 300개의 블록에서 랜덤하게 4개의 블록을 추출한다. 아래 표에 있는 자료로부터, 그 도시에 거주하는 퇴직한 사람들의 총수를 추정하고 추정오차의 한계를 구하라.

블록	가구 수	표본추출된 가구 수	가구당 퇴직한 사람들의 수
1	18	3	1, 0, 2
2	14	3	0, 3, 0
3	9	3	1, 1, 2
4	12	3	0, 1, 1

9.12 연습문제 9.11의 자료를 사용해서 가구당 평균 퇴직자 수를 추정하고 추정오차의 한계를 구하라.

9.13 연습문제 9.11의 자료로부터 블록당 평균 퇴직자수를 추정할 수 있는가? 어떻게 이 추정값을 계산하고 추정오차의 한계를 구할 수 있는가?

9.14 C 대학 구내에 거주하는 학생들이 한 학기 동안 유흥비로 지출하는 총액을 추정하고자 한다. 대학 구내에 거주하는 학생들이 N명 있는데, 그 중에서 n명의 단순확률표본을 추출한다. 또한 대학 구내에는 M개의 주거단위가 있는데, 그 중에서 m개의 단순확률표본을 추출한다. 주거단위는 규모가 작은 남학생 회관에서부터 대규모 기숙사까지 있다. 추출단위로 학생들이나 주거단위를 사용할 때 각각의 장점들을 논하라. 당신이라면 어떤 것을 선호하겠는가? 그 이유를 설명하라.

실제 자료를 이용한 실습

9.1 부록 C에 있는 미국 인구자료(USPOP)를 참조하라. 1단계로 지역을 추출한 다음에 추출된 지역에서 주를 추출하여 2010년 미국의 총 인구를 추정하는 2단계 집락추출을 실시하라. 9개 지역에서 4개 지역을 표본추출하고 추출된 각 지역에서 적어도 2개의 주를 추출한다. 추정량과 추정량에 대한 분산추정값을 계산하라. 이런 과정을 층화확률추출에 대해서도 추천하겠는가? 그 이유는 무엇인가?

9.2 사람을 추출할 때, 자연스레 생기는 추출틀은 전통적으로 집락들에 있는 사람들이다. 2단계 집락추출은 통상 경제적 편의성 때문에 사용한다. 예를 들어, 대학생들이 현재 대출해 간 총 도서 수를 추정하고자 할 때, 자연스레 생기는 학생들의 집락들은 거주 지역, 강의실, 남학생 클럽, 여학생 클럽, 학생명부 등에 있는 집락들이다(그 밖의 다른 것들을 생각해 보라). 다음 과정에 따라 대학생들이 현재 대출해 간 총 도서 수를 추정하고, 추정오차의 한계를 구하라.

(1) 거주 지역을 표본추출하고 추출된 거주 지역들에서 학생들을 표본추출한다.

(2) 사용 중인 강의실을 표본추출하고 추출된 강의실에서 학생들을 표본추출한다.

(3) 학생명부의 쪽들을 표본추출하고 그 안에서 학생들 이름을 표본추출한다.

어떤 방법을 선택할 것인가? 1단계와 2단계에 대한 상대표본 크기를 생각해보라.

위의 조사를 수행하기 어려우면 단순한 예로 책 속에 있는 단어의 총수를 추정하는 문제를 생각해보자. 이를 위해 먼저 랜덤하게 쪽을 표본추출한 후, 각 쪽에서 다시 줄들을 표본추출하여 추출된 줄에 있는 단어 수를 조사한다. 공식과 표들이 많이 있는 통계학 책과 글로만 되어 있는 소설책에 대한 2단계 추출방법은 달라야 하는가?

CHAPTER 10

모집단 크기의 추정

사례연구

얼마나 많은 사람들이 음악회에 참석하였는가?

한 신문기자는 무료 록 음악회에 참석한 사람들의 수를 추정하기 위해서 통계학자에게 도움을 요청하였다. 통계학자는 그 신문기자가 일부 참석자들에게 무료로 오렌지색 모자를 나눠주고 있는 것을 목격했다. 그래서 신문기자에게 얼마나 많은 사람들에게 모자를 나눠줬는지를 물었다. 이러한 사실로부터, 통계학자는 다음과 같은 추정방법을 제안하였다.

참석한 N명 가운데 t명이 모자를 썼다고 가정하자. 음악회가 시작한 후, n명의 사람을 랜덤하게 추출하였는데 그 중에서 s명이 오렌지색 모자를 쓰고 있는 것이 관측됐다. 그러면 오렌지색 모자를 쓰고 있는 사람들의 표본비율, $\hat{p} = s/n$은 모집단비율 t/N에 대한 추정값이 된다. 즉,

$$\hat{p} = \frac{s}{n} \approx \frac{t}{N}$$

또는

$$N \approx \frac{nt}{s} = \hat{N}$$

이 추정량에 대한 상세한 사항들은 10장에서 다룬다.

10.0 도구

이 장에서 계산을 하기 위한 대화형 엑셀도구(interactive Excel Tools)는 센게이지러닝 홈페이지(www.cengage.co.kr) Download 자료실에서 내려 받을 수 있다. Download 자료실의 10장 폴더에서 "**Section 10.0(tools)**"이라는 이름의 워드 파일을 찾을 수 있을 것이다. 그 파일 안에 이 장과 관련된 계산 도구들이 제공되어 있다. 본문의 아이콘(왼쪽에 표시되어 있는)은 도구들이 만들어져 있다는 것을 상기시키는 표시이다. 또한 해당 장의 몇몇 연습문제들에 대한 자료들은 Download 자료실에 있는 해당 섹션과의 링크를 통해 얻을 수 있다.

10.1 개요

앞장에서는 모집단 크기를 알고 있거나, 모집단이 너무 커서 추정값을 계산하는데 필요한 추출률을 무시할 수 있다고 가정하고 모집단 평균, 총계, 비율 등을 추정하였다. 그러나 연구목적을 달성하기 위해서는 종종 모집단 크기가 중요하다. 사실 어떤 연구들에서는 모집단 크기에 대한 추정이 주목표가 된다. 야생 생물 집단의 성장, 진화, 및 보존에 관한 연구는 모집단 크기에 대한 정확한 추정에 결정적으로 의존하고, 이러한 모집단 크기를 추정하는 것이 이 장에서 논의할 사항이다. 음악회나 스포츠 행사에 참석한 사람 수, 한 재료 묶음에 있는 불량품 수 등을 추정하기 위해 몇 가지 방법들이 사용될 수 있다. 여기서 모집단 크기를 추정하기 위한 다섯 가지 방법을 소개하고 논의한다.

첫 번째 방법은 직접추출(direct sampling)이다. 이 방법은 관심 있는 야생 동물 집단으로부터 단순확률표본을 추출하고 추출된 각 동물에 표시를 해서 다시 모집단으로 돌려보낸다. 얼마 후에 같은 모집단에서 다른 단순확률표본을 추출하여(고정된 크기의) 표시된 동물의 수를 관측한다. 만약 N이 총 모집단 크기를, t가 초기 표본에 뽑힌 표시된 동물의 수를, 그리고 p가 모집단에 있는 표시된 동물의 비율을 나타낸다면 다음과 같다.

$$\frac{t}{N} = P$$

결과적으로 $N = t/p$이다. t는 알고 있고 p는 두 번째 표본에 있는 표시된 동물의 비율 $\hat{p}$로 추정되기 때문에 N에 대한 추정값을 얻을 수 있다. 그러므로

$$\hat{N} = \frac{\text{표시된 동물의 수}}{\text{두 번째 표폰에서 표시된 동물의 비율}}$$

또는

$$\hat{N} = \frac{t}{\hat{p}}$$

두 번째 방법은 **역추출**(*inverse sampling*)이다. 이는 첫 번째 방법인 직접추출과 유사하지만 두 번째 표본크기는 정해져 있지 않다. 즉, 표시된 동물이 정해진 수만큼 관측될 때까지 추출한다. 이 방법을 사용하면 아래 식을 이용하여 모집단 크기 N에 대한 추정값을 얻을 수 있다.

$$\hat{N} = \frac{t}{\hat{p}}$$

세 번째 방법은 먼저 모집단에 있는 조사단위들의 밀도를 추정한 후, 영역에 대한 적절한 척도를 곱해주는 방법이다. 만약 에이커당 $\hat{\lambda}$의 동물이 있고 관심 영역이 A에이커라면, $A\hat{\lambda}$가 모집단 크기에 대한 하나의 추정값이 된다.

네 번째 방법은 세 번째 방법과 비슷하나 단지 추출된 구획에 동물들이 있는지 없는지만을 확인할 수 있는 것에만 의존한다. 이렇게 하면 일정한 조건들 하에서 동물에 대한 밀도와 동물의 총수를 추정할 수 있다.

다섯 번째 방법은 적응추출(adaptive sampling)을 사용하기 위해서 밀도추정 방법을 확장한다.

적응추출은 실사가 진행되는 동안에 추출단위들이 발견된 고밀도 지역을 잘 이용하기 위해서 추출 단위들을 추가하는 방법이다.

10.2 직접추출에 의한 모집단 크기의 추정

직접추출은 조사단위가 유동성을 갖는 모집단의 크기를 추정하는 데 사용될 수 있다. 우선 크기 t인 랜덤표본을 모집단으로부터 추출한다. 얼마 후 크기 n인 두 번째 표본을 추출한다. 예를 들면, 어느 자연보호론자는 알라스카에 있는 바다표범의 수가 현격히 감소하는 것을 염려하고 있다. 우선 전년도의 자료를 이용하여 바다표범 수를 추정할 수 있다. 현재 바다표범의 감소여부를 파악하기 위해서 $t = 200$마리의 바다표범을 랜덤하게 잡아서 표시를 하고 풀어주었다. 한 달 후 $n = 100$마리의 두 번째 표본을 얻었다. 이들 자료를 이용해서(종종 재포획 자료라 부른다) 모집단 크기 N을 추정할 수 있다. 이 방법에서는 표시를 하는 것이 재포획의 가능성에 영향을 주지 않는다고 가정한다.

두 번째 표본에서 표시된 바다표범의 수를 s라고 하자. 표본에서 표시된 바다표범의 비율은 다음과 같다.

$$\hat{p} = \frac{s}{n}$$

그러면 N의 추정값은 다음과 같다.

$$\hat{N} = \frac{t}{\hat{p}} = \frac{nt}{s}$$

N의 추정량:

$$\hat{N} = \frac{nt}{s} \tag{10.1}$$

$\hat{N}$의 추정분산:

$$\hat{V}(\hat{N}) = \frac{t^2 n(n - s)}{s^3} \tag{10.2}$$

식 (10.1)과 식 (10.2)가 성립하기 위해서는 s가 0보다 커야한다. n이 충분히 크면 s가 0보다 클 확률은 아주 높게 된다고 가정하자.

식 (10.1)에 있는 $\hat{N}$가 N의 비편향추정량이 아니라는 점을 유의하기 바란다. $s > 0$일 때

$$E(\hat{N}) \approx N + \frac{N(N - t)}{nt}$$

여기서 표본크기가 어느 정도 크면(즉, t와 n이 클 때) 다음 항

$$\frac{N(N - t)}{nt}$$

는 작으므로 추정량 $\hat{N}$의 편향은 0에 가깝게 된다. 일반적으로 추정량 $\hat{N}$는 참값 N을 과대 추정하는 경향이 있다.

예제 10.1

다가오는 사냥철에 대한 일정을 알리기 전에 사냥위원회는 그 지역의 사슴 수를 추정하고자 한다. 300마리의 사슴을 랜덤표본으로 잡아서($t = 300$) 표시를 한 후 놓아주었다. 두 주일 후에 200마리 사슴을 두 번째 표본으로 잡았다($n = 200$). 표시된 62마리의 사슴이 두 번째 표본에서 다시 잡혔다고 할 때($s = 62$), N을 추정하고 추정오차의 한계를 구하라.

풀이

식 (10.1)을 사용하면,

$$\hat{N} = \frac{nt}{s} = \frac{200(300)}{62} = 967.74$$

즉, $\hat{N} = 968$이다.

추정오차의 한세는 다음과 같다.

$$2\sqrt{\hat{V}(\hat{N})} = 2\sqrt{\frac{t^2 n(n - s)}{s^3}} = 2\sqrt{\frac{(300)^2(200)(138)}{(62)^3}} = 204.18$$

그러므로 사냥위원회는 추정오차의 한계가 대략 205마리이고, 사슴의 총수는 968마리라고 추정한다.

채프맨(Chapman, 1952)은 대부분의 직접추출 상황에서 아래의 근사분산을 갖는 거의 비편향인 N에 대한 추정량을 제시하였다.

$$\hat{N}_c = \frac{(t + 1)(n + 1)}{(s + 1)} - 1$$

$$\hat{V}(\hat{N}_c) = \frac{(t + 1)(n + 1)(t - s)(n - s)}{(s + 1)^2(s + 2)}$$

예제 10.1의 자료에 이 추정량을 사용하면 추정된 모집단 크기는 960(예제 10.1의 968보다 작음)이고 추정오차의 한계는 2(88.45)=176.9(이 또한 예제 10.1의 204.18보다 작다)이다.

예상할 수 있듯이, 두 개의 표본크기(n과 t) 중의 하나 또는 둘 다를 크게 함으로써 N에 대한 보다 정확한 추정량을 얻을 수 있다. t와 n의 선택에 대한 보다 상세한 내용은 10.4절에서 다룬다.

10.3 역추출에 의한 모집단 크기의 추정

역추출은 모집단의 크기 N을 추정하는 두 번째 방법이다. t개의 초기 표본을 뽑아 표시를 한 후 놓아준다고 가정한다. 그 후 정확히 s개의 표시된 동물이 다시 포획될 때까지 랜덤추출을 계속한다. 만약 표본이 n개가 된다면 표본에서 표시된 개체들의 비율은 $\hat{p} = s/n$가 된다. 이 표본비율을 모집단에서 표시된 개체들의 비율을 추정하는 데 사용한다.

또 다른 N의 추정량은 다음과 같다.

$$\hat{N} = \frac{t}{\hat{p}} = \frac{nt}{s}$$

여기서 s는 고정되나 n은 랜덤하다.

N의 추정량:

$$\hat{N} = \frac{nt}{s} \tag{10.3}$$

$\hat{N}$의 추정분산:

$$\hat{V}(\hat{N}) = \frac{t^2 n(n - s)}{s^2(s + 1)} \tag{10.4}$$

식 (10.3)과 식 (10.4)는 $s > 0$일 때만 성립한다. s가 0보다 큰 경우로 한정하고, 표시된 s개가 다시 포획될 때까지 추출한다. 역추출을 사용해서 얻은 추정량 $\hat{N} = nt/s$ 는 N의 비편향추정량이 되고, 식 (10.4)에 의한 분산은 $\hat{N}$의 실제 분산에 대한 비편향추정량이 된다.

역추출에 대한 분산식 (10.4)는 직접추출에 대한 분산식 (10.2)와 매우 유사하고, 추정량 $\hat{N}$는 동일해 보인다. 그런데 역추출에서는 사전에 s가 고정되고, $\hat{N}$는 비편향이며, $\hat{N}$의 실제 분산에 대한 비편향추정량을 이용할 수 있다는 장점이 있다(사실 n은 음의이항분포를 하는데, 이것은 통계이론에서 보편적으로 다루어지는 분포이다).

두 방법의 추정량들은 동일해 보인다. 하지만, 중요한 차이점은 역추출에서 s는 정해진다는 것이다(즉, 확률변수가 아니다). 식 (10.1)은 사실 확률변수들의 비이므로 표본크기가 작으면 편향되는 반면에 동일하게 보이는 식 (10.3)은 단지 분자에만 확률변수들이 있다.

예제 10.2

대규모 야생보호기관들은 보호구역에 서식하는 특별한 종류의 새의 총 마릿수에 관심이 있다. $t = 150$마리의 랜덤표본을 잡아 표시를 한 후, 놓아주었다. 같은 달에, 35마리의 표시된 새가 다시 잡힐 때까지($s = 35$) 두 번째 표본을 계속해서 추출한다. 35마리의 표시된 새를 다시 잡기 위해서 총 100마리의 새를 잡았다($n = 100$). N을 추정하고 추정오차의 한계를 구하라.

풀이

식 (10.3)을 사용해서, N을 추정한다.

$$\hat{N} = \frac{nt}{s} = \frac{100(150)}{35} = 428.57$$

추정오차의 한계는 다음과 같이 식 (10.4)를 사용하여 구한다.

$$2\sqrt{\hat{V}(\hat{N})} = 2\sqrt{\frac{t^2n(n-s)}{s^2(s+1)}} = 2\sqrt{\frac{(150)^2(100)(65)}{(35)^2(36)}} = 115.173$$

여기서 특정한 종류의 새 429마리가 보호구역에 서식하고 있는 것으로 추정된다. 추정값과 실제 모집단 수와의 차이는 116마리 이내에 있다고 거의 확신할 수 있다.

10.4 직접추출과 역추출을 위한 표본크기의 결정

지금까지 직접추출과 역추출에 대해 살펴보았다. 그런데 어느 것이 사용하기에 더 좋은가? s개의 표시된 개체를 다시 추출할 때까지 필요한 두 번째 표본크기 n이 모집단크기 N에 비해 상대적으로 작으면 역추출은 직접추출보다 더 정확한 정보를 제공한다. 그러나 모집단크기 N에 대해 모르고 역추출을 사용했을 때, 적절치 못한 t를 선택하면 n이 아주 커진다. 예를 들어, $N = 10{,}000$이고 $t = 50$인 첫 번째 표본이 추출되면, 표시된 $s = 10$을 얻기 위해서는 두 번째 표본이 매우 커지게 된다.

첫 번째와 두 번째 표본추출과정에서의 추출률을 각각 다음과 같다고 하자.

$$p_1 = \frac{t}{N} \text{ 그리고 } p_2 = \frac{n}{N}$$

그러면 다음 관계가 성립한다.

$$\frac{V(\hat{N})}{N} \approx \frac{1-p_1}{p_1p_2}$$

N의 근사추정치와 $V(\hat{N})$의 목표치가 주어지면, 요구되는 추출률을 결정하는 일은 쉽다. 더 어렵지만, 보다 흥미롭고 유용한 것은 총 표본크기를 최소로 하면서 요구되는 정도를 갖도록 p_1과 p_2의 조합을 결정하는 것이다. 대화식의 엑셀 도구들은 이를 그림으로 쉽게 만들 수 있다.

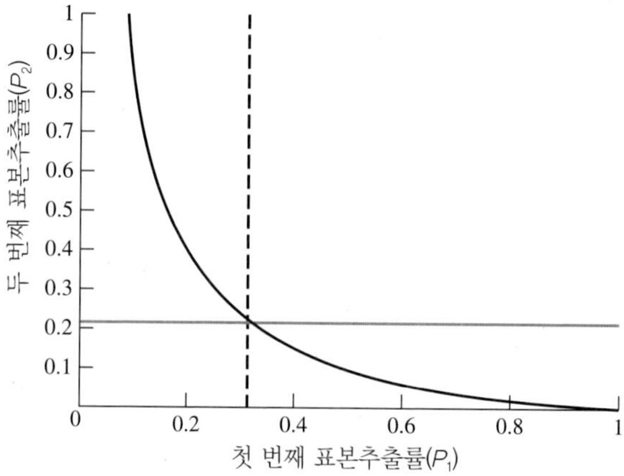

• **그림 10.1** 예제 10.3a에서 표준편차를 100에 근사하게 하는 표본추출률 p_1과 p_2. 교차되는 부분이 총 표본크기를 최소로하는 p_1과 p_2의 조합이다.

예제 10.3a

예제 10.1에 있는 사냥위원회는 금년도 사슴 수가 전년도의 경우와 마찬가지로 800에서 1,000 사이라고 생각하고 있다. 총 표본크기를 최소로 하면서 추정오차의 한계가 200이 되도록 추출률 p_1과 p_2를 정하라.

풀이

가장 쉬운 방법은 그림으로 보여주는 것이다(그림 10.1). 연구자는 315마리에 표시를 하고(p_1 = 31.5%) 계속해서 250마리를 더 잡는다면(p_2 = 21.7%), 표준편차는 거의 100이 된다.

역추출에 대한 표본크기의 계산은 직접추출의 경우와 거의 비슷하다. 따라서, 사용 도구들도 거의 비슷하고 동일한 방법들이 많이 사용된다.

예제 10.3b

예제 10.1에 있는 사냥위원회는 금년도 사슴의 수가 전년도의 경우와 마찬가지로 800에서 1,000 사이라고 생각하고 있다. 총 표본크기를 최소로 하면서 추정오차의 한계가 200이 되도록 추출률 p_1과 재포획수 s를 구하라.

풀이

예제 10.3a와 유사하게, 초기 추출률이 31.5%이고 재포획에서 표시된 수가 68.5(물론 실제로는 69를 사용한다)이면 2번째 표본추출률은 21.7%가 된다.

위의 두 해가 거의 동일한 이유는 표본이 커서 직접 추출에서 s의 확률변동이 매우 작기 때문이다. 이런 경우 두 방법의 차이를 거의 구분할 수 없다.

앞에서 다룬 재포획방법을 2단계 이상으로 확장할 수 있다. 2단계에서 $(n - s)$개의 표시되지 않은 동물들에 다시 표시해서 모두 n개를 모집단으로 돌려보낸다. 그리고 나서 세 번째 표본을 취하여 세고 또 표시하는 작업을 반복한다. 이러한 다단계 접근은 결국 N에 대해 보다 나은 추정량을 제공해주며, 특히 표본을 매주 추출하는 연구에서 더욱 유용하다. 이러한 접근들은 동물의 출생과 사망, 그리고 각 단계에서 포획 확률이 다른 경우에 적용될 수 있다. 고급방법들에 대한 자세한 내용은 세버(Seber, 1982, 1986)를 참조하라.

10.5 정방구역 표본으로부터 모집단 밀도와 크기의 추정

특정 지역에 있는 조사단위의 수를 추정하기 위해서는 우선 단위 지역당 조사단위의 수[즉, 조사단위의 밀도(*density*)]를 추정한 다음에 연구대상 지역의 크기를 곱해주면 된다. 예를 들어, 하나의 직물기계에는 생산된 직물의 제곱 야드당 평균 2개의 결점이 발생한다고 하면, 40 제곱 야드 한 묶음에는 대략 80개의 결점이 있게 된다. 여기서는 조사단위의 밀도와 총수를 추정하는 문제를 다루고자 한다. 정해진 시간에 교환대에 걸려오는 전화 수나 일정한 양의 액체 속에 있는 박테리아의 수를 추정하는 데 동일한 방법들이 사용될 수 있다. 지역에 대해 언급하는 것은 단지 설명의 편의를 위해서이다.

전체 지역이 A인 영역으로부터 각 지역 크기가 a인 n개의 구역을 랜덤하게 추출하는 것을 가정하자. 편의상, $A = Na$를 가정한다. 각 구역을 하나의 **정방구역**(*quadrat*, 간혹 정사각형이 아닐 수 있다)이라 한다. 앞장에서 사용한 용어로 표현한다면 정방구역을 조사단위들의 집락으로 생각할 수 있다. m_i는 정방구역 i에 있는 조사단위들의 수를 나타내고, M은 아래와 같이 모집단(지역 A)에 있는 조사단위의 총수를 나타낸다.

$$M = \sum_{i=1}^{N} m_i$$

또한,

$$\lambda = \frac{M}{A}$$

은 조사단위의 밀도 또는 단위 지역당 조사단위의 수를 나타낸다. 우리의 목표는 M을 추정하는 것이고 $M = \lambda A$가 된다. 여기서 m_i들은 정해진 지역에 랜덤하게 배치된 정방구역 안에 있는 조사단위의 수를 나타내기 때문에 확률변수에 해당한다.

조사단위의 수 m_i들은 n개의 독립적이고 랜덤하게 선택된 정방구역들로부터 얻어진다고 가정하자. 이때 각 지역은 a가 된다. 그러면

$$\overline{m} = \frac{1}{n}\sum_{i=1}^{n} m_i$$

는 **정방구역당** 조사단위의 수에 대한 추정량이 되고, $\hat{\lambda} = \overline{m}/a$는 **단위지역당** 조사단위의 수에 대한 추정량이 된다. 4장에서 논의했던 원리에 따라 $\hat{\lambda}$의 분산은 다음과 같이 추정된다.

$$\frac{1}{a^2}\hat{V}(\overline{m}) = \frac{1}{a^2}\frac{s_m^2}{n} \tag{10.5}$$

여기서

$$s_m^2 = \frac{\sum_{i=1}^{n}(m_i - \overline{m})^2}{n - 1}$$

이로부터 $\hat{M} = \hat{\lambda}A$와 $\hat{M}$의 분산에 대한 추정량을 쉽게 얻을 수 있다.

많은 경우 관심 특성(병충해에 걸린 나무, 박테리아군체, 교통사고 등)을 지닌 조사단위 자체들은 지역, 용적, 또는 시간에 대해 랜덤하게 분포하는 경우가 많다. 그러면 앞의 결과들은 조사단위들의 랜덤성을 이용하여 단순화시킬 수 있다(확률이론을 공부한 독자들은 m_i가 포아송분포를 한다는 것을 알 수 있다). 이와 같이 조사단위들이 랜덤하게 흩어져 있다는 가정 하에서, 다음과 같은 λ와 M의 추정량을 얻는다.

밀도 λ의 추정량:

$$\hat{\lambda} = \frac{\overline{m}}{a} \tag{10.6}$$

$\hat{\lambda}$의 추정분산:

$$\hat{V}(\hat{\lambda}) = \frac{\hat{\lambda}}{an} \tag{10.7}$$

총계 M의 추정량:

$$\hat{M} = \hat{\lambda}A \tag{10.8}$$

$\hat{M}$의 추정분산:

$$\hat{V}(\hat{M}) = A^2\hat{V}(\hat{\lambda}) = A^2\left(\frac{\hat{\lambda}}{an}\right) \tag{10.9}$$

다음 예들에서 이 추정량들의 사용을 설명해 준다.

예제 10.4

플로리다는 불개미들이 증가하는 것을 심각한 문제로 생각한다. 따라서, 단위 지역당(어떤 주요 지역들에서) 개미탑의 수를 추정하는 것이 개체 수의 증가를 파악하는 데 매우 중요하다. 하나의 크기가 16 m^2인 50개의 표본 정방구역에 대한 조사결과가 다음과 같다.

이 자료들로부터, 단위 지역당 개미탑의 밀도를 추정하라.

개미탑 수	도수
0	13
1	8
2	12
3	10
4	5
5	2
	50

풀이

위에 주어진 자료에 대해서,

$$\sum_{i=1}^{n} m_i = 0(13) + 1(8) + 2(12) + \cdots + 5(2) = 92$$

그리고

$$s_m^2 = 2.178$$

그러면

$$\hat{\lambda} = \frac{\overline{m}}{a} = \frac{1}{16}\left(\frac{92}{50}\right) = 0.11 \text{ hills/m}^2$$

$\hat{\lambda}$의 분산은 다음과 같이 추정될 수 있다.

$$\frac{1}{a^2}\frac{s_m^2}{n} = \frac{2.178}{(16)^2(50)} = 0.00017$$

그리고 추정오차의 한계는 $2\sqrt{0.00017} = 0.026$이 된다. 따라서 0.11의 추정밀도는 실제밀도의 0.026 이내에 있게 된다.

반약 개미탑들이 연구지역에 랜덤하게 흩어져 있다면 다음과 같이 $\hat{\lambda}$의 분산을 추정할 수 있다.

$$\hat{V}(\hat{\lambda}) = \frac{\hat{\lambda}}{an} = \frac{0.11}{(16)(50)} = 0.00014$$

그리고 추정오차의 한계,

$$2\sqrt{\hat{V}(\hat{\lambda})} = 0.023$$

은 위에서 얻어진 것과 거의 같다. 두 분산추정량이 거의 같다는 것은 랜덤성의 가정이 타당함을 의미한다. 랜덤성의 가정하에서 두 추정량 $\hat{\lambda}$와 $\hat{V}(\hat{\lambda})$는 단지 $\overline{m}$에만 의존한다.

예제 10.5

200에이커의 남부 소나무 조림지에 방추상균을 가진 나무들의 밀도는 크기가 각각 0.5에이커인 $n = 10$개의 표본 정방구역으로부터 추정된다. 10개의 표본 구역에서 정방구역당 감염된 나무 수는 평균 $\overline{m} = 2.8$이다. 감염된 나무의 밀도를 추정하고 추정오차의 한계를 구하라.

풀이

식 (10.6)에 $a = 0.5$를 대입하면 추정밀도는 다음과 같다.

$$\hat{\lambda} = \frac{\overline{m}}{a} = \frac{2.8}{0.5} = 5.6$$

오차의 한계는 다음과 같다.

$$2\sqrt{\frac{\hat{\lambda}}{an}} = 2\sqrt{\frac{5.6}{(0.5)(10)}} = 2.1$$

따라서, 밀도는 5.6 ± 2.1 또는 에이커당 감염된 나무가 3.5에서 7.7 사이로 추정된다. 표본 크기가 상대적으로 작기 때문에 이 구간은 상당히 넓은 구간이다.

예제 10.6

예제 10.5의 자료에 대해서, 200에이커 조림지에 있는 감염된 나무의 총수를 추정하라. 그리고 추정오차의 한계를 구하라.

풀이

식 (10.8)을 사용하면 추정된 총계는

$$\hat{M} = \hat{\lambda}A = (5.6)(200) = 1120 \text{ 나무들}$$

식 (10.9)으로부터 오차의 한계는 다음과 같다.

$$2\sqrt{\hat{V}(\hat{M})} = 2A\sqrt{\frac{\hat{\lambda}}{an}} = 2(200)\sqrt{\frac{5.6}{(0.5)(10)}} = 420$$

그러므로 감염된 나무의 총수는 1120 ± 420, 즉 700에서 1,540 사이가 된다.

λ와 M에 대한 추정오차의 한계를 구하는 식의 분모에는 a와 n을 포함한다. 따라서, 이 범위는 a나 n이 커질 때 작아진다. 편리한 실사를 위해서 적절한 수준에서 a를 정함으로써 유용한 표본 크기를 결정할 수 있다. 그러면 정해진 표본크기 n은 λ에 대한 사전 지식을 가정하여 요구 수준의 오차한계를 제공해 준다. 약간 다른 λ에 대한 추정량을 위해서, 적절하게 a를 결정하는 개략적인 방법은 다음 절에서 다룬다.

위에서 언급한 바와 같이 정방구역추출에서는 각기 표본 추출된 정방구역 내에서 오차 없이 조사가 이루어진다고 가정한다. 예를 들어, 감염된 나무 수를 세는 경우라면, 표본 추출된 각 정방구역을 철저히 조사해서 감염된 모든 나무를 찾아내면 된다. 반면에 **선횡단추출**(*line transect sampling*)은 일반적으로 관심대상을 누락시킬 수 있으므로 모집단 총계의 추정값을 조정해야 한다. 선횡단추출에서는 지정된 선을 따라 걸으면서 떨어진 거리에 상관없이 양방향으로 관측되는 모든 관심대상 항목들을 헤아린다. 그러나 선횡단으로부터 조사대상들이 멀리 떨어짐에 따라 이들이 관측될 확률이 감소한다는 사실 때문에 적절한 조정이 필요하다. 이런 조정은 아주 복잡하여 이 책의 범주를 벗어난다. 선횡단추출에 대한 좋은 참고문헌으로는 톰슨(Thompson, 1992)이 있다.

10.6 포함정방구역에서 모집단의 밀도와 크기의 추정

식물이나 동물에 대한 정방구역 추출에서 연구하고자 하는 종(種)의 수를 정확하게 세는 것은 어렵다. 그렇지만 관심 있는 종이 존재하는지 여부를 탐지하는 것은 쉽다. 여기서는 어떤 종이 표본 정방구역에 존재하는지 아닌지를 조사하여 모집단 밀도와 크기를 추정할 수 있다는 것을 보여주고자 한다.

산림 전문가들은 관심 있는 종을 포함하고 있는 정방구역을 **포함정방구역**(*stocked* quadrat)이라 한다. 모집단 영역 A로부터 각 크기가 a인 n개의 표본 정방구역을 추출하고, y를 표본 정방구역 중에서 관심 있는 종이 포함되어 있지 않은 표본정방구역 수라 하자. 10.5절에서 소개한 조사단위의 랜덤성에 대한 가정 하에서, 모집단에 있는 비포함정방구역의 비율은 근사적으로 $e^{-\lambda a}$가 된다. 4장에서 모비율을 추정하는 경우에 논의한 것과 같이, 비포함정방구역의 표본비율은 모집단비율에 대한 좋은 추정량이 된다. 그러므로 (y/n)는 $e^{-\lambda a}$의 추정량이 된다. 이런 결과로부터 λ와 M에 대한 다음과 같은 추정량을 얻는다.

밀도 λ의 추정량:

$$\hat{\lambda} = -\left(\frac{1}{a}\right)\ln\left(\frac{y}{n}\right) \tag{10.10}$$

여기서 ln은 자연 로그를 나타낸다.

$\hat{\lambda}$의 추정분산:

$$\hat{V}(\hat{\lambda}) = \frac{1}{na^2}(e^{\hat{\lambda}a} - 1) \tag{10.11}$$

총계 M의 추정분산:

$$\hat{M} = \hat{\lambda}A \tag{10.12}$$

$\hat{M}$의 추정분산:

$$\hat{V}(\hat{M}) = A^2\hat{V}(\hat{\lambda}) = \frac{A^2}{na^2}(e^{\hat{\lambda}a} - 1) \tag{10.13}$$

다음 예들에서 이 추정량들의 사용을 설명해 준다.

예제 10.7

예제 10.5의 200 에이커 조림지 내에서, 방추상균에 감염된 나무의 밀도를 추정하기 위해서 크기가 0.5에이커인 20개의 정방구역을 표본추출한다. 각각의 추출된 정방구역에서 감염된 나무들이 있는지 없는지 만을 조사한다(이 일은 나무를 세는 것보다 쉬우므로 표본규모를 크게 할 수 있다). 20개의 정방구역 가운데 $y = 4$개 구역이 방추상균에 감염된 흔적이 없다고 한다. 감염된 나무의 밀도와 수를 추정하고, 추정오차의 한계를 구하라.

풀이

식 (10.10)으로부터 밀도를 다음과 같이 추정한다.

$$\hat{\lambda} = -\left(\frac{1}{a}\right)\ln\left(\frac{y}{n}\right)$$

$$= -\left(\frac{1}{0.5}\right)\ln\left(\frac{4}{20}\right) = 3.2 \text{ 에이커당 나무 수}$$

그리고 식 (10.11)을 사용해서 오차의 한계를 구하면 다음과 같다.

$$2\sqrt{\frac{1}{na^2}(e^{\hat{\lambda}a} - 1)} = 2\sqrt{\frac{1}{(20)(0.5)}(e^{(3.2)(.5)} - 1)} = 1.3$$

따라서, 에이커당 감염된 나무의 밀도에 대한 추정값은 3.2 ± 1.3, 즉 1.9에서 4.5사이가 된다. 식 (10.12)으로부터

$$\hat{M} = \hat{\lambda}A = (3.2)(200) = 640$$

이고 식 (10.13)으로부터 오차의 한계는 다음과 같다.

$$2\sqrt{\hat{V}(\hat{M})} = 2(200)\sqrt{\frac{1}{(20)(0.5)}\left(e^{(3.2)(.5)} - 1\right)} = 251$$

그러므로 감염된 나무의 총수에 대한 추정값은 640 ± 251, 즉 389에서 891사이가 된다.

일반적으로 포함정방구역에 기초한 추정량은 실제 개수를 관측한 자료에 근거한 추정량보다 정도가 낮다. 하지만 포함정방구역에 대한 조사가 쉬우므로 표본크기를 아주 크게 할 수 있다. 포함정방구역 추정량은 y = 0 또는 y = n이면 사용할 수 없다. 그러므로 정방구역의 크기 a의 선택이 매우 중요하다. 스윈델(Swindel, 1983)이 a를 선택하기 위한 개략적인 규칙을 다음과 같이 제시하였다.

$$a = \frac{1.6}{\lambda}$$

이때 λ에 대한 예비지식이 필요하다. 예를 들어, 에이커당 감염된 나무의 수가 거의 4라는 것을 안다면, 표본 정방구역의 면적은 1.6/4 = 0.4에이커로 하면 된다.

포함정방구역 기법은 부피나 시간과 관련된 표본들에도 사용할 수 있다. 코크런(Cochran, 1950)은 액체에서 박테리아 밀도를 추정하기 위해 이 기법을 사용하였다.

10.7 적응추출

모집단 총계에 대한 밀도 추정문제를 계속 다루기 위해 어떤 특정한 종류의 나무(예를 들어, 단풍나무) 수를 추정하기 위한 직사각형의 숲을 마음 속에 그려보자. 밀도 추정을 위한 한 가지 방법으로, 숲 지도 위에 표준규격의 그리드(또는 격자)를 얹어 놓고(그림 10.2에 있는 그리드와 유사), 그리드에서 일부의 칸(셀)을 표본추출한 후 실제 숲으로 가서 표본으로 추출된 칸에 있는 단풍나무의 수를 센다(표본으로 추출된 칸은 위치추적시스템인 GPS를 사용하면 좀 더 쉬울 수 있다). 그러나 단풍나무는 집락을 이루는 경향이 있으므로 하나의 칸에서 몇 개의 단풍나무를 보게 되면 마찬가지로 이웃(neighbor)에 있는 칸에서도 단풍나무가 있을 것이라고 기대할 수 있다. 현장에 나가서 표본으로 추출된 칸의 단풍나무 수를 헤아리는데 왜 이웃에 있는 칸은 가보지 않는가? 이것이 적응추출의 한 예이다. 사전에 표본크기를 정하는 대신에 새로운 유용한 정보를 이용해 표본크기를 조정한다. 적응추출은 희귀식물이나 동물(예를 들면, 새)의 밀도를 추정하는 데 특히 바

람직한 기법이다. 왜냐하면 하나가 발견되면 다른 것들을 찾기 위해서 주변 지역을 탐사하는 것이 효과적일 수 있기 때문이다.

예제 10.8

단풍나무 숲과 그림 10.2의 그리드 문제로 돌아가자. $N = 100$개의 칸에서 $n = 5$개의 칸이 랜덤하게 추출되고, 추출된 표본칸은 그림 10.2에 *로 표시되었다. 적응추출기법은 처음에 추출된 표본에 다음과 같은 방법으로 표본을 추가하는 것이다. 추출된 칸에 적어도 하나의 단풍나무가 있으면, 마찬가지로 이웃하고 있는 8개의 칸(동, 남동, 남, 남서, 서, 북서, 북, 북동)을 조사한다. 만약 이들 8개의 칸들 중에 어느 하나의 칸이라도 단풍나무가 있으면, 단풍나무가 있는 칸을 표본에 포함시키고 계속해서 이웃 칸들을 조사한다. 이런 과정은 칸 네트워크(*network*)가 단풍나무가 전혀 없는 칸들로 둘러싸일 때까지 계속된다.

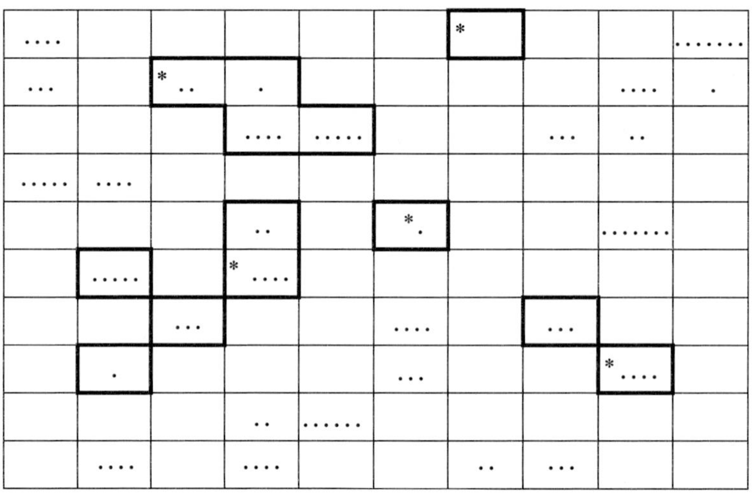

• **그림 10.2** 적응추출 그리드

표 10.1 그림 10.2의 적응추출 자료

m_i	1	4	1	5	2
y_i	0	12	1	15	7

상단 왼쪽구석부터 그림 10.2의 칸들을 세면, 첫 번째 표본 칸(칸 7)에는 단풍나무가 없으므로 그 이웃 칸들을 조사하지 않는다. 두 번째 표본 칸(칸 13)에는 2개의 단풍나무가 있으므로 그 이웃 칸들을 조사한다. 동쪽에 위치한 이웃 칸에 하나의 단풍나무가 있으므로 이 칸을 표본에 포함시키고 그 이웃들을 조사한다. 남쪽에 이웃한 칸에 4개의 단풍나무가 있으므로 이 칸을 또 표본에 포함시키고 마찬가지로 이웃 칸들을 조사한다. 4번째 칸을 네트워크에 포함시키고 종료한다. 이러한 과정을 세 번째 표본 칸(칸 46)으로 이동하여 위와 같은 과정을 계속한다. 네트워크에 있는 칸의 수를 m_i 그

리고 네트워크에 있는 관심 점들의 총수(여기서는 단풍나무의 수)를 y_i라 하면, 그림 10.2에 있는 적응추출의 자료는 표 10.1과 같다.

칸당 모집단 평균밀도에 대한 비편향추정량은 다음과 같은데, 이는 네트워크 평균들의 평균이다.

$$\hat{\mu} = \frac{1}{n}\sum_{i=1}^{n}\frac{y_i}{m_i} = \frac{1}{n}\sum_{i=1}^{n}\bar{y}_i$$

이 추정량의 추정분산은 단순확률추출에서의 추정분산과 같은 형태이다.

$$\hat{V}(\hat{\mu}) = \left(1 - \frac{n}{N}\right)\frac{s_{\bar{y}}^2}{n}$$

여기서 $s_{\bar{y}}^2$은 네트워크 평균들의 표본분산이다. 그림 10.2의 표본자료로부터 $\hat{\mu} = 2.10$이고 표준오차(분산의 제곱근)는 0.66이다. 숲에 있는 단풍나무의 총수 추정값은 $N = 100$을 곱하면 얻을 수 있다. 즉, 총수 추정값은 210이고 이의 표준오차는 66이다. 여기서 표준오차가 아주 큰데 그 이유는 표본크기가 작고 칸들 간의 나무 수에 차이가 크기 때문이다.

만약 추정하는 데 적응추출을 사용하지 않고 단지 처음 5개의 표본만을 사용한다면, 표본평균은 적응추출의 경우와 거의 비슷한 2.20이지만 표준오차는 적응추출의 경우보다 훨씬 큰 0.78이 된다. 일반적으로 적응추출에 의한 추정량이 단순확률추출에 의한 추정량보다 작은 분산을 갖는다. 적응추출은 네트워크내의 변동이 클 때 가장 큰 이점을 갖는다(네트워크는 집락과 유사한 성질을 갖고 이질성의 원리가 그대로 적용된다). 표본으로 최종 선정된 13개 칸들로부터 계산된 것을 단순평균하면, 추정값은 칸 당 평균 2.69가 된다. 이 방법을 적용하면 항상 과추정이 된다.

네트워크가 겹치는 것은 가능하다. 예를 들어, 칸 25가 원래 표본이었다면, 상단 왼쪽에 있는 4개의 칸으로 구성된 네트워크는 두 번 표본에 포함되고 분석에서도 두 번 반영되어야 한다.

적응추출의 이런 단순한 개념들은 여러 방면으로 확장될 수 있다. 예를 들어, 이웃(*neighbor*)의 정의는 아주 광범위하게 될 수 있고 지리적 근접성을 포함할 필요는 없다. 당초의 표본추출설계가 단순확률추출일 필요는 없다. 적응추출에 대한 보다 상세한 내용은 톰슨을 참조하기 바란다.

10.8 요약

모집단 크기에 대한 추정은 식물이나 동물 집단에 대한 연구를 할 때 특히 중요하다. 이 장에서는 총 모집단 크기 N을 추정하기 위한 다섯 가지 방법을 소개하였다.

첫 번째 방법은 직접추출이다. t개의 랜덤표본을 모집단으로부터 추출하여 표시를 한다. 얼마 후 크기 n으로 정해진 랜덤표본을 추출하고 그 중 표시된 개수를 관측한다. 이들 자료를 사용하여 N을 추정하고 추정오차의 한계를 구할 수 있다.

두 번째 방법인 역추출은 두 번째 표본에서 정해진 수의 표시된 s개가 다시 포획될 때까지 추출을 계속한다는 점을 제외하고는 직접추출과 유사하다. 이 표본 자료를 이용하여 N을 추정하고 추정오차의 한계를 구할 수 있다.

역추출과 직접추출이 둘 다 가능할 때에는 역추출방법이 좀 더 정확한 결과를 제공한다. 그런데 N의 크기에 대한 정보가 거의 없을 때에는 직접추출 방법이 더 바람직하다.

세 번째와 네 번째 방법은 정방구역, 용적 또는 시간 간격으로 표본추출하고, 상대적으로 적은 이들 표본 내에서 관심 있는 조사단위들의 수를 헤아린다. 이 방법으로 모집단에 있는 조사단위의 밀도와 조사단위의 총수를 추정한다.

다섯 번째 방법인 적응추출은, 고밀도 지역의 장점을 취하기 위해서 표본추출 과정에 따라 표본에 있는 정방구역의 수를 조정한다.

사례연구 분석

얼마나 많은 사람들이 음악회에 참석하였는가?

이 장의 서두에 소개된 예에서, 신문기자는 참석자들에게 t = 500개의 오렌지색 모자를 나눠주었다고 통계학자에게 얘기했다. 통계학자와 신문기자는 발코니에 있는 높은 좌석에 올라가 랜덤하게 n = 200개의 좌석을 정하였다. 그들은 이들 200개의 좌석으로부터 s = 40개의 오렌지색 모자를 관측하였다. 그러면 관중의 규모 N은 다음과 같이 추정된다.

$$\hat{N} = \frac{nt}{s} = \frac{200(500)}{40} = 2500$$

추정오차의 한계는 다음과 같다.

$$2\sqrt{\hat{V}(\hat{N})} = 2\sqrt{\frac{t^2 n(n-s)}{s^3}}$$

$$= 2\sqrt{\frac{(500)^2(200)(160)}{(40)^3}} = 707$$

위의 결과에 따르면 관중 규모는 2500 − 707 = 1793과 2500 + 707 = 3207 사이에 있다고 추정한다. 이 구간은 넓은 편이지만 n을 증가시키면 줄일 수 있다(이 추정값은 오렌지색 모자를 쓰고 있는 사람들이 관중들 사이에 랜덤하게 흩어져 있다는 것을 가정하고 있다).

연습문제

일부의 연습문제들은 자료와 직접적으로 관계되므로 엑셀파일에 있는 자료들과 연결하기 위해서 센게이지러닝 홈페이지(www.cengage.co.kr) Download 자료실의 Section 10.0을 참고하기 바란다.

10.1 직접추출과 역추출의 차이점을 논의하라.

10.2 낚시협회는 어느 저수지에 입이 큰 농어의 수가 얼마인지를 추정하고자 한다. t = 2,876마리의 농어를 랜덤하게 잡아 각 농어에 표시를 한 후 놓아주었다. 한 달 후에 두 번째 표본으로 n = 2,562마리의 농어를 잡았다. 두 번째 표본으로 잡은 농어 중에서 s = 678마리의 농어에 표시가 되어 있었다. 모집단의 총수를 추정하고 추정오차의 한계를 구하라.

10.3 한 스포츠클럽에서는 근처 강에 있는 송어의 수에 관심을 갖고 있다. 며칠 동안 $t = 100$마리의 송어를 잡아서 표시를 하고 다시 강에 놓아주었다. 이들 100마리 표본은 서로 다른 송어들이다. 즉, 이 기간 동안 이미 표시가 된 고기가 잡히면 즉시 놓아주고 다른 고기를 잡았다. 몇 주일 후 $n = 120$마리의 송어를 두 번째 표본으로 잡았다. 이 가운데 27마리가 표시되어 있었다($s = 27$). 모집단의 총수 N을 추정하고, 추정오차의 한계를 구하라.

10.4 한 동물학자가 특정지역에 있는 바다거북 수를 추정하려 한다. 그 학자는 바다거북 수가 대략 500~1,000 정도라고 생각하고 있다. 그래서 100마리 정도의 초기 표본(약 10%)이면 충분하다고 생각해서, $t = 100$마리의 바다거북이 잡아 표시를 한 후 놓아주었다. 한 달 후 두 번째 표본으로 s = 15마리의 표시된 바다거북이 다시 잡힐 때까지 계속해서 표본추출하기로 했다. 15마리의 표시된 바다거북을 잡을 때까지 160마리의 바다거북을 잡았다($n = 160$, $s = 15$). N을 추정하고 추정오차의 한계를 구하라.

10.5 어느 겨울 날씨가 매우 추워서, 도립공원 관리소 직원들은 도내 공원들에 있는 다람쥐 수를 걱정하게 되었다. $t = 100$마리의 다람쥐를 초기 표본으로 잡아 표시를 하고 풀어 주었다. 첫 번째 표본의 처리가 끝나자마자 공원 관리소 직원들은 $n = 75$마리의 두 번째 표본을 잡았다. 그 중에는 표시된 10마리의 다람쥐가 있었다. 총수 N을 추정하고 추정오차의 한계를 구하라.

10.6 시 공무원들은 시청 주위에 있는 비둘기들로 인한 피해를 걱정하고 있다. 그들은 건물에 살고 있는 비둘기 수를 추정하기 위해서 조사 팀을 고용했다. 다양한 올가미를 사용하여 $t = 60$마리를 표본으로 잡아 표시를 한 후 풀어주었다. 한 달 후 $n = 60$마리를 두 번째 표본으로 잡았다. 두 번째 표본에는 $s = 18$마리의 표시된 비둘기가 있었다. 비둘기 총수 N을 추정하고 추정오차의 한계를 구하라.

10.7 100 cm^3의 공기를 도시의 산업지역에서 정기적으로 채취한다. 특정 공해입자의 밀도가 관심이 되는 모수이다. 15개의 표본에는 표본당 평균 210개의 입자가 있다. cm^3당 공해입자의 밀도를 추정하고, 추정오차의 한계를 구하라.

10.8 연습문제 10.7의 공기 표본에서 입자의 존재 유무를 찾는 것이 입자수를 세는 것보다 쉽다. 500개의 표본 가운데 410개에 입자가 있는 것으로 나타났다. 입자의 밀도를 추정하고, 추정오차의 한계를 구하라.

10.9 어느 날 10분 단위로 구간들을 랜덤하게 선정하여 교차로를 통과하는 차량 수를 세었다. 20개 표본구간들에서 구간당 평균 40대가 교차로를 통과하였다. 8시간 동안 교차로를 통과할 것으로 기대되는 차량 수를 추정하고 추정오차의 한계를 구하라.

10.10 어느 날 도시에 있는 자동차수를 어떻게 추정할 수 있는지를 개략적으로 설명하라. 이러한 추정을 위한 네 가지 다른 방법들을 비교하라. 네 가지 중에서 작업하기에 가장 좋은 것은 어느 것이라고 생각하는가? 이유는 무엇인가?

10.11 다음 표에 있는 자료는 240개의 미세한 범위에서 관측된 박테리아 군락 수를 나타내고 있다. 범위당 군락들의 밀도를 추정하고 추정오차의 한계를 구하라. 여기서 필요한 가정들은 무엇인가?

범위당 군락 수	범위 수
0	11
1	37
2	64
3	55
4	37
5	24
6	12

출처: Bliss, C. I. and Fisher, R. A. Fitting the Negative Binomial Distribution to Biological Data. *Biometrics* 9(1953): 176–200. With permission from The Biometric Society.

10.12 그림 10.2의 그리드로부터 $n = 10$개의 칸을 초기 단순확률표본으로 추출하고 이를 바탕으로 새로운 적응표본을 추출하라. 모집단에 있는 종 나무 수를 추정하고 추정오차의 한계를 구하라. 10.7절에서 얻은 것과 여기서 얻은 것을 비교하라.

10.13 15분씩 10번의 다른 시간대에 교환대에 걸려온 전화수를 조사하였다. 표본자료에 대한 도수분포가 아래와 같다.

전화 수	시간대 수
0	1
1	3
2	6
	10

(1) 시간당 이 교환대에 걸려오는 평균 전화 수를 추정하라.

(2) (1)에 있는 추정값의 분산을 어떻게 계산하는지를 보여라.

(3) (1)과 (2)에 있는 답들이 타당하기 위해서는 어떤 가정들이 필요한가?

10.14 6개의 칸으로 구성된 그리드가 있다. 표본크기가 $n = 2$인 가능한 모든 단순확률표본(총 15개)에 대해서 모든 가능한 적응표본의 자료(네트워크 크기와 네트워크 수)를 나열하라. 칸당 평균 점의 수에 대한 적응추정량이 비편향추정량이 됨을 보여라. 네트워크는 중복될 수 있고, 만약 중복이 생기면 중복된 칸은 두 네트워크에서 모두 계산되어야 한다는 것을 기억하라.

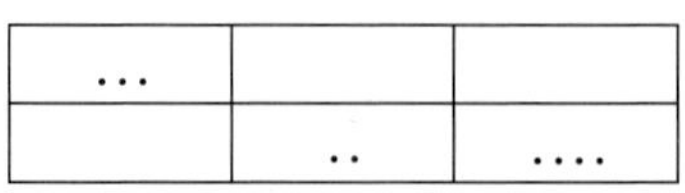

실제 자료를 이용한 실습

10.1 동물 집단에 대해 사용했던 표시를 달고 다시 포획하는 기법을 다음 실험을 하는 데 사용하라. 항아리 속에 있는 구슬 수 N을 알고 있다고 하자. 이들 가운데 t개에 구별할 수 있는 표시를 하고 구슬들을 완전하게 섞는다. n개의 표본 구슬에서 "표시"된 것을 기록하고 직접추출에 의해 N을 추정하고, 추정오차의 한계를 구하라. 이들로부터 얻은 구간은 이미 알고 있는 N을 포함하는가? n개의 표본 구슬을 다시 항아리에 넣고 역추출 방법을 사용하여(s개의 표시된 구슬이 뽑힐 때까지) 추출을 반복하고, 추정오차의 한계를 구하라. 이 구간은 N을 포함하는가? 표본크기를 다양하게 하고 여러 가지로 섞는 방법을 실시해 보라. 어떻게 적절한 표본 크기를 정하는가? 만약 표시된 구슬들이 다른 구슬들과 완전하게 섞이지 않는다면 무슨 일이 일어나리라고 생각하는가? 이 질문이 표시를 달고 다시 포획하는 기법의 현실적 어려움을 암시하는가?

10.2 이 장에서 논의했던 문제들은 t개의 표시된 물체들이 모집단의 N개 가운데에 랜덤하게 분포해 있다는 것을 가정하고 있다. 만약 t를 알고 몇 개의 표시된 물체들이 표본에 나타나면, 크기 n인 랜덤 표본은 N을 추정하기 위한 정보를 제공해 준다. 표시된 물체들을 초기 표본을 취하지 않고 모집단에 넣을 수 있다. 스포츠 행사, 강연, 영화, 그 밖의 유사한 행사에서 관중의 규모를 추정하기 위해서 다음과 같은 기법을 시도해 보라. 행사에 참여할 t명의 이름과 특징을 얻는다. 그들에게 군중 속에 다소 랜덤하게 흩어질 것을 요청한다. 그리고 행사장을 떠나려는 n명을 표본추출한다. 표본에서 초기에 "표시"된 사람의 수를 세고, N을 추정하라(여기에 역추출방법을 사용할 수 있다).

10.3 그림 10.3~그림 10.5는 이차원 평면에 분포되어 있는 점들을 나타낸다. 3개 그림 모두에서와 같이, 쪽에 있는 점들의 밀도를 추정하는 것이 목적이다. 추정을 정방구역추출로 실시하라.

(1) 추출하기 위해서 조그마한 노트카드에 2 × 2 cm크기의 구멍을 내어 정방구역을 만든다. 4 cm^2인 하나의 정방구역은 노트카드를 이차원 평면에 떨어뜨려서 얻는다. 만약 구멍이 이차원 평면의 경계에 있게 되면, 이차원 평면 안으로 카드구멍이 완전하게 들어가게 하기 위해서 카드를 중심으로 밀어 넣는다.

(2) 그림 10.3으로부터 랜덤하게 6개의 정방구역을 추출하고, 각각에 있는 점들의 수를 센다. 이 자료를 이용해서 그림 10.3에 있는 점들의 밀도를 추정하고 추정오차의 한계를 구하라.

(3) 그림 10.4와 그림 10.5에 대해서도 (2)에서와 같이 반복하라. 그리고 결과를 비교하라. 어느 그림이 점 밀도의 추정값에 대해 가장 큰 오차한계를 갖는가?

(4) 이번에는 계통추출을 사용하여 각 그림으로부터 6개의 표본 정방구역을 추출하라. 각 경우에 대해 밀도를 추정하고 오차한계의 근사값을 구하라. 세 개의 그림 각각에 대해 계통추출과 단순확률추출을 어떻게 비교하는지를 논하라.

10.4 그림 10.3에 대해, 포함정방구역방법을 사용해서 이차원 평면에 있는 점들의 밀도를 추정하라. 하나의 정방구역을 1 cm^2로 만들어서 시작하라. 1 cm^2 크기의 20개 표본을 추출해서 각 표본에 대해 점들의 존재 유무만을 단순히 기록하라. 평면상에 있는 점들의 밀도를 추정하고 추정오차의 한계에 대한 근사값을 구하라. 이 추정값을 실습문제 10.3(2)로부터 얻은 추정값과 어떻게 비교하겠는가? 보다 작은 정방구역을 더 많이 표본으로 취함으로써 추정값의 정도를 개선할 수 있는가?

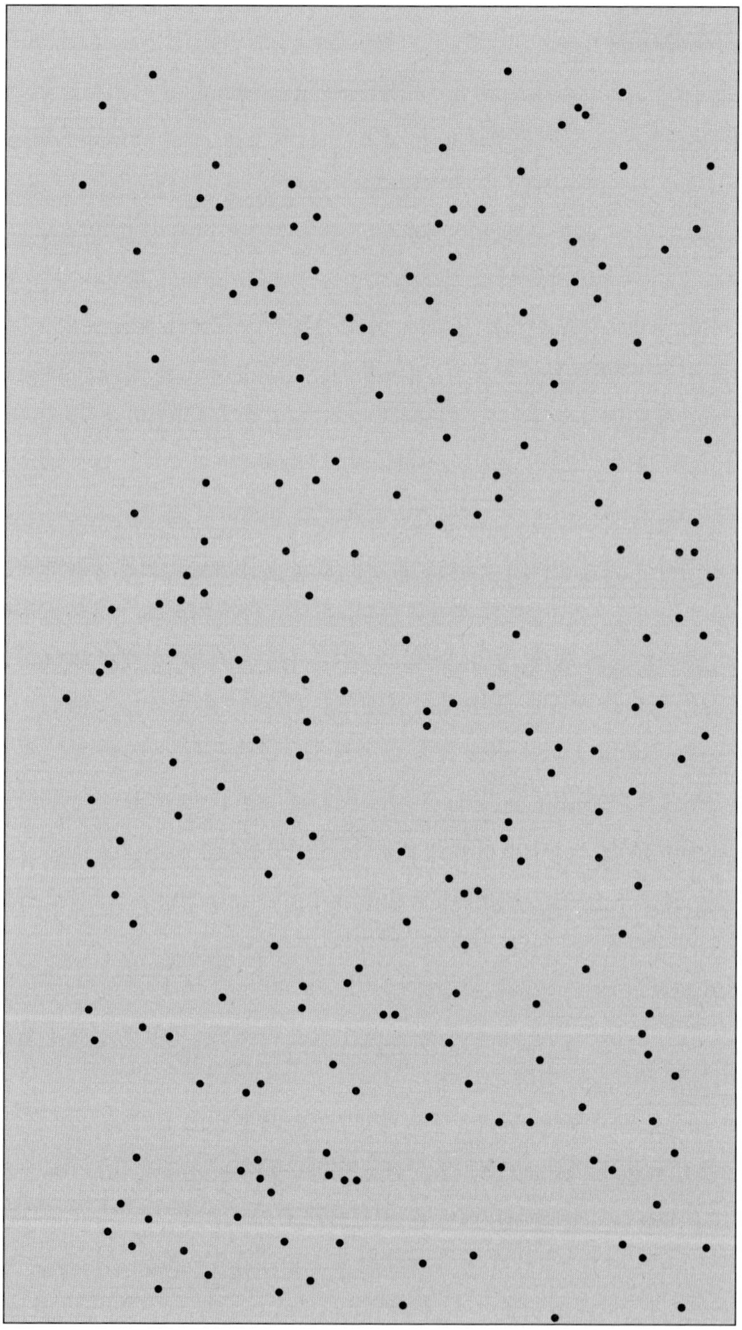

• 그림 10.3 평면 I

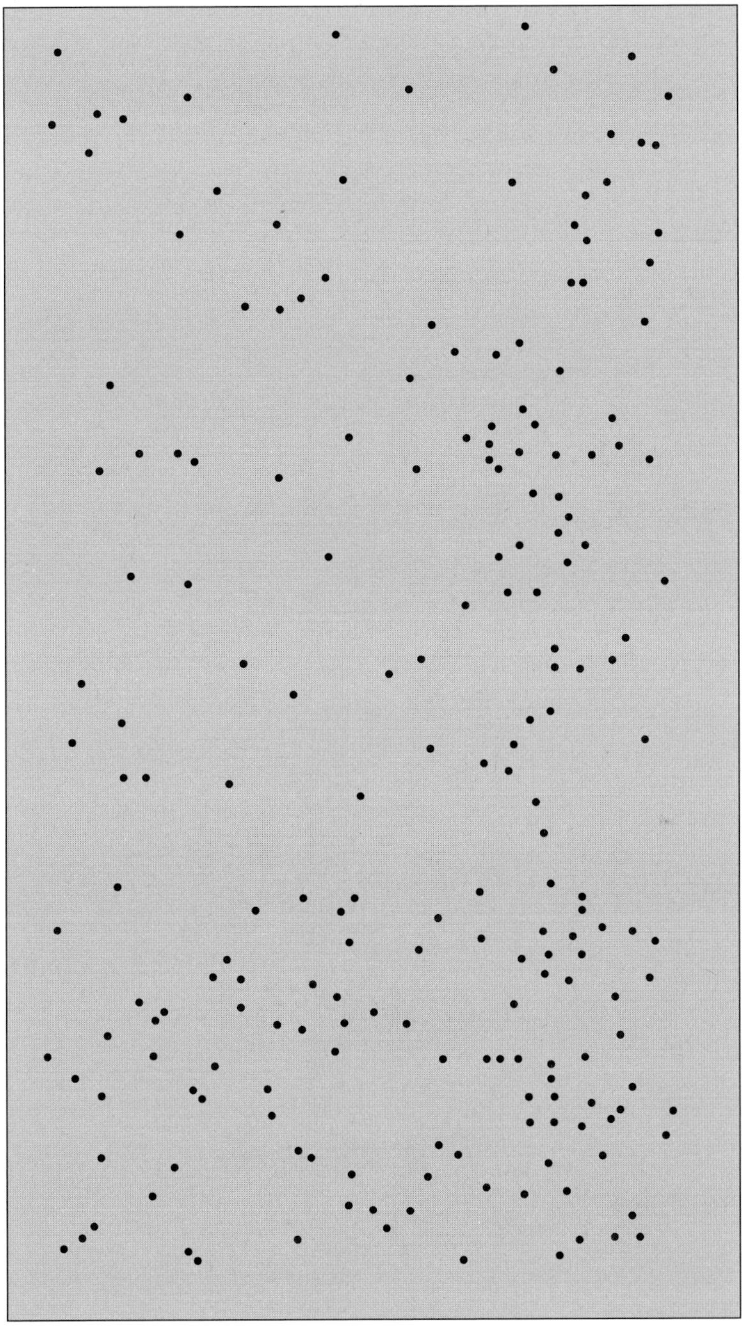

• **그림 10.4** 평면 II

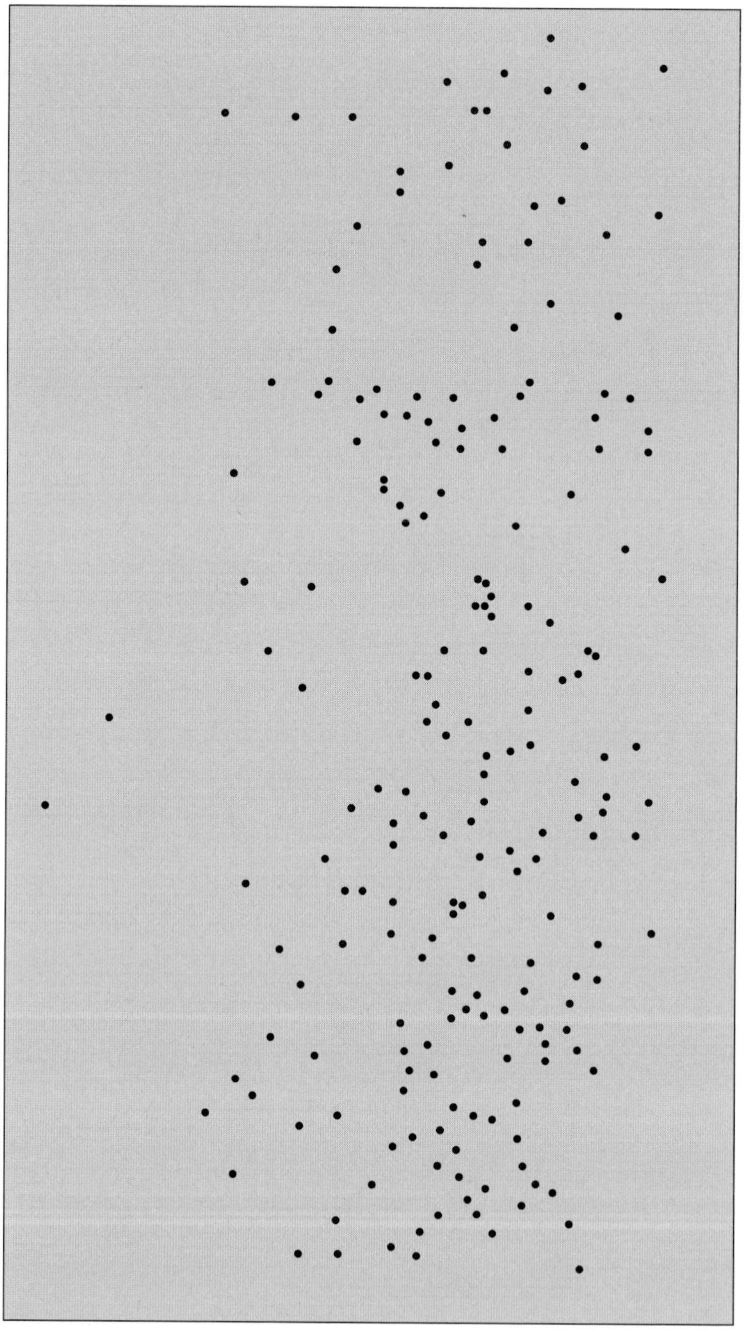

• 그림 10.5 평면 III

CHAPTER 11

보충 과제

11.0 도구

이 장에서 계산을 하기 위한 대화형 엑셀도구(interactive Excel Tools)는 센게이지러닝 홈페이지(www.cengage.co.kr) Download 자료실에서 내려 받을 수 있다. Download 자료실의 11장 폴더에서 **"Section 11.0(tools)"**이라는 이름의 워드 파일을 찾을 수 있을 것이다. 그 파일 안에 이 장과 관련된 계산 도구들이 제공되어 있다. 본문의 아이콘(왼쪽에 표시되어 있는)은 도구들이 만들어져 있다는 것을 상기시키는 표시이다. 또한 해당 장의 몇몇 연습문제들에 대한 자료들은 Download 자료실에 있는 해당 섹션과의 링크를 통해 얻을 수 있다.

11.1 개요

단순확률추출, 층화확률추출, 계통추출, 집락추출 등의 네 가지 표본설계 방법이 앞에서 논의되었다. 각 표본설계에 있어서 모집단에서 추출된 n개의 단위에 대한 정확한 측정값을 얻을 수 있고, 이런 가정 아래서 특정 모수를 추정하는 동시에 이에 따른 추정오차의 한계를 구하는 문제를 다루었다.

하지만 많은 경우에 있어서 이런 가정이 만족되기 어려운 상황이 발생한다. 첫째, 측정도구 또는 면접조사원의 편향에 의하여 경우에 따라 정확한 측정값을 얻을 수 없다. 둘째, 항상 완벽한 표본추출틀을 확보할 수 있는 것은 아니기 때문에 표본이 완전한 모집단으로부터 추출되지 못하는 경우가 발생한다. 셋째, 민감한 질문의 경우 솔직하고 정확한 응답을 얻는 것이 불가능할 수 있다. 넷째, 관측 대상 단위의 선택확률이 단위별로 다를 수 있다. 다섯째, 거의 대부분의 조사에서 다양한 형태의 무응답이 발생한다. 이 장에서는 이런 문제점들을 효과적으로 처리할 수 있는 방법들을 제시하고 구간 추정을 하는 일반적인 방법을 다룬다.

11.2 상호관입부표본

연구자는 크기가 N인 모집단으로부터 추출된 n명의 사람으로 구성된 단순확률표본에서 얻은 정보에 관심을 갖는다. k명의 면접조사원을 활용하여 실사를 하면 각 조사원은 면접에 임하는 태도나 능력 등이 다르기 때문에 동일한 사람을 조사한다 해도 조사원에 따라 응답결과는 약간 달라질 수 있다. 예를 들어, 응답자의 건강상태를 0에서 5 사이의 값으로 면접조사원이 평가 기록한다고 하면, 이런 경우 조사원의 면접기술과 주관적인 판단에 따라 관측결과는 영향을 받는다. 어떤 조사원은 충분한 정보를 얻지 못하여 건강상태를 너무 높게 평가할 수 있는 반면에 다른 조사원은 너무 상세한 정보를 취득하여 상대적으로 건강상태를 너무 낮게 평가할 수 있다.

이런 경우 모집단 평균에 대한 추정값은 다음과 같은 기법을 통해 효과적으로 구할 수 있다. 표본으로 선정된 n개의 단위를 m개씩 k개의 부표본으로 랜덤하게 분할하고, 한 명의 조사원에게 부표본을 각각 하나씩 배정한다. 여기서 $m = n/k$이고 m이 정수가 되도록 n을 정한다. 여기서 첫 번째 부표본은 크기가 n인 전체 표본에서 추출된 크기가 m인 단순확률표본으로 생각할 수 있고, 또한 두 번째 표본은 나머지 $(n - m)$개의 단위에서 추출된 크기가 m인 단순확률표본에 해당한다. n개의 단위가 k개의 부표본으로 랜덤하게 분할될 때까지 이런 과정을 계속한 후 얻어진 k개의 표본을 흔히 **상호관입부표본**(*interpenetrating subsamples*)이라고 부른다.

어떤 면접원들은 상대적으로 너무 작은 관측결과를 또 다른 면접원들은 상대적으로 너무 큰 관측결과를 기록할 수도 있지만 모든 조사원이 기록한 관측값들의 전체 평균은 모집단의 평균과 근접하게 될 것이다. 즉, 면접원의 차이에 의한 편향은 모든 부표본의 평균을 취함으로써 거의 제거될 수 있다. 따라서, 관측에서 편향이 발생하더라도 상호관입부표본에서 얻은 전체 표본평균은 모집단 평균에 대한 최량 추정량이 된다.

우리가 사용할 기호를 정리하여 보자. 우선 y_{ij}를 i번째 부표본에서 j번째 관측값이라고 하면, 여기서 $j = 1, 2, \ldots, m$; $i = 1, 2, \ldots, k$이다. 그러면 i번째 부표본에 속한 모든 관측값의 평균 $\bar{y}_i$는 다음과 같다.

$$\bar{y}_i = \frac{1}{m}\sum_{j=1}^{m} y_{ij} \quad \textbf{(11.1)}$$

표본평균 $\bar{y}$는 k개의 부표본에서 얻은 평균들의 평균이다.

모집단 평균 μ의 추정량:

$$\bar{y} = \frac{1}{k}\sum_{i=1}^{k} \bar{y}_i \quad \textbf{(11.2)}$$

$\bar{y}$ 의 추정분산:

$$\hat{V}(\bar{y}) = \left(1 - \frac{n}{N}\right)\frac{s_k^2}{k} \quad \textbf{(11.3)}$$

여기서

$$s_k^2 = \frac{\sum_{i=1}^{k}(\bar{y}_i - \bar{y})^2}{(k - 1)} \tag{11.4}$$

식 (11.3)에 주어진 상호관입부표본에서 $\bar{y}$의 분산에 대한 추정은 면접원에 의한 편향을 반영한 것이다. 즉 관측상의 편향을 반영하기 때문에 식 (11.3)의 분산 추정값은 단순확률표본에서 표본평균의 분산에 대한 보통의 추정값보다 더 커지게 된다.

예제 11.1

어떤 연구자가 800명으로 구성된 어떤 직장의 성인 남성의 평균 신장을 추정하기를 원한다. 이를 위하여 각자의 측정기구를 사용하는 10명의 조사원을 활용하고자 한다. 연구자는 조사원들이 약간 편향된 관측을 할 수 있을 것으로 생각하기 때문에 모집단에서 $n = 80$인 단순확률표본을 추출하고 이를 8명씩 10개의 부표본으로 랜덤하게 분할하였다. 그리고 각각의 조사원에게 부표본을 하나씩 배정하였다. 조사결과 다음과 같은 부표본평균값을 얻었다(단위: 피트). 이 직장의 성인 남성의 평균 신장을 추정하고, 추정오차의 한계를 구하라.

$\bar{y}_1 = 5.9$	$\bar{y}_6 = 5.7$
$\bar{y}_2 = 5.8$	$\bar{y}_7 = 5.8$
$\bar{y}_3 = 6.1$	$\bar{y}_8 = 5.6$
$\bar{y}_4 = 6.0$	$\bar{y}_9 = 5.9$
$\bar{y}_5 = 6.1$	$\bar{y}_{10} = 6.0$

풀이

이 경우 모집단 평균에 대한 최량 추정값은 표본평균 $\bar{y}$이다. 따라서 식 (11.2)에 의하면

$$\bar{y} = \frac{1}{k}\sum_{i=1}^{k}\bar{y}_i = \frac{1}{10}(5.9 + 5.8 + \cdots + 6.0) = 5.89$$

여기서는 반드시 식 (11.3)을 사용해 $\bar{y}$의 분산을 추정해야 한다. 여기서 s_k^2은 단순하게 $\bar{y}_i$들에 의해 얻어지는 표본분산이고, 계산해 보면 (0.25/9)이다. 따라서 식 (11.3)에 의해 다음 결과를 얻는다.

$$\hat{V}(\bar{y}) = \left(1 - \frac{n}{N}\right)\frac{\sum_{i=1}^{k}(\bar{y}_i - \bar{y})^2}{k(k - 1)} = \left(1 - \frac{80}{800}\right)\left[\frac{0.25}{10(9)}\right] = 0.0025$$

따라서 성인 남성의 평균 신장에 대한 추정값과 추정오차의 한계는 다음과 같다.

$$\bar{y} \pm 2\sqrt{\hat{V}(\bar{y})} \text{ 또는 } 5.89 \pm 2\sqrt{0.0025}$$
$$\text{또는 } 5.89 \pm 0.10$$

이를 요약하면 평균 신장에 대한 최량 추정값은 5.89피트이고, 적정한 수준에서 추정오차는 0.10 피트보다 작다고 말할 수 있다.

11.3 부모집단의 평균과 총계 추정

흔히 우리가 관심을 갖는 모집단 단위들만으로 구성된 추출틀을 확보하는 것이 불가능하다. 예를 들어 자녀들이 있는 가구들만을 표본추출하기를 원하는데 실제로 어떤 도시에 거주하는 모든 가구들의 목록이 우리가 확보할 수 있는 최선의 추출틀인 경우, 또는 어떤 기업체에서 지불기한이 지난 외상매출금 계정들에 관심이 있는데 모든 외상매출금 계정에 대한 목록이 확보 가능한 추출틀인 경우가 있다. 이런 상황에서는 추출틀과 대응되는 모집단의 부모집단(subpopulation)에 대한 모수를 추정하기를 원하게 된다. 실제로 표본으로 추출된 단위를 확인하기 전에는 이 단위가 관심을 갖고 있는 부모집단에 속하는지 여부를 확인할 수 없기 때문에 이런 경우 표본추출방법은 복잡해진다.

부모집단의 평균을 추정하는 문제는 본질적으로 4장에서 다루어진 방법에 의하여 해결될 수 있다. N을 모집단을 구성하는 전체 단위수라고 하고, N_1을 부모집단에 속하는 단위수라고 하자. N개의 단위로 구성된 모집단에서 n개의 단위가 단순확률추출되었고, 여기서 n_1개의 단위는 부모집단에서 추출된 단위라고 가정한다. 이제 y_{1j}가 관심 부모집단에서 추출된 j번째 관측값이라고 하면, 부모집단에서 추출된 단위들만 사용한 표본평균 $\bar{y}_1$은 다음과 같다.

$$\bar{y}_1 = \frac{1}{n_1}\sum_{j=1}^{n_1} y_{1j}$$

표본평균 $\bar{y}_1$은 부모집단 평균 μ_1에 대한 비편향추정량이다.

부모집단 평균 μ_1의 추정량:

$$\bar{y}_1 = \frac{1}{n_1}\sum_{j=1}^{n_1} y_{1j} \tag{11.5}$$

$\bar{y}_1$의 추정분산:

$$\hat{V}(\bar{y}_1) = \left(1 - \frac{n_1}{N_1}\right)\frac{s_1^2}{n_1} \tag{11.6}$$

여기서

$$s_1^2 = \frac{\sum_{i=1}^{n_1}(y_{1j} - \bar{y}_1)^2}{(n_1 - 1)}$$

여기서 만약 N_1을 모르는 경우 $1 - n_1/N_1$을 $1 - n/N$으로 추정하면 된다.

예제 11.2

경제학자가 어떤 저소득 지역에서 자녀가 있는 가구의 주당 평균 식료품 지출액을 추정하기를 원한다. 이 지역에 거주하는 250가구의 목록을 확보할 수 있지만 이 가구들 중에서 자녀를 갖고 있는 가구는 구분할 수 없다고 한다. 따라서 경제학자는 $n = 50$인 단순확률표본을 추출하여 확인해 본 결과 한 명 이상의 자녀가 있는 가구의 수는 $n_1 = 42$인 것으로 밝혀졌다. 자녀가 있는 42가구에 대한 조사를 실시하여 다음 결과를 얻었다.

$$\sum_{j=1}^{42} y_{1j} = \$1720 \qquad S_1^2 = 42.975$$

자녀가 있는 가구의 주당 평균 식료품 지출액을 추정하고, 추정오차의 한계를 구하라.

풀이

식 (11.5)에 주어진 부모집단 평균의 추정량 $\bar{y}_1$를 이용해 추정값을 계산하면 다음과 같다.

$$\bar{y}_1 = \frac{1}{n_1}\sum_{j=1}^{n_1} y_{1j} = \frac{1}{42}(1720) = 40.95$$

이 경우 N_1을 모르기 때문에 $1 - n_1/N_1$은 $1 - n/N$으로 추정한다. 따라서 식 (11.6)의 $\bar{y}_i$의 추정분산은 다음과 같이 계산된다.

$$\begin{aligned}\hat{V}(\bar{y}_1) &= \left(1 - \frac{n}{N}\right)\frac{s_1^2}{n_1} = \left(1 - \frac{50}{250}\right)\left(\frac{42.975}{42}\right)\\ &= 0.818\end{aligned}$$

결과적으로 부모집단 평균에 대한 추정값과 추정오차의 한계에 의하여 다음 결과를 얻을 수 있다.

$$\bar{y}_1 \pm 2\sqrt{\hat{V}(\bar{y}_1)} \text{ 또는 } 40.95 \pm 2\sqrt{0.818}$$
$$\text{또는 } 40.95 \pm 1.81$$

따라서 자녀가 있는 가구의 주당 평균 식료품 지출액에 대한 최량 추정값은 40.95달러이고, 근사적으로 유의수준 95%에서 추정오차는 1.81달러보다 작다.

만약 부모집단에 속하는 단위의 수 N_1을 아는 경우, 부모집단의 총계 τ_1은 $N_1\bar{y}_1$으로 추정된다.

부모집단의 총계 τ_1의 추정량:

$$N_1\bar{y}_1 = \frac{N_1}{n_1}\sum_{j=1}^{n_1} y_{1j} \tag{11.7}$$

$N_1\bar{y}_1$의 추정오차:

$$\hat{V}(N_1\bar{y}_1) = N_1^2\hat{V}(\bar{y}_1) = N_1^2\left(1 - \frac{n_1}{N_1}\right)\frac{s_1^2}{n_1} \tag{11.8}$$

예제 11.3

앞의 예제 11.2에서 자녀가 있는 가구 수 $N_1 = 205$라고 하자. 이를 이용하여 자녀를 갖고 있는 가구들이 1주일 동안 지출하는 식료품비 총액을 추정하라(참조: 실제적으로 N_1은 시간에 따라 변동하지만, 이 예제에서 N_1은 참값이라고 가정한다).

풀이

식 (11.7)에 주어진 총계에 대한 최량추정량 $N_1\bar{y}_1$에 의해 계산된 추정값은 다음과 같다.

$$N_1\bar{y}_1 = 205(40.95) = 8,394.75$$

식 (11.8)에 의해 계산된 $N_1\bar{y}_1$의 추정분산은 다음과 같다.

$$\begin{aligned}\hat{V}(N_1\bar{y}_1) &= N_1^2\left(1 - \frac{n_1}{N_1}\right)\frac{s_1^2}{n_1} \\ &= (205)^2\left(1 - \frac{42}{205}\right)\left[\frac{42.975}{42}\right] = 34,191.19\end{aligned}$$

따라서 자녀를 갖고 있는 전체 가구들이 1주일 동안 지출하는 식료품비 총액에 대한 추정값과 추정오차의 한계를 이용해 다음 결과를 얻을 수 있다.

$$\begin{aligned}N_1\bar{y}_1 \pm 2\sqrt{\hat{V}(N_1\bar{y}_1)}\ &\text{또는 } 8,394.75 \pm 2\sqrt{34,191.19} \\ &\text{또는 } 8,394.75 \pm 369.82\end{aligned}$$

보통 부모집단에 속하는 단위의 수 N_1을 모르는 경우가 대부분이다. 예를 들어 어떤 도시에서 자녀가 있는 가구의 수는 알기 어려운 반면에 행정자료를 통하여 전체 가구의 수는 파악할 수 있다. 이와 같이 N_1을 모르는 경우에도 τ_1에 대한 비편향추정량을 구할 수 있다.

N_1을 모르는 경우, τ_1의 추정량:

$$\hat{\tau}_1 = \frac{N}{n}\sum_{j=1}^{n_1} y_{1j} \tag{11.9}$$

$\hat{\tau}_1$의 추정분산:

$$\hat{V}(\hat{\tau}_1) = N^2\left(1 - \frac{n}{N}\right)\frac{s_n^2}{n} \tag{11.10}$$

여기서 s_n^2은 표본 관측값 중 부모집단에 속하지 않는 관측값은 0으로 대체한 수정된 표본자료에서 계산된 표본분산이다. 즉, 표본분산은 수정된 n개의 "관측값"을 모두 사용해 계산된 것이다.

예제 11.4

연구자가 예제 11.3에 제시된 N_1값의 정확성을 신뢰할 수 없다고 한다. 이런 경우 주어진 N_1값을 사용하지 말고, 예제 11.3의 자료를 이용하여 자녀가 있는 가구들이 1주일 동안 지출하는 식료품비 총계를 추정하라.

풀이

N_1에 의존하지 않는 총계에 대한 추정량 $\hat{\tau}_1$은 식 (11.9)과 같다. 따라서

$$\hat{\tau}_1 = \frac{N}{n}\sum_{j=1}^{n_1} y_{1j} = \frac{250}{50}(1720) = 8{,}600$$

42개의 관측값에 실제로는 조사하지 않은 자녀가 없는 가구를 대신해 8개의 0을 추가한 후 조정된 표본분산을 계산한다. 일반적으로 알려진 다음 식을 사용하면 된다.

$$s^2 = \frac{1}{n-1}\left[\sum y_i^2 - n(\bar{y})^2\right]$$

표본 총계 1,720은 변하지 않기 때문에 50개의 관측값으로 이루어진 새로운 표본의 표본평균은 쉽게 계산할 수 있다. 아무런 영향도 없는 0들을 추가했기 때문에 관측값들에 대한 제곱합도 변하지 않는다. 앞에서 42개 관측값으로 표본분산을 구하는 과정에서 얻은 결과를 이용하면 제곱합은 72,200임을 알 수 있다. 따라서 $s_n^2 = 265.96$이다. 이 값을 식 (11.10)에 대입하면 $\hat{\tau}_1$의 추정분산은 다음과 같다.

$$\begin{aligned}\hat{V}(\hat{\tau}_1) &= N^2\left(1 - \frac{n}{N}\right)\frac{s_n^2}{n} \\ &= (250)^2\left(1 - \frac{50}{250}\right)\left(\frac{265.96}{50}\right) \\ &= 265{,}960\end{aligned}$$

따라서 1주일 동안 지출하는 식료품비 총계에 대한 추정값과 추정오차의 한계에 의하여 다음 결과를 얻을 수 있다.

$$\hat{\tau}_1 \pm 2\sqrt{\hat{V}(\hat{\tau}_1)} \text{ 또는 } 8,600 \pm 2\sqrt{265,960}$$
$$\text{또는 } 8,600 \pm 1,031.44$$

이 경우 추정오차의 한계가 상당히 크다. 따라서 이런 경우 표본크기 n을 증가시킴으로써 오차의 한계를 줄일 수 있다.

예제 11.4에서 계산된 $\hat{\tau}_1$의 추정분산은 예제 11.3에서 계산된 $N_1\bar{y}_1$의 추정분산에 비하여 훨씬 크다는 점에 유의할 필요가 있다. 추정량 $N_1\bar{y}_1$은 N_1에 대한 알려진 정보를 활용하지만 $\hat{\tau}_1$은 이를 활용하지 않기 때문에 $\hat{\tau}_1$의 분산이 커진다. 따라서 만약 N_1을 아는 경우 또는 큰 비용을 들이지 않고 이 값을 알아낼 수 있는 경우에는 추정량 $N_1\bar{y}_1$을 사용하는 것이 바람직하다.

11.4 확률화응답모형

응답자를 당황하게 하거나 어떤 측면에서든 응답자가 불이익을 받을 것이라고 생각할 수 있는 민감한 질문에 대해서는 사람들은 흔히 응답을 거부하거나 부정확한 답변을 하는 경향이 있다. 예를 들어 "당신은 마약을 복용한 경험이 있습니까?"와 같은 민감한 질문에 사람들은 부정확한 응답을 할 가능성이 매우 높다. 이 절에서는 Waner (1965)에 의하여 처음 제안된, 면접 대상자에게 직접적으로 민감한 질문을 사용하지 않고 어떤 특성을 갖는 사람들의 비율을 추정하는 방법을 설명하고자 한다.

모집단을 구성하고 있는 사람들은 관심대상이 되는 특성을 갖고 있는지 여부에 따라 그룹 A와 그룹 B로 구분될 수 있다. 즉, 모집단의 모든 구성원들은 그룹 A 또는 그룹 B에 속하게 된다. 그룹 A에 속하는 사람들의 비율을 p라고 하자. 여기서 응답자에게 그룹 A에 속하는지 여부를 묻는 직접적인 질문을 하지 않고 p를 추정하는 것이 우리가 원하는 것이다. 이런 경우 **확률화응답모형**(*random-response model*)이라는 방법을 적용하여 p를 추정할 수 있다. 이 방법을 구현하기 위해서 우선 한 묶음의 카드를 준비하고 이 중에서 θ 비율에 해당하는 카드에는 A라는 표기를 하고 나머지 $(1-\theta)$ 비율에 해당하는 카드에는 B라는 표기를 한다. 그리고 모집단에서 n명의 사람으로 구성된 단순확률표본을 추출한다. 표본으로 추출된 각 사람에게 카드 중에서 한 장의 카드를 랜덤하게 선택하도록 하고 만약 선택한 카드에 표기된 문자(그룹)와 자신이 실제로 속하는 그룹이 일치하면 "예"라고 응답하게 하고 그렇지 않은 경우에는 "아니오"라고 응답하게 한다. 다음 사람은 먼저 뽑힌 카드를 다시 복원한 후에 카드를 뽑게 한다. 면접조사원은 선택된 카드를 보지 않고 단순히 "예" 또는 "아니요"라는 응답결과만을 기록한다. 응답자 중에서 "예"라고 응답한 사람의 수를 n_1이라고 하면 모집단 비율 p에 대한 비편향추정량 $\hat{p}$는 n과 n_1으로부터 구할 수 있다.

p에 대한 추정량을 유도하기 위해 제시된 방법에서 두 단계에 걸친 조사과정을 정리해 보자.

(1) 카드를 선택한다.

(2) 카드에 표기된 그룹에 자신이 속하는지 여부를 판정한다.

이런 과정은 다음의 나뭇가지 그림으로 모형화될 수 있다.

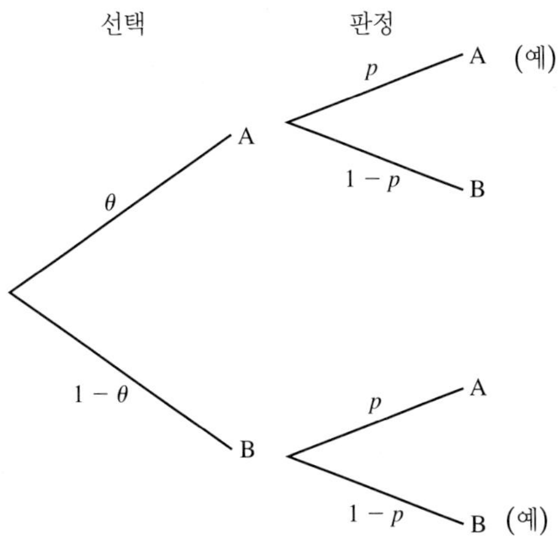

위 그림에서 보면 맨 위와 맨 아래 표시된 두 가지 경우에만 면접자는 "예"라는 응답을 하게 된다. 따라서

$$\begin{aligned} P(\text{예}) &= \theta p + (1-\theta)(1-p) \\ &= p(2\theta-1) + (1-\theta) \end{aligned}$$

표본에서 "예"라는 응답을 하는 비율 n_1/n은 확률 P(예)에 대한 추정값이고, P에 대한 추정량 $\hat{p}$는 다음 관계식을 통해 얻을 수 있다.

$$\frac{n_1}{n} = \hat{p}(2\theta-1) + (1-\theta)$$

따라서,

$$\hat{p} = \frac{1}{(2\theta-1)}\left(\frac{n_1}{n}\right) - \left(\frac{1-\theta}{2\theta-1}\right) \quad \theta \neq \frac{1}{2} \qquad \textbf{(11.11)}$$

$\hat{p}$의 분산은 4장에 설명된 방법에 의하여 손쉽게 추정될 수 있는데, n과 N이 충분히 큰 경우 다음과 같다.

$$\begin{aligned} \hat{V}(\hat{p}) &= \frac{1}{(2\theta-1)^2}\hat{V}\left(\frac{n_1}{n}\right) \\ &= \frac{1}{(2\theta-1)^2}\frac{1}{n}\left(\frac{n_1}{n}\right)\left(1-\frac{n_1}{n}\right) \end{aligned} \qquad \textbf{(11.12)}$$

다음의 예제 11.5는 이런 확률화응답기법을 활용한 예이다.

예제 11.5a

어떤 지역에서 세금 정산 보고를 거짓으로 한 사람들의 비율을 파악하기 위한 조사를 하였다. 일반적으로 사람들은 세금보고를 거짓으로 했다는 것을 밝히기를 꺼리기 때문에 확률화응답기법을 적용하려고 한다. 연구자는 이를 위해 한 묶음의 카드를 만들었는데 이 중 3/4의 카드에는 거짓 보고를 의미하는 F라는 표기를 하고 나머지 1/4의 카드에는 올바른 보고를 의미하는 C라는 표기를 하였다. 이 지역 세금납부자 모집단에서 $n = 400$명인 단순확률표본을 추출하였다. 표본으로 선정된 각각의 세금납부자는 다른 사람들과 격리된 상태에서 카드 묶음에서 한 장의 카드를 랜덤하게 선택하고, 만약 카드에 표기된 것이 자신이 속하는 그룹과 일치하는 경우 "예"라고 응답하게 하였다. 조사 결과 "예"라고 응답한 사람의 수 $n_1 = 120$이었다. 거짓 세금보고를 한 사람들의 비율 p를 추정하고 추정오차의 한계를 구하라.

풀이

식 (11.11)에서 $\theta = 3/4$인 경우를 고려하면

$$\hat{p} = \frac{1}{(2\theta - 1)}\left(\frac{n_1}{n}\right) - \left(\frac{1 - \theta}{2\theta - 1}\right)$$

$$= 2\left(\frac{120}{400}\right) - \frac{1/4}{1/2} = 0.10$$

또한 식 (11.12)으로부터 다음 결과를 얻을 수 있다.

$$\hat{V}(\hat{p}) = 4\frac{(0.3)(0.7)}{400} = 0.0021$$

그리고

$$2\sqrt{\hat{V}(\hat{p})} = 0.09$$

따라서 p의 추정값은 0.10이고, 추정값은 p의 참값으로부터 0.09 이내에 있다고 말할 수 있다.

다양한 형태의 확률화응답모형이 있다. 위에 제시된 방법을 확장한 것으로 다음과 같이 민감한 사항과 전혀 관련이 없는 질문을 함께 사용하는 방법을 살펴보자.

A: 당신은 거짓 세금보고서를 작성한 적이 있습니까?

B: 당신의 전화번호 마지막에서 두 번째 번호는 홀수입니까?

동전을 던져 앞면이 나오면 응답자는 A질문에 답하도록 하고, 만약 동전의 뒷면이 나오면 질문 B에 답하도록 한다. 면접조사자는 어떤 질문에 응답자가 답하는지 모르도록 이런 과정을 수행한다. 이와 같은 2단계 과정은 다음과 같은 나뭇가지 그림으로 정리될 수 있다.

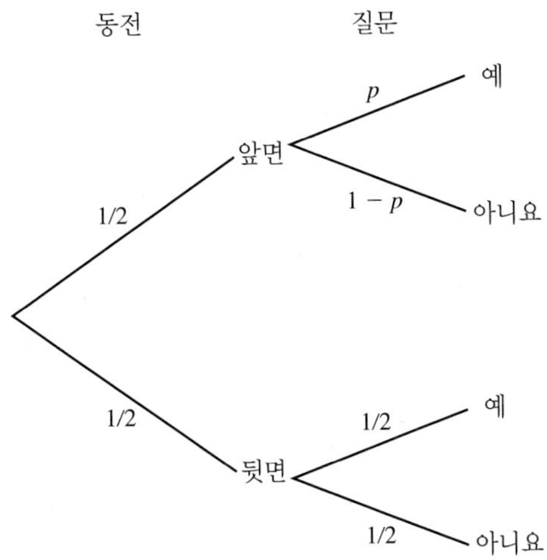

(여기서, 전화번호의 마지막 4개의 수는 랜덤하다고 볼 수 있기 때문에 질문B에 “예”라고 응답할 확률은 1/2이다) 따라서

$$P(\text{예}) = \frac{p}{2} + \frac{1}{4}$$

이고,

$$\frac{n_1}{n} = \frac{\hat{p}}{2} + \frac{1}{4}$$

또는

$$\hat{p} = 2\left(\frac{n_1}{n} - \frac{1}{4}\right) \tag{11.13}$$

분산은 다음과 같이 추정할 수 있다.

$$\hat{V}(\hat{p}) = 4\hat{V}\left(\frac{n_1}{n}\right) = \frac{4}{n}\left(\frac{n_1}{n}\right)\left(1 - \frac{n_1}{n}\right) \tag{11.14}$$

예제 11.5b

예제 11.5a에 제시된 상황에서 관련이 없는 질문을 사용하는 방법을 적용한 경우에 $n = 400$이고 $n_1 = 120$이라고 하면, 예제 11.5a와 마찬가지로 다음 결과를 얻게 된다.

$$\hat{p} = 2\left(\frac{120}{400} - \frac{1}{4}\right) = 0.10$$

이고,

$$\hat{V}(\hat{p}) = 4\frac{(0.3)(0.7)}{400} = 0.0021$$

두 가지 방법은 근사적으로 추정량의 정확성이 같고, 동일한 결과를 산출한다. 따라서 두 방법 중 어떤 방법이 응답자가 진실된 답변을 하도록 유도하는 데 좀더 효과적인지를 고려하여 바람직한 방법을 선정하여 사용하면 된다. 동전을 던져 두 개의 질문 중에서 하나를 선택하여 응답하게 하는 방법이 설명이 쉽고, 두 개의 질문을 선택할 확률을 동일하게 설정하고 있기 때문에 응답자가 좀더 안심하고 응답할 수 있게 한다는 장점이 있다. 하지만 잘 훈련된 조사원을 활용하는 경우 두 가지 방법 모두 성공적으로 수행될 수 있다.

확률화응답기법은 상당히 많이 활용되고 있으며, AIDS에 대한 연구(*Discover*, July 1987:12 참조) 등 다양한 분야에서 사용되고 있다. 식 (11.11)에서 식 (11.14)까지는 모두 모집단의 크기가 n에 비하여 상당히 크다는 가정 하에서 유도된 것이다. 따라서 유한모집단 수정항은 무시했다. 카드에서 A라는 표기가 된 카드의 비율 θ는 연구자가 임의로 조정하는 것이 가능하지만 1/2이 되면 안 된다. 또한 $\theta = 1$인 경우에는 응답자들이 실제로 그룹 A에 자신들이 속하는지 여부에 대한 직접적인 질문에 답하고 있다는 것을 알게 될 것이고, 이는 정확히 자신들이 원하는 바가 아니기 때문에 $\theta = 1$이라고 놓으면 안 된다. 적절한 θ 값은 1/2에서 1사이의 값(예를 들어 3/4)이다.

이 방법을 사용하면서 추정량의 분산을 적절한 수준으로 작게 하려면 일반적으로 표본크기가 상당히 커야 한다. 각각의 응답은 모집단 비율 p를 추정한다는 측면에서는 상대적으로 적은 양의 정보만을 제공하기 때문에 많은 수의 표본을 필요로 하게 되는 것이다. 여기에 제시된 기법은 다양한 형태의 확률화응답기법 중에서 매우 간단한 것들이다. 이런 기법들에 대한 보다 상세한 사항을 알고 싶으면 Campbell과 Joiner (1973) 또는 Leysieffer와 Waner (1976)의 논문을 참고하기 바란다. 확률화응답기법은 여기에 소개된 것과 같이 단순히 "예" 또는 "아니오"라고 응답하는 단순한 경우뿐만 아니라 좀더 다양한 상황에서도 활용이 가능하다. 이런 기법이 어떻게 확장 적용될 수 있는가를 알기 원하면 Greenberg, Kuebler, Abernathy와 Horvitz (1971)의 논문을 참조하기 바란다.

11.5 표본조사에서 가중치의 적용

대부분의 표본조사에서는 복합표본설계를 사용하게 된다. 복합표본설계는 다음과 같은 특성들을 갖게 된다: (1) 층화, (2) 집락, (3) 불균등 선택확률, (4) 다단계 추출, (5) 계통추출. 이런 특성 때문에 표본조사 자료를 분석할 때는 대부분의 일반적인 통계 교과서에 나오는 일반적인 추정 및 검증 방법을 사용해서는 적절한 통계분석을 할 수 없다. 조사 자료를 기초로 올바른 추론을 하는 것과 관련해 복합표본설계의 두 가지 측면을 고려해야 한다. 첫 번째는 표본추출에서 불균등 선택확률을 사용한다는 것이다. 만약 표본설계에서 모집단의 단위들을 선택할 확률들이 서로 다르다면, 비편향추정량을 얻기 위해서는 각 표본단위별로 반드시 적정한 가중치를 적용해 분석해야 한다. 만약 표본으로 추출된 모든 단위들이 응답을 하고 이 관측값을 모두 추정에 사용하다면, 선택확률의 역수를 가중치로 사용함으로써 어떤 경우든지 비편향추정량을 얻을 수 있다. 추론에 영향을 주는 표본추출의 두 번째 측면은 표본설계와 연관된 정도(precision)의 수준, 즉, 표본추출오차

(sampling error)이다. 적절한 가중치를 사용해 비편향 추정값을 얻는다고 해도, 표본설계의 복합성이 반영된 제대로 된 분산 추정량을 사용하지 않는다면 올바른 추론 결과를 얻을 수 없다.

이 책의 앞장에서 층화, 집락 및 계통추출에서 분산을 계산하고 추정량을 적절히 조정하는 기본적인 아이디어들을 소개했다. 3장에서는 불균등 선택확률인 경우에 대해서 8장에서는 집락추출과 관련해 추정량을 조정하는 방법을 다루었다. 이 절과 다음 절에서는 이런 아이디어를 좀 더 심층적으로 다루고자 한다.

비록 조사 가중치를 적용하는 기본 발상은 비편향 추정을 염두에 둔 것이지만, 표본조사를 수행하는 과정에서 발생하는 문제를 보정한다는 측면에서도 중요한 역할을 하게 된다. 무응답에 의한 결측 문제를 해결하기 위해 가중치를 사용한다. 결측 때문에 발생한 부족분을 보충하기 위해 응답한 단위에 대한 가중치를 일부 부풀림으로써 결측 문제를 해결한다. 아울러 추출틀이 갖고 있는 결함을 극복하기 위해 추정식을 보정하는 수단으로 가중치를 조정한다. 이런 경우 조사에서 추정되는 결과가 센서스에서 얻은 추정값 또는 매우 정확도가 높은 다른 조사에서 얻은 추정값을 벤치마킹하도록 가중치를 조정하게 된다. 이런 주제들은 다음 절에서 다룰 것이다.

총계를 추정하는 문제에서 가중치의 의미를 가장 확실하게 느낄 수 있다. 1,000가구 중 1가구 비율로 표본을 추출하고 가구의 소득을 조사했다고 하자. 표본 가구의 소득을 단순히 합해서는 표본추출틀에 있는 전체 가구의 소득 총계를 추정할 수 없다. 각 가구의 소득에 조사 기본 가중치에 해당하는 1,000(선택확률의 역수)을 곱(가중)하고, 이런 가중된 표본값들을 합하면 전체 모집단의 총 소득에 대한 비편향 추정값을 얻을 수 있다.

일반적인 교재에서 가중치를 다루는 방식은 실제 표본조사 실무에서의 방식과 상당히 다르다. 표본조사 관련 기관에서는 가중치를 자료 준비 과정의 일부로 생각한다. 가중치는 조사 의뢰자에게 반드시 제공해야 할 중요한 산출물에 해당한다. 연구 분석자가 실질적으로 조사 자료로부터 비편향 추정값을 구할 수 있도록 하기 위해 각 조사단위별로 가중치들이 자료 파일에 반드시 포함되어 있어야 한다. 하지만 대부분의 교재에서는 단위별 가중치를 명시하는 대신 추정량 공식을 강조하는 방식으로 서술되어 있다.

이런 차이를 명확하게 하기 위해 다음의 경우를 살펴보자. 단순확률추출에서 모집단 총계에 대한 비편향추정량은 다음과 같다.

$$\frac{N}{n}\sum_{i=1}^{n} y_i$$

여기서 N은 모집단 크기, n은 표본크기이고 $y_1, y_2, \ldots, y_n$은 표본 관측값이다(4장 참조). 이 추정량은 흔히 $N\bar{y}$로 표현된다. 이와 같이 일반 교재에서는 이론적인 측면에 초점을 두기 때문에 흔히 추정량 공식이 관심대상이 된다. 예를 들어, 추정량을 공식 형태로 표현하는 것이 추정량과 관련된 중요한 이론적인 결과들(예를 들어, 표본 분산 공식 등)을 유도하는 데 있어 훨씬 편하기 때문이다. 제시된 공식에서의 계수 N/n은 추출 가중치에 해당하는 중요한 개념이지만, 일반 교재에서는 이런 의미에 대해서는 언급하지 않고 논의를 전개하는 경우가 많다.

하지만 실제 표본조사의 적용에 있어서는 가중치 자체를 산출하는 실무적인 문제에 초점을 맞추게 된다. 추정량이 간단한 형태(모든 가중치가 같음)로 표현되는 앞의 예에 있어서도 실제 자료 분석을 위한 적절한 가중치를 유도하는 작업이 간단하지 않을 수 있다. 예를 들어, 응답거부 또는 다른 형태의 무응답으로 인해 일부 관측값을 얻지 못했다고 가정하자. 이런 경우 어떤 가중치를 사용하는 것이 적절할 것인가? 여기에 덧붙여 일부 표본 단위들이 실제적으로는 "조사 부적격"이거나 "조사대상 범위를 벗어나는 경우"가 있을 수 있다. 가중치 관점에서 이런 경우를 어떻게 다루어야 할까? 표본이 한쪽으로 치우치지 않고 균형을 이루도록 표본추출과정에서 노력했음에도 불구하고 표본이 이상하게 구성되었다고(예를 들어, 예상보다 남성 응답자가 많은 경우) 하자. 이런 경우 추정값의 정확성을 제고하기 위한 방안이 없을까? 실제 표본조사 실무에 있어서 가중치는 기본적인 추정량 공식(기본 가중치가 적용된 것임)을 설명해줄 뿐만 아니라 무응답, 추출틀 결함을 포함한 다양한 문제를 해결하기 위한 추가적인 보정 문제와도 연관된다.

흔히 볼 수 있는 가중치 적용 사례를 보기로 하자. 무응답을 조정하기 위한 가중치의 활용에 대해서는 다음 절에서 다루기로 한다. 농업 전문가가 전자 지리정보 시스템을 활용하여 조사 지점을 랜덤하게 선택한 후 해당 지점을 포함한(도랑 등으로 구획된) 경작지를 추출하는 방식으로 어떤 국가의 경작지 표본을 추출한다고 가정하자. 표본으로 추출된 경작지에 대해 농산물 수확량을 측정하면, 단위 면적당 평균 수확량을 추정할 수 있다(해당 국가의 전체 경작지 면적을 알고 있다면 전체 수확량도 구할 수 있다). 이런 방식으로 표본을 추출하면 면적이 넓은 경작지는 표본으로 선택될 확률이 커지게 된다. 이런 경우 비편향 추정을 하기 위해서는 불균등 선택확률을 조정하는 작업이 필수적이다.

만약 어떤 경작지의 면적을 A, 해당 경작지에서의 수확량을 y라고 표시하면 경작지 i를 선택할 확률은 A_i에 비례한다. 따라서 이 경작지에 대한 가중치는 A_i의 역수에 비례하게 된다. 즉, $w_i = k(1/A_i)$로 표현되고 여기서 k는 특정 조건을 만족하는 상수이다(이 경우 k는 해당 국가의 총 경작지 면적이고, 여기서는 이를 모른다고 가정한다). 3장의 내용에 의하면 모집단 총계에 대한 비편향 추정량은 다음과 같다.

$$\hat{\tau} = \sum_{i=1}^{n} w_i y_i$$

이 추정량은 우리가 알지 못하는 k값에 의존한다. 그러나 우리는 가중치를 모두 합친 것이 모집단 크기 N을 추정한다는 것을 알고 있다. 따라서 모집단 평균에 대한 추정량은 다음과 같고, 결과적으로 이 추정량은 k에 의존하지 않는다.

$$\hat{\mu} = \frac{\sum w_i y_i}{\sum w_i}$$

이 추정량은 비(ratio) 추정량 형태이고, 따라서 이 추정량의 표준오차와 오차의 한계를 추정하기 위해서는 6장에 제시된 비추정량에 대한 분산 공식을 사용해야 한다(3장과 8장에 의하면 분산 추정에 있어서 불균등 확률추출에 따른 더 이상의 조정은 필요 없다). 예제 11.6은 이와 관련된 사례이다.

예제 11.6

2000년도에 플로리다 주에서의 건물 신축허가 건수를 연구하는 것을 목적으로 표본 카운티들에 대한 자료를 수집했다. 플로리다 지도에 랜덤하게 10개 포인트를 떨어뜨려 해당 카운티를 표본으로 추출하는 방식으로 플로리다 주의 67개 카운티 중 10개가 표본으로 추출되었다. 각 주를 대상으로 2000년도에 발급된 신축허가 건수와 해당 카운티의 면적을 조사했다(표 11.1 참조, 이들 두 개의 관측값은 센서스 자료에서 얻을 수 있다). 여기서 전체 카운티의 총 면적은 모르는 것으로 가정하자. 이 자료를 이용해 이 연구에서 원하는 추정값과 표준오차를 구하라.

표 11.1 플로리다 표본 카운티의 면적과 건물 신축허가 건수

카운티	면적, *A*(평방 마일)	허가 건수, *y*
Alachua	874	1,973
Santa Rosa	1,017	1,056
Polk	1,874	4,746
Palm Beach	1,974	10,504
Collier	2,025	7,970
Orange	907	10,239
Suwanee	688	125
Volusia	1,103	3,587
Wakulla	607	394
Hillsborough	1,051	11,656

풀이

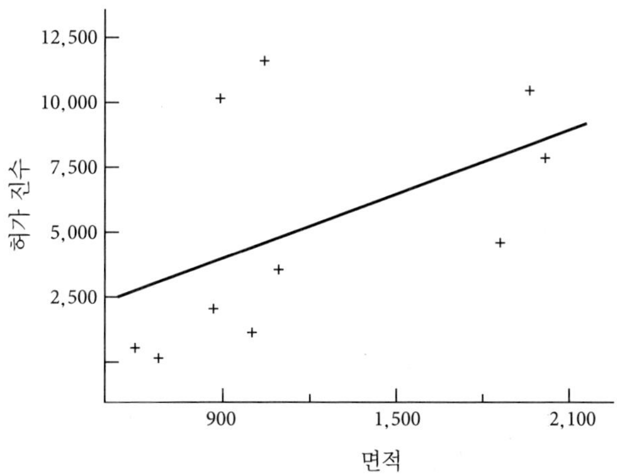

• **그림 11.1** 플로리다 표본 카운티의 면적 대비 신축허가 건수

포인트를 지도에 떨어뜨리는 선택과정을 통해 카운티가 선택될 확률은 해당 카운티의 면적에 비례하게 된다. 다시 말해, 면적이 큰 카운티는 면적이 작은 카운티에 비해 표본으로 추출될 가능성이 커지게 된다.

교외지역의 경우 면적은 넓지만 건물 신축허가 건수는 작을 수 있기 때문에 신축허가 건수가 카운티의 면적과 직접적으로 연계가 되는 것은 아니지만, 이들 두 변수는 어느 정도는 거의 확실하게 상관관계를 갖고 있다. 그림 11.1은 이런 관계를 보여주고 있다. 만약 단순확률추출에서의 추정 방법을 그대로 사용하면, 면적이 넓은 카운티를 선택할 확률을 크게 했기 때문에 신축허가 총 건수를 과대추정하게 될 것이다.

불균등 선택확률을 적용한 것을 무시하고, 단순하게 신축허가 표본 자료를 단순확률추출로 얻은 것으로 간주하고 총 허가 건수에 대한 추정값을 계산하면 350,075이고, 표준오차는 87,904이다.

불균등 확률추출의 조정을 위해서는 면적의 역수에 비례하는 가중치를 적용하는 것이 필요하다(최종적인 계산과정에서 k는 약분되어 지워지기 때문에 k는 1이라고 간주한다) 따라서 카운티당 평균 신축허가 건수는 다음과 같이 추정된다.

$$w_i = 1/A_i$$

$$\hat{\mu} = \frac{\sum w_i y_i}{\sum w_i} = 4273$$

6장에 나온 비추정량의 분산 공식을 사용하면 표준오차는 1,416이다. 평균 추정값과 표준오차에 $N = 67$을 곱하면 총계 추정값은 286,291건이고 총계에 대한 표준오차는 94,872이다. 불균등 선택확률을 조정한 결과 우리가 예상했던 것처럼 총계 추정결과는 작아졌지만, 표준오차에 대한 추정값은 약간 증가했다. 이런 결과는 카운티의 면적과 건축허가 건수의 선형관계가 강하지 않기 때문에 발생한 것이다.

이 사례에서는 발급된 건축허가 건수가 카운티에 따라 변동이 심하기 때문에 산출된 표준오차가 매우 크다. 이런 경우 좋은 추정결과를 얻기 위해서는 대규모 표본이 필요하다. 이 사례의 경우 다른 자료를 통해 실제로 2000년도에 플로리다에서 발급된 총 건축허가 건수를 정확히 파악할 수 있었는데, 실제 총 건축허가 건수가 155,264이었다. 따라서 불균등 확률추출에 따른 조정을 하더라도 추정결과가 실제보다 상당히 큰 것으로 나타났다. 그렇더라도 추정값은 실제 참값에서 2배의 표준오차를 기준으로 설정한 범위 안에 충분히 들어간다는 점에 유의하기 바란다.

11.6 무응답 조정

2장에서 설명한 것처럼 거의 모든 표본조사에서 무응답이 발생한다. "무응답"은 응답거부, 부재", 언어 소통문제, 또는 관련 사항을 몰라서 등의 이유로 표본으로 추출된 조사적격 단위로부터 자료를 얻지 못하는 것을 말한다. 표본 단위가 조사 부적격인 경우에는 응답 자료를 얻지 못하더라도 무응답에 해당하지 않는다. 가중치 적용 과정에서 무응답과 부적격은 분리되어 처리되어야 한다(조사적격 단위들은 11.3절에서처럼 부모집단으로 처리될 수 있다).

무응답에 대한 가중치 조정을 하는 가장 중요한 목표는 편향을 줄이는 데 있다. (1) 무응답자는 응답자와 속성이 다르고, (2) 추정결과에 영향을 줄 수 있을 정도로 모집단 중 무응답자가 차지하는 비중이 높으면 무응답에 의한 편향이 발생하게 된다. 하지만 무응답 조정을 하면 일반적으로 가중치의 변동이 커지게 되고, 이에 따라 결과적으로 추정량의 표본추출오차가 증가하게 된다. 무응답 조정은 편향을 감소시키는 대신 분산이 커지는 것을 감수하는 것이다. 응답률이 떨어지면 일반적으로 무응답 편향은 커지는 경향이 있기 때문에 응답률이 낮은 경우 특히 조심할 필요가 있다. 조사 전체 응답률이 높은 편이더라도 분석대상이 되는 특정 그룹에서의 응답률은 상당히 낮을 수 있다. 비록 조사결과의 활용 자체가 불가능할 정도로 낮은 응답률이란 어느 정도를 말하는 것인지 명확한 판정기준은 없지만, 최소 허용 기준 응답률 아래로 응답률이 떨어지는 경우 조사 가중치는 절대로 산출하지 말아야 한다(이런 조사는 "가중 불능"에 해당하므로 모집단에 대한 추론을 하지 말도록 권유해야 한다). 만약 여건이 허락된다면 무응답 편향 분석을 해 보는 것이 바람직하다(11.8절의 재조사 참조).

무응답 조정을 위한 가중치 보정을 할 것인지를 결정하는 데 있어 무응답 조정에 유용한 변수(정보)를 활용할 수 있는지 여부가 중요한 요소이다. 경우에 따라 이런 정보는 표본이외의 자료에서 얻을 수도 있고 어떤 경우에는 표본 자체에서 얻을 수도 있다. 표본 기반 무응답 조정은 표본자료에서 활용 가능한 정보를 이용하는 것으로 모집단에 관한 외부 정보를 필요로 하지 않는다. 표본 기반 무응답 조정은 무응답 단위에 대응되는 가중치를 응답을 얻은 표본 단위에 배분하는 것인데, 응답 단위들에 대한 보정된 가중치의 합이 원래의 표본에서의 전체 기본 가중치의 합과 같게 만들어 준다. 다음의 예를 참고하기 바란다.

층화 원리를 잘 활용하는 것이 분석과정에서 무응답을 조정하는 하나의 방법이 될 수 있다. 일반적으로 모집단을 분할해 보면 그룹에 따라 무응답률이 다르다. 나이든 사람들이 젊은 사람들에 비해 응답률이 높을 수 있고, 교육수준이 높은 사람들이 교육수준이 낮은 사람들에 비해 응답률이 높을 수 있다. 무응답 조정을 통해 추정의 정확성과 정도를 향상시키는 것을 목적으로 층화 표본추출 모형을 활용하는 데 있어서 핵심적인 사항은 모집단(과 표본단위들)을 무응답률이 비슷한 단위들이 하나의 계급(층)으로 묶이도록 몇 개의 계급으로 나누는 것이다. 만약 사전에 정보가 주어져, 예를 들어 조사대상자의 연령이 장년, 중년 또는 노년이냐에 따라 응답확률이 다르고, 각 연령 그룹 내에서는 이런 응답확률이 거의 동일한 것으로 볼 수 있다면 이런 3개의 연령 그룹이 층의 역할을 할 수 있다. 조사가 실시되기 전에는 무응답 수준을 미리 알 수 없기 때문에 이런 층화 조정 작업은 자료가 수집된 다음에 이루어지게 된다. 따라서 이런 방식을 사후층화라고 한다.

사후 층이 구성되면 분석과정은 층화확률표본과 거의 같은데, 여기서 층의 크기, N_i가 중요한 역할을 하게 된다. 만약 이 값들을 아는 경우에는 이런 분석방법을 무응답 **사후층화보정**(*post-stratification adjustment*)이라고 부른다. 만약 층의 크기들을 표본 자료로부터 추정해야 하는 경우에는 이런 분석방법을 **가중계급보정**(*weighting-class adjustment*)이라고 한다. 이와 같은 두 가지 경우에 해당하는 사례를 살펴보도록 하자.

예제 11.7a

학생들의 주당 평균 학습시간(정규 수업시간은 제외)을 추정하기 위해 사회학 전공자들을 위한 통계학개론 과목을 수강하는 1,500명의 학생들 중에서 200명을 단순확률추출했다. 학습시간 관련 문항에 대해 200명 중 135명이 응답을 했다. 이 모집단과 관련해 전체 수강생 중 60%는 여학생이고, 수강생 중 70%는 저학년(1 또는 2학년) 학생들이라는 것을 이미 알고 있다.

무응답은 무시하고, 이 자료를 $n = 135$이고 $N = 1{,}500$인 완벽하게 이루어진 단순확률표본에서 얻은 것으로 간주하면, 표본평균과 표본추출오차(분산과 표준오차)는 4장의 방법으로 다음과 같이 계산된다.

$$\bar{y} = 11.378$$
$$\hat{V}(\bar{y}) = 0.301$$
$$\sqrt{\hat{V}(\bar{y})} = 0.548$$

과거 경험에 의하면 남학생과 여학생의 응답률은 다르고, 남여 그룹 내에서는 응답 확률이 거의 같다고 가정해도 별 무리가 없다고 한다. 여학생들이 대부분을 차지하는 사회학 전공을 하기 위해서는 이 교과목을 반드시 이수할 필요가 있고, 여학생들은 장래 자신의 진로를 위해 이 과목을 매우 중요하게 생각하기 때문에 여학생들의 응답률이 높게 나타나는 경향이 있다.

성별을 기준으로 층을 구성한 사후층화보정에서는 모집단의 60%가 여학생이라는 사실을 활용하게 된다. 135명의 응답자 중 104명이 여학생이고 31명이 남학생이었다. 따라서 다음 표에 요약되어 있는 것과 같은 전형적인 층화확률표본에서 얻은 자료로 간주하고 분석하게 된다.

	여학생	남학생
N_i	900	600
n_i	104	31
$\bar{y}_i$	12.375	8.0323
s_i	6.676	5.596

층화확률추출에서의 일반 공식을 사용하면 다음과 같은 주당 평균 학습시간에 대한 추정값과 표본추출오차를 설명해 주는 분산과 표준오차를 얻게 된다.

$$\bar{y}_{\mathrm{st}} = 10.638$$
$$\hat{V}(\bar{y}_{\mathrm{st}}) = 0.290$$
$$\sqrt{\hat{V}(\bar{y}_{\mathrm{st}})} = 0.538$$

표본에 남학생들이 불충분하게 대표되어 있기 때문에 모집단 평균에 대한 추정값은 결과적으로 학습 시간이 적은 남학생들의 평균 방향으로 이동되었다는 점에 주목하기 바란다. 표준오차는 약간 감소하였는데, 이런 결과는 효과적인 층화작업이 이루어짐에 따라 발생하는 현상이다.

예제 11.7b

모집단에서 각 층의 크기를 모르면 이 값들을 표본에서 추정해야 하는데, 이 경우 가중계급조정 방식으로 무응답을 보정하게 된다(앞의 학업시간 조사 사례에서는 전체 수강생 중 60%가 여학생이란 정보가 사전에 주어졌는데, 만약 이 정보를 믿을 수 없다면 이런 사실을 실제 분석과정에 활용하지 않는 것으로 보면 된다). 단순확률표본을 통해서 얻은 어떤 특정 층에 속하는 표본 단위들의 비율은 모집단에서 해당 층의 비율에 대한 좋은 추정값이 된다는 사실에 기초하여 N_i를 추정하게 된다. 학업시간 조사 사례의 경우, $n^* = 200$인 원래의 단순확률표본에서 여학생이 $n_1^* = 130$명이고 남학생이 $n_2^* = 70$명인 것으로 나타났다. 따라서 모집단 층별 크기에 대한 최량의 추정결과는 다음과 같다.

$$\hat{N}_1 = N\left(\frac{n_1^*}{n^*}\right) = 1500\left(\frac{130}{200}\right) = 975$$

$$\hat{N}_2 = N\left(\frac{n_2^*}{n^*}\right) = 1500\left(\frac{70}{200}\right) = 525$$

다른 자료는 변화가 없기 때문에 층화추출에서 추정값과 오차를 산출하는 데 필요한 자료를 요약하면 다음 표와 같다.

	여학생	남학생
N_i	975	525
n_i	104	31
$\bar{y}_i$	12.375	8.0323
s_i	6.676	5.596

따라서 다음 결과를 얻을 수 있다.

$$\bar{y}_{\text{wc}} = 10.855$$

$$\hat{V}(\bar{y}_{\text{wc}}) = 0.278$$

$$\sqrt{\hat{V}(\bar{y}_{\text{wc}})} = 0.527$$

평균은 사후층화보정에서 얻은 결과와 비슷하고 표준오차는 약간 줄어들었다. 하지만 층의 크기를 추정했기 때문에 표준오차가 과소추정되었을 가능성이 높으며, 따라서 제시된 표준오차는 잘못 해석될 소지가 있다. 이런 경우 평균제곱오차(MSE)를 파악하기 위해 편향을 추정하고, 이 결과를 분산 추정값과 함께 활용하게 된다. 편향의 제곱에 대한 추정량은 다음과 같다.

$$\hat{B}^2 = \left(\frac{N}{n^*}\right)^2\left(\frac{N - n^*}{n^* - 1}\right)\sum_{i=1}^{L} n_i^*(\bar{y}_i - \bar{y})^2$$

위 공식을 이용하면 학생들의 학습시간 자료의 경우 편향의 제곱은 근사적으로 0.02인 것으로 계산된다. 따라서

$$\text{MSE}(\bar{y}_{\text{wc}}) = \hat{V}(\bar{y}_{\text{wc}}) + \hat{B}^2 = 0.298$$

가중계급보정 방법을 적용한 경우, 오차의 한계를 구하기 위해 분산 추정값 대신 제시된 MSE를 활용하는 것이 바람직하다. 가중계급보정에서의 MSE는 사후층화보정에서의 분산 추정값보다 약간 크다. 사후층화보정의 경우 가중계급보정에 비해 추정과정이 한 단계 적기 때문에 이런 현상이 나타난다고 볼 수 있다. 특히 무응답 조정을 무시하고 단순확률추출법으로 간주하고 얻은 추정결과에 비해 무응답을 조정한 두 가지 경우 모두 추정오차가 작아진다는 사실에 유의하기 바란다.

예제 11.8

앞에 제시된 무응답 조정 아이디어는 래이킹(*raking*)이라는 알려진 방법을 통해 차원이 높은(변수가 많은) 경우에도 확장 적용될 수 있다. 전체 수강생 중 60%가 여학생이란 사실과 함께 70%의 학생이 저학년(1학년 또는 2학년) 학생이라는 사실을 알고 있었다. 저학년 학생들은 자신의 진로에 대해 아직 확신을 갖고 있지 않아 부담 없이 응답하기 때문에 고학년 학생들에 비해 응답률이 높은 경향을 보일 수 있을 것이다. 이제 어떻게 두 개의 범주를 동시에 고려한 무응답 조정을 할 것인지 생각해 보자. 만약 두 개의 범주가 서로 독립이라면 (0.6)(0.7) = 0.42이므로 1,500명의 수강생 중 42%가 여학생–저학년 층을 구성하게 되고, 유사한 과정을 통해 나머지 3개 층에 대한 모집단 구성비율도 계산할 수 있기 때문에 문제는 간단히 처리될 수 있다. 하지만 두 범주가 서로 독립이라는 가정은 비현실적이다. 따라서 우리는 활용 가능한 표본 자료를 사용하여 각 층의 크기를 추정해야만 한다. 이 사례에서는 표본으로 추출된 전체 200명의 학생들을 대상으로 한 범주 분류는 불가능하고, 그 중 조사에 응답한 135명의 학생들의 자료만을 대상으로 범주 분류를 해야 한다. 응답자를 기준으로 정리한 결과는 다음과 같다.

	저학년	고학년	합계
여학생	86	18	104
남학생	17	14	31
합계	103	32	135

우선 행을 구분하는 범주(성별)를 기준으로 주변 상대 빈도수가 모집단 구성비인 6:4가 되도록 조정하는 것을 목표로 하게 된다. 이런 조건이 만족되려면 여학생과 남학생의 표본크기가 각각 81명과 54명이어야 한다. 첫 번째 행의 원래 표본크기에 (81/104)을 일괄적으로 곱하고, 두 번째 행에는 (54/31)을 곱함으로써 쉽게 이런 조정을 할 수 있다. 이렇게 하면 86(81/104) = 66.98이고 17(54/31) = 29.61이 된다. 이런 첫 번째 과정을 걸쳐 얻은 조정된 값들은 다음 표와 같다.

	저학년	고학년	합계
여학생	66.98	14.02	81
남학생	29.61	24.39	54
합계	96.59	38.41	135

이제 행의 합계는 원하는 구성비를 만족한다. 하지만 각 열의 합계들은 7:3의 구성비를 만족시키지 못한다. 이런 조건을 만족시키기 위해서는 각 그룹에 해당하는 합계가 94.5와 40.5가 되어야 한다. 첫 번째 열의 표본크기에 (94.5/96.59)를 곱하고 두 번째 열에 (40.5/38.41)을 일괄적으로 곱하면 이런 조정이 된다. 이런 과정을 통해 얻어진 결과는 다음과 같다.

	저학년	고학년	합계
여학생	65.53	14.78	80.31
남학생	28.97	25.72	54.69
합계	94.5	40.5	135

이제 열의 합계는 우리가 원하는 올바른 상대 빈도수를 갖게 되었지만, 행의 합계는 원했던 상태에서 약간 벗어나 있다. 이제 이런 과정을 한 번 더 반복하면 좀더 상황을 개선할 수 있지만 여기서는 이 상태에서 중지하기로 한다. 이런 표본크기 조정은 여학생−저학년 칸의 86명의 학생을 근사적으로 66명의 학생을 대표하는 것으로 하향 조정하는 대신 남학생−저학년 칸의 17명의 학생이 근사적으로 29명의 학생을 대표하는 것처럼 상향조정한 것으로 해석될 수 있다.

다음 과정은 조정된 표본크기를 사용해 가중계급조정에서 이용했던 것과 유사한 공식을 활용해 층의 크기를 아래와 같이 추정하는 것이다.

$$\hat{N}_i = N\left(\frac{\hat{n}_i}{n}\right)$$

여기서 $\hat{n}_i$는 i번째 층에 대한 조정된 표본크기이다. 이런 방식으로 층의 크기를 추정한 결과는 다음 표와 같다.

	저학년	고학년	합계
여학생	728.11	164.22	892.33
남학생	321.89	285.78	607.67
합계	1,050	450	1,500

이제부터의 추정과정은 다음 표에 주어진 원래의 관측된 표본크기와 자료에서 얻은 요약값을 사용해 층화확률추출법에서의 공식을 그대로 적용하면 된다(표에는 위에서부터 표본평균, 표본표준편차 및 표본크기가 차례로 정리되어 있다).

	저학년	고학년
여학생	12.105	13.667
	6.503	7.507
	86	18
남학생	7.706	8.429
	6.956	3.524
	17	14

주당 평균 학습시간에 대한 추정값과 표본추출오차를 나타내는 표본분산과 표준오차 추정값은 다음과 같다.

$$\bar{y}_{\text{rake}} = 10.630$$
$$\hat{V}(\bar{y}_{\text{rake}}) = 0.290$$
$$\sqrt{\hat{V}(\bar{y}_{\text{rake}})} = 0.539$$

이렇게 얻어진 결과가 앞에서 다룬 다른 층화방법을 이용해 나온 것들과 유사하다는 것이 의외의 결과는 아니다. 하지만 성별과 학년이란 두 개의 범주에 대한 모집단 구성 비율이 유지되도록 조정하는 것이 중요하다고 판단되는 경우 이런 방법이 최선의 방안이 될 수 있다. 실제로 네 개의 층 각각에 대해 다음 표와 같은 안정적인 추정결과를 얻을 수 있다.

층	표본크기	추정된 모집단 크기	표본평균	표본표준편차	표본평균의 표준오차
여학생-저학년	86	728	12.105	6.503	0.6585
남학생-저학년	17	322	7.706	6.956	1.6418
여학생-고학년	18	164	13.667	7.507	1.6694
남학생-고학년	14	286	8.429	3.524	0.9184

이 경우 알고 있다고 가정한 모집단의 주변 분포(여학생이 60%이고, 저학년이 70%라는 구성 비율)를 사용해 조정을 했기 때문에, 제시된 방법을 **사후층화 래이킹 추정**(*post-stratified raking estimate*)이라고 한다. 이런 방법을 적용하면 약간의 편향이 발생하는 경향이 있지만, 일반적으로 이런 편향은 표본크기가 어느 정도 커지게 되면 크게 우려하지 않아도 된다. 만약 표본 자료를 토대로 추정한 주변 층별 크기를 사용해 래이킹 보정을 하게 되면 이런 방식은 **가중계급 래이킹 추정**(*weighting-class raking estimate*)이라고 부른다. 뒤에 언급한 방법은 예상할 수 있는 것처럼 심각한 편향이 발생할 소지가 있다.

가중계급보정과 래이킹 보정을 적용하기 위해서는 각 층에서 최소한 50% 이상의 응답률을 얻고 20개 이상의 관측값을 확보하라는 것이 표본크기와 관련된 개략적인 가이드라인이다. 따라서 제시된 학생 대상 조사 사례에서는 래이킹 방법을 적용하기에 표본크기가 너무 작다는 문제가 있지만, 성별을 계급으로 사용한 가중계급보정은 이런 관점에서도 무리 없이 적용될 수 있는 적절한 방법이다.

11.7 결측값 대체

조사단위가 사람이든 또는 다른 것이 되든 상관없이 거의 모든 표본조사에서는 필요한 정보를 얻기 위해 다수의 문항들(변수들)을 사용하게 된다. 이런 경우 고려 대상이 되는 자료 칸의 배열(변수들이 열로, 케이스별 관측 자료가 행으로 구성된 스프레드시트를 상상해 보라)에서는 거의 언제나 일부 자료가 누락된(칸이 빈) 경우가 발생한다. 보통의 분석 방법이 적절하게 적용되기 위해서는 배열상의 모든 칸에 자료가 들어 있어야 한다. 예를 들어, 대부분의 회귀분석 프로그램에서는 모형에 사용되는 변수들 중에서 하나의 변수(칸)에 대해서라도 결측이 있으면 그 케이스 전체를 제외하고 분석을 한다. 이렇게 하면 막대한 자료의 손실을 가져오게 된다. 하지만 결측된 칸을 다른 값으로 대체(imputation)하게 되면 이런 상황을 막을 수 있다. 아주 간단하게 직관적인 판단에 의존하는 것부터 복잡한 통계적인 모형을 활용하는 것까지 다양한 방법으로 이런 처리를 할 수 있다. 이제부터 이와 관련된 기본적인 기법들을 소개하고 관련 내용에 대해 논의해 보고자 한다.

"핫덱(hot deck)" 대체는 현재의 표본 자료 자체에서 특정 값을 선택해 결측된 칸을 대체하는(채우는) 것을 말한다. 하나의 방법은 조사된 표본 자료에서 문제가 된 변수의 값들 중 하나를 그냥 랜덤하게 선택하여 사용하는 것이다. 또 다른 방법은 문제가 된 변수를 기준으로 유사성을 갖는 단위들이 동일 그룹으로 묶이도록 전체 표본을 여러 개의 그룹으로 분할한 후 결측값을 포함하고 있는 그룹 내에서 하나의 값을 선택해 사용하는 것이다. 이렇게 분류된 그룹이 동질적이면 편향은 상당 폭 줄어들게 된다. 세 번째 방법은 결측값을 포함하는 그룹의 평균으로 결측값을 대체하는 것이다(평균으로 결측값을 대체하는 방법은 일반적으로 "핫덱" 기법이라고 부르지 않는다).

무응답과 관련해 사용한 통계학개론 수강생들을 대상으로 한 조사 사례에서 135명이 보내온 응답 설문지 중 "주당 학습시간" 변수가 결측된 경우가 실제로는 5건 있었다. 5건의 무응답이 모두 여학생 중에서 발생했다. 아래 표는 다음과 같은 방법으로 분석한 결과를 정리한 것이다. 여기서 (I) 결측값을 무시한 경우, (II) 전체 표본에서 랜덤하게 선택된 값들로 대체한 경우, (III) 여학생 그룹에서 랜덤하게 선택된 값들로 대체한 경우, (IV) 응답한 모든 여학생의 평균으로 이 값들을 대체한 경우를 고려한 것이다.

층 대체방법	표본크기	표본평균	표본표준편차	모집단평균추정	표준오차추정
I. 결측값 무시	130	11.400	6.790	11.400	0.569
II. 전체 표본에서 랜덤	135	11.526	6.762	11.526	0.555
III. 여학생 중 랜덤	135	11.689	6.930	10.880	0.548
IV. 여학생 평균	135	11.436	6.665	10.683	0.537

이렇게 처리된 자료를 단순확률표본에서 얻은 것으로 간주하면, 방법 II는 표본평균과 표준편차 관점에서는 방법 I과 거의 유사하지만, 표본크기가 증가하는 효과가 있기 때문에 표준오차를 기준으로 하면 방법 I보다 우수한 것으로 나타났다. 방법 III과 방법 IV의 경우 여학생과 남학생을 구분한 층화확률표본처럼 생각하고 자료를 분석한 것이다. 방법 III의 경우 방법 I 또는 방법 II에 비해 표본평균은 약간 크지만 표준오차는 작아진다(여학생의 경우 학습시간이 상대적으로 길었다는 점을 기억하기 바란다). 방법 IV의 경우 표준오차가 가장 작게 나오지만, 이 결과는 조정 과정에서 자료가 왜곡되어 작은 값이 나온 것으로 보아야 한다. 방법 IV는 평균과 일치하는 관측값을 너무 많이 생성하게 되고, 이에 따라 표준오차가 실제로 표본에서 나와야 할 값보다 작아지기 때문에 이 방법은 권장할만한 방법이 아니다(방법 III는 앞의 무응답 관련 사례연구에서 사용한 완전한 자료를 만들기 위해서 실제 이용한 대체방법이란 점을 참고하기 바란다).

하지만 일반적으로 결측값이 대체된 자료를 보통의 방법으로 분석하게 되면 자료를 대체하는 과정에서 발생하는 오차가 반영되지 않기 때문에 표준오차를 과소 추정하게 된다는 점에 유의할 필요가 있다. 이 경우 분산은 경험상 어림잡아 2[(대체된 관측값의 수)/n] × 100% 정도 과소 추정되는 것으로 볼 수 있다. 따라서, 방법 III의 경우 분산은 2[5/135] × 100% = 7% 정도 상향 조정될 필요가 있다. 이에 따르면 평균 추정량의 분산은 (0.5482)(1.07) = 0.3213이고 표준오차는 0.567이 된다.

다른 "핫덱" 방법으로는 순차적 대체(sequential imputation)와 최근방 대체(nearest-neighbor imputation) 등이 있다. 첫 번째 방법은 결측값을 방금 전에 컴퓨터에서 읽어들인 최후의 해당 변수의 값으로 대체하는 것이다. 만약 유사한 값들을 갖는 단위들이 인접하도록 적절한 순서(예를 들어, 지리적으로)에 따라 자료가 정렬되는 경우 이 방법은 좋은 대체 방안이 될 수 있다. 하지만 결측값들이 덩어리로 뭉쳐 있는 경우 동일한 값을 계속 대체값으로 반복적으로 사용하게 되기 때문에 이 방법은 바람직하지 않다. 두 번째 방법은 다른 변수들을 사용하는 것으로 이 변수들을 기준으로 결측이 발생한 케이스와 가장 "근접한" 것으로 보이는 케이스에서 얻은 관측값으로 대체하는 것이다. 예를 들어, 학습시간이 결측된 경우 동일한 GPA, 성별과 연령을 갖는 다른 학생을 찾아서 이 학생의 응답결과를 대체값으로 사용하는 것이다. 이런 아이디어를 적용하는 과정에서 결측된 자료값을 예측하기 위해 수집된 자료의 다른 변수들을 활용하는 통계적 모형을 구현하는 방안으로 회귀분석모형을 사용할 수도 있다.

11.8 재조사 횟수의 선택

앞에서 거론한 것과 같이 무응답은 표본조사에 있어서 반드시 고려되어야 할 중요한 문제이다. 만약 크기가 n인 단순확률표본을 조사하는데 단지 $n_1(n_1 < n)$명의 사람들에게서만 응답을 얻는 경우, 두 그룹(응답자와 무응답자)을 층화확률표본에서의 두 개 층과 같이 취급할 수 있다. 여기서 n_1과 $n_2 = n - n_1$은 확률변수로 이 값들은 최초의 표본에 대한 관측이 종료된 후에나 알 수 있기 때문에 이런 상황이 실제적으로는 정확한 층화확률추출에 해당하는 것은 아니다. 그럼에도 불구하고 이런 상황을 층화표본추출 관점에서 해석하면 재조사를 위한 근사적인 최적배분을 유도할 수 있다.

n_2명의 무응답자 중에서 r명에 대해서는 좀더 심층적인 재조사를 실시하여 응답결과를 얻는다고 가정하자. 여기서 $r = n_2/k$이고 k는 1보다 큰 상수이다. 또한 최초의 표본에서 일상적인 응답을 얻는 데 드는 조사단위당 비용은 c_1, 심층적인 재조사를 통해 응답을 얻는 데 드는 조사단위당 비용은 $c_2(c_2 > c_1)$, 그리고 최초의 표본추출에서 하나의 단위를 추출하는 데 드는 비용을 c_0라고 가정하면, 총비용은 다음과 같다.

$$C = nc_0 + n_1c_1 + rc_2$$

여기서 $\bar{y}_1$은 처음에 얻은 응답결과들에 대한 평균이고 $\bar{y}_2$는 r명에 대한 재조사를 통하여 얻은 응답결과들에 대한 평균이라고 하면, 모집단 평균 μ의 비편향 추정량은 다음과 같다.

$$\bar{y}^* = \frac{1}{n}(n_1\bar{y}_1 + n_2\bar{y}_2) \tag{11.15}$$

추정량 $\bar{y}^*$ 의 분산은 이론적으로 유도가 가능하다. 따라서 $V(\bar{y}^*)$를 V_0로 고정하고 표본추출에 드는 기대 비용을 최소로 하는 n과 k를 구할 수 있다. N이 클 때 근사적으로 구한 최적값 n과 k는 다음과 같다.

$$k = \sqrt{\frac{c_2(\sigma^2 - W_2\sigma_2^2)}{\sigma_2^2(c_0 + c_1W_1)}} \tag{11.16}$$

$$n = \frac{N[\sigma^2 + (k-1)W_2\sigma_2^2]}{NV_0 + \sigma^2} \tag{11.17}$$

여기서 W_2는 모집단에서 무응답률이고, $W_1 = 1 - W_2$이며, σ^2과 σ_2^2은 각각 전체 모집단에서의 분산과 무응답 그룹에서의 분산이다. $\bar{y}^*$의 분산은 다음과 같이 추정될 수 있다.

$$\hat{V}(\bar{y}^*) = \frac{k-1}{n}W_2s_2^2 + \left(1 - \frac{n}{N}\right)\frac{s^2}{n}$$

여기서 s_2^2은 무응답 그룹의 분산에 대한 추정값이고, s^2은 전체 모집단에서 분산의 추정값이다.

예제 11.9

1,000명의 대학생 그룹을 대상으로 1주일 동안 지출하는 평균 유흥오락비를 추정하기 위해서 설문지를 우편으로 발송하여 자료를 수집하려고 한다. 과거 경험에 의하면 이런 조사의 경우 응답률은 60% 정도라고 한다. 또한 $\sigma^2 \approx 120$, $\sigma_2^2 \approx 80$이라고 알려져 있다(무응답 그룹의 경우 이들은 유흥오락에 별로 관심이 없고, 따라서 유흥오락비로 지출하는 액수가 적기 때문에 분산이 작아진다). 조사비용을 $c_0 = 0$, $c_1 = 1$, $c_2 = 4$라고 가정하고 단순확률추출법을 적용했다고 하자. 여기서 얻게 되는 추정량의 분산이 근사적으로 5(단위) 정도가 되도록 n과 k를 구하라.

풀이

여기서 $W_2 = 1 - W_1 = 0.4$이므로 식 (11.16)과 식 (11.17)에 의해서

$$k = \sqrt{\frac{4[120 - 0.4(80)]}{80(1)(0.6)}} = 2.71$$

$$n = \frac{1000[120 + 1.71(0.4)(80)]}{1000(5) + 120} = 34.1 \text{ 또는 } 35$$

여기서 $E(n_2) = nW_2 = 35(0.4) = 14$이므로 최초의 표본에서 21명 정도가 응답할 것으로 기대할 수 있다. 따라서 재조사를 실시해야 할 학생 수는 다음과 같다.

$$r = \frac{n_2}{k} \approx \frac{14}{2.71} = 5.2 \text{ 또는 } 6$$

만약 모집단을 구성하는 N명의 사람을 N_1명의 사람들로 구성된 "응답층(첫 번째 조사에 응답할 사람들)"과 N_2명의 사람들로 구성된 "무응답층"으로 분류한 것으로 생각하면, 재조사를 통한 무응답 조정의 필요성을 다음과 같이 쉽게 확인할 수 있다. 이 경우

$$\mu = W_1\mu_1 + W_2\mu_2$$

여기서 $W_i = N_i/N$이고 μ에 대한 추정량으로 $\bar{y}_1$을 사용하는 경우 발생하는 편향은 다음과 같다.

$$\begin{aligned} E(\bar{y}_1) - \mu &= \mu_1 - \mu = \mu_1 - (W_1\mu_1 + W_2\mu_2) \\ &= W_2(\mu_1 - \mu_2) \end{aligned}$$

따라서, $\mu_1 = \mu_2$가 성립하지 않거나 무응답률 W_2가 0이 아니라면 $\bar{y}_1$는 편향이 생기는 추정량이다. 최초의 표본자료에서 μ_1에 대한 추정값은 얻을 수 있지만 μ_2에 대한 정보는 전혀 얻을 수 없다. 따라서 μ에 대한 올바른 추정을 하기 위해서는 재조사를 통해서 μ_2에 대한 정보를 확보하는 것이 본질적으로 필요하다.

모집단 비율 p를 추정하는 경우에는 재조사를 실시하지 않고서 이런 문제를 조금이나마 해결하는 방법을 생각해 볼 수 있다. 모비율 p는 다음과 같이 표현된다.

$$p = W_1p_1 + W_2p_2$$

이제 p_2는 0과 1 사이의 값이라는 사실과 p_1에 대한 추정값을 함께 활용한 p에 대한 구간추정 방법을 생각해 보자. 표본자료를 이용해 구한 $\hat{p}_1$을 사용하여 유한모집단 수정항을 무시하고 p_1에 대한 구간추정을 하면 다음과 같다.

$$\left(\hat{p}_1 - 2\sqrt{\frac{\hat{p}_1(1-\hat{p}_1)}{n_1 - 1}},\ \hat{p}_1 + 2\sqrt{\frac{\hat{p}_1(1-\hat{p}_1)}{n_1 - 1}}\right)$$

이제 이 구간을 $(\hat{p}_{1,\mathrm{L}}, \hat{p}_{1,\mathrm{U}})$이라고 표기하자. p_2에 대한 아래쪽 한계는 0이란 사실을 이용하면 p에 대한 구간추정의 하한은 다음과 같다.

$$\hat{p}_{\mathrm{L}} = W_1\hat{p}_{1,\mathrm{L}} + W_2(0) = W_1\hat{p}_{1,\mathrm{L}}$$

유사한 방식으로 구한 p에 대한 구간추정의 상한은 다음과 같다.

$$\hat{p}_{\mathrm{U}} = W_1\hat{p}_{1,\mathrm{U}} + W_2(1)$$

만약 W_2가 크면 이 구간은 너무 커지지만 전혀 재조사가 이루어지지 않는 경우 이런 구간 추정 방법이 유용하게 활용될 수 있다. 예를 들어, $n_1 = 1{,}000$, $W_2 = 0.2$, $\hat{p}_1 = 0.5$라고 하면 $\hat{p}_{1,\mathrm{L}} = 0.465$이고 $\hat{p}_{1,\mathrm{U}} = 0.535$이다. 따라서

$$\begin{aligned} \hat{p}_{\mathrm{L}} &= 0.8(465) = 0.372 \\ \hat{p}_{\mathrm{U}} &= 0.8(535) + 0.2 = 0.628 \end{aligned}$$

제시된 예에서 상당히 큰 규모의 표본을 이용하고 있지만 p에 대한 구간추정의 길이는 p_1에 대한 구간추정 길이의 3배를 넘는다는 사실을 확인할 수 있다. 이와 같이 구간의 길이가 엄청나게 커진다는 것을 통해 연구자는 재조사가 얼마나 중요한 것인지 다시 한 번 느낄 수 있기를 바란다.

11.9 부스트랩

지금까지 우리는 추정값을 산출하고 추정오차의 한계를 구하기 위해 전형적인 방법들을 사용했다. 각 추정량은 분산 추정 공식과 연계되어 있었고, 이 분산 추정량의 제곱근이 표준오차의 추정량이었다. 오차의 한계(또는 추정오차의 한계)는 근사적으로 두 배의 표준오차에 해당하고, 만약 표본크기가 어느 정도 크다면 이를 이용해 근사적인 95% 신뢰구간을 구할 수 있었다. 이런 접근 방식에 있어서 문제점은 어떤 경우에는 분산 추정량이 편향될 수 있다는 것이고, 어떤 조건 아래서는 이 추정량이 매우 조잡한 것일 수 있다는 것이다. 또한 (이 책에서는 다루지 않았지만) 복합표본조사(집락 및 층화가 반영되는 동시에 복잡한 형태의 가중치를 적용해야 하는 표본조사)에서는 많은 추정량의 분산을 닫힌 형태(공식 형태)로 표현하는 것이 거의 불가능할 수 있다. 다행스럽게 요즘 고속 컴퓨터 기술이 발달하고, 다양한 기법들이 개발되어 모수에 대한 근사적인 구간추정이 대안이 될 수 있다. 이런 기법들 중에서 가장 널리 알려진 기법이 부스트랩(bootstrap)이다. 다음에 설명되는 것처럼 부스트랩을 위해서는 원래의 표본 자료에서 대규모 재추출 작업을 해야 한다는 번거로움은 있지만, 분산 계산 공식이 얼마나 복잡한 것인지 상관없이 적용이 가능하다는 장점이 있다.

예제 11.10

부스트랩 방법을 6.3절의 표 6.1에 있는 13개의 MSA로부터 얻은 전형적인 월별 주택유지비용에 대한 자료를 사용해 설명하고자 한다. 만약 이 표본이 실제로 관심 모집단인 47개 MSA로부터 추출된 단순확률표본이라면 표본자료는 모집단 자료를 올바르게 복사한 것으로 볼 수 있다. 표본자료가 모집단에 대해 우리가 알 수 있는 모든 것이고, 실제로 표본이 모집단을 상당히 잘 대표하고 있다고 가정할 수 있다. 이제 원래의 크기가 n인 표본으로부터 크기가 n인 확률표본을 계속 반복적으로 복원추출하여 관심 통계량의 표본추출분포(부스트랩 분포)를 모의실험하는 교묘한 기법을 이용하고자 한다(만약 재추출 과정을 비복원으로 하면 우리는 매번 동일한 표본을 얻게 된다). 모집단에 비하면 표본이 아주 작은 부분을 차지하지만 표본크기 n이 충분히 큰 경우(즉, 무한모집단 가정에 가까운 경우), 이런 방식이 이론적으로 가장 단순한 형태의 부스트랩 방법이다. 여기서 복원추출을 하는 것은 우리가 확보하고 있는 표본 자료의 분포와 정확하게 일치하는 무한 모집단 분포를 설정하고, 이런 무한 모집단에서 표본을 반복적으로 추출하는 행동을 컴퓨터로 흉내를 내는 교묘한 과정으로 볼 수 있다.

한편, Booth 등(1994)은 기존 이론을 확장해 유한모집단의 경우에 적용이 가능한 부스트랩 방법을 제안하였다. 이 방법은 재추출 대상 모집단을 설정하기 위해, 모집단 크기만큼 가능한 표본 자료를 그대로 반복적으로 복사하고 그래도 모자란 부분은 표본 자료에서 일부를 (비복원) 랜덤하게 추출한 값으로 메꾸어 가상적인 유한모집단을 설정하는 방식이다. 예를 들어, $N = 100$이고 $n = 25$라고 하면 표본 자료를 4회 그대로 복사한 값들로 모집단이 구성된 것으로 보고 재추출을 하는 것이다. 만약 $n = 15$이면 표본 전체 자료를 6번 그대로 복사한 후, 표본 자료에서 10개 값을 추가적으로 랜덤하게 선택해 구성한 모집단을 이용하는 것이다.

그림 11.2는 Booth 등(1994)이 제안한 방법으로 2002년도 주택유지비용에 대한 원래 표본으로부터 크기가 13인 부스트랩 표본을 1,000개 추출하여 각 표본에서 평균을 계산하여 얻은 부스트랩 평균들을 보여주고 있다. 원래의 표본 자료에서 볼 수 있었던 것처럼 여기서도 오른쪽으로 약간 꼬리가 길게 나타나는 것을 볼 수 있다. 이것은 모의실험을 통해 얻은 표본평균들의 분포이기 때문에 근사적인 모집단 평균에 대한 95% 신뢰구간을 구하기 위해서는 단순하게 관측된 표본평균들 중에서 아래쪽으로 2.5%와 위쪽으로 2.5%에 해당하는 두 개의 값을 찾으면 된다. 이 부스트랩 모의실험에서는 월별 823.5달러와 990.7달러가 이들 값에 해당한다.

월별 주택유지비용에 대한 모집단 평균을 4장에 있는 단순확률표본에서의 추정 공식을 사용해 신뢰구간을 구하면 810.8달러에서 992.3달러이다. 하지만 이 구간과 부스트랩 신뢰구간을 비교하는 것은 적절하지 않다. 왜냐하면 이 경우 표본크기가 13밖에 되지 않기 때문에 오차의 한계 공식을 이용해 산출된 신뢰구간은 실제보다 훨씬 구간의 폭이 짧게 계산된 것이기 때문이다. 이 경우 실제 95% 신뢰구간은 802.6에서 1000.5이다. 그림 11.2를 보면 표본추출분포가 정규분포를 따르지 않는다는 것으로 볼 수 있고 따라서 이 경우 이 신뢰구간은 적절하지 않다.

부스트랩 기법은 모든 표본 통계량에 적용이 가능하다. MSA 모집단에서 유지비용의 중위수에 대한 표본추출분포는 앞에서 사용한 반복적으로 추출된 각 부스트랩 표본에서 표본평균 대신 표본 중위수를 구해 얻을 수 있다. 이렇게 구한 모집단 중위수에 대한 구간추정 결과는 월별 761달러에서 986달러이다. 이번에도 원래 표본 자료가 치우쳐 있기 때문에 중위수에 대한 추정값은 평균으로부터 아래 방향으로 이동하게 된 것이다.

6장에서 논의한 비 추정에 대한 분산 추정량을 사용하면 편향이 발생하고 특정 조건 하에서는 매우 부정확한 추정결과를 얻게 된다. 부스트랩 구간을 사용함으로써 이런 형태의 분산 추정량의 사용을 완전히 피할 수 있다.

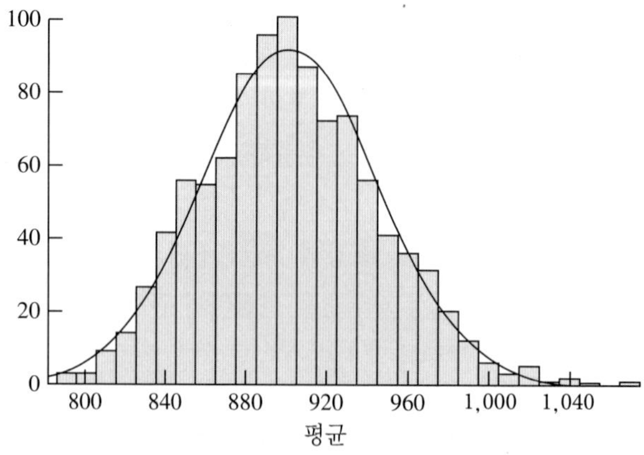

• **그림 11.2** 평균에 대한 부스트랩 분포

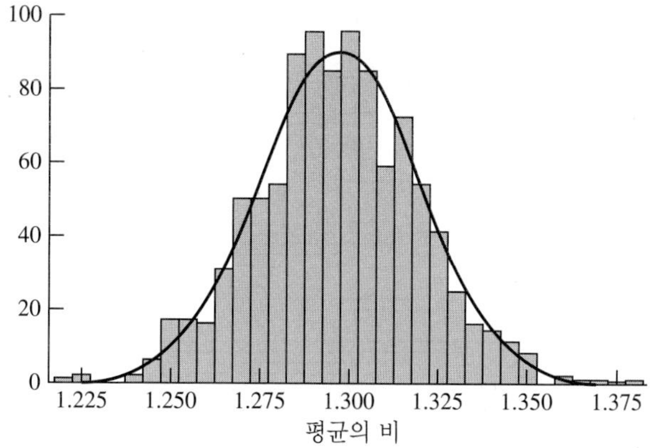

• **그림 11.3** 평균의 비에 대한 부스트랩 분포

예제 11.11

다시 한 번 주택비용 자료에서 크기가 13인 표본을 Booth 등(1994)이 제안한 방법으로 1,000번 반복적으로 선택한 후, 각 표본에서 2002년도 평균과 1994년도 평균의 비를 계산하고 이 값들을 이용해 비에 대한 모의실험 부스트랩 분포를 구해보면 그림 11.3과 같다. 여기서 아래쪽과 위쪽에서 2.5%에 해당하는 값을 찾아서 근사적인 95% 신뢰구간을 구하면 (1.246, 1.346)이다. 예제 6.1에서 분산공식을 사용해 구한 추정결과는 1.296 ± 0.046, 즉 (1.250, 1.342)이었다. 여기서의 비추정량은 아주 적은 편향을 갖기 때문에 이 경우 두 방법을 통해 얻은 추정결과는 거의 같다.

부스트랩은 복원추출을 기반으로 하고 있기 때문에 만약 원래의 표본도 복원추출에 의해 뽑히는 경우 더 잘 작동된다. 또한 부스트랩은 어떤 상황에 적용되는지에 따라 차이가 크다. 여기서는 단순확률추출의 경우에 대한 부스트랩 사례를 다루었다. 좀더 일반적인 부스트랩에 관한 내용을 알고 싶으면 Efron과 Tibshirani (1993)를 참고하고, 복합표본설계에서 부스트랩의 활용 방법에 대한 보다 많은 정보가 필요하면 Shao와 Tu (1995)를 참고하기 바란다.

11.10 요약

이 장에서는 표본조사설계와 관련된 기본적인 가정들이 성립되지 않는 경우에 모수 추정에 활용될 수 있는 유용한 기법들을 소개했다. 조사원에 따른 면접상의 편향에 의한 영향을 해결하기 위해 상호관입부표본이 활용된다는 것을 보았다. 이 경우 식 (11.2)에 제시된 추정량에 의해 모집단 평균이 추정될 수 있고, 이 추정량의 분산은 식 (11.3)에 의해 추정될 수 있다. 부적절한 표본추출틀을 사용하면 문제가 발생하는데 이와 관련하여 부모집단의 평균과 총계를 추정하는 방법을 살펴보았다. 부모집단 평균의 추정량은 식 (11.5)과 같고, 부모집단의 총계에 대한 추정량은 식 (11.7)과 식 (11.9)에 제시되어 있다. 한편 응답자가 민감한 질문에 대해 정확한 답변을 하지 않을 때, 확률화응답기법이 활용될 수 있다. 이 기법을 적용하는 경우 모집단 비율 p를 추정하는 방법을 11.4절에서 설명했다.

11.5절에서부터 11.7절까지는 편향을 줄이기 위해 표본자료에 적절한 가중치를 부여하는 방법을 다루었고, 또한 이런 방법을 무응답을 조정하는 문제와 연계해 설명했다. 11.8절에서처럼 경우에 따라 최적의 재조사 표본수를 결정하기 위해 무응답자들을 별개의 층으로 고려할 수도 있다.

11.9절에서는 재추출법을 통해 신뢰구간을 구하는 일반적인 방법인 부스트랩 기법을 소개했다.

연습문제

일부의 연습문제들은 자료와 직접적으로 관계되므로 엑셀파일에 있는 자료들과 연결하기 위해서 센게이지러닝 홈페이지(www.cengage.co.kr) Download 자료실의 Section 11.0을 참고하기 바란다.

11.1 어느 지역에 545가구가 거주하고 있다. 이 지역에서 한 가구가 1년 동안 지출하는 평균 의료비를 추성하고사 한다. 이 조사를 위해 8명의 면접조시원을 활용하고자 한다. 일반적으로 응답자는 자신들의 건강상태에 대한 정보가 노출되는 것을 꺼리기 때문에 정확한 정보를 얻기 위해서는 조사원의 면접기술이 매우 중요하다. 조사원의 면접 능력이 서로 다르기 때문에 연구자는 5가구로 구성된 8개의 상호관입부표본을 설정하고 조사원 한 명에게 각각 하나의 부표본을 조사하도록 하였다. 따라서 40가구를 단순확률추출하고 이를 다시 랜덤하게 8개의 부표본으로 분할하였다. 면접조사를 실시한 결과 아래의 자료를 얻었다. 지난 1년간 지출된 가구당 평균 의료비를 추정하고 추정오차의 한계를 구하라.

부표본	연간 의료비 지출액				
1	101	95	310	427	680
2	157	192	108	960	312
3	689	432	187	512	649
4	322	48	93	162	495
5	837	649	152	175	210
6	1,015	864	325	470	295
7	837	249	1127	493	218
8	327	419	291	114	287

11.2 연습문제 11.6에서 모집단 493가구의 가구주 중에서 420가구의 가구주가 직장으로 통근을 한다는 것을 이미 알고 있다. 주어진 추가 정보를 이용하여 전체 교외 거주 모집단 가구주의 통근거리 총계를 추정하고 오차의 한계를 구하라.

11.3 어떤 소매상에서 지불기한이 지난 계정들의 평균 외상매출금을 추정하고자 한다. 어떤 외상매출금은 최근에 정산되었기 때문에 과거에 작성된 지불기한이 지난 계정들의 목록은 정확하지 않다. 새로운 목록을 작성하는 데 많은 비용이 들기 때문에 이 소매상에서는 과거의 목록을 사용하기로 했다. 이 목록에 있는 95개의 거래처별 계정 중에서 20개의 계정을 단순확률추출했다. 20개의 표본 계정 중에서 4개의 계정은 이미 정산되었다. 따라서 16개의 계

정이 지불기한이 지난 계정이었고 각 계정의 외상매출금은 다음과 같다.

3.65	15.98	40.70	2.98	50.00	60.31	67.21	14.98
10.20	14.32	1.87	32.60	19.80	15.98	12.20	15.00

이 소매상에서 지불기한이 지난 계정들의 평균 외상매출금을 추정하고 추정오차의 한계를 구하라.

11.4 연습문제 11.3에서 지불기한이 지난 계정들의 외상매출금 총계를 추정하고 추정오차의 한계를 구하라.

11.5 연습문제 11.3에서 이 소매상의 종업원이 과거의 계정 목록을 일일이 검토해 본 결과 95개의 계정 중에서 83개의 계정만이 지불기한이 지났다는 것을 확인했다. 연습문제 11.3의 자료를 갖고 추가적인 정보를 활용하여 지불기한이 지난 계정들의 외상매출금 총계를 추정하고 추정오차의 한계를 구하라.

11.6 어떤 교외 지역에 거주하는 가구의 가구주들을 대상으로 집에서 직장까지 평균 통근거리를 추정하고자 한다. 이 지역의 493가구 중 30가구의 가구주를 단순확률추출하였다. 면접조사를 하는 과정에서 연구자는 일부 가구주의 경우 은퇴를 했거나 다양한 이유로 직장으로 출퇴근을 하지 않기 때문에 조사 부적격에 해당한다는 것을 알았다. 30명의 표본 가구주 중 24명이 조사적격자에 해당했으며, 이들로부터 조사된 통근거리는 다음과 같다.

8.5	10.2	25.1	5.0	6.3	7.9	15.8	2.1
9.2	4.2	8.3	4.2	6.7	10.1	15.6	22.1
10.0	6.1	7.9	1.5	8.0	11.0	20.2	9.3

교외 거주 가구주들 중에서 직장으로 출퇴근을 하는 가구주들의 평균 통근거리를 추정하고 오차의 한계를 구하라.

11.7 연습문제 11.6에서 교외 거주 전체 가구주들의 평균 통근거리를 추정하고 오차의 한계를 구하라.

11.8 특정 지역에서 낚시로 잡히는 물고기의 양을 조사하기 위해 정기적으로 조사원을 파견하여 정해진 기간 동안 그 지역에서 낚시하는 모든 사람을 면접 조사했다. 현장 조사원은 조사대상자가 조사대상 기간 동안 그 지역에서 낚시한 횟수와 지난 한 달 동안 잡은 물고기의 양에 대한 자료(아래 표 참조)를 다른 변수들과 함께 수집했다. 이 조사의 목적은 이 지역에서 지난 한 달 동안 낚시꾼 1명이 잡은 평균 물고기량을 추정하는 것이다. 평균에 대한 적절한 추정값을 구하고 이런 추정량을 사용한 이유를 설명하라. 아울러 추정 오차의 한계를 구하라.

어획량(그램)	낚시 횟수	어획량(그램)	낚시 횟수	어획량(그램)	낚시 횟수
0.000	3	48.600	6	4.050	1
16.200	6	8.100	3	12.150	5
0.000	1	0.000	3	81.000	29
8.100	2	30.375	21	10.125	5
0.000	1	8.100	7	0.000	2
0.000	1	0.000	1	2.025	11

0.000	3	0.000	1	0.000	2
0.000	2	0.000	3	0.000	2
0.000	2	24.300	21	0.000	4
12.150	4	0.000	7	12.150	2

11.9 6장의 교양 통계학 강좌 관련 사례연구를 다시 보자. 요약하면 통계학과를 대상으로 2000년 가을학기 대형 교양 통계학 강좌 수강생 수와 관련 소규모 토론 학급 수에 대한 자료를 수집했다. 이 조사는 층화확률표본에 의해 조사된 것이 아니라 70개 통계학과 중에서 단순확률추출로 표본을 추출해 얻은 자료를 5개 층으로 사후적으로 분할한 것이다. 층 1부터 층 4까지는 박사과정이 있는 통계학과들인데 해당 대학교 전체 재학생 수에 따라 각각 15,000명, 25,000명, 35,000명을 기준으로 층을 구성한 것이다. 층 5는 박사과정이 없는 통계학과들이다. 아울러 다섯 계층의 크기는 모른다고 가정하자. 수강생에 대한 표본 자료는 다음 표에 제시되어 있다.

층 1 수강생 수	층 2 수강생 수	층 3 수강생 수	층 4 수강생 수	층 5 수강생 수
494	1,015	784	1,357	1,557
36	700	1,101	1,433	88
153	1,391	285	1,680	500
277	101	255	934	390
480	1,100	755	615	
500	737		834	
	689		506	
	277			
	151			
	375			

5개 사후층의 실제로 추출된 원래 표본크기는 각각 6, 14, 6, 11, 8이고 전체 표본크기는 45이었다. 주어진 자료는 각 사후층에서 얻어진 실제 조사결과를 보여주고 있다. 무응답 조정을 통해 2000년 가을학기 대형 교양 통계학 강좌 수강생 총수를 추정하고 오차의 한계를 구하라. 풀이 과정에서 어떤 가정을 하였는가?

이 자료를 층화확률표본에서 얻은 것처럼 간주하고 5장의 방법(층의 크기를 알고 있음)을 사용하면 2000년 가을학기 통계학과에서 개설하는 대형 교양 통계학 강좌 수강생 총수에 대한 추정값은 70(656.774) = 45,974이다. 오차의 한계는 근사적으로 9,000이다. 앞에서 무응답 조정을 통해 구한 추정값과 이 결과를 비교하라.

11.10 4장의 마지막에 제시된 100개의 사각형으로 구성된 모집단을 고려하자. 각 사각형의 면적에 비례하는 선택확률로 10개의 사각형을 추출하라. 추출된 표본 사각형을 이용하여 해당 페이지에 있는 사각형들의 평균 면적을 추정하고 오차의 한계를 구하라.

11.11 어떤 도시의 공중보건 담당자가 자신이 기르는 개에게 광견병 예방접종을 실시한 사람들의 비율을 추정하고자 한다. 일반적으로 사람들은 자신이 기르는 개에게 광견병 예방접종을

실시하지 않은 것이 알려지면 자신에게 어떤 불이익이 돌아올 것으로 생각하기 때문에 광견병 예방접종 여부에 대한 질문에 정확한 답변을 하지 않는 경향이 있다. 따라서 이 보건소에서는 확률화응답기법을 적용하기로 하였다. 한 묶음의 카드 중에서 80%의 카드에는 예방접종을 실시한 그룹을 의미하는 A라는 표기를 하고 나머지 20%의 카드에는 예방접종을 실시하지 않은 그룹을 나타내는 B라는 표기를 하였다. 개를 기르고 있는 사람 중에서 200명의 사람을 단순확률추출하고 이들에게 카드를 한 장 선택하여 카드의 표시가 자신이 속하는 그룹에 해당하면 "예"라고 응답하도록 하였다. 조사결과 145명이 "예"라고 응답하였다. 개를 기르고 있는 사람 중 광견병 예방접종을 실시한 사람의 비율을 추정하고 추정오차의 한계를 구하라. 여기서 이 도시에 개를 기르고 있는 사람의 수는 매우 많다고 가정한다.

11.12 어떤 대학 인근 지역의 거주자 중 50%는 자기 집에 거주하고 있고 50%는 전월세로 거주하고 있다. 이 지역은 두 개 지역으로 구분될 수 있는데 지역 A에 전체 중 40%가 거주하고 있다. 100명의 거주자를 단순확률추출하여 조사한 결과 4개의 범주별로 다음과 같은 결과를 얻었다.

	지역 A	지역 B	합계
자기 집	12	18	30
전월세	40	30	70
합계	52	48	100

만약 이 지역에 600명이 거주하고 있다면 이미 알고 있는 주변분포의 구성 비율(퍼센티지)을 이용하여 특정 변수(예를 들어, 이 지역 외식비용 총계)에 대한 사후층화 추정값을 어떻게 구할 것인지 설명하라.

실제 자료를 이용한 실습

아래에 설정된 상황 중 최소한 하나의 경우에 해당하는 적절한 모집단으로부터 단순확률표본을 추출하라. 추출된 표본을 조사한 결과를 이용하여 부모집단과 관련된 11.3절의 방법을 적용하여 부모집단의 비율 또는 평균을 추정하고 추정오차의 한계를 구하라. 여기서 어떤 단위가 특정 부모집단에 속하는지 여부는 단위를 조사한 후에 비로소 알 수 있도록 해야 한다.

11.1 가장 최근에 실시된 선거에 실제로 참여한 투표자 중에서 지방정부에서 발표한 특정한 정책에 찬성하는 사람들의 비율을 추정하라.

11.2 당신 주위에 거주하고 있는 *주택의 보유자*들(전월세자 제외)이 지난 한 분기 동안 집을 수리하기 위해 지출한 평균 비용을 추정하라.

11.3 이 책에 상자로 처리된 공식이나 표를 포함하고 있는 쪽을 제외한 나머지 쪽들에 대해 한 쪽당 평균 단어의 수를 추정하라.

CHAPTER 12

요약

12.1 표본설계 및 조사방법 요약

표본조사는 표본에서 얻은 정보를 활용하여 모집단에 대한 추론을 하는 것을 목적으로 한다. 이 책에서는 표본조사설계와 이와 관련된 유한개의 단위로 구성된 모집단에 대한 통계적인 추론 방법에 대해 논의하였다. 인용한 예제들은 주로 기업경영 또는 사회과학과 관련된 것들이고 이런 예제들에서는 사람들로부터 얻어지는 응답들로 이루어진 유한모집단이 주요 관심대상이었다. 아울러 천연자원의 관리와 관련된 예제들도 사용하였다.

대부분의 표본조사에서 사용하는 통계적 추론방법은 추정이다. 따라서, 모집단의 모수들에 대한 적절한 추정량과 함께 표준오차를 2배 한 형태의 추정오차의 한계에 대해 알아보았다. 반복적인 표본조사에서 얻어지는 추정값의 오차가 추정오차의 한계보다 작을 확률은 근사적으로 .95이다. 또한 이와 거의 동일한 방식으로 반복적인 표본조사에서 얻어진 신뢰구간 100개 중 근사적으로 95개가 모수 참값을 포함하도록 해주는 신뢰구간을 구하였다. 특정 모수와 관련하여 표본에서 얻어지는 정보의 양은 추정오차의 한계(또는 오차의 한계)로 설명될 수 있다.

이 책의 내용은 크게 다섯 가지 주제로 구분될 수 있다. 이를 요약하면 첫째, 기본적인 개념에 대한 정리, 둘째, 유용한 표본조사설계 방법, 셋째, 보조변수로부터 얻을 수 있는 정보를 활용한 효율적인 추정방법, 넷째, 야생생태 모집단의 크기를 추정하는 방법, 그리고 다섯째, 표본조사와 관련된 기본적인 가정들이 만족되지 않는 경우에 적용될 수 있는 통계적 추론방법 등이다.

첫 번째 주제를 다룬 1장, 2장, 3장에서는 통계학의 목적을 정리하고, 실험실에서 이루어지는 전통적인 실험과 사회과학, 기업경영, 천연자원관리 등과 관련된 조사에서 발생하는 문제는 어떤 차이가 있는지 그리고 어떤 특수성을 갖게 되는지 설명하였다. 이런 특수성은 주로 유한모집단에서 표본을 추출한다는 사실과 사람들로 이루어진 모집단에서 표본을 추출하기 때문에 발생하는 여러 가지 어려움들로부터 발생한다. 유한모집단 문제와 관련하여 일반적인 기초통계학에서 사용되는 추정오차의 한계를 유한모집단수정항을 적용하여 보완하는 것이 필요했다. 또한 사람들로 구성된 모집단으로부터 표본추출하는 데 따르는 어려움과 관련하여 원하는 만큼의 정보량을 얻으면서 비용을 절감할 수 있는 구체적인 표본조사설계 방법을 제시하였다.

4장, 5장, 7장, 8장, 9장에서는 다양한 형태의 표본조사설계들과 이에 따른 추정방법들을 고려하였다. 가장 기본적인 표본조사설계인 단순확률추출에 대해 4장에서 정리하였다. 여기서는 크기가 n인 모든 가능한 표본들이 추출될 확률이 모두 같다. 이 표본설계에서는 원하는 만큼의 정보량을 얻으면서 비용을 절감하는 문제는 고려대상이 아니었다. 한편 단순확률추출법은 가장 기본적인 형태의 표본조사설계이고 따라서, 다른 표본설계들은 기본적으로 이것과 비교되고 있다.

두 번째 표본설계는 모집단을 층이라고 부르는 동질적인 그룹으로 분할하는 층화확률추출법(5장)이다. 이 방법에 의해 얻어지는 추정량은 일반적으로 단순확률추출에 의한 추정량에 비하여 분산이 작다. 따라서, 작은 수의 표본을 추출하고도 원하는 추정오차의 한계를 만족시킬 수 있기 때문에 궁극적으로 조사비용이 절감된다.

세 번째 고려한 표본설계는 계통추출법(7장)이다. 예를 들어, 서류함 속에 정렬된 구독자 카드들 또는 어떤 공원에 순서대로 입장하는 사람들과 같이 모집단을 구성하는 단위들이 일렬로 정렬된 형태로 존재하는 경우 이 방법이 흔히 사용된다. 우선 랜덤출발점을 선정하고 여기서부터 매 k번째에 해당하는 단위가 표본으로 추출된다. 단순확률표본 또는 층화확률표본을 추출하는 데 너무 많은 비용이 들거나 현실적으로 불가능한 경우 계통추출법을 흔히 사용한다. 전체 조사비용을 줄이기 위해서는 주로 표본을 추출하고 자료를 수집하는 비용을 줄이는 것이 필요하다.

네 번째 표본조사설계는 8장과 9장에 정리된 집락표본추출법이다. 집락표본추출에서는 흔히 지리적으로 가까운 위치에 존재하는 단위들의 모임을 추출단위로 사용하기 때문에 조사비용을 절감할 수 있다. 특히 모집단을 구성하는 모든 단위들에 대한 명부를 확보할 수 없거나 단위 간 이동비용이 중요한 고려사항인 경우 집락추출법이 효과적으로 활용될 수 있다. 집락표본추출을 사용하면 자료를 수집하는 데 드는 비용이 줄어들어 전체 조사비용을 절감할 수 있지만, 추정량의 분산이 커진다는 단점이 있다.

이 책에서 다룬 내용 중 세 번째 주제에 해당하는 비추정법, 회귀추정법, 차이추정법에 대한 사항을 6장에서 다루고 있다. 이들은 보조변수가 제공하는 정보를 효과적으로 활용한다는 측면에서 의의가 있다. 비추정법은 흔히 적은 비용으로 얻을 수 있는 추가적인 정보를 활용하여 추정량의 분산을 줄여서 결과적으로 조사비용을 절감하는 방법이다. 또한 이 방법을 참고로 하면 두 개 이상의 보조변수를 활용하는 좀더 복잡한 형태의 추정방법을 활용하는 것이 가능하다는 사실을 확인할 수 있다. 여기서는 4장에서 논의된 단순확률추출법을 토대로 이론을 전개하고 있다. 즉, 단순확률표본의 각 단위를 대상으로 관심변수인 y를 관측하고 4장에 제시된 기존의 추정량을 적절하게 보완하여 사용하고 있다. 또한 6장에서 언급한 바와 같이 각 단위에 대해 관심변수 y와 보조변수 x를 동시에 관측하고 보조변수를 통하여 얻을 수 있는 추가적인 정보를 활용하여 모수에 대한 좀더 효율적인 추정량을 유도하고 있다. 한편 특별히 강조되지는 않았지만 비추정법은 이 책에서 언급한 모든 다양한 형태의 표본추출방법에서도 적용될 수 있다는 점에 유의하기 바란다.

10장에서는 모집단의 크기를 추정하는 특수한 문제를 다루었다. 최소한 두 단계 이상의 표본추출과정을 필요로 하는 재포획 자료와 관련된 두 개의 추정량이 제시되었다. 또한 단위 면적당 밀도를 사용한 추정방법도 다루었다.

마지막 다섯 번째 주제에 해당하는 내용은 11장에서 다루었다. 여기서는 일반적인 표본조사에서의 기본가정이 어긋나는 네 가지 상황을 고려하였다. 네 가지 상황을 정리해 보자. (1) 면접조사원에 의한 편향. 이 문제는 경우에 따라 상호관입부표본을 활용하여 상당 부분 극복할 수 있다. (2) 부적절한 표본추출틀. 이와 관련된 사항으로 조사모집단의 부모집단에 대한 추정량을 활용하는 방법을 다루었다. (3) 민감한 질문에 대한 응답. 이와 관련하여 확률화응답모형을 적용하는 방안을 소개했다. (4) 무응답. 무응답에 따른 문제는 적절한 조사설계 방법을 활용하고 관측된 자료를 심층적으로 분석함으로써 줄일 수 있다.

요약하면 이 책에서는 다양한 기본적인 표본조사설계 방법들과 이와 관련된 추론방법들을 논의하였다. 다루어진 내용들은 항상 실제 상황에 응용하는 것을 염두에 두고 있다. 따라서, 독자들은 사회과학, 기업경영, 자원관리 등의 분야에 있어서 적은 비용으로 효과적인 추론을 할 수 있는 실제적인 표본조사설계 방법을 배울 수 있었을 것이다.

12.2 표본설계 및 방법의 비교

주어진 상황에서 다양한 표본추출방법과 분석방법이 활용이 가능하기 때문에 특정한 문제에 적합한 표본추출방법을 선정하는 작업이 매우 중요하다. 따라서, 앞에서 논의된 내용 중에서 이와 관련된 사항들을 정리해 보도록 하자.

단순확률추출법은 건물의 초석과 같이 가장 기초적인 표본추출방법으로, 이 책에서 논의하는 다른 모든 표본추출방법들의 기본적인 참조 대상이다. 하지만 다른 표본설계들이 정확도 및 효율성이라는 측면에서 훨씬 효과적이기 때문에 대규모 조사에서 단순확률추출만을 활용하는 경우는 거의 찾아볼 수 없다.

층화확률추출법에서는 동질적인 단위들이 하나의 층으로 묶인다. 따라서, 각 층의 평균들이 차이가 나도록 층화를 하면 층화표본추출에서 사용되는 추정량의 분산은 동일한 표본크기의 단순확률추출에서의 추정량의 분산에 비하여 작아진다.

동일한 층에 속하는 측정값들이 모두 같고 층들 간에는 차이가 있는 경우가 층화확률추출법이 효과적으로 활용될 수 있는 가장 이상적인 상황이다.

계통추출법은 편리하기 때문에 즉, 상대적으로 수행하기가 쉽기 때문에 흔히 사용된다. 하지만 만약 동일한 계통표본에 속하는 단위들이 음의 상관관계를 갖는 경우 추정오차의 한계라는 측면에서도 단순확률추출에 비하여 이 방법이 실제적으로 더 바람직하다. 예를 들어, 주기를 갖는 자료의 경우 계통표본이 주기가 높은 위치와 낮은 위치에서 번갈아 추출되면 이런 상황이 벌어질 수 있다. 반대로 만약 계통표본이 주기가 높은 위치에서만 또는 낮은 위치에서만 계속 추출되는 경우에는 조사결과의 정확성이 매우 떨어진다. 모집단이 선형추세 또는 주기를 갖는데 그 움직임을 정확히 파악할 수 없는 경우에는 층화표본추출을 사용하는 것이 바람직하다. 예를 들어, 경제 시계열은 분기별 또는 월별로 층화하여 각 층에서 랜덤하게 추출하는 방법을 적용할 수 있다. 층화표본추출이나 계통추출 모두 전체 자료에서 전반적으로 골고루 표본을 추출하려고 하는 것인데 층화추출이 좀더 랜덤추출이 강조된 방법이고 따라서, 흔히 추정오차의 한계가 더 작아진다.

집락표본추출은 일반적으로 비용을 절감하기 위해서 또는 적절한 표본추출틀의 확보가 여의치 않을 때 사용된다. 하지만 만약 집락 내의 단위들이 이질적이고 각 집락의 평균들이 거의 같은 경우 오히려 단순확률추출 또는 층화확률추출보다 효과적일 수 있다. 동일한 집락에 속하는 측정값들이 가능한 차이가 많이 나면서 집락 평균들이 같은 경우 집락추출법이 효과적으로 활용될 수 있는 가장 이상적인 상황이다. 이런 상황은 층화표본추출에서 각 층은 동질적으로 구성되고 각 층의 평균은 서로 차이가 많이 나야 효율적이라는 것과 대비된다.

위에서 언급한 세 가지 표본추출방법을 비교할 수 있는 또 다른 측면을 살펴보자. 모집단이 $N = nk$개의 단위로 이루어져 있다면 이는 집락의 크기가 n인 k개의 계통표본을 구성하고 있다고 볼 수 있다. 다시 말하면 이는 집락의 크기가 n인 k개의 집락으로 간주할 수 있고, 따라서, 계통표본추출은 여기서 하나의 집락을 추출하는 것과 같다. 이 경우 최적의 계통추출을 위해서는 각 집락 내의 단위들이 이질적이어야 한다. 반면에 nk개의 단위를 k개의 단위씩 묶어서 n개의 층을 구성했다고 볼 수도 있으므로 이 경우 계통표본은 각 층에서 하나씩의 단위를 추출한 것으로 간주할 수 있다. 이 경우 각 층은 가능한 동질적인 단위들로 구성되고 각 층의 평균은 가능한 차이가 많이 나는 것이 바람직하다. 이는 집락표본추출에서 고려했던 사항과 일치하고 이런 상황에서 역시 최적의 계통표본추출이 가능하다. 따라서, 세 가지 표본추출방법은 비록 차이가 있지만 효율적인 표본설계를 위한 기본원칙에 있어서는 일치하고 있다.

마지막으로 보조변수 x를 어떻게 효과적으로 이용하여 관심변수 y에 대한 정보를 좀더 많이 얻을 수 있는가에 대해 정리해 보자. 만약 x와 y에 대한 회귀직선이 원점을 지나고, x가 증가함에 따라 y값들의 변동이 증가하는 경우 비추정법이 최적의 추정방법이다. 하지만 x와 y에 대한 회귀직선이 원점을 지나지 않고, x가 변화해도 y값들의 변동이 일정한 경우 회귀추정법이 비추정법에 비하여 효과적이다. 또한 차이추정법은 회귀추정법에서 기울기를 나타내는 회귀계수가 1인 경우와 유사하다.

이제 적절한 분석방법을 어떻게 선택하여 적용할 것인가 하는 문제와 관련해 몇 개의 연습문제를 살펴보고자 한다.

연습문제

일부의 연습문제들은 자료와 직접적으로 관계되므로 엑셀파일에 있는 자료들과 연결하기 위해서 센게이지러닝 홈페이지(www.cengage.co.kr) Download 자료실의 Section 12.0을 참고하기 바란다.

12.1 선적을 준비 중인 자동차 배터리 6,000개가 있다. 생산명세서에 의하면 배터리 한 개의 무게는 69파운드이고 양극판의 두께는 120(단위: 1/1,000인치)이다. 이 배터리 중에서 30개를 랜덤하게 추출하여 검사한 결과 다음과 같은 자료를 얻었다. 이 배터리들은 생산명세서에

따라 적절하게 생산된 것으로 볼 수 있는가(각 배터리는 24개의 양극판을 갖고 있다)?

배터리	무게	표본추출된 양극판의 수	평균 양극판두께	두께의 표준편차
1	61.5	8	109.6	0.74
2	63.5	8	110.0	1.22
3	63.5	16	107.0	1.83
4	63.8	16	111.6	2.55
5	63.8	17	110.7	1.65
6	64.0	16	108.7	1.40
7	64.0	16	111.4	2.63
8	65.0	13	112.8	2.06
9	64.2	16	107.8	3.35
10	64.5	8	109.9	1.25
11	66.5	16	107.8	3.19
12	63.5	16	110.2	1.22
13	63.8	12	112.0	1.81
14	63.5	12	108.5	1.57
15	64.0	12	110.4	1.68
16	64.0	12	111.8	1.64
17	63.2	12	111.9	1.68
18	66.5	12	112.5	1.00
19	63.0	12	109.2	2.44
20	62.0	12	106.1	2.23
21	63.0	12	112.0	0.95
22	63.5	12	112.8	1.75
23	64.0	12	110.2	2.05
24	63.5	12	108.0	2.37
25	66.5	7	112.4	0.79
26	67.0	12	106.6	2.47
27	66.5	12	110.5	1.62
28	65.5	12	113.3	1.23
29	66.5	12	112.7	1.23
33	66.0	12	110.6	1.68

12.2 미국 지질조사(U.S. Geological Survey)에서는 미국 강의 유입량을 관측하고 있다. 부록 C와 첨부된 디스켓에 수록된 자료 RIVER는 플로리다의 특정한 강의 하루 유입량을 2년간(1977~1979)에 걸쳐 조사한 결과이다.

(1) 2년간의 일별 자료 중 40일에 대한 측정값을 추출하여 하루 평균 유입량을 추정하고, 추정오차의 한계를 구하라(추출하기 전에 자료가 어떤 추세를 갖고 있는지 확인해 보기 바란다).

(2) 4월 하루 평균 유입량과 9월 하루 평균 유입량의 비(ratio)를 추정하고 추정오차의 한계를 계산하라. 여기서 2년간의 자료만을 사용한 추정결과를 신뢰할 수 있다고 생각하는가?

12.3 임학자가 현재 산에서 자라고 있는 수목들의 용적을 추정하고자 한다. 이를 위해 수목의 높이 및 밑동의 지름을 측정하고 눈에 보이는 결손과 수목의 종류를 관측하였다. 실제 목재를 생산할 수 있는 정확한 수목의 용적은 나무를 베어서 목재 생산 공정을 마쳐야 알 수 있다. 다음의 표는 표본으로 추출된 20개의 수목에 대해 예측된 용적과 실제 용적을 관측한 결과를 수종에 따라 정리한 것이다. 전체 180그루의 수목의 총 용적은 60,000 (board feet)으로 예측되었다. 표에 제시된 자료를 이용하여 다음 물음에 답하라. 또한 아래 네 가지 경우에 대해 추정오차의 한계를 구하라.

(1) 전체 180그루 수목의 실제 총 용적을 추정하라.

(2) 전체 수목 중 발삼전나무가 차지하는 비율을 추정하라.

(3) 발삼전나무의 실제 총용적을 추정하라.

(4) 수목 중 110그루가 발삼전나무라고 할 때, 발삼전나무의 실제 총 용적을 추정하라.

수종*	예측 용적	실제 용적
F	130	141
S	450	474
S	268	301
F	227	215
F	190	210
F	432	400
S	501	487
F	397	368
F	248	262
S	184	195
S	230	280
F	287	243
F	312	255
F	260	282
S	410	375
S	325	280
F	422	490
S	268	325
F	250	210
F	195	236

*S, 가문비나무; F, 발삼전나무

12.4 지방 국세청에서는 소매상점들을 대상으로 누락된 거래세금에 대한 감사를 수행한다. 국세청 담당부서에서 어떤 회사가 거래를 누락했다고 판단되면 해당 상점의 판매 기록을 감사한다. 이런 감사는 여러 지역에 걸쳐 다수의 매장을 갖고 있는 소매상을 대상으로 이루어진다. 세금 부과 거래 관련 기록은 각 매장별로 보관되어 있다. 따라서, 감사관은 랜덤하게 매장과 감사 대상 월을 지정해 해당 판매 기록을 감사한다. 다시 말해 랜덤하게 선택된 매장

에서 랜덤하게 선택된 특정한 월간 판매 기록을 감사한다. 감사관은 해당 상점에서 국세청에 보고한 부과대상 거래들과 장부상에 있는 실제 부과대상 전체 거래를 비교해야 한다. 국세청에서는 세금 보고가 된 거래 총액과 실제 감사 결과 산출된 거래 총액의 증가율을 추정하기를 원한다. 아래 제시된 표본으로 추출된 15개 상점–월간 자료를 이용하여 증가율을 추정하고 오차의 한계를 구하라(단위: 천 달러).

매장–월	감사결과 거래총액	세금보고 거래총액
1	31.5	23.2
2	31.8	22.9
3	21.1	17.6
4	34.7	29.8
5	21.0	16.8
6	40.8	35.1
7	21.3	23.3
8	31.3	26.1
9	19.9	18.8
10	30.9	25.7
11	32.2	29.6
12	32.4	27.1
13	31.7	29.9
14	28.8	31.5
15	30.7	28.4

12.5 환경보호기관과 플로리다 대학은 물을 마시는 것이 담석증에 어떤 영향을 주는지를 밝히기 위한 대규모 연구를 공동으로 수행했다. 담석증 환자들은 캐롤라이나 지역 주와 로키 마운틴 지역 주에서 표본 추출되었고, 담석증 환자들은 "신규 환자"와 "재발 환자"로 구분된다. 이들을 대상으로 환자의 나이, 거주 지역 식용수의 칼슘 함유량, 흡연 여부 같은 3개의 변수를 관측했다. 관측결과는 다음과 같다(제시된 값은 평균 또는 비율을 나타내며, 괄호 안의 값은 표준편차를 나타냄).

	캐롤라이나		*로키*	
	신규 환자	재발 환자	신규 환자	재발 환자
표본크기	363	467	259	191
나이	42.2(10.9)	45.1(10.2)	42.5(10.8)	46.4(9.8)
칼슘	11.0(15.1)	11.3(16.6)	42.4(31.8)	40.1(28.4)
흡연자 비율	0.73	0.78	0.57	0.61

(1) 전체 모집단에서 담석증 환자들의 평균 나이를 추정하고, 추정오차의 한계를 구하라.

(2) 캐롤라이나 지역 담석증 환자들이 사용하는 식용수에 함유된 평균 칼슘량을 추정하라. 또한 추정오차의 한계를 구하라.

(3) 로키 지역 담석증 환자들이 사용하는 식용수에 함유된 평균 칼슘량을 추정하라. 또한 추정오차의 한계를 구하라. 여기서 얻은 결과는 (2)의 결과와 차이가 있다고 볼 수 있는가?

(4) 신규 담석증 환자 중 흡연자의 비율을 추정하고, 오차의 한계를 구하라.

12.6 가스공급회사가 천연가스를 판매하기 위해서는 자기 회사의 가스를 사용하는 가정이나 빌딩의 계량기가 정확하게 작동하는지 확인하도록 정부기관에서 요구하고 있다. 이를 위해 전체 계량기를 조사하는 대신에 계량기 중에서 20%의 계량기만을 매년 점검하여 정확하게 작동하고 있는 계량기의 비율을 추정하면 된다(만약 이 비율이 낮으면 좀더 많은 계량기를 추가로 조사해야 한다). 이런 경우 다음의 사항들을 염두에 두고, 계량기 점검을 위한 적절한 표본추출방법을 제시해 보라. (1) 계량기 작동은 사용년수에 영향을 받는다. (2) 소비자에 따라 가스 사용용도가 다양하다. (3) 계속적으로 계량기는 설치되거나 폐기된다.

12.7 연습문제 12.9에서 각 지역 병원들의 규모가 병원에 따라 큰 차이가 있다고 한다. 새로운 조사를 위한 표본설계를 한다고 가정할 때, 병원 규모에 대한 정보를 어떻게 활용하는 것이 효과적인지 설명하라.

12.8 어떤 회사가 보유하고 있는 모든 자동차(승용차, 버스 및 트럭 포함)에 장착되어 있는 타이어 중 안전성에 문제가 있는 타이어의 비율을 추정하고자 한다. 어떻게 표본을 추출하고 원하는 비율을 추정할 것인가 설명해 보라. 분산을 추정하는 적절한 방법도 제시해 보라.

12.9 연습문제 12.5의 자료는 실제로는 먼저 두 지역의 병원들을 표본추출한 후, 추출된 병원에서 담석증 환자들을 추출해서 얻은 것이다. 병원에서 얻은 자료를 토대로 연습문제 12.5의 질문에 대한 분석을 어떻게 할 것인지 설명하라. 어떤 자료가 추가적으로 필요한가?

12.10 연습문제 12.4에서 감사 대상 매장을 표본으로 추출하는 보다 효율적인 표본설계 방법을 제안해 보아라. 매장별로 거래상에 차이가 있고 월별로도 차이가 있다는 점에 유의하기 바란다.

12.11 원당은 대형 트럭을 사용하여 정제공장에 대규모로 납품된다. 공장에서는 트럭으로 납품된 원당이 포함하는 순당함유량에 따라 대금을 지불한다. 순당함유량을 측정하기 위해서는 실험용 튜브를 순당으로 채울 수 있을 정도의 양의 원당을 표본으로 추출하여 실험실에서 분석하는 것이 필요하다. 이런 경우 실험용 표본을 추출하는 가능한 표본추출방법에 대해 논의해 보라(한 트럭에서 적은 수의 실험용 표본에 대해서만 측정이 가능하다).

12.12 공장에서 사용하고 있는 특정 기계는 작동이 멈추면 즉시 수리하면서 예정된 작업시간 동안에는 계속 사용한다. 실제로 작동한 시간을 y_i 그리고 고장이 나서 작동을 못한 시간을 d_i로 표시하면 n번의 사이클 동안 작동 현황을 연속적으로 관측한 결과는 다음과 같이 표시된다.

$$y_1, d_1, y_2, d_2, \ldots, y_n, d_n$$

(1) 이 기계가 실제로 작동한 시간의 비율에 대한 추정량을 유도하고, 분산을 계산하는 방법을 제시하라.

(2) 이 기계로 작업한 시간이 일주일 동안 40시간이었다면, 이 기계가 실제로 작동한 시간을 어떻게 추정할 것인가?

12.13 다음 표는 어린이들의 연령별 평균 키(cm)와 몸무게(kg)에 대한 자료이다.

(1) 15세 미만 남자 어린이들의 몸무게와 키의 비(ratio)를 추정하라.

(2) 15세 미만 여자 어린이들의 몸무게와 키의 비(ratio)를 추정하라.

(3) 위에서 구한 비들은 유의한 차이가 있는가?

	남자		*여자*	
나이	키	몸무게	키	몸무게
1	73.6	9.5	73.6	9.1
2	83.8	11.8	83.8	11.3
3	91.4	14.0	91.4	13.6
4	99.0	15.4	99.0	15.0
5	106.6	17.7	104.1	17.2
6	114.2	20.9	111.7	20.4
7	119.3	23.1	119.3	22.2
8	127.0	25.9	127.0	25.4
9	132.0	28.6	132.0	28.1
10	137.1	31.3	137.1	31.3
11	142.2	34.9	142.2	34.9
12	147.3	37.7	147.3	39.0
13	152.4	41.7	152.4	45.5
14	157.5	48.5	157.5	48.5

출처: *The World Almanac & Book of Facts*, 1988 edition. Copyright © 1987, Newspaper Enterprise Association, Inc., New York.

APPENDIX A

참고문헌, 표, 유도

참고문헌

Bailey, A. D. 1981. *Statistical Auditing*. New York: Harcourt Brace Jovanovich.

Bailey, N. T. J. 1951. "On Estimating the Size of Mobile Populations from Recaptive Data." *Biometrika*, 38: 292–306.

Bergsten, J. W. 1979. "Some Methodological Results from Four Statewide Telephone Surveys Using Random Digit Dialing." *American Statistical Association Proceedings of the Section on Survey Research Methods*, pp. 239–243. Alexandria, VA: American Statistical Association.

Booth, J. G., Butler, R. W., and Hall, P. 1994. "Bootstrap Methods for Finite Populations." *Journal of the American Statistical Association* 89(428): 1282–1289.

Bradburn, N. N., Rips, L. J., and Shevell, S. K. 1987. "Answering Autobiographical Questions: The Impact of Memory and Inference on Surveys." Science, 8 (April 10): 157–161.

Bryson, M. C. 1976. "The Literary Digest Poll: Making of a Statistical Myth." *American Statistician*, 30(4): 184–185.

Campbell, C., and Joiner, B. 1973. "How to Get the Answer without Being Sure You Asked the Question." *American Statistician*, 27: 229–231.

Chapman, D. G. 1952. "Inverse, Multiple and Sequential Sample Censuses." *Biometrics*, 8: 286–306.

Cochran, W. G. 1950. "Estimation of Bacterial Densities by Means of the 'Most Probable Number.' " *Biometrics*, 6: 105.

Cochran, W. G. 1977. *Sampling Techniques*, 3rd ed. New York: Wiley.

Crossen, C. 1994. *Tainted Truth: The Manipulation of Fact in America*. New York: Simon & Schuster.

Deming, W. E. 1960. *Sample Design in Business Research*. New York: Wiley.

Efron, B., and Tibshirani, R. J. 1993. *An Introduction to the Bootstrap*. London: Chapman and Hall.

Frankel, L. R. 1976. "Statisticians and People—The Statistician's Responsibility." *Journal of the American Statistical Association*, 7: 9−16.

Gallup, George. 1972. *The Sophisticated Poll Watcher's Guide*. Princeton, NJ: Princeton Opinion Press.

Greenberg, B. G., Kuebler, R. R., Abernathy, J. R., and Horvitz, D. G. 1971. "Application of Randomized Response Technique in Obtaining Quantitative Data." *Journal of the American Statistical Association*, 66: 245−250.

Groves, R. M. 1989. *Survey Errors and Survey Costs*. New York: Wiley.

Groves, R., Dillman, D., Eltinge, J., and Little, R., eds. 2002. *Survey Nonresponse*. New York: Wiley.

Hansen, M. H., Hurwitz, W. N., and Madow, W. G. 1953. *Sample Survey Methods and Theory*, vol. 1. New York: Wiley.

Harper,W. B.,Westfall, R., and Stasch, S. E. 1977. *Marketing Research*. Homewood, IL: Irwin.

Jessen, R. T. 1978. *Statistical Survey Techniques*. New York: Wiley.

Jones, H. L. 1956. "Investigation of the Properties of a Sample Mean by Employing Random Subsample Means." *Journal of the American Statistical Association*, 51: 54−83.

Kinnear, T. C., and Taylor, J. R. 1983. *Marketing Research*: An Applied Approach. New York: McGraw-Hill.

Kish, L. 1965. *Survey Sampling*. New York: Wiley.

Levy, P. S., and Lemeshow, S. 1999. *Sampling of Populations*: Methods and Applications. New York: Wiley.

Leysieffer, E., andWarner, S. 1976. "Respondent Jeopardy and Optimal Designs in Randomized

Response Models." *Journal of the American Statistical Association*, 71: 649−656.

Lohr, S. 1999. *Sampling: Design and Analysis*, Pacific Grove, CA: Brooks/Cole.

Madow, W. G., Olkin, I., and Rubin, D. B., eds. 1983. *Incomplete Data in Sample Surveys*, 2. New York: Academic Press.

Mosby, H. S., ed. 1969. *Wildlife Investigational Techniques*, 3rd ed. Washington, D.C.: Wildlife Society.

Raj, D. 1968. *Sampling Theory*. New York: McGraw-Hill.

Roberts, D. 1978. *Statistical Auditing*. New York: American Institute of Certified Accountants.

Schuman, H., and Presser, S. 1981. *Questions and Answers in Attitude Surveys*. New York: Academic Press.

Schuman, H., and Presser, S. 1996. *Questions and Answers in Attitude Surveys*. Reprint ed. Thousand Oaks, CA: Sage Publications.

Seber, G. A. F. 1982. *The Estimation of Animal Abundance*, 2nd ed. London: Griffin.

Seber, G. A. F. 1986. "A Review of Estimating Animal Abundance." *Biometrics* 42: 267−292.

Shao, J., and Tu, D. 1995. *The Jackknife and Bootstrap*. New York: Springer-Verlag.

Stephan, E. E., and McCarthy, P. M. 1958. *Sampling Opinions: An Analysis of Survey Procedure*. New York: Wiley.

Sudman, S. 1976. *Applied Sampling*. New York: Academic Press.

Swindel, B. E. 1983. "Choice of Size and Number of Quadrats to Estimate Density from Frequency in Poisson and Binomially Dispersed Populations." *Biometrics*, 39: 455.

Tanur, J., ed. 1989. *Statistics*: A Guide to the Unknown. Pacific Grove, CA: Brooks/Cole.

Thompson, S. K. 1992. *Sampling*. New York: Wiley.

Warner, S. L. 1965. "Randomized Response: A Survey Technique for Eliminating Evasive Answer Bias." *Journal of the American Statistical Association*, 60: 63−69.

Weeks, M. F., Jones, B. L., Folsom, R. E., and Benrud, C. H. 1980. "Optimal Times to Contact

Sample Households." *Public Opinion Quarterly*, 44: 101−114.

Williams, B. 1978. *A Sampler on Sampling*. New York: Wiley.

Wolter, K. M. 1984. "An Investigation of Some Estimators of Variance for Systematic Sampling." *Journal of the American Statistical Association*, 79: 781−790.

Yancey, W. 2002. *Statistical Sampling in Sales and Use Tax Audits*. Chicago: CCH Inc.

표

표 A.1 정규분포표

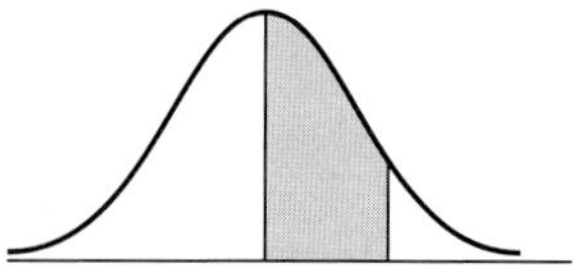

z	.00	.01	.02	.03	.04	.05	.06	.07	.08	.09
0.0	.0000	.0040	.0080	.0120	.0160	.0199	.0239	.0279	.0319	.0359
0.1	.0398	.0438	.0478	.0517	.0557	.0596	.0636	.0675	.0714	.0753
0.2	.0793	.0832	.0871	.0910	.0948	.0987	.1026	.1064	.1103	.1141
0.3	.1179	.1217	.1255	.1293	.1331	.1368	.1406	.1443	.1480	.1517
0.4	.1554	.1591	.1628	.1664	.1700	.1736	.1772	.1808	.1844	.1879
0.5	.1915	.1950	.1985	.2019	.2054	.2088	.2123	.2157	.2190	.2224
0.6	.2257	.2291	.2324	.2357	.2389	.2422	.2454	.2486	.2517	.2549
0.7	.2580	.2611	.2642	.2673	.2704	.2734	.2764	.2794	.2823	.2852
0.8	.2881	.2910	.2939	.2967	.2995	.3023	.3051	.3078	.3106	.3133
0.9	.3159	.3186	.3212	.3238	.3264	.3289	.3315	.3340	.3365	.3389
1.0	.3413	.3438	.3461	.3485	.3508	.3531	.3554	.3577	.3599	.3621
1.1	.3643	.3665	.3686	.3708	.3729	.3749	.3770	.3790	.3810	.3830
1.2	.3849	.3869	.3888	.3907	.3925	.3944	.3962	.3980	.3997	.4015
1.3	.4032	.4049	.4066	.4082	.4099	.4115	.4131	.4147	.4162	.4177
1.4	.4192	.4207	.4222	.4236	.4251	.4265	.4279	.4292	.4306	.4319
1.5	.4332	.4345	.4357	.4370	.4382	.4394	.4406	.4418	.4429	.4441
1.6	.4452	.4463	.4474	.4484	.4495	.4505	.4515	.4525	.4535	.4545
1.7	.4554	.4564	.4573	.4582	.4591	.4599	.4608	.4616	.4625	.4633
1.8	.4641	.4649	.4656	.4664	.4671	.4678	.4686	.4693	.4699	.4706
1.9	.4713	.4719	.4726	.4732	.4738	.4744	.4750	.4756	.4761	.4767
2.0	.4772	.4778	.4783	.4788	.4793	.4798	.4803	.4808	.4812	.4817
2.1	.4821	.4826	.4830	.4834	.4838	.4842	.4846	.4850	.4854	.4857
2.2	.4861	.4864	.4868	.4871	.4875	.4878	.4881	.4884	.4887	.4890
2.3	.4893	.4896	.4898	.4901	.4904	.4906	.4909	.4911	.4913	.4916
2.4	.4918	.4920	.4922	.4925	.4927	.4929	.4931	.4932	.4934	.4936
2.5	.4938	.4940	.4941	.4943	.4945	.4946	.4948	.4949	.4951	.4952
2.6	.4953	.4955	.4956	.4957	.4959	.4960	.4961	.4962	.4963	.4964
2.7	.4965	.4966	.4967	.4968	.4969	.4970	.4971	.4972	.4973	.4974
2.8	.4974	.4975	.4976	.4977	.4977	.4978	.4979	.4979	.4980	.4981
2.9	.4981	.4982	.4982	.4982	.4984	.4984	.4985	.4985	.4986	.4986
3.0	.4987	.4987	.4987	.4988	.4988	.4989	.4989	.4989	.4990	.4990

표 A.2 난수표

Line/ Col.	(1)	(2)	(3)	(4)	(5)	(6)	(7)	(8)	(9)	(10)	(11)	(12)	(13)	(14)
1	10480	15011	01536	02011	81647	91646	69179	14194	62590	36207	20969	99570	91291	90700
2	22368	46573	25595	85393	30995	89198	27982	53402	93965	34095	52666	19174	39615	99505
3	24130	48360	22527	97265	76393	64809	15179	24830	49340	32081	30680	19655	63348	58629
4	42167	93093	06243	61680	07856	16376	39440	53537	71341	57004	00849	74917	97758	16379
5	37570	39975	81837	16656	06121	91782	60468	81305	49684	60672	14110	06927	01263	54613
6	77921	06907	11008	42751	27756	53498	18602	70659	90655	15053	21916	81825	44394	42880
7	99562	72905	56420	69994	98872	31016	71194	18738	44013	48840	63213	21069	10634	12952
8	96301	91977	05463	07972	18876	20922	94595	56869	69014	60045	18425	84903	42508	32307
9	89579	14342	63661	10281	17453	18103	57740	84378	25331	12565	58678	44947	05585	56941
10	85475	36857	53342	53988	53060	59533	38867	62300	08158	17983	16439	11458	18593	64952
11	28918	69578	88231	33276	70997	79936	56865	05859	90106	31595	01547	85590	91610	78188
12	63553	40961	48235	03427	49626	69445	18663	72695	52180	20847	12234	90511	33703	90322
13	09429	93969	52636	92737	88974	33488	36320	17617	30015	08272	84115	27156	30613	74952
14	10365	61129	87529	85689	48237	52267	67689	93394	01511	26358	85104	20285	29975	89868
15	07119	97336	71048	08178	77233	13916	47564	81056	97735	85977	29372	74461	28551	90707
16	51085	12765	51821	51259	77452	16308	60756	92144	49442	53900	70960	63990	75601	40719
17	02368	21382	52404	60268	89368	19885	55322	44819	01188	65255	64835	44919	05944	55157
18	01011	54092	33362	94904	31273	04146	18594	29852	71585	85030	51132	01915	92747	64951
19	52162	53916	46369	58586	23216	14513	83149	98736	23495	64350	94738	17752	35156	35749
20	07056	97628	33787	09998	42698	06691	76988	13602	51851	46104	88916	19509	25625	58104
21	48663	91245	85828	14346	09172	30168	90229	04734	59193	22178	30421	61666	99904	32812
22	54164	58492	22421	74103	47070	25306	76468	26384	58151	06646	21524	15227	96909	44592
23	32639	32363	05597	24200	13363	38005	94342	28728	35806	06912	17012	64161	18296	22851
24	29334	27001	87637	87308	58731	00256	45834	15398	46557	41135	10367	07684	36188	18510
25	02488	33062	28834	07351	19731	92420	60952	61280	50001	67658	32586	86679	50720	94953
26	81525	72295	04839	96423	24878	82651	66566	14778	76797	14780	13300	87074	79666	95725
27	29676	20591	68086	26432	46901	20849	89768	81536	86645	12659	92259	57102	80428	25280
28	00742	57392	39064	66432	84673	40027	32832	61362	98947	96067	64760	64584	96096	98253
29	05366	04213	25669	26422	44407	44048	37937	63904	45766	66134	75470	66520	34693	90449
30	91921	26418	64117	94305	26766	25940	39972	22209	71500	64568	91402	42416	07844	69618
31	00582	04711	87917	77341	42206	35126	74087	99547	81817	42607	43808	76655	62028	76630
32	00725	69884	62797	56170	86324	88072	76222	36086	84637	93161	76038	65855	77919	88006
33	69011	65795	95876	55293	18988	27354	26575	08625	40801	59920	29841	80150	12777	48501
34	25976	57948	29888	88604	67917	48708	18912	82271	65424	69774	33611	54262	85963	03547
35	09763	83473	73577	12908	30883	18317	28290	35797	05998	41688	34952	37888	38917	88050
36	91567	42595	27958	30134	04024	86385	29880	99730	55536	84855	29080	09250	79656	73211
37	17955	56349	90999	49127	20044	59931	06115	20542	18059	02008	73708	82517	36103	42791
38	46503	18584	18845	49618	02304	51038	20655	58727	28168	15475	56942	53389	20562	87338
39	92157	89634	94824	78171	84610	82834	09922	25417	44137	48413	25555	21246	35509	20468
40	14577	62765	35605	81263	39667	47358	56873	56307	61607	49518	89656	20103	77490	18062
41	98427	07523	33362	64270	01638	92477	66969	98420	04880	45585	46565	04102	46880	45709
42	34914	63976	88720	82765	34476	17032	87589	40836	32427	70002	70663	88863	77775	69348
43	70060	28277	39475	46473	23219	53416	94970	25832	69975	94884	19661	72828	00102	66794
44	53976	54914	06990	67245	68350	82948	11398	42878	80287	88267	47363	46634	06541	97809
45	76072	29515	40980	07391	58745	25774	22987	80059	39911	96189	41151	14222	60697	59583

(계속)

표 A.2 난수표 *(계속)*

Line/ Col.	(1)	(2)	(3)	(4)	(5)	(6)	(7)	(8)	(9)	(10)	(11)	(12)	(13)	(14)
46	90725	52210	83974	29992	65831	38857	50490	83765	55657	14361	31720	57375	56228	41546
47	64364	67412	33339	31926	14883	24413	59744	92351	97473	89286	35931	04110	23726	51900
48	08962	00358	31662	25388	61642	34072	81249	35648	56891	69352	48373	45578	78547	81788
49	95012	68379	93526	70765	10592	04542	76463	54328	02349	17247	28865	14777	62730	92277
50	15664	10493	20492	38391	91132	21999	59516	81652	27195	48223	46751	22923	32261	85653
51	16408	81899	04153	53381	79401	21438	83035	92350	36693	31238	59649	91754	72772	02338
52	18629	81953	05520	91962	04739	13092	97662	24822	94730	06496	35090	04822	86774	98289
53	73115	35101	47498	87637	99016	71060	88824	71013	18735	20286	23153	72924	35165	43040
54	57491	16703	23167	49323	45021	33132	12544	41035	80780	45393	44812	12515	98931	91202
55	30405	83946	23792	14422	15059	45799	22716	19792	09983	74353	68668	30429	70735	25499
56	16631	35006	85900	98275	32388	52390	16815	69298	82732	38480	73817	32523	41961	44437
57	96773	20206	42559	78985	05300	22164	24369	54224	35083	19687	11052	91491	60383	19746
58	38935	64202	14349	82674	66523	44133	00697	35552	35970	19124	63318	29686	03387	59846
59	31624	76384	17403	53363	44167	64486	64758	75366	76554	31601	12614	33072	60332	92325
60	78919	19474	23632	27889	47914	02584	37680	20801	72152	39339	34806	08930	85001	87820
61	03931	33309	57047	74211	63445	17361	62825	39908	05607	91284	68833	25570	38818	46920
62	74426	33278	43972	10119	89917	15665	52872	73823	73144	88662	88970	74492	51805	99378
63	09066	00903	20795	95452	92648	45454	09552	88815	16553	51125	79375	97596	16296	66092
64	42238	12426	87025	14267	20979	04508	64535	31355	86064	29472	47689	05974	52468	16834
65	16153	08002	26504	41744	81959	65642	74240	56302	00033	67107	77510	70625	28725	34191
66	21457	40742	29820	96783	29400	21840	15035	34537	33310	06116	95240	15957	16572	06004
67	21581	57802	02050	89728	17937	37621	47075	42080	97403	48626	68995	43805	33386	21597
68	55612	78095	83197	33732	05810	24813	86902	60397	16489	03264	88525	42786	05269	92532
69	44657	66999	99324	51281	84463	60563	79312	93454	68876	25471	93911	25650	12682	73572
70	91340	84979	46949	81973	37949	61023	43997	15263	80644	43942	89203	71795	99533	50501
71	91227	21199	31935	27022	84067	05462	35216	14486	29891	68607	41867	14951	91696	85065
72	50001	38140	66321	19924	72163	09538	12151	06878	91903	18749	34405	56087	82790	70925
73	65390	05224	72958	28609	81406	39147	25549	48542	42627	45233	57202	94617	23772	07896
74	27504	96131	83944	41575	10573	08619	64482	73923	36152	05184	94142	25299	84387	34925
75	37169	94851	39117	89632	00959	16487	65536	49071	39782	17095	02330	74301	00275	48280
76	11508	70225	51111	38351	19444	66499	71945	05422	13442	78675	84081	66938	93654	59894
77	37449	30362	06694	54690	04052	53115	62757	95348	78662	11163	81651	50245	34971	52924
78	46515	70331	85922	38329	57015	15765	97161	17869	45349	61796	66345	81073	49106	79860
79	30986	81223	42416	58353	21532	30502	32305	86482	05174	07901	54339	58861	74818	46942
80	63798	64995	46583	09785	44160	78128	83991	42865	92520	83531	80377	35909	81250	54238
81	82486	84846	99254	67632	43218	50076	21361	64816	51202	88124	41870	52689	51275	83556
82	21885	32906	92431	09060	64297	51674	64126	62570	26123	05155	59194	52799	28225	85762
83	60336	98782	07408	53458	13564	59089	26445	29789	85205	41001	12535	12133	14645	23541
84	43937	46891	24010	25560	86355	33941	25786	54990	71899	15475	95434	98227	21824	19585
85	97656	63175	89303	16275	07100	92063	21942	18611	47348	20203	18534	03862	78095	50136
86	03299	01221	05418	38982	55758	92237	26759	86367	21216	98442	08303	56613	91511	75928
87	79626	06486	03574	17668	07785	76020	79924	25651	83325	88428	85076	72811	22717	50585
88	85636	68335	47539	03129	65651	11977	02510	26113	99447	68645	34327	15152	55230	93448
89	18039	14367	61337	06177	12143	46609	32989	74014	64708	00533	35398	58408	13261	47908
90	06362	15656	60627	36478	65648	16764	53412	09013	07832	41574	17639	82163	60859	75567

주요결과의 유도

이 책에서 사용되고 있는 주요 공식에 대한 수학적인 유도과정을 살펴보도록 한다. 이 절에서는 독자들이 일정 수준 이상의 확률이론을 알고 있다고 가정하고 기대값, 분산, 공분산들을 자세한 설명 없이 사용하도록 한다.

확률변수 y_i의 확률분포가 $p(y)$라고 하면, 기초적인 확률이론에 의해 다음 정의들이 성립한다.

$$E(y) = \sum_{y} yp(y) = \mu$$

$$E[g(y)] = \sum_{y} g(y)p(y)$$

$$V(y) = E(y - \mu)^2 = \sum_{y}(y - \mu)^2 p(y) = \sigma^2$$

여기서 E는 기대값, V는 분산 그리고 $g(y)$는 y의 함수를 나타낸다.

이제 $y_1, y_2, \ldots, y_n$이 크기가 n인 표본을 나타내고, $a_1, a_2, \ldots, a_n$이 상수라고 하자.

$$U = \sum_{i=1}^{n} a_i y_i$$

그러면

$$E(U) = \sum_{i=1}^{n} a_i E(y_i) \qquad \textbf{(A.1)}$$

그리고

$$V(U) = \sum_{i=1}^{n} a_i^2 V(y_i) + 2\sum_{i<j}\sum a_i a_j \text{cov}(y_i, y_j) \qquad \textbf{(A.2)}$$

여기서 cov는 공분산을 나타낸다. 만약 y_i 값들이 상관관계가 없다면

$$V(U) = \sum_{i=1}^{n} a_i^2 V(y_i) \qquad \textbf{(A.3)}$$

단순확률표본추출

$y_1, y_2, \ldots, y_n$이 $\{ u_1, u_2, \ldots, u_N \}$의 값을 갖는 모집단에서 추출된 단순확률표본이라고 하자. 이제 하나의 y_i(즉, 크기가 1인 단순확률표본)만을 고려하면 다음이 성립한다.

$$E(y_i) = \sum_{i=1}^{N} u_i \left(\frac{1}{N}\right) = \mu$$

그리고

$$V(y_i) = \sum_{i=1}^{N} (u_i - \mu)^2 \left(\frac{1}{N}\right) = \sigma^2$$

식 (A.1)에 의하면

$$E(\bar{y}) = \frac{1}{n}\sum_{i=1}^{n} E(y_i) = \frac{1}{n}\sum_{i=1}^{n}\mu = \mu$$

또한

$$\begin{aligned}
\mathrm{cov}(y_i, y_j) &= E[(y_i - \mu)(y_j - \mu)] = E(y_i y_j) - \mu^2 \\
&= \sum_{i \neq j}^{N} u_i u_j \left[\frac{1}{N(N-1)}\right] - \frac{1}{N^2}\left(\sum_{i=1}^{N} u_i\right)^2 \\
&= \frac{1}{N}\left[\sum_{i \neq j}^{N} \frac{u_i u_j}{N-1} - \frac{1}{N}\left(\sum_{i=1}^{N} u_i\right)^2\right] \\
&= \frac{1}{N}\left[\frac{\left(\sum_{i=1}^{N} u_i\right)^2 - \sum_{i=1}^{N} u_i^2}{N-1} - \frac{1}{N}\left(\sum_{i=1}^{N} u_i\right)^2\right] \\
&= -\frac{1}{N}\left[\frac{1}{N-1}\sum_{i=1}^{N} u_i^2 - \frac{1}{N(N-1)}\left(\sum_{i=1}^{N} u_i\right)^2\right] \\
&= -\frac{1}{N(N-1)}\sum_{i=1}^{N}(u_i - \mu)^2 = -\frac{1}{N-1}\sigma^2
\end{aligned}$$

이런 결과와 식(A.2)에 의하면, $\bar{y}$의 분산은 다음과 같다.

$$\begin{aligned}
V(\bar{y}) &= V\left(\frac{1}{n}\sum_{i=1}^{n} y_i\right) = \frac{1}{n^2}\left[\sum_{i=1}^{n}\sigma^2 + 2\sum_{i<j}\sum \mathrm{cov}(y_i, y_j)\right] \\
&= \frac{1}{n^2}\left[\sum_{i=1}^{n}\sigma^2 + 2\sum_{i<j}\sum \frac{-\sigma^2}{N-1}\right] \\
&= \frac{1}{n^2}\left\{n\sigma^2 - \frac{2\sigma^2}{N-1}\left(\frac{n(n-1)}{2}\right)\right\}
\end{aligned}$$

여기서는 자연수 1, 2, . . . , n에서 $i < j$를 만족하는 짝 (i, j)를 구성하는 경우의 수는 $n(n-1)/2$라는 사실을 이용했다. 따라서

$$V(\bar{y}) = \frac{\sigma^2}{n}\left(\frac{N-n}{N-1}\right)$$

이제 $[(N-n)/N]/(s^2/n)$이 $V(\bar{y})$에 대한 비편향추정임을 확인해 보자. 우선

$$\begin{aligned}
E(s^2) &= E\left[\left(\frac{1}{n-1}\right)\sum_{i=1}^{n}(y_i - \bar{y})^2\right] \\
&= \left(\frac{1}{n-1}\right)E\left\{\sum_{i=1}^{n}[(y_i - \mu) - (\bar{y} - \mu)]^2\right\}
\end{aligned}$$

$$= \left(\frac{1}{n-1}\right)E\left[\sum_{i=1}^{n}(y_i - \mu)^2 - n(\bar{y} - \mu)^2\right]$$

$$= \frac{1}{n-1}\left[\sum_{i=1}^{n}E(y_i - \mu)^2 - nE(\bar{y} - \mu)^2\right]$$

$$= \frac{1}{n-1}[n\sigma^2 - nV(\bar{y})] = \frac{1}{n-1}\left[n\sigma^2 - n\left(\frac{N-n}{N-1}\right)\left(\frac{\sigma^2}{n}\right)\right]$$

$$= \frac{\sigma^2}{n-1}\left(n - \frac{N-n}{N-1}\right) = \frac{N}{N-1}\sigma^2$$

따라서 다음이 성립한다.

$$E\left[\left(\frac{N-n}{N}\right)\left(\frac{s^2}{n}\right)\right] = \left(\frac{N-n}{N}\right)\left(\frac{1}{n}\right)\left(\frac{N}{N-1}\right)\sigma^2$$

$$= \left(\frac{N-n}{N-1}\right)\left(\frac{\sigma^2}{n}\right) = V(\bar{y})$$

이런 유도과정을 통하여 식 (4.2), (4.3), (4.4)의 결과를 얻을 수 있다. 따라서 식 (A.1)에 의하여 $\hat{\tau} = N\bar{y}$는 τ에 대한 비편향추정량이고, 식 (4.6)은 식 (A.3)과 앞의 결과에 의해 유도된다.

아울러 y_i가 0 또는 1의 값만을 취할 수 있는 경우, $\hat{p}$는 실제적으로 $\bar{y}$에 해당한다. 따라서 $\hat{p}$는 p에 대한 비편향추정량이다. 식 (4.16)은 다음 결과에 의해 유도된다.

$$\frac{s^2}{n} = \frac{\hat{p}(1-\hat{p})}{n-1}$$

층화확률표본추출

층화확률표본추출에서의 다음 추정량은 U의 형태를 갖고 있으며, $\bar{y}_i$들은 단순확률추출에 의해 독립적으로 추출된다. 따라서

$$\bar{y}_{\text{st}} = \sum_{i=1}^{L}\left(\frac{N_i}{N}\right)\bar{y}_i$$

이고, 식 (A.1)에 의해

$$E(\bar{y}_{\text{st}}) = \sum_{i=1}^{L}\left(\frac{N_i}{N}\right)E(\bar{y}_i) = \sum_{i=1}^{L}\left(\frac{N_i}{N}\right)\mu_i = \mu$$

또한 식 (A.3)에 의해

$$V(\bar{y}_{\text{st}}) = \sum_{i=1}^{L}\left(\frac{N_i}{N}\right)^2 V(\bar{y}_i)$$

따라서 식 (5.2)가 유도된다.

5장에서는 표본크기와 표본배분에 관한 공식에서 편의상 $N/(N-1)$을 1로 취급했다는 점에 유의하기 바란다.

비추정법

만약 n이 충분히 크면 비추정량 r은 근사적으로 $R = (\mu_y/\mu_x)$에 대한 비편향추정량이다. 즉 $E(\bar{y}/\bar{x})$는 근사적으로 R이다. 따라서 $E(\bar{y} - R\bar{x}) = 0$이기 때문에,

$$V(r) = V\left(\frac{\bar{y}}{\bar{x}}\right) \doteq E\left(\frac{\bar{y}}{\bar{x}} - R\right)^2 = E\left(\frac{\bar{y} - R\bar{x}}{\bar{x}}\right)^2$$

$$\doteq E\left(\frac{\bar{y} - R\bar{x}}{\mu_x}\right)^2 = \frac{1}{\mu_x^2}E(\bar{y} - R\bar{x})^2 = \frac{1}{\mu_x^2}V(\bar{y} - R\bar{x})$$

여기서 $\bar{y} - R\bar{x}$는 $y_i - Rx_i$에 대한 표본평균에 해당하고, $E(\bar{y} - Rx_i) = 0$이 성립하므로 $V(\bar{y} - R\bar{x})$는 다음에 의해 추정될 수 있다.

$$\left(\frac{N - n}{Nn}\right)\left(\frac{1}{n - 1}\right)\sum_{i=1}^{n}(y_i - Rx_i)^2$$

만약 위에서 R을 r로 대체하면 식 (6.2)가 유도된다. 또한 추정분산에 대한 공식 (6.5)와 (6.7)은 식(A.3)에 의해 유도된다.

단순집락표본추출

집락표본추출에서 식 (8.1)의 추정량은 비추정량이다. 또한 이 추정량의 분산식 (8.2)는 위의 유도결과에 의해 얻어진다. 식 (8.5)의 분산식은 식 (A.3)에 의해 유도된다. 식 (8.7)의 τ에 대한 추정량은 집락의 총계들에 대한 단순 평균에 해당하고, 식 (8.8)은 위에서 사용된 기본적인 원칙들에 의해 유도된다.

2단계 집락추출

여기서는 집락 내 분산과 집락 간 분산에 대한 자세한 검토가 필요하기 때문에 모든 집락이 동일한 크기인 경우만을 고려하도록 한다. 즉 다음과 같이 가정하자.

$$m_1 = m_2 = \cdots = m_N = m$$

$$M_1 = M_2 = \cdots = \overline{M} = \frac{M}{N}$$

이 경우

$$\hat{\mu} = \left(\frac{N}{M}\right)\left(\frac{1}{n}\right)\sum_{i=1}^{n}M_i\bar{y}_i = \sum_{i=1}^{n}\bar{y}_i/n$$

$\hat{\mu}$의 평균과 분산은 우선 n개의 표본집락을 고정하고 유도한 후, 이어서 모든 가능한 n개의 집락을 추출하는 경우들에 대한 평균을 취해 얻어진 것이다. n개의 표본집락을 고정한 상태에서의 기대값과 분산은 각각 E_2와 V_2로 표기하고, 아울러 모든 가능한 n개의 집락을 추출하는 것에 대한 기대값과 분산은 각각 E_1와 V_1로 표기한다(n개의 표본집락을 고정하면 이는 본질적으로 층화확률추출에서의 이론전개와 같다).

$$E(\hat{\mu}) = E_1[E_2(\hat{\mu})] = E_1\left[\frac{1}{n}\sum_{i=1}^{n} E_2(\bar{y}_i)\right]$$
$$= E_1\left(\frac{1}{n}\sum_{i=1}^{n} \mu_i\right)$$

여기서 μ_i는 집락 i의 평균이다. 단순확률추출에서 표본평균의 기대값은 대응되는 모집단평균이므로 위 식이 성립한다. 아울러

$$E_1\left(\frac{1}{n}\sum_{i=1}^{n} \mu_i\right) = \frac{1}{N}\sum_{i=1}^{N} \mu_i = \frac{1}{N\overline{M}}\sum_{i=1}^{N} \overline{M}\mu_i$$
$$= \frac{1}{M}\sum_{i=1}^{N} \tau_i = \frac{\tau}{M} = \mu$$

여기서 τ_i는 집락 i의 총계이고, 따라서 $\hat{\mu}$는 μ에 대한 비편향추정량이다.

기초적인 확률이론에 의해 다음이 성립하고,

$$V(\hat{\mu}) = V_1[E_2(\hat{\mu})] + E_1[V_2(\hat{\mu})]$$

위 식에서

$$V_1[E_2(\hat{\mu})] = V_1\left(\frac{1}{n}\sum_{i=1}^{n} \mu_i\right) = \left(\frac{N-n}{N}\right)\left(\frac{1}{n}\right)\left(\frac{1}{N-1}\right)\sum_{i=1}^{N} (\mu_i - \bar{\mu})^2 \quad \textbf{(A.4)}$$

여기서 $\bar{\mu} = (1/N)\sum_{i=1}^{N}\mu_i$이다. 위 결과는 앞에서 언급되었던 기본적인 사항들에 의해 유도된다. 또한

$$E_1[V_2(\hat{\mu}) = E_1\left[V_2\left(\frac{1}{n}\sum_{i=1}^{n} \bar{y}_i\right)\right] = E_1\left[\frac{1}{n^2}\sum_{i=1}^{n} V_2(\bar{y}_i)\right]$$
$$= \left(\frac{1}{n}\right)\left(\frac{1}{N}\right)\sum_{i=1}^{N} V(\bar{y}_i) \quad \textbf{(A.5)}$$

여기서 $V(\bar{y}_i)$는 $\overline{M}$개의 단위 중에서 m개의 단위를 추출한 단순확률표본에서 일상적인 표본평균의 분산에 해당한다.

이제 $V(\mu)$를 구성하는 두 부분을 각각 추정하는 것이 필요하다. 첫 번째 부분의 추정을 위해 다음을 고려해 보자.

$$\left(\frac{1}{\overline{M}}\right)^2 s_b^2 = \frac{1}{n-1}\sum_{i=1}^{n} (\bar{y}_i - \hat{\mu})^2$$

위 항에 대해 기대값을 취하면, 다음과 같다.

$$
\begin{aligned}
&E_1\left\{E_2\left[\left(\frac{1}{n-1}\right)\sum_{i=1}^{n}(\bar{y}_i-\hat{\mu})^2\right]\right\}\\
&=E_1\left\{\left(\frac{1}{n-1}\right)E_2\left[\sum_{i=1}^{n}\bar{y}_i^2-\frac{1}{n}\left(\sum_{i=1}^{n}\bar{y}_i\right)^2\right]\right\}\\
&=E_1\left\{\left(\frac{1}{n-1}\right)E_2\left[\sum_{i=1}^{n}\bar{y}_i^2-\frac{1}{n}\left(\sum_{i=1}^{n}\bar{y}_i^2+2\sum_{i<j}\sum\bar{y}_i\,\bar{y}_j\right)\right]\right\}\\
&=E_1\left\{\left(\frac{1}{n-1}\right)E_2\left[\left(1-\frac{1}{n}\right)\sum_{i=1}^{n}\bar{y}_i^2-\frac{2}{n}\sum_{i<j}\sum\bar{y}_i\,\bar{y}_j\right]\right\}\\
&=E_1\left\{\left(\frac{1}{n-1}\right)\left[\left(1-\frac{1}{n}\right)\sum_{i=1}^{n}(V_2(\bar{y}_i)+\mu_i^2)-\frac{2}{n}\sum_{i<j}\sum\mu_i\,\mu_j\right]\right\}\\
&=E_1\left\{\left(\frac{1}{n-1}\right)\left[\left(1-\frac{1}{n}\right)\sum_{i=1}^{n}V_2(\bar{y}_i)+\sum_{i-1}^{n}\mu_i^2-\frac{1}{n}\left(\sum_{i=1}^{n}\mu_i\right)^2\right]\right\}\\
&=E_1\left\{\frac{1}{n}\sum_{i=1}^{n}V_2(\bar{y}_i)+\left(\frac{1}{n-1}\right)\left[\sum_{i=1}^{n}\mu_i^2-\frac{1}{n}\left(\sum_{i=1}^{n}\mu_i\right)^2\right]\right\}\\
&=\frac{1}{N}\sum_{i=1}^{N}V(\bar{y}_i)+\frac{1}{N-1}\sum_{i=1}^{N}(\mu_i-\bar{\mu})^2
\end{aligned}
$$

따라서

$$\left(\frac{N-n}{N}\right)\left(\frac{1}{n\overline{M}^2}\right)s_b^2$$

은 식 (A.4)에 다음 항을 더한 것을 추정하게 된다.

$$\left(\frac{N-n}{N}\right)\left(\frac{1}{nN}\right)\sum_{i=1}^{N}V(\bar{y}_i) \tag{A.6}$$

그러므로 $V(\hat{\mu})$를 추정하기 위해서는 다음과 같은 식 (A.5)와 (A.6)에 대한 추정이 필요하다.

$$
\begin{aligned}
\text{(A.5)}-\text{(A.6)}&=\frac{1}{nN}\sum_{i=1}^{N}V(\bar{y}_i)\left(1-\frac{N-n}{N}\right)\\
&=\left(\frac{1}{N}\right)\left(\frac{1}{N}\right)\sum_{i=1}^{N}V(\bar{y}_i)
\end{aligned}
$$

위 항은 다음에 의해 비편향추정이 가능하다.

$$\left(\frac{1}{N}\right)\left(\frac{1}{n}\right)\sum_{i=1}^{n}\left(\frac{\overline{M}-m}{\overline{M}}\right)\left(\frac{s_i^2}{m}\right)$$

여기서

$$s_i^2 = \frac{1}{m-1}\sum_{i=1}^{m}(y_{ij} - \bar{y}_i)^2$$

따라서 $V(\hat{\mu})$에 대한 추정량은 다음과 같다.

$$\hat{V}(\hat{\mu}) = \left(\frac{N-n}{N}\right)\left(\frac{1}{n\overline{M}^2}\right)s_b^2 + \frac{1}{nN}\sum_{i=1}^{n}\left(\frac{\overline{M}-m}{\overline{M}}\right)\left(\frac{1}{m}\right)s_i^2$$

위 식은 집락의 크기가 모두 동일한 경우 식 (9.2)와 같다. 집락의 크기가 다른 경우에도 유사한 과정을 통해 유도할 수 있다.

APPENDIX B

SAS 매크로

1. 개요

전반적인 개요

SAS 표본추출 매크로는 첨부된 디스켓의 MACRO.SAS 디렉토리에 수록되어 있다. 이것은 표본을 추출하거나 이 책에서 다룬 기본적인 표본설계에 의해 얻어진 표본자료로부터 추정값과 표준오차를 계산하는 데 사용될 수 있다. 이 절에서는 매크로에 대한 일반적인 소개와 몇 가지 예제를 제시할 것이다. 여기서 사용되는 자료들은 디스켓의 DATASETS.SAS 디렉토리에 있다.

매크로 부르기

SAS 매크로는 특정한 작업을 수행하는 부프로그램이다. 각 매크로는 SAS주프로그램에서 다음과 같은 명령줄에 의해 사용자가 부를 수 있다.

```
%NAME( Keyword1=char1, keyword2=char2, . . . , );
```

여기서 NAME은 매크로 이름이다. 매크로 이름 뒤의 괄호 안에 키워드(keyword) 모수(parameter)를 지정한다. 각각의 키워드 지정은 쉼표로 구분된다. 각 키워드에는 등호가 붙고 문자열이 온다. 등호 다음의 문자열은 SAS data set 또는 변수의 이름, 상수 또는 특정한 옵션(option)을 나타낸다. 각 매크로와 관련된 키워드 목록은 디스켓의 GLOSSARY.SAS를 참조하라.

파일의 구성과 %include 명령

각 매크로는 동일한 이름의 파일 안에 있다. 예를 들어 단순확률추출을 위한 SRS 매크로는 SRS 파일 안에 있다. 각 매크로는 SAS 프로그램에서 별개의 %include 명령으로 불러야 한다. 일반적으로 경로(path)를 포함한 매크로 이름을 %include 명령 뒤에 인용부호를 사용하여 적으면 된다.

다음은 예제 4.3에 있는 단순확률표본에서 모집단 평균을 추정하는 EST_SRS 매크로를 사용한 프로그램이다.

```
%include 'est_srs';
options ls=72 nodate formdlim = '-';

data accounts
input owed @@;
cards;
33.50 32.00 52.00 43.00 40.00 41.00 45.00 42.50 39.00
;
%est_srs (sample=accounts, npop=484, response=owed,
param=mean);
run;
```

여기서 %EST_SRS( )는 매크로를 부른 것이고, SAMPLE = ACCOUNTS는 표본자료가 data set ACCOUNTS에 수록되어 있다는 것을 매크로에 지정한 것이다. 또한 NPOP = 484는 모집단의 크기, PARAM = MEAN은 변수 OWED에 대한 모집단 평균의 추정을 지정한 것이다. 이에 대한 출력결과는 다음과 같다.

```
------------------------------------------

     Estimate of the Population Mean
      Simple Random Sampling Design
         Response Variable=owed

           Standard               s^2     Sample
Estimate     Error      Bound    (owed)     Size

40.8889    1.97232    3.94463  35.6736       9

------------------------------------------
```

출력결과로 추정값, 표준오차, 2배의 표준오차에 의한 오차의 한계가 출력된다. S^2은 반응변수 'owed'의 값들에 대한 표본분산, $s^2 = \sum_{i=1}^{n}(y_i - \bar{y})^2/(n-1)$이다. 여기서 표본크기는 응답결과가 얻어진 관측수(무응답 또는 결측된 수는 제외)를 나타낸다.

표본추출 매크로

10개의 표본추출 매크로가 있다. 각 매크로는 SAS data set에 있는 유한모집단에서 표본을 추출한다. 표본추출방법은 매크로의 이름에 의해 결정된다. 각 매크로는 특정한 수의 키워드 모수들을 갖는데 모든 표본추출 매크로는 공통적으로 다음의 5가지 키워드 모수를 사용한다.

Frame

FRAME은 표본추출 대상이 되는 SAS data set을 지정하는 키워드이다. 부록 C에 있는 CARS93 자료는 1993년도 자동차 가솔린 마일리지에 관한 것이다. 이 자료는 첨부된 디스켓의 CAR93. DAT 파일에 수록되어 있다. 아래 프로그램은 이 자료에서 $n = 5$인 단순확률표본을 추출하는 것이다.

```
%include 'srs';
options ls=72 nodate formdlim= '-';

data cars; infile 'cars93.dat';
input make $ model $ type $ mpg_city 45-46 mpg_hwy 48-49;

%srs(frame=cars, npop=57, n=5);
run;
```

여기서 FRAME = CARS는 표본이 data set CARS에서 추출된다는 것을 지정한 것으로, 이는 자료화일 CARS93.DAT를 읽으면 얻어진다. 출력결과는 다음과 같다.

```
------------------------------------------------
              Simple Random Sample
             Output Data Set=sample

  OBS  MAKE      MODEL     TYPE   MPG_CITY  MPG_HWY

   1   Audi      100       Mid       19        26
   2   Cadillac  Seville   Mid       16        25
   3   Geo       Storm     Sport     30        36
   4   Hyundai   Scoupe    Sport     26        34
   5   Lincoln   Continen  Mid       17        26
------------------------------------------------
```

Noprint

각각의 표본추출 매크로는 표본을 출력하지 않도록 하는 옵션을 갖고 있다. 이를 위해서는 키워드 모수들의 맨앞에 NOPRINT 옵션을 사용하면 된다. NOPRINT 옵션은 뒤에 등호가 따라오지 않는다. 만약 NOPRINT 옵션이 생략되면 전체 표본이 출력된다. 예를 들어, 다음은 57개 값으로 구성된 자료 CARS93.DAT에서 크기가 5인 단순확률표본을 추출하고 추출된 표본자료를 출력하기 위한 명령문이다.

```
%srs(frame=cars, npop=57, n=5);.
```

한편 다음 명령문은 표본을 추출하고, 표본자료를 출력하지 않은 것이다.

```
%srs(noprint, frame=cars, npop=57, n=5);
```

Seed

매크로에서는 SAS의 균등 난수발생기인 RANUNI를 사용한다. 디폴트(default) 초기값(seed)은 0이고 이를 시간을 반영하여 조정한다. 만약 사용자가 예전에 추출된 표본과 동일한 표본을 추출하고 싶으면 SEED 옵션을 이용하여 동일한 상수값을 지정해 주면 된다. 다음은 앞의 예에서 초기값을 특정한 값으로 지정한 경우이다.

```
%srs(noprint, frame=cars, npop=57, n=5, seed=137897) ;
```

Setup

단순확률추출에서 모집단의 크기와 표본크기는 단순한 상수값이다. 이런 값들은 매크로의 모수 리스트에서 특정한 값으로 지정될 수 있다. 만약 이런 모수가 둘이상의 값을 갖는 경우(예를 들어 층화확률추출에서 각 층의 크기들), 이 값들은 다른 SAS data set에 변수의 관측값 형태로 저장될 수 있다. 이런 경우 키워드 SETUP은 해당 SAS data set을 지정해 준다(변수의 이름을 지정하기 위해서는 키워드의 모수를 변수이름으로 놓으면 된다). 다음 프로그램은 CARS93.DAT 화일에서 층화확률추출로 자동차들을 표본으로 추출한 것이다. 여기서는 미국에서 제조된 자동차와 수입된 자동차를 분리하여 두 개의 층으로 처리하였다. 추출틀은 미국산 자동차 $N_1 = 23$, 수입 자동차 $N_2 = 34$로 구성되어 있다.

```
%include 'strs';
options ls=72 nodate formdlim= '-';

data cars; infile 'cars93.dat';
input make $ model $ mpg_city 45-46 mpg_hwy 48-49 us 73;

data info; input us capn ni;
cards;
0   23    4
1   34    6

;
%strs(frame=cars, strata=us, setup=info, npop=capn, n=ni);
run;
```

여기서 SETUP = INFO는 모집단 모수값들이 자료 INFO에 있다는 것을 지정한 것이고, 키워드 NPOP = CAPN과 N = NI는 각각 층의 크기와 표본크기를 나타내는 변수를 지정한 것이다. 자료 INFO에는 각 관측값을 층별로 구분하기 위한 층을 나타내는 변수가 반드시 포함되어 있어야 한다. 이에 따른 출력결과는 다음과 같다.

```
-------------------------------------------------------
                Stratified Random Sample
                Output Data Set=sample


  OBS   MAKE        MODEL       MPG_CITY   MPG_HWY   US

   1    Audi        90             20         26      0
   2    Geo         Storm          30         36      0
   3    Honda       Prelude        24         31      0
   4    Mazda       RX-7           17         25      0
   5    Cadillac    Seville        16         25      1
   6    Chevrole    Lumina         21         29      1
   7    Dodge       Shadow         23         29      1
   8    Dodge       Dynasty        21         27      1
   9    Ford        Tempo          22         27      1
  10    Lincoln     Continen       17         26      1
-------------------------------------------------------
```

2단계 추출에서는 SETUP 옵션이 두 번째 단계의 모수들을 지정하는 데 사용된다. 1단계 모수들에 해당하는 상수들은 직접 모수 리스트에 입력하면 된다. 특히 모수값이 일단의 계산과정을 거쳐 얻어진 data set에 변수로 기록되어 있는 경우, SETUP 옵션은 매우 유용하게 사용될 수 있다.

Sample

각각의 표본추출 매크로는 표본추출틀에서 추출된 표본 관측값들을 포함하는 자료를 생성한다. 이 자료의 디폴트 이름이 SAMPLE이다. 이 이름은 키워드 SAMPLE을 사용하여 변경할 수 있다. 다음 명령문에서는 결과 자료의 이름을 PILOT으로 지정한 것이다.

```
%strs(frame=cars, strata=us, setup=info, npop=capn,
n=ni, sample=pilot)
```

추정 매크로

디렉토리 MACRO.SAS는 이 책에 소개된 추정량들을 계산할 수 있는 매크로들을 수록하고 있다. 표본자료는 관심변수(반응변수라고 부름)값을 포함하고 있는 SAS data set에 저장되어 있어야 한다. 각 추정 매크로(estimation macro)에서는 반응변수와 추정을 원하는 모수를 지정해 주어야 한다. 다음 프로그램은 EST_SRS 매크로를 사용하여 1,000명의 어린이를 대상으로 한 모집단에서 평균 충치 수와 충치수의 총계를 추정한 것이다(연습문제 4.19 참조).

```
%include 'est_srs';
options ls=72 nodate formdlim= '-';

data teeth; input cavities @@;
cards;
0 4 2 3 2 0 3 4 1 1
;
%est_srs(sample=teeth, npop=1000, response=cavities,
param=mean total) ;
run;
```

좀더 복잡한 추정량에 관한 예는 3절 '집락표본추출'을 참고하기 바란다.

ALLOC 및 STATS 매크로

ALLOC 매크로는 표본의 크기를 결정하고 층화확률추출에서 여러 가지 배분방법에 따라 표본을 배정하는 데 사용된다. 이를 위해서는 요약 통계값 또는 층을 나타내는 모수들이 입력되어야 한다. STATS 매크로는 자료로부터 기본적인 통계량을 계산하고, 층화확률표본에서 얻어진 자료를 요약하는데 사용된다. 예를 들어, 예비표본에서 얻은 자료에서 STATS에 의해 얻어진 결과는 ALLOC를 실행하는 입력자료로 사용될 수 있다. ALLOC와 관련된 다수의 예제들은 3절의 '집락표본추출'에서 찾아 볼 수 있다.

추가적인 정보

키워드 모수의 생략

만약 주프로그램에서 SAS data set과 변수들의 이름이 키워드 모수와 일치하는 경우, 매크로의 변수 리스트 중 일부 키워드 모수들은 지정을 생략할 수 있다. FRAME, STRATA, CLUSTER, SIZE, X 그리고 2단계 표본설계에서 두 번째 추출과정의 모수 등이 여기에 해당한다. 앞에서 살펴보았던 프로그램은 다음과 같이 간단히 표현될 수 있다.

```
%include 'strs';
options ls=72 nodate formdlim='-';

data frame; infile 'cars93.dat';
input make $ model $ mpg_city 45-46 mpg_hwy 48-49 strata
73;

data info; input strata $ npop n;
cards;
0   23    4
1   34    6

;
%strs(setup=info);
run;
```

한편 SETUP 옵션을 사용하는 경우 변수 리스트 중 SETUP = 에 해당하는 모수는 생략하면 안된다. 만약 생략 가능 여부가 불명확하면 변수 리스트의 모든 키워드 모수들을 포함시키면 된다.

자동호출 기능

자동호출(autocall) 기능은 SAS 6.0 이후의 버전에서 사용이 가능하다. 이 기능에 의해 매크로는 별개의 디렉토리에 저장될 수 있고 필요한 경우 이 디렉토리를 지정함으로써 매크로를 손쉽게 불러다 사용할 수 있다. 이 기능은 각 매크로의 이름을 INCLUDE명령에 의해 지정해야 하는 번잡함을 대신할 수 있다. SAS 주프로그램에서 SASAUTO = 에 의해 특정 디렉토리를 자동호출 라이브러리로 지정하면 모든 매크로는 이 곳에 저장하고 사용하면 된다. 이를 위해서 SAS 주프로그램은 다음과 같은 형태의 두 줄의 명령문으로 시작하면 된다.

```
filename sasmacs 'directory.nam';
options sasautos=sasmacs mrecall mautosource ls=72
nodate;
```

여기서 SASMACS는 SAS data set 이름으로 사용자가 정한 것이고, DIRECTORY.NAM은 SAS 매크로들을 포함하고 있는 디렉토리 이름(경로명도 포함)을 나타낸 것이다. 이 기능의 사용법은 SAS의 설치상태에 따라 변할 수 있으므로 자세한 사항은 시스템 관리자에게 문의하기 바란다.

기타 참조사항

- 키워드 모수를 구분하는 컴마를 생략하면 의외의 결과가 발생할 수 있다.
- 매크로 원시 코드에서는 모든 변수들과 data set의 이름에 '_'기호가 뒤에 붙어 있다(예를 들어 ybar_, flag_, temp1_). 따라서, 사용자는 주프로그램에서 새로운 변수 또는 data set의 이름을 지정할 때 '_'기호의 사용을 억제하면 새로 지정된 이름과 원시코드의 이름을 구분할 수 있다.

2. 예제

이 절에서는 가장 흔히 사용되는 매크로에 대한 예제를 소개한다. 자료들은 책의 예제 또는 연습문제에서 사용된 것들이다. 다음 예제에 있어서 SAS 옵션과 실행 명령은 생략하도록 한다.

단순확률표본

앞 절에서도 단순확률표본에 관한 두 개의 예제가 소개되었다. 다음 예는 EST_SRS 매크로의 PARAM = MEAN 옵션에 의해 모집단 비율이 어떻게 추정되는지 보여 주고 있다. 연습문제 4.42에서는 회계장부상의 계정 중에서 회계규정을 잘 지키지 않은 계정의 비율을 추정하고 있다.

```
/*-------------------------------------------------------------
 EXERCISE 4.42 Estimating a proportion from raw data
-------------------------------------------------------------*/
 %include 'est_srs';

 data firm; infile 'exer4_41.dat';
 input account amount complnc $ @@;
 if complnc = 'N' then y=1;
 else y = 0;
 %est_srs (sample=firm, npop=500, response=y,
 param=mean);
 run;
```

위의 자료입력 과정에서 변수 y는 CONPLNC = 'N'이면 1이고 그 밖의 경우는 0으로 설정되어 있다. 따라서, 변수 y의 평균이 바로 표본비율이고, s^2는 $n\hat{p}(1-\hat{p})/(n-1)$이다. 이에 대한 출력 결과는 다음과 같다.

```
------------------------------------------------------------
              Estimate of the Population Mean
               Simple Random Sampling Design
                  Response Variable=comp

                 Standard                   s^2      Sample
     Estimate      Error       Bound      (comp)      Size
       0.3       0.10301     0.20601     0.22105       20
------------------------------------------------------------
```

층화확률표본

예제 5.2에서 광고회사는 40가구에 대해 1주일 동안 TV를 시청한 시간을 조사하였다. 이 자료는 화일 표 5.1에 있다. 표본은 세 지역 A, B, RURAL을 층으로 한 층화표본추출에 의해 얻어졌다. 다음 프로그램은 전체 모집단에서 평균 TV 시청시간과 B 지역만 고려할 때 평균 TV 시청시간을 추정한 것이다.

```
/*--------------------------------------------------------------
EXAMPLE 5.2 (a) Estimating the mean from a stratified random
sample and (b) estimating the mean from one stratum
-------------------------------------------------------------*/
%include 'est_strs';
%include 'est_srs';

data tv_time; infile 'table5.1';
input area $ hours @@;

data pop_info; input area $ popsize;
cards;
A       155
B        62
RURAL    93

;
%est_strs (sample=tv_time, strata=area, setup=pop_info,
param=mean, response=hours, npop=popsize);
data part_b; set tv_time;
if area= 'B';

%est_srs (sample=part_b, response=hours, npop=62,
param=mean);
```

(a)부분에서 모집단(층)의 크기는 data set POP_INFO에 있는 변수(POPSIZE)의 값으로 입력되고 있고, 여기서 data set은 SETUP = POP_INFO로 변수는 NPOP = POPSIZE로 각각 지정되어 있다. 또한 층을 나타내는 변수 AREA를 통하여 해당하는 각 층의 크기를 명시하고 있다.

(b)부분에서 IF명령에 의해 B에 속하는 자료만 모은 data set PART_B를 만들고, 매크로 SRS를 PART_B에 적용하여 B 지역에서의 평균을 추정하였다. 모집단 크기는 하나의 값이므로 모수 리스트에서 직접 입력하였다. 출력결과는 다음과 같다.

```
-------------------------------------------------------------
                 Actual Sample Sizes
           (Excludes Missing Data, if Any)
                      AREA   n(i)
                      A        20
                      B         8
                      RURAL    12
-------------------------------------------------------------
            Estimate of the Population Mean
            Stratified Random Sampling Design
                Response Variable = hours
```

```
              Standard
  Estimate      Error       Bound
   27.675      1.40340     2.80679
---------------------------------------------------------------
          Estimate of the Population Mean
           Simple Random Sampling Design
             Response Variable = hours

             Standard                 s^2     Sample
  Estimate     Error      Bound     (hours)    Size
   25.125    5.03019    10.0604    232.411      8
---------------------------------------------------------------
```

표본크기 및 배분

층화표본추출에서 전체 표본크기의 결정과 여러 가지 방법에 따른 층별 표본배분은 매크로 ALLOC에 의해 수행된다. 다음 프로그램은 예제 5.7에서 최적배분법에 따라 층별 표본크기를 배정한 것이다.

```
/*--------------------------------------------------------------
  EXAMPLE. 5.7 Determining sample size and optimal
  allocation to obtain an error bound of 2 in estimation of
  the population mean
--------------------------------------------------------------*/
  %include 'alloc';

  data summary;
  input area $ popsize s2 c;
  cards;

  A         155     25     9
  B          62    225     9
  RURAL      93    100    16

  ;
  %alloc (type=optimal, setup=summary, bound=2,
  param=mean, strata=area, npop=popsize, var=s2,
  cost=c);
```

배분방법에는 세 가지가 있는데 이들은 TYPE = PROP, NEYMAN 또는 OPTIMAL에 의해 지정된다. 여기서 층에 대한 정보는 data set SUMMARY에 저장되어 있다. 원하는 오차의 한계 및 추정될 모수는 반드시 지정되어야 한다는 점을 유의하기 바란다.

```
---------------------------------------------------------------
  Stratum Weights and Sample Sizes for an Optimal Allocation
     to Obtain an Error Bound of 2 on the Population Mean
                 Output Data Set=outalloc
```

```
            Sampling    Stratum    Stratum      Exact       Nearest
AREA          Costs      Sizes     Weights    Allocation    Integer

A               9         155      0.32258     18.7097        19
B               9          62      0.38710     22.4516        22
RURAL          16          93      0.29032     16.8387        17
                        =======    =======     =======      =======
                          310      1.00000     58.000         58
-----------------------------------------------------------------
```

예제 5.6의 경우는 각 층에 동등배분(각 층의 표본크기가 동일)을 하기 때문에 TYPE = 옵션이 생략되고, 대신에 OPT = FIXEDW가 사용된다. 이 옵션을 사용할 때는 반드시 키워드 모수 WI를 사용하여 고정된 가중값(w_i)들을 나타내는 변수를 지정해야 한다. 일부 층에는 가중값을 제한적으로 고정하여 네이만배분법을 변형하는 경우, 이런 배분법은 OPT = FIXEDW를 사용하여 수행할 수 있다.

```
/*-----------------------------------------------------------------

 EXAMPLE 5.6 Determining sample size and allocation to
 obtain a bound of 400 in estimation of the total, with
 equal sampling weights

-----------------------------------------------------------------*/
  %include 'alloc';

  data one;
  input area $ npop s2 wts;
  cards;

  A         155     25    1
  B          62    225    1
  RURAL      93    100    1

  ;
  %alloc(opt=fixedw, setup=one, wi=wts, bound=400,
  param=total, strata=area, npop=npop, var=s2);
-----------------------------------------------------------------
Stratum Weights and Sample Sizes for a Fixed Weights Allocation
   to Obtain an Error Bound of 400 on the Population Total
                   Output Data Set=weights

            Stratum       Stratum        Exact        Nearest
TOWN         Sizes        Weights      Allocation     Integer
A             155         0.33333       34.718          35
B              62         0.33333       34.718          35
RURAL          93         0.33333       34.718          35
            =======       =======       =======       =======
              310         1.00000       104.153        105
-----------------------------------------------------------------
```

예제 5.11의 경우 총비용이 $500로 고정된 상태에서 최적배분법을 적용하는 것이 필요하다. 이런 작업은 TYPE = OPTIMAL과 OPT = FIXEDC (fixed cost) 및 MAXCOST = 500을 지정함으로써 수행된다.

```
/*-------------------------------------------------------------
 EXAMPLE 5.11 Determining sample size and allocation to
 minimize variance with fixed sampling costs of $500.
-------------------------------------------------------------*/
  %include 'alloc';
  data info;
  input strata $ npop s2 c;
  cards:

  A         155     25     9
  B          62    225     9
  RURAL      93    100    16

  ;
  %alloc(type=optimal, opt=fixedc, maxcost=500, cost=c,
  var=s2, setup=info);
--------------------------------------------------------------
   Stratum Weights and Sample Sizes for an Optimal Allocation
          to Minimize Variance with Cost Fixed at $500
                     Output Data Set=weights

         Sampling    Stratum    Stratum      Exact      Nearest
TOWN      Costs       Sizes     Weights    Allocation   Integer

A           9          155      0.32258     14.5161       15
B           9           62      0.38710     17.4194       17
RURAL      16           93      0.29032     13.0645       13
                     =======    =======     =======     =======
                       310      1.00000     45.0000       45
--------------------------------------------------------------
```

추정을 위한 보조변수 활용

매크로 RATIO는 보조변수 x를 활용하여 모집단 평균 및 총계에 대한 비추정값을 산출한다. 예제 6.4에 대한 자료는 EXPL6_4.DAT에 있고, 다음 프로그램에 의해 모집단 평균의 추정이 수행된다.

```
 /*-----------------------------------------------------------
 EXAMPLE 6.4 Finding the ratio estimate of a population mean
-------------------------------------------------------------*/
 %include 'ratio';

 data hrs_lost; infile 'expl6_4.dat';
 input employee previous current @@;

 %ratio(sample=hrs_lost, x=previous, response=current,
 mu_x=16.3, param=ratio, npop=1000);
```

보조변수는 X = PREVIOUS로 지정되었고, 보조변수에 대한 모집단 평균(μ_x) 또는 총계(τ_x)는 모수 리스트에 포함시킨다.

```
--------------------------------------------------------------
             Ratio Estimate of Population R
              Simple Random Sample Design
               Response Variable=current
              (Auxiliary Variable=previous)

               Standard                                Sample
  Estimate      Error        Bound        s(r)^2        Size
  1.05056      0.035995     0.071989     3.47707         10
--------------------------------------------------------------
```

예제 6.7에 대해 두 회사 A와 B에서 추출된 층화확률표본에서 얻은 결합(combined) 비추정값과 분리(separated) 비추정값이 산출된다. 이에 대한 자료는 EX6_7.DAT에 있고, 다음 프로그램이 이 두 가지 추정값을 계산한 것이다. 또한 출력결과도 참조하기 바란다.

```
/*-------------------------------------------------------------
EXAMPLE 6.7 Finding the combined and separate ratio
estimates of a population mean
-------------------------------------------------------------*/
%include 'c_ratio';
%include 's_ratio';

data hrs_lost; infile 'expl6_7.dat';
input company $ employee previous current @@;

data one; input company $ totalx str_size;
cards;

A   16300  1000
B   12800  1500

;
%s_ratio (sample=hrs_lost, setup=one, strata=company,
param=mean, x=previous, response=current,
tau_x=totalx, npop=str_size);

%c_ratio (sample=hrs_lost, setup=one, strata=company,
param=mean, x=previous, response=current,
tau_x=totalx, npop=str_size);
--------------------------------------------------------------
                Ratio Estimates by Strata
                Response Variable=current
              (Auxiliary Variable=previous)

                            Sample
                Strata       Size         r(i)

                  A           10        1.05056
                  B           10        0.58974
--------------------------------------------------------------
             Separate Ratio Estimate of Mean
             Stratified Random Sampling Design
                Response Variable=current
              (Auxiliary Variable=previous)
```

```
                Standard
   Estimate       Error        Bound

   9.86915      0.63475      1.26951
-------------------------------------------------------------
              Actual Sample Sizes
         (Excludes Missing Data, if Any)

                COMPANY       n(i)
                   A           10
                   B           10
-------------------------------------------------------------
     Combined Ratio Estimate of Population Mean
          Stratified Random Sampling Design
             Response Variable=current
          (Auxiliary Variable=previous)

              Standard
   Estimate     Error          Bound       r(c)
   10.1012     0.81459        1.62918    0.86780
-------------------------------------------------------------
```

계통표본추출

매크로 SYS는 k개 중에서 1개를 뽑는 계통표본을 추출하고, EST_SYS는 인접단위들 간의 차이(successive difference)를 이용한 추정량을 계산한다. 단위당 평균에 대한 추정은 EST_SRS를 통해서도 얻을 수 있다. SYS에 대한 이해를 돕기 위해 통계학 수강학생을 대상으로 한 조사를 통해 얻은 CLASSUR.DAT에 수록된 자료를 $N = 57$인 모집단으로 간주하고 활용해 보자. 다음 프로그램은 이 자료에서 매크로 SYS와 EST_SYS를 사용하여 1/5 계통표본을 추출한 것이다. 여기서는 주당 평균학습시간을 추정하고, 인접단위들 간의 차이를 이용한 분산 추정량을 계산한 것이다. 모집단의 실제 평균 $\mu = 12.91$시간이다.

```
/*------------------------------------------------------------
 EXAMPLE Selecting a systematic 1-in-5 sample and
 estimation of the population mean
------------------------------------------------------------*/

 %include 'sys';
 %include 'est_sys';

 data survey; infile 'classsur.dat';
 input gender age gpa class ht wt stdhrs;

 %sys(noprint, frame=survey, k=5, npop=57,
 sample=outsys );

 %est_sys (sample=outsys, npop=57, param=mean,
 response=stdhrs) ;
------------------------------------------------------------
```

```
             Estimate of the Population Mean
               Systematic Sampling Design
             (Successive Difference Estimator)
                Response Variable=stdhrs

                 Standard                           Actual
   Estimate        Error      Bound     s(d)^2   Differences

   12.5455      2.23767   4.47534    136.5          10
------------------------------------------------------------
```

3. 집락표본추출

단순집락표본

세 가지 유형의 단순집락추출을 위한 매크로가 있다. 이 절에서는 다음 두 가지 형태의 집락표본추출에서의 추정에 대한 예제들을 고려한다. (1) 동일한 확률로 집락을 추출하는 경우 (2) 집락의 크기에 따라 확률비례추출하는 경우이다. CL1STRS는 층 내에서 집락들을 추출하는 매크로이고, 이와 관련된 옵션들은 자료 디스켓의 GLOSSARY.DOC 파일에 자세히 설명되어 있다.

균등확률추출

CL1은 원시자료에서 단순집락표본을 추출하는 매크로이다. EST_CL1은 모집단의 평균 또는 총계에 대한 비추정값, 또는 모집단 총계에 대한 비편향 추정값을 구하는 매크로이다. PARAM = MEAN, TOTAL 또는 UNBIASED 등의 지정을 통하여 추정량을 선택한다. 여기서는 반드시 각 집락당 총계가 입력된 data set이 사용되어야 한다. 다음 프로그램은 예제 8.2~예제 8.4에 대한 결과를 얻기 위해 EST_CL1을 두 번 사용하고 있다. 첫 번째는 평균집락의 크기를 모르는 경우이고, 두 번째 경우에서는 모집단의 전체 단위의 수가 M = 2,500이라고 가정한 경우이다. 자료는 표 8.1에 $1,000을 기본단위로 기록되어 있다. SAS 문장 중 입력과정 바로 다음의 명령줄은 수입을 $단위로 환산하는 명령이다.

```
/*-----------------------------------------------------------
 EXAMPLES 8.2-8.4 Selecting a single-stage cluster sample
 and estimating the population mean and total
------------------------------------------------------------*/
 %include 'est_cl1';

 data sample; infile 'table8.1';
 input cluster resids income @@;
 income=1000*income;

 %est_cl1( param=mean unbiased, mi=resids, npop=415,
 response=income );
```

```
%est_cl1( param=total, mi=resids, npop=415,
response=income, m=2500 );
--------------------------------------------------------------
               Single-Stage Cluster Design
                Response Variable=income

                  Standard
    Estimate       Error         Bound         s(c)^2
    8801.32       808.570       1617.14      634501213.4
--------------------------------------------------------------
        Unbiased Estimate of the Population Total
                 (Does Not Depend on M)
               Single-Stage Cluster Design
                Response Variable=income

                 Standard
   Estimate       Error          Bound           s(t)^2

   22061400     1752792.02     3505584.04     474556666.67
--------------------------------------------------------------
           Ratio Estimate of Population Total
               Single-Stage Cluster Design
                Response Variable=income

                  Standard
    Estimate        Error          Bound          s(c)^2
  22003311.26    2026761.17     4053522.35     634501213.4
--------------------------------------------------------------
```

확률비례표본추출

CL1PPS는 집락크기에 비례하는 확률로 집락을 선택하는 단순집락표본을 추출하는 매크로이다. CL1PPS에서는 각 집락에 속하는 모든 단위의 관측값들이 data set FRAME에 수록되어 있다고 가정하고 있다. 한편 PPS는 data set에 있는 개별적인 관측값들을 지정된 변수의 크기에 비례하는 확률로 추출하는 매크로이다. 따라서 PPS를 단순집락표본추출에 사용하기 위해서는 집락의 총계들로 구성된 추출틀을 사용해야 한다.

다음 프로그램은 USPOP.DAT 자료로부터 각 주(state)의 1990년 인구 수에 비례하는 확률로 주들을 선택하는 단순집락표본을 추출하고, EST_CL1P를 사용하여 이 표본자료로부터 2000년 인구 수를 추계한 것이다. 비록 이것은 단순집락추출에서 집락의 크기를 활용하는 전형적인 예는 아니지만 여기서 1990년 인구 수와 2000년 인구 수 추계값은 양의 상관관계를 갖고 있다는 점을 활용하고 있다. 결과를 보면 2배의 표준오차를 이용한 구간추정은 2000년 미국 인구 수 추계 참값(즉, 282,055)을 여유 있게 포함하고 있다.

```
/*------------------------------------------------------------
 EXAMPLE Selecting a single-stage cluster sample with a
 probability proportional to the size of the cluster
-------------------------------------------------------------*/
```

```
%include 'est_cl1p';
%include 'pps';
data census; infile 'uspop.dat';
input state $ 8-20 pop1990 34-38 pop2000 40-44;

%pps(frame=census, n=5, mi=pop1990 );

%est_cl1p(totals=pop2000, param=total, mi=pop1990,
m=226503);
```

PPS(또는 CL1PPS)에서 얻어지는 출력결과에는 표본집락의 중복적인 추출여부를 표시해 주는 REP라는 새로운 변수가 포함되어 있다. 매크로 EST_CL1P는 계산과정에서 REP라는 변수를 사용한다. 한편 변수 REP는 매크로 CL1PPS와 EST_CL1P에서 옵션 REP = 을 통하여 다른 이름으로 지정될 수 있다. 출력결과는 다음과 같다.

```
----------------------------------------------------------------

          Probability Proportional to Size Sample
                 Output Data Set=sample
                   (Total Size=226503)

 OBS    STATE          POP1990    POP2000      MI      REP

  1     Connecticut      3108       3515      3108      1
  2     Ohio            10797      11183     10797      1
  3     Nebraska         1570       1563      1570      1
  4     California      23669      38112     23669      1
  5     California      23669      38112     23669      2

----------------------------------------------------------------
            Estimate of the Population Total
             Single-Stage PPS Cluster Design

           Response Variable (Totals)=pop2000

                  Standard
   Estimate        Error          Bound          s^2
  289138.30      31254.27       62508.54      0.095201

----------------------------------------------------------------
```

2단집락표본

2단집락표본의 추정을 위한 매크로는 두 가지가 있다. EST_RAT는 모집단 모수에 대한 비추정값을 계산하고, EST_UNB는 비편향 추정값을 계산한다. 표본자료는 평균들, 비율들 또는 빈도수들로 입력된다. 집락의 크기 및 각 집락에서 추출되는 표본크기는 반드시 data set에 포함되어야 한다. 이런 2단계 추출과정과 관련된 정보들을 갖고 있는 data set은 SETUP옵션에 의해 지정되어야 한다. 한편 1단계 추출과 관련된 모수들은 모수 리스트에 상수들로 설정된다. 다음 프로그램은 예제 9.4에 관한 자료를 사용하여 모집단 비율에 대한 비추정량을 계산한 것이다.

```
/*-----------------------------------------------------------
 EXAMPLE 9.4 Finding the ratio estimate of a proportion in a
 two-stage cluster sample
-----------------------------------------------------------*/
 %include 'est_rat';
data samp; input plant capmi smallmi p @@;
cards;
1    50    10    .40    2     65    13    .38
3    45    9     .22    4     48    10    .30
5    52    10    .50    6     58    12    .25
7    42    8     .38    8     66    13    .31
9    40    8     .25    10    56    11    .36

;
%est_rat(setup=samp, cluster=plant, mpopi=capmi,
mi=smallmi, npop=90, phat=p, param=prop) ;
--------------------------------------------------------------
           Ratio Estimate of Population Proportion
                  Two-Stage Cluster Design

                             Standard
              Estimate        Error          Bound

              0.33732       0.028431      0.056861
--------------------------------------------------------------
```

4. 요약통계

EST_RAT와 EST_UNB를 사용하기 위해서는 요약된 통계값 형태의 자료가 준비되어야 한다. 한편 EST_SRS와 EST_STRS의 경우에는 TYPE = SUMMARY 옵션을 사용하여 요약 통계값이 입력되어 있는 자료를 직접 사용할 수 있다. 만약 SAS의 MEAN 프로시저를 사용할 수 있으면 이를 이용하여 주프로그램에서 원자료에 대한 요약 통계값을 산출하여 사용하면 된다. 즉, 위의 두 가지 매크로의 경우 PROC MEAN에서 얻어지는 data set을 TYPE = SUMMARY 옵션을 사용하여 활용할 수 있다. 예제 5.2의 경우 원자료와 요약 통계값들이 모두 주어져 있다. 다음 두 개의 프로그램은 EST_STRS에서 TYPE = SUMMARY 옵션을 사용하여 평균을 추정한 것이다. 다음의 첫 번째 프로그램은 원래 요약된 자료를 직접 입력하여 사용한 예제이다.

```
/*-----------------------------------------------------------
 EXAMPLE 5.2 Estimating from summary data
-----------------------------------------------------------*/
 %include 'est_strs';

 data one;

 input region $ capn;
 cards;
```

```
A          155
B           62
RURAL       93

;
data two;
input region $ ymean yvar smalln;
cards:
 A          33.900      35.358     20
 B          25.125     232.411      8
 RURAL      19.000      87.636     12

%est_strs (setup=one, sample=two, ybar=ymean, var=yvar,
strata=region, n=smalln, npop=capn, param=mean,
type=summary);
```

다음 두 번째 프로그램에서는 OUTPUT명령을 사용하여 PROC MEANS에서 얻어지는 결과를 활용한 것이다. 이런 두 가지 방법에 의한 결과는 물론 동일하고 다음에 제시되어 있다.

```
/*-----------------------------------------------------------
 EXAMPLE 5.2 Creating summary data with Proc Means
-----------------------------------------------------------*/

 %include 'est_strs';

 data tv_time; infile 'table5.1' ;
 input region $ hours @@;

 data one;
 input region $ capn smalln;
 cards;
  A       155
  B        62
  RURAL    93

 ;
 proc sort data=tv_time; by region;
 proc sort data=one; by region;

 proc means data=tv_time noprint;
 by region; var hours;

 output out=new mean=ymean var=yvar n=ni;

 %est_strs(setup=one, sample=new, ybar=ymean,
 var=yvar, strata=region, n=ni, npop=capn,
 param=mean, type=summary);
```

```
-------------------------------------------------------------
                Estimate of the Population Mean
               Stratified Random Sampling Design
                Response Variable=ymean (Mean)

                             Standard
                Estimate       Error        Bound

                 27.675       1.40340      2.80679
-------------------------------------------------------------
```

5. 여러 개의 매크로 동시 사용

앞 절에서 여러 개의 매크로를 하나의 프로그램에서 동시에 사용하는 것을 보았다. 이런 경우 서로 다른 변수들의 이름과 키워드 모수 리스트의 data set 이름을 유의하여 구분해야 한다.

예제

이 예제에서는 88개의 미국기상관측소에서 관측된 1월에서 5월 사이의 평균 강우량을 오차한계 0.25로 추정하고자 한다. 추출틀은 TEMPS.DAT 화일에 수록되어 있다. 각 월을 층으로 한 층화확률추출을 사용하도록 하자. TEMPS.DAT에는 각 월별 자료가 다섯 열에 각각 입력되어 있다. 따라서 연속된 OUTPUT명령을 사용하여 이들을 하나의 변수 PRECIP에 입력하고 또한 층을 구분하기 위해 월을 나타내는 지시변수 MONTH를 생성한다.

우선 비례배정에 의해 크기 40의 예비표본을 추출했다. 네이만배정법을 위한 층별 분산의 근사값을 얻기 위해 매크로 STATS를 사용하여 예비표본에서 표본분산을 계산했다. 그리고 ALLOC를 사용하여 표본크기 및 층별 배정을 결정했다. 매크로 STRS를 사용하여 최종 층화표본을 추출하는 데 있어서 SETUP = OUTALLOC 옵션을 활용하여 ALLOC에서 얻어진 출력결과를 직접 사용했다. 마지막으로 EST_STRS에 의해 추정값과 오차의 한계를 계산했다. 이런 프로그램에 의한 출력결과는 프로그램 다음에 제시했다.

```
/*-----------------------------------------------------------
 EXAMPLE Using several macros in one program
-----------------------------------------------------------*/

 %include 'strs';
 %include 'stats';
 %include 'est_strs';
 %include 'alloc';

 data weather; infile 'temps.dat';
 input station $ 2-22 jan 27-29 feb 36-38 mar 44-46
 apr 52-54 may 60-62;

 data weather (keep=station precip month); set weather;
 precip=jan; month='Jan'; output;
 precip=feb; month='Feb'; output;
 precip=mar; month='Mar'; output;
 precip=apr; month='Apr'; output;
 precip=may; month='May'; output;

 data info; input month $ capn smalln;
 cards;
 Jan  88  8
 Feb  88  8
 Mar  88  8
 Apr  88  8
 May  88  8
```

```
*SELECT PROPORTIONAL SAMPLE FOR PILOT STUDY;
  %strs(noprint, frame=weather, setup=info, npop=capn,
  n=smalln, strata=month, sample=pilot);
*OBTAIN PRELIMINARY ESTIMATES FROM PILOT SAMPLE;
  %est_strs(sample=pilot, strata=month, setup=info,
  response=precip, npop=capn, param=mean) ;
*COMPUTE BASIC STATISTICS FROM PILOT SAMPLE;
  %stats (sample=pilot, byvar=month, response=precip,
  setup=info);
*USE PILOT SAMPLE TO DETERMINE NEYMAN ALLOCATION;
  %alloc(type=neyman, setup=outstats, bound=.25,
  param=mean, strata=month, npop=capn, var=var) ;
*SELECT FINAL SAMPLE USING NEYMAN ALLOCATION;
  %strs(noprint, frame=weather, setup=outalloc,
  npop=capn, n=ni, strata=month) ;
*ESTIMATE MEAN PRECIPITATION FROM FINAL SAMPLE;
  %est_strs(strata=month, setup=info, response=precip,
  param=mean, npop=capn);
```

```
                Actual Sample Sizes
           (Excludes Missing Data, if Any)

                   MONTH   n(i)

                    Apr      8
                    Feb      8
                    Jan      8
                    Mar      8
                    May      8

          Estimate of the Population Mean
          Stratified Random Sampling Design
              Response Variable=precip

                        Standard
              Estimate   Error      Bound

                2.74    0.19298   0.38596
```

```
          Statistics for precip by Month
               Input Data Set=pilot
            Output Data Set=outstats

                                         Standard
MONTH   CAPN   SMALLN    Mean    Deviation   Variance   n
 Apr     88      8      3.2250    0.73436    0.53929    8
 Feb     88      8      1.9875    1.37054    1.87839    8
 Jan     88      8      2.7250    1.27588    1.62786    8
 Mar     88      8      3.1250    1.72440    2.97357    8
 May     88      8      2.6375    1.08356    1.17411    8
```

```
      Stratum Weights and Sample Sizes for the Neyman Allocation
         to Obtain an Error Bound of 0.25 on the population mean
                        Output Data Set=outalloc

                                                             Nearest
             Stratum      Stratum         Exact              Integer
MONTH         Sizes       Weights       Allocation            (ni)

 Apr           88         0.11866         9.4929                9
 Feb           88         0.22146        17.7166               18
 Jan           88         0.20616        16.4928               16
 Mar           88         0.27864        22.2908               22
 May           88         0.17509        14.0069               14
            =======       =======      ==========           =======
              440         1.00000        80.0000               79
--------------------------------------------------------------------
                         Actual Sample Sizes
                  (Excludes Missing Data, if Any)

                          MONTH   n(i)

                           Apr      9
                           Feb     18
                           Jan     16
                           Mar     22
                           May     14

               Estimate of the Population Mean
               Stratified Random Sampling Design
                  Response Variable=precip

                            Standard
                 Estimate   Error        Bound

                 2.73742    0.12845      0.25691
--------------------------------------------------------------------
```

최종적인 표본크기는 79이고, 이 예제에서 결과적으로 얻어진 오차의 한계는 원래 원했던 0.25보다 약간 크게 나타났다. 한편 이 예제에서 실제 평균 강우량 $\mu = 2.67$이다. 여기서는 적절한 오차한계를 만족하는 표본설계를 위해 예비표본에 대한 분석을 먼저 했다는 점에 유의하기 바란다.

APPENDIX C

자료

이 책에서 활용한 일곱 개의 대규모 자료의 일부를 제시하고, 아울러 각 자료에서 사용한 변수를 간단히 설명한다. 이 자료들은 첨부된 디스켓에 수록되어 있다.

CLASSSUR	플로리다대학 기초통계학 수강생 대상 조사
CARS93	1993년도에 인기 있었던 자동차에 대한 자료
USPOP	미국 2000년 센서스 자료 요약
RECYCLE	플로리다에서 수행된 재활용 행태 조사 자료
SCHOOLS	2000~2001년도 학생, 교사 및 교육비용 자료
TEMPS	미국 기상 관측소별 월별 평균 기온 및 강수량 자료
RIVER	플로리다 특정 강의 하루 유입량 자료

CLASSSUR : 기초통계학 수강생 대상 조사

다음은 기초통계학을 수강하는 학생들에 대한 조사결과이다. 동그라미 안의 숫자는 이들 범주들에 대응되는 숫자를 나타낸다.

1. Male ___①___ Female ___②___

2. Age (in years) ______

3. Cumulative University of Florida GPA ______

Check here if you have completed no classes at UF ______

4. Check your current class standing:

Freshman ___①___

Sophomore ___②___

Junior ___③___

Senior ___④___

Other ___⑤___

5. Height (in inches) ________
   Weight (in pounds) ________
6. How many hours do you study during a typical week? ________
7. On the average, how many hours do you sleep per night during a typical week? ________
8. Do you have a job, outside of being a student? Yes __①__ No __⑤__
9. How much did you pay for textbooks for the current term? ________
10. Is your permanent residence (check one):
    In Florida more than 150 miles from Gainesville? __①__
    In Florida less than 150 miles from Gainesville? __②__
    Outside Florida? __③__

GENDER	AGE	GPA	CLASS	HEIGHT	WEIGHT	STUDY HRS	SLEEP HRS	JOB	TEXTPAY	RESIDE
2	19	2.50	2	70.50	147	12.0	7.0	2	200.00	2
2	20	2.30	3	71.00	158	11.8	7.0	2	170.00	1
2	17	*	1	65.00	140	6.0	6.4	1	200.00	2
1	23	2.80	4	72.00	160	9.0	7.0	2	111.00	2
2	33	3.45	4	65.00	155	10.0	7.0	1	150.00	2
2	20	2.50	3	60.00	138	10.0	8.0	1	250.00	1
2	32	3.67	4	66.00	125	14.0	6.0	2	150.00	2
2	21	2.50	3	65.00	116	20.0	8.0	2	260.00	1
2	20	*	3	68.60	138	13.0	6.0	1	90.00	1
2	17	3.50	1	64.00	110	15.0	7.0	2	130.00	2
2	20	3.10	3	67.00	120	7.0	7.0	1	180.00	3
2	21	*	3	68.00	127	*	8.0	2	200.00	1
2	19	*	2	61.00	115	11.0	6.8	1	51.47	1
2	21	2.56	3	64.00	133	7.0	7.5	1	100.00	2
2	20	2.60	3	62.00	105	12.0	6.0	1	200.00	1
1	25	3.00	4	66.00	160	40.0	6.0	1	90.00	2
1	26	3.20	4	70.00	160	8.0	6.0	2	245.00	3
1	20	3.04	2	70.00	178	7.0	7.0	1	200.00	3
2	17	*	1	64.00	*	9.0	5.5	2	220.00	1
1	19	2.80	3	71.00	170	10.0	8.0	1	200.00	2
2	18	3.20	2	64.00	106	13.0	6.0	2	200.00	2
2	42	3.75	4	63.00	140	10.0	7.0	1	150.00	2

(계속)

GENDER	AGE	GPA	CLASS	HEIGHT	WEIGHT	STUDY HRS	SLEEP HRS	JOB	TEXTPAY	RESIDE
1	22	2.75	4	67.00	147	30.0	6.0	2	320.00	1
2	21	2.84	4	67.00	135	14.0	7.0	2	200.00	1
2	18	*	1	67.00	130	10.0	8.0	2	145.00	1
2	20	2.80	3	66.00	150	14.0	6.0	2	*	1
2	20	3.29	3	66.00	118	14.0	8.0	2	216.00	1
1	19	2.70	3	73.00	167	10.0	7.0	1	200.00	2
1	20	2.80	3	71.00	175	5.0	8.0	2	150.00	2
2	20	2.90	3	63.00	123	7.0	6.0	1	185.00	1
1	20	2.93	3	67.00	147	10.0	5.0	1	220.00	1
2	22	3.24	4	62.00	*	7.0	8.0	2	120.00	1
2	18	*	1	66.50	*	15.0	7.0	2	198.00	3
2	18	*	1	*	108	12.0	4.9	2	160.00	2
1	21	3.20	4	68.00	145	26.0	7.0	2	400.00	2
2	20	2.96	3	65.00	118	25.0	6.0	2	150.00	2
1	22	3.10	4	76.00	220	16.0	4.5	1	250.00	1
2	21	3.00	3	65.00	112	13.5	7.0	1	210.00	1
2	20	2.50	3	61.00	105	10.0	8.0	2	175.00	1
1	20	3.25	3	75.00	160	9.0	9.0	1	200.00	2
1	22	3.55	5	65.00	140	10.0	8.5	1	240.00	1
1	34	3.91	5	73.00	175	30.0	7.0	1	120.00	2
1	20	2.76	2	71.00	175	7.0	8.0	2	200.00	1
1	18	3.47	3	67.00	153	15.0	9.0	2	90.00	2
2	20	3.00	3	*	*	14.0	4.0	2	260.00	2
2	23	2.80	4	64.00	128	5.0	6.0	1	49.00	2
1	22	3.34	4	75.00	225	6.0	7.0	2	95.00	2
2	19	3.40	3	60.75	110	5.0	7.0	2	300.00	3
1	21	2.60	2	71.00	183	5.0	5.0	1	225.00	1
1	19	2.65	3	68.00	130	3.0	9.0	1	200.00	3
1	19	3.20	2	67.00	156	15.0	7.0	2	180.00	2
2	20	2.40	3	63.00	128	35.0	5.0	2	250.00	1
2	17	*	1	68.00	175	13.0	5.5	2	280.00	1
1	21	2.98	4	74.00	240	18.0	6.0	1	240.00	1
2	20	3.40	3	68.00	122	12.5	6.0	1	250.00	2
1	21	2.70	4	69.00	195	10.0	7.0	2	230.00	2
1	18	3.40	1	58.00	155	16.0	6.0	1	200.00	2

CARS93: 1993년도에 인기 있었던 자동차 대상 조사

사용된 변수들은 다음과 같다.

MANUFAC: manufacturer

MODEL: model

TYPE: Small = 1

Compact = 2

Midsize = 3

Large = 4

Sporty = 5

Van = 6

MINPRICE: minimum price (in thousands of dollars)—price for basic version of this model

MIDPRICE: midrange price (in thousands of dollars)—average of minimum and maximum price

MAXPRICE: maximum price (in thousands of dollars)—price for a premium version

MPGCITY: miles per gallon by EPA rating for city driving

MPGHIGH: miles per gallon for highway driving

AIRBAGS: standard air bags (0 None, 1 Driver only, 2 Driver and passenger)

DRIVETR: drive-train type (0 Rear-wheel drive, 1 Front-wheel drive, 2 All-wheel drive)

CYLINDR: number of cylinders

LITERS: engine size (in liters)

HPOWER: horsepower (maximum)

RPMMAX: revolutions per minute at maximum horsepower

US?: manufactured by a U.S. company (1 = Yes, 0 = No)

다음 출력물은 목록 중 처음 57개 자동차에 대한 자료이다.

ROW	MANUFAC	MODEL	TYPE	MINPRICE	MIDPRICE	MAXPRICE
1	Acura	Integra	Small	12.9	15.9	18.8
2	Acura	Legend	Midsize	29.2	33.9	38.7
3	Audi	90	Compact	25.9	29.1	32.3
4	Audi	100	Midsize	30.8	37.7	44.6
5	BMW	535i	Midsize	23.7	30.0	36.2
6	Buick	Century	Midsize	14.2	15.7	17.3
7	Buick	LeSabre	Large	19.9	20.8	21.7
8	Buick	Roadmaster	Large	22.6	23.7	24.9
9	Buick	Riviera	Midsize	26.3	26.3	26.3

(계속)

ROW	MANUFAC	MODEL	TYPE	MINPRICE	MIDPRICE	MAXPRICE
10	Cadillac	DeVille	Large	33.0	34.7	36.3
11	Cadillac	Seville	Midsize	37.5	40.1	42.7
12	Chevrolet	Cavalier	Compact	8.5	13.4	18.3
13	Chevrolet	Corsica	Compact	11.4	11.4	11.4
14	Chevrolet	Camaro	Sporty	13.4	15.1	16.8
15	Chevrolet	Lumina	Midsize	13.4	15.9	18.4
16	Chevrolet	Lumina APV	Van	14.7	16.3	18.0
17	Chevrolet	Astro	Van	14.7	16.6	18.6
18	Chevrolet	Caprice	Large	18.0	18.8	19.6
19	Chevrolet	Corvette	Sporty	34.6	38.0	41.5
20	Chrysler	Concorde	Large	18.4	18.4	18.4
21	Chrysler	LeBaron	Compact	14.5	15.8	17.1
22	Chrysler	Imperial	Large	29.5	29.5	29.5
23	Dodge	Colt	Small	7.9	9.2	10.6
24	Dodge	Shadow	Small	8.4	11.3	14.2
25	Dodge	Spirit	Compact	11.9	13.3	14.7
26	Dodge	Caravan	Van	13.6	19.0	24.4
27	Dodge	Dynasty	Midsize	14.8	15.6	16.4
28	Dodge	Stealth	Sporty	18.5	25.8	33.1
29	Eagle	Vision	Large	17.5	19.3	21.2
30	Ford	Festiva	Small	6.9	7.4	7.9
31	Ford	Escort	Small	8.4	10.1	11.9
32	Ford	Tempo	Compact	10.4	11.3	12.2
33	Ford	Mustang	Sporty	10.8	15.9	21.0
34	Ford	Probe	Sporty	12.8	14.0	15.2
35	Ford	Aerostar	Van	14.5	19.9	25.3
36	Ford	Taurus	Midsize	15.6	20.2	24.8
37	Ford	Crown Victoria	Large	20.1	20.9	21.7
38	Geo	Metro	Small	6.7	8.4	10.0
39	Geo	Storm	Sporty	11.5	12.5	13.5
40	Honda	Prelude	Sporty	17.0	19.8	22.7
41	Honda	Civic	Small	8.4	12.1	15.8
42	Honda	Accord	Compact	13.8	17.5	21.2
43	Hyundai	Excel	Small	6.8	8.0	9.2
44	Hyundai	Elantra	Small	9.0	10.0	11.0
45	Hyundai	Scoupe	Sporty	9.1	10.0	11.0

(계속)

ROW	MANUFAC	MODEL	TYPE	MINPRICE	MIDPRICE	MAXPRICE
46	Hyundai	Sonata	Midsize	12.4	13.9	15.3
47	Infiniti	Q45	Midsize	45.4	47.9	50.4
48	Lexus	ES300	Midsize	27.5	28.0	28.4
49	Lexus	SC300	Midsize	34.7	35.2	35.6
50	Lincoln	Continental	Midsize	33.3	34.3	35.3
51	Lincoln	Town Car	Large	34.4	36.1	37.8
52	Mazda	323	Small	7.4	8.3	9.1
53	Mazda	Protege	Small	10.9	11.6	12.3
54	Mazda	626	Compact	14.3	16.5	18.7
55	Mazda	MPV	Van	16.6	19.1	21.7
56	Mazda	RX-7	Sporty	32.5	32.5	32.5
57	Mercedes-Benz	190E	Compact	29.0	31.9	34.9

MPGCITY	MPGHIGH	AIRBAGS	DRIVETR	CYLINDR	LITERS	HPOWER	RPMMAX	US?	TYPECODE
25	31	0	1	4	1.8	140	6300	0	1
18	25	2	1	6	3.2	200	5500	0	3
20	26	1	1	6	2.8	172	5500	0	2
19	26	2	1	6	2.8	172	5500	0	3
22	30	1	0	4	3.5	208	5700	0	3
22	31	1	1	4	2.2	110	5200	1	3
19	28	1	1	6	3.8	170	4800	1	4
16	25	1	0	6	5.7	180	4000	1	4
19	27	1	1	6	3.8	170	4800	1	3
16	25	1	1	8	4.9	200	4100	1	4
16	25	2	1	8	4.6	295	6000	1	3
25	36	0	1	4	2.2	110	5200	1	2
25	34	1	1	4	2.2	110	5200	1	2
19	28	2	0	6	3.4	160	4600	1	5
21	29	0	1	4	2.2	110	5200	1	3
18	23	0	1	6	3.8	170	4800	1	6
15	20	0	2	6	4.3	165	4000	1	6
17	26	1	0	8	5.0	170	4200	1	4
17	25	1	0	8	5.7	300	5000	1	5
20	28	2	1	6	3.3	153	5300	1	4
23	28	2	1	4	3.0	141	5000	1	2

(계속)

(계속)

MPGCITY	MPGHIGH	AIRBAGS	DRIVETR	CYLINDR	LITERS	HPOWER	RPMMAX	US?	TYPECODE
20	26	1	1	6	3.3	147	4800	1	4
29	33	0	1	4	1.5	92	6000	1	1
23	29	1	1	4	2.2	93	4800	1	1
22	27	1	1	4	2.5	100	4800	1	2
17	21	1	2	6	3.0	142	5000	1	6
21	27	1	1	4	2.5	100	4800	1	3
18	24	1	2	6	3.0	300	6000	1	5
20	28	2	1	6	3.5	214	5800	1	4
31	33	0	1	4	1.3	63	5000	1	1
23	30	0	1	4	1.8	127	6500	1	1
22	27	0	1	4	2.3	96	4200	1	2
22	29	1	0	4	2.3	105	4600	1	5
24	30	1	1	4	2.0	115	5500	1	5
15	20	1	2	6	3.0	145	4800	1	6
21	30	1	1	6	3.0	140	4800	1	3
18	26	1	0	8	4.6	190	4200	1	4
46	50	0	1	3	1.0	55	5700	0	1
30	36	1	1	4	1.6	90	5400	0	5
24	31	2	1	4	2.3	160	5800	0	5
42	46	1	1	4	1.5	102	5900	0	1
24	31	2	1	4	2.2	140	5600	0	2
29	33	0	1	4	1.5	81	5500	0	1
22	29	0	1	4	1.8	124	6000	0	1
26	34	0	1	4	1.5	92	5550	0	5
20	27	0	1	4	2.0	128	6000	0	3
17	22	1	0	8	4.5	278	6000	0	3
18	24	1	1	6	3.0	185	5200	0	3
18	23	2	0	6	3.0	225	6000	0	3
17	26	2	1	6	3.8	160	4400	1	3
18	26	2	0	8	4.6	210	4600	1	4
29	37	0	1	4	1.6	82	5000	0	1
28	36	0	1	4	1.8	103	5500	0	1
26	34	1	1	4	2.5	164	5600	0	2
18	24	0	2	6	3.0	155	5000	0	6
17	25	1	0	*	1.3	255	6500	0	5
20	29	1	0	4	2.3	130	5100	0	2

USPOP : 미국 2000년 센서스 자료 요약

사용된 변수들은 다음과 같다.

Total: total resident population

Section: section of the country (1 = Northeast, 2 = Midwest, 3 = South, 4 = West)

18~24: resident population between the ages of 18 and 24

18 and over: resident population ages 18 and older

15~44: resident population between the ages of 15 and 44

65 and over: resident population ages 65 and older

85 and over: resident population ages 85 and older

Percent in Poverty: percentage of the population estimated to live with income under the poverty line

State	Total	Section	18~24	18 and over	15~44	65 and over	85 and over	Percent in Poverty
United States	288,368,698		28,341,732	215,474,215	125,434,691	35,601,911	4,593,063	11.9
Alabama	4,486,508	3	452,196	3,379,400	1,912,183	588,542	71,436	15.2
Alaska	643,786	4	58,738	451,358	282,205	39,200	3,073	8.7
Arizona	5,456,453	4	540,015	3,979,597	2,337,512	701,243	77,568	14.1
Arkansas	2,710,079	3	272,391	2,032,557	1,133,360	376,387	48,960	18.8
California	35,116,033	4	3,551,492	25,663,642	15,961,970	3,716,836	470,826	12.8
Colorado	4,506,542	4	447,869	3,355,424	2,051,306	434,472	53,101	9.2
Connecticut	3,460,503	1	287,412	2,587,650	1,423,965	472,314	70,079	7.8
Delaware	807,385	3	81,501	617,687	353,804	105,488	11,821	7.9
Florida	16,713,149	3	1,403,624	12,830,878	6,664,700	2,854,838	360,332	12.6
Georgia	8,560,310	3	868,937	6,291,833	3,956,561	813,652	95,660	12.1
Hawaii	1,244,898	4	123,045	949,384	529,157	166,910	20,353	11.4
Idaho	1,341,131	4	149,036	970,692	580,140	151,141	19,701	11.4
Illinois	12,600,620	2	1,228,541	9,346,097	5,529,191	1,499,249	206,861	11.5
Indiana	6,159,068	2	628,691	4,564,211	2,651,181	757,451	98,317	8.8
Iowa	2,936,760	2	314,972	2,238,715	1,235,599	432,785	68,523	8.3
Kansas	2,715,884	2	291,509	2,019,365	1,170,482	355,094	53,908	10.1

State	Total	Section	18~24세	18 and over	15~44세	65 and over	85 and over	Percent in Poverty
Louisiana	4,482,646	3	495,811	3,296,972	1,959,857	520,446	61,368	16.9
Maine	1,294,464	1	118,126	1,015,406	539,991	186,383	25,025	11.9
Maryland	5,458,137	3	488,911	4,078,212	2,380,371	616,699	73,543	7.3
Massachusetts	6,427,801	1	597,865	4,964,461	2,819,170	863,695	125,214	9.5
Michigan	10,050,446	2	970,466	7,480,182	4,303,040	1,231,920	155,891	10.5
Minnesota	5,019,720	2	507,071	3,767,595	2,223,693	601,741	91,625	6.9
Mississippi	2,871,782	3	322,625	2,111,035	1,250,438	346,251	44,530	18.9
Missouri	5,672,579	2	567,574	4,275,118	2,427,133	757,197	102,956	9.8
Montana	909,453	4	92,915	693,133	371,835	122,806	16,568	13.4
Nebraska	1,729,180	2	184,586	1,289,787	742,932	232,134	35,528	10
Nevada	2,173,491	4	187,297	1,600,901	939,593	240,255	20,508	8
New Hampshire	1,275,056	1	114,725	966,685	549,632	152,577	19,966	6.1
New Jersey	8,590,300	1	693,034	6,462,909	3,622,519	1,121,197	148,920	8
New Mexico	1,855,059	4	191,698	1,354,553	787,591	221,454	25,820	17.9
New York	19,157,532	1	1,815,216	14,544,281	8,360,627	2,473,510	337,060	14.1
North Carolina	8,320,146	3	815,438	6,251,306	3,653,026	998,391	115,539	13.4
North Dakota	634,110	2	76,034	487,298	272,657	94,076	15,544	12.7
Ohio	11,421,267	2	1,098,431	8,541,340	4,811,220	1,513,372	190,926	10.1
Oklahoma	3,493,714	3	377,256	2,620,154	1,491,234	460,459	58,325	14.6
Oregon	3,521,515	4	338,287	2,666,408	1,491,506	443,968	63,297	11.3
Pennsylvania	12,335,091	1	1,153,224	9,471,639	5,060,108	1,908,962	258,789	9.5
RhodeIsland	1,069,725	1	114,090	830,477	466,946	152,286	22,707	10.3
South Carolina	4,107,183	3	429,425	3,128,020	1,794,151	503,256	55,259	14.7
South Dakota	761,063	2	82,635	565,438	319,741	108,322	17,021	10
Tennessee	5,797,289	3	553,941	4,392,628	2,498,445	719,177	86,838	14.5
Texas	21,779,893	3	2,287,194	15,677,577	9,857,869	2,152,896	255,611	15.3
Utah	2,316,256	4	321,169	1,603,244	1,102,207	199,041	24,078	10.2
Vermont	616,592	1	62,147	476,930	261,245	79,241	10,768	9.8
Virginia	7,293,542	3	720,847	5,514,134	3,250,670	817,441	95,835	8.9
Washington	6,068,996	4	593,628	4,555,636	2,678,937	677,532	93,072	10.8
West Virginia	1,801,873	3	173,743	1,412,702	727,866	275,974	33,292	16.6
Wisconsin	5,441,196	2	556,567	4,103,132	2,357,595	706,418	103,150	8.2
Wyoming	498,703	4	54,248	376,359	210,398	59,222	7,273	8.8

RECYCLE: 재활용 행태 조사

이 조사는 5장에서 논의된 것으로 조사 설문지는 5장의 끝부분에 수록되어 있다*. 다음 출력물은 처음 40명의 응답자들에 대한 질문항목 2(d)까지의 응답을 기록한 자료이다.

ROW	D Code	Intervie	County	City	Q1	Q2(a)	Q2(b)	Q2(c)	Q2(d)
1	1	4	17	27	3	3	3	3	3
2	2	32	17	27	1	2	2	1	1
3	3	7	17	28	2	1	2	1	1
4	4	22	17	28	2	3	3	1	1
5	5	36	17	27	3	3	3	1	1
6	6	10	17	28	1	2	2	2	2
7	7	4	17	27	2	1	1	3	3
8	8	35	17	28	3	3	2	1	1
9	9	36	13	21	1	1	2	1	1
10	10	32	17	28	2	1	3	1	1
11	11	22	17	28	5	3	3	3	3
12	12	10	13	21	1	1	1	1	1
13	13	36	13	21	4	1	2	1	1
14	14	7	13	21	2	1	1	1	1
15	15	7	13	21	1	1	2	1	1
16	16	7	13	21	1	3	3	1	1
17	17	4	13	21	5	1	1	1	1
18	18	27	13	21	5	1	3	3	3
19	19	37	15	25	1	2	2	2	2
20	20	36	15	25	2	1	3	1	1
21	21	32	15	25	2	1	3	1	1
22	22	22	15	25	3	1	2	1	1
23	23	36	15	25	2	1	3	1	1
24	24	10	15	25	1	1	1	1	2
25	25	37	15	25	1	1	1	1	1
26	26	35	15	25	2	1	3	1	1
27	27	37	15	25	2	1	1	1	1
28	28	32	17	27	2	3	2	1	1
29	29	22	17	28	3	2	2	3	3
30	30	35	15	25	1	1	3	1	1
31	31	7	13	21	1	1	2	1	1
32	32	37	15	25	2	1	1	1	1
33	33	10	13	21	1	1	1	1	1
34	34	22	13	25	2	1	2	1	1
35	35	32	15	25	4	1	1	1	1
36	36	35	15	25	4	1	2	1	2
37	37	32	15	25	3	1	2	1	1
38	38	22	12	20	3	3	2	1	3
39	39	37	12	20	1	1	2	1	1
40	40	35	15	25	2	1	2	1	1

*From Florida Survey Research Center, University of Florida.

SCHOOLS: 2000~2001년 주별 학생, 교사 및 교육비용 요약

사용된 변수는 다음과 같다.

Total Students: total number of students registered in public schools of the year

Total Teachers: total number of teachers, based on full-time equivalents, for the year

Expenditure per Pupil: total dollars spent per pupil for the year

Population: resident population of the state according to 2000 Census figures

State	Total Students	Total Teachers	Expenditure per Pupil	Population
Alabama	737,294	46,796	5,885	4,486,508
Alaska	134,358	8,026	9,216	643,786
Arizona	922,180	46,015	5,278	5,456,453
Arkansas	449,805	33,079	5,568	2,710,079
California	6,248,610	304,296	6,987	35,116,033
Colorado	742,145	44,182	6,567	4,506,542
Connecticut	570,228	41,773	10,127	3,460,503
Delaware	115,555	7,571	8,958	807,385
Florida	2,500,478	134,684	6,170	16,713,149
Georgia	1,470,634	92,732	6,929	8,560,310
Hawaii	184,546	11,007	6,596	1,244,898
Idaho	246,521	13,854	5,725	1,341,131
Illinois	2,071,391	129,600	7,643	12,600,620
Indiana	996,133	59,658	7,630	6,159,068
Iowa	485,932	34,906	6,930	2,936,760
Kansas	470,205	33,084	6,925	2,715,884
Kentucky	654,363	40,375	6,079	4,092,891
Louisiana	731,328	49,980	6,037	4,482,646
Maine	205,586	16,741	8,232	1,294,464
Maryland	860,640	53,774	8,256	5,458,137
Massachusetts	973,140	68,942	9,509	6,427,801
Michigan	1,730,668	98,849	8,278	10,050,446
Minnesota	851,384	53,081	7,645	5,019,720
Mississippi	493,507	31,213	5,175	2,871,782
Missouri	909,792	65,240	6,657	5,672,579
Montana	151,947	10,408	6,726	909,453
Nebraska	285,095	21,083	7,223	1,729,180
Nevada	356,814	19,276	5,807	2,173,491
NewHampshire	206,847	14,677	7,286	1,275,056
NewJersey	1,341,656	103,611	11,248	8,590,300
NewMexico	320,260	21,823	6,313	1,855,059
NewYork	2,872,132	209,128	10,716	19,157,532
NorthCarolina	1,315,363	85,684	6,346	8,320,146
NorthDakota	106,047	8,035	6,125	634,110

(계속)

(계속)

State	Total Students	Total Teachers	Expenditure per Pupil	Population
Ohio	1,830,985	122,115	7,571	11,421,267
Oklahoma	622,139	41,632	6,019	3,493,714
Oregon	551,480	28,402	7,528	3,521,515
Pennsylvania	1,821,627	118,470	8,210	12,335,091
RhodeIsland	158,046	11,103	9,315	1,069,725
SouthCarolina	691,078	46,616	6,631	4,107,183
SouthDakota	127,542	9,370	6,191	761,063
Tennessee	925,030	58,357	5,687	5,797,289
Texas	4,163,447	282,846	6,539	21,779,893
Utah	484,677	22,211	4,674	2,316,256
Vermont	101,179	8,554	9,153	616,592
Virginia	1,163,091	89,314	7,281	7,293,542
Washington	1,009,200	52,534	6,750	6,068,996
WestVirginia	282,885	20,139	7,534	1,801,873
Wisconsin	879,361	60,918	8,243	5,441,196
Wyoming	88,128	7,026	7,835	498,703

출처: National Center for Education Statistics.

TEMPS: 미국 기상관측소별 월별 평균기온(T) 및 강수량(P)*

	Jan.		*Feb.*		*Mar.*		*Apr.*		*May*	
Station	T	P	T	P	T	P	T	P	T	P
Albany, N.Y.	22	2.2	24	2.1	33	2.6	47	2.7	58	3.3
Albuquerque, N.M.	35	0.3	40	0.4	46	0.5	56	0.5	65	0.5
Anchorage, Alaska	12	0.8	18	0.8	24	0.6	35	0.6	46	0.6
Asheville, N.C.	38	3.4	39	3.6	46	4.7	56	3.5	64	3.3
Atlanta, Ga.	42	4.3	45	4.4	51	5.8	61	4.6	69	3.7
Baltimore, Md.	33	2.9	35	2.8	43	3.7	54	3.1	64	3.6
Barrow, Alaska	−15	0.2	−19	0.2	−15	0.2	−1	0.2	19	0.2
Birmingham, Ala.	44	4.8	47	5.3	53	6.2	63	4.6	71	3.6
Bismarck, N.D.	8	0.5	14	0.4	25	0.7	43	1.4	54	2.2
Boise, Idaho	29	1.5	36	1.2	41	1.0	49	1.1	57	1.3
Boston, Mass.	29	3.7	30	3.5	38	4.0	49	3.5	59	3.5
Buffalo, N.Y.	24	2.9	24	2.6	32	2.9	45	3.2	55	3.0
Burlington, Vt.	17	1.7	19	1.7	29	1.9	43	2.6	55	3.0
Caribou, Maine	11	2.0	13	2.1	24	2.2	37	2.4	50	3.0
Charleston, S.C.	49	2.9	51	3.3	56	4.8	65	3.0	72	3.8
Chicago, Ill.	24	1.9	27	1.6	37	2.7	50	3.8	60	3.4
Cincinnati, Ohio	32	3.4	34	3.0	43	4.1	55	3.9	64	4.0
Cleveland, Ohio	27	2.6	28	2.2	36	3.1	48	3.5	58	3.5
Columbus, Ohio	28	2.9	30	2.3	39	3.4	51	3.7	61	4.1
Dallas-Ft. Worth, Tex.	45	1.8	49	2.4	55	2.5	65	4.3	73	4.5

(계속)

Station	Jan.		Feb		Mar.		Apr.		May	
	T	P	T	P	T	P	T	P	T	P
Denver, Col.	30	0.6	33	0.7	37	1.2	48	1.9	57	2.6
DesMoines, Iowa	19	1.1	24	1.1	34	2.3	50	2.9	61	4.2
Detroit, Mich.	26	1.9	27	1.8	35	2.3	48	3.1	58	3.4
DodgeCity, Kans.	31	0.5	35	0.6	41	1.1	54	1.7	64	3.1
Duluth, Minn.	9	1.2	12	0.9	24	1.8	39	2.6	49	3.4
Eureka, Calif.	47	7.4	48	5.2	48	4.8	50	3.0	53	2.1
Fairbanks, Alaska	−12	0.6	−3	0.5	10	0.5	29	0.3	47	0.7
Fresno, Calif.	45	1.8	50	1.7	54	1.6	60	1.2	67	0.3
Galveston, Tex.	54	3.0	56	2.7	61	2.6	69	2.6	76	3.2
GrandJunction, Colo.	27	0.6	34	0.6	41	0.8	52	0.8	62	0.6
GrandRapids, Mich.	23	1.9	25	1.5	33	2.5	47	3.4	57	3.2
Hartford, Conn.	25	3.3	27	3.2	36	3.8	48	3.8	58	3.5
Helena, Mont.	18	0.6	25	0.4	31	0.7	43	0.9	52	1.8
Honolulu, Hawaii	72	4.4	72	2.5	73	3.2	75	1.4	77	1.0
Houston, Tex.	52	3.6	55	3.5	61	2.7	69	3.5	76	5.1
Huron, S.D.	13	0.4	18	0.8	29	1.1	46	2.0	57	2.8
Indianapolis, Ind.	28	2.9	31	2.4	40	3.8	52	3.9	62	4.1
Jackson, Miss.	47	4.5	50	4.6	56	5.6	66	4.7	73	4.4
Jacksonville, Fla.	55	2.8	56	3.6	61	3.6	68	3.1	74	3.2
Juneau, Alaska	24	3.9	28	3.4	32	3.6	39	3.0	47	3.3
KansasCity, Mo.	27	1.3	32	1.3	41	2.6	54	3.5	64	4.3
Knoxville, Tenn.	41	4.7	43	4.7	50	4.9	60	3.6	68	3.3
Lander, Wyo.	20	0.5	26	0.7	31	1.2	43	2.4	53	2.6
LittleRock, Ark.	40	4.2	43	4.4	50	4.9	62	5.3	70	5.3
LosAngeles, Calif.	57	3.0	58	2.8	59	2.2	62	1.3	65	0.1
Louisville, Ky.	33	3.5	36	3.5	44	5.1	56	4.1	65	4.2
Marquette, Mich.	18	1.5	20	1.5	27	1.9	40	2.6	50	2.9
Memphis, Tenn.	41	4.9	44	4.7	51	5.1	63	5.4	71	4.4
Miami, Fla.	67	2.2	68	2.0	71	2.1	75	3.6	78	6.1
Milwaukee, Wis.	19	1.6	23	1.1	31	2.2	45	2.8	54	2.9
Minneapolis, Minn.	12	0.7	17	0.8	28	1.7	45	2.0	57	3.4
Mobile, Ala.	51	4.7	54	4.8	59	7.1	68	5.6	75	4.5
Moline, Ill.	22	1.7	26	1.3	36	2.6	51	3.8	61	3.9
Nashville, Tenn.	38	4.8	41	4.4	49	5.0	60	4.1	69	4.1
Newark, N.J.	31	2.9	33	3.0	41	3.9	52	3.4	62	3.6
New Orleans, La.	53	4.5	56	4.8	61	5.5	69	4.2	75	4.2
New York, N.Y.	32	2.7	33	2.9	41	3.7	52	3.3	62	3.5
Nome, Alaska	6	0.9	5	0.8	7	0.8	19	0.7	35	0.7
Norfolk, Va.	41	3.4	41	3.3	48	3.4	58	2.7	67	3.3
Okla.City, Okla.	37	1.1	41	1.3	48	2.1	60	3.5	68	5.2
Omaha, Nebr.	23	0.8	28	1.0	37	1.6	52	3.0	63	4.1
Parkersburg, W. Va.	33	3.1	35	2.8	43	3.8	55	3.5	64	3.6

(계속)

	Jan.		*Feb.*		*Mar.*		*Apr.*		*May*	
Station	T	P	T	P	T	P	T	P	T	P
Philadelphia, Pa.	32	2.8	34	2.6	42	3.7	53	3.3	63	3.4
Phoenix, Ariz.	51	0.7	55	0.6	60	0.8	68	0.3	76	0.1
Pittsburgh, Pa.	28	2.8	29	2.4	38	3.6	50	3.4	60	3.6
Portland, Maine	22	3.4	23	3.5	32	3.6	43	3.3	53	3.3
Portland, Oreg.	38	5.9	43	4.1	46	3.6	51	2.2	57	2.1
Providence, R.I.	28	3.5	29	3.5	37	4.0	47	3.7	57	3.5
Raleigh, N.C.	41	3.2	42	3.3	49	3.4	60	3.1	67	3.3
Rapid City, S.D.	22	0.5	26	0.6	31	1.0	45	2.1	55	2.8
Reno, Nev.	32	1.2	37	0.9	40	0.7	47	0.5	55	0.7
Richmond, Va.	38	2.9	39	3.0	47	3.4	58	2.8	67	3.4
St. Louis, Mo.	31	1.9	35	2.1	43	3.0	57	3.9	66	3.9
Salt Lake City, Utah	28	1.3	33	1.2	40	1.6	49	2.1	58	1.5
San Antonio, Tex.	51	1.7	55	2.1	61	1.5	70	2.5	76	3.1
San Diego, Calif.	55	1.9	57	1.5	58	1.6	61	0.8	63	0.2
San Francisco, Calif.	48	4.4	51	3.0	53	2.5	55	1.6	58	0.4
San Juan, P.R.	75	3.7	75	2.5	76	2.0	78	3.4	79	6.5
Sault Ste. Marie, Mich.	14	1.9	15	1.5	24	1.7	38	2.2	49	3.0
Savannah, Ga.	50	2.9	52	2.9	58	4.4	66	2.9	73	4.2
Seattle, Wash.	38	5.8	42	4.2	44	3.6	49	2.5	55	1.7
Spokane, Wash.	25	2.5	32	1.7	38	1.5	46	1.1	55	1.5
Springfield, Mo.	33	1.7	37	2.2	44	3.0	57	4.3	65	4.9
Syracuse, N.Y.	24	2.7	25	2.8	33	3.0	47	3.1	57	3.0
Tampa, Fla.	60	2.3	62	2.9	66	3.9	72	2.1	77	2.4
Trenton, N.J.	32	2.8	33	2.7	41	3.8	52	3.2	62	3.4
Washington, D.C.	36	2.6	37	2.5	45	3.3	56	2.9	66	3.7
Wilmington, Del.	32	2.9	34	2.8	42	3.7	52	3.2	62	3.4

출처: *The World Almanac & Book of Facts, 1984*. Copyright © 1983 Newspaper Enterprise Association, Inc., New York.
*기온(T)는 화씨, 강수량(P)는 인치 단위임.

RIVER: 플로리다 CRYSTAL 강의 유입량

	1977~1978											
Day	Oct.	Nov.	Dec.	Jan.	Feb.	Mar.	Apr.	May	June	July	Aug.	Sept.
1	51	11	3.6	6.1	13	37	9.8	16	3.6	9.3	26	127
2	45	11	3.6	6.1	14	26	8.6	18	4.1	3.4	47	122
3	42	11	4.0	5.7	17	26	8.4	18	3.6	2.5	48	126
4	38	11	3.3	4.8	16	54	8.0	25	9.1	1.6	40	132
5	35	9.5	2.9	4.4	14	55	8.7	27	12	1.3	34	136
6	32	7.4	3.5	5.3	13	45	8.4	19	12	1.9	33	139
7	29	5.4	2.6	5.9	12	37	9.2	50	12	2.6	36	143
8	28	5.5	2.6	6.6	12	34	9.5	49	9.9	2.2	38	133
9	28	5.5	2.8	9.0	31	111	9.9	28	9.1	4.1	46	126

(계속)

1977~1978

Day	Oct.	Nov.	Dec.	Jan.	Feb.	Mar.	Apr.	May	June	July	Aug.	Sept.
10	27	6.3	3.1	8.8	47	216	10	22	8.4	5.3	63	123
11	26	6.0	3.1	7.4	44	134	11	20	6.8	6.6	78	120
12	27	4.8	2.8	6.1	35	91	11	18	6.8	11	85	116
13	26	4.7	2.6	11	28	77	12	18	6.8	5.8	88	114
14	24	5.0	2.6	15	25	68	13	17	6.1	6.8	89	114
15	23	5.5	2.8	12	24	64	13	15	6.1	17	91	98
16	23	5.5	5.4	9.3	35	62	12	14	6.8	3.8	96	86
17	23	6.0	6.2	11	112	50	13	13	6.8	7.7	98	81
18	22	6.0	5.6	17	234	42	13	14	5.4	19	103	77
19	21	5.7	4.7	18	243	36	14	20	4.7	48	108	78
20	21	4.8	4.0	29	138	30	17	14	4.7	65	127	75
21	20	5.4	4.1	29	125	27	17	13	4.1	35	119	60
22	19	5.6	4.2	29	113	21	16	12	3.3	20	104	49
23	16	7.5	4.9	26	98	16	14	9.6	4.1	17	96	40
24	17	4.8	5.1	24	82	14	14	7.7	4.1	14	93	31
25	17	4.8	5.0	23	69	13	14	7.1	3.7	13	91	24
26	16	4.4	6.1	23	58	12	16	6.9	3.0	22	90	24
27	15	4.3	5.9	23	49	12	17	11	2.3	29	91	19
28	14	3.6	5.0	19	41	11	17	12	2.7	24	98	13
29	13	3.8	5.2	18	—	11	17	9.5	2.8	22	95	9.6
30	13	3.8	5.4	16	—	9.5	16	4.6	7.9	19	100	8.5
31	12	—	6.8	14	—	9.6	—	2.6	—	20	114	—
Total	763	185.6	129.5	442.3	1,742	1451.1	377.5	531.2	182.8	459.9	2,465	2,544.1
Mean	24.6	6.19	4.18	14.3	62.2	46.8	12.6	17.1	6.09	14.8	79.5	84.8
Max.	51	11	6.8	29	243	216	17	50	12	65	127	143
Min.	12	3.6	2.6	4.4	12	9.5	8.0	2.6	2.3	1.3	26	8.5

1978~1979

Day	Oct.	Nov.	Dec.	Jan.	Feb.	Mar.	Apr.	May	June	July	Aug.	Sept.
1	10	1.2	2.6	7.3	23	29	11	3.5	38	6.1	13	521
2	8.4	.77	1.8	9.5	21	23	11	2.3	36	4.3	13	508
3	9.1	.63	2.6	11	19	21	9.2	1.5	34	3.3	14	401
4	8.1	.60	2.5	8.3	18	19	6.7	1.4	39	4.0	16	345
5	7.1	.50	4.1	6.5	19	18	6.8	1.4	40	8.2	26	284
6	9.4	.65	4.1	4.7	19	40	8.0	2.1	32	11	27	237
7	8.7	.56	3.7	6.0	19	101	7.6	2.6	26	6.8	58	205
8	6.1	.64	3.3	7.6	20	85	7.9	504	22	17	84	183
9	6.1	.57	3.0	8.5	19	65	8.7	1,300	19	14	133	165
10	5.4	.56	3.0	8.0	17	50	9.0	489	16	8.5	114	155
11	4.6	.70	3.0	7.5	16	44	9.4	275	14	6.2	150	150
12	5.6	.76	3.4	27	16	37	9.4	220	12	6.8	490	145
13	6.8	.74	3.1	59	15	33	9.9	185	11	11	379	226
14	9.3	.80	4.3	49	15	31	8.5	185	9.6	14	296	314

(계속)

(계속)

	1978~1979											
Day	Oct.	Nov.	Dec.	Jan.	Feb.	Mar.	Apr.	May	June	July	Aug.	Sept.
15	5.7	.87	3.5	30	15	27	8.5	160	8.6	18	296	287
16	5.0	.96	3.1	22	15	25	7.8	140	7.8	12	264	333
17	4.7	1.0	3.0	19	15	21	6.4	126	7.3	14	281	324
18	4.5	1.1	2.6	17	14	21	6.1	116	6.4	11	261	290
19	4.4	1.1	3.1	14	14	19	6.3	95	6.4	10	228	276
20	5.8	1.1	4.7	13	13	16	6.1	78	5.9	10	337	254
21	6.6	1.1	5.6	17	12	16	6.8	76	5.8	16	331	235
22	7.9	1.3	7.7	19	12	15	5.9	74	5.6	14	281	472
23	9.6	1.6	8.6	17	12	17	4.8	62	5.2	14	288	472
24	6.6	1.8	10	33	13	20	5.0	74	5.1	19	321	897
25	5.6	2.2	11	40	56	18	5.9	82	4.7	25	305	764
26	5.2	2.0	12	33	106	16	4.8	70	3.7	17	296	878
27	5.8	2.0	15	26	62	13	4.7	60	3.9	12	328	786
28	7.6	2.1	28	24	36	12	4.5	54	7.2	11	305	680
29	3.8	2.6	19	23	—	12	3.7	49	14	10	287	580
30	2.7	.93	12	23	—	11	3.6	45	9.1	11	465	500
31	1.4	—	8.8	24	—	12	—	41	—	12	492	—
Total	197.6	33.44	202.2	613.9	651	887	214.0	4,574.8	455.3	357.2	7,189	11,867
Mean	6.37	1.11	6.52	19.8	23.3	28.6	7.13	148	15.2	11.5	232	396
Max.	10	2.6	28	59	106	101	11	1,300	40	25	492	897
Min.	1.4	.50	1.8	4.7	12	11	3.6	1.4	3.7	3.3	13	145

출처: U.S. Department of Interior, Geological Survey.

SELECTED ANSWERS
해답

Chapter 4 연습문제

4.1 **a.** $\sigma^2 = 2,\ \ V(\bar{y}) = 0.75$

4.3 $\hat{p} = 0.83,\ \ B = 0.131$

4.4 $n = 128$

4.5 $\hat{\mu} = 12.5,\ \ B = 7.04$

4.6 $\hat{\tau} = 125{,}000,\ \ B = 70{,}412.50$

4.7 $\hat{\mu} = 2.0,\ \ B = 0.938$

4.8 $N\hat{p} = 100,\ \ B = 31.30$

4.9 $\hat{\mu} = 2.1,\ \ B = 0.17$

4.10 $n = 4$

4.12 $\hat{p} = 0.183,\ \ B = 0.096$

4.13 $n = 4$

4.14 $\hat{\tau} = \$98{,}550.00,\ \ B = \$19{,}905.83$

4.15 $\hat{p} = 0.3,\ \ B = 0.206$

4.18 **a.** $\hat{p} = 0.22,\ \ B = 0.0893$
b. $\hat{p} = 0.63,\ \ B = 0.1041$
c. $\hat{p} = 0.10,\ \ B = 0.0880$
d. $\hat{p} = 0.90,\ \ B = 0.0880$

Chapter 5 연습문제

5.1 $\hat{p}_{st} = 0.30,\ \ B = 0.117$

5.2 $n_1 = 18,\ \ n_2 = 10,\ \ n_3 = 2$

5.3 $\hat{\tau} = 1903.9,\ \ B = 676.8$

5.4 **a.** $\hat{\mu} = 59.99,\ \ B = 3.03;$
c. $\hat{\mu}_1 - \hat{\mu}_2 = 14.96,\ \ B = 6.79$

5.5 $n_1 = 11,\ \ n_2 = 20,\ \ n_3 = 18$

5.6 $n = 33$

5.7 $n = 32$

5.8 $n = 158,\ \ n_1 = 39,\ \ n_2 = 17,$
$n_3 = 69,\ \ n_4 = 33$

5.9 $\hat{p}_{st} = 0.701,\ \ B = 0.0503$

5.10 $n = 61,\ \ n_1 = 15,\ \ n_2 = 7,$
$n_3 = 27,\ \ n_4 = 12$

5.15 **a.** $n_1 = 0.29n,\ \ n_2 = 0.71n$
b. $n = 41,\ \ n_1 = 12,\ \ n_2 = 29$

5.16 $\hat{p}_{st} = 0.68,\ \ \hat{V}(\hat{p}_{st}) = 0.00204$

Chapter 6 연습문제

6.1 $\hat{\tau}_y = 1589.55,\ \ B = 186.32$

6.2 $\hat{\tau}_y = 2958.33,\ \ B = 730.12$

6.3 $r = 0.147,\ \ B = 0.0102$

6.4 $\hat{\mu}_y = 17.59,\ \ B = 0.271$

6.5 $\hat{\mu}_y = 4.16,\ \ B = 0.085$

6.6 $r = 1.038,\ \ B = 0.004$

6.7 $\hat{\tau}_{yL} = 5515.50,\ \ B = 448.61$

6.10 **a.** $\text{RE}(\hat{\tau}_y/\hat{\tau}) = 15.36$
b. $\text{RE}(\hat{\tau}_{yL}/\hat{\tau}) = 16.03$
c. $\text{RE}(\hat{\tau}_{yL}/\hat{\tau}_y) = 1.04$

6.11 $\hat{\mu}_{yL} = 0.396,\ \ B = 0.023$

Chapter 7 연습문제

7.1 $n = 1432$

7.2 $\hat{p}_{sy} = 0.66,\ \ B = 0.0637$

7.3 $n = 1636$

7.4 $\hat{\mu}_{sy} = 11.94$, $B = 0.026$

7.5 $n = 28$

7.7 $\hat{p}_{sy} = 0.81$, $B = 0.036$

7.8 $\hat{\tau}_{sy} = 127.500$, $B = 30{,}137.06$

7.9 $n = 259$

7.11 $\hat{\tau}_{sy} = 4400$, $B = 784.08$

7.12 **a.** $\hat{\tau}_{sy} = 155{,}586$, $B = 8223$
b. $\hat{\mu}_{sy} = 19.29$, $B = 2.36$

Chapter 8 연습문제

8.2 $\hat{p} = 0.709$, $B = 0.048$

8.3 $n = 7$

8.4 $\hat{\mu} = 40.17$, $B = 0.640$

8.5 $\hat{\tau} = 157{,}020$, $B = 6927.88$

8.6 $n = 30$

8.7 $\hat{p} = 0.5701$, $B = 0.0307$

8.8 $n = 21$

8.9 $\hat{\tau} = 3532.8$, $B = 539.50$

8.10 $\hat{p} = 0.40$, $B = 0.116$

8.11 **a.** $\hat{\mu} = 3.153$, $B = 0.460$
b. $\hat{\mu} = 1.90$, $B = 0.232$

8.12 $\hat{p} = 0.133$, $B = 0.075$

8.13 $\hat{p} = 0.0918$, $B = 0.0390$

8.16 **a.** $\hat{p} = 0.391$
b. $\hat{V}(\hat{p}) = 0.0527$

8.17 $\hat{\tau} = 600$, $B = 308.22$

8.18 $\hat{\mu} = 0.25$, $B = 0.128$

Chapter 9 연습문제

9.1 $\hat{\mu}_r = 9.379$, $B = 1.455$

9.2 $\hat{\mu} = 9.559$, $B = 1.367$

9.3 $\hat{p} = 0.287$, $B = 0.112$

9.4 $\hat{p} = 0.351$, $B = 0.177$

9.6 $\hat{\tau} = 3980.7$, $B = 274.73$

9.7 $\hat{\tau} = 1276.25$, $B = 333.44$

9.8 $\hat{\mu}_r = 97.97$, $B = 10.996$

9.9 $\hat{\tau} = 57{,}608$, $B = 6465.37$

9.11 $\hat{\tau} = 3900$, $B = 1279.2$

9.12 $\hat{\mu}_r = 0.9811$, $B = 0.225$

9.13 $\hat{\mu} = 13.0$, $B = 4.264$

Chapter 10 연습문제

10.2 $\hat{N} = 10{,}868$, $B = 715.82$

10.3 $\hat{N} = 445$, $B = 150.60$

10.4 $\hat{N} = 1067$, $B = 507.72$

10.5 $\hat{N} = 750$, $B = 441.59$

10.6 $\hat{N} = 200$, $B = 78.88$

10.7 $\hat{\lambda} = 2.1$, $B = 0.0748$

10.8 $\hat{\lambda} = 0.0171$, $B = 0.00191$

10.9 $\hat{M} = 1920$, $B = 135.76$

10.11 $\hat{\lambda} = 2.792$, $B = 0.216$

10.13 **a.** $\hat{\lambda} = 6.0$
b. $\hat{V}(\hat{\lambda}) = 2.4$

Chapter 11 연습문제

11.1 $\bar{y} = 407.125$, $B = 93.70$

11.2 $\hat{\tau} = 4117.75$, $B = 999.81$

11.3 $\bar{y} = 23.61$, $B = 9.097$

11.4 $\hat{\tau} = 1794.455$, $B = 778.15$

11.5 $\hat{\tau} = 1959.73$, $B = 763.51$

11.6 $\bar{y} = 9.804$, $B = 2.376$

11.7 $\hat{\tau} = 3866.763$, $B = 1163.892$

11.11 $\hat{p} = 0.875$, $B = 0.105$

INDEX

찾아보기

국문 찾아보기

[ㄹ]

[ㅁ]

[ㅂ]

[ㅈ]

[ㅊ]

[기타]

영문 찾아보기

[O]

[P]

[Q]

[R]

[S]

[T]

[V]

[W]